Entscheidungen
des Reichsgerichts
in Zivilsachen

Sammlung der noch wichtigen Entscheidungen nach Fachgebieten geordnet

Herausgegeben

von

Professor Dr. Leonhard Auerbach, Berlin;
Präsident des Reichspatentamtes a. D. Johannes Eylau, München;
Rechtsanwältin Charlotte Graf, Berlin; Ministerialdirektor z. Wv. Senatspräsident Dr. Ernst Knoll, Berlin; Rechtsanwalt Erich Kummerow, Berlin; Rechtsanwalt Hermann Reuss, Berlin; Rechtsanwalt Dr. Walter Schmidt, Düsseldorf; Landgerichtsdirektor Alexander Swarzenski, Berlin; Rechtsanwalt Dr. Werner Vahldiek, Berlin

Gruppe II Verfahrensrecht

Nebengesetze

Berlin 1954

Walter de Gruyter & Co.

vormals G. J. Göschen'sche Verlagshandlung / J. Guttentag, Verlagsbuchhandlung / Georg Reimer / Karl J. Trübner / Veit & Comp.

Anfechtungsgesetz · Vergleichsordnung Gerichtsverfassungsgesetz · Rechtsanwaltsordnung · Rechtsanwaltsgebührenordnung Gerichtskostengesetz

Bearbeitet

von

Prof. Dr. Leonhard Auerbach

Rechtsanwalt in Berlin

Berlin 1954

Walter de Gruyter & Co.

vormals G. J. Göschen'sche Verlagshandlung / J. Guttentag, Verlagsbuchhandlung / Georg Reimer / Karl J. Trübner / Veit & Comp.

Archiv-Nr. 28 17 54
Satz und Druck: A. W. Hayn's Erben, Berlin SO 36

Inhaltsverzeichnis

Verzeichnis

der aufgenommenen Entscheidungen aus der alten Sammlung

† Entscheidung ist gekürzt
* Entscheidung enthält nur Leitsatz

Die Entscheidungen sind grundsätzlich gekürzt gebracht worden. Die Auslassungen sind durch . . . gekennzeichnet.

Soweit eine Entscheidunng mehrere Fachgebiete betrifft, ist sie nur in einem Fachgebiet aufgenommen worden. Die anderen Gebiete enthalten nur den Leitsatz der betreffenden Entscheidung mit einem Hinweis, wo der vollständige Abdruck erfolgt ist.

Um das Auffinden der Entscheidungen zu erleichtern, wird am Schluß der Gruppe ein Gesamt-Fundstellenregister erscheinen, in dem alle aufgenommenen Entscheidungen verzeichnet und nach der Fundstelle der alten und der neuen Sammlung zitiert sind.

Anfechtungsgesetz

RGZ. 6, 85

Fallen freiwillige Pfandbestellungen unter die „unentgeltlichen Verfügungen" im Sinne des § 3 Nr. 3 des Gesetzes vom 21. Juli 1879, betr. die Anfechtung von Rechtshandlungen eines Schuldners außerhalb des Konkurses?

III. Zivilsenat. Urt. v. 24. Februar 1882.

I. Landgericht Hechingen. II. Oberlandesgericht Frankfurt a. M.

Aus den Gründen:

„Die Revisionsklägerin wirft dem Urteile der Vorinstanz vor, daß die angefochtene Hypothekbestellung als eine unentgeltliche Verfügung anzusehen, und demnach über die Anfechtung derselben nicht, wie geschehen, aus Nr. 1 und 2 des § 3 des Gesetzes vom 21. Juli 1879, sondern aus Nr. 3 dieses Paragraphen zu entscheiden gewesen sei. Dieser Vorwurf ist unbegründet. Die Bestimmungen des § 3 sind denjenigen der §§ 24, 25 KO. nachgebildet, und es sind daher die Ausdrücke des § 3: „entgeltliche Verträge", „unentgeltliche Verfügungen" in demselben Sinne zu verstehen, welchen die Konkursordnung mit ihnen verbindet. Nun ist aber nicht bloß in den Motiven zu § 23 Nr. 2 KO. die Ansicht vertreten, daß eine Hypothekbestellung, auch wenn sie freiwillig vorgenommen ist, weil der Gläubiger durch sie immer nur, wenn auch sicherer, dasjenige erhalten solle, was er bereits zu fordern habe, als eine entgeltliche Verfügung anzusehen sei, sondern es ergibt sich auch aus dem Gesetze selbst, daß dasselbe die freiwillig vorgenommenen Hypothekbestellungen nicht zu den unentgeltlichen Verfügungen rechnet. Denn während die unentgeltlichen Verfügungen gemäß § 25 KO. (Nr. 3, 4 des § 3 des Gesetzes vom 21. Juli 1879) auch dem gutgläubigen Empfänger gegenüber anfechtbar sind, wird nach § 23 Nr. 2 KO. die Anfechtung derjenigen Rechtshandlungen, welche einem Gläubiger eine Sicherung gewähren, die er nicht zu beanspruchen hatte — und zu diesen Rechtshandlungen gehören insbesondere die freiwilligen Pfandbestellungen —, selbst wenn sie nach der Zahlungseinstellung oder dem Eröffnungsantrage oder in den letzten zehn Tagen vorher vorgenommen sind, ausgeschlossen durch den Beweis der Gutgläubigkeit des Gläubigers, und im § 25 Nr. 2 KO. (§ 3 Nr. 4 des Gesetzes vom 21. Juli 1879) hat der Gesetzgeber für nötig gehalten, neben den von dem Gemeinschuldner zu Gunsten seines Ehegatten vorgenommenen unentgeltlichen Verfügungen noch besonders aufzuführen die von ihm ohne Verpflichtung bewirkte Sicherstellung des eingebrachten Vermögens seiner Ehefrau." ...

RGZ. 15, 62

1. Kann eine Rechtshandlung des Schuldners angefochten werden, welche schon vor der Entstehung der Forderung des Gläubigers vorgenommen worden ist?

2. Anfechtung der Abtretung von Vermögensstücken, die bereits mit Pfandrechten belastet sind.

III. Zivilsenat. Urt. v. 26. Januar 1886.

I. Landgericht Altenburg. II. Oberlandesgericht Jena.

Der Fleischer Mt. zu R. hatte dem Besitzer der Zweifelsmühle daselbst, Mr., am 12. März 1884 für eine Forderung von 7300 M. dessen Vieh- und Mobiliarstücke im Taxwerte von 5696 M. abpfänden lassen, Forderungen und Pfandrecht jedoch an den Schwiegervater des Mr., den Kläger R., abgetreten. Nachdem letzterer hierauf am 15. März 1884 von seinem Schwiegersohne auch das Eigentum an diesen Gegenständen abgetreten erhalten, ermächtigte er den Gerichtsvollzieher zur Freigabe derselben von der Beschlagnahme, beließ sie aber in der Benutzung seines Schwiegersohnes. Dies veranlaßte den Beklagten A., am 24. Mai 1884 einen Teil derselben wegen einer inmittelst gegen letzteren ausgeklagten Wechselforderung von 3387 M. seinerseits pfänden zu lassen. Vom Kläger R. auf Grund der an diesen am 15. März 1884 erfolgten Abtretung mit der vorliegenden Klage auf Freigabe belangt, verweigert er letztere unter Anfechtung des Abtretungsvertrages nach § 3 Ziff. 1, 2 des Anfechtungsgesetzes vom 21. Juli 1879. Über das Vermögen des Mr. ist im Juni 1884 der Konkurs eröffnet worden.

Der Beklagte ist in beiden Vorinstanzen verurteilt, die Revision desselben zurückgewiesen worden aus folgenden

Gründen:

„Die vom Revisionskläger gegen die Annahme der Klagebegründung erhobenen Angriffe erscheinen verfehlt. Es beruht auf unanfechtbarer tatsächlicher Feststellung, wenn der Berufungsrichter unter genügender Motivierung die der Klage zur Grundlage dienenden Abtretungsverträge für ernstlich gemeint erachtet und bei dieser Annahme die über die Simulation versuchte Eidesdelation als unzulässig verwirft. Der Klaganspruch erscheint daher begründet. Dagegen ist dem Revisionskläger darin beizutreten, daß der Grund, auf den hin der Berufungsrichter die Einrede verwirft, auf einer irrigen Auffassung und Auslegung der Bestimmungen des Anfechtungsgesetzes vom 21. Juli 1879 beruht.

Zwar geht der Berufungsrichter mit Recht davon aus, daß die Anwendung des § 3 dieses Gesetzes den Kausalzusammenhang zwischen den angefochtenen Verträgen und dem vom Anfechtenden erlittenen Nachteile voraussetze, mit Unrecht zieht er aber daraus die Folgerung, daß die Forderung des letzteren schon zur Zeit der angefochtenen Rechtshandlung bestanden haben müsse. Denn, auch wenn die Forderung des Anfechtenden zu dieser Zeit noch nicht bestand, ist es recht wohl möglich, daß ohne die angefochtene Handlung, die zur Befriedigung der ersteren erforderlichen Mittel, zu der Zeit, wo es sich um diese Befriedigung handelte, noch im Vermögen des Schuldners vorhanden gewesen sein würden, die Handlung also als die Ursache ihres Fehlens angesehen werden muß. Der Mangel des Kausalnexus kann sonach die Annahme nicht rechtfertigen, daß eine jüngere Forderung das Anfechtungsrecht nicht zu begründen vermöge. Nun setzt aber der § 3 Ziff. 1, 2 allerdings nicht bloß den Kausalnexus, sondern auch die dem anderen Teile bekannte Absicht des Schuldners, „seine (Ziff. 2: die) Gläubiger zu benachteiligen", voraus, und wenigstens in der Regel wird diese Voraussetzung nur in betreff solcher Gläubiger zutreffen, deren Forderungen bereits bestanden, als die Rechtshandlung vorgenommen wurde. Der Bestand von Forderungen überhaupt zur Zeit der letzteren ist also in der Regel unerläßlich zur Begründung der Anfechtung. Damit ist aber noch keineswegs gegeben, daß auch gerade die Forderung des Anfechtenden bestanden haben müsse. Für diese Annahme bieten weder Wortlaut noch Tendenz des Gesetzes einen Anhalt. Nur von den Gläubigern überhaupt ist die Rede, wo das Gesetz in geflissentlich wörtlicher Übereinstimmung mit der Konkursordnung (§ 24) von der Benachteiligungsabsicht der Kontrahenten spricht, und die Motive ergeben, daß man zur Vermeidung praktischer Inkongruenzen den die Konkursordnung beherrschenden Gedanken auch für die Anfechtung außerhalb des Konkurses hat maßgebend werden lassen wollen, den nämlich, daß dem Gläubiger überhaupt ein Recht auf Befriedigung aus den Mitteln seines Schuldners zusteht, auf Grund dessen er die Wiederbeischaffung dieser Mittel dann verlangen kann, wenn der Schuldner sie im betrüglichen Einverständnisse mit dem Empfänger aufgegeben hatte. Hiernach wird also die Grundlage des Anfechtungsrechtes in wie außerhalb des Konkurses nicht in einem gerade gegen den Anfechtenden gerichteten Betruge gefunden, und demzufolge kann es zur Begründung der Anfechtung nicht darauf ankommen, ob die Forderung des Anfechtenden schon vor der Rechtshandlung entstanden war. Diese Gestaltung des Anfechtungsrechtes tritt also in Gegensatz zu den bisherigen Rechtssystemen, namentlich dem gemeinrechtlichen und preußischen (§ 9 des Gesetzes vom 9. Mai 1885; vgl. Entsch. des RG.'s in Zivils. Bd. 2 S. 92, Bd. 4 S. 250), der Gegensatz ist aber laut der Motive ein ganz bewußter und um so zweifelloser in der Absicht des

Gesetzgebers liegend, übrigens die Annahme, daß das Anfechtungsrecht auch bezüglich jüngerer Forderungen nicht ausgeschlossen sei, eine jetzt allgemeine,

vgl. Motive zur Konkursordnung S. 108—110, 130, 135, 145; Motive zum Anfechtungsgesetze S. 9 des Aktenstückes Nr. 115; v. Wilmowski, Konkursordnung Note 1 zu § 24 KO. und Note 5 zu § 1 des Anfechtungsgesetzes (S. 551); Jäckel, Anfechtungsgesetz S. 34 flg.; Cosack, Anfechtungsgestz S. 40 zu Note 25; Dernburg, Preußisches Privatrecht § 132 Note 7; auch Urteil des II. Zivilsenats vom 5. Mai 1885 in Entsch. des RG.'s in Zivils. Bd. 13 S. 167,

prinzipiell gebilligte. Der Berufungsrichter geht also bei seiner Entscheidung von einer rechtsirrtümlichen Auffassung des Anfechtungsgesetzes aus, wenn er die Einrede der Anfechtung schon um deswillen für ungenügend begründet erachtet, weil nicht erhelle, daß die Forderung des Beklagten bereits zur Zeit des Überlassungsvertrages vom 15. März 1884 bestanden habe. Was hieraus aber nach der besonderen Prozeßlage des Falles für die Zulässigkeit oder Unzulässigkeit der Einrede folgt, kann unerörtert bleiben, da letztere jedenfalls aus einem anderen, bereits im erstinstanzlichen Urteile hervorgehobenen Grunde verwerflich erscheint.

Es steht fest, daß die für den Beklagten dem Müller M. am 24. Mai 1884 gepfändeten Vieh- und Mobiliarstücke nebst vielen anderen bereits am 12. März 1884 zugunsten des Fleischers M. in R. abgepfändet worden waren, daß in dessen Forderung und Pfandrecht am 15. März 1884 der Kläger eingetreten war, und daß dieser hierauf die gedachten Gegenstände vom Schuldner abgetreten erhalten, denselben aber in deren Detention belassen hatte. Die fraglichen Gegenstände waren also zu der Zeit, da sie abgetreten wurden, mit dem durch die Pfändung vom 12. März 1884 begründeten Pfandrechte belastet. Die Forderung, wegen deren die Pfändung erfolgt war, betrug mehr als 7300 M., während sämtliche Pfandobjekte — einschließlich der vom Beklagten in Anspruch genommenen — nur einen Taxwert von 5696 M. haben. Dieser ihr Wert war also durch das aufhaftende Pfandrecht völlig absorbiert und würde daher, auch wenn keine Abtretung stattgefunden hätte, ein Befriedigungsmittel für den Beklagten nicht abgegeben haben. Durch die Abtretung jener Gegenstände sind dem letzteren also keine Befriedigungsmittel entzogen worden, und es fehlt damit an einer wesentlichen Voraussetzung für ihre Anfechtung."
...

RGZ. 20, 157 †

1. Kann der Anfechtungsbeklagte ein dingliches Recht, welches ihm an den zurückzugewährenden Sachen vor der angefochtenen Rechtshandlung zustand, gegenüber dem Anfechtungskläger geltend machen?

Reichsanfechtungsgesetz vom 21. Juli 1879 §§ 7, 8.

2. ...

V. Zivilsenat. Urt. v. 10. März 1888.

I. Landgericht Lyck. II. Oberlandesgericht Königsberg i. P.

Gründe:

„Nach den Tatbeständen der beiden Vorderurteile liegt folgender Sachverhalt vor.

Der Erblasser der Kläger, Graf von L., hatte das Gut St., welches zu dem von ihm besessenen Fideikommisse Gr. St. gehört, durch Vertrag vom 12. Mai 1858 an den Gutspächter R. bis zum 1. Juli 1870 verpachtet. Der Vertrag war demnächst bis zum 1. Juli 1883 verlängert. § 4 des Pachtvertrages bestimmte, daß das ganze Inventarium sowie das übrige Vermögen des Pächters dem Verpächter für alle Ansprüche aus dem Pachtverhältnisse hafte, und daß, wenn der Pächter mit der Pacht im Rückstande bleibe oder sonstige Verbindlichkeiten nicht erfülle, der Verpächter wegen rückständiger Zahlungen und Verpflichtungen auf dasselbe Beschlag legen und sich bezahlt machen dürfe.

Zu Ende des Jahres 1882 standen dem Verpächter erhebliche Forderungen gegen den Pächter zu, teils auf Grund des Pachtvertrages, teils wegen Lieferungen usw. Infolgedessen ergriff der Graf v. L., gestützt auf das ihm kontraktlich und gesetzlich zustehende Pfandrecht, am 20. November 1882 Besitz von den Invekten und Illaten des Pächters R. Mittels Abkommens vom 15. Dezember 1882 ermächtigte der letztere seinen Verpächter, zur Deckung seines Guthabens die Sachen gegen eine Taxe eigentümlich zu übernehmen. Gleichzeitig wurde die Aufhebung des Pachtvertrages vereinbart. Am 22. Dezember fand die Taxe der beschlagnahmten Sachen und die gegenseitige Abrechnung statt. Die Sachen wurden dem Verpächter übergeben und die Pachtung zurückgewährt. Danach sind am 16. und 31. Januar 1883 für die jetzige Beklagte wegen einer ihr gegen R. zustehenden rechtskräftigen Forderung verschiedene, früher dem letzteren gehörige und durch die gedachten Rechtsakte auf den Grafen v. L. übertragene Gegenstände gepfändet worden.

In einem vom Grafen v. L. angestrengten, nach dessen Tode von seinen Erben fortgestzten Vorprozesse gegen die jetzige Beklagte wurde auf Anerkennung des Eigentums an den gepfändeten Sachen geklagt. Die Beklagte erhob den Einwand, daß die Abmachungen vom November und Dezember 1882, durch welche Graf v. L. das Eigentum an den Sachen von S. erworben hatte, der Anfechtung gemäß dem Reichsgesetze vom 21. Juli 1879 unterlägen. Dieser Einwand ist rechtskräftig für begründet erachtet und deshalb die Klage abgewiesen.

Im gegenwärtigen Prozesse machen die Graf v. L.'schen Erben geltend, daß ihrem Erblasser vor Abschluß der angefochtenen Verträge sowohl durch Gesetz (§ 41 RKO., § 7 des preuß. Ausführungsgesetzes zur Konkursordnung) als durch Vertrag (§ 4 des Pachtvertrages vom 12. Mai 1858) wegen ihrer Ansprüche aus dem Pachtverhältnisse ein älteres Pfandrecht, als das für die Beklagte durch die Pfändung erworbene, zustehe. Sie verlangen, daß sie wegen ihrer auf 11 063,90 M. berechneten Forderung an R. vor der Beklagten aus dem Erlöse der gepfändeten Sachen befriedigt werden.

Die Beklagte wendet ein, daß durch die von ihr durchgeführte Anfechtung die Rechtsgültigkeit der im Dezember 1882 abgeschlossenen Verträge zwischen dem Grafen v. L. und R. nicht berührt werde. Bleiben dieselben aber von Bestand, so müsse angenommen werden, daß die Pachtschuld des R. getilgt und mithin das dafür bestellte Pfandrecht erloschen sei. In zweiter Instanz hat sie den Antrag auf Abweisung der Klage auch unter Hinweis auf § 8 des Reichsanfechtungsgesetzes vom 21. Juli 1879 begründet.

Beide Vorderrichter haben die Klage abgewiesen. Der erste Richter geht davon aus, daß zwar nach der Durchführung der Anfechtung die Forderung der Kläger gegen R. in tantum wiederauflebe; er nimmt jedoch an, daß die Kläger dieserhalb ihre Rechte an den zu ihrer (der Beklagten) Befriedigung zurückzugewährenden Sachen nicht in Konkurrenz mit ihr geltend machen dürfen, weil dies durch § 8 des Reichsanfechtungsgesetzes ausgeschlossen sei. Der zweite Richter führt aus, daß die Kläger an die Verträge vom Dezember 1882 trotz der durchgeführten Anfechtung der Beklagten gebunden seien, und daß sie, da durch jene Verträge ihre Forderung und die dafür bestellte Hypothek erloschen seien, das beanspruchte Recht nicht besitzen.

Die von den Klägern gegen das Berufungsurteil eingelegte Revision muß für begründet erachtet werden.

Dem Berufungsrichter ist darin beizustimmen, daß infolge der durchgeführten Einrede der Fraudulosität die Rechtswirkungen der Anfechtung nur zwischen dem Anfechtungskläger und Anfechtungsbeklagten, nicht auch zwischen den Kontrahenten des angefochtenen Vertrages eintreten. Dieselben bestehen nach § 7 des Anfechtungsgesetzes darin, daß der Gläubiger (Anfechtungskläger), soweit es behufs seiner Befriedigung erforderlich ist, beanspruchen kann, daß das durch die anfechtbare Handlung aus dem Vermögen des Schuldners Weggegebene als noch zu demselben gehörig von dem Empfänger (Anfechtungsbeklagten) zurückgewährt werde. Es soll also nach der Intention des Gesetzes das durch die angefochtene Handlung hervorgerufene Hindernis der Zwangsvollstreckung in das Vermögen des Schuldners beseitigt, und der Gläubiger in den Stand gesetzt werden, sein Recht gegen den Schuldner so zu verfolgen, wie er vor Abschluß des Veräußerungsgeschäftes dazu befugt war. Daraus folgt für den gegenwärtigen Rechtsstreit, daß die Graf v. L.'schen Erben den durch anfechtbares Rechtsgeschäft ihres Vaters erlangten Eigentumserwerb an den R.'schen Sachen der Beklagten nicht entgegenhalten dürfen, sondern ihr gestatten müssen, ihre Forderung gegen R. so zu verfolgen, als wenn die Verträge vom Dezember 1882 nicht abgeschlossen wären. Weiter geht aber das Recht der Beklagten nicht. Die Rechtsverhältnisse, welche durch die Verträge für den Grafen v. L. gegenüber dem R. geschlossen sind, berühren sie in keiner Weise. Sie kann nicht gleichzeitig geltend machen, der Vertrag bestehe für sie nicht, aber die Kläger seien zu ihren Gunsten dem R. gegenüber daran gebunden. Sie würde damit ihren Anspruch auf einen für sie nicht existierenden Rechtsakt stützen. Die entgegenstehende Ausführung des Berufungsrichters erscheint deshalb rechtsirrtümlich und nicht geeignet, die getroffene Entscheidung zu halten. Es fragt sich nur, ob der Entscheidungsgrund des ersten Richters für durchgreifend zu erachten ist. Das Reichsgericht hat auch das verneint.

Es kann kein Zweifel darüber obwalten, daß, wie schon bemerkt, das Anfechtungsgesetz, wenn man zunächst den § 7 desselben allein berücksichtigt, nur die Wiederherstellung des früheren Rechtszustandes zugunsten des Anfechtungsklägers anordnet, nicht aber diesem neue Befriedigungsobjekte beschaffen, oder die an den früher vorhandenen Objekten bestehenden und ihm vorgehenden Rechte zu seinem Vorteile beseitigen will. Nähme man letzteres an, so würde in vielen Fällen die Durchführung der Anfechtung nicht ein dem Anfechtungskläger zugefügtes Unrecht wegräumen, sondern ihn geradezu bereichern.

Vgl. das Beispiel bei Cosack, Anfechtungsrecht S. 271.

Nach Ansicht des Reichsgerichtes ist ein derartiger Erfolg nicht beabsichtigt worden, sondern die infolge der durchgeführten Anfechtung eintretende rechtliche Fiktion geht nach § 7 des Anfechtungsgesetzes nur dahin, daß zugunsten des Anfechtungsklägers das Eigentum des Schuldners so, wie es vor der Anfechtung bestand, wiederauflebt, und nicht, daß die weggegebene, mit Pfandrechten behaftete Sache sich jetzt als pfandfrei im Vermögen des Schuldners befinde."

...

RGZ. 20, 180

Kann die Erfüllung einer Verbindlichkeit auf Grund des § 3 Nr. 1 des Anfechtungsgesetzes vom 21. Juli 1879 angefochten werden?

III. Zivilsenat. Urt. v. 27. März 1888.

I. Landgericht Neuwied. II. Oberlandesgericht Frankfurt a. M.

Aus den Gründen:

„Das Urteil des III. Zivilsenates vom 14. Februar 1882,

vgl. Entsch. des RG.'s in Zivils. Bd. 6 S. 45,

auf dessen Inhalt das Berufungsgericht sich bezieht, bedarf insofern einer Richtigstellung, als zugegeben werden kann, daß auch die Erfüllung einer Verbindlichkeit nicht grundsätzlich der Möglichkeit einer Anfechtung auf Grund des § 3 Nr. 1 des Gesetzes vom 21. Juli 1879 entzogen ist, daß vielmehr auch die Leistung auf eine wirklich bestehende Schuld unter besonderen Umständen und insbesondere, wenn sie, wie es in den Motiven heißt (S. 131), von einer ausdrücklichen oder stillschweigenden fraudulösen Übereinkunft begleitet ist, der Anfechtung unterliegen kann, wie dies auch in einem späteren Urteile dieses Senates vom 10. Mai 1887 in Sachen S. wider H. Rep. III. 22/87,

vgl. Bolze, Praxis des Reichsgerichtes Bd. 4 Nr. 375,

anerkannt worden ist. Dagegen ist daran festzuhalten, „daß regelmäßig die Zahlung einer fälligen Schuld bzw. die Erfüllung einer bestehenden Verbindlichkeit außerhalb des Konkurses und abgesehen von den Fällen des § 23 KO. der Anfechtung nicht unterliegt, und daß insbesondere das bloße Bewußtsein des Schuldners davon, daß seinen übrigen Gläubigern durch die Zahlung Exekutionsobjekte entzogen und sie dadurch geschädigt werden, nicht ausreicht, die Anfechtungsklage zu begründen, wenn der Gläubiger nur dasjenige erhält, was er zu der Zeit und in der Art zu fordern ein Recht hatte. Etwas anderes ist auch in den vom Vertreter der Revisionsklägerin angezogenen Urteilen anderer Senate des Reichsgerichtes*) nicht ausgesprochen. Wollte man weitergehen und in jeder mit dem obenbezeichneten Bewußtsein erfolgten Erfüllung einer geschuldeten Verbindlichkeit eine fraudulöse Absicht im Sinne des § 3 Nr. 1 des Gesetzes vom 21. Juli 1879 erblicken, so würde man zu der unannehmbaren Konsequenz gelangen, daß der Anfechtungskläger im Wege Rechtens dasjenige erhält, worauf der Anfechtungsbeklagte ein wohlbegründetes Recht hatte, ungeachtet jenem kein besseres Recht auf Befriedigung zusteht, als diesem. Auch würde der Anfechtungsbeklagte außerhalb des Konkurses nicht einmal in Konkurrenz mit dem Anfechtungskläger einen verhältnismäßigen Anteil an der herauszugebenden Leistung erlangen, da der dies bezweckende § 7 Abs. 2 des Entwurfes nicht in das Gesetz vom 21. Juli 1879 (vgl. § 8) aufgenommen worden ist.

Geht man von diesen Sätzen bei der Beurteilung des vorliegenden Rechtsstreites aus, so erscheint es allerdings rechtsirrtümlich, wenn das Berufungsgericht grundsätzlich die Möglichkeit einer erfolgreichen Anfechtung der Erfüllung einer fälligen Verbindlichkeit verneint. Das Urteil war aber aufrechtzuerhalten, weil nach den vorliegenden Feststellungen des Berufungsgerichtes die Anfechtungsklage für unbegründet erachtet werden muß. Das Berufungsgericht stellt fest:

1. daß die Beklagte gegen ihren Vater eine durch gesetzliche Hypothek gesicherte Forderung von 2100 M. gehabt, und

2. daß sie nach dem zur Anwendung kommenden Partikularrechte das Recht gehabt habe, ein Pfandrecht auf die Immobilien des Vaters eintragen zu lassen.

Andererseits wird von der Klägerin zur Anfechtung des eingetragenen Pfandrechtes nur geltend gemacht, daß Vater und Tochter zur Zeit

*) Bolze, Praxis des Reichsgerichtes Bd. 1 Nr. 353, Bd. 2 Nr. 582, 592, Bd. 3 Nr. 371, Bd. 4 Nr. 375; Entsch. des RG.s in Civils. Bd. 16 Nr. 27.

der Eintragung der Hypothek gewußt hätten, daß jener nicht imstande sei, die Klägerin zu befriedigen, und daß, wenn die angefochtene Hypothek bestehenbleibe, die Klägerin keine Befriedigung erlangen könne.

Dies reicht aber zur Begründung der Klage nicht aus. Außerhalb des Konkurses hat kein Gläubiger das Recht, von dem anderen zu verlangen, daß dieser von seinem erzwingbaren Rechte, seine Forderung durch eine Hypothekbestellung zu sichern, keinen Gebrauch mache, damit ihm die Möglichkeit offenbleibe, durch das Immobile seines Schuldners im Wege der Exekution zur Befriedigung zu gelangen.

Wenn nichts weiter geschieht, als daß der Schuldner einer schon lange bestehenden Verbindlichkeit durch die Bestellung der Hypothek nachkommt, so kann darin eine fraudulöse Absicht im Sinne des Gesetzes nicht gefunden werden. Hieran kann auch nichts geändert werden, wenn der Schuldner erst durch die drohende Gefahr einer Subhastation sich endlich genötigt sieht, seiner Verpflichtung zu genügen. Er kann dies zwar nicht tun, ohne sich dabei bewußt zu werden, daß das mit der Hypothek belastete Grundstück als Exekutionsobjekt für die übrigen Gläubiger an Wert verliert und denselben vielleicht ganz einbüßt. Allein in diesem die Erfüllung einer rechtlichen Verpflichtung begleitenden Bewußtsein würde eine fraudulöse Absicht im Sinne des § 3 Nr. 1 des Gesetzes vom 21. Juli 1879 nur dann gefunden werden können, wenn die übrigen Gläubiger zu dem Verlangen berechtigt wären, daß der Gläubiger, welcher ein erzwingbares Recht zur Hypothekbelastung hat, zu ihren Gunsten darauf verzichte. Hiernach erscheint die Abweisung der Anfechtungsklage gerechtfertigt." ...

RGZ. 23, 9

Unter welchen Voraussetzungen kann ein sog. Deckungsgeschäft, insbesondere die Zahlung einer fälligen Schuld und eine Verpfändung, nach § 24 Ziff. 1 KO. und § 3 Ziff. 1 des Anfechtungsgesetzes vom 21. Juli 1879 angefochten werden? Ist die Annahme, daß der Schuldner in der Absicht, seine Gläubiger zu benachteiligen, gehandelt habe, in solchen Fällen schon deshalb gerechtfertigt, weil derselbe das Bewußtsein hatte, durch die Befriedigung oder Sicherstellung eines Gläubigers würden die übrigen geschädigt?

II. Zivilsenat. Urt. v. 1. Februar 1889.

I. Landgericht Metz. II. Oberlandesgericht Kolmar.

Der Kläger hat auf Grund einer aus einem Vermächtnisse herrührenden Forderung am 1. April 1886 gegen Peter A. bei dem Landgerichte Metz ein Versäumnisurteil erwirkt, durch welches dieser zur Zahlung von 4000 M. verurteilt wurde, und auf Grund dieses Urteiles eine Hypothekareinschreibung auf die Liegenschaften des Schuldners erwirkt und eine Zwangsvollstreckung betrieben. Bei der Verteilung des Erlöses aus den versteigerten Liegenschaften haben auch die Beklagten auf Grund von zwei im Mai 1885 aufgenommenen Schuldverschreibungen mit Pfandbestellung ihre Forderungen angemeldet und in erster Reihe — vor dem Kläger — Anweisung erhalten. Dieser hat jedoch gegen den Verteilungsplan Widerspruch erhoben und zur Begründung der Klage geltend gemacht, die Forderungen der Beklagten seien simuliert; jedenfalls seien die Pfandbestellungen in der Absicht errichtet worden, den Kläger um sein Guthaben zu bringen, sonach gemäß § 3 Ziff. 1 des Anfechtungsgesetzes diesem gegenüber als unwirksam zu erklären. Diesem letzteren Antrage wurde vom Landgerichte, welches annahm, die Frage, ob die Forderungen der Beklagten überhaupt begründet seien, brauche nicht untersucht zu werden, entsprochen und demgemäß angeordnet, daß Kläger in erster Linie Anweisung zu erhalten habe. Zur Begründung der Entscheidung wurde ausgeführt, bei Errichtung der Pfandbestellungen hätten sämtliche Beteiligte das Bewußtsein gehabt, daß infolge der Verpfändung für die übrigen Gläubiger nichts übrigbleibe, dieselben sonach um ihre Forderungen kommen würden.

Die Berufung wurde zurückgewiesen. Das Reichsgericht hat das Berufungsurteil aufgehoben und die Sache an das Berufungsgericht zurückverwiesen aus folgenden

Gründen:

„Von den Revisionsklägern wurde in erster Linie geltend gemacht, daß die Voraussetzungen, von welchen § 3 Ziff. 1 des Reichsgesetzes vom 21. Juli 1879, betreffend die Anfechtung von Rechtshandlungen eines Schuldners außerhalb des Konkursverfahrens, die Anfechtung durch einen Gläubiger abhängig mache, nicht in genügender Weise festgestellt seien, insbesondere das Bewußtsein des Schuldners, daß infolge der den Beklagten eingeräumten Hypothek der Kläger für seine Forderung Befriedigung nicht erlangen könnte, und die Kenntnis dieses Bewußtseins von seiten der Beklagten nicht genüge, um die Anfechtung der Hypotheken zu rechtfertigen. Außerdem führten dieselben aus, in Ansehung des Schuldners Peter A. sei nicht einmal das erwähnte Bewußtsein in genügender Weise festgestellt worden; jedenfalls fehle es in dieser Beziehung an jeder Begründung. In letzterer Beziehung muß den Revisionsklägern zugegeben werden, daß die auf Peter A. bezügliche Feststellung von dem ersten Richter, auf dessen Ausführungen das Berufungsgericht Bezug genommen hat, in keiner Weise begründet worden ist. Es ist zwar in den Urteilsgründen bemerkt worden, sämtliche Beklagte — zu denen auch Peter A. gehörte — hätten das Bewußtsein gehabt, nach der Verpfändung der in Frage stehenden Grundstücke zugunsten von R. und Ch. würden für die Kläger keine Befriedigungsmittel mehr übrigbleiben; die Gründe, durch welche diese Feststellung gerechtfertigt wurde, beziehen sich aber nur auf die Mitbeklagten R. und Ch. Ob dieser Umstand zur Aufhebung des angefochtenen Urteiles führen müßte, kann jedoch dahingestellt bleiben, da auch abgesehen hiervon die Begründung des landgerichtlichen Urteiles, welche sich das Berufungsgericht angeeignet hat, nicht genügt, um die getroffene Entscheidung zu rechtfertigen.

Im vorliegenden Falle handelt es sich nicht um eine Verpfändung, mittels deren sich der Schuldner Geld zu verschaffen suchte. Vielmehr hat derselbe lediglich den Beklagten, welchen nach ihrer unwiderlegt gebliebenen Behauptung eine fällige Forderung zustand, bezüglich deren sie jederzeit Befriedigung verlangen und erzwingen durften, in Ansehung dieser Forderung die an Stelle der Befriedigung geforderte Sicherstellung gewährt. Es steht hiernach ein sog. Deckungsgeschäft in Frage. Soweit es sich um Anfechtung derartiger Geschäfte handelt, sind aber Umstände in Betracht zu ziehen, welche von den Vorinstanzen nicht beachtet worden sind.

Wie das Reichsgericht schon in zahlreichen Entscheidungen anerkannt hat*), können zwar auch solche Handlungen, welche die Erfüllung oder Sicherstellung von Verbindlichkeiten zum Gegenstande haben, nach § 24 Ziff. 1 KO. und § 3 Ziff. 1 des Anfechtungsgesetzes der Anfechtung unterliegen. Insbesondere sind auch Zahlungen fälliger Schulden grundsätzlich der Anfechtung auf Grund der erwähnten Vorschriften nicht unbedingt entzogen.

Auch Handlungen, welche die Befriedigung oder Sicherstellung eines Gläubigers bezwecken, sind als „Rechtshandlungen" im Sinne jener Bestimmungen anzusehen und eine Vorschrift, durch welche die Anwendung derselben auf Deckungsgeschäfte oder auch nur diejenige auf Zahlungen fälliger Schulden ausgeschlossen wird, ist weder in der Konkursordnung noch in dem Anfechtungsgesetze zu finden. Aber damit ist noch nicht die Frage entschieden, unter welchen Voraussetzungen derartige Geschäfte angefochten werden können und wann insbesondere in Ansehung derselben das Vorhandensein einer widerrechtlichen Absicht, die (übrigen) Gläubiger zu benachteiligen, anzunehmen ist. Der III. Zivilsenat des Reichsgerichtes hat in einem Urteile vom 27. März 1888,

vgl. Entsch. des RG.'s in Zivils. Bd. 20 S. 180 flg.,

unter Modifikation der früher ausgesprochenen Ansichten, insbesondere der in dem Urteile dieses Senates vom 24. April 1883,

vgl. Entsch. des RG.'s in Zivils. Bd. 9 S. 73 flg.,

enthaltenen Auffassung, den Satz aufgestellt, „daß regelmäßig die Zahlung einer fälligen Schuld bzw. die Erfüllung einer bestehenden Verbindlichkeit außerhalb des Konkurses und abgesehen von den Fällen des § 23 KO. der Anfechtung nicht unterliegt, und daß insbesondere das bloße Bewußtsein des Schuldners davon, daß seinen übrigen Gläubigern durch die Zahlung Exekutionsobjekte entzogen und sie dadurch ge-

*) Vgl. insbesondere Entsch. des RG.s in Civils. Bd. 9 S. 100, Bd. 16 S. 27, 61, Bd. 20 S. 180; Gruchot, Bd. 27 S. 160, 1139, Bd. 29 S. 1039; Jurist. Wochenschrift 1885 S. 28, 1886 S. 415, 1888 S. 70; Bolze, Bd. 3 Nr. 371, 571, Bd. 5 Nr. 337. Die übrige Literatur ist zusammengestellt bei Petersen und Kleinfeller, S. 131 Anm. 1.

schädigt werden, nicht ausreicht, die Anfechtungsklage zu begründen, wenn der Gläubiger nur dasjenige erhält, was er zu der Zeit und in der Art zu fordern, ein Recht hatte." Weiter wurde in diesem Urteile ausgeführt, außerhalb des Konkurses habe kein Gläubiger das Recht, von dem anderen zu verlangen, daß dieser von einem erzwingbaren Rechte, seine Forderung durch eine Hypothekenbestellung zu sichern, keinen Gebrauch mache, damit ihm selbst die Möglichkeit offenbleibe, durch das Immobile seines Schuldners im Wege der Exekution zur Befriedigung zu gelangen; deshalb könne, wenn weiter nichts geschehe, als daß der Schuldner einer schon lange bestehenden Verbindlichkeit durch die Bestellung der Hypothek nachkomme, darin eine „fraudulöse Absicht" im Sinne des Gesetzes nicht gefunden werden. Dieser Auffassung ist beizutreten. Dieselbe entspricht den in den Motiven zu § 24 KO. (S. 131) enthaltenen Ausführungen, nach welchen in Ansehung der geschuldeten Leistungen in der Regel der Satz gelten soll: „nullam videri fraudem facere, qui suum recipit", aber geltend gemacht wurde, auch eine solche Leistung könne unter besonderen Umständen insbesondere dann der Anfechtung nach § 24 unterliegen, wenn dieselbe „von einer ausdrücklichen oder stillschweigenden fraudulösen Übereinkunft begleitet sei". Sie findet ihre Rechtfertigung aber auch in der Natur der in dem § 24 Ziff. 1 KO. und § 3 Ziff. 1 des Anfechtungsgesetzes vorgesehenen Anfechtung bzw. des Anfechtungsgrundes, auf welchen sich die erwähnten Vorschriften beziehen.

Während § 23 KO über die Vorschriften des römischen Rechtes weit hinausgeht und auf einer ganz anderen Grundlage beruht, wird bei der Anfechtung auf Grund des § 24 Ziff. 1 KO. und des § 3 Ziff. 1 des Anfechtungsgesetzes, wie in dem Beschlusse der vereinigten Zivilsenate, des Reichsgerichts vom 28. Juni 1888,

vgl. Entsch. des RG.'s in Zivils. Bd. 21 S. 420 flg. besonders S. 425,

ausgeführt ist, „ein Betrug, eine auf Verkürzung seiner Gläubiger gerichtete Absicht des Schuldners und eine conscientia fraudis auf seiten des Anfechtungsbeklagten, mithin eine unerlaubte Handlung" vorausgesetzt. Wenn auch im einzelnen Abweichungen von der gemeinrechtlichen actio Pauliana bestehen und es insbesondere an einer Vorschrift fehlt, welche die Zahlung einer fälligen Schuld ausdrücklich der Anfechtung nach § 24 Ziff. 1 KO. und § 3 Ziff. 1 des Anfechtungsgesetzes entzieht, so liegt doch diesen Vorschriften derselbe Gedanke zugrunde wie der gemeinrechtlichen actio Pauliana und der dieser nachgebildeten Vorschrift in Art. 1167 Code civil, nach welcher die Gläubiger diejenigen Rechtshandlungen ihres Schuldners anfechten können, welche derselbe „en fraude de leurs droits" vorgenommen hat. Wenn auch in den in Frage stehenden Vorschriften nicht ausdrücklich von einem „fraudulösen" Verhalten des Schuldners die Rede ist, so wird doch ein solches, damit dessen Handlung als im Sinne des Gesetzes als eine unerlaubte angesehen werden und wegen „absichtlicher Benachteiligung der Gläubiger" angefochten werden kann, ebenso vorausgesetzt, wie es nach gemeinem und französischem Rechte beziehentlich der actio Pauliana bzw. der Anfechtung auf Grund des Art. 1167 Code civil der Fall war. Die absichtliche Benachteiligung der Gläubiger, von welcher das Gesetz spricht, muß hiernach eine unerlaubte sein, damit die Anfechtung nach § 24 Ziff. 1 KO. und § 3 Ziff. 1 des Anfechtungsgesetzes gerechtfertigt ist. Dies wird allerdings nicht in dem Sinne vorausgesetzt, daß die Handlung an und für sich widerrechtlich sein muß. Vielmehr genügt es, damit die erwähnten Vorschriften zur Anwendung kommen, daß der Schuldner in rechtswidriger Absicht gehandelt, insbesondere, daß er den gesetzlich unerlaubten Zweck verfolgt hat, seinen Gläubigern im allgemeinen oder auch nur einem derselben gewisse Befriedigungsmittel zu entziehen und dadurch deren Befriedigung zu verhindern. Wenn aber die Handlung sowie deren Erfolg an und für sich als erlaubt anzusehen sind, und der Schuldner von einer rechtswidrigen Absicht nicht geleitet wurde, so fehlt es an einer wesentlichen Voraussetzung für die Anwendung der mehrerwähnten Vorschriften.

In diesen Fällen kann auch das Bewußtsein des Schuldners, daß durch die von ihm vorgenommene Handlung ein Teil seiner jeztigen oder künftigen Gläubiger geschädigt und deren Befriedigung vereitelt oder erschwert werde, nicht genügen, um die Anfechtung aus § 24 Ziff. 1 KO. oder § 3 Ziff. 1 des Anfechtungsgesetzes zu begründen. Allerdings muß — wie das Reichsgericht schon häufig ausgesprochen hat[1]) —, wenn der Schuldner das Bewußtsein hatte, daß die von ihm vorgenommene Handlung eine Benachteiligung seiner Gläubiger bzw. einzelner unter ihnen zur Folge haben müsse, oder doch nach dem gewöhnlichen Laufe der Dinge voraussichtlich zur Folge haben werde, angenommen werden, daß er diesen Erfolg gewollt habe. Der in § 24 Ziff. 1 KO. und § 3 Ziff. 1 des Anfechtungsgesetzes vorausgesetzte subjektive Tatbestand liegt deshalb dann vor, wenn dieses Bewußtsein vorhanden war und der eingetretene und vorausgesehene Erfolg an und für sich als rechtswidrig anzusehen ist. In allen derartigen Fällen, insbesondere dann, wenn es sich nicht um Befriedigung oder Sicherstellung eines Gläubigers handelt, sondern der Schuldner Vermögensgegenstände veräußerte, obgleich er das Bewußtsein hatte, daß dadurch allen oder einzelnen Gläubigern die Befriedigung entzogen werde, welche sie gesetzlich zu beanspruchen haben, ist der vorausgesehene Erfolg als ein rechtswidriger anzusehen. Das Verhalten des Schuldners ist sonach ein bewußt rechtswidriges. Anders liegt die Sache aber, wenn einem Gläubiger nur dasjenige gewährt wird, was er gesetzlich fordern konnte, der Schuldner also nach dem Gesetze nicht bloß leisten durfte, sondern sogar leisten

[1]) Vgl. insbesondere Entsch. des RG.s in Civils. Bd. 9 S. 75, Bd. 11 S. 173, Bd. 13 S. 103, Bd. 16 S. 61; ferner: Jurist. Wochenschrift 1887 S. 15; Bolze, Bd. 4 Nr. 375, Bd. 5 Nr. 337; dagegen aber auch Bolze, Bd. 2 Nr. 593, Bd. 3 Nr. 571; Jurist. Wochenschrift 1884 S. 179, 1886 S. 415.

mußte. Hier kann von einer rechtswidrigen Absicht des Schuldners nicht schon dann die Rede sein, wenn derselbe nur seiner Verpflichtung genügte. Vielmehr wird dieselbe nur ausnahmsweise insbesondere dann anzunehmen sein, wenn derselbe lediglich den Zweck verfolgte, einem anderen Gläubiger die ihm gebührende Befriedigung zu entziehen, z. B. damit ein die Zwangsvollstreckung betreibender Gläubiger nichts erhalte, einem anderen Gläubiger, der gar keine Zahlung verlangt hatte, unter Mitteilung der bestehenden Verhältnisse und seiner Absicht, alle vorhandenen Barmittel zuwendet. Der Umstand, daß die Befriedigung des einen Gläubigers diejenige des anderen bei den gegebenen Vermögensverhältnissen des Schuldners notwendig ausschließt, und die Kenntnis dieses Verhältnisses berechtigt den Schuldner für sich allein nicht, die geforderte Zahlung zu verweigern, und legt noch weniger die Verpflichtung hierzu auf. Der Gläubiger, welcher eine Zahlung annimmt oder erzwingt, läuft vielmehr nur die Gefahr, daß der Konkursverwalter, wenn ein Konkursverfahren eröffnet wird, sofern die Voraussetzungen des § 23 KO. vorliegen, von dem durch diese Vorschrift gewährten Anfechtungsrechte Gebrauch macht und Rückgewähr der geleisteten Zahlung zur Konkursmasse verlangt. Sofern eine Konkurseröffnung nicht stattgefunden hat, können die einzelnen Gläubiger aber nicht geltend machen, daß ihnen ein Anspruch auf gleichmäßige Befriedigung zugestanden habe. Es gilt vielmehr, abgesehen von der für die Anfechtung außerhalb des Konkursverfahrens nicht in Betracht kommenden Vorschrift des § 23 KO., der Grundsatz, daß jeder einzelne Gläubiger ohne Rücksicht auf die übrigen Gläubiger vorgehen und die ihm gebührende Befriedigung erzwingen darf[1]). Ist dies einem Gläubiger gelungen, so können die übrigen Gläubiger, sofern die Voraussetzungen zur Eröffnung des Konkursverfahrens vorliegen, diese beantragen und dadurch unter Umständen bewirken, daß die Zahlung gemäß § 23 KO. angefochten wird und der Betrag derselben in die Konkursmasse eingeworfen werden muß. Dagegen kann der Umstand, daß infolge der geleisteten Zahlung die Mittel zur Befriedigung eines anderen Gläubigers fehlen und dies von dem Schuldner und dem befriedigten Gläubiger vorausgesehen werden mußte, den leer ausgegangenen Gläubiger nicht berechtigen, die Zahlung nach § 3 Ziff. 1 des Anfechtungsgesetzes anzufechten und die in Frage stehende Summe, auf welche ihm ein besserer Anspruch als dem befriedigten Gläubiger nicht zusteht, auf dem Wege der Zwangsvollstreckung sich zuzueignen.

In dem vorliegenden Falle handelt es sich nun zwar nicht um Erfüllung einer bestehenden Verbindlichkeit, da die Beklagten nach

[1]) Vgl. hierzu die Urteile des RG.s vom 8. Juli 1882, 20. Juni 1883, 24. Oktober 1885 in Jurist. Wochenschrift 1882 S. 224, Entsch. des RG.s in Civils. Bd. 10 S. 5 und Bolze, Bd. 2 Nr. 591. Von einer etwas anderen Auffassung ging der II. Civilsenat aus in zwei Urteilen vom 8. Juli 1883 und 17. März 1885. Vgl. Entsch. des RG.s in Civils. Bd. 9 S. 100; Bolze, Bd. 1 Nr. 546.

den Feststellungen der Vorinstanzen einen Anspruch auf Bestellung einer Hypothek nicht hatten. Es wurde denselben durch die Verpfändung der in Frage stehenden Liegenschaften nicht dasjenige, worauf sie der Art nach Anspruch hatten, sondern etwas anderes, nämlich statt der Befriedigung, welche sie verlangen und erzwingen konnten, S i c h e r s t e l l u n g gewährt. Der Schuldner war zu der vertragsmäßigen Verpfändung, welche er vornahm, den Beklagten gegenüber nicht verpflichtet, sondern konnte es denselben überlassen, auf dem Wege der Zwangsvollstreckung gegen ihn vorzugehen und sich auf diesem Wege Befriedigung oder zunächst doch diejenige Sicherstellung zu verschaffen, welche das Gesetz selbst dem Gläubiger in der Form der Urteilshypothek, des Pfändungspfandrechtes usw. gewährt. Aber dieser Umstand allein ist nicht entscheidend, da es weniger darauf, ob der Schuldner dem Gläubiger die von demselben verlangte Sicherstellung gewähren m u ß t e, als darauf ankommt, ob er dieselbe bewilligen d u r f t e, ohne sich einer unerlaubten Handlung gegenüber den übrigen Gläubigern schuldig zu machen, mit anderen Worten, ob in der Sicherstellung des in Frage stehenden Gläubigers eine r e c h t s w i d r i g e Benachteiligung der übrigen Gläubiger gefunden werden muß. Ob diese letztere Frage zu bejahen ist, hängt aber von den Umständen des einzelnen Falles insbesondere davon ab, ob die A b s i c h t des Schuldners als eine rechtswidrige anzusehen ist. Der Umstand, daß der Schuldner das Bewußtsein hatte, durch die Sicherstellung, welche er einem Gläubiger gewähre, würden die übrigen Gläubiger insofern geschädigt, als sie aus den verpfändeten Gegenständen nicht mehr Befriedigung suchen könnten, genügt für sich allein nicht, um die Anfechtung des Verpfändungsaktes auf Grund des § 3 Ziff. 1 des Anfechtungsgesetzes zu rechtfertigen. Da die Gläubiger, soweit die Vorschrift des § 23 KO. nicht zur Anwendung kommt, wie bereits oben dargelegt worden ist, einen Anspruch auf gleichmäßige Befriedigung vor Eröffnung des Konkursverfahrens nicht geltend machen können, ist jeder Gläubiger in der Lage dadurch, daß er auf dem Wege der Zwangsvollstreckung vorgeht oder einen Arrestbefehl erwirkt, ein gesetzliches Pfandrecht zu erlangen. Ebenso kann derselbe im Gebiete des rheinischen Rechtes sich, wenn er ein Urteil erwirkt, eine gerichtliche Hypothek an den Liegenschaften des Schuldners verschaffen. In diesen Fällen ist, auch wenn der Schuldner sich dem gegenüber passiv verhalten hat, z. B. ein Versäumnisurteil ergehen ließ, nicht ohne weiteres eine Anfechtung des Pfändungspfandrechtes oder der Urteilshypothek nach § 3 Ziff. 1 gerechtfertigt. Auch ein vertragsmäßiges Pfandrecht, das dem Befriedigung fordernden Gläubiger als Ersatz für die Urteilshypothek oder das Pfändungsrecht, welche er sich verschaffen konnte, gewährt worden ist, braucht nicht unter allen Umständen auf einer unerlaubten Handlung zu beruhen. Unter der Herrschaft des gemeinen Rechtes wurde der Satz aufgestellt, daß die einem Gläubiger gegenüber verfolgte Verpfändung dann nicht als unerlaubte Handlung erscheine, wenn sie den Preis bilde, welcher dem zur Zwangsvollstreckung berechtigten Gläubiger, der sich durch diese Befriedigung hätte verschaffen können, für das Abstehen von der Zwangsvollstreckung bewilligt worden sei.

Vgl. Windscheid, Pandekten Bd. 2 § 463 S. 785 Anm. 32.

In diesem Falle und in ähnlichen Fällen wird auch unter der Herrschaft der Reichsgesetzgebung nicht ohne weiteres anzunehmen sein, daß eine unerlaubte Handlung des Schuldners vorliege. Ebenso wird diese Annahme regelmäßig nicht gerechtfertigt sein, wenn der Schuldner in der Hoffnung, wieder in bessere Vermögensverhältnisse zu gelangen, von dem Gläubiger eine Stundung erwirkt und diesem statt der Sicherung, die er sich durch Urteilshypothek oder Pfändung verschaffen wollte und verschaffen konnte, in anderer Weise Ersatz gewährt. Eine widerrechtliche Absicht des Schuldners liegt aber jedenfalls dann vor, wenn die von demselben vorgenommene Rechtshandlung geradezu den Zweck hatte, einem bestimmten Gläubiger oder einer größeren Anzahl derselben die Befriedigung zu entziehen. Dieselbe wird auch in anderen Fällen, insbesondere dann anzunehmen sein, wenn der Schuldner, der voraussieht, daß es zum Konkursverfahren oder doch zu einem Zusammenbruche kommen müsse, einem bestimmten Gläubiger durch Verpfändung der vorhandenen Liegenschaften auf Kosten der übrigen Gläubiger diejenige Befriedigung sichern will, welche er ihm in Ermangelung von bereiten Mitteln nicht gewähren kann und der von dem sichergestellten Gläubiger bewilligte Aufschub nicht den Zweck hat, dem Schuldner die Möglichkeit des Wiederaufkommens zu verschaffen, sondern nur die Eröffnung des Konkursverfahrens hinauszuschieben und die Anfechtung der Rechtshandlung auf Grund des § 23 KO. auszuschließen. In solchen und ähnlichen Fällen ist die auf einer im Sinne der Motive zur Konkursordnung „fraudulösen“ Übereinkunft zwischen dem Schuldner und einem seiner Gläubiger beruhende Begünstigung des letzteren als eine unerlaubte anzusehen[1]). Auch unter der Herrschaft des französischen Rechtes galt übrigens der Grundsatz, daß Zahlungen und Verpfändungen, welche der Schuldner einem einzelnen Gläubiger gegenüber vorgenommen hat, nicht schon deshalb von den übrigen Gläubigern nach Art. 1167 Code civil angefochten werden könnten, weil dieselben, wie den Beteiligten bekannt gewesen sei, eine Benachteiligung (préjudice) der übrigen Gläubiger enthielten, oder weil der in Frage stehende Gläubiger die Zahlungsunfähigkeit des Schuldners gekannt habe, sondern daß diese Anfechtung eine „fraudulöse“ (d. h. widerrechtliche) Absicht des Schuldners („un but frauduleux“) voraussetze.

---

[1]) Bezüglich der in § 211 KO. vorgesehenen strafbaren Begünstigung hat der III. Strafsenat des Reichsgerichtes in einem Urteile vom 19. November 1888 (Jurist. Wochenschrift 1889 S. 61 Nr. 15) angenommen, das bloße Bewußtsein, daß der Gläubiger begünstigt werde und eine Befriedigung oder Sicherstellung erhalte, welche er nicht oder nicht in der Art oder zu der Zeit zu beanspruchen habe, genüge nicht; vielmehr sei es erforderlich, daß die Befriedigung oder Sicherstellung des Gläubigers eine unberechtigte sei.

Vgl. Sirey-Gilbert, Code civil annoté Art. 1167 Nr. 57 flg. und die dort angeführten Schriftsteller und Urteile, insbesondere Aubry und Rau, § 313 Bd. 2 S. 140; Demolombe, Bd. 2 Nr. 125; Laurent, Bd. 16 Nr. 480, 481; Sirey, Récueil Bd. 69 I, S. 149; Cass. 3. März 1869.

Da die von dem ersten Richter festgestellten Tatsachen nach der dargelegten Auffassung nicht genügen, um die Anfechtung der in Frage stehenden Hypothekbestellungen auf Grund des § 3 Ziff. 1 des Anfechtungsgesetzes zu rechtfertigen, mußte das angefochtene Urteil aufgehoben werden. Die Sache war jedoch, da sie noch nicht reif zur Endentscheidung ist und bei einer nochmaligen Prüfung die Anfechtung auch als gerechtfertigt erscheinen kann, zur anderweiten Verhandlung und Entscheidung an das Berufungsgericht zurückzuverweisen. Bei dieser wird das Oberlandesgericht unter Würdigung aller in Betracht kommenden Umstände die streitigen Punkte nochmals zu prüfen und insbesondere festzustellen haben, ob und welche Schritte die Beklagten getan hatten, um wegen ihrer Forderungen Befriedigung zu erlangen, und von welcher Absicht der Schuldner bei Vornahme der angefochtenen Handlungen geleitet wurde."

RGZ. 30, 67

Muß, wenn ein Konkursgläubiger auf Grund eines vorläufig vollstreckbaren Urteiles nach § 10 des Anfechtungsgesetzes vom 21. Juli 1879 nur ein hinsichtlich der Vollstreckbarkeit bedingtes Urteil erwirkt hat, der Konkursverwalter, welcher gemäß § 13 des Anfechtungsgesetzes die Zwangsvollstreckung gegen den Anfechtungsbeklagten betreiben will, den Eintritt der Rechtskraft des erstgenannten Urteiles nachweisen?

VI. Zivilsenat. Beschl. v. 24. November 1892.

I. Landgericht Heilbronn. II. Oberlandesgericht Stuttgart.

Gründe:

„Die Kaufleute L. und W. erwirkten im April 1890 gegen den Schlosser ... V. mehrere vorläufig vollstreckbare Versäumnisurteile des Landgerichtes Heilbronn und des Amtsgerichtes Neckarsulm auf Bezahlung von zusammen 1150 M. Nach Zustellung der Urteile, aber innerhalb der Einspruchsfrist, starb V., nachdem er noch eine Abschlagszahlung gemacht hatte, im Mai 1890. In den Prozessen war er durch einen Prozeßbevollmächtigten nicht vertreten gewesen. Seine gesetzlichen Erben schlugen, weil dem geringen Aktivnachlasse beträchtliche Schulden gegenüber standen, die Erbschaft aus. Schlosser V. hatte im März 1890 dem Kaufmanne F. V., seinem Schwager, für ein Darlehn von 1000 M. seine gesamte Liegenschaft verpfändet. ... Die beiden Gläubiger L. und W. erhoben nun, gestützt auf die vorläufig vollstreckbaren Versäumnisurteile, in Beziehung auf diese ... Pfandbestellung auf Grund des § 3 Ziff. 2 des Anfechtungsgesetzes Anfechtungsklage gegen F. V. bei dem Landgerichte Heilbronn. Dieses Gericht erklärte durch Urteil vom 31. Oktober 1890 die Pfandbestellung den Klägern gegenüber in Höhe ihrer noch 646 M. betragenden Forderungen für unwirksam und verurteilte den F. V., den Klägern diese Summe nebst Zinsen zu bezahlen. Gemäß § 10 des Anfechtungsgesetzes sprach jedoch das Landgericht aus, daß die Vollstreckung des Urteils erst erfolgen dürfe, wenn, bzw. soweit die gegen den Schuldner V. ... erlassenen Versäumnisurteile rechtskräftig geworden seien. Das Urteil vom 31. Oktober 1890 ist rechtskräftig geworden. Auf Antrag der beiden Gläubiger L. und W. wurde anfangs November 1891 über den Nachlaß des Schlossers V. der Konkurs eröffnet. ... Im Januar 1892 stellten L. und W., welche in dem Nachlaßkonkurse ihre mehrerwähnten Forderungen angemeldet, auch die Feststellung und Eintragung derselben in die Konkurstabelle erwirkt hatten, bei dem Landgerichte Heilbronn gegen die Konkursmasse des V., vertreten durch den Konkursverwalter, den Antrag, auszusprechen, daß das durch den Tod des V. unterbrochene Verfahren in den beiden Prozessen, in welchen das Landgericht gegen V. die Versäumnisurteile erlassen hatte, wieder aufzunehmen, bzw. daß es durch den Konkursverwalter als Rechtsnachfolger des V. wieder aufgenommen sei. Das Landgericht wies diesen Antrag durch Urteil vom 23. Februar 1892 als unzulässig zurück. In den Gründen ist ausgeführt: Das genannte Verfahren sei zwar schon gemäß §§ 217, 223, 226 ZPO. durch den Tod des V. unterbrochen. Zufolge der Eröffnung des Nachlaßkonkurses seien aber, da das Verfahren die Konkursmasse betreffe, nach §§ 220, 218 ZPO. die Vorschriften der Konkursordnung in betreff der Aufnahme des Verfahrens maßgebend. Von diesen komme nur diejenige des § 10 in Betracht, da es sich um Konkursforderungen handle. Wären die Konkursforderungen im Konkurse bestritten worden, so hätten die Gläubiger den Prozeß gegen den Bestreitenden fortsetzen müssen (§ 134 Abs. 3, § 132 Abs. 2 KO.); nun seien sie aber im Prüfungstermine allerseits anerkannt worden, ein Prozeß also gegenstandslos; jedenfalls bestehe weder Recht noch Pflicht des Konkursverwalters, den Prozeß aufzunehmen. Übrigens sei auch der Ausgangspunkt der Kläger unrichtig, daß nämlich, um dem Konkursverwalter die Vollstreckung des im Anfechtungsprozesse ergangenen Urteiles zu ermöglichen (§ 13 des Anfechtungsgesetzes), der Ablauf der Einspruchsfristen in den Prozessen gegen den Schlosser V. durch Aufnahme dieser Prozesse herbeigeführt werden müsse. Denn die gemäß § 10 des Anfechtungsgesetzes der Vollstreckbarkeit des im Anfechtungsprozesse ergangenen (rechtskräftigen) Urteiles gesetzte Bedingung sei als erfüllt zu erachten durch die im Konkurse erfolgte allseitige Anerkennung, Feststellung und Eintragung der angemeldeten Forderungen in die Tabelle, welche nach § 133 Abs. 2 KO. wie ein rechtskräftiges Urteil sowohl gegenüber den Konkursgläubigern als gegenüber dem

Konkursverwalter, der insoweit infolge des Konkurses an Stelle des Schuldners getreten sei, gelte. Nunmehr beantragte der Konkursverwalter bei dem Landgerichte gemäß § 13 Abs. 1 des Anfechtungsgesetzes, §§ 664, 665 ZPO. unter Vorlegung von Auszügen aus der Konkurstabelle die Erteilung der Vollstreckungsklausel für das im Anfechtungsprozesse gegen F. V. ergangene Urteil. Auf Anordnung des Vorsitzenden wurde dem Konkursverwalter als „Rechtsnachfolger des L. und W." diese Vollstreckungsklausel erteilt. Die von F. V. hiergegen erhobene Einwendung (§ 668 ZPO.), daß die für die Vollstreckbarkeit des Urteiles in diesem gesetzte Bedingung durch die Eintragung der Forderungen in die Konkurstabelle nicht als erfüllt gelten könne, wurde von dem Landgerichte unter Wiederholung der betreffenden Ausführung aus den Gründen zu dem Urteile vom 23. Februar 1892 durch Beschluß vom 4. Juli 1892 verworfen. Auf sofortige Beschwerde des F. V. hat das Beschwerdegericht (Oberlandesgericht Stuttgart) durch Beschluß vom 17. August 1892 die dem Konkursverwalter erteilte Vollstreckungsklausel aufgehoben. Das Beschwerdegericht ging hierbei von der Erwägung aus, die von L. und W. gegen den Schlosser V. eingeklagten Forderungen könnten diesem gegenüber nicht als rechtskräftig festgestellt angesehen werden; denn die Versäumnisurteile seien nicht rechtskräftig geworden, und im Konkurse habe eine solche rechtskräftige Feststellung nicht stattfinden können, weil niemand vorhanden gewesen, welcher den verstorbenen V. in Anerkennung oder Bestreitung der Forderungen hätte vertreten können.

Die von dem Vertreter des Konkursverwalters gegen diesen Beschluß rechtzeitig und ordnungsmäßig eingelegte sofortige Beschwerde ist begründet.

Der Konkursverwalter will auf Grund der Bestimmungen in § 13 des Anfechtungsgesetzes die Zwangsvollstreckung aus dem von L. und W. gegen F. V. unterm 31. Oktober 1890 vor der Eröffnung des Konkurses über den Nachlaß des Schlossers V. erstrittenen Urteile zugunsten der Konkursmasse betreiben. Es kann zunächst mit Grund nicht bezweifelt werden und ist auch in der Theorie mit einer vereinzelten Ausnahme allgemein anerkannt, daß der § 13 des Anfechtungsgesetzes den Konkursverwalter zur Verfolgung des von einem Gläubiger vor Eröffnung des Konkurses erhobenen Anfechtungsanspruches für die Konkursmasse auch dann berechtigt, wenn das im Anfechtungsprozesse zugunsten des einzelnen Gläubigers erlassene Urteil bereits rechtskräftig geworden ist. Die Motive zu dem Gesetze sprechen dies mit erwünschter Klarheit aus, und auch der Wortlaut und die Fassung des § 13 weisen bestimmt auf diesen Sinn des Gesetzes hin (vgl. Abs. 2 mit Abs. 1). Macht der Konkursverwalter von diesem Rechte Gebrauch, so erfolgt, wie die Motive gleichfalls bemerken, die Erteilung der vollstreckbaren Ausfertigung in Gemäßheit der §§ 665, 666 ZPO. auf Grund der Bestallung des Konkursverwalters. Dieser ist zwar nicht eigentlicher Rechtsnachfolger des anfechtenden Gläubigers. Allein der § 13 beruht doch auf der Annahme, daß die von einem Gläubiger in dem vorausgegangenen Anfechtungsstreite prozessualisch erworbenen Rechte zur Konkursmasse gehören, und daß deshalb der Konkursverwalter, wenn er von der Befugnis des § 13 Gebrauch mache, in die von dem Gläubiger geschaffene prozessuale Rechtslage eintrete. Man kann deshalb von einer Sukzession des Konkursverwalters in diese prozessuale Rechtslage reden, und insofern erscheint die Anwendung der §§ 665, 666 ZPO. wohl begründet. Im vorliegenden Falle ist nun das von den Konkursgläubigern in dem Anfechtungsprozesse zu ihren Gunsten erstrittene Urteil nur unter dem im § 10 des Gesetzes bezeichneten Vorbehalte, daß die der Anfechtung zugrunde liegenden Versäumnisurteile rechtskräftig werden, ergangen, und der Vorschrift des § 664 ZPO. wäre noch nicht Genüge getan, wenn man in der Feststellung der Forderungen jener Gläubiger im Nachlaßkonkurse, beziehungsweise in der Eintragung in die Konkurstabelle nicht die Erfüllung der Bedingung, von welcher die Vollstreckung des Urteiles abhängig gemacht ist, sieht, vorausgesetzt, daß der Konkursverwalter zur Erfüllung dieser Bedingung für verpflichtet erachtet werden müßte. Allein hierauf kommt es nicht an. Indem der Konkursverwalter gemäß § 13 des Anfechtungsgesetzes von der durch einen Gläubiger im vorausgegangenen Anfechtungsprozesse gewonnenen prozessualen Rechtslage Gebrauch macht, tut er dies, um sein Anfechtungsrecht zugunsten der Konkursmasse (§§ 29, 30 KO.) durch Ausnutzung jenes Weges geltend zu machen. Es tritt also in der Person des Anfechtungsgläubigers ein Wechsel ein und damit zugleich die weitere Änderung, daß die Rückgewähr, bzw. die Zahlung nicht mehr an den oder die einzelnen Gläubiger, sondern zur Konkursmasse zu erfolgen hat. Jener gemäß § 10 des Anfechtungsgesetzes in dem Urteile ausgesprochene Vorbehalt betrifft aber nur die Ergänzung der Legitimation des anfechtenden Einzelgläubigers und soll und kann nur gelten bei weiterer Verfolgung des Anfechtungsanspruches durch den Einzelgläubiger. Für den Konkursverwalter, der in den Prozeß eintritt oder das bereits rechtskräftige Urteil zur Vollstreckung bringen will, hat der fragliche Vorbehalt keine Bedeutung. Die fragliche, dem Urteile hinsichtlich seiner Vollstreckung gemäß dieser Gesetzesbestimmung beigefügte Bedingung ist demgemäß in Ansehung des Konkursverwalters gegenstandslos geworden. Dies sprechen auch die Motive des Gesetzes (S. 29) geradezu aus, indem sie betonen, daß die Schranke, welche der Entwurf im § 9 — jetzt § 10 — aus der beschränkten Legitimation des einzelnen Gläubigers gegen diesen ziehen mußte, gegen den Konkursverwalter fortfalle, und zwar im Anschlusse daran, daß, wenn der Verwalter den Anspruch verfolge, dies für die Konkursmasse geschehe, daß an sie die Rückgewähr zu geschehen habe, und dafür die Vorschriften der Konkursordnung (§§ 30 flg.) maßgebend seien.

Vgl. auch Cosack, Das Anfechtungsrecht der Gläubiger usw. S. 360 flg.

Demzufolge ist die dem Konkursverwalter erteilte Vollstreckungsklausel gerechtfertigt und mußte die Entscheidung des Oberlandesgerichtes aufgehoben, die von F. V. gegen den Beschluß des Landgerichtes vom 4. Juli 1892 erhobene Beschwerde zurückgewiesen werden." ...

RGZ. 32, 101

1. Ist derjenige Gläubiger, welcher eine vorher einem Dritten abgetretene Forderung seines Schuldners wie eine dem letzteren noch zustehende hat pfänden lassen und sodann im Wege des Anfechtungsprozesses gegen den Dritten ein rechtskräftiges Urteil erwirkt hat, wodurch die Abtretung ihm gegenüber für unwirksam erklärt ist, im Konkurse seines Schuldners als Pfändungspfandgläubiger oder nur als Konkursgläubiger anzusehen?

2. Verschafft einem solchen Gläubiger jenes rechtskräftige Urteil eine Sicherung oder Befriedigung im Sinne des § 13 Abs. 3 des Anfechtungsgesetzes vom 21. Juli 1879, welche eventuell vom Konkursverwalter nach § 23 Ziff. 1 KO. anzufechten ist, oder steht einfach die weitere Verfolgung des dem Gläubiger rechtskräftig zuerkannten Anfechtungsanspruches nach § 13 Abs. 1 des Anfechtungsgesetzes dem Konkursverwalter zu?

VI. Zivilsenat. Urt. v. 22. Januar 1894.

I. Landgericht Plauen. II. Oberlandesgericht Dresden.

Aus den Gründen:

„Der Beklagte hat, nachdem ihm der jetzige Gemeinschuldner C. M. Kl. rechtskräftig zur Zahlung einer Schuld von 5937,45 M. verurteilt worden war, zum Zwecke der Zwangsvollstreckung eine dem genannten Kl. angeblich gegen den sächsischen Militärlebensversicherungsverein zu Dresden zustehende Forderung von 5000 M., welche indessen vorher von dem jetzigen Gemeinschuldner seinem Bruder G. A. Kl. abgetreten war, pfänden und sich zur Einziehung überweisen lassen und sodann in einem von ihm gegen G. A. Kl. angestrengten Anfechtungsprozesse die rechtskräftige Verurteilung dieses Kl. erzielt, anzuerkennen, daß die erwähnte Zession der Forderung von 5000 M. ihm, dem jetzigen Beklagten, gegenüber unwirksam sei, auch in Auszahlung dieser Forderung an ihn zu willigen. Im jetzigen Prozesse hat dann wieder der Verwalter im Konkurse des ursprünglichen Gläubigers Kl. darauf geklagt, daß der Beklagte verurteilt werde, anzuerkennen, daß ihm auf Grund jenes von ihm gegen G. A. Kl. erstrittenen Urteiles ein Recht auf jene Forderung an den sächsischen Militärlebensversicherungsverein oder auch nur auf einen Teil derselben nicht zustehe, und darein zu willigen, daß der Betrag an den

Kläger ausgezahlt werde. Die Gründe, aus welchen das Berufungsgericht, abweichend vom Gerichte erster Instanz, diese Klage abgewiesen hat, verstoßen in einem erheblichen Punkte gegen die maßgebenden reichsgesetzlichen Normen.

Das Oberlandesgericht hält die Abss. 1—3 des § 13 des Anfechtungsgesetzes vom 21. Juli 1879 deshalb nicht für maßgebend, weil diese Bestimmungen — wie auch nicht zweifelhaft ist — nur die von Konkursgläubigern erhobenen Anfechtungsansprüche betreffen, der Beklagte aber die Anfechtung als Pfändungspfandgläubiger, also nach § 41 Ziff. 9 KO. als absonderungsberechtigter Gläubiger vorgenommen habe. Daß der Beklagte, insofern er Pfändungspfandgläubiger wäre, nicht zu den „Konkursgläubigern" gehören würde, ist freilich gewiß richtig;

vgl. Entsch. des RG.'s in Zivils. Bd. 17 S. 27 flg.;

aber mit Unrecht hält ihn das Berufungsgericht für einen Pfändungspfandgläubiger. Allerdings erwirbt nach § 709 ZPO. der Gläubiger durch die Pfändung ein Pfandrecht an dem gepfändeten Gegenstande; aber bei der Pfändung einer bereits einem Dritten abgetretenen Forderung fehlt es auch eben an einem solchen Gegenstande; gepfändet wird dann nur eine vermeintliche Forderung des Schuldners, welche als solche nicht mehr existiert. In welchem Sinne hier das Berufungsgericht den Umstand für erheblich hält, daß nach § 779 ZPO. die Einwilligung zur Auszahlung der 5000 M. an den jetzigen Beklagten, zu welcher G. A. Kl. rechtskräftig verurteilt war, noch vor der Eröffnung des Konkurses über das Vermögen des C. M. Kl. als erfolgt zu gelten hatte, ist nicht ganz klar; jedenfalls konnte hierdurch für den jetzigen Beklagten kein Pfändungspfandrecht an der Forderung begründet werden, da eine solche Entstehungsart des Pfändungspfandrechtes dem Gesetze unbekannt ist. Freilich hat das Reichsgericht früher ausgesprochen, daß es, falls eine Pfändung des den Gegenstand des Anfechtungsstreites bildenden Forderungsrechtes vorhergegangen sei, im Verhältnisse zwischen dem anfechtenden Gläubiger und dem Anfechtungsgegner nach erfolgreicher Durchführung des Anfechtungsanspruches so anzusehen sei, als ob die Forderung von Anfang an gültig gepfändet wäre, und daß daher dem Drittschuldner selbst gegenüber die Anfechtung auch im Wege der Replik mit unmittelbarem Erfolge durchgeführt werden könne;

vgl. Entsch. des RG.'s in Zivils. Bd. 19 S. 202 flg. und die dort angeführte Sache Rep. IIIa. 272/86;

aber diese auf § 7 Abs. 1 des Anfechtungsgesetzes beruhende Entscheidung kann nicht ausgedehnt werden auf das Verhältnis zwischen dem anfechtenden Gläubiger und der Konkursmasse.

Unterlag aus diesen Gründen das angefochtene Urteil der Aufhebung, so hätte, falls man mit dem Landgerichte die vorliegende Klage als eine auf § 13 Abs. 3 des Anfechtungsgesetzes, bzw. § 23 Ziff. 1 KO. zu be-

beim Mangel entsprechender tatsächlicher Feststellungen im vorigen Urteile, noch nicht erkannt werden können. Der in § 13 Abs. 3 des Anfechtungsgesetzes vorgesehene Fall lag jedoch in Wirklichkeit nicht vor, da der Beklagte aus dem Zurückzugewährenden noch gar keine Sicherung oder Befriedigung erlangt hat; ebensowenig freilich der in Abs. 2 daselbst geregelte Fall, daß das Verfahren über den Anfechtungsanspruch noch rechtshängig gewesen wäre. Die Klage war einfach zu denken als eine auf den Abs. 1 des § 13 sich stützende Feststellungsklage und erschien als solche ohne weiteres als begründet. Da eben über das Vermögen des gründende Anfechtungsklage aufzufassen gehabt hätte, in der Sache selbst, Schuldners das Konkursverfahren eröffnet ist, so steht die Verfolgung des vom Beklagten erhobenen Anfechtungsanspruches, hier also die Ausnutzung des von ihm erlangten rechtskräftigen Urteiles, dem Konkursverwalter zu, und da der Beklagte hiergegen Widerspruch erhoben hatte, so mußte es dem Kläger freistehen, den letzteren im Prozeßwege zu beseitigen. Daher war jetzt in Anwendung von § 528 Abs. 3 Ziff. 1 ZPO. die Berufung des Beklagten sofort zurückzuweisen." ...

RGZ. 36, 30

Kann im Anfechtungsprozesse der Beklagte den Kläger auf eine dem Schuldner angeblich gegen ihn zustehende Forderung als ein im Vermögen des Schuldners befindliches Exekutionsobjekt verweisen?

Anfechtungsgesetz vom 21. Juli 1879 § 2.

VI. Zivilsenat. Urt. v. 4. November 1895.

I. Landgericht Nordhausen. II. Oberlandesgericht Naumburg a. S.

Der Beklagte hatte wegen einer Forderung an die offene Handelsgesellschaft Th. F. in Nordhausen auf Grund einer ihm von der Schuldnerin am 21. April 1888 erteilten vollstreckbaren Urkunde am 11. Mai 1888 den größten Teil des Geschäftsinventares der Gesellschaft pfänden lassen. Am 16. Februar 1891 schloß er mit der damaligen Vertreterin der Gesellschaft, der Witwe F., seiner Schwester, einen Vertrag, wonach er nahezu die sämtlichen gepfändeten Gegenstände anstatt der Versteigerung durch den Gerichtsvollzieher im Wege des freiwilligen Verkaufes um den vereinbarten Taxwert von 3380 M. erwarb. Auf den Kaufpreis wurde seine Forderung (einschließlich der Zinsen) im Betrage von 3185 M. verrechnet; der Rest von 195 M. wurde zur Abfindung einiger anderer Gesellschaftsgläubiger verwendet. Die Gesellschaft löste sich bald darauf auf. Kläger erstritt sodann am 13. Juni 1892 wegen einer ihm gegen die Gesellschaft zustehenden Forderung von 2432 M. nebst Zinsen gegen die noch lebenden vormaligen Inhaber derselben ein diese klagegemäß verurteilendes Urteil, das rechtskräftig wurde. Nach fruchtlosem Zwangsvollstreckungsversuche focht er mit einer gegen den Beklagten erhobenen Klage die vollstreckbare Urkunde vom 21. April 1888, die Pfändung vom

11. Mai 1888 und den Kaufvertrag vom 16. Februar 1891 aus § 3 Ziff. 2, 1 des Anfechtungsgesetzes vom 21. Juli 1879 an. Das Berufungsgericht verurteilte den Beklagten nach dem Klagantrage. In der Berufungsinstanz hatte Beklagter unter Vorlegung von acht durch die Firma Th. F. auf den Kläger gezogenen und von diesem akzeptierten Wechseln geltend gemacht: die Gesellschaft sei keineswegs vermögenslos; denn Kläger schulde an sie, bzw. an die durch das Urteil vom 13. Juni 1892 verurteilten auf diese seinerzeit von ihm nicht eingelösten Wechsel eine größere Summe, welche 1890/91 zahlbar gewesen wäre; diese Wechsel habe der Beklagte von den letzten Giranten erworben; sie hätten auch gegen den Kläger eingeklagt werden sollen, nachdem die Kompensation mit der Forderung aus denselben in dem Vorprozesse von den damaligen Beklagten versäumt worden sei. Die Wechsel waren ausgestellt in der Zeit vom Juni bis Dezember 1890 und fällig in der Zeit vom Dezember 1890 bis März 1891; sie waren sämtlich von der Gesellschaft weiter begeben worden. Die Wechselsummen betrugen zusammen 5262 M. Kläger brachte unter Berufung auf das Urteil vom 13. Juni 1892 gegen die Einwendung vor, er habe die Akzepte auf sämtlichen Wechseln nur aus Gefälligkeit und unter der ausdrücklichen Abrede gegeben, daß die Gesellschaft selbst sie einlösen müsse; übrigens seien sie sämtlich präjudiziert und am Verfalltage je ohne Protest gezahlt und quittiert worden; die Geltendmachung dieser angeblichen Wechselforderungen beruhe lediglich auf einer Schikane des Beklagten. Das Berufungsgericht verwarf die Einwendung. Es führte aus: Nach § 2 des Anfechtungsgesetzes könne zwar der Anfechtungsbeklagte durch den Nachweis, daß im Vermögen des verurteilten Schuldners noch hinlängliche realisierbare Exekutionsobjekte vorhanden seien, die Anfechtungsklage entkräften. Als solche bereite und realisierbare Objekte können aber die angeblichen Forderungen aus den fraglichen Wechseln nicht angesehen werden, weil sie erst ausgeklagt werden müßten. Es stände, wie in dem in den Entsch. des RG.'s in Zivils. Bd. 22 S. 44 flg. mitgeteilten Falle, ein langwieriger und verwickelter Prozeß gegen den Kläger in Aussicht. Hier nach bedürfe es im gegenwärtigen Prozesse keiner Untersuchung darüber, ob aus den Wechselakzepten eine Forderung der ehemaligen Handelsgesellschaft Th. F. oder der im Vorprozesse verurteilten Schuldner des Klägers gegen diesen sich ableiten lasse. Solle aber aus der Behauptung des Beklagten, daß die Wechsel von den letzten Giranten in sein Eigentum übergegangen seien, entnommen werden, daß ihm selbst die angeblichen Forderungen aus den Wechseln gegen den Kläger zustehen, so würde es sich gar nicht um Vermögen der Schuldner des Klägers handeln. Eine Erklärung, daß er mit diesen Forderungen gegen den Anfechtungsanspruch kompensiere, habe Beklagter nicht abgegeben, so daß dahingestellt bleiben könne, ob solche Kompensation überhaupt statthaft wäre. Das Reichsgericht wies den hiergegen erhobenen Revisionsangriff zurück aus folgenden

Gründen:

... „Die Revision wirft dem Berufungsgerichte Verletzung des § 2 des Anfechtungsgesetzes vor. Nach den Behauptungen des Beklagten — deren Beweis vorausgesetzt — wäre das Vorhandensein genügender Exekutionsobjekte im Vermögen des Schuldners dargetan und läge eine Schädigung des Klägers nicht vor; Kläger müsse sich ohne weiteres die Kompensation oder Verweisung auf sich selbst gefallen lassen. Darüber, ob die Behauptungen des Beklagten tatsächlich und rechtlich gegründet sein, könne und müsse im Anfechtungsprozesse entschieden werden.

Diesem Angriffe muß der Erfolg versagt werden.

Der Beklagte macht nicht geltend und kann nicht geltend machen, daß die durch das rechtskräftige Urteil ... vom 13. Juni 1892 festgestellte Forderung des Klägers inzwischen in zulässiger Weise durch Kompensation mit der fraglichen den Schuldnern angeblich gegen ihn zustehenden Forderung getilgt worden sei. Vielmehr will der Beklagte den Kläger nötigen, auf seine angebliche Schuld gegenüber seinen rechtskräftig verurteilten Schuldnern als Exekutionsobjekt für sich zu greifen, und ihm die Vornahme der Kompensation seiner Forderung mit dieser Schuld aufzwingen. Der Fall liegt einmal so, daß es sich um eine klare und liquide Forderung der Schuldner des Klägers an diesen handelte, und jene, die angeblichen Gläubiger, inzwischen irgendwelche Schritte getan hätten, um diese Forderung gegen den Kläger geltend zu machen. Beklagter behauptet nur, die Forderung habe gegen Kläger eingeklagt werden sollen. Dies geschah aber nicht. Der Kläger hat aber nach allgemeinen Grundsätzen kraft des zwischen ihm und seinen Schuldnern bestehenden Schuldverhältnissses den Anspruch auf Leistung des nach dem Inhalte des Schuldverhältnisses geschuldeten Gegenstandes, hier also auf Zahlung der geschuldeten Summe. Es hing lediglich von seinem Belieben ab, ob er, falls er Schuldner seiner Schuldner gewesen wäre, zur Kompensation greifen wollte, anstatt Zahlung zu verlangen. Er hat den Anspruch auf Zahlung im Vorprozesse, welcher zur rechtskräftigen Verurteilung seiner Schuldner zur Zahlung führte, verfolgt. Die damaligen Beklagten konnten nun, *wenn sie wollten*, die ihnen angeblich zustehende Forderung gegen den Kläger zur Kompensation benutzen. Sie haben dies aber nicht getan, obwohl sie hierzu tatsächlich und rechtlich imstande gewesen wären. Kläger hat in diesem Vorprozesse die Klage auf die Behauptung gestützt, er habe mit der Firma Th. F. in Geschäftsverbindung und Kontokorrentverhältnis gestanden, in welchem sich für den 31. Dezember 1890 ein Saldo zu seinen Gunsten von 5674 M. ergeben habe. Durch verschiedene im einzelnen bezeichnete Zahlungen sei diese Forderung bis 17. Februar 1891 auf 2024 M. herabgemindert worden. Bis zum 28. Februar 1891 seien weitere Zahlungen erfolgt; andererseits aber sei auch die Handelsgesellschaft wieder seine Schuldnerin geworden, indem er einen von ihm auf die Gesellschaft gezogenen, von dieser akzeptierten (am 31. Oktober 1890 fällig gewesenen) Wechsel über 650 M. unter Protest zurückerhalten und eingelöst habe. Die damaligen Beklagten haben kurzweg bestritten, daß sich auf den 31. Dezember 1890 ein Saldo von 5674 M. zugunsten des Klägers ergeben habe, und die weiteren vom Kläger aufgeführten Geschäfte (Rechnungsposten) in Abrede gestellt. Das Landgericht hat sodann auf Grund der Geschäfts- und Handelsbücher des Klägers und derjenigen der Handelsgesellschaft Th. F. und des Gutachtens eines über diese Bücher vernommenen Sachverständigen den Beweis der Klagebehauptung als vollkommen erbracht angenommen. Die Schuldner des Klägers haben auch seither trotz des im September 1892 von diesem vorgenommenen Zwangsvollstreckungsversuches die ihnen angeblich zustehende Gegenforderung in keiner Weise geltend gemacht. Erst im jetzigen Anfechtungsprozesse will der Beklagte den Kläger zum Zwecke seiner Befriedigung auf diese von dem letzteren bestrittene Gegenforderung seiner Schuldner verweisen. Darüber, ob sie besteht, muß also im Prozeßwege verhandelt und entschieden werden. Für diese Entscheidung ist in dem Anfechtungsprozesse kein Raum. Soll der Anfechtungskläger auf die angebliche Forderung seiner Schuldner gegen ihn als Befriedigungsmittel verwiesen werden können, so wäre jedenfalls Voraussetzung, daß dem Urteile, welches eventuell das Bestehen der Forderung feststellt, Wirkung auch im Verhältnisse zwischen ihm und seinen Schuldnern, bzw. angeblichen Gläubigern, zukäme. Solche Wirkung käme aber der nur im Anfechtungsprozesse etwa herbeizuführenden Feststellung nicht zu. Selbstverständlich würde auch durch das Urteil im Anfechtungsprozesse, welches die Klage abwiese, weil dem Kläger als Befriedigungs- und Exekutionsobjekt seine eigene Schuld gegenüber seinen Schuldnern zu Gebote stehe, die Befriedigung des Klägers (durch Kompensation) nicht herbeigeführt. Durch das Urteil würde ihm nur zugemutet, auf die angebliche Schuld als Exekutionsobjekt zu greifen, obwohl sie im Verhältnisse zwischen ihm und den angeblichen Gläubigern nicht rechtskräftig festgestellt wäre. Dies ist unzulässig. Es wäre vielmehr Sache der Schuldner des Klägers gewesen, ihre angebliche Forderung an den Kläger im Prozeßwege zu verfolgen. Hätten sie ein den Kläger verurteilendes, die Forderung also rechtskräftig feststellendes Urteil erzielt, dann hätte sich fragen können, ob Beklagter im jetzigen Anfechtungsprozesse (wenngleich die Schuldner selbst die Forderung nicht zur Kompensation benutzten) in sinngemäßer Anwendung des § 2 des Anfechtungsgesetzes mittels einer exceptio doli geltend machen könne, Kläger habe sich in erster Linie an seine Schuld (als ein Vermögens- und Exekutionsobjekt der Schuldner) zu halten. So aber, wie die Verhältnisse tatsächlich liegen, kann davon, daß bereite und genügende Exekutionsmittel im Vermögen der Schuldner nachgewiesen wären, keine Rede sein. Das Vorhandensein anderer Exekutionsobjekte hat Beklagter nicht behauptet. Wäre aber nach der Behauptung des Beklagten, er habe die fraglichen Wechsel von den letzten Giranten erworben, davon auszugehen, daß er Inhaber der aus den Akzepten des

Klägers gegen diesen abzuleitenden Forderungen sei, so stände, wie das Berufungsgericht mit Recht bemerkt, nicht Vermögen des Schuldners des Klägers, sondern solches des Beklagten in Frage, auf welches Kläger selbstverständlich nicht verwiesen werden darf. Zu einer weiteren Aufklärung der betreffenden Behauptung des Beklagten gemäß § 130 ZPO. lag ein Anlaß nicht vor. Das Berufungsgericht hat die Einwendung von den beiden allein in Betracht kommenden Gesichtspunkten aus geprüft, nämlich sowohl für den Fall, daß die angebliche Forderung den Schuldnern des Klägers, als für den Fall, daß sie dem Beklagten zustehen sollte." ...

RGZ. 36, 113

Was ist unter dem Worte „zahlungsunfähig" im § 4 des Gesetzes vom 21. Juli 1879, betreffend die Anfechtung von Rechtshandlungen eines Schuldners außerhalb des Konkursverfahrens, zu verstehen? Soll damit ein anderer Vermögenszustand des Schuldners bezeichnet werden, als im § 2 daselbst als Erfordernis für die Anfechtungsklage hingestellt ist?

VI. Zivilsenat. Urt. v. 20. Januar 1896.

I. Landgericht Gleiwitz. II. Oberlandesgericht Breslau.

Aus den Gründen:

... „Der § 4 des Gesetzes vom 21. Juli 1879 gestattet die Zurückrechnung der Frist vom Zeitpunkte der Zustellung des Schriftsatzes, durch welchen die Anfechtungsabsicht angekündigt wird, nur, „sofern schon zu dieser Zeit der Schuldner zahlungsunfähig war". Das Berufungsgericht sieht dieses Erfordernis für vorhanden an, weil E. W. schon mehrere Jahre vor dem 5. Januar 1894*) seine Verbindlichkeiten nur dadurch, daß er von Fall zu Fall größere oder kleinere Beträge borgte, habe erfüllen können, ferner mehrfach Pfändungen bei ihm vorgenommen seien, und der Beklagte — der einzige, der ihm noch Geld geliehen habe — den weiteren Kredit spätestens von der Zeit ab, zu welcher ihm wegen des Darlehns von 10 000 M. die Hypothek bestellt wurde, also schon vor dem 5. Januar 1894, verweigert habe. Schließlich habe E. W. selbst bekundet, daß die Exekution wiederholt fruchtlos gegen ihn ausgefallen sei, und zwar, wie er glaube, im Jahre 1893.

Die letzte Anführung hat nicht die Bedeutung eines selbständigen Entscheidungsgrundes und einer Feststellung, daß schon vor dem 5. Januar 1894 Exekutionen gegen E. W. fruchtlos ausgefallen seien. Festgestellt wird nur, daß E. W. zu dieser Zeit nicht die bereiten Barmittel gehabt habe, seine fälligen Schulden zu bezahlen, sich solche auch durch Kredit nicht mehr habe verschaffen können. Die danach anzunehmende

*) Dies war der Tag der Zustellung des Schriftsatzes, durch welchen dem Anfechtungsbeklagten die Absicht der Anfechtung angekündigt war. Angefochten wurde die von E. W. dem Beklagten bestellte Darlehnshypothek über 10 000 M.

allgemeine Zahlungsunfähigkeit des E. W. zu jener Zeit ist aber nicht gleichbedeutend mit dem in den §§ 2, 4 des Gesetzes vom 21. Juli 1879 gemeinten und im § 2 definierten Unvermögen des Schuldners zur Befriedigung des anfechtenden Gläubigers. Zur Anfechtung einer Rechtshandlung des Schuldners ist dieses Unvermögen ausreichend, aber auch notwendig. Der Mangel bereiter Zahlungsmittel zur sofortigen Deckung der fälligen Geldschulden bedingt für den einzelnen Gläubiger noch nicht die Unmöglichkeit, sich aus dem etwa vorhandenen Vermögen durch Zwangsvollstreckung befriedigt zu machen. Selbst wenn die Exekution vom Gläubiger bereits fruchtlos versucht ist, kann dem Anfechtungsgegner der Gegenbeweis nicht verschränkt werden, daß noch bereite und realisierbare Exekutionsobjekte bei dem Schuldner vorhanden seien.

Vgl. Entsch. des RG.s in Zivils. Bd. 22 S. 47.

Da die Exekution wegen der Forderung des anfechtenden Gläubigers in der kritischen Zeit (am 5. Januar 1894) noch nicht versucht war, so muß sich der von diesem zu führende Beweis darauf richten, daß er durch Zwangsvollstreckung seine Befriedigung damals nicht gefunden haben würde, welcher Beweis dadurch nicht geführt wird, daß dem Schuldner die baren Mittel zur Bezahlung seiner Schulden fehlten.

Vgl. Motive zu § 2 des Gesetzes S. 13; Petersen u. Kleinfeller, Konkursordnung und Reichsgesetz vom 21. Juli 1879, 3. Aufl. Anm. III. 3 zu § 2; Jaeckel, Die Anfechtung von Rechtshandlungen usw. S. 50, 51; Cosack, Das Anfechtungsrecht der Gläubiger 2. Aufl. S. 43.

Der abweichenden Meinung von Otto (Die Anfechtung von Rechtshandlungen S. 234 flg.) kann nicht beigetreten werden.

Nun ist freilich nicht allgemein anerkannt, daß der Ausdruck „zahlungsunfähig" im § 4 des Gesetzes nichts anderes besage, als mit dem Befriedigungsunvermögen des Schuldners im § 2 daselbst gemeint ist.

Vgl. Cosack, a. a. O. S. 102.

Wäre jedoch im § 4 die allgemeine Zahlungsunfähigkeit in dem Sinne des Fehlens der Barmittel zur Bezahlung der fälligen Schulden zum Erfordernisse der Anfechtung gemacht, so würden sich damit die Voraussetzungen der Anfechtungsklage verändern, während sich als Absicht des Gesetzes nur annehmen läßt, die Klage noch nach Ablauf der vorgeschriebenen Frist zuzulassen, wenn innerhalb der Frist die Anfechtungsabsicht angekündigt ist, und die Voraussetzung des § 2 schon in diesem Zeitpunkte vorhanden war. Der Entwurf des Gesetzes ließ darüber keinen Zweifel, indem er sich der Worte bediente: „sofern schon zu dieser Zeit der Schuldner zur Befriedigung des Gläubigers unfähig war". Die von der Kommission des Reichstages beschlossene abweichende Fassung des Gesetzes, für welche sonst ein Grund nicht ersichtlich ist, erklärt sich dadurch, daß schon in den Motiven, sowohl zu § 2 als zu § 4, das Befriedigungsunvermögen im Sinne des § 2 unbedenklich als „Zahlungsunfähigkeit" bezeichnet wird, die jedoch von der allgemeinen Zahlungsunfähigkeit, wie sie im Konkurse Voraussetzung sei, unterschieden werden müsse. Man wählte den kürzeren Ausdruck, ohne damit vom § 2 abweichen zu wollen, was, wenn es die Absicht gewesen wäre, sicherlich bestimmter ausgesprochen sein würde.

Vgl. Petersen u. Kleinfeller, Anm. I. 5 zu § 4 des Gesetzes; Jaeckel, Das Anfechtungsrecht usw. 2. Aufl. S. 163; Förster-Eccius, Preußisches Privatrecht 6. Aufl. Bd. 1 S. 774 Anm. 30.

Von der gleichen Auffassung ist der erkennende Senat bereits in dem Urteile vom 9. Juni 1887, Rep. VI. 103/87,

vgl. Bolze, Die Praxis des Reichsgerichts in Zivilsachen Bd. 4 Nr. 377,

ausgegangen.

Die Frage, ob der Schuldner am 5. Januar 1894 bereits „zahlungsunfähig" im Sinne des § 4 des Gesetzes war, bedarf hiernach von dem angegebenen Gesichtspunkte aus einer anderweiten Prüfung, wobei auch die von dem Beklagten unter Beweis gestellte, von dem Berufungsgerichte in der Begründung ganz unberücksichtigt gelassene Behauptung wird beachtet werden müssen, daß damals E. W. noch sein Kolonialwarengeschäft nebst Ackerwirtschaft besessen habe, und daß ihm die Mittel zur Bestreitung seiner fälligen Verbindlichkeiten zur Verfügung gestanden hätten." ...

RGZ. 41, 87

Darf bei der Anfechtungsklage eines Gläubigers nach § 2 des Anfechtungsgesetzes vom 21. Juli 1879 auch ein erst nach der Klagerhebung erlangter vollstreckbarer Titel berücksichtigt werden?

Vereinigte Zivilsenate. Beschl. v. 27. April 1898.

I. Landgericht II Berlin. II. Kammergericht daselbst.

Die vorstehende Rechtsfrage war zwischen dem II. und dem III. Zivilsenate des Reichsgerichtes streitig geworden. Die vereinigten Zivilsenate haben sie bejahend dahin entschieden:

„Bei der Anfechtungsklage eines Gläubigers nach § 2 des Anfechtungsgesetzes vom 21. Juli 1879 darf auch ein erst nach der Klagerhebung erlangter vollstreckbarer Titel berücksichtigt werden."

Gründe:

„Die Frage, bezüglich deren der II. Zivilsenat beschlossen hat, eine Entscheidung der vereinigten Zivilsenate einzuholen, und die von diesen bejaht worden ist, war vom III. Zivilsenate in einem Urteile vom 11. Dezember 1896,

Entsch. des RG.'s in Zivils. Bd. 38 S. 87 flg.,

verneint worden. Dieser Auffassung wollte sich der II. Zivilsenat nicht anschließen; vielmehr ging er in Übereinstimmung mit der schon vom V. Zivilsenate in einem Urteile vom 22. Dezember 1888,

Bolze, Praxis des Reichsgerichts Bd. 7 Nr. 283,

ausgesprochenen Rechtsanschauung von der entgegengesetzten Auffassung aus, wurde aber durch die erwähnte Entscheidung des III. Zivilsenates gehindert, aus seiner Ansicht bei Beurteilung des ihm vorliegenden Rechtsstreites die praktischen Folgerungen zu ziehen. Die Meinungsverschiedenheit zwischen dem II. und dem III. Zivilsenate bezieht sich im wesentlichen auf die Frage, ob das Vorhandensein des nach § 2 des Anfechtungsgesetzes erforderlichen Vollstreckungstitels einen Bestandteil des Klagegrundes bildet, sonach der Anfechtungsanspruch erst entsteht, wenn — außer den übrigen die Anfechtungsklage begründenden Tatsachen — der nach § 2 erforderliche Vollstreckungstitel vorliegt, oder ob es sich dabei nur um eine Voraussetzung handelt, an deren Vorhandensein die Ausübung oder Geltendmachung des Anfechtungsrechtes durch Erhebung der Klage geknüpft ist. Ob die eine, oder die andere Auffassung den Vorzug verdient, ist maßgebend für die Beantwortung der streitigen Rechtsfrage. Nimmt man an, daß das Vorhandensein des vollstreckbaren Titels lediglich eine Voraussetzung für die Ausübung des Anfechtungsrechtes bildet, so ergibt sich daraus, daß er auch dann zu berücksichtigen ist, wenn er zwar zur Zeit der Klagerhebung noch nicht bestand, aber zur Zeit der Urteilsfällung vorliegt. Dann besteht kein Grund, dieses Erfordernis anders zu behandeln, als den Eintritt der Fälligkeit oder einer Bedingung bei Einklagung betagter oder bedingter Forderungen, bezüglich deren Berücksichtigung es nach einer seit langer Zeit feststehenden, auch vom III. Zivilsenate gebilligten, Rechtsprechung lediglich auf die Zeit der Urteilsfällung ankommt. Der Beklagte kann dann zwar, wenn der vollstreckbare Titel bei der mündlichen Verhandlung noch nicht vorliegt, ohne weiteres Abweisung der Klage beantragen; der Kläger hat kein Recht darauf, daß die Beibringung des Vollstreckungstitels abgewartet, und ihm mit Rücksicht darauf eine Vertagung bewilligt wird. Liegt dieser Titel aber zur Zeit der Urteilsfällung vor, so darf die Klage nicht lediglich deshalb abgewiesen werden, weil er erst nach deren Erhebung beigebracht worden sei. Entscheidet man sich dagegen für die Auffassung, daß der vollstreckbare Titel bei der Anfechtungsklage einen Bestandteil des Klagegrundes bilde, der Anfechtungsanspruch sonach nicht vor dem Augenblick entstehe, in dem dieser Titel vorliege, so darf der erst nach der Klagerhebung erlangte Vollstreckungstitel nicht berücksichtigt werden. Dann treffen die bezüglich der Einklagung betagter oder bedingter Forderungen geltenden Grundsätze in Ansehung des nachträglich beigebrachten Vollstreckungstitels nicht zu. Gegen die vom III. Zivilsenate ausgesprochene Auffassung sprechen nun überwiegende Gründe.

Aus dem Wortlaute und der Stellung von § 1 des Anfechtungsgesetzes folgt nicht, daß der Anfechtungsanspruch überhaupt erst entsteht, wenn die darin vorgesehenen Erfordernisse gegeben sind, insbesondere der vollstreckbare Titel für die Forderung des anfechtenden Gläubigers vorliegt. Dessen Fassung läßt vielmehr ebensogut die Annahme zu, daß dadurch die Voraussetzungen für die Geltendmachung des Anfechtungsrechtes mittels Klagerhebung geregelt werden sollten. Die Frage, aus welchen Bestandteilen sich bei der Anfechtungsklage der Grund des erhobenen Anspruches zusammensetzt, ist in der erwähnten Vorschrift in keinem Falle erschöpfend geregelt; denn dazu gehören unter allen Umständen auch die in § 3 des Gesetzes vorgesehenen Anfechtungsgründe. Gegen jene Auffassung spricht in gewissem Grade schon § 4 des Anfechtungsgesetzes, weil kaum anzunehmen ist, daß das hier eingeräumte Recht zugunsten eines noch gar nicht bestehenden Anspruches eingeräumt werden sollte. In viel höherem Maße gilt dies aber von § 5 dieses Gesetzes, der ausdrücklich sagt, daß die Erhebung des Anfechtungsanspruches mittels Einrede erfolgen kann, bevor ein vollstreckbarer Schuldtitel für die Forderung erlangt ist. Ein Anspruch kann nicht erhoben werden und als Grundlage für eine Einrede dienen, wenn er noch gar nicht besteht. Deshalb muß dem § 5 des Anfechtungsgesetzes die Auffassung zugrunde liegen, daß der Anfechtungsanspruch nicht erst in dem Augenblick entstehe, in dem der Gläubiger den nach § 2 des Gesetzes erforderlichen Vollstreckungstitel erlange, sondern daß er schon vorher bestehen könne. Daran ändert der Umstand nichts, daß dieser Titel, wenn die Einrede Erfolg haben soll, innerhalb einer vom Gericht festzusetzenden Frist nachträglich beigebracht werden muß. Auch ist der Umstand, daß § 5 von der Reichstagskommission beigefügt worden ist, und diese dazu vielleicht durch Billigkeitsgründe bestimmt wurde, nicht geeignet, ihm seine Tragweite zu entziehen; denn der Vorschlag dieser Kommission ist von allen gesetzgebenden Faktoren gebilligt und dadurch Gesetz geworden. Die nämliche Auffassung hat sich übrigens seit längerer Zeit auch bezüglich der Frage Geltung verschafft, ob der anfechtende Gläubiger schon vor der Erlangung eines vollstreckbaren Titels zur Sicherung seines Anfechtungsanspruches Arrest oder eine einstweilige Verfügung erwirken dürfe. Diese Frage wird jetzt ziemlich allgemein bejaht; insbesondere liegt zwei Beschlüssen des Reichsgerichtes vom 27. Februar 1886 und vom 17. Februar 1892,

Juristische Wochenschrift von 1886 S. 117, Gruchot's Beiträge Bd. 30 S. 745 u. Juristische Wochenschrift von 1892 S. 181 Nr. 7,

die Auffassung zugrunde, daß ein derartiges Vorgehen des Gläubigers zulässig sei. Diese Auffassung könnte aber nicht aufrecht erhalten werden, wenn der Anfechtungsanspruch vor der Erlangung eines vollstreckbaren Titels noch nicht bestünde; denn für einen nicht bestehenden Anspruch darf nicht Sicherung durch Arrest oder einstweilige Verfügung bewilligt werden.

Auch aus der Entstehungsgeschichte des § 2 des Anfechtungsgesetzes und aus dem schon im preußischen Rechte hervorgetretenen Zusammenhange zwischen dem Anfechtungsrechte der einzelnen Gläubiger und der Zwangsvollstreckung lassen sich durchschlagende Gründe für die Ansicht, daß das Vorhandensein des vollstreckbaren Titels nicht eine Voraussetzung für die Geltendmachung des Anfechtungsrechtes, sondern einen Bestandteil des Klagegrundes bilde, nicht ableiten. Die Vorschrift, daß ein Gläubiger Anfechtungsklage erst dann erheben dürfe, wenn er für seine Forderung einen vollstreckbaren Titel erlangt habe, wurde in den Motiven zum Entwurfe des Anfechtungsgesetzes eingehend begründet. Es wurde insbesondere ausgeführt, da der Gläubiger erst nach Erlangung eines Vollstreckungstitels zum Zwecke seiner Befriedigung aus dem Vermögen des Schuldners bestimmte Stücke entnehmen dürfe, müsse auch in Ansehung seines Vorgehens gegen einen Dritten an der Forderung eines solchen Titels festgehalten werden; denn der Gläubiger dürfe dem Dritten gegenüber nicht besser gestellt sein, als in Ansehung des Schuldners selbst. Ferner wurde bei der Reichstagsverhandlung vom Jahre 1879 (Stenographische Berichte S. 2268), hervorgehoben, durch § 2 werde auch der praktische Zweck erreicht, daß ein etwaiger Streit über die Forderung des Gläubigers zwischen diesem und dem Schuldner selbst auszutragen sei. Aber diesen Anforderungen, wie allen sonstigen Erwägungen, die zur Begründung der in § 2 enthaltenen Vorschrift geltend gemacht werden können, wird auch dann genügt, wenn angenommen wird, es handle sich dabei lediglich um eine Voraussetzung für die Ausübung des Anfechtungsrechtes. Insbesondere kann man, wenn der Mangel eines vollstreckbaren Titels ohne weiteres die Abweisung der Klage zur Folge hat, und das die Rückgewähr anordnende Urteil nicht ergehen darf, solange dieser Anforderung nicht genügt worden ist, nicht sagen, daß der anfechtende Gläubiger dem Dritten gegenüber besser gestellt sei, als in Ansehung des Schuldners selbst. Der vollstreckbare Titel, der ihn zur Zwangsvollstreckung gegen den Schuldner berechtigt, muß, soweit er gegen den Dritten als Anfechtungsbeklagten vorgeht, nicht bloß zur Zeit der gegen diesen gerichteten Vollstreckungshandlungen, sondern schon zur Zeit des von ihm erwirkten Urteiles vorliegen, das die Ausdehnung der Zwangsvollstreckung auf die früher zum Vermögen des Schuldners gehörenden Gegenstände gestattet. Die Anfechtungsklage ist nicht, wie manchmal angenommen wird, ein Akt der Zwangsvollstreckung, sondern ermöglicht nur die Ausdehnung der dem Schuldner gegenüber zu betreibenden Zwangsvollstreckung auf die vom Anfechtungsbeklagten zurückzugewährenden Gegenstände. Auch wenn man annimmt, bei der Anfechtung außerhalb des Konkursverfahrens handle es sich im wesentlichen um eine Erweiterung der Befugnis zur Zwangsvollstreckung, und die Anfechtungsklage sei eine Hilfsklage, welche die Durchführung der Vollstreckung sowie deren Ausdehnung auf Gegenstände, die nicht mehr zum Vermögen des Schuldners gehören, ermöglichen solle, gelangt man übrigens nicht zu einem anderen Ergebnisse. Diese Auffassung erklärt die Vorschrift, durch die der Gläubiger genötigt wird, seine Forderung dem Schuldner gegenüber feststellen zu lassen, ehe er die Klage gegen den Dritten erhebt, und nach der die Anfechtungsklage ohne weiteres abzuweisen ist, wenn zur Zeit der ersten mündlichen Verhandlung ein Vollstreckungstitel nicht vorliegt. Für die Frage, ob das Vorhandensein dieses Titels lediglich eine Voraussetzung für die Geltendmachung des Anfechtungsrechtes, oder einen Bestandteil des Klagegrundes bildet, ist sie ohne Bedeutung. Daraus, daß der nach § 2 des Anfechtungsgesetzes erforderliche Vollstreckungstitel auch dann berücksichtigt werden darf, wenn er erst nach der Klagerhebung erlangt wurde, folgt auch keineswegs, daß der Streit über das Bestehen der Forderung des Gläubigers im Anfechtungsprozesse unter Umständen zwischen dem Kläger und dem Anfechtungsbeklagten auszutragen ist. Fehlt der Vollstreckungstitel, so ist die Klage auf Antrag des Beklagten abzuweisen. Zu einer besonderen Bestreitung der Forderung selbst und zu einem auf deren Bestehen bezüglichen Beweisverfahren ist der Beklagte nicht genötigt; er kann auch nicht etwa beantragen, daß die Klage zwar nicht abgewiesen, aber festgestellt werde, daß dem Kläger eine Forderung gegen den Schuldner nicht zustehe.

Gegenüber der Berufung auf die frühere preußische Gesetzgebung kommt schließlich noch in Betracht, daß bei den Verhandlungen bezüglich des Gesetzes vom 9. Mai 1855 anscheinend auf keiner Seite das Vorhandensein des vollstreckbaren Titels als Bestandteil des Klagegrundes angesehen wurde. In dem Entwurfe zu diesem Gesetze war im § 6 eine Bestimmung vorgesehen, welche die Sicherstellung des Anfechtungsanspruches durch Arrest ausdrücklich auch für diejenigen Fälle für zulässig erklärte, in denen der Gläubiger noch nicht mit einem vollstreckbaren Titel versehen sei. Während Abs. 1 und Abs. 2 dieses Paragraphen im wesentlichen die Bestimmungen enthielten, die jetzt im § 4 des Anfechtungsgesetzes enthalten sind, war im Abs. 3 gesagt, daß der Gläubiger denjenigen, gegen den die angekündigte Anfechtungsklage später gerichtet werden solle, bereits zum Prozeß mit dem Schuldner beiladen und zugleich die vom Schuldner veräußerten Gegenstände mit Arrest belegen dürfe, sofern er die Erfordernisse des Arrestschlages nachweise. Die letztere Vorschrift wurde in den Motiven zu § 6 des Entwurfes damit begründet, daß der Gläubiger ein Mittel haben müsse, weitere, das Anfechtungsrecht vereitelnde oder erschwerende, Verfügungen über den Gegenstand zu verhindern, den er behufs seiner Befriedigung in Anspruch zu nehmen beabsichtige. Abs. 3 wurde nun von der Kommission des Abgeordnetenhauses gestrichen, weil er (in beiden Richtungen) überflüssig sei und in Ansehung des zweiten Teiles zu Mißverständnissen Veranlassung geben könne. Man fürchtete nämlich, die Vorschrift könne so aufgefaßt werden, als ob ein dem Schuldner gegenüber bestehender Arrestgrund genüge, während ein solcher doch in Ansehung des Erwerbers oder künftigen Anfechtungsbeklagten vorliegen müsse. Die Zulässigkeit einer die Durchführung des Anfechtungsanspruches sichernden Arrestanlage scheint hiernach auch in Ansehung des vor der Erlangung des vollstreckbaren Titels liegenden Zeitraumes von keiner Seite bezweifelt worden zu sein. Diese Auffassung hätte aber nicht bestehen können, wenn angenommen worden wäre, daß ein Anfechtungsanspruch nicht bestehe, solange der Gläubiger einen vollstreckbaren Titel bezüglich seiner Forderung nicht besitze.

Hiernach ist anzunehmen, daß das Vorhandensein des im § 2 des Anfechtungsgesetzes vorgeschriebenen vollstreckbaren Titels, dessen Mangel weder die Erhebung des Anfechtungsanspruches auf dem Wege der Einrede, noch die Anordnung eines Arrestes oder einer einstweiligen Verfügung hindert, lediglich eine Voraussetzung für die Geltendmachung des Anfechtungsrechtes, nicht einen Bestandteil des Klagegrundes bildet. Daraus ergibt sich aber, daß auch der nach der Klagerhebung erlangte, zur Zeit der Urteilsfällung vorliegende Vollstreckungstitel zu berücksichtigen ist."

RGZ. 44, 92†

1. Schließt der Anspruch auf Rückgewähr nach § 7 des Anfechtungsgesetzes auch das Recht auf Schadensersatz für den Fall in sich, daß der Anfechtungsbeklagte die vom Schuldner empfangene Sache durch seine freiwillige Handlung aus seinem Besitze weggegeben hat?
2. . . .

II. Zivilsenat. Urt. v. 20. Oktober 1899.

I. Landgericht Graudenz. II. Oberlandesgericht Marienwerder.

Gründe:

„Die Revision konnte keinen Erfolg haben.

Das Oberlandesgericht hat ohne Rechtsirrtum festgestellt, daß bezüglich der angefochtenen Zession vom 20. Mai 1896 die Voraussetzungen des § 3 Ziff. 2 des Anfechtungsgesetzes gegeben seien, woraus folgt, daß nach § 7 des Gesetzes der Anfechtungskläger beanspruchen kann, daß dasjenige, was durch die anfechtbare Handlung aus dem Vermögen des Schuldners weggegeben ist, als noch zu demselben gehörig von dem Empfänger zurückgewährt werde. Der Beklagte wendet nun ein, daß er dieser Verpflichtung schon nachgekommen sei, indem er die ihm zedierte Forderung durch die Rückzession vom 12. März 1889 wieder in das Vermögen des Schuldners zurückgebracht habe. Die Revision sucht unter Berufung auf ein Urteil des VI. Zivilsenates des Reichsgerichtes vom 29. Oktober 1898, Rep. VI. 208/98, auszuführen, daß durch die Rückgewähr des Gegenstandes des anzufechtenden Rechtsgeschäftes in das Vermögen des Schuldners die Anfechtung selbst ausgeschlossen werde. Die Richtigkeit dieses Satzes ist nicht zu bezweifeln, sofern die Rückgewähr zur Befriedigung der Gläubiger erfolgt, wie das in dem dem vorerwähnten Urteile zugrunde liegenden Falle geschehen ist, oder wenigstens in einer Weise, die den Gläubiger in die Lage versetzt, nunmehr wieder in den Händen des Schuldners das früher aus dessen Vermögen herausgegangene Objekt zu seiner Befriedigung in Anspruch zu nehmen. So liegt die Sache aber gegenwärtig nicht. Im Gegenteil hat das Oberlandesgericht festgestellt, daß der Anfechtungsbeklagte mit dem Schuldner, an welchen die Rückzession erfolgte, bewußt zusammengewirkt hat, um dem Kläger seine Befriedigung aus der Hypothek dadurch unmöglich zu machen, daß der Schuldner in kurzer Frist nach der Rückzession die Forderung an einen Dritten, den R., übertrug, in dessen Händen sie gegen die Angriffe des Gläubigers geschützt war. Dieses zum Zwecke der Schädigung des Klägers erfolgte betrügliche Zusammenwirken des Beklagten mit dem Schuldner hat nach der Feststellung des Oberlandesgerichtes auch tatsächlich den Erfolg gehabt, daß dem Kläger die Forderung als Befriedigungsmittel vollständig entzogen worden ist. Eine solche Rückgewähr ist offenbar nicht geeignet, den gegen den Beklagten entstandenen Anspruch auf Rückgewähr und damit den Anfechtungsanspruch selbst zu beseitigen.

Richtig ist nun, daß bei der durch die Handlungen der Beteiligten geschaffenen Sachlage dem Wortlaute des § 7 des Gesetzes, wonach dasjenige, was aus dem Vermögen des Schuldners veräußert ist, zurückgewährt werden soll, nicht mehr entsprochen werden kann. Der Kläger ist nicht mehr in der Lage, die Rückgewähr des Gegenstandes selbst zu verlangen. Er verlangt auch nur die Zuerkennung eines Schadensersatzes, weil der Beklagte durch seine eigene Handlung verhindert habe, daß der Kläger aus dem fraglichen Gegenstande Befriedigung finden könne. Es muß aber auch dieser Anspruch auf Schadensersatz, soweit der Anfechtungsanspruch des Klägers überhaupt reicht, für den vorliegenden Fall auf Grund der §§ 7 und 9 des Anfechtungsgesetzes für begründet erachtet werden.

Zunächst ist dem Oberlandesgerichte darin beizustimmen, daß durch den Anfechtungsanspruch ein obligatorisches Band zwischen dem Anfechtungsberechtigten und dem Gegner hervorgerufen wird, welches den letzteren verpflichtet, den mittels des anfechtbaren Rechtsgeschäftes erlangten Gegenstand im Interesse des Gläubigers und zu dessen Befriedigung dem Schuldner zurückzugewähren. Der Anfechtungsanspruch entsteht schon durch die Tatsachen, welche auf die Verkürzung des Gläubigers in der vom Gesetze bezeichneten Art abzielen, also durch den Abschluß und die Vornahme der im § 3 des Anfechtungsgesetzes erwähnten Rechtsgeschäfte und Rechtshandlungen.

Vgl. v. Wilmowski, Reichs-Konkursordnung 5. Aufl. S. 571 Bem. 2.

Mit dieser Entstehung des Anfechtungsanspruches wird schon das vorerwähnte obligatorische Band zwischen dem Anfechtungsberechtigten und dem Gegner geknüpft, und nicht erst, wie das Oberlandesgericht meint, mit der Rechtshängigkeit des Anfechtungsanspruches oder, wie es für den vorliegenden Fall, wo eine Zustellung des Anfechtungsberechtigten in

Gemäßheit des § 4 des Anfechtungsgesetzes erfolgt ist, angenommen hat, mit dem Tage dieser Zustellung. Die im § 7 des Gesetzes ausgesprochene Verpflichtung des Empfängers zur Rückgewähr beruht auf einem vom Gesetze unterstellten obligatorischen Verhältnisse.

Was nun den Begriff der Rückgewähr im Sinne des § 7 betrifft, so weisen die Motive zu diesem Paragraphen (§ 6 des Entwurfes) bezüglich des Inhaltes der Verpflichtung zur Rückgewähr und der verschiedenen Möglichkeiten ihrer Gestaltung, insbesondere der Pflicht zur Erstattung des Wertes des Veräußerten und zur Erstattung der Früchte, auf die nach den entsprechenden Vorschriften der Konkursordnung (§§ 30—32) für maßgebend zu erachtenden Grundsätze hin und sprechen zu § 9 des Anfechtungsgesetzes (§ 8 des Entwurfes) aus:

„Ist die Sache vom Empfänger veräußert oder verschlechtert, so wird der Antrag auf Zahlung des Wertes oder Schadens in Höhe der vom Gläubiger zu fordernden Summe zu lauten haben."

Hiernach ist davon auszugehen, daß der Anspruch auf Rückgewähr für den Fall, daß der Erwerber die Sache entgegen seiner bestehenden obligatorischen Pflicht aus seinem Besitze weggegeben hat, zugleich die Befugnis des Gläubigers in sich schließt, den Ersatz des Wertes der Sache, und nicht etwa bloß des Äquivalentes, welches der Gegner von einem Dritten für die Sache erhalten haben mag, zu verlangen oder einen Schadensersatz in Höhe des Wertes der Sache zu beanspruchen.

Vgl. Entsch. des RG.'s in Zivils. Bd. 10 S. 5.

Da nun das Oberlandesgericht festgestellt hat, daß der Beklagte nicht bloß durch seine freiwillige Handlung das Objekt der Befriedigung weggegeben, sondern sogar in doloser Weise mit dem Schuldner zusammengewirkt hat, um dasselbe dem Zugriffe des Gläubigers zu entziehen, so ist der auf Schadensersatz gerichtete Klaganspruch als gerechtfertigt anzusehen.

. . . . .

RGZ. 45, 45

1. Setzt § 11 Abs. 2 Nr. 2 des Anfechtungsgesetzes vom 21. Juli 1879 voraus, daß der anzufechtende Vertrag in der im § 3 Nr. 2 das. bezeichneten Frist abgeschlossen worden sei?
2. Welchen Gegenbeweis hat im Falle der § 11 Abs. 2 Nr. 3 des Anfechtungsgesetzes der Anfechtungsbeklagte zu führen?

II. Zivilsenat. Urt. v. 24. November 1899.

I. Landgericht Stargard. II. Oberlandesgericht Stettin.

Gründe:

„Die Revision erhebt den Angriff, daß das Oberlandesgericht bei Anwendung des § 11 Abs. 2 Nr. 2 des Gesetzes vom 21. Juli 1879 sich in einem zwiefachen Rechtsirrtum bewege.

1. In dieser Nr. 2 sei die Vermutung der Fraudulosität bezüglich eines Rechtsnachfolgers enthalten, welcher zu den in § 3 Nr. 2 des Gesetzes genannten nahen Verwandten des Schuldners gehöre. Der § 3 Nr. 2 erkläre aber nur solche entgeltliche Verträge des Schuldners mit seinen nahen Verwandten für fraudulös, welche in dem letzten Jahre vor der Rechtshängigkeit des Anfechtungsanspruchs geschlossen seien. Diese Fristbestimmung müsse auch in der Nr. 2 des Abs. 2 des § 11 als stillschweigend vorausgesetzt angenommen werden, so daß auch für den Rechtsnachfolger die Vermutung der Fraudulosität nur in Ansehung solcher Verträge gelten könne, welche innerhalb eines Jahres vor der Rechtshängigkeit des Anfechtungsanspruchs abgeschlossen worden seien. Diese Voraussetzung treffe aber im vorliegenden Falle nicht zu, weil die in Betracht kommenden Verträge am 23. November 1896 und am 30. November 1896 abgeschlossen seien, die Zustellung der Anfechtungsklage aber, wie der Tatbestand ergebe, erst nach Ablauf eines Jahres seit dem ersteren Vertrage stattgefunden habe.

2. Das Oberlandesgericht gehe von der Ansicht aus, daß der Beklagte den ihm nach Nr. 2 Abs. 2 des § 11 zustehenden Gegenbeweis nur dahin führen dürfe, daß ihm die Benachteiligungsabsicht des Schuldners nicht bekannt gewesen sei, welchen Beweis das Oberlandesgericht nicht für geführt erachte. Aber die Bestimmung der Nr. 2 laute anders, als die der Nr. 1, indem nach der Nr. 2 der Rechtsnachfolger beweisen dürfe, daß er zur Zeit seines Erwerbes von den Umständen, welche die Anfechtung gegen den Rechtsvorgänger begründen, keine Kenntnis gehabt habe. Nach der Nr. 1, welche hier nicht zur Anwendung komme, sei allerdings, um die Fraudulosität gegen einen nicht verwandten Rechtsnachfolger darzutun, nur dessen Kenntnis davon zu beweisen, daß der Schuldner die Rechtshandlung in der Absicht vorgenommen habe, seine Gläubiger zu benachteiligen. Diese Bestimmung lasse sich aber auf den nach Nr. 2 zu führenden Gegenbeweis nicht entsprechend anwenden. Das Oberlandesgericht habe daher prüfen müssen, ob die Behauptung des Beklagten über seine Nichtkenntnis davon, daß S. beim Kaufabschluß mit den Eheleuten K. die Benachteiligungsabsicht seiner Verkäufer gekannt habe, auf Wahrheit beruhe. Beim Mangel einer solchen Prüfung enthalte das Urteil eine Lücke und erscheine nicht haltbar.

Dieser Angriff erscheint nach beiden Richtungen ungerechtfertigt.

Zu 1. Die Nr. 2 Abs. 2 des § 11 spricht die Vermutung der Fraudulosität bezüglich des Rechtsnachfolgers aus, wenn er zu den in § 3 Nr. 2 genannten Personen gehört, ohne zugleich das Erfordernis der im § 3 Nr. 2 enthaltenen Fristbestimmung zu wiederholen. Es kann nicht für richtig erachtet werden, diese Fristbestimmung im Wege der Auslegung auf die Vorschrift des § 11 zu übertragen. Hierzu hätte es um so mehr einer ausdrücklichen Bestimmung im Gesetze bedurft, als auch auszusprechen gewesen wäre, ob sich die Frist auf das erste Veräußerungsgeschäft oder auf die Weiterveräußerung an die verwandte Person beziehen soll. — Der letzte Absatz des § 11 des Anfechtungsgestzes, welcher von Erstreckung der Fristen in Gemäßheit des § 4 des Gesetzes spricht, bezieht sich auf die Fristen, welche überhaupt für eine Anfechtungsklage gegenüber dem ersten Erwerber gesetzt sind, kann aber nicht dafür verwertet werden, daß das Gesetz auch die im § 3 Nr. 2 vorgesehene einjährige Frist in seine Vorschrift über die Anfechtung gegen den verwandten Rechtsnachfolger habe hineintragen wollen; vielmehr kann nur die Verjährungsfrist des § 12 des Gesetzes in Betracht kommen.

Zu 2. Es muß als zutreffend erachtet werden, was das Oberlandesgericht sagt, daß auch nach Nr. 2 Abs. 2 des § 11 der Gegenbeweis des Beklagten nur dahin zugelassen ist, daß ihm die Absicht der Eheleute K., der Schuldner, ihre Gläubiger zu benachteiligen, nicht bekannt gewesen sei. Wenn auch die Fassung der Nr. 2 eine andere ist, als die der Nr. 1, so ist doch der Gedanke des Gesetzes für beide Bestimmungen derselbe. Der Anfechtungsbeklagte hat, um die Vermutung des Gesetzes zu widerlegen, seinen guten Glauben darzutun, und diesen nimmt das Gesetz nur dann als vorhanden an, wenn er dartut, daß ihm die Absicht des Schuldners, seine Gläubiger zu benachteiligen, nicht bekannt war. Einem nicht verwandten Rechtsnachfolger gegenüber muß, wenn die Anfechtbarkeit des ersten Geschäfts (nach § 3 Nr. 1) feststeht, nur dargetan werden, daß er die Benachteiligungsabsicht des Schuldners kannte, nicht auch die Kenntnis seines Autors, des ersten Erwerbers, von dieser Benachteiligungsabsicht. Hiernach ist Grundsatz des Gesetzes, daß dem Rechtsnachfolger gegenüber schon die erstere Kenntnis allein die Anfechtbarkeit begründe. Bei § 11 Nr. 2 wird diese Kenntnis präsumiert, folglich ist der Beklagte sachfällig, wenn ihm der Gegenbeweis hiergegen mißlingt. Der Beweis einer Nichtkenntnis der conscientia seines Autors kann ihn ebensowenig schützen, als einen Nichtverwandten im Falle des § 11 Nr. 1." ...

RGZ. 47, 216

Kann gegenüber einer Anfechtungsklage wegen betrüglicher Bestellung einer Hypothek eine Einrede aus dem Umstande hergeleitet werden, daß der Kläger eine gleichzeitig gegen einen nachstehenden Hypothekengläubiger erhobene Anfechtungsklage, nachdem dessen Hypothek im Verteilungsverfahren ausgefallen war, zurückgenommen hat?

Reichsgesetz vom 21. Juli 1879 §§ 1, 7.

VII. Zivilsenat. Urt. v. 29. Januar 1901.

I. Landgericht I München. II. Oberlandesgericht daselbst.

Am 20. Oktober 1898 waren auf einem Grundstücke des Kaufmanns Joseph K. Hypotheken für die Beklagte in Höhe von 9000 M. und für die Elise M. in Höhe von 10 000 M. eingetragen. Die Hypothek der ersteren hatte den Vorrang vor der der letzteren. Klägerin, für welche später eine Hypothek vorgemerkt war, hat sowohl gegen die gegenwärtige Beklagte als auch gegen die Elise M. Anfechtungsklage auf Grund der §§ 1, 3 Nr. 1 und 2 des Reichsgesetzes vom 21. Juli 1879 erhoben. Während der Prozeß schwebte, wurde das Grundstück im Wege der Zwangsvollstreckung versteigert, die Hypotheken der Elise M. und der Klägerin fielen aus. Der nach Befriedigung einer älteren Hypothek übrig gebliebene Teil des Kaufgeldes wurde hinterlegt. Klägerin nahm nunmehr die Klage gegen die Elise M. mit deren Einwilligung zurück. Den Klagantrag gegen die Beklagte K. richtete sie dahin, zu erkennen, daß deren Hypothek der Klägerin gegenüber rechtsunwirksam sei und sie zu gestatten habe, daß der auf sie fallende Teil des Versteigerungserlöses zur Befriedigung der der Klägerin zustehenden Forderungen verwendet werde. Beklagte bestritt die Anfechtbarkeit der Hypothekbestellung. In erster Instanz wurde die Entscheidung von einem Eide der Beklagten über ihre Nichtkenntnis von der Benachteiligungsabsicht des Schuldners abhängig gemacht. Klägerin legte Berufung ein, welcher die Beklagte sich anschloß. Letztere wendete unter anderem ein, Klägerin habe an der Klage, wie sie jetzt erhoben sei, kein rechtliches Interesse, da sie von einer anderweitigen Verteilung der Kaufgelder nichts für sich zu erwarten habe, denn an die Stelle der Hypothek der Beklagten würde die der Elise M. treten müssen. Der Berufungsrichter hat die Klage abgewiesen. Auf die Revision der Klägerin ist das Urteil aufgehoben aus folgenden

Gründen:

„Während der erste Richter davon ausgeht, daß durch die im letzten Jahre vor der Rechtshängigkeit der Klage bewirkte Hypothekbestellung zugunsten der Beklagten die übrigen Gläubiger des Joseph K. benachteiligt sind, und während er den Ausgang der Sache von einem Eide der Beklagten über ihre Nichtkenntnis von der Benachteiligungsabsicht des Schuldners abhängig macht, gelangt der Berufungsrichter zu der Annahme, daß von den beiden oben im Tatbestande bezeichneten Einwendungen gegen die formelle Zulässigkeit der erhobenen Klage die zweite begründet sei. Er führt im wesentlichen folgendes aus:

Für die Anwendbarkeit des § 3 Nr. 1 des Gesetzes vom 21. Juli 1879 müsse die wirkliche Benachteiligung der Gläubiger und die auf Herbeiführung dieses Erfolges gerichtete Absicht des Schuldners vorausgesetzt werden, jedenfalls komme die Berechtigung zur Anfechtung dann in Wegfall, wenn die anzufechtende Handlung schlechthin ungeeignet war, die Gläubiger zu benachteiligen, mochte auch die Absicht des Schuldners, eine solche Benachteiligung herbeizuführen, bestanden haben. Der Anfechtungsanspruch reiche nicht weiter, als durch die anfechtbare Handlung der Vermögensstand des Schuldners, wie er vor der Vornahme der Handlung bestand, zum Nachteile der Gläubiger verändert worden sei, auch könne gemäß § 7 des oben genannten Gesetzes nicht mehr in das Vermögen des Schuldners zurückgewährt verlangt werden, als durch die anfechtbare Handlung aus demselben veräußert, weggegeben oder aufgegeben sei. Es unterliege nun keinem Zweifel, daß durch die Bestellung der Hypotheken für Maria K. und Elise M. das Vermögen des Joseph K. in erheblicher Weise belastet wurde, und zwar in dem Maße, daß infolge des Bestandes dieser Hypotheken die Befriedigung der Klägerin als ausgeschlossen anzusehen sei, das gleiche Resultat aber ergebe sich, wenn auch nur eine der beiden Hypotheken aufrecht erhalten bleibe, denn, nachdem nach Wegfertigung der Hypothek des Th. H. von 21 000 M. nur noch ein Versteigerungserlösrest von 5758,88 M. zur Verteilung vorhanden sei, so ergebe sich der Ausfall für die Klägerin in jedem Falle von selbst, sei es nun, daß die Hypothek der Maria K. von 9000 M., oder die der Elise M. zu 10 000 M. bestehen bleibe, denn die Annahme, daß die Klägerin an Stelle der für unwirksam erklärten Hypothek treten und unmittelbar nach H. rangieren würde, wäre nur richtig, wenn beide Hypotheken zu 9000 M. und 10 000 M. beseitigt würden, dies sei aber keineswegs bezüglich der Hypothek der Elise M. der Fall, da die gegen sie von der Klägerin gerichtete Anfechtungsklage zurückgezogen sei. Sie müsse also gemäß Art. 108 der bayr. Subhastationsordnung im Verteilungsplane Berücksichtigung finden. Müßte die gegenwärtige Klage zurückgewiesen werden, so bliebe die Lozierung der genannten Hypotheken diejenige, welche sie im Verteilungsplane gefunden hatte; dringe aber der Anfechtungsanspruch der Klägerin durch, so würde die M.'sche Hypothek an die Stelle der K.'schen nachrücken, also an die Hypothek des H. sich anschließen, denn gemäß § 84 Abs. 2 des bayr. Hypothekengesetzes vom 1. Juni 1822 rückten, wenn für eine vorgehende Hypothek ein materieller Endigungsgrund eingetreten, und dieselbe löschungsreif geworden sei, die nachgehenden Hypotheken nach der Ordnung ihrer Eintragung vor. Hiernach stehe fest, daß die klägerische Forderung, auch wenn die Anfechtungsklage durchdringen würde, im K.'schen Verteilungsverfahren nicht zum Zuge kommen könnte; daran trage nicht die Errichtung der Hypothek, also nicht die angefochtene Rechtshandlung, die Schuld, sondern die Insuffizienz des schuldnerischen Vermögens.

Diese Erwägungen des Berufungsrichters beruhen nach mehreren Richtungen hin auf einer Verletzung des Reichsgesetzes, betreffend die Anfechtung von Rechtshandlungen eines Schuldners außerhalb des Konkursverfahrens, vom 21. Juli 1879. Angefochten ist die durch den Schuldner zugunsten der Beklagten vorgenommene Hypothekbestellung. Daß diese Rechtshandlung geeignet war, seine Gläubiger zu benachteiligen, ergibt sich mit Notwendigkeit aus der Natur der durch die Hypothekbestellung bewirkten rechtlichen Belastung eines Vermögensobjektes des Schuldners, aus welchem die Gläubiger bis dahin ihre Befriedigung, wenigstens zum Teil, erlangen konnten. Tatsächlich ist auch die Benachteiligung eingetreten; durch die Hypothek der Beklagten ist, ebenso wie durch die ihr im Range nachstehende der Elisabeth M., der Befriedigung der Gläubiger ein Hindernis bereitet. Als gegen die beiden Hypothekengläubigerinnen vor der Versteigerung des Grundstückes die Klage mit dem Antrage erhoben wurde, die Hypotheken den vollstreckbaren klägerischen Forderungen gegenüber für rechtsunwirksam zu erklären, konnte nicht mit Grund bestritten werden, daß infolge der Hypothekbestellung eine Benachteiligung der Klägerin gegeben war. Die Existenz derselben vermag auch dadurch nicht wieder in Frage gestellt zu werden, daß, als die Versteigerung des Grundstückes vorgenommen und die Hypothek der Mitbeklagten M. im Verteilungsverfahren ausgefallen war, Klägerin die Klage gegen diese Beklagte mit deren Einwilligung zurückgenommen hat. Die jetzt noch allein am Prozesse beteiligte Maria K. hat aus der Zurücknahme der Klage gegen die M. auch nicht etwa das Nichtvorhandensein einer Benachteiligung der Klägerin gefolgert, sondern nur darzulegen versucht, daß nunmehr die Klägerin an der Klage in ihrer gegenwärtigen Gestalt kein rechtliches Interesse habe, da sie von einer anderweitigen Verteilung des Kaufgeldes nichts für sich zu erwarten habe; der Berufungsrichter bezeichnet dieses Vorbringen, wie bereits bemerkt, als eine Einwendung gegen die formelle Zulässigkeit der erhobenen Klage.

Auf einer Verkennung des Wesens der Anfechtung nach dem Reichsgesetze beruht aber auch die Annahme des Berufungsrichters, daß aus der Stattgebung der Klage gegen die K. ein Nachrücken der nachstehenden Hypothek folgen würde. Nach § 1 des Gesetzes vom 21. Juli 1879 ist mit der Anfechtbarkeit und der durchgeführten Anfechtung nicht die Nichtigkeit der Rechtshandlung gegeben, denn diese wird nur „zum Zwecke der Befriedigung des Gläubigers" und „als diesem gegenüber unwirksam" angefochten. Die Unwirksamkeit ist also eine nur relative, die Rechtshandlung bleibt bestehen, sie kann nach allen Seiten hin zur Geltung gebracht werden, wie wenn sie nicht angefochten wäre, lediglich dem anfechtenden Gläubiger gegenüber äußert sie keine Wirkung. Dies ist auch in den Motiven zum Entwurf des Anfechtungsgesetzes zum Ausdruck gekommen. Auf Seite 11, 12 der Motive zu § 1 des Entwurfes heißt es, die Wirkung der Anfechtung sei hier dieselbe, wie sie in den Motiven zur Konkursordnung dargelegt sei, hier wie dort trete nur zugunsten der Gläubiger eine relative Unwirksamkeit der vom Schuldner gegenüber seinen Vertragsgenossen an sich rechtsbeständig vorgenommenen Handlung ein, und ferner, der Entwurf gestatte dem einzelnen Gläubiger die Anfechtung lediglich zum Zwecke seiner Befriedigung mit der Wirkung, daß nur ihm gegenüber und nur insoweit, als die Erreichung dieses Zweckes es erfordere, die Unwirksamkeit der angefochtenen Handlung eintrete. In den Motiven zu dem Entwurfe einer Konkursordnung wird S. 111 zu § 22 bemerkt, durch das angefochtene, an sich gültige Geschäft sei von dem Gemeinschuldner ein Wertobjekt, eine Sache, oder ein Recht, aus seinem Vermögen aufgegeben, die Veräußerung sei den Gläubigern gegenüber wirkungslos, sie stehe ihren Ansprüchen nicht entgegen, eben dies sei der Inhalt des Anfechtungsrechtes, und darin liege der Zweck und die Wirkung desselben: das vom Gemeinschuldner aufgegebene Objekt als noch zur Konkursmasse gehörig zu betrachten und ihr zurückzuführen. In der Begründung zu den §§ 30 bis 32 des Entwurfes (S. 146/147) ist auf die eben erwähnten Bemerkungen zurückverwiesen und nochmals hervorgehoben, die angefochtene Handlung übe gegen die Konkursgläubiger keine Wirkung, hinsichtlich der Gläubiger werde es so angesehen, als ob die Handlung nicht geschehen wäre.

Vgl. Entsch. des RG.'s in Zivils. Bd. 20 S. 29; Juristische Wochenschrift von 1889 S. 109 Nr. 11.

Eine solche bloß relative Unwirksamkeit führt nicht das Erlöschen des durch die Handlung zur Entstehung gebrachten Rechtes mit sich, denn dies würde das Gegenteil des Gewollten darstellen, das Gesetz würde ohne Nötigung über sein Prinzip hinaus eine absolute Wirkung statuieren. Speziell zieht die Anfechtung eines Pfandrechtes oder einer Hypothek an sich nicht die Aufhebung dieser Rechte nach sich, sie steht mit der Tilgung oder dem Erlaß der durch die Rechte gesicherten Forderung oder dem Verzicht auf die Rechte nicht auf einer Linie, bildet keinen materiellen Erlöschungsgrund. Im Verhältnis zu dritten Personen bleiben die Pfand- und Hypothekenrechte vielmehr bestehen, sie behalten anderen persönlichen Gläubigern und dinglich Berechtigten gegenüber ihre Gültigkeit und ihren Rang. Wenn nach landesrechtlicher Bestimmung das Nachrücken einer nachstehenden Hypothek oder eine andere Rechtsfolge das Erlöschen der vorhergehenden Hypothek zur Voraussetzung hat, so ist diese eben mit der Stattgebung einer Anfechtungsklage noch nicht erfüllt. Dies gilt für das Reichsgesetz vom 21. Juli 1879 auch im Verhältnis zu dem Hypothekengesetz für das Königreich Bayern. Ihren Wert hat die Relativität der Unwirksamkeit des Rechtes zunächst für den Anfechtungsbeklagten, aber geltend machen muß sie sich nach allen Richtungen hin, auch in einem Rechtsstreit zwischen dem letzteren und dem Anfechtungskläger. Ob unter Umständen, insbesondere nach Maßgabe landesrechtlicher Vorschriften, infolge der Anfechtung eine Vormerkung einzutragen ist, oder der Anfechtungsbeklagte sogar zur Herbeiführung der Löschung seines Rechtes oder zur Einwilligung in dieselbe angehalten werden kann, berührt die hier vorliegende Frage nicht; für diese kommt allein in Betracht, daß die Anfechtbarkeit der Handlung und die erfolgreiche Geltendmachung derselben an sich eine Beendigung des Rechtes nicht in sich schließen.

Es kann ferner nicht anerkannt werden, daß bei Stattgebung der Klage ein Mehr in das Vermögen des Schuldners zurückzugewähren sein würde, als durch die anfechtbare Handlung aus demselben weggegeben ist. Hier muß vorab bemerkt werden, daß, wenn nach § 7 des Anfechtungsgesetzes der Gläubiger, soweit es zu seiner Befriedigung erforderlich ist, beanspruchen kann, daß das durch die anfechtbare Handlung Weggegebene als noch zu seinem Vermögen gehörig von dem Empfänger zurückgewährt wird, dies nicht etwa die Bedeutung hat, daß es in sein

Vermögen zurückzugelangen hätte; es soll vielmehr nur im Interesse der Befriedigung des Anfechtungsberechtigten und zum Zwecke der Ermöglichung der Zwangsvollstreckung so behandelt werden, als bildete es noch einen Bestandteil seines Vermögens. Dies wird wiederum durch die Motive bestätigt. Dieselben führen S. 21 zu § 6 des Entwurfes aus, nicht zum Vermögen des Schuldners erfolge die Rückgewähr, noch habe der Gläubiger einen Anspruch auf die zurückzugewährende Sache selbst in dem Sinne, daß sie ihm geleistet werde und in sein Vermögen übergehe, sein Anspruch gegen den Empfänger gehe vielmehr nur auf Befriedigung aus der Sache, so, als ob diese noch zum Vermögen des Schuldners gehörte; in derselben Weise wie der Gläubiger, wenn die Sache im Vermögen des Schuldners geblieben wäre, gegen diesen sich aus derselben würde Befriedigung im Wege der Zwangsvollstreckung verschaffen können, ebenso habe der Empfänger die Zwangsvollstreckung in die Sache zum Zwecke der Befriedigung des Gläubigers über sich ergehen zu lassen. Insbesondere aber muß bei Würdigung des § 7 des Gesetzes der aus § 1 sich ergebende nur relative Erfolg der Anfechtung berücksichtigt werden. Da die Handlung als dem Anfechtungskläger gegenüber unwirksam angefochten wird, so muß dies auch auf die Art der Rückgewähr seinen Einfluß üben. Besteht das Veräußern oder Weggeben in der Belastung eines sonst für den Zugriff der Gläubiger freistehenden Objektes, so erfolgt die Rückgewähr zur Befriedigung des Klägers in der Gestalt, daß der Beklagte von seinem begründeten Pfandrechte dem Kläger gegenüber keinen Gebrauch macht und auf diese Weise das Hindernis, welches durch seine anfechtbare Handlung einer wirksamen Zwangsvollstreckung bereitet war, beseitigt, im Verhältnisse unter den Parteien wird der Zustand hergestellt, wie wenn die bestehende Hypothek nicht bestände. Ist das Objekt bereits versteigert und handelt es sich nur um die Befriedigung aus dem Erlöse, so muß hier der Anfechtungsbeklagte dem Berechtigten gegenüber in gleicher Art zurücktreten. Diese Art der Rückgewähr hält sich in den Grenzen des Grundprinzips des Gesetzes, indem sie sich zugleich der konkreten Sachlage anpaßt.

Vgl. Entsch. des RG.'s in Zivils. Bd. 9 S. 66, 71.

Die Stellung der übrigen Berechtigten wird durch die zwischen dem Anschlußberechtigten und dem Anfechtungskläger infolge der Anfechtung entstehenden rechtlichen Wirkungen nicht verändert, weder verschlechtert, noch verbessert, sie bleiben unberührt davon. Der Berufungsrichter nimmt an, ein wirksamer Erfolg der Anfechtung im vorliegenden Falle würde dadurch bedingt sein, daß Klägerin an Stelle der für unwirksam erklärten Hypothek treten und unmittelbar nach Th. H. rangieren würde, was nur richtig wäre, wenn beide Hypotheken, die der K. und die der M., beseitigt würden. Allein der hier grundlegende Gedanke des Berufungsrichters ist nicht zutreffend. Wie die Hypothek der Beklagten nicht erlischt und ein Nachrücken derjenigen der M. nicht stattfindet, so bedarf es auch eines Nachrückens der Klägerin nicht, diese braucht nicht im

Rechtssinne unmittelbar nach der H.'schen Hypothek zu „rangieren“, sondern notwendig und im Gesetze begründet ist nur, daß die Anfechtungsbeklagte ihr gegenüber zurücktritt und ihre Befriedigung aus dem Erlöse geschehen läßt. Wie sich im Verteilungsverfahren weiter die Verhältnisse zwischen der Klägerin und der M. entwickeln werden, ist für den vorliegenden Rechtsstreit ohne Belang, es bedarf deshalb keines Eingehens auf die Fragen, welcher Einwendungen die gegenwärtige Klägerin gegenüber der M. sich bedienen kann, und ob die Beklagte durch ihr ferneres Verhalten einen Einfluß auf die Ergebnisse des Streites zwischen jenen auszuüben in der Lage ist.“ ...

RGZ. 52, 334

1. Zu den allgemeinen Voraussetzungen der Anfechtbarkeit nach dem Gesetze vom 21. Juli 1879 (20. Mai 1898).

2. Kann die Anfechtung nach diesem Gesetze auch durch eine Erklärung wirksam erfolgen, die außerhalb eines Prozeßverfahrens dem Anfechtungsgegner gegenüber abgegeben wird? Genügt es, daß sie in einem vorbereitenden Schriftsatze erklärt und dieser dem Prozeßbevollmächtigten des Anfechtungsgegners zugestellt wird?

V. Zivilsenat. Urt. v. 22. Oktober 1902.

I. Landgericht Ostrowo. II. Oberlandesgericht Posen.

Für die Klägerin war auf dem Grundstück ihres Bruders Anton W. eine Darlehnshypothek von 3000 M. zu 5 Prozent verzinslich seit dem 10. Juli 1900 eingetragen. Die Eintragung hatte ihr Bruder als Eigentümer bewilligt. Später kam das Grundstück zur Zwangsversteigerung, und bei dieser gelangte im Verteilungstermin vom 10. April 1901 die Klägerin mit ihrer Hypothek und Zinsen — zusammen 3041,66 M. — voll zur Hebung. Die Hebung wurde aber an sie nicht ausgezahlt, sondern als Streitmasse hinterlegt, weil die Beklagten im Verteilungstermin Widerspruch erhoben und die Hebung für sich verlangten. Die Beklagten zu 1 bis 5 waren nacheingetragene Hypothekengläubiger, welche — wie es im Tatbestande des angefochtenen Urteils hieß — „mit dem größeren Teile ihrer Forderungen bei der Kaufgeldverteilung ausgefallen sind“. Die Beklagten zu 6 bis 9 waren persönliche Gläubiger des Subhastaten W.; sie sollten sich — nach dem Tatbestande der Vorentscheidungen — wegen ihrer gegen diesen erstrittenen Forderungen den zur Hebung gekommenen Betrag haben pfänden und überweisen lassen; auch sollte ihr Widerspruch gegen die Auszahlung dieses Betrags vor dem Verteilungstermin im Grundbuch eingetragen worden sein. Eine den Widerspruch verfolgende Klage wurde seitens der Beklagten nicht erhoben; dagegen verlangte die Klägerin mit der gegenwärtigen Klage Verurteilung der Beklagten dahin, daß sie die Auszahlung der hinterlegten Masse an sie bewilligen und anerkennen sollten, daß ihnen an diese keine Rechte zuständen. Die Beklagten verlangten Abweisung der

Klage und beantragten außerdem, die Streitmasse ihnen zu überweisen. Sie behaupteten, daß Klägerin ihrem Bruder überhaupt keine Valuta für die Hypothek gegeben habe, und daß letztere nur zum Scheine bestellt sei; die Klägerin habe die auf sie bei der Zwangsversteigerung entfallende Hebung an ihren Bruder abführen sollen. Eventuell fochten die Beklagten die Hypothek als zur Benachteiligung der Gläubiger bestellt nach Maßgabe des Anfechtungsgesetzes vom 21. Juli 1879 an. Sie brachten zum Nachweise, daß ihnen gegen W. vollstreckbare Forderungen zuständen, die im Tatbestande des Urteils zweiter Instanz näher bezeichneten Vollstreckungstitel bei.

Der erste Richter verurteilte die Beklagten nach dem Klagantrage. Er hielt für erwiesen, daß die Hypothek von der Klägerin in voller Höhe valutiert worden sei, und verwarf den Anfechtungsangriff der Beklagten. Der zweite Richter erkannte abändernd dahin, daß die Klage abzuweisen und daß bezüglich der Streitmasse ein neuer Teilungsplan mit der Maßgabe anzufertigen sei, daß den Beklagten gegenüber die gedachte Hypothek als nicht bestehend zu behandeln sei. In den Gründen führt er aus, daß nach dem Beweisergebnis erster Instanz die Hypothek als zur Benachteiligung der Gläubiger bestellt und deshalb dem Anfechtungsangriffe der Beklagten unterliegend zu erachten sei. Dieses Urteil ist auf die Revision der Klägerin aufgehoben worden.

Gründe:

„Es handelt sich um einen in der Zwangsversteigerung entstandenen Verteilungsstreit. Die Klägerin ist mit ihrer Hypothek zur Hebung gekommen; sie ist ihr aber, weil die Beklagten Widerspruch erhoben, nicht ausgezahlt, sondern als Streitmasse hinterlegt worden (§ 115 Abs. 1 des Zwangsversteigerungsgesetzes). Nach der gesetzlichen Regelung hätten daher die Beklagten als Kläger auftreten müssen (§ 878 ZPO.). Daß dies nicht geschehen, die Klage vielmehr von der anderen Seite erhoben ist, ist für die materielle Beurteilung der Rechtslage gleichgültig. Den Beklagten verbleibt die ihnen für ihren Angriff auf die Hypothek obliegende Beweislast nicht anders, als wenn sie selbst Klage erhoben hätten.

Vgl. Entsch. des RG.'s in Zivils. Bd. 15 S. 223; auch Gruchots Beiträge Bd. 42 S. 746.

Das Berufungsurteil hat diesen Punkt übergangen; in der Sache selbst geht aber der Berufungsrichter richtig davon aus, daß den Beklagten die Beweislast für den von ihnen unternommenen Anfechtungsangriff obliege.

Diesen Angriff erachtet der Berufungsrichter nach dem Ergebnis der Beweisaufnahme für begründet. Er hat daher in Anwendung des § 880 ZPO. ein anderweites Verteilungsverfahren angeordnet, dabei aber ausgesprochen, daß in diesem die Hypothek der Klägerin den Beklagten gegenüber als nicht bestehend zu behandeln sei. Schon hier zeigt sich die Unzulänglichkeit der von ihm getroffenen Feststellungen. Unterliegt die Hypothek der Klägerin der Anfechtung, so unterliegt sie ihr nach § 7 des Anfechtungsgesetzes doch nur so weit, als es zur Befriedigung des Gläubigers erforderlich ist. Vor allem müßte also feststehen, in welcher Höhe die Beklagten einen Ausfall erlitten haben. Hierüber ist nichts festgestellt. Es steht nicht einmal fest, ob der Ausfall der Beklagten zusammengerechnet die Streitmasse erschöpft. In Wahrheit scheint dies nicht der Fall zu sein. Wäre es aber auch der Fall, so wäre damit dem § 7 a. a. O. noch nicht Genüge geschehen. Genügt ist ihm erst, wenn das Urteil ergibt, in welcher Höhe j e d e m Beklagten gegenüber die Hypothek der Klägerin bei der neuen Verteilung als nicht bestehend behandelt werden soll. Ohne eine Feststellung des Ausfalls, welchen jeder der Beklagten erlitten hat bzw. erleiden würde, wenn die Streitmasse an die Klägerin zur Auszahlung käme, wird sich also der Rechtsstreit auf Grund des Anfechtungsangriffs nicht entscheiden lassen.

Unzulänglich sind aber auch die Feststellungen des Berufungsgerichts hinsichtlich der allgemeinen gesetzlichen Voraussetzungen der Anfechtbarkeit (§ 2 des Anfechtungsgesetzes). Die Beklagten zu 1 bis 5 sind Realgläubiger, welche als solche hinter der Klägerin eingetragen waren und „mit dem größeren Teil ihrer Forderungen" bei der Verteilung des Erlöses ausgefallen sein sollen. Als Realgläubiger sind sie wegen des Ausfalls befugt, Widerspruch gegen ein ihnen vorgehendes Liquidat zu erheben, und ebenso ist gewiß, daß sie diesen Widerspruch vor dem Prozeßrichter mit der Behauptung begründen können, die von ihnen bestrittene Forderung unterliege der Anfechtung aus dem Gesetze vom 21. Juli 1879 und sei deshalb ihnen gegenüber unwirksam. Aber diese Befugnis steht ihnen, wie das Reichsgericht bereits unter der Herrschaft des preußischen Zwangsversteigerungsgesetzes vom 13. Juli 1883 in dem Urteil vom 29. November 1886,

Entsch. des RG.'s in Zivils. Bd. 17 S. 167; auch Jurist. Wochenschr. 1887 S. 16,

ausgesprochen und dort näher begründet hat, nur dann zu, wenn sie dem § 2 des Anfechtungsgesetzes entsprechend einen vollstreckbaren Schuldtitel erlangt haben. Hieran hat sich durch das Reichsgesetz über die Zwangsversteigerung und die Zwangsverwaltung vom 24. März 1897, dessen Vorschriften in den hier fraglichen Beziehungen von denen des preußischen Zwangsversteigerungsgesetzes nicht abweichen, nichts geändert. Festzustellen wäre also gewesen, ob die für die Beklagten zu 1 bis 5 hinter der Klägerin eingetragen gewesenen Forderungen, wegen deren Ausfalls sie Widerspruch gegen das Liquidat der Klägerin erhoben haben, gegen den Schuldner Anton W. (den Subhastaten) vollstreckbar sind. Dies ist nicht festgestellt. In den Entscheidungsgründen heißt es zwar: „In der Berufungsinstanz haben sämtliche Beklagten vollstreckbare Schuldtitel wegen ihrer darin bezeichneten fälligen Forderungen gegen Anton W. beigebracht." Aber dies kann, solange nicht festgestellt ist, welche Forderungen für die Beklagten zu 1 bis 5 überhaupt eingetragen waren und also nicht ersichtlich ist, wegen welcher Forderungen diese Beklagten Widerspruch gegen das Liquidat der Klägerin erhoben haben, nicht genügen. Überdies ergibt sich aus den im Tatbestande des Berufungsurteils bezeichneten vollstreckbaren Schuldtiteln nicht einmal, daß alle aus ihnen hervorgehenden Forderungen auf dem versteigerten Grundstück überhaupt eingetragen waren; dieser Nachweis fehlt für die Beklagten zu 1 und 4, für welche nur ein mit dem Zeugnis der Rechtskraft versehener Vollstreckungsbefehl vom 26. September 1901 überreicht ist. Aus ihm läßt sich darüber, ob die in ihm bezeichnete Forderung eingetragen war, nichts ersehen.

Noch unklarer ist die rechtliche Stellung, vermöge welcher die Beklagten zu 6 bis 9 zur Anfechtung befugt sein sollen. Nach dem Tatbestande des ersten Urteils, mit welchem übereinstimmend — wie es im Tatbestande des zweiten Urteils heißt — der Sachverhalt dem Berufungsrichter vorgetragen worden ist, hätten sich diese Beklagten „den zur Hebung gekommenen Betrag wegen ihrer Ansprüche, die sie gegen Anton W. erstritten hätten, pfänden und überweisen lassen. Ihr Widerspruch gegen die Auszahlung des zur Hebung kommenden Betrages sei vor dem Kaufgelderbelebungstermin im Grundbuche eingetragen worden“. Dies stimmt mit den von den Beklagten zu 6 bis 9 in zweiter Instanz überreichten und im Tatbestande des Berufungsurteils näher bezeichneten Vollstreckungstiteln nicht überein. Nach letzteren müßte man annehmen, daß sich die Pfändung und Überweisung auf die Eigentümerhypothek bzw. Eigentümergrundschuld bezogen habe, die für Anton W. nach § 1163 Abs. 1, § 1177 Abs. 1 BGB. dadurch entstanden sein soll, daß die Forderung, für welche die Hypothek der Klägerin bestellt war, nicht zur Entstehung gelangt ist. Festgestellt ist in dieser Beziehung nichts, auch nicht, wie es sich mit dem „Widerspruch“ verhält, der für die Beklagten zu 6 bis 9 im Grundbuche eingetragen sein soll, oder worauf überhaupt die für sie bewirkte Eintragung lautet. Sollte für die Beklagten zu 6 bis 9 — wie es den Anschein hat — nur die Pfändung und Überweisung der Eigentümerhypothek eingetragen, ihre Legitimation also darin zu finden sein, daß sie behaupten, die Klägerin habe ihrem Bruder Anton W. überhaupt keine Valuta für die ihr bestellte Darlehnshypothek von 3000 M. gegeben, so ist nicht recht verständlich, wie nun auch ihnen gegenüber die Feststellung ausreichen soll, daß die Hypothek der Anfechtung aus dem Gesetze vom 21. Juli 1879 unterliege. Denn letzteres setzt voraus, daß die Hypothek entstanden — im vorliegenden Falle also — daß das Darlehn gegeben worden, daß aber die Bestellung der Hypothek in der der Klägerin bekannten Absicht erfolgt sei, die Gläubiger des W. zu benachteiligen. Es bedarf hiernach, was die Beklagten zu 6 bis 9 anlangt, nach jeder Richtung hin noch der Feststellung, worauf sich ihre Anfechtungsbefugnis gründet.

Aus vorstehendem ergibt sich, daß die Vorentscheidung der Aufhebung unterliegen muß, und daß die Sache einer anderweiten Verhandlung vor dem Berufungsgericht bedarf. Sollte es bei dieser wiederum —

nachdem die erforderlichen tatsächlichen Feststellungen getroffen sein werden — auf die Frage ankommen, ob und welchen Beklagten gegenüber die Hypothek der Klägerin der Anfechtung aus dem Gesetze vom 21. Juli 1879 unterliegt, so wird zum Zwecke einer richtigen Verteilung der Beweislast auch wieder darüber zu entscheiden sein, ob die einjährige Frist des § 3 Nr. 2 des Anfechtungsgesetzes durch die Zustellung des vorbereitenden Schriftsatzes vom 25. Juni 1901 gewahrt worden ist. Unstreitig ist, daß der Schriftsatz mit den Worten schließt: „Das Schuldbekenntnis, die Eintragungsbewilligung und die Eintragung werden aber auch nach Maßgabe des Reichsgestzes von 1879 angefochten, weil sie von W. in der der Klägerin bekannten Absicht, seine Gläubiger zu benachteiligen, erfolgt sind," und daß der Schriftsatz von dem Prozeßbevollmächtigten der Beklagten, Justizrat Sch., dem Prozeßbevollmächtigten der Klägerin, Rechtsanwalt K., am 25. Juni 1901 zugestellt worden ist. Unstreitig ist ferner, daß an diesem Tage die genannten beiderseitigen Prozeßbevollmächtigten erster Instanz mit Prozeßvollmacht seitens ihrer Machtgeber versehen waren. Unter solchen Umständen erachtet der Berufungsrichter die Frist für gewahrt; er nimmt an, daß mit der Zustellung des Schriftsatzes die Anfechtung im Sinne des Gesetzes erfolgt sei, während die Revision dies bestreitet und auszuführen sucht, daß die Anfechtungserklärung eine empfangsbedürftige Willenserklärung sei § 130 BGB.), zu deren Entgegennahme die Prozeßvollmacht nicht ermächtige, so daß die Anfechtung dem Prozeßbevollmächtigten gegenüber mit Rechtswirksamkeit für die Partei weder in einem vorbereitenden Schriftsatz durch dessen Zustellung, noch in der mündlichen Verhandlung vor dem Prozeßgericht durch mündlichen Vortrag erklärt werden könne. Es fehle daher an einer wirksamen Anfechtungserklärung überhaupt.

Dem kann nicht beigetreten werden.

Allerdings schreibt das Bürgerliche Gesetzbuch für die Anfechtung von Willenserklärungen wegen Irrtums (§ 119), wegen unrichtiger Übermittelung (§ 120), wegen arglistiger Täuschung oder widerrechtlicher Drohung (§ 123) in § 143 Abs. 1 vor, daß die Anfechtung durch Erklärung gegenüber dem Anfechtungsgegner erfolge; aber der Zusammenhang dieser Vorschriften, insbesondere die zusammenfassende Bestimmung in § 142, wonach das anfechtbare Rechtsgeschäft, wenn es angefochten wird, als von Anfang an nichtig anzusehen ist, ergibt, daß ihnen die Anfechtung von Rechtsgeschäften auf Grund des Anfechtungsgesetzes vom 21. Juli 1879 nicht unterstellt werden kann. Es mag sein, daß man bei der Beratung des Einführungsgesetzes zu dem Gesetze, betr. Änderungen der Konkursordnung, vom 17. Mai 1898 (RGBl. S. 230), welches die gegenwärtig in Geltung stehende Fassung des Anfechtungsgesetzes vom 21. Juli 1879 (Bekanntmachung vom 20. Mai 1898, das. S. 709) bestimmt, wenigstens auf seiten der Regierungsvertreter der Meinung war, auch die Anfechtung von Rechtshandlungen zahlungsunfähiger Schuldner innerhalb und außerhalb des Konkurses könne unabhängig von jedem Prozeßverfahren durch bloße dem Anfechtungsgegner gegenüber abzugebende Erklärung erfolgen (vgl. den Kommissionsbericht zu § 34 a. F., Hahn-Mugdan, Materialien zu den Reichs-Justizgesetzen Bd. 7 S. 293, 294). Aber diese Meinung findet, was die hier allein in Frage kommende Anfechtung außerhalb des Konkurses anlangt, in dem Anfechtungsgesetze vom 21. Juli 1879, wenn man seinen bisherigen Wortlaut in Betracht zieht, trotz der abweichenden Meinung einzelner Schriftsteller,

vgl. Dernburg, Preußisches Privatrecht 5. Aufl. Bd. 2 § 130 Note 2 S. 336; Cosack, Anfechtungsrecht der Gläubiger S. 2, 19,

keinen Anhalt. Wenn dieses Gesetz in § 1 die Anfechtung „nach Maßgabe der folgenden Bestimmungen" zuläßt und sodann für alle von ihm bestimmten Anfechtungsfristen „die Rechtshängigkeit des Anfechtungsanspruchs" entscheidend sein läßt (§ 2 Nr. 2, 3, 4); wenn es ferner seine Regelung an die beiden in § 5 und § 9 speziell hervorgehobenen Fälle anschließt, nämlich an den Fall der „Erhebung des Anfechtungsanspruchs im Wege der Einrede" und an den Fall, daß „die Anfechtung im Wege der Klage erfolgt"; wenn es weiter in § 4 für die Erstreckung der dort gedachten Frist darauf Gewicht legt, daß bis zum Ablaufe von zwei Jahren seit der Zustellung der Anfechtungsankündigung der Anfechtungsanspruch rechtshängig geworden sein müsse; und wenn es endlich in § 13, wo der Einfluß einer über das Vermögen des Schuldners erfolgten Konkurseröffnung auf die Anfechtung außerhalb des Konkurses geregelt werden soll, wieder davon spricht, daß der Anfechtungsanspruch „noch rechtshängig" sei (Abs. 2), oder daß für ihn binnen bestimmter Frist „die Rechtshängigkeit eintritt" (Abs. 4), so muß aus der Zusammenhaltung dieser Vorschriften geschlossen werden, daß dem Anfechtungsgesetz vom 21. Juli 1879 in seiner bisherigen Fassung eine Anfechtung, die außerhalb eines Prozeßverfahrens erfolgen könnte, nicht bekannt war.

Vgl. hierzu das Urteil des Reichsgerichts vom 2. November 1887, Entsch. desselben in Zivils. Bd. 19 S. 202, in welchem die Anfechtung auch im Wege der Replik zugelassen worden ist.

Daß nun durch die neue Fassung des Gesetzes eine Anfechtung von Rechtshandlungen zahlungsunfähiger Schuldner habe zugelassen werden sollen, welche nicht im Prozesse erfolgt, läßt sich nicht anerkennen. Der neuen Fassung liegt, wie die dem Gesetzentwurfe beigefügte Begründung ergibt (Hahn-Mugdan, a. a. O. S. 241), die Erwägung zugrunde, daß das Anfechtungsrecht kein Anspruch im Sinne des Bürgerlichen Gesetzbuchs (§ 194 Abs. 1) sei, ein Anspruch im Sinne dieses Gesetzes vielmehr erst dadurch entstehe, daß die Anfechtung erfolge. Ebenso verhalte es sich mit der Anfechtung, von der in den §§ 119, 120, 124, 143 BGB. die Rede sei. Es sei also beiden Arten der Anfechtung dies gemeinsam, daß aus ihnen ein Anspruch erst entstehe, wenn die

Anfechtung erfolgt sei. Mit Rücksicht hierauf hielt man es für geboten, auch den Wortlaut des Anfechtungsgesetzes vom 21. Juli 1879 dem Bürgerlichen Gesetzbuche (§ 124 Abs. 1) anzupassen. — Diese ganze Erwägung hat mit der Frage, ob die Anfechtung auch außerhalb eines Prozeßverfahrens erfolgen könne, nichts zu tun. Hätte man auch in dieser Beziehung beide Anfechtungen gleichmäßig ausgestalten wollen, so hätte eine hierauf bezügliche (dem § 143 Abs. 1 BGB. entsprechende) Vorschrift in das Anfechtungsgesetz aufgenommen werden müssen. Dies ist nicht geschehen; es sind lediglich die Änderungen vorgenommen worden, welche § 3 Nr. 2, 3, 4, § 3 a, § 4, § 11 Abs. 2, 3, § 12, § 13 Abs. 4 aufweisen. Diese ergeben darüber nichts, wie die Anfechtung zu erfolgen habe; sie ergeben zwar, daß es in denjenigen Fällen, in denen es bisher auf die Rechtshängigkeit des Anfechtungsanspruchs ankam, auf diesen erst im Prozeß hervortretenden Zeitpunkt nicht mehr ankommen soll; aber damit ist die Frage nicht entschieden, ob die Anfechtung überhaupt auch außerhalb eines Prozeßverfahrens zulässig ist. Man könnte hierfür anführen, daß bei der Beratung der neuen Fassung in der Kommission der Antrag gestellt worden war, dem Gesetz als neuen § 11 a eine Bestimmung des Inhalts einzufügen: „Die Anfechtung erfolgt durch Klage oder Einwendung", und daß dieser Antrag, wie es in dem Kommissionsbericht heißt, als durch die Abstimmung zu § 34 KO. (a. F.) für erledigt angesehen wurde. Ob die Kommission damit die oben erwähnte Annahme der Regierungsvertreter, daß auch diese Anfechtung, ebenso wie die im Bürgerlichen Gesetzbuche geregelte Anfechtung wegen Willensmängeln, durch jede formlose Erklärung erfolgen könne, hat billigen wollen, ist aus ihrem Bericht zu § 34 nicht mit Deutlichkeit zu ersehen (vgl. Hahn-Mugdan, a. a. O. S. 332, 293, 294). Wäre es aber auch der Fall, so könnte es nicht entscheidend sein, weil es im Gesetz keinen Ausdruck gefunden hat. Das Gesetz enthält nicht bloß keine Vorschrift, aus der sich eine so eingreifende Änderung des bisherigen Rechts entnehmen ließe, es wiederholt vielmehr auch jetzt wieder und in unverändertem Wortlaut die beiden von ihm allein behandelten Fälle, daß die Anfechtung „im Wege der Einrede" oder „im Wege der Klage" erfolgt (§§ 5, 9), und es verlangt auch jetzt wieder in § 4 die Zustellung eines Schriftsatzes, wenn der Gläubiger, bevor er einen vollstreckbaren Schuldtitel erlangt hat oder seine Forderung fällig ist, behufs Erstreckung der Anfechtungsfristen den Anfechtungsgegner von seiner Absicht, die Rechtshandlung anzufechten, in Kenntnis setzen will. Hätte das Gesetz die Anfechtung selbst durch jede formlose Erklärung zulassen wollen, so wäre es nicht recht verständlich, weshalb es für die bloße Ankündigung der künftigen Anfechtung noch die Zustellung eines Schriftsatzes erfordert haben sollte.

Hiernach ist auch für das jetzt geltende Recht daran festzuhalten, allerdings im Widerspruche mit der Mehrzahl der Kommentatoren zur Konkursordnung, vgl. Jäger unter IV. zu § 29 S. 226, Note 8 zu § 41 S. 303; Kurlbaum, Note 14 zu § 29; Seuffert, (Konkursprozeßrecht) S. 220, 227; Wolff, Note 11 zu § 29; aber andererseits auch Rehbein, Kommentar zum Bürgerlichen Gesetzbuche unter II. zu §§ 139—144 S. 197 und Neumann, Handausgabe des Bürgerlichen Gesetzbuchs 3. Aufl. Bd. 1 Note 5 unter c zu § 144 S. 138,

daß die Anfechtung von Rechtshandlungen zahlungsunfähiger Schuldner außerhalb eines Prozeßverfahrens, also durch bloße Erklärung der Anfechtung gegenüber dem Anfechtungsgegner, vom Gesetz nicht zugelassen worden ist.

Daraus folgt aber nicht, daß auch die prozessualen Voraussetzungen erfüllt sein müßten, unter denen eine Einrede, eine Replik oder eine Widerklage als schon erhoben anzusehen sind. Die Anfechtung kann im Prozeß rechtsgeschäftlich wirksam erklärt, also erfolgt sein, ohne daß darum die Anfechtungseinrede in prozessualem Sinne als erhoben gelten müßte. Erhoben wird sie erst, wenn sie in der mündlichen Verhandlung vor dem Gericht vorgebracht wird. Hieran lassen die Vorschriften der Zivilprozeßordnung keinen Zweifel. Aber wenn die Prozeßvollmacht, wie das Reichsgericht für die rechtsgeschäftliche Erklärung der Anfechtung wegen Irrtums bereits angenommen hat,

Urt. des II. Zivilsenats vom 4. Juni 1901, Entsch. in Zivils. Bd. 48 S. 218; auch Urt. des erkennenden Senats vom 25. September 1901, das. Bd. 49 S. 392,

sowohl zur Abgabe wie zur Entgegennahme dieser Erklärung nach § 81 ZPO. ermächtigt, so besteht kein Grund, weshalb bei der Anfechtung aus dem Gesetze vom 21. Juli 1879 die Einrede erst noch in der mündlichen Verhandlung vorgebracht sein müßte, um als rechtsgeschäftliche Erklärung wirksam zu sein. Dem Erfordernis, daß die Anfechtung nicht außerhalb eines Prozeßverfahrens geltend gemacht werden darf, ist auch dann genügt, wenn sie in einem vorbereitenden Schriftsatz erklärt und dieser Schriftsatz zugestellt wird. Mit dieser Zustellung ist die Anfechtung erfolgt. Es würde auch sonst, wie gerade der vorliegende Fall zeigt, dem Anfechtungsberechtigten vielleicht unmöglich sein, die Anfechtungsfristen zu wahren, da es sonst darauf ankäme, ob der Termin zur mündlichen Verhandlung noch vor dem Ablaufe der in Frage stehenden Frist anberaumt worden ist.

Hiernach ist dem Berufungsgericht darin beizutreten, daß durch Zustellung des vorbereitenden Schriftsatzes vom 25. Juni 1901 die Anfechtung im Sinne des Gesetzes erfolgt, die Frist des § 3 Nr. 2 des Anfechtungsgesetzes also von deiser Zustellung zurückzurechnen ist." ...

RGZ. 54, 289.

Unterliegt bei einem unter der Herrschaft des Bürgerlichen Gesetzbuchs eingetretenen Erbfall die Ausschlagung der Erbschaft der Anfechtung seitens der Gläubiger des ausschlagenden Erben?

Anfechtungsgesetz § 7. BGB. §§ 1922, 1942, 1943.

VII. Zivilsenat. Urt. v. 17. April 1903.

Die Entscheidung ist abgedruckt unter „Bürgerliches Recht, Erbrecht 1".

RGZ. 57, 27

Muß der zur Rückgewähr eines Grundstücks nach § 9 des Anfechtungsgesetzes verpflichtete Anfechtungsgegner auch diejenigen Belastungen dem Gläubiger gegenüber beseitigen, welche nach Maßgabe des Erwerbsgeschäfts auf das veräußerte Grundstück gelegt sind?

VII. Zivilsenat. Urt. v. 16. Februar 1904.

I. Landgericht Königsberg. II. Oberlandesgericht daselbst.

Der Beklagte wurde vom Landgerichte gemäß der auf § 3 Ziff. 2 des Anfechtungsgesetzes gestützten Klage verurteilt, zu dulden, daß der Kläger wegen einer rechtskräftigen Forderung von 2640,80 M. nebst Zinsen und Kosten gegen die Eltern des Beklagten, die Altsitzer A.'schen Eheleute, Befriedigung aus den Grundstücken Nr. 4, 38 und 48 R. suche. Die A.'schen Eheleute hatten diese Grundstücke durch Vertrag vom 22. Mai 1901 an den Beklagten für den Preis von 7000 M. verkauft und demnächst aufgelassen. Auf die Anschlußberufung des Klägers wurde der Beklagte vom Oberlandesgericht ferner verurteilt, dem Kläger die Zwangsvollstreckung in die erwähnten Grundstücke mit der am Tage des Kaufvertrages vom 22. Mai 1901 vorhandenen dinglichen Belastung durch Beschaffung von beglaubigten Erklärungen der nachträglich eingetragenen Realberechtigten zu ermöglichen, daß sie die vorzugsweise Befriedigung des Klägers wegen seiner Ansprüche aus jenen Grundstücken zu dulden sich verpflichteten. Über die Belastungen erhellte nur so viel, daß auf Grund des Kaufvertrages Erbabfindungen für die Kinder der Verkäufer, und für diese ein Ausgedinge eingetragen worden waren. Auf die Revision des Beklagten ist das Berufungsurteil, soweit es die Anschlußberufung des Klägers betrifft, aufgehoben.

Gründe:

„Es handelt sich für die Revisionsinstanz lediglich um die Frage des Umfangs der Rückgewährpflicht des Beklagten, also um das durch die Anschlußberufung des Klägers erhobene Verlangen, daß der Beklagte die die vorrechtliche Befriedigung des Klägers ermöglichenden Erklärungen der nach dem Abschlusse des Kaufvertrages vom 22. Mai 1901 eingetragenen Realberechtigten beschaffe. Nach dem Wortlaute des angefochtenen Urteils ist der Beklagte gehalten, alle hinter dem Kaufvertrage liegenden Belastungen zugunsten des Klägers unschädlich zu machen. Dazu würden auch diejenigen Belastungen gehören, welche die Veräußerer in der Zwischenzeit zwischen dem Abschlusse des Kaufgeschäfts und der Auflassung der Grundstücke an den Beklagten auf die letzteren gelegt haben. Der Anfechtungsbeklagte braucht aber eine veräußerte Sache nur mit den zur Zeit der Veräußerung bestehenden Belastungen dem Gläubiger zur Verfügung zu stellen.

Vgl. Entsch. des RG.'s in Zivils. Bd. 16 S. 26.

Die Veräußerung hat sich erst mit der Auflassung und der Eintragung des Beklagten als Eigentümers der Grundstücke vollendet. Die zu dieser Zeit vorhandenen, noch von den Verkäufern bestellten dinglichen Rechte hat daher der Beklagte keinenfalls zu beseitigen. Der Ausspruch des Berufungsrichters geht demnach unter allen Umständen zu weit. Andrerseits ist unbedenklich, daß die nach jenem Zeitpunkte vom Beklagten eingeräumten Hypotheken oder sonstigen Realrechte durch diesen dem Kläger gegenüber entfernt werden müssen.

Vgl. das vom Berufungsrichter angeführte Urteil des Reichsgerichts vom 9. Mai 1887 in der Jurist. Wochenschr. S. 273; Bolze, Praxis Bd. 4 Nr. 371.

Anscheinend sind indessen gleichzeitig mit dem Eigentum des Beklagten die in dem Kaufvertrage zugunsten der Geschwister bedungenen Erbabfindungen und ferner das den Eltern vorbehaltene Ausgedinge eingetragen worden, und um die Beseitigung dieser Belastungen dreht sich daher im wesentlichen der Streit. Insofern auch hier der Berufungsrichter zuungunsten des Beklagten entscheidet, kann ihm nicht gefolgt werden. Nach § 7 des Anfechtungsgesetzes kann der anfechtende Gläubiger, soweit es zu seiner Befriedigung erforderlich ist, beanspruchen, daß dasjenige, was durch die anfechtbare Handlung aus dem Vermögen des Schuldners veräußert, weggegeben oder aufgegeben ist, als noch zu demselben gehörig von dem Empfänger zurückgewährt werde. Diese Bestimmung begrenzt den Inhalt und Umfang der Rückgewährpflicht. Dem Befriedigungsrechte des Gläubigers sollen die durch das anfechtbare Geschäft entfremdeten Gegenstände so zugeführt werden, als sei jenes Geschäft nicht geschlossen.

Vgl. Entsch. des RG.'s in Zivils. Bd. 27 S. 22, 23.

Der Anspruch richtet sich indessen lediglich gegen den Empfänger des Gegenstandes; nur dieser hat in den Grenzen seines Erwerbes, wie aus § 9 des Anfechtungsgesetzes hervorgeht, dem Gläubiger die Vollstreckungsmöglichkeit in dem früheren Maße zu gewähren.

Vgl. Entsch. des RG.'s in Zivils. Bd. 20 S. 157 flg.; ferner Jurist. Wochenschr. 1900 S. 624 Nr. 9.

Über dasjenige hinaus, was ihm durch die anfechtbare Handlung zugekommen ist, haftet der Anfechtungsbeklagte nicht. Von diesem Gesichtspunkte aus kann man im gegenwärtigen Falle nicht sagen, daß der Beklagte die ihm veräußerten Grundstücke ohne die Belastungen des Ausgedinges und der Erbabfindungen empfangen, und daß er daher für sie dem Kläger gegenüber einzustehen habe. Es ist richtig, daß als Besteller der dinglichen Rechte der Beklagte auch dann zu gelten hat, wenn er gleichzeitig als Eigentümer der Grundstücke eingetragen worden ist. Aber er hat sie bestellt, weil er nach dem Überlassungsvertrage dazu verpflichtet war, und weil er die Grundstücke nur so erwerben konnte. Erwerb und Belastung stehen in untrennbarem Zusammenhange; diese ist nicht nach jenem, sondern mit ihm und im Hinblick auf ihn erfolgt. Die Grundstücke sind nicht frei von den bezeichneten Rechten in das Vermögen des Beklagten gelangt, sondern nur unter Ausscheidung eines entsprechenden Wertteils zugunsten der Veräußerer bzw. der Kinder. Mit dem Eigentum des Beklagten sind auch die Belastungen entstanden; er hat die Grundstücke niemals ohne sie besessen. Deshalb kann er auch nicht als Empfänger der anfechtbaren Leistung für die Fortschaffung der Hypotheken und des Ausgedinges verantwortlich gemacht werden. Als Empfänger kommen in dieser Hinsicht die Veräußerer oder die Kinder, zu deren Gunsten die Abfindungen bedungen sind, in Betracht. Ob und inwieweit der Kläger ihnen gegenüber von seinem Anfechtungsrechte Gebrauch machen kann, ist hier nicht zu entscheiden.

Vgl. das Urteil des Reichsgerichts bei Gruchot, Bd. 36 S. 1143 flg. Keinenfalls folgt aus der Anfechtbarkeit der Veräußerung und aus der daraus für den Beklagten entspringenden Verpflichtung, die Zwangsvollstreckung in die erworbenen Grundstücke zu dulden, daß der Beklagte auch verbunden ist, die Grundstücke von den auf Grund des Erwerbes entstandenen Lasten freizustellen oder dem Kläger wenigstens den Vorrang vor ihnen für seine Forderung zu beschaffen." ...

RGZ. 60, 423.

Kann der Rückgewährsanspruch aus § 7 des Anfechtungsgesetzes nach § 883 BGB. durch Eintragung einer Vormerkung in das Grundbuch des vom Anfechtungsgegner erworbenen Grundstücks gesichert werden?

BGB. § 883. ZPO. § 866.

VII. Zivilsenat. Urt. v. 9. Mai 1905.

Die Entscheidung ist abgedruckt unter „Bürgerliches Recht, Sachenrecht 1".

RGZ. 61, 150

Kann der Gläubiger, der eine Forderung seines Schuldners hat pfänden und sich überweisen lassen, nachdem sie einem Dritten abgetreten war, in dem Rechtsstreit auf Zahlung gegen den Drittschuldner der Berufung desselben auf die Abtretung mit Erfolg entgegensetzen, daß die Abtretung zur Benachteiligung der Gläubiger des Schuldners erfolgt sei, bevor über den Anfechtungsanspruch gegen den Zessionar der Forderung rechtskräftig entschieden ist, und die Aussetzung des Verfahrens gegen den Drittschuldner bis zur Entscheidung des Rechtsstreites gegen den Zessionar verlangen?

Anfechtungsgesetz vom 20. Mai 1898 §§ 7, 11.

ZPO. § 148. BGB. §§ 406 flg.

I. Zivilsenat. Urt. v. 28. Juni 1905.

I. Landgericht II Berlin. II. Kammergericht daselbst.

Der Kläger hatte gegen die v. L'schen Eheleute aus rechtskräftigen Urteilen Forderungen von mehr als 52 000 M., und wegen dieser Forderungen im Juli und Oktober 1902 ein Guthaben pfänden und sich überweisen lassen, welches den v. L'schen Eheleuten aus einem Gesellschaftsverhältnis des v. L. mit den Beklagten zustehen sollte. Das Guthaben war aus einer baren Einlage entstanden, die v. L. durch seine Ehefrau den Beklagten bei Eingehung der Gesellschaft mit diesen im Jahre 1900 geleistet und seiner Ehefrau abgetreten hatte. Diese hatte ihre Forderung im September 1901 an ihre Tochter Ingeborg v. L. abgetreten. Bei der Auseinandersetzung der Gesellschafter wurde durch Vertrag vom 16. Dezember 1901 zwischen den Beklagten und den v. L'schen Eheleuten das Guthaben auf 85 000 M. festgestellt, und zwischen dem v. L. als gesetzlichem Vertreter der Ingeborg v. L. und den Beklagten zugleich vereinbart, daß die 85 000 M. den Beklagten als Darlehn belassen, mit 4 Prozent verzinst und nach der Großjährigkeit der Ingeborg v. L. zurückgezahlt werden sollten.

Als der Kläger im August 1903 die gepfändete und zur Einziehung überwiesene Forderung gegen die Beklagten einklagte, beriefen sich diese auf die Abtretung an die Ingeborg v. L. und die Umwandlung und Stundung der Forderung, wogegen der Kläger sich darauf berief, daß er inzwischen in einem anderen Prozeß gegen die v. L.'schen Eheleute und die Ingeborg v. L. die Abtretung auf Grund des Gesetzes vom 20. Mai 1898 angefochten habe, und daß die Beklagten gewußt hätten, die Abtretung an die Ingeborg v. L. und der Vertrag über die Umwandlung der Forderung in ein Darlehn und dessen Stundung sei in der Absicht erfolgt, die Gläubiger der v. L.'schen Eheleute zu benachteiligen. Der Kläger verlangte Aussetzung des Verfahrens bis zur Entscheidung über den Anfechtungsanspruch.

In beiden Instanzen wurde der Aussetzungsantrag abgelehnt, und die Klage abgewiesen. Die Revision ist zurückgewiesen worden, aus folgenden

Gründen:

„Der Berufungsrichter weist die Klage in Übereinstimmung mit dem ersten Richter ab, weil zur Zeit der Pfändung und Überweisung die dem Kläger überwiesene Forderung den v. L.'schen Eheleuten gegen die Beklagten nicht mehr zugestanden habe, sondern der Ingeborg v. L., der Kläger durch die Pfändungs- und Überweisungsbeschlüsse deshalb nicht legitimiert sei. Auf das Ergebnis des zwischen dem Kläger und den v. L.'schen Eheleuten und der Ingeborg v. L. schwebenden Anfechtungsprozesses komme nichts an; die Aussetzung des jetzigen Rechtsstreites bis zur Entscheidung jenes Anfechtungsprozesses sei deshalb abzulehnen, weil der Kläger, auch wenn er in dem Anfechtungsprozeß durchdringe, immer einer neuen Pfändung und Überweisung der zedierten Forderung bedürfe.

Letzteres ist rechtsirrig, im Endergebnis dem Berufungsrichter aber doch beizutreten. Mit der Klage macht der Kläger die den v. L.'schen Eheleuten aus dem Auseinandersetzungsvertrage mit den Beklagten vom 16. Dezember 1901 gegen diese zustehende Forderung auf Auszahlung des von dem Ehemann v. L. an seine Ehefrau zedierten Guthabens aus dem Gesellschaftsverhältnis geltend. Die Beklagten berufen sich an sich mit Recht darauf, daß die überwiesene Forderung zur Zeit der Überweisung nicht mehr Forderung der v. L.'schen Eheleute, sondern damals Ingeborg v. L. ihre Gläubigerin gewesen sei, und daß sie mit dieser (durch ihren gesetzlichen Vertreter) vereinbart, das geschuldete Guthaben solle als Darlehn geschuldet und erst nach der Großjährigkeit der Gläubigerin zurückgezahlt werden (§ 607 Abs. 2 BGB.). Dringt der Kläger in dem Nebenprozeß gegen die v. L.'schen Eheleute und die Ingeborg v. L. mit seinem Anfechtungsanspruch durch, so hat dies nach § 7 des Gesetzes, betr. die Anfechtung von Rechtshandlungen usw., vom 20. Mai 1898 die Wirkung, daß der Kläger die Zession des Guthabens an die Ingeborg v. L. als nicht geschehen, die Forderung der Eheleute als noch zu ihrem Vermögen gehörig behandeln und die Forderung gegen die Beklagten geltend machen kann, als sei sie nicht zediert. Daß eine neue Pfändung und Überweisung der Forderung der Ingeborg v. L. erfolgen müßte, ist durch nichts gerechtfertigt. Aber dieser Anfechtungsanspruch ist zwar erhoben, aber noch nicht festgestellt, und bevor er festgestellt, ist der Kläger allerdings nicht berechtigt, die ihm zur Einziehung überwiesene Forderung der v. L.'schen Eheleute, die durch einen an sich rechtswirksamen Akt aus ihrem Vermögen ausgeschieden ist, gegen die Beklagten, denen dieser Rechtsakt bekannt gemacht ist, geltend zu machen (§§ 406 flg. BGB.). Die Frage, ob die Forderung der v. L.'schen Eheleute durch die Abtretung an die Ingeborg v. L. mit Rechtswirksamkeit gegenüber dem Kläger aus dem Vermögen der Eheleute ausgeschieden ist, kann nur in dem Rechtsstreit gegen die Ingeborg v. L. ausgetragen werden, welche im Besitz der Forderung ist und sie nach § 7 a. a. O. zurückzugewähren hat, wenn die Anfechtung begründet ist, nicht in dem jetzigen Rechtsstreit gegen die Beklagten, welche Schuldner der Forderung, nicht Rechtsnachfolger der v. L.'schen Eheleute oder der Ingeborg v. L., im Sinne des § 11 des Anfechtungsgesetzes sind, gegen welche deshalb der Anfechtungsanspruch auch im Wege der Replik nicht erhoben werden kann. Zwischen dem Kläger und den Beklagten ist nur die Frage auszutragen, ob die Beklagten sich auf die Vereinbarung mit dem gesetzlichen Vertreter der

Ingeborg v. L. über die Umwandlung der Forderung in ein Darlehn und die Stundung bis zur Großjährigkeit der Ingeborg v. L. dem Kläger gegenüber berufen können. Auf diese Frage kommt es aber erst an, wenn festgestellt ist, daß der Kläger die Zession an die Ingeborg v. L. sich gegenüber nicht gelten zu lassen braucht. Der Kläger hätte die Anfechtung gegen Ingeborg v. L. vor Erhebung der jetzigen Klage gegen die Beklagten durchführen müssen. Die Aussetzung der Verhandlung in dem Rechtsstreit gegen die Beklagten bis zur rechtskräftigen Entscheidung des Rechtsstreits über den Anfechtungsanspruch gegen die Ingeborg v. L. kann der Kläger auf Grund des § 148 ZPO. nicht verlangen. Das würde nur bezwecken, dem Kläger die ihm zur Zeit der Erhebung der Klage gegen die Beklagten fehlende Aktivlegitimation zu verschaffen. Dazu ist der § 148 nicht bestimmt. Das Berufungsgericht hat deshalb keinen gegen das Gesetz verstoßenden Gebrauch von dem ihm im § 148 eingeräumten freien Ermessen gemacht, wenn es diese Aussetzung, wie der erste Richter, abgelehnt hat." ...

RGZ. 63, 92

Findet der § 3 Ziff. 2 des Anfechtungsgesetzes auf die Anfechtung von Verträgen Anwendung, die der Schuldner mit Verwandten seines früheren Ehegatten schließt?

Anfechtungsgesetz vom 21. Juni 1879 (20. Mai 1898) § 3. BGB. § 1590 Abs. 2. Einf.-Ges. zum BGB. Art. 33.

VII. Zivilsenat. Urt. v. 23. März 1906.

I. Landgericht Duisburg. II. Oberlandesgericht Hamm.

Die Klägerin ficht einen Vertrag an, den ihr Schuldner mit der Beklagten, einer Schwester (Halbschwester) seiner zur Zeit des Vertragsschlusses bereits verstorbenen Ehefrau, geschlossen hat. Das Berufungsgericht hat die Anfechtung aus § 3 Nr. 2 des Anfechtungsgesetzes für zulässig erachtet. Die Revision ist zurückgewiesen worden.

Aus den Gründen:

... „Näherer Prüfung bedarf die Frage, ob der angefochtene Vertrag unter den § 3 Nr. 2 des Anfechtungsgesetzes vom 21. Juli 1879 fällt. Diese Bestimmung erleichtert (durch Umkehrung der Beweislast) die Anfechtung von Verträgen des Schuldners a) mit seinen nächsten Verwandten, b) mit den nächsten Verwandten seines Ehegatten, c) mit den Ehegatten dieser, d. i. der zu a) und b erwähnten, Personen. Sie stimmt insoweit mit dem § 31 (früher 24) Nr. 2 KO. wörtlich überein. Hier handelt es sich um die in der Literatur nicht unbestrittene Frage, ob in der Gruppe b unter dem „Ehegatten" des Schuldners auch sein früherer (verstorbener, für tot erklärter, geschiedener) Ehegatte zu verstehen ist. Das Berufungsgericht hat dies für das jetzt geltende Recht im Hinblick auf Art. 33 Einf.-Ges. zum BGB. bejaht.

Übereinstimmend: Jaeger, KO. § 31 Anm. 27, Anfechtungsgesetz § 3 Anm. 34 lit. γ; v. Wilmowski-Kurlbaum, KO. (6. Aufl.) § 31 Anm. 11; anderer Meinung: Hartmann-Meikel, Anfechtungsgesetz (5. Aufl.), § 3 Bem. 22 lit. b.

Der erkennende Senat schließt sich der Ansicht des Oberlandesgerichts an. Sieht man zunächst von Art. 33 Einf.-Ges. ab, so wäre freilich anders zu entscheiden. Dem Revisionsgericht ist es nicht zweifelhaft, daß das Gesetz (§ 3 Nr. 2 des Anfechtungsgesetzes) in seiner ursprünglichen Fassung und Bedeutung Verwandte des früheren Ehegatten so wenig treffen wollte, wie Verwandte des künftigen, sondern nur Verwandte des derzeitigen Ehegatten des Schuldners, nur Verträge, die der Schuldner *mit Verwandten seines Ehegatten während bestehender Ehe* schließt. Zu dieser Auffassung nötigt schon der Wortlaut des Gesetzes, dessen ausdehnende Auslegung dem gewöhnlichen Sprachgebrauch widerstrebt. Man braucht nur an einen Vertrag des wiederverheirateten Schuldners mit dem Vater oder Bruder seiner ersten verstorbenen oder geschiedenen) Ehefrau zu denken. Zum gleichen Ergebnisse führt die Betrachtung derjenigen Bestimmungen der gleichzeitig mit der Konkursordnung und dem Anfechtungsgesetze in Kraft getretenen Reichsjustizgesetze, in denen an die „Schwägerschaft" rechtliche Wirkungen geknüpft sind (vgl. GVG. § 156 Abs. 1 Ziff. 3; ZPO. § 41 Nr. 3, § 383 (früher 348) Nr. 3; StPO. § 22 Nr. 3, § 51 Nr. 3). In allen diesen Bestimmungen ist der Begriff der Schwägerschaft durch den ausdrücklichen Zusatz erläutert: „auch wenn die Ehe, durch welche die Schwägerschaft begründet ist, nicht mehr besteht". Vergleicht man diese Ausdrucksweise mit derjenigen des Anfechtungsgesetzes, so wird man sich der Überzeugung nicht verschließen können, daß in dem letzteren absichtlich und zur Hervorhebung einer sachlichen Besonderheit neben den Verwandten des Schuldners nicht dessen „Verschwägerte" (mit oder ohne erläuternden Zusatz), sondern die Verwandten „seines Ehegatten" genannt sind. Diese Personen sind „Verschwägerte" des Schuldners; gleichwohl läßt sich nicht ohne weiteres sagen, daß die Rechtswirkung (der erleichterten Anfechtung) an die „Schwägerschaft" geknüpft sei. Denn der Kreis der in dem Anfechtungsgesetze für verdächtig erklärten Verschwägerten darf weder auf Grund des in den obigen Stellen der Reichsjustizgesetze, und jetzt auch im § 1590 Abs. 2 BGB. festgelegten Begriffes der Schwägerschaft, noch unter Zugrundelegung des jeweiligen örtlichen Zivilrechts umgrenzt werden, ist vielmehr aus dem Anfechtungsgesetze selbst und selbständig zu ermitteln. Will man in diesem Gesetze die Worte „Verwandte des Ehegatten" durch das Wort „Verschwägerte" ersetzen, so müßte es heißen: Verträge des Schuldners mit seinen Verschwägerten während der die Schwägerschaft begründenden Ehe. Daß diese engere Auslegung für das frühere Recht die zutreffende war, wurde auch in der Literatur überwiegend angenommen und von der Rechtsprechung gebilligt.

Vgl. Urteil des RG.'s vom 7. Oktober 1882 (Jurist. Wochenschr. S. 261) und (für den entsprechenden § 5 Nr. 3 des preußischen Gesetzes vom 9. Mai 1855) Entsch. des Obertribunals Bd. 53 S. 347.

Mit dem Berufungsgerichte ist nun aber anzunehmen, daß dieser Rechtszustand durch den Art. 33 Einf.-Ges. zum BGB. eine Änderung erfahren hat. Der Auslegung der Worte „Verwandte des Ehegatten" ist nunmehr der Schwägerschaftsbegriff des Bürgerlichen Gesetzbuchs (§ 1590 Abs. 2) zugrunde zu legen. Sie wären jetzt so zu umschreiben: „Verschwägerte, auch wenn die Ehe, durch die die Schwägerschaft begründet wurde, aufgelöst ist". (Eine zweite Klasse von Verschwägerten, die Ehegatten von Verwandten, soll hier überall außer Betracht bleiben.) Der *Wille des Gesetzgebers, diese sachliche Erweiterung* des Anfechtungsrechts durch den Art. 33 Einf.-Ges. herbeizuführen, ist unzweifelhaft. Es muß dies daraus geschlossen werden, daß anderenfalls die Hereinziehung der Schwägerschaft in den Art. 33 kaum verständlich wäre. Den Begriff der Verwandtschaft in allen im Art. 33 genannten Gesetzen mit dem Bürgerlichen Gesetzbuche in Einklang zu setzen, mochte ein Bedürfnis bestehen; für den Begriff der Schwägerschaft ist ein solches Bedürfnis in bezug auf die eigentlichen Reichsjustizgesetze (Gerichtsverfassung, Zivilprozeßordnung, Strafprozeßordnung) nicht anzuerkennen. Denn wie schon bemerkt, ist in diesen Gesetzen überall, wo an die Schwägerschaft rechtliche Folgen geknüpft sind, ausdrücklich beigefügt, daß die Schwägerschaft auch nach Beendigung der sie begründenden Ehe fortbesteht. Wenn es trotzdem für nötig erachtet wurde, im Art. 33 den Schwägerschaftsbegriff des Bürgerlichen Gesetzbuchs für maßgebend zu erklären, so kann dabei wohl nur an den § 23 (jetzt 31) KO. und § 3 des Anfechtungsgesetzes gedacht sein; sonst wäre die Hereinziehung der Schwägerschaft überhaupt gegenstandslos. Auch die Motive (zu Art. 10 des I. Entw. des Einf.-Ges.) und die Verhandlungen der 2. Kommission (Protokolle Bd. 6 S. 564) legen diese Auffassung nahe. Demgegenüber ist dem von Hartmann-Meikel a. a. O. erhobenen Bedenken — das sich darauf gründet, daß das Anfechtungsgestz nicht von der Schwägerschaft spricht — kein entscheidendes Gewicht beizulegen. Die Verwandten des Ehegatten des Schuldners sind immerhin mit ihm verschwägert; die Beschränkung der erleichterten Anfechtung auf Verträge, die während der die Schwägerschaft begründenden Ehe geschlossen sind, entspricht dem römisch-rechtlichen Begriff der Schwägerschaft. Insofern sind also im Anfechtungsgesetze an die Schwägerschaft rechtliche Folgen geknüpft.

Fragt man sich, ob für die durch Art. 33 Einf.-Ges. geschaffene Änderung des materiellen Anfechtungsrechts ein wirkliches Bedürfnis bestand, so wird die Antwort kaum bejahend lauten können. Daß aus der einschränkenden Auslegung für den Rechtsverkehr nachteilige, der Abhilfe bedürftige Folgen erwachsen wären, ist nicht ersichtlich. Auch ist nicht zu verkennen, daß durch den Art. 33 ein neuer Zweifel in das

Gesetz hineingetragen wird, der vorher nicht bestand. Der § 3 Nr. 2 des Anfechtungsgesetzes trifft nicht nur gewisse Verschwägerte des Schuldners, sondern auch „die Ehegatten dieser Personen", die als solche mit dem Schuldner weder verwandt noch verschwägert sind. Bezüglich ihrer läßt sich demnach aus dem Art. 33 eine Änderung des bisherigen Rechts nicht ableiten. Läßt man es aber bei der früheren Auffassung, dann kommt man zu dem Ergebnisse, daß die Worte „Ehegatte des Schuldners" im nämlichen Satze eine verschiedene Bedeutung haben, je nachdem der Vertrag mit Verwandten, oder mit Verschwägerten dieses Ehegatten geschlossen ist. Diese Bedenken müssen indessen gegenüber dem klar erkennbaren Willen des Gesetzgebers zurückgetreten."

RGZ. 68, 70

Ist die zweijährige Frist des § 4 des Anfechtungsgesetzes vom 20. Mai 1898 gewahrt, wenn zwar die Anfechtungsklage innerhalb der Frist erhoben, ein vollstreckbarer Schuldtitel aber noch nicht erlangt ist?

VII. Zivilsenat. Urt. v. 3. März 1908.

I. Landgericht I Berlin. II. Kammergericht daselbst.

Die Frage ist verneint aus folgenden

Gründen:

„Die Klägerin hat die Anfechtung der schenkungsweise erfolgten Überlassung des Grundstückes R.'straße 92 von seiten des Ehemanns L. an seine Ehefrau auf § 3 Nr. 1 und § 3 Nr. 4 des Anfechtungsgesetzes gestützt. Das Berufungsgericht läßt dahingestellt, ob die Tatbestandsmerkmale des § 3 Nr. 1 vorlägen, erachtet die Klage gegen die Ehefrau aber für begründet, weil die Voraussetzungen der Anfechtung aus § 3 Nr. 4 des Gesetzes gegeben seien.

Es wird in dem angefochtenen Urteile festgestellt, daß in der Schenkungserklärung vom 2. Januar und der Auflassung vom 3. Januar 1900 eine unentgeltliche Verfügung des jetzt vermögenslosen Ehemanns L. über das vorbezeichnete Grundstück zugunsten seiner Ehefrau liege. Diese Verfügung — so führt das Berufungsgericht weiter aus — sei unter Wahrung der gesetzlichen Fristen durch die Anfechtungsankündigung vom 18. November 1901 und die am 15. Oktober 1903 zugestellte Klage von der Klägerin angefochten. Die Anfechtungsankündigung sei, da die Klägerin noch keinen vollstreckbaren Titel für ihre Forderung gegen den Ehemann gehabt habe, nach § 4 zulässig gewesen. Sie sei auch durch den von der Klägerin erbrachten Nachweis, daß der Ehemann L. bereits zur Zeit der Ankündigung zahlungsunfähig gewesen, und durch die innerhalb der zweijährigen Frist erhobene Klage rechtswirksam geworden. Daß bei Erhebung der Klage die Klägerin einen vollstreckbaren Titel gegen den Ehemann noch nicht gehabt, sondern diesen Titel erst durch das im Laufe des Berufungsverfahrens ergangene

Urteil des Kammergerichtes vom 6. Januar 1905 erlangt habe, stehe der Rechtswirksamkeit der Anfechtung nicht entgegen. Denn nach dem Plenarbeschlusse der Vereinigten Zivilsenate des Reichsgerichts vom 27. April 1898 (Entsch. in Zivils. Bd. 41 S. 87), dessen Begründung das Berufungsgericht sich anschließe, sei der vollstreckbare Titel gegen den Schuldner kein Bestandteil der Anfechtung. Es genüge, wenn er, wie dies hier geschehen sei, bis zur Erlassung des Urteils im Anfechtungsprozesse beigebracht werde.

Gegen diese letzteren Ausführungen richten sich die Angriffe der Revision; sie erachtet es für rechtsirrtümlich, daß auch bei der innerhalb der Frist des § 4 zu erhebenden Anfechtung die Nachbringung des vollstreckbaren Titels vom Berufungsgerichte zugelassen sei.

Der erkennende Senat hat sich der Auffassung der Revision angeschlossen; er hält mit ihr die Frist des § 4 für nicht gewahrt, wenn nicht der Anfechtungskläger innerhalb der zweijährigen Frist auch einen vollstreckbaren Titel gegen den Schuldner erlangt hat.

Zur Rechtfertigung dieser Beurteilung ist in erster Reihe zu verweisen auf die Begründung, die in den Materialien zum Gesetze vom 21. Juli 1879 für die Bestimmung des § 4 gegeben ist. Diese ist auch jetzt noch maßgebend, da durch die Neufassung vom 20. Mai 1898 die Gesetzesstelle nur insofern eine Änderung erhalten hat, als die Schlußworte „der Anfechtungsanspruch anhängig geworden ist" durch die Worte „die Anfechtung erfolgt ist" ersetzt sind.

In der Begründung zu § 4 ist ausgeführt, daß der Gläubiger mit dem Eintritte der Zahlungsunfähigkeit seines Schuldners ein Interesse daran erlange, sich danach umzusehen, ob er ihm in anfechtbarer Weise Befriedigungsmittel entzogen habe, und darauf Bedacht zu nehmen, daß sie ihm zurückgewährt würden. Ein solches Bestreben könne leicht dadurch vereitelt werden, daß es dem Gläubiger nicht gelinge, innerhalb der gegen die Bestimmung des § 6 des preuß. Anfechtungsgesetzes nicht unerheblich verkürzten Fristen des § 3 des Reichsgesetzes einen vollstreckbaren Titel zu erlangen. Diese Härte soll durch die Ermöglichung der Fristverlängerung infolge Anfechtungsankündigung vermieden werden. Andererseits wird es aber auch als Bedürfnis erkannt, dem Gläubiger, der die Zustellung hat bewirken lassen, eine zeitliche Schranke zu setzen, innerhalb deren die Rechtshängigmachung des Anfechtungsanspruches zu erfolgen hat. Die Bemessung dieser Frist wird als eine Frage der Zweckmäßigkeit bezeichnet, und wörtlich heißt es sodann in der Begründung weiter:

> „Der Vorschlag des Entwurfes beruht auf der Annahme, daß es dem Gläubiger in der überwiegenden Mehrzahl der Fälle möglich sein werde, spätestens innerhalb zweier Jahre einen vollstreckbaren Schuldtitel für seine Forderung zu erlangen. Sollten alle etwa denkbaren Fälle einer unverschuldeten Behinderung des Gläubigers getroffen werden, namentlich auch diejenigen Fälle, in denen Fälligkeit der

Forderung erst nach Jahren eintritt, so würde auf eine nicht empfehlenswerte Kasuistik eingegangen werden müssen, welche wiederum Gefahr liefe, die notwendige Rücksicht auf die Sicherheit des Anfechtungsgegners außer acht zu lassen."

Mit dieser Begründung ist der Entwurf Gesetz geworden. Die vorerwähnte Änderung der letzten Worte des § 4 bei der neuen Fassung des Gesetzes ist für die Entscheidung der Streitfrage bedeutungslos; sie beruht darauf, daß das Anfechtungsrecht kein Anspruch im Sinne des Bürgerlichen Gesetzbuches sei (Jaeger, Gläubigeranfechtung außerhalb des Konkurses S. 206 Anm. 8 Nr. 4).

Nach der vorstehend wiedergegebenen Begründung kann es berechtigten Bedenken nicht unterliegen, daß der Gesetzgeber davon ausgegangen ist, die zweijährige Frist werde gegeben, damit der zur Zeit der Anfechtungsankündigung noch nicht vorliegenden Voraussetzung einer wirksamen Anfechtung genügt und ein vollstreckbarer Titel gegen den Schuldner beschafft werde. Ist das aber die ratio legis, so folgt daraus, daß die Anstellung der Klage innerhalb der zweijährigen Frist allein nicht ausreicht, daß vielmehr die Wirkungen der Anfechtungsankündigung erlöschen, wenn nicht innerhalb der Frist auch der vollstreckbare Titel erlangt ist.

In diesem Sinne haben sich denn auch ältere Kommentare des Anfechtungsgesetzes ausgesprochen. Jaeckel (2. Aufl. S. 166, 167) führt aus, daß die Frist eine schlechthin peremtorische sei, bei der es auf ein etwaiges Verschulden des Gläubigers oder seines Gegners nicht ankomme. Die Frist könne sich eventuell als zu kurz erweisen; indessen in Hinblick auf den dezisiven Wortlaut des Gesetzes müsse man wohl annehmen, daß selbst ein arglistiges Verhalten des Schuldners nicht weiter in Betracht kommen solle. In gleichem Sinne spricht sich Cosack aus. Er führt S. 102 aus, daß selbst eine dolose Verzögerung des Vorprozesses, die der Schuldner und an seiner Seite der als Intervenient auftretende Anfechtungsgegner zu veranlassen wüßten, an der ein für alle Mal auf zwei Jahre bestimmten Frist nichts ändere. v. Wilmowski (KO. 5. Aufl. S. 573) führt aus, daß, wenn es dem Gläubiger nicht möglich sei, innerhalb der zweijährigen Frist unter Erlangung eines vollstreckbaren Titels den Anfechtungsanspruch anhängig zu machen, die Wirkungen der Mitteilung erlöschen. Das gleiche ist ausgesprochen von Otto (Anfechtung S. 223) und in dem Kommentar von v. Völderndorff S. 92 D. In neueren Kommentaren — Rintelen, Konkursrecht 2. Aufl. S. 329; Merzbacher, Anfechtungsgesetz S. 35 — ist, anscheinend mit Rücksicht auf den bereits erwähnten Plenarbeschluß, auch bei der innerhalb der Frist des § 4 zu erhebenden Anfechtungsklage die Nachbringung des vollstreckbaren Titels zugelassen. Der Senat hat sich indes der auch vom Berufungsgerichte vertretenen Ansicht, daß diese Zulassung die notwendige Folge der im Plenarbeschlusse ausgesprochenen Rechtsgrundsätze sei, nicht angeschlossen. Er sieht sich durch den Plenarbeschluß nicht für behindert an, dem in der Begründung zu § 4 zum Ausdrucke gebrachten Gedanken des Gesetzgebers zu folgen. Das kann unter voller Aufrechterhaltung der Entscheidung des Beschlusses, daß bei der Anfechtungklage nach § 2 des Gesetzes auch ein erst nach der Klagerhebung erlangter vollstreckbarer Titel berücksichtigt werden darf, geschehen; es entsteht dadurch auch kein innerer Widerspruch mit der Begründung des Beschlusses.

Das Berufungsgericht verkennt die Rechtslage, wenn es annimmt, daß es für die Streitfrage auf die Bedeutung des vollstreckbaren Titels bei der Anfechtungsklage im allgemeinen ankomme; maßgebend ist die Auslegung der besonderen Bestimmung des § 4. Über diese trifft der Plenarbeschluß keine Entscheidung; er erwähnt nur, daß die in § 4 zugelassene Ankündigung einen auch ohne vollstreckbaren Titel bereits bestehenden Anfechtungsanspruch voraussetze. Das bloße Bestehen des Anspruches hilft dem Gläubiger nichts, wenn er ihn nicht verwirklichen kann. Mit Erfolg verwirklichen kann er ihn aber nur, wenn er einen vollstreckbaren Titel gegen den Schuldner erlangt hat. Das ist auch der Standpunkt des Plenarbeschlusses: er führt aus, daß der Beklagte, wenn der vollstreckbare Titel bei der mündlichen Verhandlung noch nicht vorliege, ohne weiteres Abweisung der Klage beantragen könne, und daß der Kläger kein Recht darauf habe, zur Beschaffung des Vollstreckungstitels Vertagung zu verlangen. Der § 4 setzt nur voraus, daß der Gläubiger einen vollstreckbaren Titel noch nicht hat; denn Gläubigern mit vollstreckbaren Forderungen kommt die Fristerstreckung nicht zustatten. Gläubiger, die noch nicht im Besitze eines vollstreckbaren Titels sind, unterliegen deshalb auch, obschon sie innerhalb der Fristen des § 3 Klage ohne Beibringung des Vollstreckungstitels erheben können, der Gefahr der Abweisung wegen des fehlenden Titels. Diese Gefahr will das Gesetz nach Möglichkeit beseitigen; darum läßt es die Fristerstreckung zur Beschaffung des Fehlenden zu.

Die zweijährige Frist ist, wie auch das Berufungsgericht annimmt, eine materiellrechtliche; sie ist die Zeitgrenze, innerhalb deren, um die Wirkung der Ankündigung zu erhalten, die Anfechtung erfolgen muß, und zwar, da die Frist auch das Interesse des Anfechtungsgegners wahren soll, die wirksame Anfechtung. Die Frist dient, wie schon hervorgehoben ist, zur Beschaffung des bei der Ankündigung fehlenden vollstreckbaren Titels; sie wird deshalb durch die ohne ihn unvollständige Klage nicht gewahrt. Was innerhalb einer materiellrechtlichen Frist beschafft werden soll, kann unter Überschreitung der Frist nicht nachgeholt werden. Nicht der rechtliche Begriff der Anfechtung ist in § 2 und in § 3 ein anderer als in § 4: überall wird vielmehr für die wirksame Anfechtung der vollstreckbare Titel gegen den Schuldner vorausgesetzt. Der § 4 aber hat die Besonderheit, daß, weil er dem Gläubiger hierzu Frist gewährt, die Voraussetzungen w i r k s a m e r Anfechtung auch schon durch die die Frist wahrende Klage dargetan sein müssen." ...

RGZ. 69, 44.

Können die Gläubiger noch Anfechtungsklage erheben, nachdem der Anfechtungsbeklagte das ihm mit der Auflage demnächstiger Rückerstattung Zugewendete wieder erstattet hat? Unterschied zwischen Scheingeschäft und Erwerb durch eine vorgeschobene Person.

VII. Zivilsenat. Urt. v. 5. Juni 1908.

I. Landgericht I Berlin. II. Kammergericht daselbst.

Die Revision des Klägers wurde zurückgewiesen, aus folgenden

Gründen:

„*Der Schuldner des Klägers und frühere Ehemann* der Beklagten, Oskar K., hatte eine Forderung von angeblich 65 000 M. gegen die H.'sche Brauerei, die anscheinend bestritten, jedenfalls aber nicht sofort und ohne Prozeß einziehbar war. Um diese Forderung möglichst rasch in Bargeld umzusetzen, und sie zugleich wie ihren Erlös seinen Gläubigern zu entziehen, ging er derart zu Werke, daß er die Forderung an Wilhelm K. abtrat, von dem er zunächst als Gegenleistung nur eine Hypothek in Höhe von 20 000 M. erhielt, daß er diese Hypothek unmittelbar auf den Namen seiner Ehefrau, der Beklagten, bestellen ließ, sodann in Olga F. eine Käuferin der Hypothek ausfindig machte, seine Ehefrau zur Abtretung der Hypothek an Olga F. veranlaßte und den von dieser gewährten Abtretungspreis von 16 000 M. einzog, und in seine eigene Geschäftskasse einlegte. Inwieweit dies der Fall war, ist indessen streitig; im übrigen sind die erwähnten Vorgänge, sowie das Einverständnis der Beklagten mit der Vorschiebung ihrer Person als Gläubigerin der Hypothek vom Berufungsgerichte einwandfrei festgestellt. Nicht behauptet ist, daß Wilhelm K. oder Olga F. in die Gläubigerbenachteiligungsabsicht des Oskar K. eingeweiht waren; von ihnen kann weder Rückgabe der Forderung von 65 000 M. noch Rückgabe der Hypothek von 20 000 M. gefordert werden. Für den vorliegenden Rechtsstreit kommt nur die Beteiligung der Beklagten an den auf Benachteiligung seiner Gläubiger abzielenden Handlungen ihres damaligen Ehemannes in Betracht, und es fragt sich, ob sie deswegen dem Kläger in Höhe seiner Forderung von 3400 M. nebst Zinsen aufzukommen hat. Der Kläger hat den Antrag auf Verurteilung der Beklagten auf verschiedene Gründe gestützt. Soweit diese Stütze den §§ 826 und 823 BGB. entnommen ist, hat das Berufungsgericht den Kläger aus Gründen abgewiesen, auf die nicht näher eingegangen zu werden braucht, da insoweit ein Revisionsangriff nicht erhoben, und ein Rechtsirrtum des Berufungsgerichts nicht ersichtlich ist. Es bleibt nur der dem Anfechtungsgesetze entnommene Klagegrund zu prüfen.

Das Berufungsgericht ist zu dem Ergebnisse gelangt, daß der Rückgewährsanspruch aus dem Anfechtungsgesetze nur begründet ist, wenn die Beklagte von der von Olga F. bezahlten Hypothekzessionsvaluta etwas erhalten hat, und nur in Höhe des von der Beklagten Empfangenen. Dem entspricht der im Berufungsurteile der Beklagten auferlegte Eid. Das Berufungsgericht geht hierbei von folgenden Erwägungen aus: nach dem Ergebnisse der Verhandlung sei als erwiesen anzusehen, daß die Eintragung der Hypothek von 20 000 M. auf den Namen der Beklagten nicht in Ausführung eines ernsthaft gewollten, die Veräußerung der Hypothekenforderung an die Beklagte bezielenden Rechtsgeschäfts des Oskar K. herbeigeführt sei, vielmehr nur um den äußeren Anschein zu erwecken, als wenn solche Veräußerung stattgefunden habe, obgleich sie in Wahrheit nicht vorgenommen werden wollte und sollte. Es habe sonach keine wirkliche Veräußerung der Hypothek, sondern ein nichtiges Scheingeschäft vorgelegen. Auf Grund der Nichtigkeit hätte der Kläger von der Beklagten Duldung seiner Zwangsvollstreckung in die Hypothek verlangen können, solange sie sich im Besitze der Hypothek befand und Gläubigerin zu sein schien; da sie aber nicht mehr Gläubigerin sei, sei dieses Verlangen ausgeschlossen. Haftbar sei aber die Beklagte dem Kläger, wenn sie für die Abtretung der Hypothek an Olga F. eine Gegenleistung empfangen habe. Denn die Gewährung der Gegenleistung sei wieder ein besonderes, anfechtbares Rechtsgeschäft, und ihrer Rückgewährspflicht aus diesem Geschäfte würde die Beklagte nicht genügt haben, wenn sie das ihr Gezahlte ihrem Ehemann von neuem als Darlehn gab.

Gegen die Rechtsausführungen des Berufungsgerichtes bestehen erhebliche Bedenken. Die Annahme eines Scheingeschäftes und die daraus gezogenen Schlußfolgerungen erscheinen verfehlt. Das Berufungsgericht unterscheidet nicht genügend zwischen Scheingeschäft und Geschäftsabschluß durch eine vorgeschobene Person, sowie zwischen der Scheinveräußerung eines Vermögensgegenstandes und dem Erwerb eines solchen durch eine vorgeschobene Mittelsperson. Die Scheinveräußerung vollzieht sich lediglich zwischen dem Scheinveräußerer und dem Scheinerwerber, und hat, wie nicht weiter ausgeführt zu werden braucht, keinerlei rechtliche Wirkungen. Wenn dagegen jemand eine Sache oder ein Recht erwerben und diesen Erwerb nach außen hin, insbesondere seinen Gläubigern gegenüber, verheimlichen will, und zu diesem Zwecke eine Mittelsperson als Erwerber vorschiebt, so kann die Sache oder das Recht niemals durch ein Scheingeschäft, sondern nur durch ernstliche Rechtsübertragung in das Vermögen des wahren Erwerbers gelangen. Die entstehenden Rechtsbeziehungen sind aber wiederum verschieden, je nachdem der Veräußerer die Rolle des vorgeschobenen Strohmannes kennt und damit einverstanden ist oder nicht. Im ersteren Falle kann die Veräußerung an die Mittelsperson zum Schein geschehen; neben oder hinter diesem nichtigen Scheingeschäft muß aber notwendig noch eine ernstgemeinte Veräußerung an den Auftraggeber der Mittelsperson, den wahren Erwerber, vor sich gehen, bei welcher der Mittelsperson, sofern sich der wahre Erwerber nicht persönlich am Geschäftsabschlusse beteiligt, die Rolle eines offenen Stellvertreters zufällt. Auf solche Weise aber kann die hier fragliche Hypothek von 20 000 M. nicht in das Vermögen des Oskar K. gelangt sein. Nach dem oben Bemerkten ist in tatsächlicher Beziehung davon auszugehen, daß der Hypothekbesteller Wilhelm K. von den Absichten des Oskar K. keine Kenntnis hatte, daß er die Verabredung, die Hypothek solle auf den Namen der Beklagten bestellt werden, für einen ernstgemeinten Vertrag zugunsten der Beklagten ansehen mußte, und daß er dementsprechend Hypothek- (und persönlicher) Schuldner nicht des Ehemannes, sondern nur der Ehefrau K. werden wollte. Nur dieses Schuldverhältnis ist demnach zur Entstehung gelangt; die Beklagte allein ist Hypothekengläubigerin geworden. Auf den Ehemann konnte die Hypothek nur übergehen, wenn sie ihm unter Beobachtung der Vorschriften des § 1154 BGB. übertragen wurde. Dies ist unstreitig niemals geschehen, sondern die Hypothek wurde später von der Beklagten unmittelbar an Olga F. abgetreten. Danach steht fest, daß nicht, wie das Berufungsgericht meint, Oskar K. die Hypothek zum Schein an seine Ehefrau veräußert, sondern daß diese die Hypothek unmittelbar und ernstlich aus dem Vermögen des Wilhelm K. erlangt hat. Dieser Umstand würde nun der Gläubigeranfechtung allerdings nicht im Wege stehen. Denn da der Ehemann die Gegenleistung für die Hypothekbestellung, die zu ihrer Erlangung erforderlich gewesene Aufwendung, aus seinem Vermögen bestritten hat, so ist das Rechtsverhältnis in bezug auf die Anfechtbarkeit so anzusehen, als hätte Wilhelm K. die Hypothek für den Ehemann K. bestellt, und dieser sie an seine Ehefrau abgetreten, oder als hätte der Ehemann seine Forderung gegen die Brauerei H. zunächst der Beklagten abgetreten, und diese sie an K. gegen die Hypothek weiterveräußert (vgl. Entsch. des RG.'s in Zivils. Bd. 59 S. 195). Die Hypothek ist auf Kosten ihres Ehemannes in das Vermögen der Beklagten gelangt.

Gleichwohl ist das Berufungsurteil aus folgendem Grunde aufrechtzuerhalten. Nach dem festgestellten Sachverhalte sollte die Hypothek nicht dauernd in das Vermögen der Beklagten übergehen, und diese nicht zur freien Verfügung darüber berechtigt sein; sie erwarb die Hypothek vielmehr von vornherein nur als Treuhänderin ihres Ehemannes und mit der (obligatorischen) Verpflichtung belastet, sie zu dessen Verfügung zu halten und auf sein Verlangen an ihn oder einen von ihm bezeichneten Dritten mittels rechtsförmlicher Abtretung herauszugeben. Lediglich diese Verpflichtung hat sie durch die Abtretung an Olga F. erfüllt. Ob die Gegenleistung von 16 000 M. von ihr selbst, oder von ihrem Ehemann, als ihrem Bevollmächtigten, oder von diesem in eigenem Namen in Empfang genommen wurde, ist gleichgültig, sofern sie nur das empfangene Geld ihrem Ehemanne herausgegeben oder seinen Weisungen entsprechend an Dritte bezahlt hat. Denn selbstverständlich hatte sie infolge des Treuhänderverhältnisses die Verpflichtung zur Herausgabe des Hypothekenerlöses in gleichem Maße, wie vorher die Verpflichtung zur Herausgabe der Hypothek. Ob die Anfechtung durch das Treuhänderverhältnis ausgeschlossen wird, solange dieses besteht, der Treuhänder die ihm übereignete Sache oder deren Wert noch hinter sich hat, bedarf hier nicht der Erörterung und Entscheidung. Denn jedenfalls kann von einer Anfechtung und einer Rückgewährspflicht des Treuhänders dann keine Rede mehr sein, wenn dieser die Sache herausgegeben hat. Es ist nicht abzusehen, inwiefern die Beklagte die Herausgabe der 16 000 M. an ihren Ehemann mit Rücksicht auf eine etwaige spätere Anfechtung hätte verweigern können.

Der vorliegende Fall ist seinem Wesen nach verschieden von den anfechtbaren Rechtsgeschäften im Sinne der Anfechtungsgesetze, bei denen der Beklagte zur Rückgewähr an den Veräußerer überhaupt nicht verpflichtet ist, sondern nur dem Anfechtungskläger gegenüber, bei denen deshalb die Anfechtung auch nur relativ, zugunsten des erfolgreich Anfechtenden wirkt, während hier offenbar j e d e r Gläubiger den Anspruch des Ehemannes auf Herausgabe der Hypothek oder der an ihre Stelle getretenen Zessionsvaluta pfänden konnte. Eine andere Frage ist es, ob nicht etwa der Treuhänder durch seine sittlich verwerfliche Mitwirkung zur Benachteiligung von Gläubigern sich diesen schadensersatzpflichtig macht; im Wege der Anfechtung aber kann dieser Anspruch keinesfalls geltend gemacht werden. Die Bemerkung des Berufungsgerichts, daß nur dann von einer Rückgewähr gesprochen werden könnte, deren Anrechnung auf ihre Rückgewährungspflicht die Beklagte beanspruchen dürfte, wenn durch die 16 000 M. anfechtungsberechtigte Gläubiger befriedigt worden seien, ist deshalb verfehlt. Und wenn, wie es den Anschein hat, das Berufungsurteil dahin zu verstehen ist, daß die Beklagte auch schon dann der Klage entsprechend verurteilt werden soll, wenn sie nur überhaupt die Zessionsvaluta in Empfang genommen hat, mag sie diese auch vollständig an ihren Ehemann herausgegeben haben, so würde hierin eine rechtsirrige Entscheidung zum Nachteil der Beklagten liegen, die nur deshalb der Aufhebung nicht unterliegt, weil die Beklagte Revision nicht eingelegt hat, und eine Abänderung des Urteils zum Nachteil des Revisionsklägers unzulässig ist. Dagegen ist die Beklagte allerdings zur Zahlung an den Kläger verpflichtet, wenn ihr Ehemann ihr die Zessionsvaluta ganz oder zum Teil dauernd und zur freien Verfügung belassen, oder, falls er sie unmittelbar von Olga F. vereinnahmt hatte, wieder ausgehändigt hat. In beiden Fällen läge eine neue, selbständige und für sich anfechtbare Rechtshandlung vor. Hat der Ehemann die von der Beklagten vereinnahmte Valuta ihr belassen, so hat er damit auf seinen Herausgabeanspruch verzichtet; dieser tritt durch die erfolgreiche Anfechtung wieder ins Leben, und es ist unbedenklich, daß in solchem Falle der Rückgewährsanspruch direkt auf Zahlung gerichtet wird. Hat er die von ihm selbst erhobene Valuta der Beklagten zu ihrer freien Verfügung ausgehändigt, so ist dies eine mit allem Vorausgehenden nur äußerlich zusammenhängende, rechtlich davon unabhängig zu beurteilende Zahlung, deren Anfechtbarkeit nach Lage der Sache keinem Zweifel unterliegen würde. Dem Berufungsgerichte ist auch darin beizustimmen, daß in diesem Falle die Beklagte ihrer Rückgewährspflicht nicht dadurch genügt hätte, daß sie etwa die erhaltene Summe ihrem Ehemanne als Darlehn gab. Denn damit traf sie eine Verfügung über ihr Vermögen in ihrem Interesse; die Darlehnshingabe wäre eine einfache Maßregel der Vermögensverwaltung, wie die Ausleihung an einen Dritten; die Anfechtbarkeit würde hierdurch nicht beseitigt. Da aber ein Beweis für die entsprechenden Behauptungen des Klägers nicht erbracht ist, so hat das Berufungsgericht mit Recht auf den der Beklagten zugeschobenen Eid erkannt."

RGZ. 69, 59

1. Kann ein von einem Kaufmann in seinem eigenen Interesse mit einem Angestellten geschlossener Vertrag, durch welchen er dessen jährliches Gehalt auf 1500 M. festsetzt, während er sich gleichzeitig der Ehefrau des Angestellten gegenüber verpflichtet, dieser jährlich fortlaufend einen weiteren Betrag zu zahlen, durch die Gläubiger des Angestellten mit Erfolg angefochten werden?

2. Kann ein solcher Anspruch der Ehefrau von den Gläubigern des Ehemannes gepfändet werden?

VII. Zivilsenat. Urt. v. 3. März 1908.

I. Landgericht Hamburg. II. Oberlandesgericht daselbst.

Der Ehemann der Klägerin schloß, nachdem er im Jahre 1904 in Konkurs geraten war, am 31. Dezember 1904 mit der Firma W. & G., deren Angestellter er war, unter Beitritt der Klägerin einen Vertrag ab, durch den ihm von der Firma ein Jahresgehalt von 1500 M. und seiner Ehefrau eine Summe von jährlich 1700 M., zahlbar in monatlichen Raten, zugesichert wurde. Der Vertrag war von der Firma ausdrücklich mit Rücksicht auf die ihr bekannte Tatsache, daß die Gläubiger des D. erhebliche Forderungen gegen ihn geltend machten, mit diesem Inhalt geschlossen worden. Die Beklagte, die gegen D. eine vollstreckbare Forderung hatte, ließ die angebliche Forderung des D. gegen die Firma W. & G. auf Zahlung des jährlichen Betrages von 1700 M. an seine Frau, soweit diese Ende März 1906 fällig werde, bis zur Höhe ihrer Forderung pfänden und sich zur Einziehung überweisen. Die Klägerin erhob hiergegen durch Klage Widerspruch und beantragte, den erlassenen Pfändungs- und Überweisungsbeschluß für unzulässig zu erklären. Die Beklagte beantragte Abweisung der Klage. Sie focht den zwischen dem Ehemann der Klägerin und der Firma W. & G. geschlossenen Vertrag an, weil er in der der Klägerin bekannten Absicht geschlossen sei, die Gläubiger des Ehemanns der Klägerin zu benachteiligen. Die erste Instanz wies die Klage ab; der Berufungsrichter dagegen erkannte nach dem Klagantrage.

Die Revision des Beklagten blieb erfolglos.

Aus den Gründen:

„Die im Wege der Einrede erfolgte Anfechtung des von dem Ehemann D. mit der Firma W. & G. geschlossenen Vertrages ist schon allein deshalb nicht begründet, weil die Beklagte durch den angefochtenen Vertrag nicht benachteiligt worden ist. Die Inhaber der Firma W. & G. würden nämlich nach ihrem vom Berufungsrichter für glaubhaft erachteten Zeugnis den Ehemann der Klägerin nicht mehr angestellt haben, wenn er nicht ferner in geordneten Verhältnissen gelebt hätte, d. h. wenn nicht sein Gehalt so bemessen worden wäre, daß es der Pfändung durch seine Gläubiger nicht unterlag. Eben deswegen haben sie ihm nur einen pfandfreien Gehaltsanspruch in Höhe von 1500 M. gewährt, und im übrigen seiner Frau, die dem Vertrage beigetreten ist, einen jährlichen Betrag von 1700 M. zugesichert. Das Motiv dieser Handlung liegt klar auf der Hand. Würde der Ehemann der Klägerin durch Pfändung des dieser unterworfenen Teiles eines ihm gewährten höheren Gehalts von 3200 M. in Vermögensbedrängnis geraten sein, da er, wie er erklärt hat, mit seiner Familie von dem pfandfreien Teile eines solchen Gehalts nicht leben konnte, wovon auch die Inhaber der Firma W. & G. ersichtlich überzeugt waren, so wäre durch eine solche Vermögenslage des Ehemanns der Klägerin für die Firma die Möglichkeit von Gefahren gegeben worden, die sie unbedingt vermeiden wollte. Demgemäß lautet die Erklärung des einen der beiden Firmeninhaber ausdrücklich dahin, daß sie, wenn der geschlossene Vertrag nicht gelten würde, und sie damals die Kenntnis der Ungültigkeit gehabt hätten, den Ehemann der Klägerin entlassen haben würden. Mit Recht sagt der Berufungsrichter, daß, wenn D. infolgedessen ohne Stellung gewesen wäre, die Beklagte ebenfalls von ihm nichts erhalten hätte. Weiter hat der Berufungsrichter aber auch darin Recht, daß die Gläubiger des Ehemannes der Klägerin überhaupt kein Recht haben, den von der Firma W. & G. mit ihm geschlossenen Vertrag anzufechten. Es kann ihnen nicht die Befugnis zugestanden werden, der Firma W. & G. einen Vertrag mit solchem Inhalt aufzunötigen, wie ihn die Firma gerade nicht schließen wollte und deshalb auch nicht geschlossen hat. Die Firma wollte dem D. einen Geldanspruch nur in Höhe des Betrages von 1500 M. einräumen; im übrigen wollte sie seiner Ehefrau einen völlig selbständigen Anspruch auf einen Betrag von 1700 M. gewähren. Der Vertrag läßt hierüber nicht den geringsten Zweifel. Er lautet in dem bezüglichen Teile: „Herr D. bezieht ein festes Gehalt von 1500 M. Solange Herr D. im Dienst der Herren W. & G. verbleibt, werden dieselben der Ehefrau desselben jährlich 1700 M. in monatlichen Raten auszahlen. Frau D. tritt diesem Vertrage durch ihre Unterschrift bei." Ein gegen die Firma begründeter Anspruch auf Zahlung von 1700 M. an ihn selbst ist hiernach nie im Vermögen des D. gewesen und kann daher auch nicht durch eine anfechtbare Handlung seinem Vermögen entzogen sein. Der Anspruch der Klägerin ist vielmehr von Anfang an und ursprünglich nur in ihrer Person entstanden und nicht durch die Person ihres Ehemannes hindurchgegangen, also auch nicht auf dem Wege einer stillschweigend erklärten anfechtbaren Zession an sie gelangt. Allerdings bildet die Zusicherung einer Zahlung von 1700 M. von seiten der Firma W. & G. an die Klägerin ohne Zweifel einen Teil der Gegenleistung der Firma für die ihr von deren Ehemann zu leistenden und geleisteten Dienste; sie findet in diesen Diensten nicht etwa nur ihr Motiv. Allein deshalb liegt in dem hierauf bezüglichen Teile des Vertrages nicht etwa eine anfechtbare unentgeltliche Verfügung des Ehemannes zugunsten seiner Ehefrau; denn er hatte, wie oben dargelegt, nie einen Vermögensanspruch auf diese 1700 M., konnte also auch über einen solchen nicht durch das Abkommen zugunsten seiner Ehefrau verfügen. Eine Anfechtung dieses Teiles des ganzen Vertrages, sei es der Firma W. & G., oder der Klägerin gegenüber, mit dem von der Beklagten erstrebten Erfolge, ist um so mehr ausgeschlossen, als dieses Abkommen nach dem ernstlichen, in den Interessen der Firma W. & G. begründeten Willen der Beteiligten einen w e s e n t l i c h e n Teil des ganzen Vertrages bildet, dessen Ungültigkeit daher, wie schon oben hervorgehoben, nicht zur Folge haben könnte, daß dieses Stück zugunsten der Gläubiger des Ehemanns der Klägerin zwangsweise und gegen den Willen der Beteiligten mit einem anderen Inhalt erfüllt würde, sondern vielmehr, daß der ganze Vertrag als unwirksam zu Boden fiele. Dann würde ein vertraglicher Anspruch des Ehemanns der Klägerin gegen die Firma also überhaupt nicht bestehen. Die Anfechtung würde daher erfolglos sein, und das würde in gleichem Maße gelten, möchte die Anfechtung auf das Anfechtungsgesetz, oder auf § 826 BGB. gestützt werden.

Übrigens sei zu diesem letzteren, von der Revision berührten Punkte bemerkt, daß von einem Verstoß gegen den § 826 BGB. hier keine Rede sein kann. Nach Lage der Umstände verletzten weder die Firma W. & G. noch der Ehemann der Klägerin die guten Sitten, wenn sie in dieser durch ihre beiderseitigen Interessen bedingten Art und Weise ihre Verhältnisse regelten. Die Berechtigung der Interessen der Firma liegt auf der Hand; aber auch die Interessen des Ehemannes der Klägerin waren keine unberechtigten, zunächst schon deshalb, weil er, wenn er den Vertrag mit diesem Inhalte nicht schloß, seine Entlassung zu gewärtigen hatte. Außerdem aber ist an der bereits vor kurzem vom erkennenden Senat zum Ausdruck gebrachten Erwägungen festzuhalten, daß die Gläubiger eines Schuldners keinen von der Rechtsordnung anerkannten Anspruch darauf haben, daß dieser seine Arbeitskraft zu ihren Gunsten in einer Weise verwerte, die es ihnen ermöglicht, zum Zwecke ihrer Befriedigung auf das, was sich als Gegenleistung darstellt, Zugriff zu nehmen.

Kann hiernach die Einrede der Anfechtung nicht durchgreifen, so kann ebensowenig vom Standpunkt des ehelichen Güterrechts aus ein Recht der Gläubiger des Ehemanns, zum Zwecke ihrer Befriedigung die einzelnen Zahlungen der Firma W. & G. an die Klägerin zu pfänden, anerkannt werden. Der erste Richter hatte eine solche Befugnis der Gläubiger und daher auch der Beklagten angenommen, und zwar auf Grund der rechtlichen Konstruktion, daß das Recht, welches der Klägerin gegen die Firma auf Grund des Vertrages zustehe, zum eingebrachten Gute gehöre, da die Klägerin mit ihrem Ehemann im gesetzlichen Güterstande lebe, daß die einzelnen Zahlungen aber als Nutzungen dieses Rechts anzusehen seien, die nach § 1383 BGB. dem Ehemanne gebührten und daher der Pfändung unterlägen. Der Berufungsrichter hat die Auffassung mißbilligt, daß in dem vorbezeichneten Recht der Klägerin eingebrachtes Gut zu erblicken sei. Er ist vielmehr der Ansicht, daß nach § 1369 BGB. das Bezugsrecht der Klägerin sich als Vorbehaltsgut darstelle; der Wille der Firma W. & G. sei darauf gerichtet gewesen, der Klägerin ein Vorbehaltsgut zuzuwenden; daß dieser Ausdruck bei der Zuwendung nicht gebraucht sei, sei gegenüber dem erkennbar hervorgetretenen Willen ohne Bedeutung. Bezüglich der Anwendung des § 1369 BGB. bestehen gewisse Zweifelsfragen, nämlich ob die Bestimmung des Dritten bei der Zuwendung, daß der Erwerb Vorbehaltsgut sein soll, auch stillschweigend erfolgen kann, und ob eine „unentgeltliche" Zuwendung im Sinne des § 1369 BGB. schon dann vorliegt, wenn die Zuwendung für die Ehefrau eine unentgeltliche ist, oder ob sie auch auf seiten des Zuwendenden eine solche sein muß. Es ist nicht erforderlich, über diese Fragen hier zu entscheiden; denn auch wenn man annimmt, daß es sich im gegenwärtigen Falle um eingebrachtes Gut handelt, so kann der erkennende Senat doch nicht der Anschauung beitreten, daß die allgemeine vertragliche Zusicherung der Firma W. & G., der Klägerin jährlich 1700 M. zu zahlen, sich als die Substanz eines Rechts darstelle, dessen Nutzungen, Früchte oder Erträge in den einzelnen Zahlungen beständen. Die Bestimungen der §§ 99 Abss. 2 und 3 und 100 BGB. sind weder auf die einzelnen Zahlungen aus einem obligatorischen Verhältnis der vorliegenden Art gemünzt, noch passen sie auf diese. Ob die einzelnen Gehaltszahlungen an Staats- und Gemeindebeamte, die in der Literatur öfters als „Rente" bezeichnet werden, und das Beamtenverhältnis anders zu beurteilen sind, kann hier dahingestellt bleiben. Notwendige Schlußfolgerungen sind aus der Natur dieser Zahlungen und dem Beamtenverhältnis auf die Zahlungen aus einem privaten obligatorischen Verhältnis der bezeichneten Art nicht zu ziehen. Der erkennende Senat ist hiernach der Ansicht, daß hier d i e e i n z e l n e n Z a h l u n g e n s e l b s t eingebrachtes Gut sind und daher nach § 1410 BGB nicht dem Zugriff der Gläubiger des Ehemanns unterliegen. Demgemäß bedarf es keines Eingehens auf die eventuelle Erwägung des Berufungsrichters, daß, wenn das Bezugsrecht der

Klägerin eingebrachtes Gut sei, und die einzelnen Zahlungen als dessen Früchte zu gelten hätten, diese der Pfändung durch die Gläubiger des Ehemanns nach § 861 ZPO entzogen seien, weil sie zur Erfüllung der gesetzlichen Unterhaltspflicht des Ehemanns der Klägerin gegenüber seiner Familie und zur Bestreitung standesgemäßen Unterhalts erforderlich seien."

RGZ. 69, 163

Unter welchen Voraussetzungen sind Vollstreckungsakte gegen den Schuldner als Rechtshandlungen desselben auf Grund des Anfechtungsgesetzes vom 20. Mai 1898 anfechtbar?

VII. Zivilsenat. Urt. v. 12. Juni 1908.

I. Landgericht I Berlin. II. Kammergericht daselbst.

Der Rentner F. M. wurde auf die ihm am 16. Oktober 1905 zugestellte Klage am 2. November 1905 verurteilt, an den klägerischen Verein 24 000 M. zu zahlen. F. M. ist der Vater der verklagten Ehefrau K. Die Eheleute K. hatten am 19. Oktober 1905 gegen ihn den Erlaß eines Zahlungsbefehls wegen 10 000 M. Restforderung der der verklagten Ehefrau versprochenen Mitgift von 15 000 M. beantragt. Auf Grund des für vorläufig vollstreckbar erklärten Zahlungsbefehls ließen die verklagten Eheleute K. zuerst am 10. November 1905 in das Barvermögen des F. M. vollstrecken und sich später verschiedene Hypothekenforderungen desselben im Wege der Zwangsvollstreckung überweisen. Der Kläger focht diese Vollstreckungsakte mit der Behauptung, die Mitgiftforderung bestehe nicht zu Recht, als ihn benachteiligende Rechtshandlungen seines Schuldners an und verlangte von den Beklagten die Herausgabe der durch die Pfändungen an sie gelangten Geldbeträge.

Die Beklagten wurden vom Landgericht nach dem Klagantrage verurteilt; die von ihnen eingelegte Berufung wurde zurückgewiesen.

Auf ihre Revision wurde das Berufungsurteil aufgehoben, aus folgenden

Gründen:

„Gegen die Annahme des Berufungsgerichts, daß die Voraussetzungen des § 2 Anf.G. für die vom Kläger erhobene Anfechtungsklage vorliegen, sind Angriffe nicht erhoben; sie ist auch nicht zu beanstanden. Die weiteren Ausführungen des Urteils, es seien auch die Tatbestandsmerkmale anfechtbarer Rechtshandlungen des Schuldners, wie sie im § 3 des Gesetzes unter Nr. 1, 2, 3 aufgestellt sind, gegeben, sind dagegen nicht bedenkenfrei, und es hat deshalb die Entscheidung in ihrer jetzigen Begründung den Revisionsangriffen gegenüber nicht aufrechterhalten werden können; vielmehr bedarf es in dieser Beziehung noch weiterer Erörterungen.

Angefochten sind die von den Beklagten zu ihrer Befriedigung aus dem Zahlungsbefehle veranlaßten Vollstreckungsakte. Vollstreckungspfändungen als solche sind als Rechtshandlungen des Schuldners im Sinne des Anfechtungsgesetzes nur anzusehen, wenn sie im kollusiven Einverständnisse des Schuldners mit dem Gläubiger zustande gebracht sind. Während bei der Anfechtung im Konkurse (§ 30 KO.) eine Mitwirkung des Gemeinschuldners nicht erforderlich ist, und deshalb auch Vollstreckungsakte anfechtbar sind, die wider den Willen des Schuldners geschehen, ist die Anfechtung außerhalb des Konkurses, da bei ihr der die Konkursordnung beherrschende Grundsatz der Gleichberechtigung der persönlichen Gläubiger wegfällt, eine beschränktere. Ohne ein Mitwirken des Schuldners ist eine Rechtshandlung desselben, wie sie das Anfechtungsgesetz verlangt, nicht festzustellen. Aus § 6 des Gesetzes ist eine andere Auffassung nicht herzuleiten; er spricht nur aus, daß an sich anfechtbare Rechtshandlungen dadurch nicht unanfechtbar werden, daß sie in die Form von Vollstreckungsakten gekleidet sind.

Die vorstehenden Grundsätze sind vom erkennenden Senate schon in dem Urteile vom 1. Februar 1901 (Entsch. Bd. 47 S. 223) ausgesprochen; an ihnen ist festzuhalten. Das angefochtene Urteil läßt aber nicht mit der erforderlichen Deutlichkeit erkennen, ob auch das Berufungsgericht bei der Prüfung des Streitstoffes von diesen Rechtssätzen ausgegangen ist und das Erfordernis der Mitwirkung des Schuldners ausreichend geprüft hat.

Wenn festgestellt wäre, daß das Mitgiftversprechen überhaupt nicht, oder nicht in der behaupteten Höhe abgegeben wurde, so könnte eventuell das Mitwirken des Schuldners schon darin gefunden werden, daß er, wie das Berufungsgericht sich ausdrückt, alles ruhig über sich ergehen ließ. Aber eine solche Feststellung ist nicht getroffen; vielmehr ist, wie der Eingang des Tatbestandes ergibt, das in der ersten Instanz bestrittene Versprechen der Mitgift als tatsächlich abgegeben angesehen worden.

Entscheidendes Gewicht legt das Berufungsgericht darauf, daß das Versprechen, weil es in mündlicher Form im Jahre 1899 abgegeben, die Ehe der Beklagten aber erst am 2. Januar 1900 geschlossen sei, der Klagbarkeit entbehre. Die Erheblichkeit dieses Umstandes ist auch nicht zu verkennen, und zu Unrecht greift die Revision die rechtliche Auffassung des Berufungsurteils als nicht zutreffend an; sie schließt sich an die Rechtsprechung des Reichsgerichts an. Durch das unter der Herrschaft des Allgemeinen Landrechts abgegebene und bei einer Zuwendung im Werte von über 150 M. formungültige mündliche Versprechen wird auch, wenn es angenommen ist, ein Schuldverhältnis noch nicht begründet; erst durch Hinzutritt der Erfüllung, die hier in der Schließung der Ehe besteht, wird ein solches Versprechen klagbar. Diese Klagbarkeit aber ist unter der Herrschaft des alten Rechts nicht mehr eingetreten.

Vgl. Urteil des IV. Zivilsenats des Reichsgerichts vom 29. Oktober 1903, Rep. IV. 43/03.

Aber die Feststellung der objektiven Rechtsunwirksamkeit des Mitgiftversprechens genügt nicht, um die vom Berufungsgericht daraus für die Anfechtung gezogenen Folgerungen zu rechtfertigen.

Mit Recht vermißt die Revision Erörterungen darüber, ob sich F. M. dessen bewußt geworden sei, daß ein klagbarer Anspruch gegen ihn nicht bestehe; Feststellungen nach der subjektiven Seite hin sind für keinen der drei vom Berufungsgerichte angenommenen Anfechtungsfälle entbehrlich. Wenn F. M. das Mitgiftversprechen, das ja zum Teil von ihm auch schon früher erfüllt war, für verbindlich und den im Mahnverfahren gegen ihn erhobenen Anspruch für gerechtfertigt hielt, kann dies bei Beachtung des rechtlichen Gesichtspunktes, daß erst kollusives Einverständnis des Schuldners und der Beklagten die Vollstreckungsakte zu Rechtshandlungen des Schuldners macht, zu einer von der jetzigen Entscheidung abweichenden Beurteilung führen. Es kann sich dann ergeben, daß für F. M., der nach der Behauptung der Beklagten auch einer anderen Tochter die gleiche, seinen Vermögensverhältnissen bei Eingehung der Ehe der Beklagten entsprechende, Ausstattung gewährt haben soll, kein Grund vorlag, die versprochene Mitgift den Beklagten noch länger vorzuenthalten und deshalb ihrem Vorgehen zu widersprechen. Sein passives Verhalten allein kann dann eventuell nicht mehr für ausreichend angesehen werden, ein kollusives Einverständnis festzustellen, und die bis jetzt nicht berücksichtigte Behauptung der Beklagten, ihr schroffes Vorgehen habe F. M. erzürnt und zu einem Abbruche jeglichen Verkehrs mit ihnen geführt, kann ebenfalls für die Entscheidung von Bedeutung werden. In dieser Hinsicht sind also noch weitere Feststellungen erforderlich.

Bedeutungsvoll für die Beurteilung bleibt allerdings auch dann noch der Umstand, daß das Vorgehen der Beklagten ein sehr eiliges war, und daß es zeitlich mit der gegen F. M. vom Kläger erhobenen Klage zusammenfiel.

Beide Beklagte haben den Zahlungsbefehl beantragt; für sie ist die Vollstreckung erfolgt; die Anfechtungsklage konnte deshalb auch gegen beide gerichtet werden. Diese von der Revision angefochtene Annahme des Berufungsgerichts ist nicht zu beanstanden. Auch darin, daß, soweit es auf die Kenntnis der obwaltenden Umstände ankommt, die verklagten Eheleute vom Berufungsgerichte gleich behandelt sind, ist der von der Revision gerügte Verstoß nicht zu finden. Ohne eine ausdrückliche Feststellung hierüber zu treffen, durfte das Berufungsgericht nach Lage der Sache annehmen, daß die dem Ehemanne durch seine Reise nach P. bekanntgewordene Vermögenslage des F. M. auch zur Kenntnis seiner Tochter, der Ehefrau K., gelangt sei." ...

RGZ. 71, 353

Liegt dem nach § 11 Abs. 2 Nr. 1 des Anfechtungsgesetzes verklagten Rechtsnachfolger der Nachweis ob, daß seinem unter § 3 Nr 2 des Gesetzes fallendem Rechtsvorgänger eine Absicht des Schuldners, die Gläubiger zu benachteiligen, nicht bekannt war?

VII. Zivilsenat. Urt. v. 22. Juni 1909.

I. Landgericht III Berlin. II. Kammergericht daselbst.

Die Frage wurde bejaht aus folgenden

Gründen:

„Nach dem klaren Wortlaute des § 11 AnfGes. hat der Anfechtende zur Begründung seines Anfechtungs-Anspruchs oder Einwandes gegen den Rechtsnachfolger darzulegen und zu beweisen, daß die Anfechtung gegen den Rechtsvorgänger begründet ist und daß dem Rechtsnachfolger zur Zeit seines Erwerbs die Umstände, die die Anfechtung des Erwerbs seines Rechtsvorgängers begründen, bekannt waren. Ist, wie vorliegend, der Erwerber eine unter die Bestimmung des § 3 Nr. 2 fallende Person, so ist ihr gegenüber die Anfechtung begründet, sofern die benachteiligende Eigenschaft der Rechtshandlung dargetan ist. Das Gesetz läßt aber dem Erwerber in einem solchen Falle den Beweis nach, daß ihm eine Gläubigerbenachteiligungsabsicht des Veräußerers nicht bekannt war; wird dieser Nachweis erbracht, so fällt die Anfechtbarkeit weg, die an sich durch die Eigenschaft der Rechtshandlung als einer die Gläubiger des Veräußerers benachteiligenden und durch die Eigenschaft des Erwerbers als Verwandten oder Verschwägerten des Veräußerers gegeben ist. Danach können zu den klagebegründenden Umständen im Sinne des § 11 Abs. 2 Nr. 1 nur diese beiden Eigenschaften, nicht aber auch die Kenntnis des Erwerbers von der fraudulösen Absicht seines Geschäftsgenossen gerechnet werden. Daraus folgt, daß zur Begründung des Anfechtungsanspruchs gegen den Rechtsnachfolger des ersten Erwerbers, falls dieser unter die in § 3 Nr. 2 aufgezählten Personen fällt, nur gehört der Nachweis der benachteiligenden Eigenschaft der Rechtshandlung, der Nachweis des Verwandtschafts- oder Schwägerschaftsverhältnisses des ersten Erwerbers zum Schuldner und der Nachweis, daß dieses beides dem Rechtsnachfolger bei seinem Erwerbe bekannt war. Weder aus dem Wortlaute noch aus dem Zwecke des Gesetzes ist zu entnehmen, daß dem Anfechtenden der weitere Beweis obliegen solle, daß der erste Erwerber die fraudulöse Absicht des Schuldners gekannt hat. Der Zweck des Gesetzes verlangt vielmehr, daß der Rechtsnachfolger seinerseits das Vorhandensein des die Anfechtbarkeit der Rechtshandlung des Schuldners dem ersten Erwerber gegenüber ausschließenden Umstandes, die Nichtkenntnis der fraudulösen Absicht des Schuldners, nachzuweisen hat. Andernfalls würde es dem unter § 3 Nr. 2 fallenden Erwerber ein Leichtes sein, durch Weiterveräußerung des anfechtbar Erlangten dem Anfechtungsgläubiger doch wieder den Beweis der Kenntnis des ersten Erwerbers von der fraudulösen Absicht des Schuldners aufzubürden, der nach der ausdrücklichen Bestimmung in einem solchen Falle zur Begründung des Anfechtungsanspruchs nicht erforderlich sein soll." ...

RGZ. 74, 224.

Hat die geschiedene Ehefrau einen Schadensersatzanspruch aus § 826 BGB. gegen denjenigen, zu dessen Gunsten und unter dessen Mitwirkung der geschiedene Ehemann sich seines ganzen angreifbaren Vermögens zu dem Zwecke entäußert hat, um die Unterhaltsansprüche der Frau zu vereiteln? Verhältnis des § 826 BGB. zu § 3 Nr. 1 des Anfechtungsgesetzes vom 20. Mai 1898.

VI. Zivilsenat. Urt. v. 19. September 1910.

Die Entscheidung ist abgedruckt unter „Bürgerliches Recht, Recht der Schuldverhältnisse 9".

RGZ. 80, 1

1. Hat der Anfechtungsgegner bei erfolgreicher Anfechtung der Übertragung eines nutzbringenden Wertes außer diesem auch die Nutzungen zurückzugewähren oder zu erstatten, welche dem Gläubigerzugriff entzogen worden sind?

2. Kann der Anfechtungsgläubiger von einer im gesetzlichen Güterstande lebenden Ehefrau und ihrem Ehemann Erstattung der gezogenen Nutzungen beanspruchen?

3. Darf der Anfechtungsanspruch, wenn ein nutzbares Recht veräußert ist, und vor der Veräußerung nicht das Recht selbst, sondern nur dessen Nutzungen dem Gläubigerzugriffe zugänglich waren, selbständig auf Rückgewähr oder Erstattung der seit der Veräußerung erwachsenen Nutzungen gerichtet werden?

4. Zur Frage des Anwendungsgebiets des § 773 ZPO.

AnfG. vom 21. Juli 1879 in der Fassung vom 20. Mai 1898 §§ 7, 11. BGB. § 2115. EG. z. BGB. Art. 213.

VII. Zivilsenat. Urt. v. 14. Juni 1912.

I. Landgericht Breslau. II. Oberlandesgericht daselbst.

Die im Laufe der Revisionsinstanz verstorbene Beklagte zu 1, Frau E. B., ist die Tochter des am 27. November 1891 verstorbenen Generaldirektors Gr. und dessen noch lebender Gattin Klara geb. N. Durch ein rechtskräftiges Urteil vom 18. Mai 1908 ist die Witwe Gr. als Gesamtschuldnerin mit ihrem Sohne Dr. Gr. verurteilt worden, an den Baumeister A. L. in J. und den Kläger zu 2 10 000 M. nebst 6 % Zinsen seit dem 15. Juni 1905 zu zahlen. Pfändungen in ihr Vermögen sind fruchtlos geblieben, sie hat auch den Offenbarungseid geleistet. Früher standen für sie im Grundbuche von F. Bl. Nr. 39 12 000 M., zu 5 % verzinslich, hypothekarisch eingetragen. Diese Hypothek mit den Zinsen vom 1. Oktober 1904 hat die Witwe Gr. am 18. August 1904 an ihre genannte Tochter abgetreten, welche weiterhin einen Teilbetrag von 8000 M. nebst Zinsen vom 1. Juli 1905 an ihren Gatten abgetreten hat. Zum Nachlasse des Generaldirektors Gr. gehörte neben gewissen Wertpapieren eine im Grundbuche von F. Bl. Nr. 197 A eingetragene, mit 4½ % verzinsliche Hypothek von 12 000 M. Auch diese Hypothek hat die Witwe Gr., und zwar am 17. August 1904 mit den Zinsen seit dem 1. Juli 1904 an Frau E. B. abgetreten. Nach Behauptung der Kläger hat die Witwe Gr. ferner den Eheleuten B. eine Reihe zinstragender Wertpapiere aus dem Nachlasse ihres verstorbenen Gatten übereignet. Dem Fabrikbesitzer W. und dem Baumeister A. L. stand gegen die Witwe Gr. noch eine weitere vollstreckbare Forderung von 5000 M. nebst gewissen Zinsen zu. Auf die Anfechtungsklage der genannten Gläubiger sind die Eheleute B. in einem Vorprozesse verurteilt worden, und zwar die Ehefrau wegen eines Betrags von 4200 M. nebst Zinsen, die Zwangsvollstreckung in die ihr noch in Höhe von 4000 M. zustehende, im Grundbuche von F. Bl. 39 eingetragene Hypothek zu dulden, und der Beklagte zu 2, sich die Zwangsvollstreckung in das Vermögen seiner Frau gefallen zu lassen. Die Klage im vorliegenden Rechtsstreite war auf weitere Anfechtung der erfolgten und von den Klägern behaupteten Übereignungen gerichtet. Das Landgericht verurteilte die verklagten Eheleute B., als Gesamtschuldner an die Kläger 10 000 M. nebst 6 % Zinsen seit dem 15. Juni 1905 zu zahlen und wegen des durch Zahlung nicht gedeckten Betrags die Zwangsvollstreckung in die vom 1. Januar 1908 ab laufenden Zinsen der Hypothek F. Bl. 197 A sowie für den Fall der Nichtleistung eines Eides die Zwangsvollstreckung in die Dividenden gewisser Wertpapiere zu dulden. Die Beklagten erhoben Berufung und zahlten behufs Abwendung der Urteilsvollstreckung an die Kläger 13 580 M. Die Kläger beantragten mittels Anschließung an die Berufung in erster Reihe, die Beklagten als Gesamtschuldner zu verurteilen, an die Kläger 10 000 M. nebst 6 % Zinsen seit dem 15. Juni 1905 zu zahlen, den verklagten Ehemann auch zu verurteilen, die Zwangsvollstreckung in das eingebrachte Gut seiner Ehefrau zu dulden. Sie erklärten, unter anderem Befriedigung suchen zu wollen aus 360 M. Zinsen der Hypothek Bl. 39 von 12 000 M. für die Zeit vom 1. Oktober 1904 bis 1. Juli 1905, aus 480 M. Zinsen der Teilpost von 4000 M. für die Zeit vom 1. Juli 1905 bis 1. Juli 1908, aus 3480 M. Zinsen der Hypothek F. Bl. 197 A von 12 000 M. für die Zeit vom 1. Juli 1904 bis 1. Oktober 1911 sowie aus 11 640 M. Dividenden und Zinsen gewisser Wertpapiere. Das Berufungsgericht erkannte in Abänderung des ersten

Urteils auf Abweisung der Klage und Verurteilung der Kläger, den Beklagten 13 580 M. nebst gewissen Zinsen zurückzuzahlen. Auf die Revision der Kläger ist das angefochtene Urteil aufgehoben und die Sache an das Berufungsgericht zurückverwiesen worden.

Aus den Gründen:

... „Der Baumeister A. L. und der Kläger zu 2 haben in einem Vorprozesse die an Frau B. erfolgte Übertragung der verzinslichen Hypothek F. Bl. 39 in Höhe von 4000 M. erfolgreich angefochten. Im vorliegenden Rechtsstreite wird unter anderem ein Anspruch dieser Anfechtungsgläubiger gegen die Eheleute B. auf Erstattung der Zinsen des bezeichneten Hypothekenteils seit jener Übertragung bis zu der mit der Vorklage erreichten Beschlagnahme des Kapitals, d. h. für die Zeit vom 1. Oktober 1904 bis 1. Juli 1908 verfolgt. Der Berufungsrichter will davon ausgehen, daß der Anfechtungsschuldner bei erfolgreicher Anfechtung der Übertragung eines nutzbringenden Wertes außer diesem auch die Nutzungen so weit zurückzugewähren hat, als sie dem Gläubigerzugriff infolge der angefochtenen Rechtshandlung entzogen sind. Diese Annahme entspricht der in der Literatur herrschenden Ansicht. Dabei kommt hier die Sondervorschrift des § 7 Abs. 2 AnfG. nicht in Betracht. Nach dem Abs. 1 des § 7 ist dasjenige, was durch die anfechtbare Handlung aus dem Vermögen des Schuldners veräußert, weggegeben oder aufgegeben ist, vom Empfänger so, als ob es noch zum Vermögen des Schuldners gehörte, zurückzugewähren. Mit der Veräußerung eines nutzbaren und genutzten Wertes gibt der Schuldner auch dessen Ertrag auf. Deshalb hat der als Anfechtungsgegner in Anspruch genommene Empfänger eines solchen Wertes mit diesem auch die Nutzungen, die dem Vermögen des Schuldners zugeflossen wären, wenn die anfechtbare Rechtshandlung nicht vorgekommen wäre, sei es in Natur, sei es durch Wertersatz, zurückzugewähren.

Der Berufungsrichter hat den Zinserstattungsanspruch der Kläger sowohl gegen Frau B. als auch gegen ihren Ehemann abgewiesen, weil nicht die erstere, sondern der letztere die Zinsen gezogen habe, und dieser Erwerb des Beklagten zu 2 in dessen ehemännlichem Nutzungsrechte seine Grundlage finde. Mit diesen Erwägungen ist die Bedeutung des § 7 und des § 11 AnfG. verkannt. Der gegen Frau B. erhobene Anspruch rechtfertigte sich aus der an sie erfolgten Veräußerung eines zinstragenden Kapitals. Dabei konnte es nicht darauf ankommen, ob sie persönlich die erwachsenen Zinsen bezogen hat. Den wesentlichen Punkt bildet insofern der Empfang nicht der Zinsen, sondern der Hypothek, und der Erstattungsanspruch gegen Frau B., jetzt gegen deren Erben, erscheint zureichend begründet, weil der Zinsertrag der Hypothek, wenn die angefochtene Abtretung nicht stattgefunden hätte, dem Vermögen der Schuldnerin, Witwe Gr., verblieben wäre.

Daneben hat schon das Landgericht mit Recht eine Anfechtungsverbindlichkeit des Ehemannes B. in Ansehung der gezogenen Zinsen angenommen. Dieser Erwerb des Beklagten zu 2 ist aus der an seine Frau erfolgten Übertragung des Hypothekenrechts abzuleiten. Das gesetzliche Ehegüterstandsrecht zeigt nur den Rechtstitel an, vermöge dessen der Beklagte zu 2 den Zinsertrag erworben hat. Den Ursprung und die Grundlage für seinen Erwerb bildet aber der Erwerb der Hypothek durch seine Frau. Nur hierdurch ist es dazu gekommen, daß der Ehemann B. die Zinsen gezogen hat. Dieser ist insofern Rechtsnachfolger der Hypothekenerwerberin gemäß § 11 Abs. 2 AnfG. Eine Rechtsnachfolge im Sinne dieser Vorschrift liegt keineswegs nur bei einer Weiterübertragung des anfechtbar erworbenen Rechtes in derselben Gestalt und mit demselben Inhalte vor. Auch die Abzweigung gewisser besonderer, aus dem Rechte erwachsender, Befugnisse fällt unter den § 11 Abs. 2, und es ist dabei auch gleichgültig, ob ein solcher Rechtsübergang auf rechtsgeschäftlicher Verfügung oder auf obrigkeitlicher Weisung oder unmittelbar auf dem Gesetze beruht (vgl. auch Jaeger, Anfechtungsgesetz § 11 Anm. 9 flg.). Daß von Frau B. eine besondere rechtsgeschäftliche Übertragungshandlung wegen der Zinsen nicht vorgenommen ist, kann hier also der Annahme einer Rechtsnachfolge nicht hinderlich sein. Frau B. hat durch den Erwerb der Hypothek zugleich in Gemäßheit des ehelichen Güterrechts das Recht auf den Zinsbezug nicht sich, sondern ihrem Manne erworben. Ihre Erwerbshandlung wirkte hier zugleich als Zuwendungs- und Abzweigungshandlung hinsichtlich des aus dem hypothekarischen Gläubigerrechte hervorgehenden Zinsgenußrechts. Deshalb ist sie als Rechtsvorgängerin des Beklagten zu 2, und dieser als ihr Rechtsnachfolger anzusehen, wiewohl seit der Übertragung der Hypothek mit Zinsen an Frau B. nicht ihr, sondern ihrem Ehemann das Recht zum Bezug der Zinsen zustand. Auf den so vollzogenen Erwerb des Beklagten zu 2 findet insbesondere § 11 Abs. 2 Nr. 2 AnfG. Anwendung.

Dabei ist aber dieser Beklagte nicht etwa in der Lage, sich durch den Nachweis zu befreien, daß ihm zur Zeit seines Erwerbes die Umstände, welche die Anfechtbarkeit des Erwerbes seiner Rechtsvorgängerin begründeten, unbekannt gewesen seien. Da sich an den Erwerb der Frau B. in Gemäßheit des für ihre Ehe geltenden Güterrechts unmittelbar die Entstehung des Zinsbezugsrechts ihres Gatten anknüpfte, erscheint hinsichtlich des Erwerbs des Rechtes auf den Zinsbezug die Ehefrau B. als Vertreterin ihres Mannes. Mindestens aber ist das Verhältnis wegen wesentlicher Gleichartigkeit der Lage dem Falle, daß der Beklagte zu 2 das Recht auf den Zinsbezug durch seine Ehefrau als seine Vertreterin erworben hat, gleichzustellen und zu beurteilen. Daraus folgt, daß es für die Kenntnis der die Anfechtbarkeit des Erwerbes begründenden Umstände nur auf die Person der Frau B. (§ 166 Abs. 1 BGB.) ankommt, und daß der Beklagte zu 2 sich die im Vorprozesse festgestellte Kenntnis seiner Gattin von der Benachteiligungsabsicht der Witwe Gr. auch insoweit entgegenhalten lassen muß, als er wegen des vom Hauptrecht abgezweigten Rechtes auf die Zinserträge der Hypothek in Anspruch genommen wird. Demgemäß waren für den erörterten Erstattungsanspruch der Kläger beiden Eheleuten B. gegenüber ausreichende Grundlagen gegeben. Die Haftung der Ehefrau folgt aus dem Erwerbe der Hypothek, die Haftung des Ehemannes aus dem nach Lage des Falles für ihn als Rechtsnachfolger seiner Frau abgezweigten Erwerbe des Rechtes auf den Zinsbezug. Schon hiernach kann das angefochtene Urteil nicht bestehen bleiben.

Bedenken müssen aber auch die Gründe erregen, aus denen die Vorinstanz die Anfechtung der Übertragung des Zins- und Dividendengenusses an der Hypothek und den Wertpapieren für unzulässig erachtet hat. Der erkennende Senat hat in Fällen, in denen ein Schuldner ein Grundstück veräußert, und ein Gläubiger mit der Anfechtungsklage oder der Anfechtungseinrede eine seiner Befriedigung dienende Zwangsvollstreckung lediglich in die Mietzinsen des Grundstücks hatte erreichen wollen, mehrfach eine soche Beschränkung des Rückgewährsanspruchs gemäß § 7 AnfG. für unstatthaft erklärt. Entsch. des RG.'s in Zivils. Bd. 64 S. 339; Jur. Wochenschr. 1909 S. 505 Nr. 35; Urteil vom 13. November 1908, Rep. VII 355/08, vgl. auch Urteil vom 8. Oktober 1909, Rep. VII 164/09.

Dabei wurde namentlich auch erwogen, daß die nach dem Anfechtungsgesetze zu leistende Rückgewähr in der Gestattung der Zwangsvollstreckung in den veräußerten Gegenstand bestehe, daß im betreffenden Falle der Gläubiger die vom Schuldner vorgenommene Veräußerung des Grundstücks nicht angefochten habe und unter diesen Umständen eine Rückgewähr der Mieten, welche der Erwerber als Früchte des in sein Eigentum übergegangenen Grundstücks gezogen habe, nicht fordern dürfe. Diese Grundsätze will der Berufungsrichter auf den vorliegenden Fall, in welchem die von der Schuldnerin, Witwe Gr., vorgenommene Übereignung der Hypothek und der Wertpapiere nicht als solche angefochten ist, anwenden. Seine weiteren Ausführungen ergeben aber, daß er die Tragweite der jenen Entscheidungen zugrunde liegenden Erwägungen verkannt und auch nach anderer Richtung rechtlich geirrt hat.

Der Vorderrichter unterstellt, daß die Witwe Gr. die von den Klägern bezeichneten Wertpapiere tatsächlich den verklagten Eheleuten B. übereignet hat, enthält sich auch einer Entscheidung des Streitpunktes, ob im Testamente des Direktors Gr. der Witwe der Nießbrauch am gesamten Nachlasse des Erblassers eingeräumt oder nicht eingeräumt ist. Falls der Witwe Gr. nach dem Testamente für ihre Lebenszeit der Genuß des Nachlasses zustehen sollte, will der Berufungsrichter diese als Fiduziarerbin und die mit ihr bedachten Abkömmlinge als fideikommissarische Substituten ansehen. Für diesen Fall wird im Urteile weiterhin erwogen: Nach dem § 773 ZPO. hätten die Kläger wegen ihres Anspruchs an die Witwe Gr. persönlich die aus dem Nachlasse des Erblassers herrührenden Wertpapiere und die Hypothek zu ihrer Befriedigung nicht heranziehen können, gegen eine trotzdem vorgenommene Zwangsvollstreckung hätten die Nacherben gemäß § 771 ZPO. Widerspruch erheben dürfen. Die Anfechtung sei nur Mittel zum Zweck der Vollstreckung, und die Aufgabe von Vermögensgegenständen, an welche sich die Gläubiger doch nicht halten dürften, bleibe unanfechtbar. Sei aber die Übereignung der hier in Betracht kommenden Vermögensstücke an die Beklagten in einer für die Kläger unanfechtbaren Weise erfolgt, so seien auch die aus diesen Werten den Beklagten zugeflossenen Nutzungen selbständig nicht anfechtbar. Die Beklagten, oder vielmehr nur der Beklagte zu 2, hätten die Zinsen und Dividenden aus dem unanfechtbar auf sie übergegangenen Vermögen gezogen.

Bei diesen Schlußfolgerungen hatte der Berufungsrichter ersichtlich die von ihm ... angeführten reichsgerichtlichen Entscheidungen im Auge, in welchen ein selbständig auf Rückgewähr von Früchten (Mietzinsen) eines veräußerten Grundstücks gerichteter Anfechtungsanspruch abgelehnt worden ist. Bei Anwendung des § 773 ZPO. und des dort erwähnten § 2115 BGB. wären aber jene Folgerungen nicht haltbar. Nach jenen Vorschriften sind die Gläubiger eines Schuldners, dem eine Vorerbschaft anfällt, in ihrem Zugriffsrecht auf Gegenstände der Vorerbschaft erheblich beengt. Sie können zwar zu ihrer Befriedigung, unbeschränkt und ohne Rücksicht auf das Recht der Nacherben, die dem Vorerben bis zum Eintritte des Nacherbfalls gebührenden Nutzungen der Erbschaft in Anspruch nehmen. Sie dürfen aber nicht durch zwangsweise Veräußerung eines zur Erbschaft gehörigen Gegenstandes Befriedigung suchen. Folgerecht können sie durch die von ihrem Schuldner vorgenommene Veräußerung eines Nachlaßgegenstandes nur benachteiligt werden, wenn es sich um einen nutzbaren Wert handelt, und nur insofern, als dadurch die Nutzungen ihrem unmittelbaren Zugriff entzogen sind. Diese in und aus den Haftungsbeziehungen sich ergebenden Besonderheiten begründen einen wesentlichen Unterschied gegenüber den in der erwähnten reichsgerichtlichen Rechtsprechung behandelten Fällen, in welchen mit einer rechtsgrundsätzlichen, den Gegenstand betreffenden, Haftungsbeschränkung nicht zu rechnen war.

Das Gläubigeranfechtungsrecht ist zur Beseitigung der den Gläubigern nachteiligen Folgen von Rechtshandlungen der Schuldner gegeben. Hat der Schuldner einen zu seinem Vermögen gehörigen Gegenstand veräußert, der rechtlich uneingeschränkt dem Zugriffe seiner Gläubiger zugänglich war, so kommt als nachteilig für seine Gläubiger der Übergang des bisherigen Eigentums oder Gläubigerrechts auf die Erwerber in Betracht. Das Recht auf den Fruchtbezug ist dann lediglich als Ausfluß des Eigentums oder Gläubigerrechts zu behandeln, und der insofern eingetretene Wechsel kann nicht selbständig zum Gegenstand einer Anfechtungsklage gegen den Erwerber gemacht werden. Unterlag dagegen schon vor der Veräußerung ausschließlich das Recht zum Fruchtbezuge dem Gläubigerzugriff und war es daher schon damals vom Eigentum oder Gläubigerrechte des Veräußerers zu unterscheiden, so ist solche Unterscheidung auch nach der Veräußerung geboten, insofern das Anfechtungsrecht der Gläubiger des Veräußerers in Frage kommt. Der Gesichtspunkt, daß das Nutzungsrecht Ausfluß des Eigentumsrechts oder des vollen Gläubigerrechts ist, kann für diese Fälle nicht entscheiden. Um dem Grundsatze des Gläubigeranfechtungsrechts, daß die für die Gläubiger nachteilige Wirkung einer Rechtsänderung rückgängig zu machen ist, gerecht zu werden, ist zufolge der Besonderheit dieser Fälle eine besondere, selbständig gegen den Übergang des Rechtes auf den Fruchtbezug gerichtete Anfechtung zuzulassen. Von seinem Ausgangspunkt aus hätte daher der Berufungsrichter dahin kommen sollen, den Anfechtungsanspruch wegen der Zinsen und Dividenden der früher zum Gr.'schen Nachlasse gehörenden Werte für zulässig zu erklären.

Wenn er nebenbei die Beklagte zu 1 nicht für passiv legitimiert hält, weil die Früchte kraft des ehemännlichen Nießbrauchsrechts gar nicht in ihr Vermögen geflossen seien, so beseitigt diese Erwägung keinesfalls den Klaganspruch gegen den Beklagten zu 2. Soweit indes Veräußerungen an die verklagte Ehefrau erfolgt sind, bleibt auch für eine Erstattungspflicht dieser Beklagten oder jetzt ihrer Erben sehr wohl Raum. Sollten für die betreffenden rechtsgeschäftlichen Vorgänge die Voraussetzungen des § 3 Nr. 1 AnfG. nachweisbar sein, so wäre eine Zins- und Dividenden-Erstattungspflicht dieser Beklagten an der Hand der oben zum Anspruche wegen der Zinsen der Teilhypothek von 4000 M. entwickelten Ansicht aus der Vorschrift des § 7 AnfG. herzuleiten.

Nun ist aber auch die Annahme der Vorinstanz, daß § 773 ZPO. und § 2115 BGB. anwendbar seien, rechtlich nicht haltbar. Da der Direktor Gr. schon im Jahre 1891 verstorben ist, sind für die aus diesem Todesfalle folgenden erbrechtlichen Verhältnisse nach innen und außen die Vorschriften maßgebend geblieben, welche vor dem Inkrafttreten des Bürgerlichen Gesetzbuchs in Geltung waren (EG. z. BGB. Art. 213). Diesen Umstand hat der Berufungsrichter nicht ganz unbeachtet gelassen, aber bei wesentlichen Teilen der Gründe seiner Entscheidung, so namentlich bei den Erörterungen zu dem ausdrücklich auf den § 2115 BGB. hinweisenden § 773 ZPO. übersehen. Folgeweise hat der Berufungsrichter zu der erheblichen Frage, ob bei ausschließlicher Anwendung des alten Rechtes auf die Verhältnisse der Erben zueinander und zu Gläubigern einer einzelnen Erbin die hier fraglichen Anfechtungsansprüche zuzulassen sind, noch nicht genügend Stellung genommen." ...

RGZ. 86, 365
Unterliegt die Abtretung der Mietzinse, soweit sie dem Ersteher gegenüber wirksam ist, der Anfechtung seitens der Gläubiger des Abtretenden?

VII. Zivilsenat. Urt. v. 20. April 1915.

I. Landgericht I Berlin. II. Kammergericht daselbst.

Frau L. trat in der Urkunde vom 2. November 1912 die Mietzinsforderungen ihres Hauses dem Beklagten ab. Die Klägerin, eine Hypothekengläubigerin der L., beantragte die Zwangsversteigerung und focht die Abtretung auf Grund ihres vollstreckbaren Titels aus § 3 Nr. 1 des Reichsanfechtungsgesetzes an. Das Grundstück wurde im Dezember 1913 versteigert und dem W. zugeschlagen. Einer der Streitpunkte der Parteien war, ob die Klägerin berechtigt ist, die Abtretung auch hinsichtlich der Mietzinse für das auf den Zuschlag folgende Kalendervierteljahr*) anzufechten. Das wurde mit dem Berufungsgerichte bejaht aus folgenden

Gründen:

... „Der Beklagte stützt seinen Anspruch wegen der hier in Betracht kommenden Mieten auf die Abtretung vom 2. November 1912. Sie stellt eine Rechtshandlung dar, durch welche die Schuldnerin L. sich vermögensrechtlicher Ansprüche zugunsten des Beklagten entäußert und damit die Befriedigungsmöglichkeit ihrer übrigen Gläubiger unbedenklich wenigstens so lange vermindert hat, als die Mietzinse ohne die Abtretung der Schuldnerin zugestanden hätten. Nun trifft es allerdings zu, daß die Schuldnerin auch ohne die Abtretung auf die erst nach dem Zuschlag im Zwangsversteigerungsverfahren fällig gewordenen Mieten keinen Anspruch mehr gehabt hätte und daß auch der Hypothekengläubiger kraft seines Hypothekenrechts nur Mietzinse beanspruchen kann, die vor dem Übergange des Eigentums an dem belasteten Grundstück auf den Ersteher fällig geworden sind. Das schließt aber die Anfechtbarkeit einer Mietabtretung als einer die Gläubiger dennoch benachteiligenden Rechtshandlung ihres Schuldners nicht aus. Die Abtretung vom 2. November 1912 hat hier, wenn sie nicht der Anfechtung unterliegt, zur Folge, daß dem Ersteher W. die ihm sonst zukommende Vierteljahrsmiete entzogen ist.

Vgl. § 57 ZwVG., § 573 BGB. und Urteil des V. Zivilsenats vom 5. Dezember 1906, RGZ. Bd. 64 S. 415.

Eine derartige Vorausverfügung über die Mieten benachteiligt aber, indem sie den Ersteher schlechter stellt, zugleich die Gläubiger, denen das zur Versteigerung kommende Grundstück Befriedigung gewähren soll. Denn erfahrungsgemäß wird für ein Grundstück, dessen Einkünfte

*) Vgl. jetzt: Art. 2 des Ges. v. 8. Juni 1915 — RGBl. S. 327; Teil 3 § 12 der Not-VO. v. 8. Dezember 1931 — RGBl. I S. 699, 710; § 12 der VO. v. 26. Mai 1933 — RGBl. I S. 302.

dem neuen Eigentümer nicht sofort zufallen, ein mindestens dem Ausfalle der Einkünfte entsprechender Betrag weniger geboten und gezahlt. Eine solche Schädigung der Gläubiger steht daher im ursächlichen Zusammenhange mit der Rechtshandlung, durch welche ihr Schuldner, indem er die Mieteinkünfte des Grundstücks von dessen Eigentum trennt, zugleich die Befriedigungsmöglichkeit der Realgläubiger verkürzt.

Aus diesen Erwägungen ist die Klägerin auf Grund ihres vollstreckbaren Titels berechtigt, die Mietabtretung auch insoweit anzufechten, als der Beklagte auf Grund dieser Abtretung die Mietzinse für das erste Vierteljahr*) des Jahres 1914 beansprucht.

Der Annahme, daß die Klägerin durch die Abtretung der Mieten an den Beklagten *objektiv benachteiligt ist*, steht auch nicht entgegen, daß der Ersteher W. ihr zur Deckung des erlittenen Ausfalls die Mietzinse bis zum Jahre 1923 abgetreten hat. Damit ist, wie das Berufungsgericht zutreffend ausführt, der frühere Zustand noch nicht wiederhergestellt und die Klägerin noch nicht befriedigt. Sie erhält auch nicht zweimal Zahlung, denn soweit sich ihr Ausfall dadurch, daß sie die hinterlegten Mietbeträge erhält, mindert, verringert sich auch die vom Ersteher übernommene Erstattungspflicht. Damit erledigen sich auch die Folgerungen, welche vom Revisionskläger aus der Übernahme des Ausfalls seitens des Erstehers gezogen werden." ...

RGZ. 88, 216

Wie ist der Zeitpunkt des Erwerbes eines gemäß §§ 3, 11 Abs. 2 Nr. 1 AnfG. in Anspruch genommenen Anfechtungsgegners zu bestimmen, wenn es sich um Mietzinse handelt, die ihm der Eigentümer unter nachträglicher Zustimmung des Nießbrauchers des Hauses abgetreten hat?

BGB. § 184.

VII. Zivilsenat. Urt. v. 2. Mai 1916.

I. Landgericht III Berlin. II. Kammergericht daselbst.

Im Sommer 1912 wurden für den Beklagten wegen einer ihm gegen den Kaufmann J. in B. zustehenden vollstreckbaren Forderung Mietzinsansprüche des J. gegen Mieter von zwei diesem gehörigen Häusern für die Zeit vom 1. August 1912 ab in Höhe bestimmter Beträge mit Überweisung zur Einziehung gepfändet. J. hatte am 30. April und 8. Mai 1912 dem Küster L. den Nießbrauch an jenen Hausgrundstücken eingeräumt und weiterhin am 15. Mai 1912 die Mieten der beiden Häuser für die Zeit vom 1. Juni 1912 bis dahin 1913 an den Kläger, einen seiner Gläubiger, abgetreten. Längere Zeit später hat der Nießbraucher L. diese Abtretung genehmigt. Mit der Klage widersprach der Kläger der Pfändung des Beklagten. Dieser erhob Einreden auf Grund des Anfechtungsgesetzes.

*) Siehe voraufgehende Anmerkung Seite 83.

Das Landgericht erkannte auf einen Eid für den Kläger. Das Berufungsgericht wies die Klage ab. Die Revision wurde zurückgewiesen.

Aus den Gründen:

... „Nach der Feststellung, daß bei der Einräumung des Nießbrauchs für L. die Voraussetzungen des § 3 Nr. 1 AnfG. erfüllt waren, kam es darauf an, ob dem Kläger zur Zeit seines Erwerbes die Umstände, welche die Anfechtbarkeit des Erwerbes seines Rechtsvorgängers L. begründeten, bekannt waren. Nach Ansicht des Berufungsrichters fiel die Zeit des Erwerbes des Klägers mit dem Zeitpunkte zusammen, in welchem die von J. am 15. Mai 1912 vorgenommenen Abtretungen der Mietzinsforderungen für das Jahr vom 1. Juni 1912 bis dahin 1913 von dem vermöge der Einräumung des Nießbrauchs legitimierten Mietgläubiger L. nachträglich genehmigt worden waren. Die Revision stellt zur Nachprüfung, ob nicht wegen der aus § 184 BGB. folgenden Rückwirkung der Genehmigung der 15. Mai 1912 als Zeitpunkt des Forderungserwerbes des Klägers zu gelten habe. Die Frage ist wichtig, da dem Kläger unstreitig am 15. Mai 1912 noch nichts davon bekannt war, daß sein Schuldner dem L. den Nießbrauch an den vermieteten Häusern bestellt hatte. Es ist indes dem Berufungsrichter beizustimmen.

Als ein in Rechtslehre und Rechtsprechung feststehender Grundsatz darf bezeichnet werden, daß, insoweit es bei Anfechtung von Rechtshandlungen wegen Benachteiligung von Gläubigern auf die Kenntnis des Anfechtungsgegners von gewissen Tatumständen ankommt, solche Kenntnis für den Zeitpunkt genügt, in welchem sich der Erwerb des Anfechtungsgegners vollendet hat. Der Erwerb des Klägers an den ihm abgetretenen Mietzinsforderungen vollendete sich aber erst in dem späteren Augenblicke, als der legitimierte Inhaber der Forderungen L. die Genehmigung zu den Abtretungen J.'s erteilte. Wenngleich der Genehmigung eine auf den Zeitpunkt der Abtretungen rückwirkende Kraft zukommt, und es demnach so anzusehen ist, als habe der Kläger die Mietzinsforderungen schon am 15. Mai 1912 wirksam erworben, so ist dies doch eine besondere Wirkung des nachträglichen Zustimmungsaktes L.s, die nichts daran ändert, daß ein Erwerb der Mietzinsforderungen für den Kläger erst durch die und vermöge der Genehmigung L.s zur Vollziehung gekommen ist. Solange die Zustimmung L.s noch ausstand, ermangelten die Abtretungserklärungen des J. der Rechtswirksamkeit, solange war für eine Anfechtungseinrede zur Entkräftung des noch gar nicht vollendeten Rechtserwerbes des Klägers kein Raum. Ein Anfechtungsschuldverhältnis der Parteien konnte erst im Zeitpunkte der Zustimmung L.s zu den Abtretungen J.s entstehen, und es müßte als sinnwidrig erscheinen, wenn man das Vorliegen eines Tatbestandsmerkmals der Berechtigung zur Gläubigeranfechtung für einen früheren

Zeitpunkt, in welchem eine Anfechtungsberechtigung noch gar nicht gegeben war, erfordern wollte.

Im Einklange mit dieser Ansicht steht eine Erwägung in einem Urteile des erkennenden Senats vom 21. Januar 1916, Rep. VII. 321/15. Die Entscheidung betraf eine auf § 3 Nr. 1 AnfG. gestützte Anfechtung gegen die vom Nießbraucher eines Grundstücks, indes in seiner Eigenschaft als Bevollmächtigten des Grundstückseigentümers vorgenommene Abtretung von Mietzinsforderungen. Es wurde angenommen, daß der Nießbraucher, in dessen Person die Mietzinsforderungen entstanden waren, der Abtretung zugestimmt habe, und erwogen, daß in dieser Zustimmung das eigentliche den Gegenstand der Anfechtung bildende Veräußerungsgeschäft zu sehen sei. Für den vorliegenden Anfechtungsstreit ist anzunehmen, daß die Genehmigung (nachträgliche Zustimmung) des Nießbrauchers) L. und mit ihr zugleich die ihr zukommende Rückwirkung entkräftet ist, wenn zur Zeit der Erteilung der Genehmigung der Kläger von den die Anfechtbarkeit der Nießbrauchsbestellung begründenden Umständen Kenntnis hatte. Wie nun das Berufungsurteil annimmt und begründet, hat L. die Abtretungen vom 15. Mai 1912 erst im Laufe des vorliegenden Rechtsstreits und erst dann genehmigt, nachdem der Kläger an ihn mit dem Anspruch auf die Mieten herangetreten war und ihm angedroht hatte, den Nießbrauch wegen Benachteiligung der Gläubiger J.s anzufechten. Für den erheblichen, ersichtlich in das Jahr 1913 fallenden Zeitpunkt der Genehmigung sind die Tatbestandsmerkmale des § 11 Abs. 2 Nr. 1 AnfG. mit ausreichender Begründung als vorhanden festgestellt." ...

RGZ. 96, 335

1. Darf die Klage auf Grund einer Anfechtungseinrede abgewiesen werden, wenn der Schuldtitel nur vorläufig vollstreckbar oder mit einem Vorbehalte versehen ist?

2. Wie muß der Schuldtitel beschaffen sein, den der im Wege der Einrede anfechtende Gläubiger binnen der vom Gerichte bestimmten Frist nachträglich beizubringen hat?

AnfG. §§ 5, 10; ZPO. § 148.

VII. Zivilsenat. Urt. v. 14. Oktober 1919.

I. Landgericht Konstanz. II. Oberlandesgericht Karlsruhe.

Der Armeelieferant Be. in St. verkaufte durch Vertrag vom 12. März 1918 36 Gegenstände an den Kläger, nämlich eine Büro-, eine Kaffeebrennerei-, eine Zimmereinrichtung, 2 Brückenwagen, eine Kiste mit Talg, 10 Korbflaschen, 10 Autoreifen, 30 leere Kisten, 35 leere Fässer und eine Küchenwaage mit Gewichten. Der Preis war auf 6250 M. verabredet. Davon hatte nach § 2 des Vertrages der Verkäufer schon 5000 M. in verschiedenen Beträgen erhalten. Den Rest von 1250 M.

sollte der Kläger an die Firma H. in B. zahlen, die nach § 3 des Vertrags eine vollstreckbare Forderung von 1540 M. gegen den Verkäufer besaß und eine Anzahl der verkauften Gegenstände — welche es gewesen sind, ist nicht gesagt — gepfändet hatte. Diese Gegenstände sollten erst nach Bezahlung der 1250 M. an H. in den Besitz des Klägers übergehen. Ob die Zahlung an H. erfolgt ist, steht nicht fest. Sämtliche Gegenstände vermietete der Kläger nach § 5 des Vertrags bis auf weiteres für 300 M. jährlich an den Verkäufer Be.

Durch Urteil vom 6. März 1918 war Be. zur Zahlung von 10 000 M. und Zinsen davon an die Beklagte verurteilt. Diese ließ am 31. Mai und 1. Juni 1918 bei Be. im ganzen 76 Gegenstände pfänden, von denen 36 zu den im Vertrage vom 12. März 1918 verkauften gehörten. Der Kläger hat auf Grund seines Eigentums Widerspruch gegen die Pfändung jener 36 Gegenstände erhoben, die Klage aber nur wegen 35 Sachen weiter verfolgt. Die Beklagte erhob u. a. den Einwand der Anfechtung nach § 3 Nr. 1 AnfG. Das Urteil vom 6. März 1918 ist zwar gegen Sicherheitsleistung vorläufig vollstreckbar, aber noch nicht rechtskräftig, da Be. dagegen Berufung eingelegt hatte. Der Prozeß schwebt jetzt in der Revisionsinstanz.

Die Vorinstanzen erachteten die Anfechtungseinrede für durchgreifend und wiesen deshalb die Klage ab. Das Reichsgericht hob das Berufungsurteil auf.

Gründe:

Mit Recht erklärt es die Revision für ein dem Gesetze widersprechendes Ergebnis, daß die von der Beklagten im Wege der Einrede geltend gemachte Anfechtung des Vertrags vom 12. März 1918 ohne Einschränkung als begründet anerkannt und die Klage daraufhin abgewiesen ist, obwohl der der Anfechtung zugrunde liegende vollstreckbare Titel nur vorläufig vollstreckbar war. Solange dieser nicht rechtskräftig geworden ist, schwebt das Schicksal des Rechtsstreits zwischen dem Gläubiger und dem Schuldner noch im ungewissen. Das in diesem Hauptstreit ergangene, vorläufig vollstreckbare Urteil kann wieder beseitigt werden, bei der einmal ausgesprochenen Klagabweisung in dem vorliegenden Interventionsstreit aber behält es sein Bewenden. Nun mag es richtig sein, daß unter Umständen wie den vorliegenden die Klage nur als zur Zeit unbegründet abgewiesen ist, daß sie erneuert werden kann, sobald der vorläufig vollstreckbare Schuldtitel fortgefallen ist. Aber auch mit dieser Erwägung ist dem Kläger nicht wesentlich geholfen. Die Klagabweisung gestattet der Beklagten, die Zwangsvollstreckung in die gepfändeten, vom Kläger als sein Eigentum in Anspruch genommenen Sachen fortzusetzen. Diese kann längst durchgeführt sein, ehe im Hauptstreite der vorläufig vollstreckbare Schuldtitel beseitigt ist und der Kläger also Gelegenheit erhalten hat, eine neue Klage anzustrengen. Die durchgeführte Zwangsvollstreckung kann aber den Kläger schwer und in nicht wieder gutzumachender Weise schädigen. Einen vom Verschulden der Beklagten unabhängigen Schadensersatzanspruch — vgl. z. B. §§ 717, 302, 600, 945 ZPO. — gewährt ihm die Prozeßordnung nicht, er bleibt danach auf einen Bereicherungsanspruch angewiesen, der ihn auch bei Zahlungsfähigkeit seines Gegners nicht immer zum Ziele führen wird, z. B. wenn die Bereicherung nachträglich fortgefallen ist, § 818 Abs. 3 BGB. Die Revisionsbeklagte hat demgegenüber ausgeführt, daß der dem Schuldner Be. nach § 717 ZPO. zustehende Schadensersatzanspruch auf den Kläger übergehe. Daran ist so viel richtig, daß der Kläger als Vermieter, wenn ihm Be. als Mieter die Mietsachen nicht zurückgeben kann, nach § 281 BGB. den Anspruch hat, daß ihm Be. seinen Schadensersatzanspruch gegen die Beklagte abtritt. Es ist weiter auch zuzugeben, daß der Kläger mit dem ihm abgetretenen Schadensersatzanspruche nicht nur den dem Be. erwachsenen, sondern auch den ihm selbst entstandenen Schaden berechnen könnte (RGZ. Bd. 93 S. 39). Es bleibt aber auch dann die Erfahrungstatsache bestehen, daß der Ersatz in Geld häufig nicht ausreicht, um den wirklich entstandenen Schaden zu decken, sei es daß dieser sich in Geld überhaupt nicht ausdrücken läßt, sei es daß er, z. B. in der heutigen Zeit der Preissteigerungen, bereits wieder gewachsen ist, ehe der Ersatzberechtigte das ihm zugesprochene Geld erhält und daran gehen kann, die notwendigen Ersatzanschaffungen zu machen. Diese Ergebnisse zeigen, daß das Verfahren des Berufungsrichters nicht richtig sein kann.

Die Ausführungen der Revision über das, was der Berufungsrichter hätte tun sollen, sind allerdings auch rechtsirrig. Sie meint zunächst, daß er die unter den Parteien streitige Frage, ob eine Forderung der Beklagten gegen Be. überhaupt entstanden sei, entweder selbständig hätte prüfen und entscheiden oder aber das Verfahren nach § 148 ZPO. hätte aussetzen müssen. Das widerspricht der ständigen Rechtsprechung des Reichsgerichts. Danach ist das Vorhandensein eines vollstreckbaren Schuldtitels erforderlich, aber auch ausreichend, um das Forderungsrecht im Anfechtungsprozeß als bestehend nachzuweisen. Der Streit über die Forderung ist zwischen dem Gläubiger und dem Schuldner auszutragen. Der Anfechtungsgegner darf die Rechtsbeständigkeit der durch Urteil festgestellten Forderung auf Grund von Tatsachen nicht bestreiten, die der Schuldner in dem gegen ihn anhängig gewesenen oder noch anhängigen Rechtsstreite geltend zu machen in der Lage war oder noch ist, vgl. RGZ. Bd. 7 S. 188, Bd. 39 S. 15, Bd. 41 S. 87, Bd. 57 S. 102, Bd. 68 S. 138, Bd. 74 S. 316. Der Anfechtungsgegner darf also wohl die Einwendung des arglistigen Zusammenwirkens (der Kollusion) zwischen Gläubiger und Schuldner erheben, und er darf Tatsachen geltend machen, die erst nach der Verurteilung des Schuldners liegen und geeignet sind, die im Urteil anerkannte Forderung zum Erlöschen zu bringen; um derartige Einwendungen handelt es sich vorliegend aber nicht.

Ein Unterschied zwischen rechtskräftigen und vorläufig vollstreckbaren Titeln ist bei den obigen Sätzen des Reichsgerichts nicht gemacht und auch nicht zu machen. Das ergibt insbesondere der § 10 AnfG. Auch wenn ein nur vorläufig vollstreckbarer Schuldtitel vorliegt, ist danach der Anfechtungsanspruch für begründet zu erklären; nur seine Vollstreckung ist davon abhängig zu machen, daß die gegen den Schuldner ergangene Entscheidung rechtskräftig wird. Es ist also dem Richter auch bei dem Vorliegen eines nur vorläufig vollstreckbaren Schuldtitels unbedingt verwehrt, in seinem Urteil über die Frage des Bestehens der Forderung selbständig zu entscheiden. Er darf weder die Rechtsbeständigkeit der Forderung verneinen und die Anfechtung abweisen, noch umgekehrt jene Frage bejahen und der Anfechtung ohne die Maßgabe des § 10 AnfG. stattgeben.

Daraus folgt wiederum die Unanwendbarkeit des § 148 ZPO. Diese Bestimmung gibt dem Gerichte die Befugnis, die Verhandlung bis zur Entscheidung eines anderen Rechtsstreits oder bis zur Entscheidung einer Verwaltungsbehörde auszusetzen, wenn die von ihm selbst zu treffende Entscheidung von dem Bestehen oder Nichtbestehen eines Rechtsverhältnisses abhängt, das in jenem anderen Verfahren festzustellen ist. Das Gericht kann in diesen Fällen die erhebliche Entscheidung aber auch selbst treffen. Diese Befugnis fehlt ihm gerade in einem Falle wie dem vorliegenden, der deshalb nicht unter § 148 ZPO. fallen kann. Wollte man diese Vorschrift anwenden, so würde sie den Richter auf die Aussetzung der Verhandlung festlegen, ihn zur Aussetzung geradezu zwingen. Da er selbst nicht entscheiden darf, bliebe ihm doch nur übrig, die Verhandlung auszusetzen. Diese Tragweite liegt dem § 148 ZPO. fern. Er gibt dem Richter nur eine seine sonstigen Rechte erweiternde Befugnis, legt ihm aber keinerlei Pflicht auf. ...

Die Revision meint weiter, daß im vorliegenden Falle der § 10 AnfG. wenigstens für die von dem Berufungsrichter erlassene Kostenentscheidung hätte maßgebend sein müssen. Insoweit handelt es sich tatsächlich um einen vollstreckungsfähigen Ausspruch des die Anfechtung für begründet erklärenden Urteils; seine Vollstreckung hätte davon abhängig gemacht werden können, daß die gegen den Schuldner Be. ergangene Entscheidung rechtskräftig wird. Der Vorschlag der Revision würde aber zu einem Ausgleich der widerstreitenden Rechte der Parteien nur in einem Nebenpunkte führen. In der Hauptsache vermag er nicht zu helfen, wie auch die Revision nicht verkennt. In einem Falle wie dem vorliegenden wird, wenn das Urteil die Anfechtung für begründet erklärt, die Klage abgewiesen. Dieser Ausspruch bedarf keiner Vollstreckung, er trägt seine Verwirklichung in sich. Auf Grund entsprechender Anwendung des § 10 AnfG. die Vollstreckung oder wenigstens die weitere Vollstreckung des im Hauptstreit ergangenen vorläufig vollstreckbaren Urteils von seiner Rechtskraft abhängig zu machen, ist nicht angängig. Beides wäre unvereinbar mit dem Aufbau, den das Recht der Zwangsvollstreckung in der

Prozeßordnung gefunden hat. Die erste Maßnahme würde in bestimmter Richtung einer Aufhebung der vorläufigen Vollstreckbarkeit des Urteils überhaupt gleichkommen und nach §§ 775 Nr. 1, 776 ZPO. dazu führen, daß die begonnene Zwangsvollstreckung eingestellt, die Vollstreckungsmaßregeln aufgehoben werden müßten. Die zweite — an sich vielleicht genügende — Maßnahme würde immerhin noch eine Einstellung der Zwangsvollstreckung aus dem Hauptturteile bedeuten. Auch dadurch würde aber bereits die Zwangsvollstreckung des Gläubigers schwer beeinträchtigt werden, obwohl sie sich rechtlich und tatsächlich nur noch gegen den Schuldner richtete, nicht mehr gegen den dritten Widerspruchskläger, dessen Klage abgewiesen ist. Der Widerspruchskläger hat aber nach § 771 Abs. 2 ZPO. nur so lange Anspruch auf Schutz gegen Zwangsvollstreckungsmaßnahmen, als sein Rechtsstreit gegen den Gläubiger schwebt. Diesen Grundsatz zu durchbrechen, gibt der § 10 AnfG. keine genügende Unterlage. Auch würde die als möglich unterstellte Maßnahme insofern zu unlösbaren Schwierigkeiten führen, als bei Erlaß des Urteils über die Anfechtungseinrede noch nicht übersehbar ist, welche Schicksale das vorläufig vollstreckbare Urteil in dem Hauptstreit erleiden wird, und keinesfalls für alle hier denkbaren Fälle vorgesorgt werden kann.

Anderseits ist die Forderung unabweisbar, den im § 10 AnfG. zum Ausdruck gelangten Gedanken auch in einem Falle wie dem vorliegenden zur Geltung zu bringen. Der Gedanke geht dahin, daß auf Grund einer Anfechtung endgültige Veränderungen der Sach- und Rechtslage erst dann vorgenommen werden sollen, wenn das der Anfechtung zugrunde liegende Urteil rechtskräftig und vorbehaltlos geworden ist. Es ist nicht abzusehen, warum der Satz gelten soll, wenn die Anfechtungsklage erhoben ist, und nicht gelten soll, wenn die Anfechtungseinrede erhoben ist. In dem einen Falle soll die Zwangsvollstreckung erst beginnen, die Pfändung erst vorgenommen werden, in dem anderen Falle wird die Pfändung fast immer — siehe unten — schon stattgefunden haben, nur die Fortsetzung und Beendigung der Zwangsvollstreckung noch ausstehen. Einen Unterschied begründet das nicht. Das Entscheidende ist die Versteigerung der gepfändeten Sachen, und diese liegt in dem einen wie in dem anderen Falle noch in der Zukunft.

Der Gedanke des § 10 AnfG. findet sich in dem § 5 das. wieder. Diese Vorschrift handelt von der Anfechtungseinrede und läßt ihre Erhebung zu, bevor ein vollstreckbarer Schuldtitel für die Forderung erlangt ist; der Gläubiger hat ihn jedoch vor der Entscheidung binnen einer von dem Gerichte zu bestimmenden Frist beizubringen. Auch der § 5 will also dem Gläubiger die Geltendmachung der Anfechtung nicht unnütz erschweren; er trägt aber dem Umstande Rechnung, daß eine auf Grund der Anfechtungseinrede erfolgende Klagabweisung die Anfechtung nicht nur anerkennt, sondern auch bereits verwirklicht. Ebenso wie § 10 dient auch § 5 dem Ausgleiche der widerstreitenden Rechte der Beteiligten. Dieser Ausgleich würde aber nur unvollkommen sein, wenn als beizubringender Schuldtitel ein nur vorläufig vollstreckbares Urteil genügte. Ebenso wie § 10 ein solches Urteil nicht für ausreichend erachtet, um den Anfechtungsanspruch zu vollstrecken, darf auch auf ein solches Urteil hin die als Einrede erfolgte Anfechtung nicht nach § 5 verwirklicht werden. Als vollstreckbarer Schuldtitel im Sinne dieser Vorschrift ist daher auch nur ein rechtskräftiges und vorbehaltloses Urteil anzusehen. Auch bei dieser Auslegung beeinträchtigt der § 5 die Rechte des Gläubigers immer noch in geringerem Maße als § 10. Nach dieser Vorschrift darf er erst zur Pfändung schreiten, wenn der Titel endgültig vollstreckbar ist; nach § 5 wird er nur genötigt, mit der Versteigerung der gepfändeten und für ihn also gesicherten Sachen bis zu dem genannten Zeitpunkt zu warten.

Diese aus der Gestaltung der Sach- und Rechtslage gewonnene Ansicht wird noch dadurch unterstützt, daß ohne sie der § 5 AnfG. nur selten anwendbar sein würde. Wie bereits oben hervorgehoben, liegt fast stets schon eine Pfändung vor, wenn die Anfechtungseinrede erhoben wird. In allen diesen Fällen würde § 5 nur eingreifen, wenn die Pfändung auf Grund eines zur Anfechtung ausreichenden Schuldtitels, also etwa eines Arrestbefehls, erfolgt wäre. Nur unter ganz besonderen Umständen kann es ohne bereits erfolgte Pfändung zur Anfechtungseinrede kommen. Ein Beispiel gibt die in der Leipz. Zeitschr. 1909 S. 694 abgedruckte Entscheidung des Reichsgerichts. Ein Schuldner hatte bei mehrfachen Abtretungen der Forderung die geschuldete Summe hinterlegt, und nun hatte ein Gläubiger der Klage des anderen auf Einwilligung in die Auszahlung der hinterlegten Summe die Einrede entgegengesetzt, daß die Abtretung an ihn in anfechtbarer Weise erfolgt sei. Die von Bernhardi, AnfG. Anm. 2 zu § 5, angenommene Möglichkeit, daß der auf Zahlung einer Geldschuld verklagte Schuldner mit einem ihm gegen den Kläger zustehenden Rückgewähranspruch aus § 7 AnfG. im Wege der Einrede aufrechnet, trifft nicht zu, da es hier an der Gleichartigkeit der geschuldeten Leistungen fehlt, wie sie § 387 BGB. erfordert. Erwägt man nun noch, daß der § 5 AnfG. in der ursprünglichen Regierungsvorlage nicht enthalten war, daß er erst von der Reichstagskommission eingeschoben wurde, so erscheint die Möglichkeit, daß die Fassung des § 5 den Absichten seiner Urheber nicht völlig gerecht geworden ist, besonders naheliegend. Der Senat ist deshalb der zuerst von Korn, Anf. v. Rechtshandl. 2. Aufl. S. 14 flg., vertretenen, von Jäger, Gläub. Anf. Anm. 11 zu § 5, und demnächst auch von Falkmann, Anf. S. 18 Anm. 72, gebilligten Ansicht beigetreten, daß der nach § 5 AnfG. beizubringende Titel endgültig vollstreckbar und deshalb auch die vom Gerichte zu setzende Frist so bemessen sein muß, daß vor ihrem Ablauf ein endgültig vollstreckbarer Titel beigebracht werden kann. Der Berufungsrichter hätte also das angefochtene Urteil noch nicht erlassen dürfen, vielmehr der Beklagten zunächst die soeben erwähnte Frist setzen müssen.

RGZ. 100, 87

1. Darf der Hypothekengläubiger, der einen dinglichen Vollstreckungstitel besitzt und seine persönliche Forderung nach § 64 KO. angemeldet hat, wegen des dinglichen Anspruchs die Veräußerung und Entfernung von Zubehör des Grundstücks anfechten? Behält er dieses Recht, auch wenn sein Hypothekenrecht am Grundstück selbst durch Zuschlag erlischt?

2. Steht seinem Anfechtungsrecht die Einrede der Rechtshängigkeit oder des Verzichts entgegen, wenn er einer Anfechtungsklage des Konkursverwalters als Streitgehilfe beigetreten ist?

3. Kann ihm die Einrede der Vorteilsausgleichung entgegengesetzt werden, wenn er das Grundstück nach der Entfernung des Zubehörs als Meistbietender vorteilhaft erstanden hat?

VII. Zivilsenat. Urt. v. 1. Oktober 1920.

I. Landgericht Potsdam. II. Kammergericht Berlin.

Durch notariellen Kaufvertrag vom 15. Dezember 1910 hat der Gutsbesitzer W. von dem Gutsbesitzer M. dessen Besitzung mit lebendem und totem Inventar für 550 000 M. erworben. Von dem Restkaufgelde waren 40 000 M. mit 4 % Zinsen für die Klägerin in Abt. III Nr. 15 und 110 000 M. mit 4 % Zinsen für M. in Abt. III Nr. 16, zu gleichen Rechten mit Nr. 15, eingetragen worden. W. konnte sich auf dem Gute nicht halten und geriet am 22. Juli 1911 in Konkurs. Schon vorher aber, im April und Mai 1911, soll er den größten Teil des lebenden und toten Inventars an die in dem Nebenprozeß Ansiedlungsbank gegen D. und Genossen beklagten Personen und an den Beklagten des vorliegenden Prozesses veräußert und verschoben haben. Dem hier Beklagten verkaufte er am 1. Mai 1911 die ganze Kuhherde von 77 Stück zum Preise von noch nicht 350 M. das Stück, der Beklagte konnte aber wegen Mangels an Eisenbahnwagen nur 64 Stück fortschaffen, während der Rest von 13 Stück zurückblieb und später an D. veräußert wurde.

Die Klägerin erwirkte am 14. Juli 1911 wegen ihrer Hypothekenforderung von 40 000 M. einen dinglichen und persönlichen Vollstreckungstitel (Versäumnisurteil) und M. am 11. Juli 1911 einen eben solchen Titel wegen eines Teilbetrages seiner Hypothekenforderung, in Höhe von 60 000 M. M. trat dann am 1. Mai 1912 alle seine Ansprüche aus diesem Schuldtitel in beglaubigter Form der Klägerin ab. In der auf seinen Antrag betriebenen Zwangsversteigerung des Gutes war inzwischen, am 13. November 1911, seine ganze Forderung ausgefallen, die Hypothekenforderung der Klägerin, die mit Zinsen und Kosten auf 40 986,67 M. berechnet wurde, nur in Höhe von 422,01 M. zur Hebung gelangt.

Die Klägerin hat als absonderungsberechtigte Hypothekengläubigerin wegen Beeinträchtigung ihres und des M. Hypothekenrechts die Veräußerung der Kühe auf Grund des § 3 Nr. 1 AnfG. angefochten. Sie berechnet den Wert der Kühe, die der Beklagte inzwischen anderweit verkauft hat, auf 450 M. das Stück, zusammen für 64 Kühe rund 28 000 M., und hat mit der Klage Zahlung der 28 000 M. nebst Zinsen gefordert.

Der Beklagte wandte ein, durch den Zuschlag im Zwangsversteigerungsverfahren seien die Hypothekenrechte erloschen, auch habe die Klägerin dadurch, daß sie in dem Anfechtungsprozesse, den der Konkursverwalter gegen den Beklagten erhob, diesem als Streitgehilfin beigetreten sei, auf ihr Sonderrecht verzichtet. Im übrigen fehle es sowohl an der Benachteiligung der Klägerin als auch an der Absicht W.s, seine Gläubiger zu benachteiligen, und an deren Kenntnis auf Seiten des Beklagten. Die Klägerin habe das Gut für 305 000 M. erstanden und durch Veräußerung der einzelnen Teile zusammen 496 000 M. eingenommen, sonach einen Gewinn von fast 200 000 M. erzielt. W. habe nicht die Absicht gehabt, seine Gläubiger zu benachteiligen, sondern habe die Viehherde veräußert, weil in der Gegend die Maul- und Klauenseuche geherrscht und er, wie andere Nachbarn, zu viehloser Wirtschaft habe übergehen wollen.

Das Landgericht wies die Klage ab, weil es den Anspruch durch den Zuschlag für erledigt erachtete. Das Kammergericht aber erließ ein Teilurteil, worin es unter Abänderung des landgerichtlichen Urteils den Beklagten zur Zahlung von 22 400 M. nebst 4 % Zinsen seit Zustellung der Klage verurteilte. Es war dies der unstreitige Wert der 64 Kühe mit 350 M. das Stück. Die hiergegen vom Beklagten eingelegte Revision ist zurückgewiesen worden.

Aus den Gründen:

... Die gegen das Klagerecht der Klägerin gerichteten Einwendungen hat der Berufungsrichter mit Recht verworfen. Dadurch, daß die Klägerin in dem Anfechtungsprozesse des Konkursverwalters diesem als Streitgehilfin beigetreten ist, wurde sie nicht Streitgenossin im Sinne der §§ 69, 61 ZPO. (JW. 1889 S. 203 Nr. 1), so daß von einer Rechtshängigkeit schon aus diesem Grunde nicht gesprochen werden kann. Der hier geltend gemachte, das Absonderungsrecht der Klägerin verfolgende Anspruch ist aber auch ein ganz anderer als der Anfechtungsanspruch des Konkursverwalters, der für die Klägerin nur dann und nur insoweit in Betracht kommt, als sie mit dem Absonderungsanspruch nicht zum Ziele gelangt. Wegen dieser verschiedenen Natur der Ansprüche kann auch, wie der Berufungsrichter mit Recht angenommen hat, in der dem Konkursverwalter geleisteten Streithilfe kein Verzicht auf das Absonderungsrecht gefunden werden (RGZ. Bd. 16 S. 36, 70). Nicht zu bezweifeln ist, daß die Veräußerung und Entfernung von Zubehörstücken, wenngleich sie nach § 1121 BGB. das Hypothekenrecht des Gläubigers insoweit zum

Erlöschen bringt, beim Vorhandensein der Voraussetzungen des Anfechtungsgesetzes vom Hypothekengläubiger als ihm gegenüber unwirksam angefochten werden kann (Gruchot Bd. 57 S. 1005). Hieran vermag auch der Umstand nichts zu ändern, daß in der Zwangsversteigerung, die veräußerte und entfernte Gegenstände nicht erfaßt, durch die Versteigerung und den Zuschlag des Grundstücks das Hypothekenrecht an diesem erlischt. Die vorgängige Inanspruchnahme des Grundstücks ist nach § 2 AnfG. Voraussetzung der Anfechtung, seine Verwirklichung kann die Anfechtung unerlaubter, vom Zwangsversteigerungsverfahren nicht berührter Veräußerungen seitens des benachteiligten Hypothekengläubigers nicht beeinträchtigen (vgl. JW. 1917 S. 478 Nr. 21).

Daß die Voraussetzungen des § 3 Nr. 1 AnfG. vorliegen, hat der Berufungsrichter festgestellt. (Wird näher ausgeführt.) Die hiergegen von der Revision erhobenen Angriffe bewegen sich auf tatsächlichem Gebiet. ... Zu erwähnen wäre nur der vom Berufungsrichter nicht erörterte Einwand des Beklagten, daß die Klägerin durch die vorteilhafte Ersteigerung des Gutes wegen aller ihrer Nachteile abgefunden sei. Die Rechtsprechung des Reichsgerichts läßt allerdings bei Schadensersatzansprüchen die Vorteilsausgleichung zu, wenn der Vorteil auch nur die mittelbare, aber adäquate Folge des schädigenden Ereignisses ist (vgl. RGZ. Bd. 84 S. 388). Aber zunächst handelt es sich hier nicht um einen Schadensersatzanspruch, sondern um einen Anfechtungsanspruch, der mit jenem nicht zusammenfällt (RGZ. Bd. 74 S. 224), und sodann ist der ursächliche Zusammenhang der vorteilhaften Ersteigerung mit der Beiseiteschaffung der Kuhherde nicht ersichtlich. Endlich aber konnte der Einwand schon deshalb nicht durchgreifen, weil der Klägerin nicht bloß der eigene, sondern auch der abgetretene Anspruch des Hypothekengläubigers M. zur Seite steht.

RGZ. 103, 113

Anfechtung einer Rechtshandlung des Schuldners gegen den Rechtsnachfolger des Ersterwerbers nach § 11 Abs. 2 AnfG.

1. Kommt es für die Anwendbarkeit des § 11 Abs. 2 Nr. 2 auf das Verwandtschafts- oder Schwägerschaftsverhältnis zwischen dem Anfechtungsgegner und dessen Rechtsvorgänger an oder auf das Verhältnis zwischen dem Anfechtungsgegner und dem Schuldner?

2. Muß die Anfechtung gegen den Rechtsnachfolger nach § 11 Abs. 2 Nr. 1 auf denselben Grund gestützt werden, auf dem die Anfechtung gegen den Ersterwerber beruhte, oder umfaßt Nr. 1 alle Anfechtungsgründe nach § 3, sowohl den nach § 3 Nr. 1 wie auch die nach § 3 Nr. 2 bis 4?

3. Was muß der anfechtende Gläubiger gemäß § 11 Abs. 2 im Falle der Nr. 1 beweisen, a) wenn die Anfechtung auf § 3 Nr. 1, b) wenn sie auf § 3 Nr. 2 gestützt wird?

4. Muß der den Rechtsnachfolger gemäß § 11 in Anspruch nehmende Kläger, dessen Anfechtungsrecht dem Ersterwerber gegenüber bereits rechtskräftig festgestellt ist, gleichwohl noch nachweisen, daß dieses Anfechtungsrecht gegeben war, oder kann er sich jetzt auf die Rechtskraft des Vorprozeßurteils berufen?

5. Will der § 11 Abs. 2 für seine Fälle eine eigene Fristbestimmung geben?

6. Genügt im Falle des § 11 zur Wahrung der im § 12 und in § 3 Nr. 2 bis 4 vorgesehenen Fristen, daß die Klage gegen den Ersterwerber fristgemäß erhoben ist oder muß auch die Klage gegen den Rechtsnachfolger innerhalb der dem Rechtsvorgänger gegenüber geltenden Fristen erhoben werden?

V. Zivilsenat. Urt. v. 24. September 1921.

I. Landgericht Düsseldorf. II. Oberlandesgericht daselbst.

Am 27. Juni 1908 wurde auf die im Grundbuch von H. Bl. 742 in Abt. I unter Nr. 6, 8 und 10 verzeichneten Grundstücke auf Bewilligung des Eigentümers Karl S. für dessen Schwester, Frau H. geb. S., eine Darlehnshypothek von 25 000 M. eingetragen. Dem Kläger standen gegen Karl S. auf Grund vollstreckbarer Urkunden Forderungen in Höhe von 15 000 M. zu. Er erwirkte am 30. Juni 1908 durch Rechtsanwalt K. eine einstweilige Verfügung gegen S. und Frau H. dahin, daß den Antragsgegnern untersagt wurde, über die Darlehnshypothek von 25 000 M. irgendeine Verfügung zu treffen, insbesondere sich den darüber zu bildenden Hypothekenbrief vom Grundbuchamte aushändigen zu lassen. Diese einstweilige Verfügung wurde am 1. Juli 1908 dem Grundbuchamte zugestellt. Der Grundbuchrichter verfügte am 3. Juli 1908: „Hypothekenbrief nicht aushändigen, sondern in Verwahrung nehmen (einschließen)." Am 29. Juli wurde das Konkursverfahren über das Vermögen des Karl S. eröffnet; am 6. November 1908 wurde es aus Mangel an Masse wieder eingestellt. Im Juni 1909 ließ der Kläger wegen seiner vollstreckbaren Forderungen von 15 000 M. Zwangshypotheken im Range nach der Hypothek der Frau H. eintragen von 8000 und 3000 M. auf das Grundstück Nr. 6 und von je zweimal 1000 M. auf die Grundstücke Nr. 8 und 10 des S. Am 22. März 1910 erstritt er auf eine von ihm gegen Frau H. erhobene Anfechtungsklage ein Urteil, wodurch sie für verpflichtet erklärt wurde, die Vollstreckung wegen seiner Forderungen in sämtliche Grundstücke des S. so zu dulden, daß ihre Hypothek von 25 000 M. nicht im Wege stehe. Hiergegen legte Frau H. Berufung ein.

Am 1. Oktober 1912 wurde das Grundstück Nr. 6 des S. zwangsversteigert und der Frau H. auf ihr Meistgebot zugeschlagen. Auf die Hypothek der Frau H. entfielen von dem bar zu entrichtenden Gebot 7479,81 M. In dieser Höhe wurde eine Sicherungshypothek für Frau H. auf das Grundstück Nr. 6 auf Ersuchen des Vollstreckungsrichters vom

4. November 1912 eingetragen. Zugleich ersuchte der Vollstreckungsrichter, die Hypothek der Frau H. auf dem Grundstück Nr. 6 zu löschen mit dem Hinweise, daß der Brief über die Hypothek sich bei den Grundbuchakten befinde. Der Gerichtsschreiber fügte den Hypothekenbrief über 25 000 M. mit dem Bleifedervermerk „Brief (Abt.) III (Nr.) 4 beigefügt“ bei. Darauf verfügte am 19. November 1912 Assessor Sch., der damals zum ersten Mal in der den Hypothekenbrief betreffenden Angelegenheit tätig war, „Vermerk auf Brief III 4 (Brief an Frau H., Einschr.)“. Demnächst wurde der Brief, nachdem auf ihn der Vermerk gesetzt worden war, daß die Post auf dem Grundstück Nr. 6 infolge Zwangsversteigerung gelöscht worden sei, der Frau H. am 20. Dezember 1912 zugesandt.

Am 22. Januar 1913 trat Frau H. von der Hypothek den Teilbetrag von 10 000 M. mit Vorrang vor den verbleibenden 15 000 M. an die Ehefrau des Bruders ihres Vaters, Margarete S. geb. B., ab. Am 24. Juni 1913 wurde auf Antrag des instrumentierenden Notars die Eintragung der Teilabtretung im Grundbuch unter Bildung eines Teilhypothekenbriefes sowie die Zuwendung des Stammbriefs an Frau H. und des Teilhypothekenbriefs an Frau S. durch den Grundbuchrichter angeordnet.

In dem Anfechtungsprozeß wurde demnächst durch Urteil des Berufungsgerichts vom 5. November 1913 Frau H. gemäß den Anträgen, die der Kläger mit Rücksicht auf die Änderung der Sachlage durch die Zwangsversteigerung des Grundstücks Nr. 6 gestellt hatte, verurteilt.

Nach eingetretener Rechtskraft dieses Urteils fragte Rechtsanwalt K. am 4. Mai 1914 unter Bezugnahme auf die einstweilige Verfügung vom 30. Juni 1908 bei dem Grundbuchamt an, ob sich der Hypothekenbrief über 25 000 M. noch in amtlicher Verwahrung befinde. Ihm wurde am 5. Mai 1914 der Bescheid erteilt, daß der Brief zufolge Verfügung vom 19. November 1912 der Gläubigerin ausgehändigt worden sei. Am 30. April 1915 trat dann Frau H. den ihr verbliebenen Hypothekenteil von 15 000 M. an die M. Bank ab.

Darauf erhob der Kläger gegen den beklagten Fiskus Klage auf Zahlung von 10 000 M. Er berechnete seine Forderung gegen Karl S. auf insgesamt 19 600 M., brachte davon die bei der Versteigerung des Grundstücks Nr. 6 von der Frau H. erzielten, ihm durch das Urteil vom 5. November 1913 zugesprochenen 7479,81 M. in Abzug und verlangte vom Beklagten als Schadensersatz Zahlung des Teiles des Restbetrags der Forderung von 10 000 M. mit der Begründung, durch Fahrlässigkeit der Grundbuchbeamten, die der einstweiligen Verfügung zuwider den Hypothekenbrief über 25 000 M. an Frau H. hätten gelangen lassen, sei seine Befriedigung aus den Grundstücken Nr. 8 und 10 des Karl S. vereitelt worden, anderweitig könne er nicht Ersatz seines Schadens erlangen.

Der erste Richter wies die Klage ab, weil keine fahrlässige Verletzung der Amtspflicht eines Grundbuchbeamten dem Kläger gegenüber vorliege, der Kläger auch auf andere Weise Ersatz für seinen Schaden erlangen könne, da ihm ein Schadensersatzanspruch gegen Rechtsanwalt K. zustehe. In der vom Kläger beschrittenen Berufungsinstanz trat Rechtsanwalt K. dem Kläger als Streitgehilfe bei. Der Berufungsrichter erklärte unter Abänderung des erstinstanzlichen Urteils den Klaganspruch dem Grunde nach für gerechtfertigt und verwies die Sache zur Verhandlung und Entscheidung über den Betrag des Anspruchs an die erste Instanz zurück.

Auf die Revision des Beklagten wurde das Berufungsurteil aufgehoben und die Sache an das Berufungsgericht zurückverwiesen.

Aus den Gründen:

Mit Recht nimmt der Berufungsrichter an, daß das Grundbuchamt, nachdem ihm die einstweilige Verfügung vom 30. Juni 1908 durch die Zustellung vom 1. Juli 1908 bekanntgegeben worden war, den über die Hypothek der Frau H. von 25 000 M. gebildeten Hypothekenbrief nicht an die Frau H. herausgeben durfte. (Dies wird näher dargelegt. Sodann wird ausgeführt, zwar nicht, wie der Berufungsrichter angenommen habe, den Grundbuchbeamten zur Zeit des Eingangs der einstweiligen Verfügung, wohl aber dem Assessor Sch. falle eine fahrlässige Verletzung der Amtspflicht zur Last, weil er am 19. November 1912 die Zusendung des Hypothekenbriefes an Frau H. angeordnet habe; der beklagte Fiskus sei daher zum Ersatze des dem Kläger dadurch entstandenen Schadens verpflichtet. Demnächst werden die Angriffe der Revision gegen die Darlegung des Berufungsrichters zurückgewiesen, daß der Kläger von der Frau H. und von Rechtsanwalt K. Ersatz seines Schadens zu erlangen nicht vermöge noch vermocht habe. Darauf wird fortgefahren:)

Schließlich verneint der Berufungsrichter auch die Möglichkeit der Erlangung eines Ersatzes von der Frau Margarete S. In dieser Hinsicht erwägt er zunächst, eine auf § 892 Abs. 1 Satz 2 BGB. gestützte Klage gegen Frau S. auf Duldung der Befriedigung des Klägers aus den beiden Grundstücken Abt. I Nr. 8 und 10 mit Vorrecht vor der zu ihren Gunsten eingetragenen Hypothek von 10 000 M. würde erfolglos sein und wäre es stets gewesen, denn die Frau S. habe als Zeugin bekundet, daß ihr beim Erwerb der Teilhypothek das gerichtliche Veräußerungsverbot gemäß der einstweiligen Verfügung vom 30. Juni 1908 nicht bekannt gewesen sei. Hiergegen ist von der Revision ein Angriff nicht erhoben worden und bestehen auch keine rechtlichen Bedenken.

Sodann nimmt der Berufungsrichter an, daß der Kläger gegen Frau S. auch nicht auf Grund des § 11 Abs. 2 AnfG. vorgehen könne und habe vorgehen können. Hierbei geht er zutreffend davon aus, daß auf Abs. 2 Nr. 2 des § 11 eine Klage nicht gestützt werden könne. Freilich ist es irrtümlich, wenn er dies damit begründet, Frau S. stehe zu Frau H. nicht selbst in dem nahen Verwandtschafts- oder Schwägerschaftsverhältnis des § 3 Nr. 2 AnfG. Denn für die Anwendbarkeit des

§ 11 Abs. 2 Nr. 2 kommt es nicht auf das Verhältnis zwischen dem Anfechtungsgegner und dessen Rechtsvorgänger, sondern auf das Verhältnis zwischen dem Anfechtungsgegner und dem Schuldner an, der eine Rechtshandlung zugunsten des ersten Erwerbers vorgenommen hat (RG. in JW. 1888 S. 18 Nr. 28). Indessen steht Frau S. auch zu Karl S., der für seine Schwester, Frau H. geb. S., die Hypothek von 25 000 M. an seinen Grundstücken Abt. I Nr. 6, 8 und 10 am 26. Juni 1908 bestellt hat, nicht in dem Verwandtschafts- oder Schwägerschaftsverhältnis des § 3 Nr. 2, da sie die Ehefrau des Bruders des Vaters des Karl S. ist.

Was nun die Anwendbarkeit des Abs. 2 Nr. 1 und Nr. 3 des § 11 betrifft, so erklärt der Berufungsrichter zunächst, der ersten Voraussetzung hierfür, daß die Anfechtung gegen die Rechtsvorgängerin der Frau S., die Frau H., begründet war, sei genügt; in dem Vorprozeß des Klägers gegen Frau H. sei rechtskräftig entschieden, daß die Anfechtung der von dem Schuldner des Klägers Karl S. zugunsten der Frau H. bestellten Hypothek von 25 000 M. nach § 3 Nr. 2 AnfG. begründet war. Sodann nimmt der Berufungsrichter zutreffend an, daß die Anfechtung gegen den Rechtsnachfolger nach Abs. 2 Nr. 1 des § 11 nicht auf denselben Grund gestützt zu werden braucht, auf dem die Anfechtung gegen den Rechtsvorgänger beruhte. Früher lautete die Nr. 1: „wenn ihm zur Zeit seines Erwerbes bekannt war, daß der Schuldner die Rechtshandlung in der Absicht vorgenommen hatte, seine Gläubiger zu benachteiligen." Die der Nr. 1 durch die Novelle vom 17. Mai 1898 gegebene jetzige Fassung: „wenn ihm zur Zeit seines Erwerbes die Umstände, welche die Anfechtbarkeit des Erwerbes seines Rechtsvorgängers begründen, bekannt waren" umfaßt alle Anfechtungsgründe nach § 3, also nicht nur den Anfechtungsgrund nach § 3 Nr. 1, sondern auch, was hier in Betracht kommt, den des § 3 Nr. 2 (vgl. RGZ. Bd. 74 S. 183). Handelt es sich um einen Anfechtungsgrund nach § 3 Nr. 1, so muß der Anfechtungskläger gegenüber dem Rechtsnachfolger des ersten Erwerbers den Beweis führen, daß diesem zur Zeit seines Erwerbes die Absicht des veräußernden Schuldners, seine Gläubiger zu benachteiligen, sowie die Kenntnis des ersten Erwerbers von dieser Absicht bekannt war (RGZ. Bd. 74 S. 181). Im Falle des Anfechtungsgrundes nach § 3 Nr. 2 dagegen, also wenn der erste Erwerber zu den in § 3 Nr. 2 aufgezählten Verwandten oder Verschwägerten des veräußernden Schuldners gehört, ist zur Rechtfertigung des Anfechtungsanspruchs gegen den Rechtsnachfolger nur erforderlich der Nachweis der benachteiligenden Eigenschaft der Rechtshandlung, der Nachweis des fraglichen Verwandtschafts- oder Schwägerschaftsverhältnisses des ersten Erwerbers zum Schuldner und der Nachweis, daß dieses beides dem Rechtsnachfolger zur Zeit seines Erwerbes bekannt war, während der Rechtsnachfolger zur Ausschließung der Anfechtbarkeit die Nichtkenntnis des ersten Erwerbers von der benachteiligenden Absicht des Schuldners beweisen muß (RGZ. Bd. 71 S. 354).

Der Berufungsrichter erklärt bei der Anwendung des § 3 Nr. 1 auf den vorliegenden Fall, es müsse der Rechtsnachfolgerin Frau S. nachgewiesen werden, daß sie zur Zeit des Erwerbes ihrer Rechtsvorgängerin Frau H. die Absicht des Schuldners Karl S., seine Gläubiger zu benachteiligen, selbst gekannt habe; er erklärt weiter, den Beweis dieser Kenntnis vermöge der Kläger naturgemäß nicht zu erbringen, und es dürfte ihm daher bei der Sachlage nicht angesonnen werden, noch einen besonderen Rechtsstreit mit dieser Begründung gegen Frau H. durchzuführen. Hiergegen wendet sich die Revision mit Recht. Zunächst kommt es nach dem Vorbemerkten nicht auf die Kenntnis der Rechtsnachfolgerin Frau S. zur Zeit des Erwerbes ihrer Rechtsvorgängerin Frau H. an, sondern auf die Kenntnis der Frau S. zur Zeit *ihres eigenen* Erwerbes, der sich (§ 1154 Abs. 1 BGB.) durch die Abtretungserklärung vom 22. Januar 1913 und die Übergabe des Teilhypothekenbriefs über die abgetretene Teilhypothek von 10 000 M. anscheinend Ende Juni 1913 vollzog. Daß ferner der Kläger den Beweis dieser Kenntnis nicht sollte erbringen können, ist nicht ersichtlich; jedenfalls fehlt es an einer Begründung dafür, weshalb ihm ein solcher Beweis nicht möglich sein sollte. Die Revision weist in dieser Beziehung darauf hin, daß Frau S. die Ehefrau des Oheims des ursprünglichen Schuldners sei, daß sie von der anfechtbaren Hypothekbestellung des Schuldners durch ihre Vernehmung im Anfechtungsprozeß des Klägers gegen Frau H. eingehende Kenntnis erlangt habe und daß sie sogar in einem Beweistermin als Vertreterin des Schuldners aufgetreten sei.

Auch bezüglich der vom Berufungsrichter ausgesprochenen Ablehnung der Anwendung des § 3 Nr. 2 auf den vorliegenden Fall ist die Revision gerechtfertigt. Der Berufungsrichter führt in dieser Hinsicht zwar nach dem Vorerörterten zutreffend aus, es würde genügen, wenn der Kläger den Nachweis führte, der Frau S. seien bei ihrem Erwerbe die Benachteiligung der Gläubiger des Karl S. durch dessen Hypothekbestellung zugunsten der Frau H. und das nahe Verwandtschaftsverhältnis zwischen Karl S. und Frau H. bekannt gewesen, und er erklärt weiter, es könne hier beides, zumal Frau S. in dem Anfechtungsprozesse gegen Frau H. am 8. Juli 1912, also vor Abtretung des Hypothekenteils von 10 000 M. an sie, als Zeugin vernommen gewesen sei, unbedenklich als erwiesen unterstellt werden. Er meint aber, die Anfechtung gegen Frau S. habe, und zwar auch schon bei einem etwaigen Vorgehen gegen sie im Mai 1914, daran scheitern müssen, daß zur Zeit ihres Erwerbs der Hypothek von 10 000 M. im Januar 1913 die nach § 3 Nr. 2 von der Vornahme der anfechtbaren Handlung des Karl S., also vom 27. Juni 1908 ab zu berechnende einjährige Frist für die Klagerhebung längst abgelaufen gewesen sei. Dies ist rechtsirrig. Nicht zutreffend ist freilich die Meinung der Revision, daß die einjährige Frist für die Anfechtung gegenüber dem Rechtsnachfolger des Ersterwerbers, auch wenn der Ersterwerb gemäß § 3 Nr. 2 anfechtbar war, überhaupt nicht in Betracht komme, weil Abs. 2 Nr. 1 des § 11 von einer Zeitschranke nichts enthalte. Nach § 11 Abs. 2 findet gegen den Rechtsnachfolger des Ersterwerbers die gegen den letzteren begründete Anfechtung statt, wenn eine der in Nr. 1 bis 3 bezeichneten besonderen Voraussetzungen hinsichtlich des Rechtsnachfolgers gegeben ist. Eine Zeitschranke für die Geltendmachung der Anfechtung auf Grund Vorliegens dieser besonderen Voraussetzungen ist allerdings nicht bestimmt, weder im § 11 Abs. 2 noch sonst im Gesetz, und weder hinsichtlich der Voraussetzungen der Nr. 2 und 3 noch hinsichtlich der Voraussetzung Nr. 1, und das Gesetz bietet auch keinen Anhalt dafür, daß die im § 3 Nr. 2 bis 4 für die Geltendmachung der Anfechtung gegenüber dem Ersterwerber auf Grund des Vorliegens der dortigen Voraussetzungen gesetzten Zeitschranken auf die Geltendmachung des Vorliegens der besonderen Voraussetzungen für die Anfechtung gegenüber dem Rechtsnachfolger, sei es auch nur, soweit die Tatbestände gleiche oder ähnliche seien, zu übertragen wären (RGZ. Bd. 45 S. 45). Da jedoch § 11 Abs. 2 auch beim Vorliegen jener Voraussetzungen nur „die gegen den Ersterwerber begründete" Anfechtung gegen den Rechtsnachfolger stattfinden läßt, mithin der gegenüber dem Rechtsnachfolger anfechtende Gläubiger zur Begründung seines Anfechtungsrechts außer dem Vorliegen einer der genannten besonderen Voraussetzungen dartun muß, daß die Anfechtung gegen den Ersterwerber begründet sei, so kann sich der Gläubiger für den letzteren Nachweis, sofern die Anfechtung einen entgeltlichen Vertrag des Schuldners mit einem Ersterwerber betrifft, der zu den in § 3 Nr. 2 bezeichneten, dem Schuldner nahestehenden Personen gehört, auf die Vorschrift des § 3 Nr. 2, insbesondere auf die darin bestimmte Vermutung für die Kenntnis des Ersterwerbers von der Absicht des Schuldners, die Gläubiger zu benachteiligen, nur dann berufen, wenn der Vertrag „in dem letzten Jahr vor der Anfechtung geschlossen" worden ist. Ist seit dem Abschluß des Vertrags ein Jahr verflossen, ohne daß der Gläubiger sein Anfechtungsrecht im Wege der Klage oder der Einrede (§§ 9, 5) überhaupt geltend gemacht hat, so findet, wenn der Gläubiger nunmehr den Anfechtungsanspruch gegen den Rechtsnachfolger des Ersterwerbers erhebt, hinsichtlich des zur Rechtfertigung dieses Anspruchs erforderlichen Nachweises, daß die Anfechtung gegen den Ersterwerber begründet sei, nicht § 3 Nr. 2 zugunsten des Gläubigers Anwendung (vgl. RG. in Annalen Bd. 6 S. 121), vielmehr muß dann gemäß § 3 Nr. 1 der Gläubiger den Nachweis führen, daß der Schuldner die Rechtshandlung (den Vertrag) in der dem Ersterwerber bekannten Absicht, seine Gläubiger zu benachteiligen, vorgenommen habe.

Danach könnte vorliegend, wenn seit der fraglichen Hypothekbestellung für die Ersterwerberin Frau H. ein Jahr abgelaufen gewesen wäre, ohne daß der Kläger den Anfechtungsanspruch überhaupt erhoben hätte, allerdings der Kläger in einem Anfechtungsprozesse gegen die Rechtsnachfolgerin Frau Margarete S. sich für den erforderlichen Nachweis, daß die Anfechtung gegen die Ersterwerberin Frau H. begründet sei, nicht auf § 3 Nr. 2 stützen, also zu diesem Nachweise nicht für sich in Anspruch nehmen, daß die Anfechtung gegen Frau H. schon deswegen, weil diese die Schwester des Schuldners Karl S. und die Gläubiger des letzteren durch die Hypothekbestellung benachteiligt worden seien, vorbehaltlich des Gegenbeweises durchgreife, daß der Frau H. zur Zeit der Hypothekbestellung eine Absicht des Karl S., die Gläubiger zu benachteiligen, nicht bekannt gewesen sei. Tatsächlich hat indessen der Kläger den Anfechtungsanspruch innerhalb der Jahresfrist gerichtlich geltend gemacht. In seinem Rechtsstreit gegen Frau H. ist auf Grund des § 3 Nr. 2 die Anfechtung der Hypothekbestellung gegen die Ersterwerberin Frau H. für begründet erklärt und ist als unstreitig festgestellt worden, daß der Kläger die Anfechtungsklage innerhalb eines Jahres seit der Hypothekbestellung erhoben hat. Allerdings hat es sich danach nicht um eine Anfechtungsklage gegen die Rechtsnachfolgerin Frau S. gehandelt, die von Frau H. die Teilhypothek von 10 000 M. im Laufe der Berufungsinstanz des genannten Prozesses auch erst erworben hat, als das Jahr seit der Hypothekbestellung bereits lange abgelaufen war. Aber doch würde in einem Anfechtungsprozesse des Klägers gegen Frau S. die Jahresfrist, soweit das Vorliegen der Voraussetzung für die Anfechtung gegen Frau S., daß die Anfechtung gegen die Ersterwerberin Frau H. begründet sei, in Frage käme, durch Erhebung jener Anfechtungsklage gegen Frau H. als gewahrt zu gelten haben.

Freilich würde durch das rechtskräftige Urteil in dem Vorprozeß noch nicht die Frage der Anfechtbarkeit gegenüber Frau H. als auch für den Anfechtungsprozeß gegen Frau S. entschieden anzusehen sein. Wenn der Anfechtungsanspruch sowohl gegen den Ersterwerber als auch gegen den Rechtsnachfolger im Sinne des § 11 Abs. 2 (Sondernachfolger), sei es gleichzeitig oder nacheinander, gerichtlich geltend gemacht wird, sind die Ergebnisse in den beiden Prozessen unabhängig voneinander und ist in jedem Prozeß gesondert von dem anfechtenden Gläubiger das Bestehen des Anfechtungsanspruchs nachzuweisen und vom Prozeßgericht über die Frage der Anfechtbarkeit zu entscheiden. Dies folgt daraus, daß die beklagte Partei in dem einen Prozeß verschieden ist von der in dem anderen Prozeß. Insbesondere wird daher durch eine rechtskräftige Verurteilung des Ersterwerbers in dem Prozeß gegen diesen nicht auch dem Rechtsnachfolger gegenüber die Anfechtbarkeit des Ersterwerbers rechtskräftig festgestellt, vielmehr kann in dem Anfechtungsprozeß gegen den Rechtsnachfolger, entgegen jener Verurteilung, entschieden werden, daß die Voraussetzungen für die Anfechtung gegen den Ersterwerber nicht gegeben seien. Auch dann wirkt die rechtskräftige Bejahung der Anfechtbarkeit gegenüber dem Ersterwerber nicht gegen den Rechtsnachfolger, wenn, wie vorliegend, der Erwerb des Rechtsnachfolgers erst stattgefunden hat, nachdem der Anfechtungsanspruch gegen den Ersterwerber rechtshängig gemacht worden war. Denn nach §§ 1, 7 begründet die Anfechtung für den anfechtenden Gläubiger nur ein obligatorisches Recht darauf, daß das durch die anfechtbare Handlung Weggegebene zum Zwecke der Ermöglichung der Befriedigung daraus so behandelt werde, als bilde es noch einen Bestandteil des Vermögens des Schuldners, nicht aber einen Anspruch des Gläubigers auf das Weggegebene in dem Sinne, daß es ihm geleistet werde und in sein Vermögen übergehe (RGZ. Bd. 47 S. 221, Bd. 56 S. 195, Bd. 71 S. 176). Deshalb begründet die Erhebung der Anfechtungsklage keine Streitbefangenheit des Rückgewährgegenstandes im Sinne des § 265 ZPO. und demzufolge ist derjenige, der nach dem Eintritte der Rechtshängigkeit des Anfechtungsanspruchs den Rückgewährgegenstand vom Beklagten erwirbt, nicht Erwerber einer in Streit befangenen Sache, gegen den ein gegen den Beklagten rechtskräftig erlassenes Urteil gemäß § 325 ZPO. wirken würde. Daher ist, wie im Anschluß hieran zu bemerken ist, die vorerwähnte Erklärung des Berufungsrichters nicht zutreffend, daß für die Anfechtung gegen die Rechtsnachfolgerin Frau S. die Voraussetzung, daß die Anfechtung gegen die Ersterwerberin Frau H. begründet sei, ohne weiteres deshalb gegeben wäre, weil in dem Vorprozeß rechtskräftig entschieden sei, daß die Anfechtung der Hypothekbestellung gegen die Ersterwerberin der Hypothek, Frau H., begründet gewesen sei.

Jedoch steht jene Selbständigkeit des Anfechtungsprozesses gegen den Rechtsnachfolger und der Umstand, daß das im Anfechtungsprozeß gegen den Ersterwerber rechtskräftig erlassene Urteil auf Bejahung der Anfechtbarkeit des Ersterwerbes nicht gegen den Rechtsnachfolger wirkt, dem nicht entgegen, daß die Jahresfrist des § 3 Nr. 2 AnfG. durch rechtzeitige Erhebung der Anfechtungsklage gegen den Ersterwerber auch für die Anfechtung gegen den Rechtsnachfolger gewahrt wird, soweit es sich für diese Anfechtung nach § 11 Abs. 2 um das Vorliegen der Voraussetzung handelt, daß die Anfechtung gegen den Ersterwerber gemäß § 3 Nr. 2 begründet sei. Wenn auch das Vorliegen dieser Voraussetzung von dem anfechtenden Gläubiger in dem Anfechtungsprozeß gegen den Rechtsnachfolger dargetan werden muß, und zwar selbst in dem Falle, daß im Anfechtungsprozeß gegen den Ersterwerber dieser bereits rechtskräftig verurteilt worden ist, so ist doch, soweit die Begründetheit der Anfechtung gegen den Ersterwerber von der Wahrung der Frist abhängt, diesem Erfordernis dadurch genügt, daß der Ersterwerb innerhalb der Frist durch Erhebung der Klage gegen den Ersterwerber selbst angefochten worden ist. Es kann nicht als im Sinne des Gesetzes liegend erachtet werden, daß trotz der rechtzeitigen Anfechtung des Ersterwerbes die Voraussetzung des § 11 Abs. 2, daß die Anfechtung gegen den Ersterwerber begründet ist, für den Fall der behaupteten Anfechtbarkeit des Ersterwerbes nach § 3 Nr. 2 nicht gegeben sei, wenn die Anfechtungsklage gegen den Rechtsnachfolger erst nach Ablauf der Frist erhoben wurde. Der Gläubiger würde dann, wenn, wie vorliegend, der Ersterwerber das vom Schuldner Erlangte erst nach Ablauf der Frist weiter veräußert hätte, die Anfechtung gegen den nunmehr im Besitze des Rückgewährgegenstandes oder eines Teiles davon befindlichen Rechtsnachfolger überhaupt nicht betreffs der Voraussetzung der Anfechtbarkeit des Ersterwerbs auf die ihm, insbesondere hinsichtlich der Vermutung für die Fraudulosität des Ersterwerbers, günstige Vorschrift der Nr. 2 des § 3 stützen können. Für die Richtigkeit dieser Gesetzesauslegung ist eine Bestätigung aus Abs. 4 des § 11 zu entnehmen. Aus dieser Vorschrift, wonach zur Erstreckung der Fristen in Gemäßheit des § 4 die Zustellung des Schriftsatzes an den Rechtsnachfolger, gegen welchen die Anfechtung erfolgen soll, genügt, ergibt sich beim Zusammenhalt mit der Vorschrift des § 4, daß, wenn der Gläubiger, bevor *er einen vollstreckbaren Schuldtitel erlangt hatte oder seine Forderung* fällig war, eine Anfechtungsankündigung (nicht dem Rechtsnachfolger, sondern) dem Ersterwerber, demgegenüber eine im § 3 Nr. 2 bis 4 bezeichnete Rechtshandlung vorgenommen ist, zugestellt hat, die Fristen des § 3 Nr. 2 bis 4 (nicht nur für die Anfechtungsklage gegen den Ersterwerber, sondern auch) für die Anfechtungsklage gegen den Rechtsnachfolger hinsichtlich der Voraussetzung, daß die Anfechtung gegen den Ersterwerber begründet ist, unter den in § 4 bestimmten Voraussetzungen weiter erstreckt werden. Ist aber danach hinsichtlich Wahrung der genannten Fristen für die Anfechtungsklage gegen den Rechtsnachfolger eine Anfechtungsankündigung gegenüber dem Ersterwerber gleichgestellt einer Anfechtungsankündigung gegenüber dem Rechtsnachfolger, so ist um so mehr als vom Gesetz gewollt anzusehen, daß die Fristen des § 3 Nr. 2 bis 4 für die Anfechtung gegen den Rechtsnachfolger bezüglich der Voraussetzung, daß die Anfechtung gegen den Ersterwerber begründet ist, nicht nur durch rechtzeitige Erhebung der Anfechtungsklage gegen den Rechtsnachfolger, sondern auch durch eine innerhalb der Fristen erhobene Anfechtungsklage gegen den Ersterwerber gewahrt werden. Danach ergibt sich für den vorliegenden Fall, daß für die Anfechtung gegen die Rechtsnachfolgerin Frau S. bezüglich der Voraussetzung, daß die Anfechtung gegen die Ersterwerberin Frau H. begründet ist, die Frist des § 3 Nr. 2 durch die innerhalb dieser Frist erhobene Anfechtungsklage gegen Frau H. gewahrt wäre und daß daher der Berufungsrichter die Möglichkeit der Erhebung einer Anfechtungsklage gegen Frau S. auf Grund von § 3 Nr. 2, § 11 Abs. 2 Nr. 1 zu Unrecht verneint hat.

Im Anschluß hieran ist zu bemerken, daß für die zuerst erörterte Möglichkeit der Anfechtung gegen Frau S. auf Grund von § 3 Nr. 1, § 11 Abs. 2 Nr. 1 die im § 12 für die Anfechtung einer nach § 3 Nr. 1 anfechtbaren Handlung bestimmte Ausschlußfrist von 10 Jahren in Betracht kommt, weil seit der Hypothekbestellung vom 27. Juni 1908, gegen welche die Anfechtung sich zu richten haben würde, mehr als 10 Jahre verflossen sind. Allerdings muß der Kläger dartun nicht nur, daß er durch Erhebung der Anfechtungsklage gegen Frau S. Ersatz des Schadens, den er vom Beklagten erstattet verlangt, jetzt nicht zu erlangen vermöge, sondern auch, daß er früher, als die zehnjährige Frist noch nicht abgelaufen war, durch die genannte Klagerhebung ohne Verschulden ebenfalls nicht Ersatz des Schadens hätte erlangen können (RGZ. Bd. 86 S. 287). Nach der gegebenen Sachlage ist aber dadurch, daß seit der Hypothekbestellung mehr als 10 Jahre vergangen sind, überhaupt noch nicht die genannte Anfechtungsklage ausgeschlossen. Denn durch die Erhebung der Anfechtungsklage gegen Frau H., die Ersterwerberin und Rechtsvorgängerin der Frau S., ist auch die Ausschlußfrist des § 12 gewahrt. Die dargelegten Gründe für Wahrung der Frist des § 3 Nr. 2 (§ 11 Abs. 1 Nr. 1) durch die Klage gegen Frau H. treffen in gleicher Weise auch auf die Wahrung der Ausschlußfrist zu.

Weiter erklärt der Berufungsrichter, dieselben Gründe, die der Erhebung eines Anfechtungsanspruchs gegen Frau S. nach § 11 Abs. 2 Nr. 1 wegen Fristablaufs entgegenständen, hinderten auch die Geltendmachung des Anspruchs gegen sie nach § 11 Abs. 2 Nr. 3; es brauche daher der Frage nicht näher getreten zu werden, ob wirklich Frau S. die Teilhypothek von 10 000 M. unentgeltlich erhalten habe. Auch dies beruht auf Rechtsirrtum. Nach obigen Ausführungen bestimmt § 11 Abs. 2 überhaupt nicht eine Frist für die Geltendmachung des Anfechtungsanspruchs gegen den Rechtsnachfolger, also auch nicht für die Anfechtung unter der Voraussetzung der Nr. 3, daß dem Rechtsnachfolger das Erlangte unentgeltlich zugewendet worden ist; Zeitschranken für die Anfechtung ergeben sich nur daraus, daß erste Voraussetzung hierfür die Begründetheit der Anfechtung gegen den Ersterwerber ist. In dieser Hnsicht kommt vorliegend die Anfechtbarkeit des Ersterwerbs der Frau H. auf Grund des § 3 Nr. 1 und des § 3 Nr. 2 in Betracht. Die betreffenden Fristen sind aber nach dem Vorerörterten gewahrt....

Das Berufungsurteil ist daher, soweit der Berufungsrichter die Möglichkeit, daß der Kläger durch Anfechtung der fraglichen Hypothekbestellung gegen Frau S. Ersatz für den Schaden erlange, verneint hat, wegen Verletzung des § 11 Abs. 2 Nr. 1 verb. mit § 3 Nr. 1, des § 11 Abs. 2 Nr. 1 verb. mit § 3 Nr. 2, des § 11 Abs. 2 Nr. 3 verb. mit § 3 Nr. 1 und des § 11 Abs. 2 Nr. 3 verb. mit § 3 Nr. 2 aufzuheben. Zu einer anderweiten Endentscheidung ist die Sache nicht reif....

RGZ. 116, 134

1. Wann beginnt bei Verkauf und Eigentumsübertragung eines Grundstücks die Anfechtungsfrist des § 3 Nr. 2 AnfG.?

2. Zum Begriff der unmittelbaren Gläubigerbenachteiligung.

3. Kommt es, wenn der angefochtene Vertrag zwischen dem Schuldner und einem Minderjährigen geschlossen und vom gesetzlichen Vertreter des letzteren nachträglich genehmigt worden ist, für die Kenntnis der

Benachteiligungsabsicht auf die Person des Minderjährigen oder auf die des gesetzlichen Vertreters an?

Anfechtungsgesetz § 3.

VI. Zivilsenat. Urt. v. 11. Februar 1927.

I. Landgericht Erfurt. II. Oberlandesgericht Naumburg a. S.

Der beklagte Ehemann hat durch notariellen Akt vom 20. November 1922 ein ihm gehöriges Hausgrundstück nebst Ladeneinrichtung an seine mitbeklagte Ehefrau verkauft und aufgelassen. Der Kaufpreis war auf 135 000 M. für den Grundbesitz und auf 50 000 M. für die Ladeneinrichtung festgesetzt. Außerdem wurde in demselben Akt noch einige andere Fahrnis zum Preise von 28 500 M. an die beklagte Ehefrau verkauft. Der Kaufpreis für Haus und Ladeneinrichtung wurde in der Weise berichtigt, daß die Käuferin die auf dem Hause lastenden Hypotheken mit 144 000 M. übernahm und die restlichen 41 000 M. an den Verkäufer bar zahlte. Da die Ehefrau zur Zeit des Vertragsabschlusses noch minderjährig war, hat ihr Vater als ihr gesetzlicher Vertreter am 4. Dezember 1922 Kauf und Auflassung genehmigt. Erst am 3. Juni 1924 wurde die Eigentumsübertragung im Grundbuch eingetragen.

Die Klägerin hat gegen den beklagten Ehemann im Jahre 1924 mehrere vollstreckbare Titel über etwa 17 000 RM. erwirkt. Der Schuldner ist zur Tilgung der Schuld nicht in der Lage. Mit der im September 1924 zugestellten Klage beantragte die Klägerin, die beklagte Ehefrau zu verurteilen, wegen jener Forderung die Zwangsvollstreckung in die ihr verkauften und zu Eigentum übertragenen Gegenstände zu dulden; außerdem verlangt sie vom beklagten Ehemann Duldung der Zwangsvollstreckung in das eingebrachte Gut seiner Frau. Die Klägerin stützt den Klaganspruch u. a. auf § 3 Nr. 1, 2 und 4 des Anfechtungsgesetzes. Das Landgericht hat die Klage abgewiesen, das Oberlandesgericht dagegen dem Klagantrag entsprochen. Die Revision der Beklagten wurde zurückgewiesen.

Aus den Gründen:

Das Berufungsgericht hat den Anfechtungsanspruch wegen des Hausgrundstücks und der Ladeneinrichtung auf Grund der Nr. 2, wegen der weiter übereigneten beweglichen Gegenstände auf Grund der Nr. 1 des § 3 AnfG. für gerechtfertigt erachtet.

Die Voraussetzungen für die Anfechtung, die der § 2 a. a. O. aufstellt, sind gegeben.

Die Revision bemängelt zunächst, daß das Berufungsgericht die Anfechtungsfrist des § 3 Nr. 2 a. a. O. für das Hausgrundstück und die Ladeneinrichtung — die ohne Rechtsirrtum als Zubehör des ersteren erachtet worden ist — als gewahrt angesehen habe. Dieser Angriff geht fehl. Mit der Klage wurde nicht nur der schuldrechtliche Kaufvertrag, sondern auch der dingliche Übereignungsvertrag, das Erfüllungsgeschäft, angefochten. Nun werden die Gläubiger weder durch das Kaufgeschäft noch auch durch die Auflassung für sich allein benachteiligt. Beide Geschäfte hindern sie noch nicht am Zugriff auf das verkaufte und aufgelassene Grundstück. Eine Gläubigerbenachteiligung kann erst eintreten, wenn durch Eintragung im Grundbuch der Eigentumsübergang erfolgt ist. Diese Eintragung ist der das Erfüllungsgeschäft vollendende Akt, der zusammen mit dem schuldrechtlichen und dinglichen Vertrag die benachteiligende anfechtbare Handlung des Schuldners bildet. Von diesem Zeitpunkt ab kann daher erst der Lauf der Anfechtungsfrist des § 3 Nr. 2 AnfG. beginnen (vgl. Jaeger AnfG. Anm. 39 zu § 3; Mentzel KO. Anm. 10 zu § 31, Anm. 2e zu § 29 und die dort angeführten Entscheidungen des Reichsgerichts). Da der Eigentumsübergang auf die beklagte Ehefrau am 3. Juni 1924 eingetragen und die Anfechtungsklage im September 1924 zugestellt wurde, ist die Frist des § 3 Nr. 2 gewahrt.

Nicht frei von Rechtsirrtum sind aber die Ausführungen des Vorderrichters, mit denen dargetan werden soll, daß die Gläubiger „durch den Abschluß des Vertrags" benachteiligt worden seien. Mit den Worten des Gesetzen „durch den Abschluß des Vertrags benachteiligt" ist bezweckt, im Falle der Nr. 2 des § 3 die Anfechtung nur dann zuzulassen, wenn zwischen Vertrag und Gläubigerbenachteiligung ein unmittelbarer ursächlicher Zusammenhang besteht. Die Gläubigerbenachteiligung muß schon als unmittelbare Folge des abgeschlossenen Vertrags eingetreten sein, nicht erst mittelbar durch Hinzutreten anderer Umstände. Nun liegt nach ständiger reichsgerichtlicher Rechtsprechung unmittelbare Gläubigerbenachteiligung nicht vor, wenn nach dem Vertrag für einen vom Schuldner veräußerten Gegenstand eine gleichwertige Gegenleistung in sein Vermögen gelangt. Der Vorderrichter hat aber festgestellt, daß die vertragliche Gegenleistung der beklagten Ehefrau den veräußerten Sachen, vom damaligen Standpunkt aus betrachtet, ungefähr gleichwertig war und daß der beklagte Ehemann diese Gegenleistung durch Hypothekenübernahme und Barzahlung des Restkaufpreises auch erhalten hat. Daraus folgt, daß eine unmittelbare Gläubigerbenachteiligung durch den Vertragsabschluß nicht eingetreten ist. Die Gläubigerbenachteiligung ist vielmehr nach der weiteren Feststellung des Vorderrichters erst mittelbar dadurch herbeigeführt worden, daß der Ehemann den erhaltenen Barbetrag beiseitegeschafft und so dem Zugriff seiner Gläubiger entzogen hat. Diese mittelbare Gläubigerbenachteiligung würde zwar zur Anfechtbarkeit aus Nr. 1, nicht aber zur Klage aus Nr. 2 des § 3 AnfG. genügen. Nun meint die Revisionsbeantwortung: da der beklagte Ehemann den erhaltenen Barbetrag bereits vor der — erst im Juni 1924 erfolgten — Eintragung der Grundstücksübereignung im Grundbuch beiseitegeschafft habe, so sei im Zeitpunkt der Eintragung, also des die anfechtbare

Rechtshandlung vollendenden Rechtsaktes, kein entsprechender Gegenwert im Vermögen des Schuldners gewesen. Da aber dieser Zeitpunkt für die Frage maßgebend sei, ob unmittelbare Gläubigerbenachteiligung vorliege, so habe das Berufungsgericht mit Recht angenommen, daß die Gläubiger durch den Vertragsabschluß benachteiligt worden seien. Dieser Gedankengang ist verfehlt.

Für die Frage, ob durch den Abschluß des Vertrags die Gläubiger benachteiligt wurden, muß der gesamte rechtsgeschäftliche Vorgang, der Kaufvertrag, die Auflassung und die Eintragung, als ein einheitliches Ganzes betrachtet werden, mögen auch die einzelnen Akte zeitlich auseinanderfallen. Lediglich aus dem Gesichtspunkte der Ursächlichkeit ist zu beurteilen, ob dieser *rechtsgeschäftliche* Vorgang nach seinem Gesamtinhalt für die Gläubiger schon unmittelbar benachteiligend war oder ob die Gläubigerbenachteiligung erst durch den Hinzutritt anderer, außerhalb liegender Umstände, also nur mittelbar bewirkt worden ist. Haben erst solche anderen Umstände die Benachteiligung der Gläubiger verursacht, so kann es nicht darauf ankommen, ob sie vor oder nach Vollendung des angefochtenen Rechtsgeschäfts hinzugetreten sind, ob also im vorliegenden Falle der beklagte Ehemann den in bar erhaltenen Gegenwert schon vor oder erst nach der Grundbucheintragung beiseitegeschafft hat. Auch im ersteren Falle liegt nur mittelbare Gläubigerbenachteiligung vor. Regelmäßig vollzieht sich die anfechtbare Rechtshandlung in einem Akt oder, wenn sie aus mehreren Akten besteht, doch in einem so kurzen Zeitraum, daß für diese Regelfälle der von Rechtslehre und Rechtsprechung festgelegte Satz gelten kann: wo das Gesetz unmittelbare Gläubigerbenachteiligung erfordere, sei der Zeitpunkt der Vornahme des angefochtenen Rechtsgeschäfts, wo mittelbare Benachteiligung genüge, der Zeitpunkt der Anfechtung maßgebend für die Frage, ob die Gläubiger benachteiligt seien. Dieser Satz läßt sich aber nicht, wie die Revisionsbeantwortung meint, dahin deuten, daß es bei rechtsgeschäftlichen Vorgängen, deren Einzelakte sich, wie hier, über einen längeren Zeitraum erstrecken, auf den Zeitpunkt des letzten, das Rechtsgeschäft vollendenden Aktes ankomme und daß, wenn in diesem Zeitpunkt die Gläubiger benachteiligt seien, unmittelbare Gläubigerbenachteiligung vorliege, und zwar auch dann, wenn diese erst infolge von Umständen eintrat, die zu dem Rechtsgeschäft hinzugekommen sind. Bei solchen Rechtsgeschäften läßt sich überhaupt nicht von einem „Zeitpunkt" ihrer Vornahme reden. Deshalb kann bei ihnen für die Frage, ob unmittelbare oder nur mittelbare Gläubigerbenachteiligung vorliegt, nicht auf einen bestimmten Zeitpunkt abgestellt werden, sondern die Sachlage entscheidet, wie oben dargelegt.

Der beanstandete rechtliche Verstoß des Berufungsgerichts führt aber nicht zur Aufhebung des angefochtenen Urteils, weil die Entscheidung dadurch getragen wird, daß alle Voraussetzungen der Nr. 1 des § 3 AnfG. auch für das Grundstück nebst Zubehör gegeben sind und es für diesen Anfechtungstatbestand, wie bereits erwähnt wurde, genügt, daß die Gläubiger durch die angefochtenen Verträge mittelbar benachteiligt sind. Das Berufungsgericht hat es nicht bei der Feststellung belassen, daß die beklagte Ehefrau den Beweis ihrer Unkenntnis von einer Benachteiligungsabsicht ihres Mannes nicht geführt habe, sondern es sieht als erwiesen an, daß der beklagte Ehemann in Benachteiligungsabsicht gehandelt und die beklagte Ehefrau zur maßgebenden Zeit diese Absicht gekannt hat. Die Rügen, welche die Revision gegen diese Feststellung erhoben hat, sind nicht begründet ... (wird ausgeführt).

Die Revision rügt weiter, das Berufungsgericht habe zu Unrecht angenommen, daß es für die Kenntnis der Benachteiligungsabsicht des Schuldners auf die Person der beklagten Ehefrau ankomme. Die Rüge ist unbegründet. Die beklagte Ehefrau war zwar zur Zeit des Vertragsabschlusses noch minderjährig, der Vertrag bedurfte daher nach § 108 BGB. der Genehmigung ihres gesetzlichen Vertreters. Wenn aber der gesetzliche Vertreter eines Minderjährigen eine Willenserklärung genehmigt, die dieser selbst abgegeben hat, so wird dadurch diese Erklärung nicht eine solche, die der Vertreter selbst namens des Minderjährigen abgegeben hat. Die Genehmigung des gesetzlichen Vertreters dient lediglich dem Schutze des nicht voll geschäftsfähigen Minderjährigen und hat nur die rechtliche Bedeutung, den Schwebezustand für die Wirksamkeit der Willenserklärung des Minderjährigen zu beseitigen. Die Willenserklärung des Minderjährigen ist und bleibt seine eigene. Eine Vertretung in der Willenserklärung (§ 164 BGB.) steht also nicht in Frage. In einem solchen Falle kann es sich nicht um die Anwendung des § 166 Abs. 1 BGB. handeln. Die Vorschriften über Stellvertretung wären nur dann anwendbar, wenn der beklagte Ehemann den Vertrag mit dem gesetzlichen Vertreter geschlossen hätte. Dann hätte e r die Willenserklärung namens der minderjährigen Ehefrau abgegeben, und es käme nach § 166 Abs. 1 BGB. für die Kenntnis der Benachteiligungsabsicht s e i n e Person in Betracht. Das Berufungsgericht hat daher ohne Rechtsirrtum angenommen, daß es für diese Kenntnis hier auf die Person der beklagten Ehefrau ankommt, die selbst den Kaufvertrag geschlossen hat.

RGZ. 117, 86

Gegen wen richtet sich der Anfechtungsanspruch, wenn der Wechselakzeptant demjenigen, der den Wechsel aus Gefälligkeit an eigene Order ausgestellt und weitergiriert hat, eine Hypothek zur Sicherheit für dessen bedingte Regreßforderung bestellt hat, wenn dann die Hypothek vereinbarungsgemäß an den Wechselinhaber abgetreten worden ist und dieser aus der Hypothek Befriedigung für seine Forderung aus dem nicht eingelösten Wechsel erlangt hat?

AnfG. § 3 Nr. 1.

(VII.) VI. Zivilsenat. Urt. v. 10. Mai 1927.

I. Landgericht I Berlin. II. Kammergericht daselbst.

Der Kläger hat eine ihm von seinem Neffen A. abgetretene fällige Forderung von 9077,45 RM. gegen den Kaufmann G., über die ein vollstreckbarer Schuldtitel vorliegt. G. war Akzeptant eines Wechsels über 20 000 RM., den der Beklagte, sein Schwager, als Gefälligkeitsgirant gezeichnet hatte. Dieser Wechsel war der Deutschen V.-Bank in Berlin zur Sicherheit für einen dem G. zu gewährenden Kredit giriert worden. Am 16. September 1924 ließ G. zugunsten des Beklagten auf seinem Grundstück in H. zur Sicherheit wegen des Wechselgiros eine Höchstbetragshypothek in Höhe von 20 000 RM. eintragen. Diese trat der Beklagte am 3. Oktober 1924 an die V.-Bank ab; die Abtretung wurde am 7. Oktober 1924 im Grundbuch vermerkt. Bei dem bald darauf erfolgten freihändigen Verkauf des Grundstücks wurde die Hypothekenschuld vom Käufer übernommen und an die V.-Bank ausgezahlt. Der Wechsel wurde von G. nicht eingelöst. Der V.-Bank gegenüber hatte der Beklagte in vollstreckbarer notarieller Urkunde seine Wechselschuld in Höhe von 20 000 RM. anerkannt.

Der Kläger hat die Hypothekenbestellung wegen Gläubigerbenachteiligung angefochten. Das Landgericht hatte der Klage stattgegeben, das Kammergericht hat sie abgewiesen. Die Revision des Klägers führte zur Aufhebung und Zurückverweisung.

Gründe:

Dem Berufungsgericht mag zugegeben werden, daß durch die Eintragung der Höchstbetragshypothek nicht unmittelbar eine Benachteiligung der Gläubiger bewirkt worden ist. Die Benachteiligung der Gläubiger ist jedoch als mittelbare Folge der Hypothekenbestellung dadurch eingetreten, daß der Beklagte die zu seiner Sicherung bestellte Hypothek an die Bank abgetreten und daß diese sich für ihre Wechselforderung daraus befriedigt hat. Für die Anfechtung aus § 3 Nr. 1 AnfG. genügt aber mittelbare Gläubigerbenachteiligung.

Das Berufungsgericht meint nun, die Anfechtungsklage gegen den Beklagten sei schon deshalb unbegründet, weil dieser die Hypothek auf Grund einer mit dem Schuldner und der Bank bei der Hypothekenbestellung getroffenen Vereinbarung auf Verlangen der letzteren an sie abgetreten habe. Es sei zwar richtig, daß durch die Abtretung auch die Tilgung der eigenen Wechselschuld des Beklagten bewirkt worden sei. Das sei aber unerheblich, weil der gleiche Erfolg auch eingetreten wäre, wenn der Schuldner G. ohne den Beklagten als Zwischenglied die Eintragung für die Bank unmittelbar vorgenommen und diese sich verpflichtet hätte, mit Rücksicht auf die dingliche Sicherung gegen den Wechselverpflichteten nicht vorzugehen.

Diese Auffassung des Vorderrichters ist nicht frei von Rechtsirrtum. Wäre der Beklagte nur unbeteiligte Mittelsperson bei der Zuwendung des Vermögenswerts an die Bank gewesen, so wäre freilich ein Anfechtungsanspruch gegen ihn unbegründet, weil er aus der Hingabe jenes Wertes dann keinen eigenen Vorteil gehabt, nichts aus dem Vermögen des Schuldners erlangt hätte. So liegt die Sache aber nicht, wie das Berufungsgericht selbst anerkennt. Die Bank war Gläubigerin des G. aus dem Wechselakzept, aber auch der Beklagte hatte aus diesem von ihm ausgestellten Wechsel bedingte Gläubigerrechte gegen G. Die Hypothek war nicht nur zur Sicherung der Bank wegen ihrer Wechselforderung, sondern auch zur Sicherung des Beklagten wegen seiner Regreßforderung bestellt worden. Das Berufungsurteil sagt denn auch zutreffend: „Wenn der Beklagte sich eine Sicherungshypothek von dem Schuldner bestellen ließ, so geschah dies, um ihn für den Fall seiner Inanspruchnahme aus dem Wechsel zu sichern, denn die Bank konnte als Wechselinhaberin sich an jeden der beiden Wechselverpflichteten halten." Wenn nun aber in einem solchen Falle der Schuldner dem Gläubiger der bedingten Regreßforderung einen Vermögenswert hingibt mit der Verabredung, daß er ihn zur Befriedigung des Hauptgläubigers, damit aber gleichzeitig zu seiner eigenen Schuldbefreiung und zur Beseitigung einer etwaigen Regreßforderung weitergeben solle, so ist die Hingabe zum Vorteil beider Gläubiger erfolgt. Es kann daher, wenn im übrigen die Voraussetzungen für die Anfechtung gegeben sind, der Anfechungsanspruch gegen beide geltend gemacht werden....

RGZ. 123, 242

1. Ist auch der dingliche Gläubiger zur Anfechtung nach dem Anfechtungsgesetz berechtigt?

2. Unter welchen Voraussetzungen kann dem Anfechtungskläger mit der Einrede der Arglist entgegengehalten werden, daß er selbst seinen Schuldtitel auf anfechtbare Weise erlangt habe?

Anfechtungsgesetz vom 21. Juli 1879/20. Mai 1898 §§ 2, 3 Nr. 1.

VII. Zivilsenat. Urt. v. 5. Februar 1929.

I. Landgericht Düsseldorf. II. Oberlandesgericht daselbst.

Die Klägerin war in den Jahren 1923 und 1924 Kundin des Bankhauses P. & Co. in D., das seit dem 1. Januar 1924 unter der Firma M. & Co. als Kommanditgesellschaft fortgeführt wurde. Sie hat der Bank Wertpapiere ins Depot gegeben, darunter nach ihrer Behauptung 77 Mannesmann-Aktien im heutigen Kurswert von 77 000 RM. Im März 1924 sei sie, wie sie behauptet, von dritter Seite darauf aufmerksam gemacht worden, daß ihre Wertpapiere bei der Bank gefährdet seien, da diese schon längere Zeit kein eigenes Vermögen besitze und vor dem völligen Zusammenbruch stehe. Sie habe darauf ihre Wertpapiere zurückverlangt und nun habe sich herausgestellt, daß die Mannesmann-Aktien nicht mehr vorhanden gewesen seien, ebensowenig ein im November 1923 übergebener Geldbetrag von 30 Billionen Mark. Der damalige persönlich haftende Gesellschafter M. habe das in einem Vertrag vom 21. März 1924 anerkannt und gleichzeitig zur Sicherheit für die unterschlagenen Werte einschließlich der erwachsenden Schäden und Zinsansprüche in einer vollstreckbaren notariellen Urkunde zugunsten der Klägerin die Eintragung einer Grundschuld in Höhe des Wertes von 35 840 g Feingold auf den Grundstücken des Bankhauses in D. bewilligt. Unstreitig ist diese Grundschuld am 31. März 1924 eingetragen worden. Auf denselben Grundstücken war jedoch am 23. November 1923 eine der Grundschuld der Klägerin im Range vorgehende Grundschuld in Höhe des Wertes von 52 250 g Feingold für den Beklagten eingetragen worden, der früher Prokurist und Kommanditist des Bankhauses war.

Die Klägerin hat diese Grundschuldbestellung als ihr gegenüber unwirksam nach § 3 Nr. 1 AnfG. mit der Begründung angefochten, der persönlich haftende Gesellschafter der Bank M. habe die Grundschuld für den Beklagten in der Absicht bestellt, die Gläubiger der Bank zu benachteiligen. M. sei sich schon seit Juli 1923 über den unaufhaltbaren Zusammenbruch der Bank im klaren gewesen; der Beklagte habe keine Forderungen an die Bank gehabt. Verabredungsgemäß sei die Grundschuld für den Beklagten allein zu dem auch ihm bekannten Zwecke eingetragen worden, einen Zugriff der Gläubiger auf die Vermögensstücke der Bank unmöglich zu machen. Der Beklagte habe zur Zeit der Grundschuldbestellung von der zerrütteten Vermögenslage der Bank genaue Kenntnis gehabt. Die Vorinstanzen haben die Klage abgewiesen. Die Revision der Klägerin wurde zurückgewiesen.

Gründe:

Der Berufungsrichter hält die allgemeinen Voraussetzungen der Anfechtung nach § 2 AnfG. für gegeben, läßt aber dahingestellt, ob auch die besonderen Voraussetzungen des § 3 Nr. 1 das. vorliegen, weil er den vom Beklagten erhobenen Einwand der allgemeinen Arglist für durchgreifend ansieht. ...

Zwar kann die Meinung des Beklagten nicht gebilligt werden, daß der Vollstreckungstitel der Klägerin nicht als Schuldtitel im Sinne des § 2 AnfG. anzusehen sei. Gläubiger im Sinne des Anfechtungsgesetzes ist auch der Gläubiger, der kraft dinglichen Rechts Zahlung einer Geldsumme aus dem belasteten Grundstück zu fordern berechtigt ist, also der Hypotheken-, Grundschuld-, Rentenschuld- und Reallastgläubiger. Ihm steht als Schuldner im Sinne des Anfechtungsgesetzes der Eigentümer des mit dem dinglichen Recht belasteten Grundstücks gegenüber.

Das Anfechtungsgesetz gewährt daher auch dem dinglichen Gläubiger die Möglichkeit, auf Grund seines dinglichen Schuldtitels Rechtshandlungen des Eigentümers anzufechten, durch welche die Möglichkeit seiner Befriedigung aus dem verhafteten Gegenstand beeinträchtigt wird. Wie der persönliche Gläubiger Anspruch auf möglichst vollständige Befriedigung aus dem Schuldnervermögen hat, so auch der Gläubiger einer mit Titel versehenen dinglichen Forderung aus dem betreffenden Gegenstand. Daher ist ein im Besitz eines dinglichen Titels befindlicher Grundschuldgläubiger nicht auf seine Befriedigung aus dem Grundstück im Range der ihm bestellten Grundschuld beschränkt (WarnRspr. 1917 Nr. 70; vgl. auch RGZ. Bd. 17 S. 168, Bd. 52 S. 337: Jaeger, Gläubigeranfechtung § 2 Anm. 8 und 10; Falkmann, Anfechtung von Rechtshandlungen S. 18; Hartmann-Meikel, Anfechtungsgesetz 6. Aufl. S. 102). Zur Erfüllung der ferneren Voraussetzung des § 2, daß die Zwangsvollstreckung in das Vermögen des Schuldners nicht zu einer vollständigen Befriedigung des Gläubigers geführt hat, genügt der Nachweis des Grundschuldgläubigers, daß er aus dem Grundstück keine volle Befriedigung erlangt habe oder erlangen werde, weil er auf Grund des dinglichen Titels naturgemäß nur in das Grundstück vollstrecken kann. Auch das Vorliegen dieser Voraussetzung der Anfechtung hat der Berufungsrichter festgestellt.

Ohne rechtlichen Verstoß hat aber der Vorderrichter der Arglisteinrede des Beklagten stattgegeben. Wie der erkennende Senat schon im Urteil vom 17. März 1908 (RGZ. Bd. 68 S. 138) ausgesprochen hat, kann der Anfechtungsbeklagte gegenüber dem Anfechtungskläger unter Umständen die Einrede der Kollusion im Sinne einer Arglisteinrede erheben. Eine solche ist zwar nicht schon dann gegeben, wenn die Forderung des anfechtenden Gläubigers selbst auf einer anfechtbaren Rechtshandlung des Schuldners beruht. Denn die Anfechtbarkeit einer Rechtshandlung kann nur von dem geltend gemacht werden, in dessen Person die Voraussetzungen der §§ 2, 3 AnfG. vorliegen, und das ist beim Anfechtungsgegner für gewöhnlich nicht der Fall. Hat aber dieser, wie hier, auch seinerseits ausnahmsweise einen Vollstreckungstitel für eine Forderung gegen den Schuldner, so könnte, wenn er zurückgewähren müßte und dadurch der anfechtende Gläubiger aus dem Vermögen des Schuldners — bei dinglichen Ansprüchen aus dem den beiden Gläubigern verhafteten Vermögensstück — zum Nachteil des Anfechtungsgegners Befriedigung erlangte, dieser nunmehr seinerseits anfechten und Rückgewähr des Zurückgewährten beanspruchen. Deshalb kann er im Anfechtungsprozeß die Einrede der Arglist mit der Begründung erheben, daß auch die Rechtshandlung des Schuldners, durch die der Anfechtungskläger seinen Vollstreckungstitel in einverständlichem Zusammenspiel zwischen Schuldner und Gläubiger erlangt hat, der Anfechtung durch den Anfechtungsbeklagten unterliege. Denn arglistig handelt, wer das vom Gegner verlangt, was er diesem sofort zurückgeben muß (dolo facit qui petit, quod statim redditurus est; vgl. Falkmann a.a.O. S.65 Nr.14; Hartmann-Meikel a.a.O. S.115 Nr.6 und 7; Jaeger a.a.O. § 2 Anm. 40). In einem solchen Falle, wo mehrere Gläubiger sich auf anfechtbare Weise vollstreckbare Schuldtitel verschafft haben, kann keiner von ihnen eine Anfechtungsklage gegen den andern erheben. Für die Befriedigung ihrer Ansprüche aus dem Vermögen des Schuldners oder aus dem ihnen verhafteten Vermögensstück bleibt maßgebend die zeitliche Folge des Zugriffs oder der Begründung des dinglichen Rechts, hier also der Eintragung der Grundschulden. Abzulehnen ist die von Jaeger (Anm. 40 zu § 2) vertretene Ansicht, der sich der Berufungsrichter angeschlossen hat, daß beim Zusammentreffen zweier Anfechtungsansprüche die Stärke der beiderseitigen Ansprüche des Anfechtungsklägers und des Anfechtungsbeklagten abzuwägen sei. Es kommt daher im vorliegenden Fall nichts darauf an, ob der Beklagte zur Zeit der Eintragung seiner Grundschuld noch Prokurist oder Kommanditist der Schuldnerin war.

Die Anfechtbarkeit der für die Klägerin eingetragenen Grundschuld ist zu bejahen. Ohne Rechtsirrtum hat der Berufungsrichter daraus, daß M. sich im Frühjahr 1924 über den nicht mehr aufzuhaltenden Zusammenbruch seiner Bank im klaren war, also aus dessen Bewußtsein, daß durch das Rechtsgeschäft mit der Klägerin andere Gläubiger benachteiligt würden, auf seine Benachteiligungsabsicht geschlossen. Von einem ausgleichenden Deckungsgeschäft — wie die Revision meint — kann keine Rede sein, wenn für eine bestehende Forderung eine nicht geschuldete Sicherung in Gestalt einer Grundschuld bestellt wird. Daß ein Bankunternehmen, wie das in Frage kommende, noch weitere Gläubiger hatte, war ohne weiteres anzunehmen und brauchte nicht besonders festgestellt zu werden. Die Feststellung, die Klägerin habe den Nachweis nicht erbracht, daß die Schuldurkunde des Beklagten für eine erdichtete Forderung ausgestellt sei, und die weitere Feststellung, daß die Grundschuld zur Sicherung des Anspruchs des Beklagten auf Herausgabe von Effekten bestellt sei, enthalten keinen Widerspruch, wie die Revision meint. Sollte dem Beklagten zur Sicherung seines Herausgabeanspruchs eine Grundschuld bestellt werden, so mußte dieser ein Geldanspruch zugrunde gelegt werden; daß der zu sichernde Anspruch nicht auf Geld ging, macht die auf 52 250 g Feingold lautende Grundschuld nicht zu einer erdichteten.

RGZ. 126, 76

1. Zur Frage der Wahrung von Anfechtungsfristen nach § 3 des Anfechtungsgesetzes.

2. Welche Anforderungen sind an einen Schriftsatz im Sinne des § 4 des Anfechtungsgesetzes zu stellen?

VII. Zivilsenat. Urt. v. 1. November 1929.

I. Landgericht Neiße. II. Oberlandesgericht Breslau.

Durch rechtskräftig gewordenes Urteil des Landgerichts Neiße vom 25. April 1927 wurden der Bauerngutsbesitzer K. in R. und seine Ehefrau, eine Tochter des Beklagten, als Gesamtschuldner verurteilt, an den Kläger 5528,15 RM. nebst Zinsen zu zahlen. Die dem Kläger zu erstattenden Kosten dieses Rechtsstreits wurden durch Kostenfestsetzungsbeschluß vom 12. November 1927 auf 207,79 RM. festgesetzt. Vorher hatten durch notariellen Vertrag vom 25. August 1926 die Eheleute K. ein Grundstück in R. für 30 500 RM. an den Landwirt H. und dessen Braut verkauft. Das Restkaufgeld sollte vereinbarungsgemäß an den Beklagten gezahlt werden. Er hat von H. 9500 RM. gezahlt erhalten und noch 5500 RM. von ihm zu bekommen. Im gegenwärtigen Rechtsstreit hält sich der Kläger wegen seiner Forderungen von 5528,15 und 207,79 RM. nebst Zinsen an den Beklagten. Er hat seine Klage u. a. auf § 3 AnfG. gestützt und beantragt, den Beklagten zur Zahlung der vorgenannten Beträge zu verurteilen.

Beide Vorinstanzen haben die Anfechtung aus § 3 Nr. 2 AnfGes. für begründet erachtet und den Beklagten mit Rücksicht auf die von H. empfangene Zahlung von 9500 RM. verurteilt, an den Kläger 5528,15 und 207,79 RM. nebst Zinsen zu zahlen. Die Revision des Beklagten führte zur Aufhebung des Berufungsurteils und zur Zurückweisung.

Gründe:

Das Oberlandesgericht hat die Anfechtung nach § 3 Nr. 2 AnfGes. durchgreifen lassen. Danach sind anfechtbar gewisse entgeltliche Verträge des Schuldners mit ihm nahestehenden Personen, welche im letzten Jahre vor der Anfechtung geschlossen sind. Die Anfechtung richtet sich hier dagegen, daß die Eheleute K. das Restkaufgeld, das sie noch von H. zu fordern hatten, an den Beklagten abgetreten haben. Das ist am 25. August 1926 geschehen, dem Tage des Vertragsabschlusses mit H. Die Klage ist aber erst Ende November 1927 erhoben worden. Das Oberlandesgericht sieht die Anfechtungsfrist gleichwohl als gewahrt an, und zwar deshalb, weil die Anfechtung in einem Vorprozeß des jetzigen Beklagten gegen den jetzigen Kläger durch Zustellung eines Schriftsatzes vom 17. Mai 1927 ordnungsmäßig erklärt worden sei. Damals hatte der Kläger wegen eines anderen Anspruchs als des auf Zahlung von 5528,15 RM. gerichteten, nämlich wegen einer Forderung aus einer vollstreckbaren notariellen Urkunde, die ihm die Eheleute K. am 30. Juli 1924 ausgestellt hatten, deren Anspruch an H. auf Zahlung von Restkaufgeld in Höhe von 1325 RM. pfänden und sich überweisen lassen. Dagegen hatte der Beklagte Widerspruchsklage erhoben, weil die gepfändete Restkaufgeldforderung kraft Abtretung ihm zustehe, und darauf erwiderte der Kläger, indem er im Wege der Einrede jene Abtretung des Restkaufgelds an den Beklagten anfocht. Diese Anfechtung hat mit der im gegenwärtigen Prozeß streitigen nichts zu tun. Das Anfechtungsgesetz gibt dem Gläubiger eine erweiterte Vollstreckungsmöglichkeit, aber, wie die §§ 1, 2, 7, 9 des Gesetzes zeigen, nur zum Zwecke der Befriedigung des Gläubigers wegen einer bestimmten Forderung, über die ein vollstreckbarer Schuldtitel vorliegen muß (vgl. RGZ. Bd. 39 S. 3; JW. 1898 S. 157 Nr. 16 u. S. 360 Nr. 35, 1903 S. 128 Nr. 15). Durch die erfolgreich durchgeführte Anfechtung im Vorprozeß erlangte also der Kläger das Recht, sich wegen der Forderung, die ihm notariell beurkundet war, aus dem Restkaufgeldanspruch zu befriedigen, der dem Beklagten kraft der Abtretung durch die Eheleute K. gegen H. zustand, aber nicht mehr. Für die jetzt streitige Anfechtung, die der Kläger vornimmt, um sich wegen einer anderen Forderung als der damals zugrunde liegenden zu befriedigen, muß die Anfechtung im Vorprozeß ohne jeden Einfluß bleiben. Durch sie kann also auch nicht die Frist des § 3 Nr. 2 AnfGes. gewahrt worden sein, um die es sich jetzt handelt.

Der Revisionsbeklagte hat noch gebeten, den Gesichtspunkt nachzuprüfen, aus dem das Landgericht die Anfechtung des Klägers im gegenwärtigen Rechtsstreit für nicht verspätet erachtet hat. Das Landgericht hat die Jahresfrist des § 3 Nr. 2 AnfGes. als gewahrt angesehen, weil der Kläger den Beklagten gemäß § 4 das. von seiner Anfechtungsabsicht durch Zustellung eines Schriftsatzes in Kenntnis gesetzt habe. Dieser Annahme liegt die Tatsache zugrunde, daß am 4. Juni 1927 beim Landgericht Neiße ein Armenrechtsgesuch des Klägers eingegangen ist, dem eine Abschrift der beabsichtigten Klage beigefügt war, und daß das Gericht unter dem 9. Juni 1927 dem Beklagten eine Abschrift des Klageentwurfs zur Äußerung übersandt hat. Hierdurch ist aber dem § 4 AnfGes. nicht genügt. Dem Beklagten ist wohl durch einen Dritten, das Gericht, bekannt gemacht worden, daß der Kläger die Anfechtungsabsicht habe; das Gesetz verlangt aber, daß der Gläubiger selbst seine Absicht dem künftigen Anfechtungsgegner durch Zustellung eines Schriftsatzes mitteile. Es ist also eine Willenserklärung des Gläubigers erforderlich, und da das Gesetz für sie schriftliche Form vorgeschrieben hat, so muß die Urkunde vom Aussteller eigenhändig durch Namensunterschrift oder mittels gerichtlich oder notariell beglaubigter Handzeichen unterzeichnet werden (§ 126 Abs. 1 BGB.). An alledem hat es vorliegend gefehlt. Auch die Erwägungen des Landgerichts stehen also dem Kläger nicht zur Seite.

RGZ. 131, 340

1. Darf der Anfechtungskläger, für den im Wege der Zwangsvollstreckung eine Hypothek auf dem Grundstück des Schuldners eingetragen worden ist, und der die vorher zugunsten des Beklagten erfolgte Eintragung einer Hypothek anficht, den Klagantrag dahin stellen, daß der Anfechtungs-

gegner verurteilt werde, der Zwangshypothek den Vorrang vor der angefochtenen Hypothek einzuräumen?

2. Darf der Anfechtungskläger neben dem Empfänger des anfechtbaren Erwerbs auch den Schuldner verklagen?

AnfG. §§ 1, 7, 9.

VII. Zivilsenat. Urt. v. 3. März 1931.

I. Landgericht Breslau. II. Oberlandesgericht daselbst.

Die Klägerin hat gegen den Zweitbeklagten aus einem vollstreckbaren Wechselurteil vom 6. Mai 1927 eine Forderung von 2800 Millionen ungarische Kronen nebst Zinsen, Kosten und Wechselspesen (insgesamt rund 200 000 RM.). Sie hat auf zwei Grundstücken des Schuldners im Wege der Zwangsvollstreckung am 19. August 1927 je eine Hypothek von 30 000 RM. eintragen lassen. Vorher, am 21. Mai 1927, war für den Erstbeklagten eine Darlehnshypothek von 120 000 RM. auf den Grundstücken eingetragen worden.

Die Klägerin hat diese Hypothekenbestellung nach § 3 Nr. 1 AnfG. angefochten. Ihren Antrag hat sie dahin gestellt, die Beklagten zu verurteilen, einzuwilligen, daß bei den in Frage kommenden Hypotheken der Vorrang der zweimal 30 000 RM. vor den 120 000 RM. im Grundbuch eingetragen werde, den Erstbeklagten auch zu verurteilen, den Hypothekenbrief über die 120 000 RM. zur Ermöglichung der Eintragung der Rangänderung herauszugeben.

Das Landgericht hat die Klage abgewiesen. Das Oberlandesgericht hat die Entscheidung abhängig gemacht von einem Eide des Erstbeklagten über seine Kenntnis von der Absicht des Zweitbeklagten, seine Gläubiger zu benachteiligen. Die Beklagten haben Revision eingelegt. Danach haben die Parteien übereinstimmend erklärt, daß inzwischen die Hypotheken bei der Zwangsversteigerung der Grundstücke ausgefallen seien und daß sich damit die Hauptsache erledigt habe. Die Beklagten haben sodann beantragt, das Berufungsurteil aufzuheben und der Klägerin die Kosten des Rechtsstreits aufzuerlegen. Diesem Antrag hat das Reichsgericht entsprochen.

Aus den Gründen:

... Das gegen die beiden Beklagten gerichtete Verlangen nach Einwilligung in die Eintragung des Vorrangs der für die Klägerin eingetragenen Hypotheken vor der Hypothek des Erstbeklagten findet im Gesetz keine Stütze. Zwar wird in der Rechtslehre und auch in der Rechtsprechung vielfach die Ansicht vertreten, der Anfechtungskläger, für den eine nachstehende Hypothek eingetragen ist, dürfe den Klagantrag dahin richten, daß der Anfechtungsgegner verurteilt werde, jener Hypothek den Vorrang vor der angefochtenen Hypothek einzuräumen (Hartmann-Meikel Anfechtungsgesetz 6. Aufl. S. 238 Nr. 5;

Falkmann Anfechtung 2. Aufl. S. 78 Nr. 50; Sydow-Busch Konkursordnung 15. Aufl. S. 738; OLG. Dresden in ROLG. Bd. 6 S. 258 [= Bd. 8 S. 307] und Bd. 31 S. 312; KGJ. Bd. 49 S. 202; a. M. Jaeger Gläubigeranfechtung S. 71; OLG. Darmstadt in SeuffArch. Bd. 66 Nr. 11). Allein dieser, auch vom erkennenden Senat im Urteil vom 28. September 1900 (Gruch. Bd. 46 S. 391) nicht beanstandeten, in RGZ. Bd. 86 S. 101 beiläufig als unbedenklich bezeichneten Ansicht kann nach nochmaliger Prüfung nicht beigetreten werden. Nach § 1 AnfG. werden die Rechtshandlungen des Schuldners durch die Anfechtung des Gläubigers nur „diesem gegenüber unwirksam“ und nach § 7 das. kann der Gläubiger nur, soweit es zu seiner Befriedigung erforderlich ist, beanspruchen, daß dasjenige, was durch die anfechtbare Rechtshandlung aus dem Vermögen des Schuldners veräußert, weggegeben oder aufgegeben ist, als noch zu demselben gehörig von dem Empfänger zurückgewährt werde. Der Empfänger muß also die Zwangsvollstreckung des Anfechtungsgläubigers in das empfangene Vermögensstück dulden, gleich als ob dieses noch zum Vermögen des Schuldners gehörte; jedoch besteht vermöge der Anfechtung kein Anspruch auf Einräumung eines dinglichen Rechts (RGZ. Bd. 60 S. 404, Bd. 67 S. 40). Der Anfechtungsanspruch bildet ein Forderungsrecht auf Beseitigung der dem Gläubiger nachteiligen Folgen der angefochtenen Rechtshandlung. Die Anfechtung hat aber nur obligatorische Kraft; sie führt zur Rechtsunwirksamkeit der angefochtenen Rechtshandlung nur dem anfechtenden Gläubiger gegenüber. Handelt es sich um beiderseits eingetragene Hypotheken, so ist die angefochtene Eintragung dem anfechtenden Gläubiger gegenüber infolge der Anfechtung ohne rechtliche Bedeutung, so daß es einer buchmäßig zu verlautbarenden Rangänderung nicht bedarf (vgl. Jaeger a. a. O. S. 71). Eine solche würde aber — namentlich im Hinblick auf den öffentlichen Glauben des Grundbuchs — auch geeignet sein, Dritten gegenüber Wirkungen auszuüben, und somit über die nach § 7 AnfG. zulässigen Folgen hinausgehen (vgl. auch Jaeger Konkursordnung 6./7. Aufl. S. 491, 686).

Die Rückgewähr nach §§ 7, 9 AnfG. hat vielmehr in einem Falle wie dem vorliegenden in der Weise zu erfolgen, daß der Anfechtungsgegner von seinem Pfandrecht dem Anfechtungskläger gegenüber keinen Gebrauch macht und in die Auszahlung des bei der Zwangsversteigerung auf die angefochtene Hypothek entfallenden Erlöses an den Anfechtungskläger bis zum Betrage von dessen Forderung willigt (RGZ. Bd. 47 S. 222; Urt. des erkennenden Senats vom 3. April 1928 VII 462/27, abgedr. JW. 1928 S. 1345 Nr. 2). Wenn die Klägerin mit ihrer Klage die Einräumung des Vorrangs ihrer Hypotheken vor der des Erstbeklagten verlangte, ging sie mithin über das hinaus, was sie zulässigerweise nach § 7 AnfG. beanspruchen konnte. Ihr Anspruch blieb nicht — wie der Berufungsrichter meint — unter dem, was sie fordern durfte. Die Klage konnte daher so, wie sie erhoben war, keinen Erfolg haben. Eine Änderung oder

Beschränkung des Klagantrags kommt nach Erledigung der Hauptsache nicht mehr in Betracht. Da die Klägerin sonach mit der Klage abzuweisen gewesen wäre, hat sie nunmehr die Kosten des Rechtsstreits zu tragen.

Übrigens wäre die Klage gegen den Zweitbeklagten auch deshalb abzuweisen gewesen, weil die Anfechtungsklage nur gegen den Empfänger des anfechtbaren Erwerbs, nicht auch gegen den Schuldner gerichtet werden darf (vgl. Jaeger Gläubigeranfechtung S. 111; Warneyer Anfechtungsgesetz S. 40 IX).

RGZ. 133, 290

Ist eine mittelbare Zuwendung aus dem Vermögen des Schuldners auch dann anfechtbar, wenn der Schuldner zuvor noch keinen Anspruch auf das dem Dritten Zugewendete hatte?

AnfG. §§ 3, 7.

VII. Zivilsenat. Urt. v. 2. Oktober 1931.

I. Landgericht Krefeld. II. Oberlandesgericht Düsseldorf.

Die Klägerin ist das am 13. Oktober 1909 geborene uneheliche Kind des Ehemanns der Beklagten. Wegen ihrer Unterhaltsansprüche kam im Jahre 1917 ein Abfindungsvergleich auf Zahlung von 1000 RM. zustande, die auch gezahlt worden sind. Ende 1919 erhob die Klägerin unter gleichzeitiger Anfechtung des Abfindungsvergleichs eine neue Klage wegen ihrer Unterhaltsansprüche und erlangte schließlich im Jahre 1925 die rechtskräftige Verurteilung des Mannes der Beklagten zur Zahlung von 2065 RM. sowie einer laufenden Unterhaltsrente bis zum 12. Oktober 1925.

Durch Kaufvertrag vom 19. September 1919 erwarb die Beklagte das Grundstück S.straße 4 in K. von dem Kaufmann Br. für 52 000 M., wobei sie 32 000 M. Hypotheken übernahm, während die restlichen 20 000 M. vor der Auflassung zu zahlen waren. Auflassung und Eintragung erfolgten im September und November 1919. Die Klägerin ficht jenen Grundstückserwerb der Beklagten an, da diese zusammen mit ihrem Manne, nach einem vorbedachten Plane handelnd, die Zahlungsansprüche der Klägerin vereitelt habe; die Beklagte habe das Grundstück mit Mitteln ihres Mannes erworben und sei nur der Form halber an dessen Stelle Eigentümerin geworden. Die im Dezember 1926 erhobene Klage ist auf Verurteilung der Beklagten zur Duldung der Zwangsvollstreckung in das Grundstück wegen der auf dem Urteil von 1925 beruhenden Ansprüche gerichtet.

Das Landgericht erkannte nach dem Klagantrag. Das Oberlandesgericht wies die Klage ab. Die Revision der Klägerin führte zur Aufhebung und Zurückverweisung.

Gründe:

Der Berufungsrichter geht davon aus, daß die allgemeinen Voraussetzungen für eine Anfechtung nach § 2 AnfG. gegeben seien. Er unterstellt weiter ausdrücklich, daß der Ehemann der Beklagten ihr Mittel für den Erwerb des Grundstücks zur Verfügung gestellt, ja sogar den bar zu zahlenden Teil des Kaufpreises unmittelbar an den Veräußerer Br. gezahlt habe. Dennoch verneint der Vorderrichter die Berechtigung des geltend gemachten Anspruchs auf Duldung der Zwangsvollstreckung in das Grundstück, da es die Beklagte nicht aus dem Vermögen ihres Mannes erworben habe. Denn das Grundstück sei ausweislich der Grundakten niemals in seinem Vermögen gewesen und zudem sei der Kaufpreis nur zum Teil bar bezahlt, in der Hauptsache aber durch Hypothekenübernahme von seiten der Beklagten, nicht von seiten ihres Mannes beglichen worden, so daß also mindestens insoweit die Beklagte das Entgelt für das Grundstück selbst gewährt habe. Diese Erwägung erachtet mithin das Berufungsgericht auch für den Fall als durchschlagend, daß die Beklagte und ihr Mann so wie geschehen gehandelt haben in dem gemeinsamen Bestreben, die Unterhaltsansprüche der Klägerin zu vereiteln.

Diese Ausführungen setzen sich jedoch in Widerspruch mit der ständigen Rechtsprechung des Reichsgerichts über die Anfechtbarkeit auch mittelbarer Zuwendungen (vgl. RGZ. Bd. 43 S. 84, Bd. 59 S. 196, Bd. 69 S. 47; Mentzel KO. 3. Aufl. Anm. 2 f zu § 29 S. 147 flg.; Warneyer AnfG. 2. Aufl. S. 27). Danach unterliegen der Anfechtung und insbesondere der Anwendung des § 7 AnfG. auch Rechtshandlungen des Schuldners, durch welche er gegen Aufwendung von Bestandteilen seines Vermögens das Entgelt dafür in das Vermögen eines Dritten fließen läßt, ohne daß er äußerlich mit diesem in unmittelbare Rechtsbeziehungen tritt. Materiell (wirtschaftlich) wird in einem solchen Falle das Vermögen des Schuldners zugunsten des dritten Erwerbers vermindert, und das gesamte Rechtsverhältnis ist dann wegen der Anfechtbarkeit so anzusehen, als ob der Dritte unmittelbar vom Schuldner erworben hätte.

In den erwähnten Urteilen und auch in anderen Entscheidungen des Reichsgerichts zu dieser Frage war der Sachverhalt allerdings so gestaltet, daß dem Schuldner bereits ein Anspruch auf die Leistung zustand, die er dann unmittelbar in das Vermögen des Dritten fließen ließ. Darauf kann aber kein ausschlaggebendes Gewicht gelegt werden. Das Entscheidende ist die wirtschaftliche Betrachtungsweise. Wirtschaftlich können aber dem Dritten aus dem Vermögen des Schuldners mit Hilfe einer Mittelsperson auch dann Werte zugewendet werden, mit anderen Worten es kann eine Verschiebung von Vermögensgegenständen über eine Mittelsperson auch dann stattfinden, wenn der Schuldner zuvor noch keinen Anspruch auf das dem Dritten Zugewendete hatte. So liegt hier der Fall auf Grund der als wahr unterstellten Sachdarstellung der Klägerin hinsichtlich der Barzahlung von 20 000 M. Auf dieser Grundlage wäre aber das ganze Rechtsverhältnis zwischen den drei Beteiligten wegen der Anfechtung so anzusehen, als hätte Br. das Grundstück an den Ehemann der Beklagten und dieser es weiter an die Beklagte veräußert, und dann könnte der Anspruch der Klägerin auf Duldung der Zwangsvollstreckung in das Grundstück wegen ihrer rechtskräftig festgestellten Unterhaltsansprüche sehr wohl begründet sein.

Nicht gerechtfertigt ist, wenn die Revisionsbeantwortung auszuführen versucht, es fehle jedenfalls an einer objektiven Gläubigerbenachteiligung, da bei Zugrundelegung der Darstellung der Klägerin der Mann der Beklagten gegen diese einen Anspruch auf Überlassung des Grundstücks haben würde und die Klägerin dann durch Pfändung dieses Anspruchs ebensogut Befriedigung erreichen könnte. Wenn, wie die Klägerin behauptet, 20 000 M. aus dem Vermögen des Mannes der Beklagten herausgingen, so wurde dadurch die Möglichkeit eines Zugriffs der Gläubiger auf dieses Vermögen zweifellos erschwert und mithin eine Benachteiligung der Gläubiger, insbesondere auch der Klägerin herbeigeführt. Daraus könnte sich aber nach dem Ausgeführten ein Anfechtungsanspruch der Klägerin mit der von ihr begehrten Wirkung ergeben. Auf einen anderen Weg für ihre Befriedigung braucht sie sich nicht verweisen zu lassen.

RGZ. 145, 188 †

1. Verlieren in anfechtbarer Weise erworbene Gegenstände die Eigenschaft des anfechtbaren Erwerbs, wenn der Erwerber und der Schuldner sie einem Dritten zur Sicherung für einen dem Schuldner gewährten Kredit übereignen und der Dritte sie nach Abdeckung des Kredits vereinbarungsgemäß zurücküberträgt? Insbesondere wenn die Abdeckung des Kredits aus den Mitteln des Anfechtungsgegners erfolgt ist?

2. . . .

AnfG. § 3 Nr. 1, §§ 7, 11.

VII. Zivilsenat. Urt. v. 2. Oktober 1934.

I. Landgericht Berlin. II. Kammergericht daselbst.

Die Beklagten haben auf Grund vollstreckbarer Schuldtitel im Gesamtbetrag von rund 30 000 RM. am 16. und 30. Juni 1932 bei ihrem Schuldner, dem Kaufmann M. S. in B., eine Reihe von Möbelstücken gepfändet. Im Einverständnis der Beteiligten ist ein Teil der Pfandstücke freiwillig versteigert worden; der Erlös von 6580,12 RM. ist an ihre Stelle getreten.

Gestützt auf die Urkunden vom 13. April 1931 und 6. Juli 1932 begehrt der Kläger die Unzulässigerklärung der Zwangsvollstreckung und die Auszahlung des Erlöses an ihn, während die Beklagten widerklagend den Erlös für sich beanspruchen.

Unstreitig unter den Parteien ist folgendes:

Die Eheleute M. und J. S. haben vor Eingehung der Ehe am 12. Juli 1897 einen Ehevertrag geschlossen, wonach nur eine auf die Errungenschaft beschränkte Gütergemeinschaft stattfinden sollte, wie solche im Bezirke des Oberlandesgerichts Köln galt. Gleichzeitig wurde das beiderseitige Vermögen festgestellt; die Ehefrau besaß außer 25 000 RM. bar noch eine Aussteuer im Wert von rund 11 200 RM. Am 18. Oktober 1930 haben die Eheleute S. durch notariellen Vertrag „das Verwaltungs- und Nießbrauchsrecht des Ehemannes ausgeschlossen, so daß Gütertrennung ohne Nießbrauchs- und Verwaltungsrecht des Ehemannes besteht". Gleichzeitig hat der Ehemann anerkannt, von seiner Frau bei Eingehung der Ehe 45 000 M. in bar erhalten zu haben, die mit Zinsen auf 100 000 M. angewachsen und auf 100 000 RM. aufzuwerten seien. Diese Forderung haben die Eheleute in eine Darlehnsforderung der Ehefrau in gleicher Höhe umgewandelt. Zur Sicherheit für die Forderung übereignete der Ehemann eine Reihe im Vertrag bezeichneter Gegenstände, vornehmlich Möbel, im Gesamtwert von 22 650 RM. an seine Ehefrau, indem er ausdrücklich versicherte, sie seien sein freies, von keinem Recht Dritter belastetes Eigentum. Die ihr durch den Vertrag vom 18. Oktober 1930 übereigneten Gegenstände übereignete Frau S. mit dem Vertrag vom 13. April 1931 an die D.-Bank zur Sicherung eines Kredits, den die Bank einer von ihrem Mann betriebenen Firma eingeräumt hatte. Durch das Abkommen vom 6. Juli 1932 hat die Dr. Bank als Rechtsnachfolgerin der D.-Bank einen Teilbetrag ihrer Forderung aus der Kreditgewährung in Höhe von 17 382 RM. an den Kläger abgetreten und gleichzeitig unter Zustimmung der Eheleute S. die ihr bestellten Sicherheiten, darunter sämtliche in den Verträgen vom 18. Oktober 1930 und 13. April 1931 genannten Gegenstände, auf den Kläger übertragen. Dieser hatte am 29. Dezember 1931 dem Ehemann S. ein Darlehn von 3000 RM. gegeben, für das Frau S. am 11. April 1932 die selbstschuldnerische Bürgschaft übernommen hatte. Frau S. übergab dem Kläger 16 000 RM. — aus welchen Mitteln ist streitig — mit der Vereinbarung, daß er hierfür die Forderung der Bank gegen ihren Ehemann nebst den Sicherheiten als Treuhänder für sie und zugleich zur Sicherstellung seines eigenen Anspruchs aus der Darlehnsgewährung erwerben sollte; falls es dem Kläger gelänge, die Forderung für einen geringeren Betrag als 16 000 RM. zu erwerben, sollte der Unterschied zur Tilgung seiner Forderung aus dem Darlehn dienen.

Der Kläger behauptet, für den Erwerb der Bankforderung habe er außer den 16 000 RM. noch 700 RM. aus seinem Vermögen aufwenden müssen. Hierfür und für den Darlehnsrest von 1500 RM. hafteten ihm, abgesehen von seiner Treuhänderstellung für Frau S., die Gegenstände auch zu seiner Sicherung.

Die Beklagten halten die Pfandstücke für Eigentum des Schuldners S. gemäß seiner im Abkommen vom 18. Oktober 1930 abgegebenen Erklärung. Die Übereignung halten sie als Scheingeschäft und als sittenwidrig für nichtig und fechten sie wegen Gläubigerbenachteiligung an. Ebenso fechten sie den Rechtserwerb des Klägers auf Grund des Abkommens vom 6. Juli 1932 wegen Gläubigerbenachteiligung an. Schließlich stützen sie sich noch auf §§ 823, 826 BGB. in Verbindung mit § 288 StGB.

Das Landgericht hat unter Abweisung der Klage der Widerklage stattgegeben. Das Kammergericht wies die Berufung des Klägers zurück.

Frau S. ist sodann als Nebenintervenientin dem Kläger beigetreten und hat für ihn Revision mit dem Antrag eingelegt, das angefochtene Urteil aufzuheben und nach den vom Kläger in der Berufungsinstanz gestellten Anträgen zu erkennen. Sie macht geltend, der Kläger habe überwiegend als Treuhänder in ihrem Auftrag die Rechte aus dem Vertrage vom 6. Juli 1932 erworben. Sie habe daher ein rechtliches Interesse an seinem Obsiegen im Prozesse. Auch würde sie je nach Ausfall des Rechtsstreits Regreßansprüche auf Schadloshaltung vom Kläger erworben haben.

Die Revision wurde zurückgewiesen aus folgenden

Gründen:

1. . . .

2. Der von der Nebenintervenientin eingelegten Revision war aber der Erfolg zu versagen, weil dem angefochtenen Urteil im Ergebnis, wenn auch mit anderer Begründung, beizutreten ist.

Der Berufungsrichter läßt dahingestellt, welche Wirkungen der Güterrechtsvertrag vom 12. Juli 1897 für die einzelnen Gegenstände gehabt hat. Im Vertrag vom 18. Oktober 1930 sei jedenfalls die übereinstimmende Auffassung der Eheleute S. zum Ausdruck gebracht, daß die Gegenstände „freies Eigentum" des Ehemannes seien. Daß es nicht dieselben Sachen sein könnten, wie die von Frau S. in die Ehe eingebrachten Gegenstände, ergebe bereits der Vergleich der den beiden Verträgen beigefügten Verzeichnisse.

Der Berufungsrichter erachtet die im Vertrag vom 18. Oktober 1930 enthaltene Übereignung dieser Gegenstände für anfechtbar nach § 3 Nr. 1 AnfG. Der Ehemann S. habe mit dem Abkommen beabsichtigt, seine noch vorhandenen Werte dem Zugriff seiner Gläubiger — er hatte damals bereits eine Schuldenlast von 300 000 RM. — zu entziehen; seine Ehefrau habe diese Absicht erkannt. Unerörtert läßt der Berufungsrichter, welche Wirkungen dem Abkommen zwischen Frau S. und der D.-Bank vom 13. April 1931 beizumessen sind. Für erheblich hält er lediglich die Verpflichtung der Bank, die ihr übereigneten Gegenstände an Frau S. zurückzuübertragen, sobald sie wegen ihrer Ansprüche befriedigt war. Dieser Fall sei eingetreten, als sie vom Kläger Zahlung in

Höhe von 16 700 RM. erhalten habe. Daß dies in der Form eines Erwerbs ihrer Forderung durch Kauf geschehen, sei ohne Belang. Denn die Abtretung der käuflich erworbenen Forderung an den Kläger habe nicht kraft Gesetzes auch den Übergang der durch die Sicherungsübereignung bestellten Rechte zur Folge gehabt. Eine Übertragung dieser Rechte sei nur unter Zuziehung der Eheleute S. möglich gewesen. Demgemäß sei, wie der letzte Absatz des Abkommens vom 6. Juli 1932 ergebe, verfahren worden. Wirtschaftlich betrachtet hätten die Eheleute S. oder einer von ihnen aus ihrem Vermögen dem Kläger die Sicherheit bestellt.

Hinsichtlich der rechtlichen Beurteilung der Stellung des Klägers unterscheidet der Berufungsrichter, daß der Kläger wegen 16 000 RM. die Rechte als Treuhänder der Frau S. erworben habe und daß er wegen 2200 RM. im eigenen Interesse Sicherheit habe erhalten sollen. In beiden Beziehungen sei von Erheblichkeit, daß der Kläger am 6. Juli 1932 gewußt habe, daß die ihm übereigneten Gegenstände bereits von Gläubigern der Eheleute S. gepfändet seien. Ebenso habe er gewußt, daß seine Einschaltung bezweckt habe, den Zugriff der Beklagten auf Gegenstände zu verhindern. Endlich sei dem Kläger auch bekannt gewesen, daß beide Eheleute S. bei den Abkommen vom 13. April 1931 und 6. Juli 1932 mitgewirkt hätten, daß die Bank nach ihrer Befriedigung die ihr bestellten Sicherheiten auf die Besteller zurückzuübertragen habe, daß also die Übertragung an ihn wirtschaftlich eine Rechtshandlung der Eheleute S. sei. Dahingestellt bleiben könne, ob dem Kläger bekannt gewesen sei, daß Frau S. erst durch den Vertrag vom 18. Oktober 1930 das Eigentum an den Gegenständen erworben habe und daß dieser Erwerb anfechtbar sei. Denn jedenfalls habe der Kläger mit der Möglichkeit gerechnet, daß die Gegenstände auch einem Zugriff des Mannes unterliegen könnten; er habe mithin auch erkannt, daß die Maßnahmen beider Eheleute bezweckt hätten, die Gläubiger des Ehemannes S. zu benachteiligen.

Selbst wenn man unterstelle, daß Frau S. dem Kläger die 16 000 RM. zum Erwerb der Forderung der Bank aus ihren eigenen Mitteln, nicht aus solchen ihres Ehemannes gegeben habe, so habe der Kläger doch gewußt, daß seine Einschaltung als Treuhänder die Fernhaltung des Zugriffs der Gläubiger des Ehemannes S. bezweckt habe. Daher greife die Anfechtung wegen Gläubigerbenachteiligung gegenüber seinen Rechten aus seiner Treuhänderstellung durch. Soweit der Kläger die Sicherung für seine eigenen Forderungen von 2200 RM. erlangt habe, komme noch hinzu, daß er auf Gewährung einer solchen Sicherung keinen Anspruch gehabt habe. Da die vom Kläger anfechtbar erlangten Werte dem Zugriff der Gläubiger des Ehemannes S. unterlägen, erachtet der Berufungsrichter die Klage für unbegründet, die Widerklage für begründet.

An dieser Begründung des Berufungsrichters ist richtig, daß die im Vertrag vom 18. Oktober 1930 enthaltene Übereignung der dem Ehemann S. gehörigen Gegenstände nach § 3 Nr. 1 AnfG. anfechtbar ist.

Die Revision wendet sich hiergegen auch nur insoweit, als sie rügt, das Eigentum des Ehemannes S. an den übereigneten Sachen sei nicht ausreichend festgestellt. Allein diese Rüge schlägt nicht durch. Ohne Rechtsirrtum stellt der Berufungsrichter auf Grund der ausdrücklichen Versicherung des Ehemanns S. in dem Vertrag vom 18. Oktober 1930 fest, daß die übereigneten Gegenstände sein „freies Eigentum" gewesen seien. ...

Fehlsam ist die Begründung des Berufungsrichters insoweit, als er den zwischen dem Kläger als Treuhänder der Frau S. und der Dr. Bank am 6. Juli 1932 abgeschlossenen Vertrag für anfechtbar erachtet. Er übersieht hierbei, daß sich § 3 Nr. 1 AnfG. nur auf Rechtshandlungen des Schuldners bezieht, daß aber der erwähnte Vertrag nicht von dem Ehemann S., sondern von der Dr. Bank mit dem Kläger abgeschlossen worden ist. Eine Anfechtung gegen diesen als Rechtsnachfolger der Bank kann nicht in Frage kommen, weil keine der in § 11 Abs. 2 AnfG. aufgestellten Voraussetzungen erfüllt ist. An dem in Nr. 1 daselbst erforderten Tatbestand fehlt es insbesondere deshalb, weil eine Anfechtbarkeit des Erwerbs der Dr. Bank nicht dargetan, die Wirksamkeit des Vertrages vom 13. April 1931 vielmehr vom Berufungsrichter unterstellt worden ist.

Aber dieser Rechtsirrtum nötigt nicht zur Aufhebung des angefochtenen Urteils, weil die Entscheidung aus anderen Gründen richtig ist (§ 563 ZPO.). Aus den vom Berufungsrichter getroffenen Feststellungen ergibt sich nämlich, daß die von der Ehefrau S. durch den Vertrag vom 18. Oktober 1930 in anfechtbarer Weise erworbenen Gegenstände, wirtschaftlich betrachtet, aus ihrem Vermögen nicht ausgeschieden sind und die Eigenschaft des anfechtbaren Erwerbs nicht verloren haben. Denn wenn Frau S. auch durch den Vertrag vom 13. April 1931 diese Gegenstände der D.-Bank übereignet hat, so erfolgte diese Übereignung doch nur zur Sicherung und mit der Verpflichtung der Bank zur Rückübertragung im Fall ihrer Befriedigung. Eine solche wirtschaftlich die Stelle eines Pfandrechts vertretende Sicherungsübereignung bewirkt nicht das endgültige Ausscheiden der übereigneten Gegenstände aus dem Vermögen des Übereignenden, vielmehr werden sie, wie vom Reichsgericht in ständiger Rechtsprechung anerkannt worden ist (z. B. RGZ. Bd. 24 S. 50, Bd. 91 S. 15 und S. 279, Bd. 118 S. 209; WarnRspr. 1910 Nr. 38), materiell und wirtschaftlich als noch zum Vermögen des Übereignenden gehörig angesehen, wie sie denn auch im Fall eines Konkurses dem Erwerber nur ein Absonderungs-, kein Aussonderungsrecht gewähren. Trotz des Vertrags vom 13. April 1931 gehörten also die Gegenstände, wirtschaftlich betrachtet, noch der Ehefrau S.; sie waren auch weiterhin mit dem Mangel des anfechtbaren Erwerbs behaftet. Die D.-Bank und deren Rechtsnachfolgerin durften die Gegenstände nur solange behalten, als es der Zweck der Sicherung ihrer Forderungen nötig machte. Dieser Zweck fiel weg, nachdem Frau S. dem Kläger 16 000 RM. zur Zahlung an die Bank überwiesen und dieser als ihr Treuhänder die Bank befriedigt hatte. Damit gelangte Frau S. wieder zur freien Verfügung über die aus ihrem Vermögen überhaupt nicht ausgeschiedenen Gegenstände. Diese waren in ihren Eigenschaften dieselben wie vor der Sicherungsübereignung; den Makel des anfechtbaren Erwerbs hatten sie weder durch den Vertrag vom 13. April 1931 noch durch den vom Kläger als Treuhänder der Frau S. in deren Interesse geschlossenen Vertrag vom 6. Juli 1932 verloren. Dies muß auch dann gelten, wenn, wie zu unterstellen ist, Frau S. die 16 000 RM. dem Kläger aus eigenen Mitteln gegeben haben sollte.

Wie die regelmäßig an Stelle der Begründung eines Pfandrechts vorgenommene Sicherungsübereignung wirtschaftlichen Erwägungen ihr Dasein verdankt, so kann auch nur eine wirtschaftliche, nicht eine formaljuristische Betrachtungsweise derartigen Machenschaften und Schiebungen gerecht werden, als welche sich die Verträge vom 18. Oktober 1930, 13. April 1931 und 6. Juli 1932 in ihrer Gesamtheit darstellen. Was den letzten Vertrag anlangt, so ist noch besonders darauf hinzuweisen, daß ihn der Kläger, wie die Nebenintervenientin selbst anführt, „überwiegend als Treuhänder im Auftrage und in Vollmacht der Nebenintervenientin" abgeschlossen hat und daß ihm die Eheleute S. ausdrücklich zugestimmt haben.

War hiernach die Nebenintervenientin Empfängerin der Gegenstände im Sinne des § 7 AnfG. geblieben, so greift die Anfechtung wegen Gläubigerbenachteiligung (§ 3 Nr. 1 AnfG.) dem Kläger gegenüber ohne weiteres insoweit durch, als seine Rechte aus der Treuhänderstellung in Betracht kommen.

Aber auch soweit er die Gegenstände zur Sicherung seiner eigenen Forderungen von 1500 RM. und 700 RM. beansprucht, steht ihm die Anfechtung entgegen. Insoweit schlägt die Bestimmung in § 11 Abs. 2 Nr. 1 AnfG. ein. Denn der Kläger kann sein Recht nur aus dem Erwerb der Gegenstände durch die Nebenintervenientin herleiten. Die Umstände, welche die Anfechtbarkeit des Erwerbs dieser seiner Rechtsvorgängerin begründeten, waren aber dem Kläger zur Zeit seines Erwerbs bekannt. Das stellt der Berufungsrichter schließlich — trotz eines vorhergehenden, mißverständlichen Satzes in den Entscheidungsgründen — fest, wenn er sagt: „Jedenfalls hat nach der Überzeugung des Senats der Kläger mit der Möglichkeit gerechnet, daß die Gegenstände auch einem Zugriff der Gläubiger des Ehemanns S. unterliegen können; er hat auch erkannt, daß die Maßnahmen beider Eheleute S. bezweckten, die Gläubiger des Ehemannes S. zu benachteiligen".

RGZ. 149, 129

1. Inwieweit unterliegt ein Erbauseinandersetzungsvertrag der Anfechtung außerhalb des Konkurses?
2. . . .

AnfGes. § 3.

VII. Zivilsenat. Urt. v. 29. Oktober 1935.

Die Entscheidung ist abgedruckt unter „Bürgerliches Recht", Erbrecht 2*.

RGZ. 150, 42

Unter welchen Voraussetzungen kann, wenn Gehalts- (Ruhegehalts-) Ansprüche abgetreten worden sind, gegen den Abtretungsempfänger auf Grund der Anfechtung außerhalb des Konkursverfahrens ein Anspruch auf Auskunftserteilung und auf Wertersatz wegen der in der Vergangenheit abgehobenen und zu Unterhaltszwecken verbrauchten Gehaltsbeträge erhoben werden?

AnfG. §§ 1 bis 3, 7.

VII. Zivilsenat. Urt. v. 3. Januar 1936.

I. Landgericht Berlin. II. Kammergericht daselbst.

Der Kläger hat am 20. Dezember 1924 im Wechselprozeß vor dem Landgericht ein Vorbehaltsurteil gegen den Ehemann der Beklagten, den Ministerialamtmann K., jetzt im Ruhestand, auf Zahlung von 100 000 RM. nebst Zinsen und Wechselunkosten erstritten. Im Nachverfahren hat das Landgericht am 19. Dezember 1925 die Hauptforderung auf 85 000 RM. herabgesetzt. Dieses Urteil ist rechtskräftig geworden. Auf Grund eines Kostenfestsetzungsbeschlusses hat der Kläger am 14. Mai 1932 die Ansprüche des Schuldners K. auf Zahlung von Wartegeld und Ruhegeld in Höhe des pfändbaren Teils pfänden und sich zur Einziehung überweisen lassen. Das Versorgungsamt hat dem Kläger jedoch mitgeteilt, daß es keine Zahlung leisten könne, weil der Schuldner seinen Anspruch auf Ruhegeld insoweit an die Beklagte abgetreten habe. Auch andere Vollstreckungsversuche des Klägers bei dem Schuldner sind im wesentlichen fruchtlos geblieben.

In einer öffentlich beglaubigten Erklärung vom 19. Dezember 1924 hatte der Schuldner seine Ansprüche auf Zahlung von Wartegeld, Gehalt oder Ruhegehalt in Höhe des pfändbaren Teils an die Beklagte abgetreten. In dieser Urkunde heißt es: „Die Abtretung erfolgt zur Sicherstellung des Lebensunterhalts meiner Frau und meiner Kinder und soll meine Frau verpflichtet sein, den aus dieser Abtretung zufließenden Betrag in vollem Umfange zu ihrem und der Kinder Unterhalt zu verwenden." Gleichzeitig hatte er mit der Beklagten Gütertrennung vereinbart, die gemeinsame Ehewohnung verlassen und sich eine Schlafstelle gemietet.

Mit Klage vom 21. Oktober 1932 hat der Kläger diese Abtretung wegen Gläubigerbenachteiligung angefochten. Sein Klagbegehren geht dahin: 1. die Beklagte zu verurteilen, ihm darüber Auskunft zu erteilen, welche Beträge sie auf Grund der ihr von ihrem Ehemann erteilten

Abtretung der Ansprüche auf Wartegeld, Gehalt oder Ruhegehalt in Höhe des pfändbaren Teils erhalten hat, und den sich nach Erteilung der Auskunft ergebenden Gesamtbetrag an ihn zu zahlen; 2. die Beklagte weiter zu verurteilen, wegen des Urteilsanspruchs von 85 000 RM. nebst Zinsen und Unkosten die Zwangsvollstreckung in die ihr von ihrem Ehemann abgetretenen Ansprüche auf Wartegeld, Gehalt oder Ruhegehalt in Höhe des pfändbaren Teiles zu dulden. Durch Teilurteil hat das Landgericht die Beklagte nach dem ersten Antrag, jedoch nur zur Auskunftserteilung, verurteilt; auch dem zweiten Klagebegehren hat es stattgegeben. Das Kammergericht hat die Berufung der Beklagten mit einer hier unwesentlichen Maßgabe zurückgewiesen. Ihre Revision führte zur Aufhebung und Zurückverweisung.

Aus den Gründen:

Die Revision macht geltend, es müsse bezweifelt werden, daß der Kläger durch die Abtretung der Gehalts-(Ruhegehalts-)Ansprüche des Ehemanns der Beklagten an diese benachteiligt sei. Die Beklagte und ihr Ehemann seien ausweislich des Armenrechtsgesuchs ganz vermögenslos. Sie hätten vom Gehalt (Ruhegehalt) leben müssen und würden es auch verbraucht haben, wenn es nicht an die Beklagte abgetreten worden wäre. Der Kläger habe aber seit Jahren nichts getan, um die Gehalts-(Ruhegehalts-)Ansprüche des Schuldners mit Beschlag belegen zu lassen, obwohl er nach seiner Darstellung von der Abtretung nichts gewußt habe. Dieser Angriff versagt ohne weiteres gegenüber dem Anspruch auf zukünftige Duldung der Zwangsvollstreckung in die abgetretenen Ruhegehaltsteile, soweit sie der Pfändung unterliegen. Für die Vergangenheit kommt im gegenwärtigen Verfahrensteil nur der Anspruch auf Auskunftserteilung der Beklagten über die von ihr eingenommenen Gehalts-(Wartegelds- und Ruhegehalts-)Beträge in Betracht, der als Grundlage für den schon erhobenen, aber noch nicht beschiedenen Zahlungsanspruch dienen soll. Diese Auskunfts-(Rechnungslegungs-)Pflicht ergibt sich, wie in der Rechtsprechung des Reichsgerichts feststeht, aus § 7 AnfG., da der Anpruch des geschädigten Gläubigers gegen den Anfechtungsgegner unmittelbar auf die Wiedergewährung der früheren Vollstreckungsmöglichkeit gerichtet ist. Soweit aber eine solche Wiederermöglichung des Zugriffs auf den veräußerten Gegenstand selbst, also eine Rückgewähr in Natur, ausgeschlossen ist, z. B. wenn, wie hier, die abgetretene Geldforderung vom Anfechtungsgegner eingezogen und der eingezogene Geldbetrag verbraucht ist, so läßt sich die Anfechtungsschuld nur durch Werterstattung erfüllen, und zwar durch Ersatz des Geldwertes unmittelbar an den anfechtenden Gläubiger. Bei der Bemessung des Umfangs der Ersatzpflicht ist zu berücksichtigen, daß die Rückgewährverbindlichkeit regelmäßig — im Gegensatz zu dem hier nicht vorliegenden Fall des § 7 Abs. 2 AnfG. — keine bloße Bereicherungshaftung ist (§ 7 Abs. 1 das.), daß es demnach im Regelfall nicht darauf ankommen kann, ob sich der durch die anfechtbare Rechtshandlung aus dem Vermögen des Schuldners weggebene Gegenstand oder der Zuwachs, den das Vermögen des Anfechtungsgegners durch jene Rechtshandlung erlangt, noch in dessen Vermögen befindet. Denn es kann grundsätzlich nur auf den Wert ankommen, den der Anfechtungsgegenstand selbst mit Zuwachs und Nutzungen für den Gläubigerzugriff haben würde, wenn er im Schuldnervermögen verblieben wäre. Anderseits ist es aber auch für den — hier gegebenen — Fall des § 7 Abs. 1 AnfG. nicht ohne Belang, ob der Verlust der Zugriffsmöglichkeit nicht auch ohne die angefochtene Weggabe eingetreten wäre. Denn in diesem Fall könnte der Anfechtungsgläubiger auch dann keine Befriedigung aus dem (weggebenen) Gegenstande finden, wenn die anfechtbare Rechtshandlung nicht vorgenommen worden wäre.

In dieser Beziehung ist folgendes zu beachten:

Zwischen der angefochtenen Rechtshandlung und der Verkürzung des Gläubigers muß ein ursächlicher Zusammenhang derart bestehen, daß sich ohne jene Rechtshandlung die Befriedigung des Gläubigers günstiger gestaltet haben würde. Darin besteht ein Unterschied zwischen dem hier vorliegenden Fall des § 3 Nr. 1 AnfG. und dem des § 3 Nr. 2 das. Denn in Nr. 2 ist ausdrücklich bestimmt, daß die hier bezeichneten entgeltlichen Verträge des Schuldners mit seinem Ehegatten oder seinen Angehörigen nur anfechtbar sind, sofern „durch den Abschluß" des Vertrags die Gläubiger benachteiligt werden. Eine solche Bestimmung fehlt in § 3 Nr. 1. In § 3 Nr. 2 wird also eine unmittelbare Benachteiligung vorausgesetzt; in den Fällen des § 3 Nr. 1 genügt auch eine bloß mittelbare Benachteiligung. Auch reicht es aus, wenn nur im Zeitpunkt des Schlusses der mündlichen Verhandlung, auf Grund deren das Urteil erlassen wird, eine Benachteiligung besteht, die ursächlich auf die angefochtene Rechtshandlung zurückzuführen ist. Mag es sich um unmittelbare oder um mittelbare Benachteiligungen handeln, jedenfalls müssen sie ihre Ursache in der angefochtenen Rechtshandlung haben. Ein ursächlicher Zusammenhang zwischen dieser Rechtshandlung und der Benachteiligung des Gläubigers kann aber immer nur dann bestehen, wenn infolge der angefochtenen Rechtshandlung der Vollzug der Vollstreckung unmöglich ist, wenn also die angefochtene Rechtshandlung die Ursache dafür bildet, daß der Vollstreckungsanspruch nicht befriedigt werden kann. Ein ursächlicher Zusammenhang in diesem Sinne kann dagegen nicht bestehen, wenn in dem Augenblick, in dem der Gläubiger gegen den Schuldner zu vollstrecken versucht, die Zwangsvollstreckung aus anderen Gründen als wegen der angefochtenen Rechtshandlung zu keinem Erfolg für den Gläubiger zu führen vermag, m. a. W., wenn die Zwangsvollstreckung für ihn erfolglos bleiben müßte, auch wenn die angefochtene Rechtshandlung nicht vorgenommen worden wäre. Dies folgt schon daraus, daß das Anfechtungsgesetz eine Anfechtung nur

„zum Zwecke der Befriedigung eines Gläubigers" (§ 1) gestattet, dessen Zugriff auf das Schuldnervermögen „zu einer vollständigen Befriedigung nicht geführt hat" oder doch voraussichtlich nicht führen würde (§ 2), und nur „soweit es zu seiner Befriedigung erforderlich ist" (§ 7). Wenn dem Anfechtungsgläubiger die Anfechtung der Rechtshandlung gestattet würde, obwohl zur Zeit der Anfechtung auch ohne das Dazwischenkommen der angefochtenen Rechtshandlung keine Möglichkeit der Befriedigung aus dem weggegebenen Gegenstand mehr bestünde, und zwar deswegen nicht, weil der Schuldner selbst nach dem gewöhnlichen Verlauf der Dinge anderweit über den Gegenstand verfügt haben würde, so müßte dies zu einer vom Gesetzgeber nicht gewollten Bereicherung des Anfechtungsgläubigers führen. Dies muß jedenfalls dann gelten, wenn es sich, wie hier, um die Abtretung wiederkehrender Gehalts-(Ruhegehalts-)Ansprüche eines Beamten handelt, die zum Unterhalt des Schuldners und seiner Familie bestimmt sind und von denen angenommen werden muß, daß der Schuldner, auch wenn er sie nicht zum gleichen Zweck an seine Frau abgetreten gehabt hätte, sie doch regelmäßig alsbald nach der Fälligkeit bei der Zahlstelle abgehoben und bestimmungsgemäß darüber verfügt haben würde, ehe eine Pfändung in dieser Richtung gegen ihn vollzogen worden wäre.

Dies hat der Berufungsrichter nicht beachtet, und darauf beruht das angefochtene Urteil mindestens insoweit, als es der Beklagten eine Auskunftspflicht für die Vergangenheit auferlegt. Denn diese stellt keine selbständige Verbindlichkeit des Anfechtungsgegners dar, sondern setzt eine Hauptverpflichtung des letzteren in Gestalt seiner Rückgewährschuld auf Grund der Anfechtung als bestehend voraus. Ehe auf Auskunftserteilung über die Höhe der der Zwangsvollstreckung entzogenen Beträge erkannt werden kann, muß feststehen, daß der Anfechtungsanspruch selbst dem Grunde nach zu Recht besteht. Das aber ist, soweit der Anfechtungsanspruch für die Vergangenheit erhoben ist, bisher nicht genügend geprüft. Ob zwischen der angefochtenen Rechtshandlung und der Benachteiligung des Gläubigers ein ursächlicher Zusammenhang besteht, ist in den Tatsacheninstanzen zu prüfen und zu entscheiden. Denn es handelt sich insoweit um eine sachliche Voraussetzung des Anfechtungsanspruchs. Allerdings wird man annehmen müssen, daß der Anfechtungsgegner im allgemeinen darlegungs- und beweispflichtig für die besonderen Verhältnisse ist, die beim Vorliegen der sonstigen Voraussetzungen der Anfechtbarkeit die nachteiligen Folgen der anfechtbaren Rechtshandlung ausnahmsweise ausschließen. Das kann aber in einem Falle der vorliegenden Art jedenfalls insoweit nicht gelten, als der unstreitige Sachverhalt selbst schon die Tatsachen ganz oder im wesentlichen enthält, aus denen sich ergibt, daß eine Benachteiligung des Gläubigers nicht wohl eingetreten sein kann. Übrigens hatte die Beklagte ausdrücklich darauf hingewiesen, hier liege die Abtretung des Schuldners zu ihren Gunsten schon annähernd zehn Jahre zurück;

ebensolange sei sie dem Kläger bekannt gewesen, und der Kläger habe trotzdem niemals Rechte daraus herzuleiten versucht, daß diese Verfügung der Anfechtung unterliege. In diesem Hinweis muß, wenn er in seiner juristischen Fassung auch wenig vollkommen ist und eine ausreichende rechtliche Begründung vermissen läßt, der Einwand in seiner juristischen Fassung auch wenig vermissen läßt, der Einwand gefunden werden, daß hinsichtlich der in der Vergangenheit eingezogenen fortlaufenden Bezüge keine Benachteiligung des Gläubigers eingetreten sei, und der Berufungsrichter mußte, da die übrigen zur Begründung des Einwandes dienenden Tatsachen im wesentlichen tatbestandlich feststehen, darauf eingehen und den Einwand unter dem hervorgehobenen Gesichtspunkt prüfen. Es lag in Anbetracht des gegebenen Sachverhalts an sich sehr nahe, daß die pfändbaren Wartegelds- und Ruhegehaltsbeträge in den vergangenen Jahren auch vom Schuldner bestimmungsgemäß und restlos verbraucht worden wären, wenn die angefochtene Abtretung nicht stattgefunden hätte, und daß schon deshalb der Kläger, als er nach Ablauf langjähriger Frist endlich pfänden ließ, hinsichtlich der schon vorher abgehobenen Beträge keine Befriedigung mehr hätte finden können. Wenn es der Berufungsrichter trotzdem unterlassen hat, die Frage des ursächlichen Zusammenhangs unter dem hervorgehobenen Gesichtspunkte zu prüfen, so muß mit einem Rechtsirrtum, dem er unterlegen ist, gerechnet werden. Es liegt übrigens nahe, in einem derartigen Fall die Regeln des Anscheinsbeweises anzuwenden, soweit es sich um die Abhebung der Versorgungsbezüge in der Vergangenheit und ihren vollständigen Verbrauch durch den Schuldner selbst zu Unterhaltungszwecken handelt, und im Falle des Streites hierüber insoweit dem Anfechtungskläger die Beweislast aufzuerlegen.

Durch die Anwendung der vorstehend entwickelten Grundsätze wird die Unbilligkeit vermieden, die dem Anfechtungsgegner dann angetan würde, wenn der Anfechtungsgläubiger viele Jahre lang zuwarten dürfte, um dann die eingezogenen und bestimmungsgemäß verbrauchten Geldbeträge auf lange Jahre zurück von dem Anfechtungsgegner als Wertersatz zu fordern.

RGZ. 153, 350 †

1. . . .

2. Zur Frage der Beweislast bei der Anfechtung eines zwischen Verwandten vorgenommenen Erfüllungsgeschäfts.

3. Zur Frage der Unentgeltlichkeit in § 3 Nr. 3 AnfG.

BGB. § 667. AnfG. § 3 Nr. 2 und 3.

VII. Zivilsenat. Urt. v. 12. Februar 1937.

I. Landgericht Leipzig. II. Oberlandesgericht Dresden.

Frau N., die Tochter der Klägerin, hat sich am 10. Mai 1935 mit der Firma Ernst N. GmbH., gegen die sie auf Auflösung der Gesellschaft klagte, dahin verglichen, daß ihre Mitgesellschafterin Frau Sch., die persönlich in den Rechtsstreit eintrat, sich verpflichtete, ihr für ihren Anteil an der GmbH. 6000 RM. zu zahlen und 200 RM. zu den Prozeßkosten beizutragen; außerdem wurde der restliche Gewinnanteil der Frau N. für das Jahr 1934 auf 175 RM. festgestellt. Diese Forderungen gegen Frau Sch. und die Firma Ernst N. GmbH. hat ein Gläubiger der Frau N., der Beklagte, durch Beschluß vom 31. Mai 1935 pfänden und sich zur Einziehung überweisen lassen.

Die Klägerin, die ebenso wie Frau N. mit ihrem Manne in Gütertrennung lebt, macht geltend, Frau N. habe ihr den Anspruch gegen Frau Sch. auf die 6000 RM, bereits am 10. Mai 1935 abgetreten; den Anspruch auf ihr Gewinnguthaben bei der Firma Ernst N. GmbH. habe Frau N. bereits am 24. April 1935 an den Kaufmann St. in L. abgetreten, St. habe diesen Anspruch in Höhe von 150 RM. an sie weiter abgetreten. Frau Sch. hat für sich und die Firma Ernst N. GmbH. wegen Ungewißheit über die Person des Gläubigers den Betrag von 6375 RM. beim Amtsgericht in L. hinterlegt. Die Klägerin verlangt mit der im August 1935 erhobenen Klage von dem Beklagten die Einwilligung in die Auszahlung eines Betrags von 6150 RM. an sie. Der Beklagte ficht beide Abtretungen wegen Gläubigerbenachteiligung an.

Die Firma Ernst N. GmbH. ist am 16. März 1926 von der Klägerin und dem Kaufmann W. mit einem Stammkapital von 5000 RM. gegründet worden, die Klägerin übernahm davon 4500 RM. W. 500 RM. Die Klägerin trat nach und nach von ihrem Geschäftsanteil den Betrag von 3000 RM. an andere und am 23. April 1928 den Rest in Höhe von 1500 RM. an ihre Tochter, Frau N., ab, die dann am 4. Oktober 1928 alle Geschäftsanteile in ihrer Hand vereinigte. Am 7. Januar 1929 übertrug Frau N. die gesamten Geschäftsanteile wieder an die Klägerin. Diese übertrug am 23. Oktober 1931 Geschäftsanteile in Höhe von 4000 RM. an Frau Sch. und in Höhe von 500 RM. an Frau N. und am 20. August 1932 auch die letzten 500 RM. an diese. Sie behauptet, die Übertragung ihrer Geschäftsanteile an Frau N. sei sowohl im Jahre 1928 wie im Jahre 1931 zu treuen Händen erfolgt, im Verhältnis zu Frau N. habe sie die Berechtigte bleiben sollen. Aus dieser Treuhandübereignung ergebe sich die Verpflichtung der Frau N., die Anteile und folglich auch dasjenige, was sie für diese Anteile bei ihrem Ausscheiden aus der Gesellschaft erhalten habe, an sie herauszugeben. Die Abtretung vom 10. Mai 1935 sei nur eine Folge dieser Verpflichtung und daher nicht anfechtbar. Die Ansprüche auf das Gewinnguthaben habe Frau N. an St. übertragen, damit dieser Wechsel der Klägerin einlöse, die Klägerin habe ihn später entschädigt und dafür die Ansprüche auf das Gewinnguthaben übertragen erhalten.

Landgericht und Oberlandesgericht haben die Klage abgewiesen. Die Revision der Klägerin führte zur Aufhebung und Zurückverweisung.

Gründe:

Aus der behaupteten Treuhandvereinbarung allein kann die Klägerin einen Anspruch auf den hinterlegten Betrag nicht herleiten; sie will das auch gar nicht. Der Berufungsrichter irrt, wenn er es annimmt. Die Klägerin stützt ihren Anspruch in Höhe von 6000 RM. auf die Abtretung der Forderung gegen Frau Sch. an sie, die ihre Tochter am 10. Mai 1935 vollzogen haben soll. Auf die Treuhandvereinbarung beruft sich die Klägerin nur, um darzulegen, daß sie gegen ihre Tochter Frau N. einen Anspruch auf Herausgabe der Geschäftsanteile und daher auch nach § 281 BGB. auf Abtretung der Forderung gegen Frau Sch. aus der Überlassung der Geschäftsanteile gehabt habe und daß deshalb die erfolgte Abtretung der Gläubigeranfechtung nicht unterliege.

Der Berufungsrichter läßt unentschieden, ob die Abtretung schon am Tage der Ausstellung der Urkunde und vor der Pfändung der Forderung durch den Beklagten erfolgt sei. Jedenfalls — so führt er aus — sei die Anfechtung der Abtretung als eines Vertrags zwischen Tochter und Mutter nach § 3 Nr. 2 AnfG. begründet; denn die Klägerin habe den Beweis nicht erbracht, daß ihr zur Zeit der Abtretung eine Absicht ihrer Tochter, die Gläubiger zu benachteiligen, nicht bekannt gewesen sei. Die von der Klägerin behauptete Übertragung der Geschäftsanteile an ihre Tochter zu treuen Händen sei nicht bewiesen.

Mit Recht rügt die Revision insoweit Verletzung des sachlichen Rechts sowie Verstöße gegen § 286 ZPO. Wenn Frau N. zur Zeit der Ausstellung der Abtretungserklärung der Klägerin gegenüber zur Abtretung ihrer Forderung gegen Frau Sch. verpflichtet gewesen sein sollte, so würde ein reines Erfüllungsgeschäft in Frage stehen. Das Vorliegen eines solchen führt allerdings nach ständiger Rechtsprechung des Reichsgerichts (RGZ. Bd. 136 S. 109 und die dort angeführten Entscheidungen), an der festzuhalten ist, nicht dahin, daß unter Umkehrung der Beweislast des § 3 Nr. 2 AnfG. der anfechtende Gläubiger die Benachteiligungsabsicht des Schuldners und deren Kenntnis auf seiten des Anfechtungsgegners zu beweisen hätte, ist aber für die Beweiswürdigung von erheblicher Bedeutung. Der Berufungsrichter würde möglicherweise die Benachteiligungsabsicht der Frau N. oder die Kenntnis der Klägerin davon verneint haben, wenn er eine Verpflichtung der Frau N. zur Abtretung angenommen hätte.

. . . . .

Der Beklagte ficht weiter die Abtretung der Forderung gegen die Ernst N. GmbH. auf Auszahlung des Gewinnanteils an, welche Frau N. am 24. April 1935 zu Gunsten des Kaufmanns St. vorgenommen hat. Der Berufungsrichter hält auch diese Anfechtung für begründet; aber was er hierzu ausführt, hält einer rechtlichen Nachprüfung nicht stand.

Die Klägerin behauptet, St. habe als Gegenwert für die Abtretung einen Wechsel akzeptiert, den sie diskontiert habe, er habe diesen Wechsel auch eingelöst. Der Berufungsrichter stellt fest, Frau N. habe die Abtretung vollzogen, um ihrer Mutter, der Klägerin, bei St. Kredit zu verschaffen. Trotzdem hält er die Anfechtung nach § 3 Nr. 3 AnfG. für begründet, weil Frau N. für die Abtretung keinen Gegenwert erhalten habe. Das ist rechtsirrig. Eine unentgeltliche Verfügung im Sinne des § 3 Nr. 3 AnfG. würde nur dann vorliegen, wenn Frau N. weder für sich noch für einen Dritten einen Gegenwert erhalten hätte. Auch die Krediteinräumung an ihre Mutter war aber ein solcher Gegenwert. Darüber, ob etwa eine Anfechtung nach § 3 Nr. 1 AnfG. in Frage kommt, spricht sich der Berufungsrichter nicht aus. In dieser Richtung bedarf die Sache noch weiterer Erörterungen.

RGZ. 154, 378

1. Setzt die Anfechtung gegen den Rechtsnachfolger nach § 11 Abs. 2 AnfG. bei mehrfacher Rechtsnachfolge voraus, daß die Anfechtung nicht nur gegen den Ersterwerber, sondern auch gegen sämtliche Zwischenerwerber begründet ist?

2. Findet die Anfechtung nach § 11 Abs. 2 AnfG. auch gegen den Rechtsnachfolger desjenigen statt, der das Vermögen des Ersterwerbers übernommen hat, wenn der Rechtsnachfolger die Anfechtbarkeit des Erwerbs durch den Ersterwerber und die Vermögensübernahme durch seinen Rechtsvorgänger kennt?

AnfG. § 11. BGB. § 419.

VII. Zivilsenat. Urt. v. 11. Mai 1937.

I. Landgericht Kleve. II. Oberlandesgericht Düsseldorf.

Der Kläger ist der alleinige Liquidator der Firma Gebrüder H., offenen Handelsgesellschaft, in Hamburg. Dieser Gesellschaft steht gegen die Firma B. & Co. GmbH. in E. sowie gegen ihren Geschäftsführer Bernhard B. auf Grund rechtskräftigen Urteils des Landgerichts in E. vom 27. Mai 1924 ein Anspruch auf Zahlung von 7403 GM. zu. Der Kläger hat bisher keine Befriedigung erhalten können. Über das Vermögen der Firma B. & Co. GmbH. ist das Konkursverfahren eröffnet worden; auch Bernhard B. wurde zahlungsunfähig, leistete am 26. Mai 1925 den Offenbarungseid und begab sich im Jahre 1926 ins Ausland.

Der Vater des Bernhard B., Wilhelm B., ist am 17. Mai 1919 verstorben. Nach dem von ihm errichteten Testament war seine Ehefrau befreite Vorerbin, Nacherben waren die Beklagten und Bernhard B. Durch notarielle Urkunde vom 5. Juli 1924 hat dieser seinen Nacherbanteil an seine Ehefrau übertragen. Diese hat an demselben Tage den Nacherbanteil an die Rh.sche Kreditanstalt, Kommanditgesellschaft auf Aktien, in E. zur Sicherheit für eine der letzteren gegen die Firma Bernhard B. & Co. GmbH. zustehende Darlehnsforderung von 140 000 GM. nebst Zinsen verpfändet. An weiteren Sicherheiten besaß die Rh.sche Kreditanstalt die selbstschuldnerische Bürgschaft des Bernhard B. sowie eine von dessen Mutter bestellte Sicherungshypothek bis zum Höchstbetrag von 100 000 GM. auf verschiedenen Grundstücksparzellen in R. Durch notariellen Vertrag vom 22. September 1926 hat die R.sche Kreditanstalt ihre Forderung gegen die Firma B. & Co. GmbH. in Höhe von 140 000 GM. nebst allen Nebenrechten und Sicherheiten, darunter auch dem Pfandrecht an dem Nacherbanteil, an die Rh.sche Genossenschaftsbank eingetr. Gen. m. beschr. H. in K. abgetreten, für die der Notariatssekretär G. als Vertreter ohne Vertretungsmacht die Abtretung annahm.

Am 22. November 1928 hat der Kläger auf Grund seiner Forderung gegen Bernhard B. gegen dessen Ehefrau im Wege der Gläubigeranfechtung ein rechtskräftiges Urteil des Oberlandesgerichts Düsseldorf auf Zahlung von 7203,90 RM. erwirkt und daraufhin gegen sie am 27. Januar 1931 einen Pfändungs- und Überweisungsbeschluß ausgebracht, durch den er den auf sie übertragenen Nacherbanteil des Bernhard B. pfänden und sich zur Einziehung überweisen ließ. Sonstige Versuche, von der Ehefrau B. Zahlung zu erhalten, blieben ergebnislos, da sie zahlungsunfähig war.

Am 21. Februar 1930 verstarb die Vorerbin.

Am 7. Februar 1931 verkaufte und übertrug die Rh.sche Genossenschaftsbank an die Beklagten mit Beteiligung zu je 1/8 notariell ihre sämtlichen Forderungen gegen die Firma B. & Co. GmbH. nebst allen Sicherheiten, auch dem Pfandrecht an dem Nacherbanteil, gegen Zahlung eines Kaufpreises von 15 000 RM. Sie bewilligte gleichzeitig die Löschung der für sie eingetragenen Sicherungshypothek und erkannte an, keine Forderungen gegen die Gesellschaft mbH., gegen Bernhard B. oder an den Nachlaß seiner Eltern mehr zu haben. In diesem Vertrag genehmigte sie gleichzeitig den von G. für sie am 22. September 1926 ohne Vollmacht geschlossenen Vertrag mit der Rh.schen Kreditanstalt, „sofern dies bisher noch nicht geschehen sein sollte“. Am 9. Februar 1931 übertrug sodann die Ehefrau B. zur Befriedigung der Beklagten für das ihnen nunmehr zustehende Pfandrecht notariell den ihr von ihrem Manne abgetretenen Nacherbanteil am Nachlasse seines Vaters Wilhelm G. Am 14. Februar 1931 haben sich die Beklagten über den Nachlaß auseinandergesetzt.

Der Kläger verlangt mit der Klage von den Beklagten als Gesamtschuldnern Zahlung von 7403 RM. Er hält den Vertrag des Bernhard B. mit seiner Ehefrau für nichtig, da er nicht ernst gemeint sei und auch gegen die guten Sitten verstoße, und verlangt deshalb Herausgabe dessen, was die Beklagten aus dem Erbanteil des Bernhard B. erlangt haben. Er ficht weiter den Erwerb des Erbanteils und des Pfandrechts daran durch die Beklagten gemäß § 11 Abs. 2 Nr. 2 AnfG. wegen Gläubigerbenachteiligung an und erhebt schließlich Schadensersatzansprüche auf Grund der §§ 826, 823 Abs. 2 BGB., § 288 StGB.

Landgericht und Oberlandesgericht haben die Klage abgewiesen. Die Revision des Klägers führte zur Aufhebung und Zurückverweisung.

Gründe:

Der Berufungsrichter verneint die Nichtigkeit der Übertragung des Nacherbanteils von Bernhard B. an seine Ehefrau und seiner Verpfändung durch diese an die Rh.sche Kreditanstalt. Die Verträge seien ernstlich gewollt gewesen, verstießen auch nicht gegen die guten Sitten, da ein über den Tatbestand des Anfechtungsgesetzes hinausgehender Sachverhalt nicht gegeben sei. Insbesondere seien die Verträge nicht geschlossen worden, um eine drohende Zwangsvollstreckung zu vereiteln. Gegen diese Ausführungen sind aus Rechtsgründen Einwendungen nicht zu erheben. Die Revision will zu Unrecht einen Verstoß gegen die guten Sitten darin finden, daß Bernhard B. von vornherein nicht nur die Rh.sche Kreditanstalt auf deren ausdrückliches Verlangen vor seinen anderen Gläubigern habe bevorzugen und durch die Verpfändung seines Erbanteils begünstigen wollen, sondern daß er auch gleichzeitig in der Zukunft seiner Ehefrau den verpfändeten Erbanteil habe zuwenden wollen. Denn hierin liegt nichts, was über den Tatbestand des Anfechtungsgesetzes hinausgeht. Die Übertragung des Erbanteils von Bernhard B. an seine Ehefrau bildet gerade diejenige Handlung, die der Gläubigeranfechtung unterliegt.

Zur Frage der Anfechtung gegenüber den Beklagten führt der Vorderrichter aus: Die Übertragung des Nacherbanteils von Bernhard B. an seine Ehefrau sei nach § 3 Nr. 1 und 2 AnfG. anfechtbar. Denn Bernhard B. habe die Absicht gehabt, seine Gläubiger durch Verpfändung seines Nacherbanteils an die Rh.sche Kreditanstalt und durch dessen Übertragung auf seine Ehefrau zu benachteiligen, und Frau B. habe diese Absicht gekannt. Die Anfechtung könne gemäß § 11 Abs. 2 Nr. 1 AnfG. auch gegen die Rh.sche Kreditanstalt als teilweise Rechtsnachfolgerin der Ehefrau B. durchgeführt werden, weil dieser beim Erwerb des Pfandrechts die Umstände bekannt gewesen seien, welche die Anfechtbarkeit des Erwerbs der Frau B. begründet hätten. Dagegen versage die Anfechtung gegenüber der Rechtsnachfolgerin der Rh.schen Kreditanstalt, der Rh.schen Genossenschaftsbank, auf die das Pfandrecht an dem Nacherbanteil durch den Vertrag vom 22. September 1926 und die diesem Vertrag erteilte Genehmigung übergegangen sei. Eine Gesamtrechtsnachfolge liege nicht vor, obgleich die Genossenschaftsbank alle Aktien der Kreditanstalt aufgekauft habe. Der Erwerb der Forderung gegen die B. & Co. GmbH. mit Nebenrechten sei nicht unentgeltlich, sondern zur Abdeckung der Schuld der Kreditanstalt erfolgt. Auch sei nicht bewiesen, daß die Vertreter der Genossenschaftsbank bei

Abschluß des Vertrags oder bei seiner Genehmigung Kenntnis von den Umständen gehabt hätten, aus denen sich der anfechtbare Erwerb der Kreditanstalt ergab. Habe aber die Genossenschaftsbank das Pfandrecht an dem Nacherbanteil unanfechtbar erworben, so sei für eine Anfechtung gegenüber ihren Rechtsnachfolgern, den Beklagten, kein Raum. Diese hätten allerdings von der Ehefrau B. auch den Nacherbanteil selbst erworben, und die gegen letztere begründete Anfechtung finde nach § 11 Abs. 2 Nr. 2 AnfG. auch gegen sie als Rechtsnachfolger statt, da sie nicht beweisen könnten, daß ihnen der anfechtbare Erwerb der Ehefrau B. nicht bekannt gewesen sei. Aber der Nacherbanteil sei mit dem Pfandrecht belastet gewesen, das seinen Wert weit überstiegen habe, und habe deshalb im Ergebnis keinen Wert gehabt.

Die Revision wirft die Frage auf, ob die Anfechtung gegen den Rechtsnachfolger nach § 11 Abs. 2 AnfG. bei mehrfacher Rechtsnachfolge wirklich voraussetze, daß die Anfechtung nicht nur gegen den Ersterwerber, sondern auch gegen sämtliche Zwischenerwerber begründet sei. Die Bejahung dieser Frage ergibt sich jedoch aus der Entstehungsgeschichte des Anfechtungsgesetzes. Die ursprüngliche Fassung des § 11 des Gesetzes betr. die Anfechtung von Rechtshandlungen eines Schuldners außerhalb des Konkursverfahrens vom 21. Juli 1879 hatte zu der Auffassung Anlaß gegeben, daß der gutgläubige Erwerb eines Sonderrechtsnachfolgers die Anfechtung gegen spätere Sonderrechtsnachfolger nicht ausschließe. Um diese Auffassung unmöglich zu machen, wurde dem § 11 Abs. 2 durch das Einführungsgesetz zu dem Gesetz betr. Änderung der Konkursordnung vom 17. Mai 1898 die jetzt geltende Fassung gegeben (vgl. S. 34 und 61 der Begründung zu den Entwürfen eines Gesetzes betr. Änderung der Konkursordnung und eines dazu gehörigen Einführungsgesetzes, Drucksachen des Deutschen Reichstages 9. Legislaturperiode V. Session 1897/98 Nr. 100). Aus der neuen Fassung ergibt sich deutlich, daß die Anfechtung gegen den späteren Rechtsnachfolger des Ersterwerbers bei mehrfacher Rechtsnachfolge voraussetzt, daß er die Anfechtbarkeit des Erwerbs seines u n m i t t e l b a r e n Rechtsvorgängers kennt. Der Erwerb dieses Rechtsvorgängers ist aber nur dann anfechtbar, wenn er wiederum die Anfechtbarkeit des Erwerbs s e i n e s Rechtsvorgängers kennt. Die Anfechtbarkeit des § 11 Abs. 2 AnfG. setzt demnach voraus, daß die Anfechtung gegen den Ersterwerber und gegen sämtliche Zwischenerwerber begründet ist. Diese Regelung der Anfechtbarkeit steht auch durchaus im Einklang mit der sonstigen Regelung im Recht. Sogar beim Erwerb von einem Nichtberechtigten schützt der gutgläubige Erwerb eines Zwischenerwerbers alle seine Nachmänner.

Die Entscheidung des Rechtsstreits hängt deshalb davon ab, ob die nach den rechtlich unbedenklichen Feststellungen des Berufungsrichters begründete Anfechtung gegen Frau B. und die Rh.sche Kreditanstalt auch gegen deren Rechtsnachfolger im Pfandrecht an dem Nacherbanteil des Bernhard B., die Rh.sche Genossenschaftsbank und die Beklagten, begründet ist. Denn wenn die Rh.sche Genossenschaftsbank und demnach auch die Beklagten das Pfandrecht unanfechtbar erworben haben, kann die vom Berufungsrichter festgestellte Anfechtbarkeit der Übertragung des mit dem Pfandrecht belasteten Nacherbanteils selbst von der Ehefrau B. an die Beklagten der Klage nicht zum Siege verhelfen. Zwar ist das Pfandrecht an dem Nacherbanteil mit dem Hauptrecht an diesem bei den Beklagten durch den Erwerb des Nacherbanteils von der Ehefrau B. in derselben Person zusammengetroffen. Trotzdem gilt aber das Pfandrecht nach § 1256 Abs. 2, § 1273 BGB. als nicht erloschen, weil die Beklagten mit Rücksicht auf die Anfechtbarkeit des Erwerbs des Nacherbanteils selbst ein rechtliches Interesse an dem Fortbestehen des Pfandrechts haben. In der Geltendmachung dieses Interesses liegt kein Verstoß gegen Treu und Glauben; es wäre eine unberechtigte Bevorzugung des Klägers, wenn er durch den Wechsel im Gläubigerrecht aus dem Nacherbanteil im Wege der Anfechtung mehr erhalten würde, als er von dem Vorgänger hätte erhalten können. Daß der Wert des Nacherbanteils durch die Belastung mit dem Pfandrecht völlig aufgezehrt wurde, stellt der Berufungsrichter ohne Rechtsverstoß fest. Die Anfechtbarkeit der Übertragung des Nacherbanteils selbst kann dem Kläger daher keine Befriedigung wegen seiner Forderung verschaffen. Er kann deshalb auch keinen Wertersatz verlangen, nachdem sich die Beklagten wegen der Erbschaft auseinandergesetzt haben. Daraus ergibt sich auch weiter, daß dem Kläger durch die Abtretung des Nacherbanteils von der Frau B. an die Beklagten kein Schaden entstanden ist und daß er deshalb auch aus dem Gesichtspunkt der §§ 826 und 823 Abs. 2 BGB., § 288 StGB. keine Ansprüche erheben kann.

Daß die Rh.sche Genossenschaftsbank nicht Gesamtrechtsnachfolgerin der Rh.schen Kreditanstalt geworden ist, stellt der Berufungsrichter ohne Rechtsirrtum fest. Die Revision regt die Frage an, ob in dem Erwerb der gesamten Aktien der Kreditanstalt durch die Genossenschaftsbank nicht doch eine Gesamtrechtsnachfolge in das Vermögen der Kreditanstalt liege. Sie übersieht dabei, daß die Rh.sche Kreditanstalt eine Kommanditgesellschaft auf Aktien war und daß deshalb schon wegen des Vorhandenseins des persönlich haftenden Gesellschafters der Erwerb sämtlicher Aktien eine Gesamtrechtsnachfolge für den Erwerber nicht begründen konnte.

Die Revision rügt aber mit Recht, daß der Vorderrichter die Frage einer Anfechtungshaftung der Rh.schen Genossenschaftsbank nicht auch aus dem Gesichtspunkt des § 419 BGB. geprüft habe. Wenn die Genossenschaftsbank das gesamte Vermögen der Rh.schen Kreditanstalt übernommen haben sollte, würde nach § 419 BGB. auch der gegen diese nach § 11 Abs. 2 Nr. 1, § 7 AnfG. begründete Anspruch des Klägers auf Duldung der Zwangsvollstreckung in das Pfandrecht am Nacherbanteil wegen seiner Forderung gegen Bernhard B. gegen sie geltend gemacht werden können. Ihre Stellung würde genau so sein, wie vor der Übertragung des Pfandrechts am Nacherbanteil die Stellung der Rh.schen Kreditanstalt war. Infolgedessen kann der Umstand, daß sie nach der Feststellung des Berufungsrichters beim Erwerb des Pfandrechts gutgläubig war, nicht wie in anderen Fällen dazu führen, daß auch der Erwerb ihrer Rechtsnachfolger unanfechtbar ist. Vielmehr ist er nach § 11 Abs. 2 AnfG. anfechtbar, wenn die Rechtsnachfolger zur Zeit ihres Erwerbs die Umstände kannten, welche die (aus der Anfechtbarkeit des Erwerbs ihres mittelbaren Rechtsvorgängers folgende) Rückgewährpflicht ihres unmittelbaren Rechtsvorgängers begründeten, also die Anfechtbarkeit des Erwerbs der Rh.schen Kreditanstalt und die Vermögensübernahme durch die Rh.sche Genossenschaftsbank. Da die Rechtsnachfolger der Genossenschaftsbank, die Beklagten, Geschwister des Schuldners sind, liegt ihnen nach Nr. 2 das. sogar die Beweislast für ihre Nichtkenntnis ob.

Daß die Genossenschaftsbank das gesamte Vermögen der Kreditanstalt übernommen habe, hatte der Kläger behauptet. Der Berufungsrichter hätte sich mit diesem Vorbringen auseinandersetzen müssen, zumal schon das Landgerichtsurteil davon spricht, daß die Genossenschaftsbank die Werte und Schulden der Kreditanstalt einzeln übernommen habe. Die Revision weist auch mit Recht darauf hin, das Fehlen eines Gegenwertes für die Übernahme der Forderung mit Sicherungen im Vertrage vom 22. September 1926 spreche dafür, daß die Genossenschaftsbank das gesamte Vermögen der Kreditanstalt übernommen habe.

Die Revision rügt weiter mit Recht, daß der Berufungsrichter den Übergang der Forderung der Rh.schen Kreditanstalt mit dem Pfandrecht an dem Nacherbanteil auf die Rh.sche Genossenschaftsbank nicht schlüssig begründet habe. In dem Vertrag vom 22. September 1926, in welchem die Kreditanstalt der Genossenschaftsbank ihre Rechte übertrug, war für diese der Notariatssekretär G. als Vertreter ohne Vertretungsmacht aufgetreten. Daß die Genossenschaftsbank die Genehmigung hierzu vor dem 7. Februar 1931 erteilt habe, stellt der Vorderrichter nicht fest; er begnügt sich mit der Feststellung, daß die Genehmigung spätestens am 7. Februar 1931 bei Abschluß des Vertrags der Genossenschaftsbank mit den Beklagten erfolgt sei. Dabei übersieht er, daß die Genehmigung nach §§ 177, 182 BGB. eine empfangsbedürftige Willenserklärung ist und entweder dem Gegner, also der Rh.schen Kreditanstalt, oder dem vollmachtlosen Vertreter hätte zugehen müssen. Daß dies geschehen ist, stellt der Berufungsrichter nicht fest; es ergibt sich auch nicht aus der von den Beklagten behaupteten Zustellung des Vertrags vom 22. September 1926 an sie im Auftrag der Genossenschaftsbank. Für die Revisionsinstanz ist deshalb davon auszugehen, daß das Pfandrecht an dem Erbteil nicht auf die Rh.sche Genossenschaftsbank übergegangen ist. Dann hat die Genossenschaftsbank bei der Übertragung des Pfandrechts an dem Erbanteil an die Beklagten durch den Vertrag vom 7. Februar 1931 als Nichtberechtigte gehandelt, jedoch, wie sich aus dem Vertrag vom 22. September 1926 ergibt, mit deren Einwilligung. Bei dieser Sachlage hätten die Beklagten das Pfandrecht an dem Nacherbanteil von der Rh.schen Kreditanstalt erworben, deren Erwerb anfechtbar war, und die Anfechtung würde nach § 11 Abs. 2 Satz 2 AnfG. auch gegen sie durchgreifen, wenn sie nicht beweisen, daß ihnen zur Zeit ihres Erwerbs die Umstände unbekannt waren, welche die Anfechtbarkeit des Erwerbs der Rh.schen Kreditanstalt begründeten.

Das angefochtene Urteil trägt daher die erlassene Entscheidung nicht. ...

RGZ. 155, 42†

1. Wie weit kann der Prozeßrichter im Anfechtungsstreit nachprüfen, ob ein rechtmäßig erlassener vollstreckbarer Schuldtitel vorliegt?
2. . . .

AnfG. §§ 2, 10.

VII. Zivilsenat. Urt. v. 27. April 1937.

I. Landgericht Bielefeld. II. Oberlandesgericht Hamm.

Die beiden Klägerinnen sind Gläubigerinnen der Firma Kieswerk V., die mit der Rechtsform einer Gesellschaft mbH. in das Handelsregister beim Amtsgericht V. eingetragen gewesen, aber im Juni 1932 gelöscht worden ist. Sie erwirkten wegen ihrer Schuldbuchforderungen im Februar 1935 Vollstreckungsbefehle gegen die genannte Gesellschaft, und zwar beide am 26. Februar 1935 wegen je einer Forderung von 3542,12 RM. nebst Zinsen sowie 213,48 RM., und haben auf Grund dieser Schuldtitel im gegenwärtigen Verfahren dahin geklagt, daß die Beklagte verurteilt werde, aus den gegen die Kieswerk V. GmbH. erwirkten Vollstreckungsbefehlen wegen der bezeichneten Forderungen die Zwangsvollstreckung in eine Anzahl von Betriebsmitteln und Anlagen der Schuldnerin zu dulden mit der Begründung, die Übereignung dieser Gegenstände an die Beklagte, eine Sicherungsübereignung vom 31. Oktober 1930, sei wegen Gläubigerbenachteiligung anfechtbar. Während das Landgericht den beiden im August 1935 erhobenen, zunächst getrennt verhandelten Klagen stattgegeben hatte, hat das Oberlandesgericht die im Berufungsverfahren zur gemeinschaftlichen Verhandlung und Entscheidung verbundenen Klagen abgewiesen. Die Revision der Klägerinnen führte zur Aufhebung des Berufungsurteils und zur Zurückverweisung der Sache an die Vorinstanz.

Gründe:

... Der Berufungsrichter hat die Klagen nur deshalb abgewiesen, weil ihnen kein gültiger vollstreckbarer Schuldtitel (§ 2 AnfG.) zugrunde liege; denn die Kieswerk V. GmbH. habe bei Erlaß der von den Klägerinnen gegen sie erwirkten Zahlungs- und Vollstreckungsbefehle als Rechtspersönlichkeit nicht mehr bestanden. ...

. . . . .

Für die Anfechtungsklage kann es grundsätzlich nur darauf ankommen, daß der Anfechtungsgläubiger für seine Forderung einen Vollstreckungstitel gegen seinen Schuldner erlangt hat, nicht auch darauf, daß er ihn mit Recht erlangt hat. Insbesondere ist es ohne Belang, ob der Gläubiger nach der rechtmäßigen Erwirkung des Schuldtitels in der Lage ist, ihn zu vollstrecken, ob also alle Formerfordernisse solcher Vollziehung gegeben sind oder nicht. Denn daß die Zwangsvollstreckung in die dem Schuldner selbst noch zu Gebote stehenden Mittel schon fruchtlos versucht worden wäre, ist nicht zu erfordern; es genügt die begründete Annahme, daß sie zu einer vollständigen Befriedigung des Gläubigers nicht führen würde. Diese Annahme ist aber schon dann gerechtfertigt, wenn der Schuldner zur Zeit der letzten Streitverhandlung im Anfechtungsprozeß keine zur Befriedigung des Gläubigers geeigneten Vermögenswerte mehr besessen hat, wenn vielmehr solche — z. B. durch die erfolgreiche Durchführung des Anfechtungsstreites — erst wieder beschafft werden müssen. Die Frage aber, ob der vom Gläubiger begehrte Vollstreckungstitel ihm gewährt werden kann, ist ausschließlich von dem dazu berufenen und zuständigen Prozeßgericht zu entscheiden. Dem Gericht, das über den Anfechtungsprozeß zu befinden hat, steht grundsätzlich nicht die Befugnis zu, eine Prüfung förmlicher oder sachlicher Art nachzuholen, die schon der Prozeßrichter im Streit über die Forderung des Gläubigers gegen seinen Schuldner vorzunehmen hatte, und es kann hierbei, den förmlichen Erlaß des Schuldtitels vorausgesetzt, nicht darauf ankommen, ob der Prozeßrichter, der ihn erlassen hat, die dafür geltenden Voraussetzungen zu prüfen unterlassen oder ob er ihr Vorliegen zwar geprüft, aber zu Unrecht bejaht hat.

Es kann hier auch keinen Unterschied begründen, ob der Schuldtitel auf Grund streitiger Verhandlung oder etwa im Versäumnisverfahren erwirkt worden ist. Denn es ist in aller Regel Sache des Prozeßrichters, die Voraussetzungen der Zulässigkeit des Erlasses eines Versäumnisurteils, insbesondere die Ordnungsmäßigkeit der Ladungen und Zustellungen, von Amts wegen zu prüfen (§ 335 ZPO.). Der Vollstreckungsbefehl steht einem für vorläufig vollstreckbar erklärten, auf Versäumnis erlassenen Endurteile gleich (§ 700 Satz 1 ZPO.). Aus ihm findet die Zwangsvollstreckung wie aus einem vorläufig vollstreckbaren Endurteile statt (§ 704 Abs. 1, § 794 Abs. 1 Nr. 4 ZPO.). Für die Verfolgung des Anfechtungsanspruchs genügt das Vorhandensein eines Vollstreckungstitels; daß er rechtskräftig sei, ist ebenfalls nicht zu erfordern. Dies ergibt sich ohne weiteres aus der Vorschrift des § 10 AnfG., wonach der Umstand der nur vorläufigen Vollstreckbarkeit erst bei der Fassung des den Anfechtungsanspruch für begründet erklärenden Urteils zu beachten ist. Auch einer vollstreckbaren Ausfertigung (§§ 724 flg. ZPO.) bedarf es zur Verfolgung des Anfechtungsanspruchs nicht. Ebensowenig bedeutet das Titelerfordernis, daß der Schuldtitel (hier die Vollstreckungsbefehle) zugestellt, daß die Voraussetzungen der §§ 750 bis 752, 795 ZPO. erfüllt sein müßten. Denn für die Frage der Vollstreckbarkeit eines Schuldtitels, das heißt die Frage seiner Fähigkeit, die Grundlage der Zwangsvollstreckung im engeren Sinne zu bilden, ist es ohne Belang, ob schon die förmlichen Voraussetzungen vorliegen, von denen der Beginn der Zwangsvollstreckung (§ 750 Abs. 1 ZPO.) abhängig gemacht ist. Für die Entscheidung des vorliegenden Falles ist es deshalb auch einerlei, ob die Vollstreckungsbefehle der Klägerinnen ordnungsmäßig, insbesondere an einen ausgewiesenen Vertreter der Schuldnerin, ja ob sie überhaupt schon zugestellt worden sind. Das Vorliegen des ordnungsmäßig vollzogenen Vollstreckungsbefehls genügt (§ 699 ZPO.). Daß im vorliegenden Falle die von den Klägerinnen erwirkten Schuldtitel (Vollstreckungsbefehle) einen förmlichen Mangel aufwiesen, ist nicht geltend gemacht. Wesentlich für den Erlaß der Vollstreckungsbefehle waren aber die Ordnungsmäßigkeit der Zustellung der Zahlungsbefehle und der gesetzliche Fristablauf (§§ 692, 693, 699 ZPO.); ob diese Voraussetzungen für den Erlaß der Vollstreckungsbefehle vorlagen, hatte der Urkundsbeamte der Geschäftsstelle des Amtsgerichts, bevor er die Vollstreckungsbefehle auf die Zahlungsbefehle setzte, zu prüfen, und zwar nur e r. Der Erlaß des Vollstreckungsbefehls schafft die förmliche Voraussetzung für die Verfolgbarkeit des Anfechtungsanspruchs, ohne daß — außerhalb des dafür geordneten besonderen Rechtsmittelverfahrens (§§ 700, 338 flg. ZPO.) — der zur Entscheidung des Anfechtungsstreits berufene Richter die Befugnis hätte, den einmal erlassenen Vollstreckungsbefehl — etwa wegen eines feststellbaren Mangels in den förmlichen Voraussetzungen — aufzuheben oder für rechtsunwirksam zu erklären.

Von diesen Grundsätzen kann nur e i n e Ausnahme in Erwägung gezogen werden; nämlich der Fall, daß es sich um einen nichtigen Urteilsspruch handelte, dessen Unwirksamkeit von jedem Dritten geltend gemacht werden könnte. ...

.....

RGZ. 162, 218

Kann ein Dritter, der gegen den Gläubiger nach Beendigung der Zwangsvollstreckung in das Vermögen des Schuldners die Bereicherungsklage mit der Behauptung erhebt, die versteigerten Gegenstände seien infolge von (mit dem Schuldner vereinbarten) Sicherungsübereignungen sein Eigentum gewesen, der Anfechtungseinrede nach § 3 Nr. 1 AnfG. den Einwand entgegenhalten, daß die Ausschlußfrist des § 12 das. abgelaufen sei?

BGB. § 812. AnfG. § 12.

VII. Z i v i l s e n a t. Urt. v. 12. Dezember 1939.

I. Landgericht Stolp. II. Oberlandesgericht Stettin.

Der Sachverhalt ergibt sich aus den

Gründen:

Das Oberlandesgericht nimmt zu Gunsten der Klägerin an, daß sie ihr Eigentum an einem Teile der von der verklagten Reichsfinanzverwaltung gepfändeten und für ihre Rechnung versteigerten Gutszubehörstücke, die im Besitze der Steuerschuldnerin gewesen seien, nachgewiesen habe und daß das Reich infolgedessen in Höhe des aus diesen (früher der Klägerin gehörigen) Gegenständen der Reichskasse in der Zwangsvollstreckung zugeflossenen Erlöses ohne Rechtsgrund bereichert sei. Soweit die Klägerin das Eigentum an den Gutszubehörstücken durch Eigentumsübertragung von seiten der Steuerschuldnerin — d. h., wie der Vorderrichter festgestellt hat, durch rechtmäßige, zwischen ihr und ihrem Ehemann als Geschäftsführer der Steuerschuldnerin vereinbarte Sicherungsübereignungen — erworben hat, fallen die Erwerbstatsachen in allen Fällen in die Zeit vor dem 1. April 1928.

Der Vorderrichter verneint, daß die bezeichneten Rechtshandlungen, soweit sie vor der Eheschließung der Klägerin mit dem Geschäftsführer der Steuerschuldnerin (15. September 1926) vorgenommen worden sind, nach § 3 Nr. 2 AnfG. anfechtbar seien, erklärt aber im übrigen die — erst im zweiten Rechtsgang und nicht vor dem 3. Mai 1938 erhobene — Anfechtungseinrede gegen die bezeichneten Sicherungsübereignungen für den Zeitpunkt der Versteigerung im Januar 1929 für durchgreifend und meint, soweit danach die Anfechtung der einzelnen Rechtshandlungen gemäß § 3 Nr. 1 AnfG. im Zeitpunkte der Versteigerung durchgegriffen haben würde und die Klägerin damals mit Recht die Zwangsvollstreckung habe dulden müssen, könne die Vollstreckung in das fremde Vermögen der Klägerin nicht als ohne Rechtsgrund geschehen angesehen werden und deshalb kein Bereicherungsanspruch gegen das verklagte Reich begründet sein.

In dieser Beziehung rügt die Revision, daß der Vorderrichter den Ablauf der zehnjährigen Ausschlußfrist des § 12 AnfG. zu Unrecht unbeachtet gelassen habe. Dieser Angriff ist jedoch unbegründet; denn es handelt sich jetzt nicht mehr um die Beseitigung der Vollstreckungshandlung selbst in dem Sinne, daß der für derartige Vollstreckungsfälle gegebene ordentliche Rechtsbehelf, die Widerspruchsklage des § 771 ZPO., durch die Einrede der Anfechtung abgewehrt werden könnte, nicht auch um die Frage, ob die Klägerin die Zwangsvollstreckung in die ihr durch äußerlich rechtswirksame Übereignungen gehörigen Zubehörstücke wegen der Anfechtbarkeit des Erwerbsgrundes dulden müsse. Vielmehr steht nach Durchführung und Beendigung der Zwangsvollstreckung, die eine etwaige Rückgewährpflicht der Klägerin nach § 7 AnfG. schon gegenständlich ausschließt, nur in Frage, ob das verklagte Reich zwar aus dem Vermögen eines Dritten, der nicht Vollstreckungsschuldner war, hier der Klägerin, befriedigt worden ist, aber diese Befriedigung nicht auf dessen

Kosten ohne rechtlichen Grund, und zwar deshalb nicht grundlos erhalten hat, weil der Dritte im Zeitpunkte der Versteigerung doch die Zwangsvollstreckung in sein Vermögen (nämlich die gepfändeten und zwangsverkauften Zubehörstücke) hätte dulden müssen. Das Oberlandesgericht weist darauf hin, daß es jetzt nur noch darum gehe, den mangelnden Rechtsgrund im Sinne des § 812 BGB. oder aber das Gegenteil nachzuweisen, nämlich darzutun, daß doch ein Rechtsgrund der Zwangsvollstreckung in die Zubehörstücke vorhanden gewesen sei. Seiner Meinung, bei einer derartigen Bereicherungsklage des früheren Eigentümers gegen den in den Besitz des Versteigerungserlöses gelangten Vollstreckungsgläubiger könne die zehnjährige Ausschlußfrist des § 12 AnfG. nicht Platz greifen, ist nicht entgegenzutreten. Die Voraussetzungen eines Bereicherungsanspruchs können an sich unbedenklich als vorliegend angesehen werden; es trifft jedoch zu, daß bei einer Sachlage, wie sie hier gegeben ist, der Bereicherungskläger der Verteidigung der verklagten Partei, es liege keine rechtlose Bereicherung auf dessen Kosten vor, weil jener die Zwangsvollstreckung habe dulden müssen, nicht mit dem Einwande begegnen kann, daß dieser Verteidigung durch den Ablauf der Frist des § 12 Abs. 1 AnfG. der Boden entzogen sei. Gegenüber einer derartigen Bereicherungsklage kann es nur darauf ankommen, ob zur Zeit der Durchführung der Zwangsvollstreckung eine Rechtslage bestanden hat, vermöge deren der Eigentümer der Pfandgegenstände dem Pfändungsgläubiger gegenüber verpflichtet war, die Zwangsvollstreckung in diese Gegenstände zu dulden. Denn der anfechtende Gläubiger hat das Ziel, dem bei regelrechtem Ablauf eines Anfechtungsstreits die Anfechtungserklärung zu dienen bestimmt ist, nämlich das Ziel, den widersprechenden Dritten zu zwingen, daß er die anfechtbar erlangten Gegenstände, soweit es zur Befriedigung des Gläubigers erforderlich ist, als noch zum Vermögen des Schuldners gehörig zurückgewähre (§ 7 Abs. 1 AnfG.), schon erreicht. Insbesondere hat im vorliegenden Falle die verklagte Reichsfinanzverwaltung, soweit die der Klägerin gehörigen Gegenstände in Betracht kommen, alles erlangt, was zu ihrer Befriedigung dienen konnte, ohne daß sie in die Lage versetzt war, eine Anfechtungserklärung abzugeben oder die Klägerin zu einer Leistung im Sinne des § 7 AnfG. zu zwingen. Für ein solches Ziel fehlte es nach erfolgreicher Durchführung der Zwangsvollstreckung an jedem Gegenstande. Nunmehr konnte es sich nur noch fragen, ob der Beklagte dadurch, daß er ohne Rücksicht auf die Rechte der Klägerin die Zwangsvollstreckung durchgeführt hatte und in den Besitz des — zur Abdeckung seiner Ansprüche dienenden — Versteigerungserlöses gelangt war, auf Kosten der Klägerin ohne rechtlichen Grund bereichert worden ist. Diese Frage kann aber nur danach beurteilt werden, ob im Augenblicke der Versteigerung der streitigen Gegenstände ein Sachverhalt vorlag, der die Klägerin, wäre sie damals mit ihren Rechten hervorgetreten, gezwungen hätte, die gepfändeten Sachen zurückzugewähren, d. h. sie auch weiterhin für den Zugriff des Gläubigers bereitzuhalten. Das Gesetz bedient sich, um bei solcher Sachlage einen Erfolg zu gewährleisten, der Rechtsform einer „Annahme als ob“ (Fiktion), die aber dann versagen muß, wenn der Gegenstand der anfechtbaren Zuwendung, auf den sich der Rückgewähranspruch des Gläubigers bezieht, nicht mehr vorhanden ist. Das Anfechtungsrecht begründet keine Gestaltungsbefugnis, deren Vollzug erst Ansprüche auszulösen vermag; es stellt vielmehr einen unmittelbar aus dem gesetzlichen Tatbestand erwachsenden Anspruch auf Wiedererschließung der vereitelten Zugriffsmöglichkeit dar (vgl. Entscheidung des erkennenden Senats vom 5. Juni 1931 VII 414/30 RGZ. Bd. 133 S. 46 [48 flg.]; Jaeger Die Gläubigeranfechtung 2. Auflage [1938] Bem. 77 flg. zu § 1 S. 115 und Bem. 2 zu § 12 S. 333 und die weitere Rechtsprechung S. 114 daselbst). Wenn das Gesetz in § 12 für die Absichtsanfechtung eine Schranke setzt, welche die Möglichkeit der Anfechtung zeitlich begrenzt, so kann sich dies nur auf die (eigentliche) Anfechtung beziehen, die eine rechtsförmliche Geltendmachung der Anfechtbarkeit in Gestalt des gesetzlichen Rückgewähranspruchs erfordert. Denn weder das Gesetz noch die gesetzgeberischen Unterlagen rechnen mit der Möglichkeit einer nichtförmlichen außergerichtlichen Geltendmachung (vgl. amtliche Begründung des Entwurfs der Konkursordnung vom 21. Januar 1875, Deutscher Reichstag 2. Legislaturperiode II. Session 1874 Nr. 200 S. 112 flg. bei Hahn Die gesamten Materialien zur Konkursordnung 1881 S. 123). Eine formlose Anfechtungserklärung ist nicht vorgesehen. Das Gesetz selbst spricht deshalb nur von einer Anfechtung, nämlich dem Rückgewährbegehren, „im Wege der Klage“ oder „im Wege der Einrede“ (§§ 9, 5 AnfG.). Nur eine gerichtliche Geltendmachung des anfechtungsrechtlichen Rückgewähranspruchs kann für die gesetzlichen Ausschlußfristen, insbesondere die des § 12 Abs. 1 AnfG., fristwahrend wirken (Jaeger a. a. O. Bem. 78 zu § 1 S. 115), wie umgekehrt eine Ausschlußwirkung nur für die dergestalt geltendzumachende eigentliche Anfechtung mit dem Ziele des Rückgewähranspruchs selbst in Betracht kommen kann. In den Fällen, in denen die Zugriffsmöglichkeit nicht wieder erschlossen zu werden vermag, weil der Zugriff nicht vereitelt worden ist, vielmehr der Gläubiger auf dem gewöhnlichen Wege der Rechtsverfolgung — und ohne die Notwendigkeit (oder gar nur Möglichkeit) einer Anfechtung — alles erlangt hat, was er erlangen kann, in den Fällen, wo ihm das, was er zu fordern hatte, mittels der gesetzlichen Rechtsbehelfe aus dem Besitze des Schuldners schon zugeflossen ist, besteht kein Gegenstand der Anfechtung im eigentlichen Sinn und keine Anfechtungsmöglichkeit im Sinne der Geltendmachung eines Rückgewähranspruchs (§ 7 AnfG.) mehr. Der Dritte muß sich nunmehr eines außergewöhnlichen Mittels bedienen, um das wiederzuerlangen, was ihm durch den Zugriff auf sein Eigentum verlorengegangen ist; um dieses Ziel zu erreichen, steht ihm nur noch die Erhebung des Bereicherungsanspruchs offen, wobei er nachzuweisen hat, daß der Gläubiger auf seine Kosten etwas ohne rechtlichen Grund erlangt habe. Seiner Beweislast wird er dadurch genügen, daß er dartut, die vom Gläubiger in der Zwangsvollstreckung in Anspruch genommenen und verwerteten Gegenstände hätten nicht dem Schuldner gehört, sondern seien sein (des Dritten) Eigentum gewesen. Ist dies, wie im vorliegenden Falle, geschehen, so kann der Gläubiger einwenden, daß bei ihm keine Bereicherung auf Kosten des Dritten eingetreten sei, weil dieser infolge der Anfechtbarkeit seines Eigentumserwerbs nur einen solchen Zugriff auf sein Vermögen erlitten habe, den er zur Zeit der durch die Zwangsversteigerung eingetretenen Vermögensänderung von Rechts wegen habe dulden müssen. Bei dem Nachweise der Voraussetzungen einer solchen Rechtslage handelt es sich nicht um eine Anfechtung im Sinne des § 12 AnfG., sondern um die nach anderen rechtlichen Gesichtspunkten zu beurteilende Erschütterung der Annahme, daß eine rechtlose Bereicherung des Gläubigers vorliege. Wie in solchen Fällen der Dritte — abgesehen von der gewöhnlichen 30jährigen Verjährungsfrist (§§ 194 flg. BGB.; RGZ. Bd. 86 S. 96) — an eine von ihm einzuhaltende Zeitspanne nicht gebunden ist, vielmehr grundsätzlich in der Zeit unbeschränkt gegen den rechtlos Bereicherten vorzugehen vermag, so kann auch der angeblich Bereicherte ohne Rücksicht auf die eine förmliche Anfechtung ausschließenden Zeitschranken des § 12 AnfG. jederzeit noch dem Bereicherungsanspruch den Einwand entgegensetzen, er sei nicht auf Kosten des Dritten rechtlos bereichert, weil dieser aus seinem Vermögen nur das hergegeben habe, wozu er zur Zeit der Vermögensveränderung nach Anfechtungsgrundsätzen verpflichtet gewesen sei. Dem Oberlandesgericht ist in der Meinung beizutreten, daß es, um den mangelnden Rechtsgrund im Sinne des § 812 BGB. auszuschließen, in einem derartigen Falle genügt, wenn dargetan wird, daß der Dritte im Zeitpunkte der Versteigerung der Pfandstücke die Zwangsvollstreckung in sein Vermögen, und zwar in die gepfändeten Gegenstände, von Rechts wegen hätte dulden müssen, und daß, wenn und soweit dieser Nachweis geführt wird, ein Bereicherungsanspruch entfällt und die Bereicherungsklage ohne Rücksicht auf die gesetzlichen Ausschlußfristen des § 12 AnfG. abzuweisen ist.

Vergleichsordnung

RGZ. 129, 228

Zur Frage der Beteiligung am Vergleichsverfahren bei Sukzessivlieferungsverträgen, insbesondere durch Vereinbarung der Vertragsteile nach Eröffnung des Verfahrens.

VerglO. §§ 4, 28, 30. KO. § 17.

II. Zivilsenat. Urt. v. 17. Juni 1930.

I. Landgericht Bautzen. II. Oberlandesgericht Dresden.

Die Klägerin lieferte der Beklagten auf Grund eines am 10. Februar 1928 zustande gekommenen, in der Zeit vom 1. April 1928 bis 31. März 1929 in Teillieferungen zu vollziehenden Kaufvertrags über 7000 Tonnen Niederlausitzer Braunkohlenbriketts vom 31. Juli bis 15. September 1928 960 Tonnen, die unbezahlt geblieben sind. Sie fordert dafür den an sich unstreitigen Betrag von 12 104,37 RM. Geliefert sind im ganzen 2135 Tonnen. Die Beklagte legte nach Empfang der letzten Teillieferung ihren gesamten Betrieb still und beantragte das Vergleichsverfahren zur Abwendung des Konkurses über ihr Vermögen; dieses wurde am 20. September 1928 eröffnet. Die Klägerin ist der Ansicht, daß sie nach § 4 VerglO. nicht an dem Verfahren beteiligt sei. Die Beklagte verweigert Zahlung und verweist die Klägerin auf den gerichtlich bestätigten Vergleich vom 20. Oktober 1928, wonach das ganze Vermögen der Firma durch Treuhänder verwertet und der Erlös an die Gläubiger gegen Verzicht auf ihre Mehrforderung ausgeschüttet werden soll.

Das Landgericht wies die Klage ab, das Oberlandesgericht gab ihr statt. Die Revision der Beklagten wurde zurückgewiesen.

Aus den Gründen:

1. Die Revision rügt Verletzung des § 4 VerglO., der §§ 139, 268 ZPO. sowie des sachlichen Rechts, besonders der §§ 133, 157, 320, 326 BGB. Sie verlangt in erster Linie unter Bezugnahme auf Bendix Aus der Praxis des neuen Vergleichsrechts in JW. 1928 S. 1125 Nachprüfung der Anschauung des Vorderrichters, daß sog. Sukzessivlieferungsverträge auch im Vergleichsverfahren, gleichwie nach feststehender Rechtsprechung bei Anwendung des § 17 KO. im Konkurse, nach § 4 VerglO. nicht in zwei Teile mit besonderem rechtlichen Schicksal zerlegt werden dürften, nämlich in den vor der Eröffnung des Verfahrens einseitig erfüllten Teil und den übrigen Teil. Folge der Vornahme einer solchen Zerlegung wäre nach dem Sinne der Revision, daß die Klägerin wegen ihrer allein in diesem Rechtsstreit befangenen Forderung auf Kaufpreiszahlung für den von ihr bereits erfüllten Teil am Vergleichsverfahren beteiligt, also auf

die Ausschüttung nach Maßgabe des geschlossenen Vergleichs beschränkt und mit ihrer Klage abzuweisen wäre. Die Revision geht nicht so weit, daß sie auch für den Konkursfall eine rechtliche Selbständigkeit des in der angegebenen Weise erfüllten und des noch von keiner Seite erfüllten Teiles behaupten würde, wie dies Bendix a. a. O. in Gleichstellung beider Verfahren tut. Als die — in seinem Sinne hier vorliegende — Voraussetzung dieser Zerlegbarkeit bezeichnet Bendix, daß die Erfüllung des gegenseitigen Vertrags nach Art und Eigenschaft des Leistungsgegenstands jeder Vertragsseite teilbar ist und nach dem übereinstimmenden Willen beider Parteien nur in Teilen stattfinden soll. Ist aber die Rechtsprechung zu § 17 KO. festzuhalten, so ist sie auf den § 4 VerglO. zu übertragen. Diese Vorschrift paßt sich für die von ihr betroffenen Verträge in der Ausdrucksweise an § 17 KO. und an die Rechtsprechung dazu genau an. Sie spricht nicht von einem „zweiseitigen", sondern von einem „gegenseitigen" Vertrag nach der Auslegung, die jenes Wort in RGZ. Bd. 100 S. 2 erfahren hat, und setzt die Lage voraus, daß im Zeitpunkt der Eröffnung des Verfahrens der Vertrag „von dem Schuldner und von dem anderen Teil noch nicht oder noch nicht vollständig erfüllt ist". Dabei ist in beiden Wahlfällen das Wort „noch" zu dem Wortlaut des § 17 KO. hinzugetreten; dies macht aber keinen Unterschied gegenüber dem auch in § 17 KO. aufgestellten Erfordernis des Unerfülltseins auf beiden Seiten und der Wirkung, daß dann auch bei unvollständiger Nichterfüllung „der Vertrag" als Einheit behandelt wird. Daß, wie die Revision und Bendix bemerken, in der Zuteilung des Wahlrechts zwischen Erfüllung und Erfüllungsablehnung keine Gleichordnung vorliegt, berührt die Frage nicht, ob für die unter die Vorschrift fallenden Verträge und ihre sachliche Behandlung das gleiche gemeint ist. Die verschiedene Zuteilung des Wahlrechts, im Konkursfall einseitig an den Konkursverwalter, im Vergleichsverfahren sowohl an den Schuldner als auch an den Vertragsgegner, jedoch je nur mit der Ermächtigung des Gerichts (§ 28 Abs. 2 Satz 1 VerglO.) und beim Schuldner unter Einschränkung ihrer Erteilung nach Satz 3 das., beruht auf der Verschiedenheit des Ausbaues und des Endziels der beiden Verfahren. Der Konkurs wird durch einen Amtsträger unter gerichtlicher Aufsicht durchgeführt und endet für die Regel mit dem Aufhören der bisherigen geschäftlichen Existenz des Schuldners. Dagegen berücksichtigt das Vergleichsverfahren die Ermöglichung ihrer Fortdauer und läßt die Geschäftsführung in der Hand des Schuldners, der grundsätzlich an seinen Verpflichtungen gegenüber den nicht am Vergleichsverfahren beteiligten Gläubigern festgehalten wird. Diesen Gläubigern soll aber doch auch die Möglichkeit der Teilnahme am Vergleichsverfahren mit gerichtlicher Zulassung eröffnet werden. Daß bei Ablehnung der Erfüllung auch im Vergleichsverfahren keine Zerlegung des nicht schon beiderseits erfüllten Vertrags in zwei Teile eintreten soll, folgt aus der Entstehungsgeschichte des § 4 VerglO., wonach die Einführung einer anderen Ordnung im Vergleichsverfahren, als sie im Konkurse Gesetz ist, zwar angeregt, aber gegenüber ablehnenden Erörterungen fallen gelassen worden ist. Von der feststehenden Rechtsprechung zu § 17 KO. abzugehen, besteht kein Anlaß. Sie kehrt, wie auch sonst bei § 326 BGB. (RGZ. Bd. 58 S. 419, Bd. 61 S. 130, Bd. 65 S. 153, Bd. 97 S. 136), das Wesen des Sukzessivlieferungsvertrags als einheitlichen Vertrags hervor. Die Teilbarkeit der Leistungen ergibt nicht, daß der Teil schon die verhältnismäßige völlige Befriedigung des Gegners in sich trüge; nur die Leistung aller Teile vermag dem Gegner voll Genüge zu tun. Hierauf beruht die Vorschrift des § 266 BGB., die dem Schuldner das Recht zu Teilleistungen versagt. Soweit bei Sukzessivlieferungsverträgen durch Vereinbarung der Vollziehung in Abschnitten eine Änderung dieser Rechtslage eintritt, berührt auch sie nicht die Tatsache, daß nur die Summe aller vereinbarten Einzelleistungen die Vertragsleistung ausmacht. Wirtschaftliche Interessen des Warenabsatzes, der Möglichkeit, über Geld zur gegebenen Zeit zu verfügen, spielen eine Rolle. Dies übersieht B e n d i x a. a. O. Daß eine ausdrückliche oder stillschweigende Vereinbarung zwischen dem Konkursverwalter und dem Vertragsgegner des Gemeinschuldners dahin möglich ist, das Wahlrecht nur für den beiderseits ausstehenden Vertragsrest auszuüben, und dann wegen des einseitig vollzogenen Teils für den Gläubiger nur noch die Teilnahme am Verfahren übrig bleibt (vgl. B e n d i x a. a. O. mit Anführung des RGUrt. vom 21. Februar 1906 II 258/06; M e n t z e l Konkursordnung Anm. 4 zu § 17), beruht auf dem nachgiebigen Charakter des einschlägigen Gesetzesrechts. Für die Auslegung des Gesetzes ist daraus nichts herzuleiten.

2. Die Revision sucht aber auch eine andere Rechtslage zu gewinnen als die vom Vorderrichter angenommene, daß sich im Zeitpunkt der Eröffnung des Vergleichsverfahrens die beiderseitigen Vertragspflichten der Parteien je noch teilweise unerfüllt gegenübergestanden hätten. Sie beruft sich auf den Brief, den die Klägerin am 20. September 1928 an die Beklagte geschrieben und auf den diese geschwiegen hat. Dem Vorderrichter, der annimmt, der Brief sei ohne Kenntnis der Klägerin von der Eröffnung des Vergleichsverfahrens geschrieben worden und es sei dadurch keine stillschweigende Auflösung des Liefervertrags vor Eröffnung des Verfahrens dargetan, wirft die Revision rechtsirrige Auslegung und Unterlassung der Ausübung des richterlichen Fragerechts nach § 139 ZPO. vor. Sie geht davon aus, daß der Brief erst nach der Eröffnung des Vergleichsverfahrens abgegangen sei. Dieser tatsächliche Punkt kann indessen auf sich beruhen. Sicher ist so viel, daß sich aus der Absendung des Briefes zusammen mit dem Schweigen der Beklagten, sofern hieraus eine Annahme abgeleitet werden kann, für den Zeitpunkt der Eröffnung des Verfahrens noch keine vertragliche Änderung des Rechtsverhältnisses der Parteien ergibt. Der Brief enthält auch nach der Annahme der Revision nicht die einseitige Vornahme einer gesetzlich zulässigen Umgestaltung des Vertrags — Wahl von Schadensersatz wegen Nichterfüllung nach § 326

BGB. —, sondern nur etwa ein Vertragsangebot, an Stelle des beiderseits unerfüllten Vertragsteils eine Schadensersatzforderung wegen Nichterfüllung treten zu lassen. Die Annahme durch Stillschweigen könnte aber keinesfalls vor den Eingang des Briefes bei der Beklagten und auch nicht vor den Zeitpunkt gesetzt werden, bis zu dem sie äußerstenfalls eine ablehnende Erklärung der Klägerin hätte zugehen lassen müssen. Hierbei ist § 147 Abs. 2 BGB. zu berücksichtigen, wonach der Antrag bis zu dem Zeitpunkt angenommen werden konnte, in dem der Antragende den Eingang der Antwort unter regelmäßigen Umständen erwarten durfte. So lange war noch eine ausdrückliche Ablehnung möglich und daher aus dem Schweigen nichts zu schließen. Dieser Zeitpunkt fällt aber jedenfalls über den 20. und den Beginn der Geschäftszeit am 21. September 1928 hinaus, und am 20. September wurde das Vergleichsverfahren eröffnet. War jedoch die vertragliche Umwandlung des gegenseitigen Vertrags derart, daß dann nur noch ein einseitig unerfüllter Teil (der Klagegegenstand) und im übrigen ein einseitiger Schadensersatzanspruch des Verkäufers wegen Nichterfüllung oder im ganzen nur ein solcher Schadensersatzanspruch bestand, nicht bis zum Zeitpunkt der Eröffnung vollzogen, so war die Klägerin nach § 4 VerglO. nicht am Verfahren beteiligt. Es kommt nur in Betracht, ob sie noch nachträglich durch eine Vertragsänderung im Einvernehmen mit der Schuldnerin daran beteiligt werden konnte. Die Möglichkeit, daß dies durch Übereinkommen der Parteien ohne Zustimmung des Gerichts geschieht, wird von der Revision unter Berufung auf M a y e r Vergleichsordnung Anm. 13 zu § 28 bejaht. Dort ist aber nur von der „selbstverständlichen" Möglichkeit einer Einigung der Vertragsteile über die vorzeitige Abwicklung des Vertrags die Rede, nicht von der Beteiligung des Gläubigers mit dem daraus erwachsenen Anspruch am Vergleichsverfahren. Wegen dieser Beteiligung ist M a y e r selbst nach Anm. 1 zu § 2 (letzter Absatz), Anm. 13, 14, 17 zu § 4, Anm. 12 zu § 30 anderer Ansicht, übereinstimmend mit K i e s o w Vergleichsordnung Anm. 16 zu § 4 (3. Aufl. S. 149). Im Anschluß an das zu § 9 Abs. 2 der früheren Geschäftsaufsichts-Verordnung vom 14. Dezember 1916 ergangene Urteil RGZ. Bd. 112 S. 54 (57) ist auch für die Vergleichsordnung der Weg über die Erfüllungsablehnung mit Ermächtigung des Gerichts nach § 28 als die einzige gesetzliche Möglichkeit anzusehen, um die Rechtsfolge gemäß § 30 herbeizuführen, daß der zunächst am Vergleichsverfahren nicht beteiligte Vertragsgegner mit seinem dann entstehenden Ersatzanspruch daran beteiligt und von dem abzuschließenden Vergleich betroffen wird.

RGZ. 131, 197

1. Gilt in dem Falle, daß der Antrag auf Eröffnung des Vergleichsverfahrens bei einem unzuständigen Gericht gestellt worden ist, der Tag dieser Antragstellung für die Berechnung der im § 84 der Vergleichsordnung bezeichneten dreißigtägigen Frist jedenfalls dann als maßgeben-

der Stichtag, wenn das unzuständige Gericht die Sache an das zuständige Gericht verwiesen hat?

2. Kann der Gläubiger, der gemäß § 84 der Vergleichsordnung das zur Befriedigung Erlangte der Konkursmasse herauszugeben hat, mit seiner wiederauflebenden ursprünglichen Forderung an den Gemeinschuldner aufrechnen?

Vergleichsordnung vom 5. Juli 1927 § 84. ZPO. § 276. KO. § 55 Nr. 1.

VII. Zivilsenat. Urt. v. 27. Januar 1931.

I. Landgericht I Berlin.

Die Beklagte ließ wegen einer Forderung von 8608 RM. nebst Zinsen und Kosten bei dem Ingenieur F. am 13. und 19. August 1929 Zwangsvollstreckungen vornehmen. Die gepfändeten Gegenstände wurden auf Grund eines gemäß § 825 ZPO. ergangenen Beschlusses des Vollstreckungsgerichts am 21. September 1929 freihändig einem Dritten übereignet; der dabei erzielte Erlös wurde der Beklagten zur Deckung ihrer Forderung überwiesen. Inzwischen hatte am 26. August 1929 der Schuldner F. beim Amtsgericht Potsdam den Antrag auf Eröffnung des Vergleichsverfahrens gestellt. Das Amtsgericht erklärte sich für unzuständig und verwies durch Beschluß vom 1. November 1929 die Sache an das Amtsgericht Berlin-Tempelhof. Dieses lehnte sodann die Eröffnung des Vergleichsverfahrens ab und eröffnete über das Vermögen des F. das Konkursverfahren. Zum Verwalter wurde der Kläger bestellt. Er verlangt von der Beklagten die ihr auf Grund der Zwangsvollstreckung überwiesene Summe von 9550,28 RM. nebst Zinsen nach § 84 der Vergleichsordnung (VO.) vom 5. Juli 1927 zurück, weil die Pfändungen innerhalb der Frist von 30 Tagen vor der Stellung des Antrags auf Eröffnung des Vergleichsverfahrens stattgefunden hätten und deshalb mit der Eröffnung des Konkursverfahrens unwirksam geworden seien. Der Kläger vertritt die Ansicht, daß der Eingang des Antrags beim Amtsgericht Potsdam für die Fristberechnung maßgebend sei. Die Beklagte hält die Voraussetzungen des § 84 a. a. O. nicht für gegeben, weil der Antrag frühestens am 1. November 1929 bei dem zuständigen Amtsgericht Berlin-Tempelhof anhängig geworden und an diesem Tage die dreißigtägige Frist bereits abgelaufen gewesen sei. Für den Fall, daß die Voraussetzungen des § 84 VO. bejaht würden, rechnet sie ihre — angeblich wiedererstandene — frühere Forderung gegen die Klageforderung auf und verlangt Sicherstellung gemäß § 54 Abs. 3 KO.

Das Landgericht erkannte nach dem Klagantrage. Die von der Beklagten unmittelbar eingelegte Revision wurde zurückgewiesen.

Gründe:

Im § 84 Satz 1 VO. ist bestimmt, daß die später als am dreißigsten Tage vor der Stellung des Antrags auf Eröffnung des Vergleichsverfahrens durch Zwangsvollstreckung erlangte Sicherung oder Befriedigung beim

Vorliegen der Voraussetzungen des § 3 Abs. 2 oder 3 das. mit der Eröffnung des Konkursverfahrens unwirksam wird und das zur Befriedigung Erlangte nach den Vorschriften über die Herausgabe einer ungerechtfertigten Bereicherung herauszugeben ist.

Weil die dreißigtägige Frist keine die Entstehung eines Rechts begründende Frist ist, sondern nur der Umstand, daß sie noch nicht verstrichen sein darf, eine auflösende gesetzliche Bedingung für die Beendigung der Wirksamkeit eines Rechts bildet, so paßt zwar die vom Landgericht gebrauchte Bezeichnung „Rechtsentstehungsfrist" nicht. Aber unrichtig ist es auch, wenn die Revision diese Frist als Ausschlußfrist hinstellt oder sie doch wie eine solche behandelt wissen will. Denn mit Recht hebt das Landgericht hervor, daß Ausschlußfristen Rechtsausübungsfristen sind, während es sich bei der Frist des § 84 VO. um ein materiellrechtliches Tatbestandsmoment für das nachträgliche Unwirksamwerden eines Rechts handelt. Beide Fristen haben also eine ganz verschiedene Bedeutung, woran es auch nichts ändert, daß die Versäumung einer Ausschlußfrist den Verlust eines materiellen Rechts ebenfalls nach sich zieht. Hält man aber den vorbezeichneten Unterschied fest, so ist es auch verfehlt, wenn die Revision meint, die im § 84 geordnete Frist sei sowohl eine Rechtsentstehungsfrist wie eine reine Ausschlußfrist, je nachdem man sie vom Standpunkt des Gläubigers oder von dem des Konkursverwalters ansehe. Sie erhebt darum zu Unrecht den Vorwurf, daß das Landgericht sein Urteil nur mit einer Wortspielerei begründe, anstatt sich sachlich mit den vom Reichsgericht für Ausschlußfristen aufgestellten Grundsätzen auseinanderzusetzen und die abweichende Behandlung der Frist des § 84 VO. besonders zu rechtfertigen.

Die Beklagte hält die Voraussetzungen des § 84 a. a. O. nicht für erfüllt, weil der Antrag auf Eröffnung des Vergleichsverfahrens bei dem zuständigen Gericht erst nach dem Ablauf der dreißigtägigen Frist anhängig geworden sei. Das letztere trifft zu, denn die Sache kann frühestens am 1. November 1929 bei dem zuständigen Amtsgericht Berlin-Tempelhof anhängig geworden sein, und an diesem Tage waren seit den Pfändungen vom 13. und 19. August 1929 mehr als dreißig Tage verstrichen. Es fragt sich aber, ob es für die Berechnung der Frist auf die Stellung des Antrags bei dem zuständigen Gericht ankommt. Das Landgericht hat die Frage mit Recht verneint, mag auch der Begründung seiner Entscheidung nicht durchweg beizutreten sein.

Da das Amtsgericht Potsdam, an das der Antrag auf Eröffnung des Vergleichsverfahrens gerichtet worden war, sich für unzuständig erklärt und die Sache an das zuständige Amtsgericht verwiesen hat, so ist die Frage hier nur unter Zugrundelegung dieser Verweisung zu beantworten. Es kann daher unerörtert bleiben, was Rechtens wäre, wenn das angegangene Amtsgericht den Antrag wegen seiner örtlichen Unzuständigkeit abgewiesen und der Schuldner dann nach dem Ablauf der Frist einen neuen Antrag bei dem zuständigen Gericht gestellt hätte. Die Verweisung war nach § 8 VO. in Verb. mit § 276 ZPO. auch für das Vergleichsverfahren zulässig, weil die letztere Vorschrift auch auf diejenigen Verfahrensarten, die keine mündliche Verhandlung voraussetzen, anwendbar ist und dann nur an die Stelle der Verkündung des die Unzuständigkeit und Verweisung aussprechenden Beschlusses die Zustellung des Beschlusses tritt (RGZ. Bd. 121 S. 22 flg.; Kiesow Vergleichsordnung 3. Aufl. S. 58; Cahn Vergleichsordnung S. 42). Allerdings setzt die Verweisung an das zuständige Gericht einen Antrag voraus, dessen Stellung nicht festgestellt und vielleicht auch nicht geschehen ist. Aber der erlassene Beschluß war unanfechtbar und für das Gericht, an das die Sache verwiesen wurde, bindend, so daß seine etwa unrechtmäßige Erlassung nicht ins Gewicht fällt. Das Verfahren ist auch von der Revision nicht beanstandet worden.

Das Landgericht hält mit Rücksicht auf die Verweisung auch die Antragstellung beim unzuständigen Gericht für ausreichend, weil die Verweisung rückwirkende Kraft habe und es daher so anzusehen sei, als wenn die Sache von vornherein bei dem Gericht, an das sie verwiesen wurde, anhängig geworden sei. Aber abgesehen davon, daß dieser auch in der Rechtsprechung des Reichsgerichts (WarnRspr. 1914 Nr. 84) ausgesprochene Satz in der Form, in der er ausgesprochen wurde, an sich schon Bedenken erwecken kann und im übrigen in der Rechtsprechung auch nicht ausnahmslos, besonders z. B. nicht für die Wahrung der Ausschlußfristen anerkannt ist (RGZ. Bd. 92 S. 43, Bd. 94 S. 133, Bd. 114 S. 126), paßt er auf die im § 84 VO. bezeichnete Frist nicht. Denn bei dieser Frist handelt es sich nicht sowohl um eine Fristwahrung zur Erhaltung eines Rechts, als vielmehr darum, daß ein gewisser Zeitraum vor dem Antrag auf Eröffnung des Vergleichsverfahrens verstrichen sein muß, damit die durch Zwangsvollstreckung erlangte Sicherung bestehen bleibt, oder, wenn man vom Eröffnungsantrage rückwärts rechnet, um eine Sperrfrist, während welcher wirksame Zwangsvollstreckungen gegen den Schuldner nicht mehr vorgenommen werden können. Und für eine solche Frist, die lediglich ein zeitliches Tatbestandsmoment für das Unwirksamwerden oder Unwirksamsein einer Rechtshandlung ist, spielt nur der Antrag auf Eröffnung des Vergleichsverfahrens als solcher eine Rolle, nicht aber der Umstand, ob der Antrag auch bei dem zuständigen Gericht gestellt worden ist. Allerdings mag die Rechtssicherheit auch hier verlangen, daß das Ereignis, von dem die Berechnung der Frist Ausgang zu nehmen hat, zeitlich genau abgegrenzt sein muß und die Bestimmung seines Eintritts nicht von Zufälligkeiten abhängen darf. Aber dafür ist im fraglichen Fall nur erheblich, daß der Tag der Antragstellung als solcher feststeht, und nicht auch, daß der Antrag auf Eröffnung des Vergleichsverfahrens bei dem zuständigen Gericht gestellt sein müßte. Denn allein die Kundgabe des Schuldners, daß er sich zahlungsunfähig fühle oder doch seine Verbindlichkeiten nicht mehr laufend erfüllen könne, ist der Grund, warum die während der dreißig Tage vor dieser Erklärung vorgenommenen Zwangsvollstreckungsakte im Falle der späteren Konkurseröffnung als unwirksam angesehen werden sollen. Infolgedessen kann aber ihre rechtliche Beachtlichkeit nicht dadurch bedingt sein, daß sie bei dem örtlich zuständigen Gericht abgegeben wurde, sondern es muß genügen, daß sie mit noch bestehender Wirkung ernstlich vor Gericht erklärt wurde. Jedenfalls kann die Zuständigkeitsfrage im Falle der Verweisung an das zuständige Gericht nicht anders beurteilt werden. Denn das Verfahren ist mit der Antragstellung beim unzuständigen Gericht rechtshängig geworden, und diese Rechtshängigkeit bleibt auch bestehen, wenn sich das angegangene Gericht für unzuständig erklärt und die Sache an das zuständige Gericht verweist. Die Aufhebung der eingetretenen Rechtshängigkeit im Falle der Verweisung ist im Gesetz nicht ausgesprochen. Wenn es im § 276 Abs. 2 ZPO. heißt, daß mit der Verkündung des Verweisungsbeschlusses — und Entsprechendes gilt im schriftlichen Verfahren von der Zustellung des Beschlusses — der Rechtsstreit als bei dem im Beschlusse bezeichneten Gericht anhängig gilt, so soll damit nur festgelegt sein, zu welchem Zeitpunkt die Sache an das zuständige Gericht übergeht. Bleibt aber die beim unzuständigen Gericht eingetretene Rechtshängigkeit auch nach dem Verweisungsbeschluß weiter bestehen (vgl. auch RGZ. Bd. 92 S. 44), so kann die Antragstellung bei dem unzuständigen Gericht nicht schlechthin als ein rechtlich belangloser Versuch, das Vergleichsverfahren in Gang zu bringen, behandelt werden (vgl. auch Jaeger Konkursordnung 6./7. Aufl. Anm. 3a zu § 41). Und dann besteht auch kein Bedenken, den Tag, an dem diese Rechtshängigkeit eingetreten ist, als den maßgebenden Stichtag für die Berechnung der hier erörterten Frist gelten zu lassen. Auch im Schrifttum wird dieser Standpunkt vertreten (vgl. Jaeger ZZP. Bd. 49 S. 279; Kiesow a. a. O. S. 134; Lucas Vergleichsordnung S. 72; Mayer Vergleichsordnung S. 84).

Sodann beanstandet die Revision noch, daß das Landgericht die Aufrechnung der der Beklagten zustehenden Forderung gegen den Bereicherungsanspruch des Klägers für unzulässig hält. Indes ist auch in dieser Beziehung die landgerichtliche Entscheidung zu billigen. Zwar ist es richtig, daß die ursprüngliche Forderung der Beklagten wiederauflebt, wenn diese wegen der Unwirksamkeit ihrer Zwangsvollstreckung das Empfangene zur Konkursmasse zurückgewähren muß. Der Konkursverwalter erwarb aber den Anspruch auf Rückgewähr des von der Beklagten erlangten Betrages erst mit oder zufolge der Konkurseröffnung, und das schließt nach § 55 Nr. 1 KO. die Aufrechnung aus. Die Vorschrift des § 84 VO. würde sonst auch ihre Bedeutung wesentlich verlieren und schlechthin zwecklos sein, wenn die Zwangsvollstreckung zur Befriedigung des Gläubigers geführt hat.

RGZ. 132 113

1. Welche Wirkung hat im Vergleichsverfahren die Aufnahme einer als anerkannt vermerkten Forderung in das berichtigte Gläubigerverzeichnis?

2. Welche Folge hat der Verzug für die Erfüllung des Vergleichs?

3. Kann dann trotz der Aufnahme einer Forderung in das genannte Verzeichnis Zwangsvollstreckung aus einem über diese Forderung erwirkten älteren Titel betrieben werden?

4. Wie ist der Widerspruch des Schuldners gegen eine derartige Zwangsvollstreckung zu beurteilen?

VerglO. vom 5. Juli 1927 (RGBl. I S. 139) §§ 7, 75.

ZPO. §§ 766, 767, 775.

VIII. Zivilsenat. Urt. v. 16. März 1931.

I. Landgericht Oppeln. II. Oberlandesgericht Breslau.

Der Beklagte hat aus vollstreckbaren Titeln, die er gegen die Klägerin erwirkt hatte, Zwangsvollstreckung betrieben und Pfändungen vorgenommen. Als bald darauf das Vergleichsverfahren zur Abwendung des Konkurses der Klägerin eröffnet wurde, willigte der Beklagte in die Aufhebung seiner Vollstreckungsmaßnahmen. Das Vergleichsverfahren wurde durch gerichtlich bestätigten Vergleich geschlossen, der, soweit hier von Belang, bestimmt:

> Die Gläubiger erlassen von ihren Forderungen gegen den Schuldner 30 %. Die zu zahlenden 70 % werden dahin gestundet, daß 20 % 6 Wochen, 20 % 3 Monate und 30 % 6 Monate nach Bestätigung des Vergleichs fällig sind. Der Erlaß der Forderungen wird hinfällig, wenn der Schuldner mit Erfüllung des Vergleichs in Verzug kommt.

Die Klägerin hat überhaupt nichts gezahlt. Der Beklagte hat deshalb aus den erwähnten Schuldtiteln erneut Zwangsvollstreckung betrieben. Mit dem Begehren, letztere für unzulässig zu erklären, wurde die Klägerin in beiden Rechtszügen abgewiesen. Ihre Revision war erfolglos.

Gründe:

Die Klägerin bestreitet dem Beklagten die Berechtigung, gegenüber dem gerichtlichen Vergleich auf die früher erwirkten Vollstreckungstitel zurückzugreifen und aus ihnen Zwangsvollstreckung zu betreiben; nach § 75 der Vergleichsordnung könne nämlich nur noch nach dieser Gesetzesstelle, also aus dem Vergleich in Verbindung mit einem Auszug aus dem berichtigten Gläubigerverzeichnis, nicht aber aus früher erworbenen Titeln vollstreckt werden. Dieses Klagevorbringen ist im ersten Rechtszug als eine Einwendung des Vollstreckungsschuldners im Sinne des § 767 ZPO. angesehen und behandelt worden. Das Berufungsgericht hält diese rechtliche Würdigung nicht für zutreffend; es liege vielmehr eine Einwendung gemäß § 766 ZPO. vor. Die Revision will das Vorbringen der Klägerin als ein solches aus § 767 ZPO. betrachtet wissen. Dieses Verlangen ist berechtigt. Denn die Klägerin bekämpft nicht die Art und Weise der von ihr beanstandeten Zwangsvollstreckung, sondern sie behauptet, die vom Beklagten zur Zwangsvollstreckung benutzten Schuldtitel seien durch Vergleich beseitigt. Sie erhebt also einen Einwand, der nur nach § 767 ZPO. beurteilt werden kann (RGZ. Bd. 112 S. 301; JW. 1907 S. 310 Nr. 10). Dem ist aber der Berufungsrichter gerecht geworden. Denn wenn er auch zunächst den § 766 ZPO. als einschlägig bezeichnet hat, so ist er doch „im übrigen" auf das gemäß § 767 ZPO. zu würdigende Vorbringen der Klägerin sachlich und rechtlich eingegangen. Diese ist also insoweit durch das angefochtene Urteil nicht beschwert.

Unter Bezugnahme darauf, daß nach der oben wiedergegebenen Vergleichsbestimmung der Erlaß der in den Vergleich einbezogenen Forderungen hinfällig wird, wenn der Schuldner mit der Erfüllung in Verzug kommt, hat das Berufungsgericht angenommen, daß, sobald dieser Verzug eingetreten, es dem Gläubiger nicht verwehrt sei, Zwangsvollstreckung aus den früher erwirkten Schuldtiteln zu betreiben, weil diese durch den Vergleich nicht weggefallen seien. Da jedoch insoweit der Vergleich nur den § 7 VerglO. wiedergibt, sonst einschlägige Abmachungen aber nicht enthält, kommt es nicht so sehr auf dessen Fassung als darauf an, wie nach der Gesetzeslage die Frage zu entscheiden ist, ob im Vergleichsverfahren die Aufnahme einer Forderung ins berichtigte Gläubigerverzeichnis den sich über sie verhaltenden früheren Schuldtitel in dem Sinne aufzehrt", wie das die Feststellung einer im Konkursverfahren angemeldeten Forderung bewirkt (RGZ. Bd. 112 S. 300) und wie hier von der Klägerin behauptet wird. Soweit sie hierbei auf Vorschriften der Konkursordnung und der Geschäftsaufsichtsverordnungen Bezug nimmt, geht sie fehl. Es kann hier nicht auf diese Regelungen ankommen, die nach § 1 VerglO. gerade „abgewendet" werden sollen oder nach § 101 das. außer Kraft getreten sind. Denn die Vergleichsordnung schafft ein eigenes, verschieden von diesen Regelungen gestaltetes und dementsprechend selbständig zu beurteilendes Verfahren. Einzig aus ihr heraus ist daher die vorliegende Frage zu beantworten. Auch die im Schrifttum erfolgte Heranziehung des § 775 ZPO. (Kiesow Vergleichsordnung 3. Aufl. S. 575) ist abzulehnen; denn auch gegenüber dieser Gesetzesstelle erscheint die Vergleichsordnung als ein besondere Geltung besitzendes und neben ihr Platz greifendes Gesetz.

Die hier maßgebende Vorschrift ist § 75 VerglO., der bestimmt, daß aus dem bestätigten Vergleich in Verbindung mit einem Auszug aus dem berichtigten Gläubigerverzeichnis wegen der darin „als anerkannt vermerkten" Forderungen Zwangsvollstreckung stattfindet. Dieser Anerkennungsvermerk schafft aber — und das ist entscheidend — keine

Rechtskraft; denn eine dahingehende Vorschrift, wie sie die Konkursordnung im § 145 Abs. 2 enthält, ist in die Vergleichsordnung nicht aufgenommen worden, und Vorschriften der letzteren selbst oder allgemeine Rechtssätze, aus denen das etwa entnommen werden könnte, liegen nicht vor. Hat aber der Anerkennungsvermerk der ins Gläubigerverzeichnis aufgenommenen Forderung keine Rechtskraftwirkung, so entfällt die rechtliche Möglichkeit, den sich über die anerkannte Forderung verhaltenden bisherigen Schuldtitel als beseitigt anzusehen. Denn auch eine Umschaffung liegt nicht vor, wie schon das Berufungsgericht zutreffend angenommen hat. Der Schuldtitel besteht also fort, und zwar neben demjenigen aus dem Vergleich. Rechtlich steht somit nichts entgegen, daß der Gläubiger bei Hinfälligkeit des Vergleichs auf den fortbestehenden ursprünglichen Schuldtitel zurückgreift und aus ihm Zwangsvollstreckung betreibt.

Hier ist nun der Vergleich als hinfällig und somit das Betreiben der von der Klägerin beanstandeten Zwangsvollstreckung als zulässig angesehen worden, weil die Klägerin trotz des Vergleichs überhaupt nicht gezahlt hat. Diese Annahme ist rechtlich nicht zu beanstanden im Hinblick auf § 7 VerglO., der zudem auch, soweit hier von Belang, im vorliegenden Vergleich inhaltlich wiederholt worden ist. Denn das Berufungsgericht hat die Behauptung der Klägerin, daß sie mit der ersten Vergleichsrate nicht in Verzug gekommen sei, ohne Rechtsirrtum für widerlegt erachtet und deshalb das weitere Vorbringen, sie sei infolge des dann einsetzenden Vorgehens des Beklagten zu weiteren Zahlungen nicht mehr in der Lage gewesen, als unbeachtlich angesehen. Daran festhaltend, daß die Klägerin in Verzug geraten sei, hat das Gericht angenommen, daß hierdurch die im Vergleich enthaltene Verwirkungsklausel in Kraft und mit ihr die Forderung des Beklagten in voller Höhe und mit sofortiger Fälligkeit in Wirksamkeit getreten sei. Die Klägerin will aus allgemeinen Rechtsgründen sowie aus § 7 VerglO. herleiten, daß im Falle des Verzugs nur der Erlaß, nicht aber die Stundung der Forderung in Wegfall komme. Zutreffend hat das Berufungsgericht ausgeführt, daß eine solche Ansicht weder im Gesetz noch in der Rechtsprechung oder in der Rechtslehre eine Stütze finde.

RGZ. 136, 288

1. Welchen Zusammenhang mit dem Vergleich muß ein Abkommen mit einem einzelnen Gläubiger haben, damit es unter § 5 Abs. 3 VerglO. fällt?

2. Zum Begriff der „Bevorzugung" in § 5 Abs. 3 und zu dem des „besonderen Vorteils" in § 96 VerglO.

VIII. Zivilsenat. Urt. v. 23. Mai 1932.

I. Landgericht Hamburg. II. Oberlandesgericht daselbst.

Die Klägerin war Gläubigerin der offenen Handelsgesellschaft H. & V in H., als diese im November 1929 ihre Zahlungen einstellte. Mit letzterer gründete der Beklagte im Dezember 1929 die H. & V. GmbH. mit 50 000 RM. Stammkapital, an dem der Beklagte mit 30 000 RM. Bareinlage beteiligt war, während die offene Handelsgesellschaft auf den andern Geschäftsanteil von 20 000 RM. ihre Exportagentur-Verträge einbringen sollte. Im Januar 1930 wurde das Vergleichsverfahren über die offene Handelsgesellschaft H. & V. eingeleitet. Der am 3. Mai 1930 von der Schuldnerin gemachte Vergleichsvorschlag wurde schließlich angenommen und am 30. Juni 1930 gerichtlich bestätigt. In diesem Vergleich nahm die Beteiligung der Schuldnerin an der neu gegründeten H. & V. GmbH. eine Sonderstellung ein. Während im übrigen das gesamte Vermögen der Schuldnerin und ihrer Tochtergesellschaften zu Geld gemacht und durch einen Treuhänder verteilt werden sollte, übernahm der Treuhänder für die Gläubiger den Gesellschaftsanteil der offenen Handelsgesellschaft an der GmbH. und erhielt dazu von dem Geschäftsanteil des Beklagten weitere 5500 RM. Er sollte die auf diese Anteile entfallenden Gewinne einziehen und an die Gläubiger verteilen.

Wegen der für die Annahme des Vergleichs bedeutsamen Zustimmung der Klägerin haben Verhandlungen zwischen ihr, der offenen Handelsgesellschaft und dem Beklagten stattgefunden. Sie führten zu einem Abkommen vom 25. Mai 1930, wonach sich der Beklagte verpflichtete, innerhalb dreier Monate an die Klägerin 25 000 RM. zu zahlen. Sie übertrug hierfür an ihn „ihre sämtlichen Rechte an der H. & V. Lebensmittel-Gesellschaft für Export mbH.".

Auf Zahlung der 25 000 RM. mit Zinsen hat die Klägerin den Beklagten in Anspruch genommen. Der Beklagte hat Nichtigkeit des Abkommens wegen Stimmenkaufs nach § 96 der Vergleichsordnung vom 5. Juli 1927 (RGBl. I S. 139) eingewendet. Das Landgericht verurteilte ihn indes nach dem Klagantrag. Das Oberlandesgericht wies die Berufung des Beklagten zurück. Seine Revision führte zur Aufhebung und Zurückverweisung.

Gründe:

Der Berufungsrichter stellt dahin, ob der vom Beklagten nach dem Abkommen vom 25. Mai 1930 zu zahlende Betrag (im Vergleich mit dem, was die anderen Gläubiger nach dem damaligen Vorschlag erhalten sollten) hoch oder niedrig war und ob darin ein „besonderer Vorteil" für die Klägerin zu erblicken sei. Er nimmt Bezug auf Behauptungen des Beklagten, in denen der Gang der Verhandlungen dargestellt ist, die zu dem Abkommen der Parteien geführt haben. Danach unterstellt er, bei den Verhandlungen möge die Klägerin zunächst wesentlich höhere Forderungen gestellt, sie möge auch bei der schließlichen Annahme des Angebots von 25 000 RM. durch den Beklagten ausdrücklich ihre nunmehrige Zustimmung zu dem Vergleich erklärt haben. Das Zahlungsversprechen sei indessen nur der Beweggrund der Klägerin gewesen, für den Vergleichsvorschlag zu stimmen, aber nicht, worauf es ankomme, die Gegenleistung.

Die Revision macht mit Recht geltend, der Berufungsrichter habe außer acht gelassen, ob abgesehen von der Anwendbarkeit des § 96 VerglO. das streitige Abkommen nicht schon nach § 5 Abs. 3 das. nichtig sei. Unbedenklich liegt die Voraussetzung dieser Vorschrift vor, daß es sich um ein Abkommen („anderer Personen") mit einem einzelnen Gläubiger handelt, das abseits steht von der Sonderberücksichtigung einzelner in der Öffentlichkeit des Vergleichsverfahrens, wie nach § 5 Abs. 2 VerglO. eine Gläubigermehrheit sie zulassen kann. Die Klägerin meint, durch die Feststellungen des Berufungsrichters sei aber ausgeschlossen, daß ihre Bevorzugung, falls sie als solche anzuerkennen sein solle, für die Zustimmung zu dem Vergleichsvorschlag gewährt worden sei. Eine derartige Beziehung des Vorzugs zu der Zustimmung müsse aber nach § 5 Abs. 3 VerglO. erfordert werden; nach dieser Vorschrift könne nicht ein Abkommen nichtig sein, durch das ein Gläubiger mit einem Dritten eine Abmachung über eine vorteilhafte Anlage der zu erwartenden Vergleichsquote treffe oder eine nicht in Geld bestehende Vergleichsquote im voraus verwerte.

Die Vorschrift des § 5 Abs. 3 VerglO. entspricht nur insofern nicht der gleichartigen Bestimmung des § 181 Satz 3 KO., als die Nichtigkeit eines bevorzugenden Sonderabkommens nach § 5 VerglO. nicht davon abhängig ist, daß sich die Vereinbarung die Bevorzugung zum Ziel setzt. Beiden Vorschriften bleibt aber gemeinsam, daß die Abmachung neben dem Vergleich gelten soll, also in Verbindung mit dem Zwangsvergleich und in Beziehung zu ihm stehen muß (RGZ. Bd. 28 S. 96/99, Bd. 61 S. 296/298). Sicherlich mögen Vorausverfügungen über die Vergleichsquote dieser Beziehung zum Abschluß entbehren können, hinter der die Gefahr der Vergleichsbeeinflussung steht. Zu einer näheren Abgrenzung der notwendigen Beziehung gibt die Lage dieses Falls aber keinen Anlaß. Denn unbedenklich ergeben die Feststellungen des Berufungsrichters, daß die Verhandlungen des hier klagenden Gläubigers und der Abschluß des streitigen Abkommens eine Einflußnahme auf das Zustandekommen des Vergleichs mindestens auch zum Gegenstand hatten. Diese Beziehung der Abmachung zu dem Vergleich genügt aber nach § 5 VerglO. (wie nach § 181 KO.) jedenfalls, um die Abmachung als Sonderabkommen neben dem Vergleich erscheinen zu lassen. Die Anwendbarkeit des § 5 VerglO. hängt deshalb nur von der vom Berufungsrichter nicht behandelten Frage ab, ob durch das Abkommen vom 25. Mai 1930 die Klägerin bevorzugt worden ist. Schon aus diesen Gesichtspunkten kann das angefochtene Urteil keinen Bestand haben.

Rechtlichen Bedenken unterliegt aber auch der Grund, aus dem der Berufungsrichter die Anwendbarkeit von § 96 VerglO. abgelehnt hat.

für die Zustimmung der Klägerin zu dem Vergleich sei das Zahlungsversprechen des Beklagten zwar Beweggrund, aber nicht Gegenleistung gewesen. Der Revision ist schon zuzugeben, daß diese Wendung des Berufungsurteils kaum vereinbar ist mit der Darstellung der Verhandlungen und des schließlichen Zustandekommens der Abmachung der Parteien in einem Schriftsatz des Beklagten, einer Darstellung, deren Richtigkeit der Berufungsrichter unterstellt, wenn er ihren Inhalt auch nur in Kürze und ohne Hervorhebung des dort sachlich und ausdrücklich betonten Verhandlungsziels wiedergibt, die Klägerin für den Zwangsvergleich zu gewinnen. Im übrigen ist es aber auch nach dem Sinn der Strafbestimmung des § 96 VerglO. ohne Belang, ob in der Abmachung eine Leistung, die nach der Feststellung des Berufungsrichters für die Entscheidung der Klägerin über den Beitritt zum Vergleich ausschlaggebend war und sein sollte, im Sinn des Leistungsaustausches bei einem gegenseitigen Vertrag der Zustimmung gegenübergestellt war. Es genügt, daß nach der Willenseinigung der Parteien ein „besonderer Vorteil“ „für“ die Zustimmung (nicht ohne Rücksicht auf diese Zustimmung) versprochen worden ist, wobei es nichts verschlägt, daß die Vergütung (der besondere Vorteil) zugleich eine andere Leistung, hier das Überlassen der Beteiligung an der Gesellschaft mbH., abgilt (RG. in LZ. 1914 Sp. 1053). Ungeeignet, der Anwendung des § 96 VerglO. entgegenzustehen, ist ferner die Erwägung des Berufungsrichters, das Verhalten der Klägerin sei von (berechtigten) wirtschaftlichen Überlegungen bestimmt worden. Berechtigte Belange, nicht mit dem Vergleichsteil abgefunden zu werden, sind für Zwangsvergleichsverfahren nicht selten anzuerkennen. § 5 Abs. 2 VerglO. wie § 181 Satz 2 KO. lassen auch Raum zur Berücksichtigung solcher Sonderstellungen durch die Gläubigerschaft selbst in dem der Gesamtheit offenen Vergleich. Die Beachtlichkeit der Belange rechtfertigt aber weder eine Bevorzugung des Gläubigers durch Sonderabkommen (RGZ. Bd. 28 S. 96, Bd. 72 S. 46) noch gar ein Sonderabkommen, das die Gewährung des Vorzugs von der bejahenden Ausübung des Stimmrechts über den Vergleichsschluß abhängig macht. Sonach kommt es für die Anwendung des § 96 VerglO. nach den vorliegenden tatsächlichen Feststellungen allein auf die Frage an, die der Berufungsrichter unentschieden läßt, ob der Klägerin mit der Zusage der 25 000 RM. statt der Konsortialbeteiligung an der Gesellschaft mbH. „ein besonderer Vorteil“ versprochen worden ist.

Die Revision meint, diese Frage, ebenso wie die, ob im Sinn von § 5 VerglO. die Klägerin bevorzugt worden ist, lasse sich schon nach den Feststellungen des Berufungsrichters bejahen, ihre Prüfung müsse also zur Klagabweisung in diesem Rechtszug führen. Dem ist nicht beizustimmen. Die Bevorzugung der Klägerin ebensowohl wie der hier in Frage stehende besondere Vorteil wirtschaftlicher Art sind nach dem Verhältnis der Klägerin zu den anderen Gläubigern zu messen. Für § 5 Abs. 3

VerglO. ergibt sich das ohne weiteres aus dem Zusammenhang der Bestimmungen des § 5, die insgesamt den Grundsatz des Gleichstands der Gläubiger wahren. Aber auch für § 96 VerglO. kann die Besonderheit des Vorteils, um den es sich handelt, nach keinem anderen Maßstab gemessen werden (RG. in LZ. 1914 Sp. 1053; Jaeger KO. § 243 Anm. 6; Mentzel KO. § 243; Kiesow VerglO. § 96 Anm. III; Cahn VerglO. § 96; Leipz. Komm. z. StGB. § 243 KO. Anm. 3; Olshausen StGB. § 243 KO. Anm. 6; Frank StGB. § 243 KO. Anm. II). Für das in Frage stehende Abkommen, in dem ein Ausschnitt aus dem gewöhnlichen Anteil eines Vergleichsgläubigers dem Zahlungsversprechen gegenübersteht, trifft das mit der Vergleichung der beiden Leistungen zusammen. Allein darin, daß ein Gläubiger nicht dasselbe erhält wie alle anderen, liegt nicht schlechthin ein Vorzug oder ein besonderer Vorteil (vgl. RGUrt. vom 19. Juni 1916 VI 141/16: erhöhte Sicherung eines Gläubigers, der anderseits Stundung bewilligt, verstößt nicht notwendig gegen § 181 KO.); er liegt auch nicht darin, daß nach der besonderen Lage der Klägerin die ihr zufließende Abfindung gerade für sie vorteilhafter war als die Beteiligung am Gewinn der H. & V. GmbH.

Deshalb ist nach den vorliegenden Feststellungen nicht jetzt schon auszuschließen, daß die im Vergleich gewählte Art der Vergütung, weil sie den Fachbelangen des Großteils der Gläubiger angepaßt war, den andersartigen Interessen und der Lage der Klägerin zur Zeit des Vergleichsschlusses so wenig gemäß war, daß dem Wert nach eine Gleichstellung erst durch das streitige Abkommen erzielt wurde. Es liegt nicht im Sinn der Vergleichsordnung, durch die Anforderung starrer Gleichmäßigkeit das Zustandekommen eines Vergleichs zu erschweren, der sich, wie der zu beurteilende, der Eigenart der Masse anpaßt. Kommt es also auf eine objektive Wert-Veranschlagung an, so wird anderseits aber auch anzunehmen sein, daß der Begriff der Bevorzugung und des besonderen Vorteils nicht eng umgrenzt werden darf, wenn das Ziel des Gesetzes (§ 5 Abs. 1 und 2 VerglO.) erreicht werden soll, eine sachlich ungleiche Behandlung der Gläubiger möglichst in die Hand der Gläubigerschaft selbst zu legen (RGZ. Bd. 28 S. 96). Insbesondere ist deshalb zu beachten, ob die zugesagte Geldvergütung nicht zum mindesten für einen Teil der anderen Gläubiger ebenso wie für die Klägerin der vergleichsmäßigen Beteiligung nach damaliger Beurteilung vorzuziehen war, wie denn überhaupt der besondere Geschäftswert einer Barzahlung, wie sie versprochen wurde, ins Gewicht fallen muß.

RGZ. 139, 48

Können Rechtshandlungen des Vergleichsschuldners, die vor der Eröffnung des Vergleichsverfahrens vorgenommen wurden, noch auf Grund des Anfechtungsgesetzes angefochten werden, nachdem im Vergleichsverfahren ein Vergleich geschlossen und bestätigt worden ist?

Vergleichsordnung vom 5. Juli 1927 § 73. KO. § 193. AnfG. §§ 3, 9.

VII. Zivilsenat. Urt. v. 29. November 1932.

I. Landgericht Düsseldorf. II. Oberlandesgericht daselbst.

Die Klägerin ist Gläubigerin der Firma H., F. & Co. GmbH. in L., über deren Vermögen das Vergleichsverfahren eröffnet ist. In diesem Verfahren ist die Forderung der Klägerin in Höhe von etwa 29 000 RM. anerkannt worden. Es ist ein sog. Liquidationsvergleich abgeschlossen und gerichtlich bestätigt worden; die Liquidation ist aber noch nicht beendet.

Nach der Behauptung der Klägerin hat der Beklagte in der Zeit vom 18. bis 20. Januar 1930 (vor der Eröffnung des Vergleichsverfahrens) Waren der Firma H., F. & Co., die bei einer anderen Firma lagerten, an sich gebracht. Damals habe, wie die Klägerin geltend macht, die Firma H., F. & Co. ihre Zahlungen bereits eingestellt gehabt und der Beklagte dies gewußt; er habe dann die Waren veräußert und über 10 000 RM. daraus erzielt.

Die Klägerin ficht die Warenübernahme auf Grund des Anfechtungsgesetzes an und verlangt, da sie mit mindestens 10 000 RM. bei der Firma H., F. & Co. ausfalle, Schadensersatz in dieser Höhe, auch aus dem Gesichtspunkt der unerlaubten Handlung. Die Klägerin unterlag in allen drei Rechtszügen.

Aus den Gründen:

Der Berufungsrichter läßt es dahingestellt, ob der Tatbestand des § 3 Nr. 1 AnfG. gegeben ist, und verneint das Bestehen eines Anfechtungsanspruchs um deswillen, weil infolge des im Vergleichsverfahren geschlossenen Vergleichs die Klägerin im Rahmen dieses Vergleichs befriedigt werde, und demnach kein Ausfall mehr in Frage komme, wegen dessen der Beklagte die Zwangsvollstreckung in die angeblich anfechtbar erlangten Waren oder den erzielten Erlös dulden müsse. Die Anwendung des § 73 Abs. 2 der Vergleichsordnung lehnt der Berufungsrichter ab, weil der Beklagte nicht im Sinne dieser Vorschrift Mitschuldner der Vergleichsschuldnerin sei. ... (Weitere Erwägungen des Berufungsgerichts betreffen den Klagegrund der unerlaubten Handlung.) Der Berufungsrichter hält danach die vom ersten Richter ausgesprochene Klagabweisung für gerechtfertigt.

Der Revision der Klägerin ist der Erfolg zu versagen.

Mit Recht hat der Berufungsrichter die Frage verneint, ob nach Beendigung eines Vergleichsverfahrens durch bestätigten Vergleich ein Gläubiger noch frühere Rechtshandlungen des Vergleichsschuldners nach Maßgabe des Anfechtungsgesetzes anfechten könne. Daß es einem vom Verfahren betroffenen Gläubiger nicht gestattet ist, sich während des Verfahrens im Wege einer Anfechtung eine vorzugsweise Befriedigung zu verschaffen, ist mit der herrschenden Meinung anzuerkennen (vgl.

Kiesow Vergleichsordnung 4. Aufl. S. 322 Anm. 12; Mayer Vergleichsordnung S. 195 Anm. 45). Eine Anfechtung erscheint aber auch dann ausgeschlossen, wenn ein bestätigter Liquidationsvergleich den Abschluß des Vergleichsverfahrens bildet; denn in diesem Falle werden die Gläubiger im Rahmen des Liquidationsvergleichs befriedigt, während ihre Forderungen insoweit untergehen, als diese von ihnen teilweise dem Vergleichsschuldner erlassen werden. Ein Ausfall im Sinne des § 2 AnfG. kommt dann nicht mehr in Frage (vgl. Mayer a. a. O. S. 395 Anm. 4 und bezüglich des Zwangsvergleichs Jaeger AnfG. S. 307, wonach die Forderungen des vom Vergleiche betroffenen Gläubigers nur nach Maßgabe des Vergleichs verfolgt werden können; Warneyer AnfG. 2. Aufl. S. 196).

Die von der Revision erneut ins Treffen geführte Ansicht der Klägerin, ihr Anfechtungsrecht sei durch den Vergleich nicht berührt worden, weil der Beklagte als Mitschuldner der Vergleichsschuldnerin im Sinne von § 73 Abs. 2 VerglO. anzusehen sei, kann nicht für richtig angesehen werden. Die Vorschrift in § 73 Abs. 2 VerglO. entspricht — bis auf eine hier nicht in Betracht kommende Abweichung — wörtlich dem den Zwangsvergleich betreffenden Satz 2 des § 193 KO. Nun ist es seit Geltung der Konkursordnung vom 10. Februar 1877/17. Mai 1898, soweit ersichtlich, noch niemals bezweifelt worden, daß das Wort „Mitschuldner" die für die Schuld des Hauptschuldners mithaftenden, für dieselbe Schuld verpflichteten Personen bezeichnet, daß es also ungefähr dasselbe bedeutet wie die Ausdrücke „Korrealschuldner" und „Solidarschuldner" im gemeinen Recht (vgl. Windscheid Pandektenrecht Bd. 2 § 293 bei n. 8; Arndts Pandekten 10. Aufl. S. 364). So wird auch die im 6. Abschnitt des 2. Buches des Bürgerlichen Gesetzbuches behandelte Mehrheit von Schuldnern im Schrifttum „Mitschuld" oder „Mitschuldnerschaft" und werden die einzelnen Schuldner „Mitschuldner" genannt (vgl. Cosack und Mitteis Lehrbuch des Bürgerlichen Rechts 8. Aufl. Bd. 1 S. 497 flg.). Die Motive zur Konkursordnung lassen klar erkennen, daß der Entwurf unter Mitschuldnern nichts anderes verstand als „Solidar- und Korrealschuldner" (Motive zum Entwurf einer Deutschen Gemeinschuldordnung Bd. 2 S. 169; Drucks. des Reichstags II. Legislaturperiode II. Session 1874/75 Nr. 200 S. 1546 flg.). Nach Inkrafttreten der Konkursordnung am 1. Oktober 1879 erhoben sich Zweifel in der Richtung, ob auch diejenigen als Mitschuldner im Sinne des § 178 KO. a. F. (§ 193 n. F.) angesehen werden könnten, die dem Gläubiger für eine Forderung des Gemeinschuldners ein Pfand bestellt hatten (vgl. einerseits RGZ. Bd. 22 S. 325, anderseits Bd. 23 S. 119; v. Wilmowski Deutsche Reichskonkursordnung 5. Aufl. S. 464). Wenn daher bei der Neufassung des Gesetzes im Jahre 1898 in den § 193 die Worte eingefügt wurden: „sowie die Rechte aus einem für die Forderung bestehenden Pfandrecht" usw., so geschah dies, um damit die Praxis des Reichsgerichts gesetzlich festzulegen (vgl. Jaeger KO. 5. Aufl.

Bd. 2 S. 362). Wie die Ausführungen bei Jaeger auf S. 370 flg. deutlich erkennen lassen, besteht bei der Auslegung des § 193 KO. volle Einhelligkeit darüber, daß unter Mitschuldnern nur mehrere durch Mithaftung und wohl auch durch gegenseitiges Rückgriffsrecht verbundene Schuldner zu verstehen sind, und daß die Bestimmung in § 193 Satz 2 KO. außer auf solche Mitschuldner nur noch auf Bürgen und die mit einem Pfand, einer Hypothek usw. haftenden Personen anwendbar ist. Daß für die Vorschrift in § 73 Abs. 2 VerglO. etwas anderes gelten solle, dafür fehlt es an jedem Anhalt. Eine dahingehende Auslegung erscheint auch um deswillen ausgeschlossen, weil die Schuld des Anfechtungsschuldners eine ganz andere ist als die Schuld des Hauptschuldners. Mitschuldner und die übrigen in § 73 Abs. 2 VerglO. aufgeführten Mithaftenden haften, und zwar der Bürge und die sonstigen Garanten auf Grund ausdrücklicher Haftungsübernahme (vgl. RGZ. Bd. 134 S. 129), unmittelbar für die Schuld des Hauptschuldners. Das ist beim Anfechtungsschuldner nicht der Fall. Dessen Verpflichtung geht — wie sich aus § 9 AnfG. ergibt — auf Rückgewähr des in anfechtbarer Weise erlangten Gegenstands, damit sich der Gläubiger durch Zwangsvollstreckung in diesen wegen seiner Forderung gegen den Hauptschuldner befriedigen kann, ohne daß sich der Anfechtungsschuldner zugunsten einer bestimmten Forderung gegen den Hauptschuldner verpflichtet hätte. Von einer „Mitschuld", d. h. einer neben der des Hauptschuldners bestehenden Verpflichtung, dessen Schuld in der gleichen Weise wie die des Hauptschuldners zu erfüllen, kann keine Rede sein. Das zwischen dem anfechtenden Gläubiger und dem Anfechtungsschuldner bestehende Schuldverhältnis ist ein ganz anderes als das zwischen Gläubiger und Hauptschuldner begründete. Fehlt es aber an der in § 73 Abs. 2 VerglO. vorausgesetzten Wesensgleichheit des Schuldverhältnisses, so findet diese Ausnahmebestimmung auf den Beklagten keine Anwendung, und es entfällt für die Klägerin die Möglichkeit, ihn auf Grund des Anfechtungsgesetzes zu belangen.

RGZ. 139, 110

Ist die Vorschrift des § 87 Abs. 2 VerglO. auf die Zeit seit Stellung des Antrags auf Eröffnung des Vergleichsverfahrens auszudehnen?

Vergleichsordnung vom 5. Juli 1927 §§ 31, 82, 87, 98. KO. §§ 30, 33.

VII. Zivilsenat. Urt. v. 13. Dezember 1932.

I. Landgericht Aurich. II. Oberlandesgericht Celle.

Die jetzt als Gemeinschuldnerin in Betracht kommende Firma stand vor ihrem Zusammenbruch in Geschäftsverbindung mit der Sparkasse der verklagten Stadtgemeinde, die ihr zunächst einen Kredit von 25 000 RM. eingeräumt hatte. Die verantwortlichen Sparkassenbeamten hatten diesen Kredit jedoch eigenmächtig beträchtlich erhöht, so daß die Schuld der Firma im Frühjahr 1929 etwa 98 000 RM. betrug. Anfang April 1929 verlangte man von ihr, den Kredit wenigstens bis auf 60 000 RM. abzudecken. Sie zahlte darauf an die Sparkasse bis zum 12. April 1929 rund 38 000 RM. zurück. Einige Zeit später geriet die Firma in Schwierigkeiten und beantragte daher am 24. August 1929 die Eröffnung des Vergleichsverfahrens über ihr Vermögen. Es kam aber nicht zu dieser Eröffnung, die Firma nahm vielmehr ihren Antrag am 14. September 1929 zurück. Sie konnte sich aber doch nicht halten, und es erfolgte daher, ohne daß inzwischen weiteres veranlaßt worden war, am 14. Oktober 1929 die Konkurseröffnung.

Der Konkursverwalter hat mit der Klage die von der Gemeinschuldnerin an die Sparkasse geleisteten Zahlungen auf Grund der Konkursordnung angefochten und Verurteilung der Beklagten zur Rückzahlung begehrt. Während das Landgericht nach dem Klagantrage erkannt hatte, hat das Berufungsgericht auf die Berufung der Beklagten die Klage abgewiesen. Die Revision des Klägers ist zurückgewiesen worden, und zwar betreffs der Anfechtung nach § 30 Nr. 1 KO. aus folgenden

Gründen:

... Die Ablehnung einer Anfechtung aus § 30 Nr. 1 KO. begründet das angefochtene Urteil nur damit, daß die Sechsmonatsfrist des § 33 KO. vom Kläger nicht eingehalten worden sei, während es auf die sachlichen Voraussetzungen des § 30 Nr. 1 gar nicht eingeht. An sich liegt die Konkurseröffnung sechs Monate und zwei Tage nach dem 12. April 1929, wo die letzten der geleisteten Zahlungen von der Beklagten der Gemeinschuldnerin gutgeschrieben worden sind. Die Frist ist also nur gewahrt, wenn § 87 Abs. 2 VerglO. zugunsten des Klägers durchgreift, indem die Zeit von der Stellung des Vergleichsantrags bis zu seiner Rücknahme, also vom 24. August bis zum 14. September 1929, nicht in die Sechsmonatsfrist des § 33 KO. eingerechnet wird. Denn unter einem sonstigen allgemeineren Gesichtspunkt ist eine Hemmung dieser Frist durch die während jener drei Wochen gemäß § 31 VerglO. ausgeschlossene Möglichkeit einer Konkurseröffnung (und damit Möglichkeit einer Konkursanfechtung) nicht denkbar; die Frist des § 33 KO. ist weder eine prozessuale noch eine Verjährungsfrist, sondern eine materiellrechtliche Frist mit der Bedeutung einer Bedingung für die Anfechtbarkeit, eines Bestandteils des Klagegrundes (dieser in RGZ. Bd. 17 S. 71 auf die Frist des § 3 Nr. 2 AnfG. angewendete Ausdruck paßt auch für die Frist des § 33 KO.). Insbesondere kommt eine entsprechende Anwendung des dem § 203 Abs. 2 BGB. zugrundeliegenden Rechtsgedankens nicht in Frage, zumal da diese Bestimmung zwar in § 41 KO. (und ebenso in § 12 AnfG.), aber nicht auch in § 33 KO. angezogen wird.

Der unmittelbaren Anwendung des § 87 Abs. 2 VerglO. steht bei Berücksichtigung des Wortlauts dieser Bestimmung und derjenigen des § 82

Vergl.O. entgegen, daß nach § 82 die Vorschriften der gesamten §§ 83 bis 87 nur für die drei in § 82 aufgeführten Fälle des sog. Anschlußkonkurses (vgl. §§ 24, 71, 80 Vergl.O.) gelten, das Konkursverfahren im gegenwärtigen Falle aber nach dem Scheitern des Vergleichsversuchs als selbständiges eröffnet worden ist; weiter aber auch, daß nach § 87 Abs. 2 nur die seit der Eröffnung des Vergleichsverfahrens verstrichene Zeit nicht eingerechnet wird, und es hier überhaupt nicht zu einer Eröffnung des Vergleichsverfahrens gekommen ist. Aus den beiden Gesichtspunkten hat das Berufungsgericht — im Gegensatz zum Landgericht — die Anwendbarkeit des § 87 Abs. 2 auf den vorliegenden Fall abgelehnt.

Allerdings ist der Wortlaut gesetzlicher Vorschriften nicht unbedingt maßgebend, sondern möglich bleibt auch eine ausdehnende Auslegung über den Wortlaut hinaus und damit eine entsprechende Anwendung einer Gesetzesbestimmung auf einen nach dem Wortlaut nicht unmittelbar getroffenen Fall. Denn auch für die Auslegung von Gesetzen hat der Grundsatz des § 133 BGB. zu gelten, daß nicht am buchstäblichen Sinne des Ausdrucks zu haften, sondern der wirkliche Wille (der wirkliche Sinn und Zweck des Gesetzes) zu erforschen ist (RGZ. Bd. 127 S. 48). Anderseits ist aber doch die Einschränkung zu machen, daß dieser Wille im Gesetze wenigstens irgendwie Ausdruck gefunden haben muß (RGZ. Bd. 133 S. 386); und je einfacher und klarer der Wortlaut einer Gesetzesbestimmung ist, um so schwerer wird sich eine von ihm abweichende Auslegung rechtfertigen lassen.

Als allgemeiner Sinn und Zweck des § 87 Abs. 2 VerglO. ist nun zwar als sicher anzunehmen, daß er zugunsten der Gläubiger das Anfechtungsrecht des Konkursverwalters gegen eine Schmälerung durch eine die Fristen der Konkursordnung ungünstig beeinflussende Wirkung des § 31 VerglO. schützen will. So sagt auch die amtliche Begründung zu § 87 Abs. 2 (§ 80 des Entwurfs), daß in alle genannten Fristen die Dauer des Vergleichsverfahrens nicht eingerechnet werden soll, um die Gläubiger insbesondere in ihrer Anfechtungsmöglichkeit (genauer: den Konkursverwalter in seiner Anfechtungsmöglichkeit zu ihren Gunsten) nicht zu beeinträchtigen. Daraus ergibt sich aber noch nicht, daß der Schutz der Gläubiger über den Wortlaut hinaus in dem überhaupt größtmöglichen, die ungünstige Wirkung des § 31 völlig ausschaltenden Umfange gewollt gewesen sei, und eine Ausdehnung des § 87 Abs. 2 namentlich dahin, daß der dort erwähnten Zeit seit der Eröffnung des Vergleichsverfahrens die seit der Stellung des Antrags auf Eröffnung des Vergleichsverfahrens verstrichene Zeit gleichzustellen sei, erscheint danach nicht gerechtfertigt. Es ist hierbei eben doch besonders zu berücksichtigen, daß der Ausdruck „Eröffnung des Vergleichsverfahrens" an sich schon, wie auch im Zusammenhalt mit dem in § 87 Abs. 1 erwähnten Antrage auf Eröffnung des Vergleichsverfahrens, ganz eindeutig ist und klar auf den gerichtlichen Akt der Eröffnung im Gegensatz zu der diesen vorbereitenden Antragstellung der Privatperson hinweist, wie auch die im § 87 Abs. 2 angezogenen Fristen der Konkursordnung sich allenthalben nach der Eröffnung des Konkursverfahrens, nicht etwa nach der Stellung des Antrags auf seine Eröffnung richten. Für eine ausdehnende Auslegung in dieser Beziehung läßt sich auch keinesfalls der § 98 VerglO. heranziehen, und zwar schon deshalb nicht, weil der dort verwendete Ausdruck „Zeit, während der ein Verfahren auf Herbeiführung eines Vergleichs zum Zwecke der Abwendung des Konkursverfahrens anhängig war," nicht mit nur einiger Sicherheit ergibt, daß damit die Zeit von Stellung des Antrags ab gemeint sein soll, sondern auch hier eher das Gegenteil anzunehmen ist.

Scheidet aber nach dem Ausgeführten die Anwendung des § 87 Abs. 2 VerglO. schon deshalb aus, weil es im vorliegenden Fall überhaupt nicht zur Eröffnung des Vergleichsverfahrens gekommen ist, so hat das Berufungsgericht jedenfalls mit Recht wegen Nichteinhaltung der Sechsmonatsfrist des § 33 KO. eine Anfechtung aus § 30 Nr. 1 KO. ohne weitere Prüfung der sachlichen Voraussetzungen dieser Bestimmung abgelehnt. Mithin kann die andere Frage unentschieden bleiben, ob trotz des § 82 VerglO. der § 87 Abs. 2 das. etwa auch auf selbständige Konkurse anwendbar ist.

Die Entscheidung stimmt überein mit Jaeger KO. 6./7. Aufl. § 31 Anm. 33 zu a, während Lucas VerglO. § 87 Anm. Vb anderer Ansicht ist, Mentzel KO. 4. Aufl. § 31 Anm. 10, § 33 Anm. 1 und Kiesow VerglO. 4. Aufl. § 87 Anm. 15 sich aber nicht ausdrücklich über diesen Punkt aussprechen....

RGZ. 140, 294

Wie wirkt die im Vergleichsverfahren einer Aktiengesellschaft ausgesprochene vorzeitige Kündigung des Dienstvertrags eines Vorstandsmitglieds auf das in dem Dienstvertrag enthaltene Wettbewerbsverbot ein?

Vergleichsordnung vom 5. Juli 1927 (RGBl. I S. 139) § 29.

II. Zivilsenat. Urt. v. 25. April 1933.

I. Landgericht II Berlin. II. Kammergericht daselbst.

Durch Vertrag vom 27. Juli 1928 trat der Kläger zunächst in den Aufsichtsrat der verklagten Aktiengesellschaft und gleichzeitig vertretungsweise in deren Vorstand ein. Auf Grund eines Nachtragsvertrages vom 5. November 1928 wurde er dann zum ordentlichen Vorstandsmitglied der Beklagten bestellt. In diesem Vertrag, der bis zum 31. Dezember 1931 lief und dessen Verlängerung vorgesehen war, waren seine Einkünfte dahin geregelt, daß sie für das Jahr 1931 insgesamt 27 000 RM. betragen sollten. Später fand sich der Kläger bereit, vom 1. Januar 1931 ab vorläufig auf 10 % des ihm garantierten festen Einkommens zu verzichten. In § 6 des Vertrags vom 27. Juli 1928, dessen Geltung auch im

Nachtragsvertrag ausdrücklich aufrechterhalten wurde, hatte der Kläger die Verpflichtung übernommen, sich im Fall der Auflösung seines Dienstvertrags drei Jahre lang jeden Wettbewerbs zu enthalten; während der Dauer dieser Sperrfrist stand ihm eine Entschädigung in Höhe von 60 % des ihm zuletzt gewährten garantierten Einkommens zu; bis zwei Wochen nach Kündigung des Vertrags hatte die Gesellschaft das Recht, auf die Sperrfrist ganz oder teilweise zu verzichten.

Nach Eröffnung des Vergleichsverfahrens zur Abwendung des Konkurses über die Beklagte sprach der Vorsitzende ihres Aufsichtsrats mit Ermächtigung des Vergleichsgerichts am 13. Februar 1931 die Kündigung gegenüber dem Kläger aus. In einem Schreiben vom 7. April 1931 machte letzterer darauf seine Ansprüche geltend, dabei auch den Anspruch auf die Entschädigung für Innehaltung des Wettbewerbsverbots. Es folgte ein weiterer Briefwechsel, bis der Vorsitzende des Aufsichtsrats der Beklagten in einem Brief vom 8. Mai 1931 dem Kläger mitteilte, daß die Beklagte an der Aufrechterhaltung des Konkurrenzverbots kein Interesse habe.

Mit der Klage machte der Kläger neben Schadensersatzansprüchen, die für die Revisionsinstanz nicht in Betracht kommen, einen Anspruch auf Zahlung von monatlich 1350 RM. nebst Zinsen für die Monate Mai bis September 1931 als Entschädigung für die Innehaltung des Wettbewerbsverbots geltend. Die Beklagte erkannte den Schadensersatzanspruch zu einem Teil an, beantragte aber im übrigen Abweisung der Klage. Das Landgericht verurteilte die Beklagte nur dem Anerkenntnis gemäß und wies im übrigen die Klage ab. Das Kammergericht gab der Berufung des Klägers unter Zurückweisung im übrigen insoweit statt, daß es die Beklagte zur Zahlung weiterer 6075 RM. nebst Zinsen verurteilte. Die Revision der Beklagten blieb erfolglos.

Gründe:

Das Kammergericht ist der Ansicht, durch die mit Ermächtigung des Vergleichsgerichts ausgesprochene Kündigung des Dienstverhältnisses sei die Abrede über das Wettbewerbsverbot nicht berührt worden. Dieses nach der Beendigung des Dienstverhältnisses des Klägers in Wirksamkeit tretende Verbot werde auch durch den Vergleich nicht berührt. Wenn die Beklagte auf Grund der Regelung des Konkursverfahrens eine andere Folgerung ziehen wolle, so verbiete sich das mit Rücksicht auf die grundstäzliche Verschiedenheit der mit dem Vergleichsverfahren und dem Konkursverfahren erstrebten Ziele. Etwas anderes würde sich nur ergeben, wenn im vorliegenden Fall in die Wettbewerbsvereinbarung der Parteien mit den Rechtsbehelfen der Vergleichsordnung eingegriffen worden wäre. Das sei jedoch nicht geschehen. Eine Ermächtigung des Vergleichsgerichts zur Ablehnung der Erfüllung der Wettbewerbsvereinbarung nach § 28 VerglO. sei nicht eingeholt und weder ausdrücklich noch stillschweigend ausgesprochen worden. Der Schriftwechsel der Parteien zeige auch, daß sie übereinstimmend davon ausgegangen seien, es sei nur das Dienstverhältnis, nicht auch die Wettbewerbsabrede durch den Beschluß des Vergleichsgerichts und die Kündigungserklärung der Beklagten vom 13. Februar 1931 betroffen.

Die Revision macht hiergegen geltend, das Kammergericht zerlege in rechtsirriger Weise den einheitlichen Anstellungsvertrag des Klägers in zwei Teile und unterscheide zwischen der Vergütung für seine Dienstleistung und für die von ihm für die Zeit nach Beendigung des Vertrags übernommene Verpflichtung, Wettbewerb zu unterlassen. Werde ein gegenseitiger Vertrag infolge der Eröffnung des Vergleichsverfahrens mit Ermächtigung des Gerichts gelöst, so werde von dieser Auflösung der Vertrag in seiner Gesamtheit ergriffen. Es könne nicht unterschieden werden zwischen einem Teil des Vertrags, der gelöst sei, und einem anderen, der unberührt von der rechtsgestaltenden Kündigungserklärung bestehen bleibe. Es sei auch kein Anhaltspunkt dafür gegeben, daß die Beklagte oder der Vergleichsrichter das Vertragsverhältnis in zwei Teile hätten spalten wollen oder überhaupt daran gedacht hätten, das Wettbewerbsverbot und die in ihm festgelegte Entschädigungspflicht der Beklagten könnte anders behandelt werden als die Pflicht des Klägers zur Dienstleistung und sein Anspruch auf die dafür geschuldete Vergütung. Diese Spaltung widerspreche der grundsätzlichen Rechtslehre und Rechtsprechung über die Behandlung von Verträgen, die auf Grund des § 22 KO. oder des § 28 VerglO. gekündigt seien. Gegen die Auslegung des Kammergerichts spreche ferner, daß der Vergleichsrichter und mit ihm die Beklagte erkennbar die Masse von den erheblichen Verpflichtungen aus dem Vertragsverhältnis mit dem Kläger hätten entlasten wollen. Diese Entlastung trete nicht ein, wenn das Wettbewerbsverbot bestehen bleibe und damit die für seine Einhaltung von der Beklagten zu zahlende Vergütung. Den richtigen Standpunkt glaubt die Revision in der auf dem Gebiete des Konkursrechts ergangenen Entscheidung des Reichsgerichts vom 10. Oktober 1906 in JW 1906 S. 762 Nr. 33 finden zu sollen, deren grundsätzliche Einstellung von der Rechtslehre noch jetzt gebilligt werde.

Es ist jedoch verfehlt, wenn die Revision aus der bezeichneten Entscheidung eine grundsätzliche Auffassung in der Richtung entnehmen will, daß die Kündigung eines Dienstvertrags durch den Konkursverwalter auf Grund des § 22 KO. immer oder auch nur regelmäßig die Beseitigung des in dem Vertrag enthaltenen Wettbewerbsverbots zur Folge habe. Allerdings stellt das Erläuterungsbuch von Mentzel zu § 22 KO. (Anm. 4 Abs. 4) unter Hinweis auf jene Entscheidung den Satz auf: „Kündigt der Konkursverwalter den Dienstvertrag eines kaufmännischen Angestellten auf Grund des § 22, so wird der Angestellte von einem Wettbewerbsverbot, das der Vertrag enthält, frei." Ähnlich spricht sich Staub-Bondi Anm. 7 zu § 75 HGB. aus, indem er noch zur Begründung seines Standpunkts hinzufügt, daß das Wettbewerbsverbot für einen derartigen Fall nicht vorgesehen sei. Beide Schriftsteller beschränken ihre Stellungnahme also ausdrücklich auf den Dienstvertrag des kaufmännischen Angestellten, dessen Wettbewerbsverbot in den §§ 74 flg. HGB. eine grundsätzliche Regelung gefunden hat, die auf die vertragsmäßig übernommene Wettbewerbsunterlassung des Vorstandes einer Aktiengesellschaft keine Anwendung findet. Aber auch mit dieser Beschränkung hat der Standpunkt von Mentzel und Bondi in der Rechtsprechung des Reichsgerichts keine Grundlage. Von beiden Schriftstellern wird neben der oben erwähnten Entscheidung von 1906 noch die vom 29. September 1903 (JW. 1903 S. 389 Nr. 20) herangezogen. Diese befaßt sich mit der Wettbewerbsklausel im Vertrag eines Angestellten und lehnt keineswegs das Fortbestehen des Wettbewerbsverbots nach Kündigung des Vertrags durch den Konkursverwalter ohne weiteres ab; im Gegenteil geht das Urteil von der Möglichkeit des Fortbestehens aus, indem es im Anschluß an die damals geltende Fassung des § 75 Abs. 1 HGB. von dem früheren Gemeinschuldner, der die Vertragsstrafe aus dem Verbot einklagte, den Nachweis verlangt, daß die infolge des Konkursausbruchs vom Konkursverwalter ausgesprochene Kündigung des Dienstverhältnisses auf einen von ihm nicht verschuldeten Anlaß zurückzuführen sei. Auch die genannte Entscheidung vom 10. Oktober 1906 stellt keinen allgemein gültigen Grundsatz auf. Sie behandelt den Anspruch einer zuvor in Konkurs gewesenen Aktiengesellschaft gegen ihre früheren Vorstandsmitglieder aus der Wettbewerbsklausel und spricht nach Mitteilung der in Betracht kommenden Bestimmungen des Dienstvertrags aus, es könne wegen Fehlens einer dies deutlich zum Ausdruck bringenden Vertragsbestimmung nicht angenommen werden, daß sich das Konkurrenzverbot auch auf den Fall vorzeitiger Kündigung des Dienstverhältnisses durch den Konkursverwalter beziehen sollte. Das Urteil stellt somit auf den für den einzelnen Fall zu ermittelnden Willen der Beteiligten ab, und es ist wesentlich beeinflußt von der Tatsache, daß dort nicht der frühere Dienstverpflichtete die Entschädigung für die Zeit des Wettbewerbsverbots einklagte, sondern der frühere Gemeinschuldner die Vertragsstrafe wegen Übertretung des Verbots. Das erschien dem Senat unbillig aus der Erwägung heraus, daß dem gekündigten Dienstverpflichteten wegen des Schadens, den er erleide, zwar eine Entschädigung zustehe, aber nur als einfache Konkursforderung. Die gegen die Begründung dieses Urteils bestehenden Bedenken hat Jaeger (Anm. 20 zu § 22 KO.) entwickelt, und gegen den von Mentzel und Staub-Bondi vertretenen Standpunkt sprechen sich auch Düringer-Hachenburg-Hoeniger (Anm. 20 Abs. 2 zu § 74 (HGB.) und Ritter (Anm. 5 zu § 75 HGB.) aus.

Danach ist zunächst festzustellen, weder die Rechtsprechung noch die Rechtslehre haben für das Gebiet des Konkursrechts einen allgemeinen Satz dahin begründet, daß die Kündigung eines Dienstvertrags durch den Konkursverwalter ohne weiteres die Beseitigung der Konkurrenzklausel nach sich ziehe. Allein selbst wenn das der Fall wäre, so würde ein solcher Grundsatz noch keineswegs auf das Vergleichsverfahren auszudehnen sein. Die Rechtsprechung zur Vergleichsordnung hat sich, soweit ersichtlich, mit dieser Frage bisher nicht befaßt.

Die unveränderte Übernahme von Grundsätzen des Konkursrechts würde sich hier, worauf das Kammergericht im Anschluß an die Entscheidung des erkennenden Senats in RGZ. Bd. 129 S. 230 zutreffend hinweist, aus der Erwägung verbieten, daß der Konkurs in der Regel mit dem Aufhören der bisherigen geschäftlichen Betätigung des Schuldners endet, daß das Vergleichsverfahren dagegen die Ermöglichung ihrer Fortdauer berücksichtigt, ja dieser Ermöglichung dienen soll. Deshalb kann es für den Vergleichsschuldner von großer Bedeutung sein, daß er sein geschäftliches Fortleben nach Beendigung des Verfahrens durch Aufrechterhaltung eines Wettbewerbsverbots schützt, namentlich wenn sich dieses gegen eine bisher leitende Persönlichkeit richtet, die mit allen Einzelheiten seines Betriebs vertraut ist oder wenigstens vertraut sein kann. Deshalb wird man auch nicht sagen können, daß das in der Kündigung des Dienstvertrags zum Ausdruck gebrachte Streben nach wirtschaftlicher Entlastung des Betriebs durch Wegfall hoher Gehälter ohne weiteres auch den Wunsch enthält, die für die Sperrzeit zu zahlende Entschädigung wegfallen zu lassen. Diese kann weniger lästig sein als ein gefährlicher Wettbewerb.

Nun beruft sich die Revision gegenüber diesen Erwägungen auf die Notwendigkeit einer einheitlichen Behandlung des ganzen Vertrags nach seiner Kündigung im Vergleichsverfahren. Allein eine gewisse Zweiteilung liegt hier in der Natur der Sache; die Kündigungserklärung beendigt regelmäßig den einen Teil des Vertrags, nämlich das eigentliche Dienstverhältnis mit den ursprünglichen und unmittelbar aus dem Vertragsschluß entspringenden Verpflichtungen zur Dienstleistung auf der einen und zur Zahlung des Dienstlohns auf der anderen Seite; dadurch wird gleichzeitig erst der andere Teil des Vertrags ausgelöst, die Verpflichtung zur Wettbewerbsunterlassung für den Dienstnehmer, diejenige zur Zahlung der Entschädigung für den bisherigen Dienstherrn. Auch die von der Revision herangezogene Entscheidung des Reichsarbeitsgerichts vom 6. Mai 1932 (RAG. Bd. 11 S. 95) unterscheidet zwischen diesen beiden Teilen des einheitlichen Dienstvertrags. Sie behandelt die „Wettbewerbs-Karenzentschädigung“ keineswegs als Dienstbezug, sondern stellt sie nur für die Behandlung im Konkurs des Dienstherrn dem Dienstbezug gleich, weil sie die Gegenleistung für eine von dem Arbeitnehmer in der fraglichen Zeit zum Vorteil des Arbeitgebers bewirkte Leistung sei, nämlich für das Unterlassen beruflicher Betätigung in Konkurrenzunternehmungen. Schärfer tritt die Zweiteilung hervor in RGZ. Bd. 5 S. 125, wo ausgesprochen ist, daß eine nach Beendigung des Dienstverhältnisses noch rückständige Leistung des Dienstherrn einerseits und die Verbindlichkeit des bisherigen Dienstpflichtigen, nicht in ein

Konkurrenzgeschäft einzutreten, anderseits, obgleich beide auf demselben Vertragsschluß beruhen, nicht als Leistungen einander gegenüber stehen, sondern unabhängig nebeneinander bestehen. Endlich hat der I. Zivilsenat in der Entscheidung RGZ. Bd. 79 S. 310 in einem Fall, wo der Gesellschafter einer offenen Handelsgesellschaft sein Ausscheiden vereinbart und sich in demselben Vertrag auf eine Reihe von Jahren gegen Entschädigung zur Wettbewerbsenthaltung verpflichtet hatte, den Rücktritt von der Wettbewerbsklausel ohne Rücktritt von der Abrede über das Ausscheiden, also ohne Wiedereintritt in die Gesellschaft, für zulässig angesehen. Ausdrücklich ist dort der über die Konkurrenzklausel getroffenen Vereinbarung Selbständigkeit gegenüber dem sonstigen Inhalt des Vertrags zuerkannt worden. Die Besonderheiten des Dienstvertrags mit Wettbewerbsverbot lassen dagegen den von der Revision gezogenen Vergleich mit dem Sukzessivlieferungsvertrag nicht zu, bei dem alle Verpflichtungen unmittelbar und ursprünglich dem ersten Vertragsschluß entspringen. Aus dem Grundsatz einheitlicher Behandlung des ganzen Vertragsverhältnisses, wie er für derartige einheitliche Verträge gilt, kann deshalb im vorliegenden Fall die Entscheidung nicht hergeleitet werden.

Vielmehr ist davon auszugehen, daß die Vergleichsordnung, wenn sie in § 29 eine vorzeitige Kündigung eines Dienstvertrags gestattet, damit doch die Wirkung der Kündigung nicht anders gestaltet, also sie im Vertrage vorgesehen ist. Nur ein Schadensersatzanspruch des Dienstpflichtigen wird darüber hinaus durch § 30 VerglO. geschaffen. Im übrigen aber läßt das Gesetz nicht erkennen, daß durch die mit Ermächtigung des Vergleichsgerichts ausgesprochene Kündigung nicht alle diejenigen Folgen ausgelöst werden sollten, die eine vereinbarungsmäßige Kündigung auslösen würde. Wenn also im vorliegenden Fall der Dienstvertrag des Klägers für diesen die Verpflichtung vorsah, sich nach der durch die Kündigung herbeigeführten Auflösung des Dienstverhältnisses während dreier Jahre an keinem Konkurrenzunternehmen zu beteiligen, so gilt diese Verpflichtung mit den daran anknüpfenden weiteren Bestimmungen über Vertragsstrafe und Entschädigung auch für den Fall der Auflösung des Dienstverhältnisses auf Grund der vorzeitigen Kündigung im Vergleichsverfahren. Eine Abweichung wäre vielleicht zuzulassen, wenn sie bei der Kündigung mit Genehmigung des Vergleichsgerichts besonders zum Ausdruck gekommen wäre.

Im Gegensatz zu der Ansicht der Revision spricht im vorliegenden Fall nichts dafür, daß der Vergleichsrichter die Beklagte auch zur Aufhebung der Wettbewerbsklausel habe ermächtigen, daß die Beklagte um eine solche Ermächtigung habe nachsuchen wollen. Denn zu einem Verzicht auf die Sperrfrist bedurfte es keiner Ermächtigung des Gerichts, sondern es stand der Beklagten nach der Bestimmung des letzten Absatzes in § 6 des Dienstvertrags ohne weiteres das Recht zu, bis zwei Wochen nach Kündigung des Vertrags auf die Sperrfrist ganz oder teilweise zu verzichten. Ist die Kündigung auf Grund des § 29 VerglO. in ihrer Wirkung einer vertragsmäßigen Kündigung gleichzusetzen, so löste sie auch jenes Recht aus. Dagegen können hier um so weniger Bedenken bestehen, als die Kündigung zwar nur mit Ermächtigung des Gerichts zulässig war, dann aber von demselben Organ ausgesprochen wurde, das auch die vereinbarungsmäßige Kündigung zu erklären hatte.

Deshalb ist dem Berufungsgericht darin zu folgen, daß das für den Kläger vertraglich begründete Wettbewerbsverbot durch das Vergleichsverfahren als solches ebensowenig berührt worden ist wie durch die Ermächtigung des Gerichts zur vorzeitigen Kündigung des Dienstvertrags und durch die am 13. Februar 1931 ausgesprochene Kündigung. Ob der *Schriftwechsel der Parteien aus der Zeit nach der Kündigung* zu der Annahme berechtigt, daß damals auch bei ihnen Einverständnis darüber vorlag, daß nur das Dienstverhältnis gelöst, nicht auch das Wettbewerbsverbot beseitigt werden sollte, braucht nicht geprüft zu werden. Es kann sich vielmehr nur darum handeln, ob die Beklagte rechtswirksam auf die Sperrfrist verzichtet hat.

Das Kammergericht verneint diese Frage, indem es einen Verzicht nur und frühestens in dem Schreiben der Beklagten vom 8. Mai 1931 ausgesprochen sieht, diesen aber angesichts der Kündigung vom 13. Februar 1931 als verspätet bezeichnet. Die im Rechtsstreit von der Beklagten vertretene Auffassung, daß sie mit dem Verzicht bis Mitte Juli 1931 habe warten dürfen, weil die im Vertrag vorgesehene Frist von zwei Wochen nur den Zweck gehabt habe, dem Kläger 5½ Monate vor der vertraglich zulässigen Beendigung seines Dienstverhältnisses Klarheit zu bringen, lehnt das angefochtene Urteil mit Recht ab. Der 1. Juli 1931 hatte als Kündigungstermin und damit für den Lauf der zweiwöchigen Verzichtfrist jede Bedeutung verloren, nachdem ein früherer Kündigungstermin zulässig geworden und zur Kündigung benutzt worden war. Es kann der Revision auch nicht zugegeben werden, daß die Frist deshalb als gewahrt anzusehen sei, weil auch nach der Kündigung noch gar nicht festgestanden habe, daß das Vertragsverhältnis endgültig gelöst werde. Wohl haben zwischen den Parteien nach dem 13. Februar 1931 Verhandlungen über eine Weiterbeschäftigung des Klägers stattgefunden. Aber dabei konnte es sich nur um den Abschluß eines neuen Vertrags zu neuen Bedingungen handeln. Der alte Vertrag sollte endgültig sein Ende finden, das war der Zweck der Kündigung. Aber auch, nachdem der Vorsitzende des Aufsichtsrats der Beklagten dem Kläger im Schreiben vom 27. März 1931 mitgeteilt hatte, daß die Beklagte nicht in der Lage sei, seinen Vertrag zu verlängern, unterblieb zunächst eine Erklärung über das Wettbewerbsverbot, und sie unterblieb auch noch, nachdem der Kläger im Briefe vom 7. April 1931 ausdrücklich die ihm für die Innehaltung des Wettbewerbsverbots zustehenden Zahlungen gefordert hatte. Daß damals eine mündliche Besprechung der Beteiligten in Aussicht genommen war, vermochte die Beklagte nicht von der Pflicht zur Einhaltung der zweiwöchigen Erklärungsfrist zu entbinden, zumal der Zeitpunkt dieser Unterredung ganz unbestimmt war. Es kann also keine Rede davon sein, daß erst das Schreiben des Klägers vom 29. April 1931, in dem er sich zu einer Unterredung zur Verfügung stellte, oder das endgültige Scheitern aller Verhandlungen die zweiwöchige Frist in Lauf gesetzt hätte. Ebensowenig ist auf seiten des Klägers ein Verstoß gegen Treu und Glauben zu erkennen, wenn er sich auf die Nichtinnehaltung der Verzichtsfrist beruft. Die Beklagte als Vertragspartei mußte sich über die ihr nach dem Vertrag mit dem Kläger obliegenden Pflichten klar sein und ihr Verhalten danach einrichten.

Die Revision bekämpft schließlich die Berechnung der dem Kläger vom Berufungsgericht zugebilligten Entschädigung. Das angefochtene Urteil geht davon aus, daß der Kläger auf 10 % des ihm vertragsgemäß zustehenden Einkommens verzichtet habe, und berechnet die Entschädigung deshalb auf 60 % des so geminderten Einkommens. Die Revision ist dagegen der Ansicht, die Vergütung für die Einhaltung des Wettbewerbsverbots könne nur zusammen mit dem Schadensersatzanspruch aus § 30 VerglO. geltend gemacht werden und sei deshalb vom Vergleichsverfahren betroffen. Allein wenn das Wettbewerbsverbot durch die Kündigung des Dienstvertrags nicht beseitigt worden ist, dann wird es durch das Vergleichsverfahren überhaupt nicht berührt. Es gibt hier aber, da das Vertragsverhältnis der Parteien zur Zeit der Eröffnung des Vergleichsverfahrens noch nicht erledigt war, nur zwei Möglichkeiten: Entweder ist es, auch soweit das Wettbewerbsverbot in Betracht kommt, nachträglich auf Grund des § 29 VerglO. beendet, dann steht dem Kläger nur eine Schadensersatzforderung gemäß § 30 das. zu; er selbst ist von jeder Vertragspflicht frei. Oder das Wettbewerbsverbot besteht noch, dann ist der Kläger zu seiner Innehaltung verpflichtet, hat dafür aber auch die volle Gegenleistung zu fordern. Eine Vergütung, die von dem Vergleichsverfahren betroffen wird, gibt es nicht. Die Berechnung des Vorderrichters ist deshalb nicht zu beanstanden.

RGZ. 143, 347

Liegt ein Erlaßvergleich vor, wenn die gesamte Vermögensmasse des Schuldners zugunsten der Gläubiger verwertet werden soll?

Vergleichsordnung vom 5. Juli 1927 (RGBl. I S. 139) —Vergl O. — § 7.

VII. Zivilsenat. Urt. v. 12. Januar 1934.

I. Landgericht III Berlin. II. Kammergericht daselbst.

Der Kläger war bei der Beklagten seit 1898, und zwar seit 1907 als Prokurist tätig. Am 31. Dezember 1926 schied er aus dem Dienst und erhielt seitdem eine Pension von monatlich 200 RM. Die Beklagte, die seit 1932 die Pension nicht mehr gezahlt hat, schloß im Jahre 1932 mit ihren Gläubigern einen gerichtlich bestätigten Vergleich, nach dem die am Verfahren beteiligten Gläubiger 30 % in drei Raten von je 10 % erhalten sollten. Der Kläger hatte seine Forderung mit dem kapitalisierten Betrag von 12 564 RM. zum Vergleichsverfahren angemeldet; die Beklagte hatte sie bestritten, bei der Ausschüttung der ersten Quote am 15. August 1932 auch nichts an den Kläger gezahlt. Dieser macht geltend, infolge des Verzugs der Beklagten sei gemäß § 7 VerglO. die alte Forderung wieder aufgelebt. Er verlangt mit der Klage in erster Linie die ursprüngliche Pensionszahlung, in zweiter Linie die kapitalisierte Rente nach Maßgabe des gerichtlich bestätigten Vergleichs.

Das Landgericht erkannte nur nach dem zweiten Antrag, das Kammergericht verurteilte jedoch die Beklagte, dem Kläger eine Rente von monatlich 200 RM. ab 31. Dezember 1931 zu zahlen. Die Revision der Beklagten wurde zurückgewiesen aus folgenden

Gründen:

Der Berufungsrichter sieht den gerichtlich bestätigten Vergleich, den die Beklagte mit ihren Gläubigern geschlossen hat, als einen Liquidations-Erlaßvergleich an, da nach § 4 des Vergleichs die vom Verfahren betroffenen Gläubiger insoweit auf ihre Forderungen verzichtet hätten, als diese nicht aus dem Liquidationserlös der Vermögenswerte der Beklagten hätten gedeckt werden können. Auch die zweite Voraussetzung für die Anwendung des § 7 VerglO. erachtet der Berufungsrichter für dargetan, weil die Beklagte auch nach Zustellung der Klage die fällige Vergleichsquote nicht gezahlt habe und dadurch in Verzug geraten sei. Infolgedessen sei der vom Kläger erklärte Erlaß hinfällig geworden und die ursprüngliche Pensionsforderung wieder aufgelebt.

Die Revision der Beklagten rügt lediglich Verletzung des § 7 VerglO. Sie meint, trotz des Wortlauts seines § 4 enthalte der Vergleich in Wirklichkeit keinen teilweisen Erlaß der Forderung; denn den Gläubigern hafte nicht mehr als das gesamte Vermögen der Aktiengesellschaft; das aber solle zugunsten der Gläubiger liquidiert werden, diese sollten also alles erhalten, worauf sie einen rechtlichen Anspruch hätten. Auf Vergleiche, durch welche die gesamte Vermögensmasse zugunsten der Gläubiger verwertet werden solle, sei § 7 VerglO. nicht anwendbar.

Diese Ausführungen können nicht für zutreffend erachtet werden. Der Erlaßvergleich besteht meist gerade darin, daß der Schuldner den Gläubigern sein gesamtes Vermögen zur bestmöglichen Verwertung überläßt, wogegen die Gläubiger den nicht gedeckten Teil ihrer Forderungen erlassen (Begr. zum Entwurf der VerglO. S. 19; Kiesow VerglO. 4. Aufl. S. 152/153 Anm. 17 der Vorbemerkung vor §§ 5 bis 7; Bernhard Mayer VerglO. S. 119/120 Anm. 3 zu § 15). Auch wenn die Gläubiger tatsächlich nicht mehr erhalten können als das, was bei der bestmöglichen Verwertung des gesamten Vermögens des Schuldners herauskommt, behalten sie einen rechtlichen Anspruch auf den Betrag ihrer Forderung, der durch jene Verwertung nicht gedeckt wird. Verzichten sie im Vergleich auf diesen ungedeckten Betrag — wie hier in § 5 des Vergleichs, wonach sich die Gläubiger, bis auf gewisse Ausnahmen, mit 30 % ihrer Forderungen begnügen —, so liegt eben insofern ein Erlaß der Forderungen vor. Die Frage, ob ein Erlaßvergleich vorliegt, ist nicht danach zu beantworten, ob der Schuldner sein gesamtes Vermögen hingibt oder ob ihm noch etwas verbleibt, sondern danach, ob die Gläubiger ihre Forderungen voll bezahlt erhalten oder einen Teil davon erlassen. Da hier der zweite Fall gegeben ist, hat der Berufungsrichter zutreffend einen Erlaßvergleich im Sinne des § 7 VerglO. angenommen.

Wenn die Revision meint, die Anwendung dieser Gesetzesvorschrift auf einen Vergleich wie den vorliegenden gebe dem Schuldner eine bequeme Handhabe zur Bevorzugung eines Gläubigers zum Nachteil der übrigen, so ist dem entgegenzuhalten, daß ein derartiges betrügerisches Zusammenspiel des Schuldners mit einem Gläubiger an sich bei jedem Erlaßvergleich möglich wäre. Schutz dagegen gewähren die einschlägigen Bestimmungen des bürgerlichen Rechts, insbesondere die Vorschrift des § 826 BGB. Übrigens würde es auch, wenn der Schuldner auf Grund einer Verabredung mit dem betreffenden Gläubiger dessen Vergleichsforderung nicht erfüllt, an der zur Anwendung des § 7 VerglO. (erster Fall) erforderlichen Voraussetzung des Verzugs fehlen. Allerdings soll nach § 7 VerglO. der Erlaß bei Verzug des Schuldners nur „im Zweifel“ hinfällig werden. Aber das bedeutet nur, daß die Hinfälligkeit eintreten soll, wenn nichts anderes im Vergleich ausbedungen ist (vgl. Kiesow a. a. O. S.170 Anm. 1a zu § 7 VerglO.). Und das ist hier nicht der Fall.

RGZ. 146, 133

1. Ist der Gläubiger, der auf Grund eines gegenseitigen, zur Zeit der Eröffnung des Vergleichsverfahrens beiderseits noch nicht voll erfüllten Vertrages einen Teil der Leistung des Schuldners innerhalb der Sperrfrist des § 3 VerglO. zwangsweise beigetrieben hat, verpflichtet, das Beigetriebene herauszugeben, wenn der Schuldner demnächst die weitere Erfüllung des Vertrages ablehnt und der Vergleich bestätigt wird?

2. Löst die Ablehnung der Erfüllung den Vertrag rückwirkend auf? Bleiben die Leistungen, die bis zur Ablehnung der weiteren Vertragserfüllung bewirkt worden sind, vertragsmäßige Leistungen?

3. Zum Begriff des Schadensersatzes wegen Nichterfüllung im Sinne des § 30 VerglO.

4. Zum Begriff des Erlaßvergleichs.

5. Zur Beweiskraft des Protokolls über den Vergleichstermin.

6. Inwieweit schließt Rechtsirrtum Schuldnerverzug aus?

Vergleichsordnung vom 5. Juli 1927 (RGBl. I S. 139). — VerglO. — §§ 3, 4, 28, 30, 62, 70, 75. BGB. §§ 276, 285.

II. Zivilsenat. Urt. v. 19. Oktober 1934.

I. Landgericht Berlin. II. Kammergericht daselbst.

Die Parteien standen in Geschäftsverbindung miteinander. Die Klägerin bezog von der Beklagten fortlaufend Martinschwadenrechen und hatte ihrerseits an die Beklagte Heurechen zu liefern. Wegen eines Teiles des Kaufpreises für gelieferte Martinschwadenrechen erwirkte die Beklagte am 1. September 1931 gegen die Klägerin ein Versäumnisurteil über 10 000 RM. Aus der Vollstreckung dieses Urteils bei der Klägerin erlangte sie in Höhe von 5022,23 RM. Befriedigung.

Auf Grund eines am 10. September 1931 gestellten Antrags wurde am 11. Dezember 1931 über das Vermögen der Klägerin das gerichtliche Vergleichsverfahren eröffnet. Mit Ermächtigung des Vergleichsgerichts lehnte die Klägerin gemäß § 28 VerglO. die weitere Erfüllung des mit der Beklagten geschlossenen Lieferungsvertrags ab. Die Beklagte meldete daraufhin eine Forderung aus „Warenlieferungen" in Höhe von 21 749 RM. zum Gläubigerverzeichnis an. Von diesem Betrag wurde ein Teil von 15 341,25 RM. (als Schadensersatzforderung) anerkannt, der Rest bestritten. Im Termin vom 4. Februar 1932 wurde nach der Sitzungsniederschrift auf Grund eines Vorschlags der Klägerin vom 3. Dezember 1931 ein Vergleich geschlossen und alsbald gerichtlich bestätigt. Der Vergleichsvorschlag sah, wie für die Mehrzahl der Großgläubiger, so auch für die Beklagte die Ausschüttung einer Vergleichsquote von 30 % der anerkannten Forderungen vor mit der Aussicht auf eine weitergehende Befriedigung beim Aufkommen eines entsprechenden Liquidationserlöses. Die fest bestimmte Quote sollte mit je 10 % am 15. Juni, 15. und 31. Dezember 1932 zur Auszahlung gelangen, der Gläubigerbeirat aber berechtigt sein, diese Fristen angemessen, jedoch nicht über 3 Monate hinaus, zu verlängern.

Während in der Folgezeit an sämtliche Großgläubiger 2/3 der festbestimmten Quoten zur Auszahlung gelangten, erhielt die Beklagte nichts. Sie ließ sich daher am 12. Juli 1933 eine vollstreckbare Ausfertigung des Vergleichs in Verbindung mit einem Auszug aus dem Gläubigerverzeichnis erteilen und am 1. August 1933 bei der Klägerin wegen 30 % von 15 341,25 RM. = 4602,38 RM. pfänden. Die Zwangsvollstreckung wurde vorläufig eingestellt.

Mit der Klage beantragt die Klägerin, die der Beklagten erteilte Vollstreckungsklausel wie überhaupt die Zwangsvollstreckung aus dem Vergleich vom 4. Februar 1932 für unzulässig zu erklären und festzustellen, daß der Beklagten ein Anspruch gegen die Klägerin nicht zustehe. Sie ist der Ansicht, daß keinesfalls die für die Erteilung der Vollstreckungsklausel vorauszusetzende Fälligkeit der Vergleichsquote der Beklagten eingetreten sei. In der Sitzungsniederschrift vom 4. Februar 1932 sei irrtümlich die Verhandlung und Abstimmung über einen Vergleichsvorschlag vom 3. Dezember 1931 beurkundet, während in Wirklichkeit über einen Vergleichsvorschlag der Klägerin vom 15. Dezember 1931 verhandelt und abgestimmt worden sei. Infolgedessen sei nur dieser Vergleichsvorschlag Inhalt des gerichtlich bestätigten Vergleichs geworden. Er behalte im Gegensatz zu dem erstgenannten Vorschlag dem Gläubigerbeirat die Befugnis vor, die Fristen für die Ausschüttung der Vergleichsquoten nach Maßgabe der vorhandenen Mittel „angemessen" — also über die in dem Vorschlag vom 3. Dezember vorgesehene Höchstfrist von 3 Monaten hinaus — zu verlängern. Von dieser Befugnis sei Gebrauch gemacht worden. Allerdings seien zwei Raten der Vergleichsquote der Beklagten trotz dieser Fristverlängerung fällig geworden. Aber die Vollstreckungsmaßnahme der Beklagten sei gleichwohl unzulässig gewesen, weil die Beklagte schon durch die frühere, innerhalb der letzten 30 Tage vor der Eröffnung des Vergleichsverfahrens vorgenommene Zwangsvollstreckung eine Befriedigung in Höhe von 5022,23 RM. erlangt habe, zu deren Herausgabe sie gemäß § 70 VerglO. in Verbindung mit § 3 das. nach den Grundsätzen über die ungerechtfertigte Bereicherung verpflichtet gewesen sei. Durch Aufrechnung mit diesem Bereicherungsanspruch sei die nur 4602,38 RM. betragende Vergleichsforderung der Beklagten erloschen.

Die Beklagte ist diesen Ausführungen entgegengetreten. Sie vertritt die Auffassung, daß nicht nur ihr Anspruch auf sämtliche Raten ihrer Vergleichsquote fällig, sondern durch den Verzug der Klägerin in der Erfüllung ihrer Vergleichspflichten auch der teilweise Erlaß der Schadensersatzforderung wegen Nichterfüllung hinfällig geworden sei. Demgemäß hat sie Widerklage erhoben mit dem Antrage, die Erteilung der Vollstreckungsklausel aus dem Vergleich vom 4. Februar 1932 wegen einer weiteren Forderung von 10 738,87 RM. (nämlich 15 341,25 RM. — 4602,38 RM.) nebst Zinsen von 15 341,25 RM. für zulässig zu erklären.

Während das Landgericht Klage und Widerklage abwies, änderte das Kammergericht unter Zurückweisung der Berufung der Klägerin und teilweiser Zurückweisung der Berufung der Beklagten das landgerichtliche Urteil dahin ab, daß es zulässig sei, der Beklagten die Vollstreckungsklausel aus dem gerichtlich bestätigten Vergleich vom 4. Februar 1932 wegen einer weiteren Forderung von 5716,65 RM. nebst Zinsen von 10 319,02 RM. seit dem 1. August 1933 zu erteilen. Die Revision der Klägerin blieb erfolglos.

Gründe:

I. Die Revision bittet zunächst um Nachprüfung des angefochtenen Urteils insoweit, als das Berufungsgericht die Frage in einem der Klägerin ungünstigen Sinne beantwortet hat, ob die Klägerin der Beklagten aus dem Vergleich vom 4. Februar 1932 noch etwas schuldig sei, nachdem sie die Forderung der Beklagten in Höhe von 15 341,25 RM. anerkannt, die Beklagte aber innerhalb der letzten 30 Tage vor der Stellung des Antrags auf Eröffnung des Vergleichsverfahrens durch Zwangsvollstreckung 5022,23 RM., also mehr erhalten habe, als sie auf Grund des Vergleichs hätte beanspruchen können.

1. Die Klägerin meint, die Beklagte müsse ihr die zwangsweise erlangten 5022,23 RM. gemäß §§ 3, 70 VerglO. herausgeben; mit diesem Anspruch glaubt sie, gegenüber der von einem Gesamtbetrag von 15 341,25 RM. berechneten 30%igen Vergleichsquote der Beklagten von 4602,38 RM. aufrechnen zu können. Das Berufungsgericht hat ihr die Aufrechnungsbefugnis versagt. Die Nachprüfung ergibt, daß die Versagung zu Recht erfolgt ist.

Das Berufungsgericht ist von der Erwägung ausgegangen, daß die Beklagte mit ihren Ansprüchen aus dem Teillieferungsvertrag der Parteien gemäß § 4 VerglO. am Vergleichsverfahren grundsätzlich nicht beteiligt gewesen sei; der Umstand, daß sie zufolge der von der Klägerin mit gerichtlicher Ermächtigung erklärten Ablehnung der Vertragserfüllung gemäß §§ 28, 30 VerglO. mit einem Schadensersatzanspruch wegen Nichterfüllung an dem Verfahren beteiligt worden sei, habe nicht die Wirkung gehabt, daß sie das an die Schuldnerin (Klägerin) herausgeben müsse, was sie von dieser durch die in der Sperrfrist des § 3 VerglO. vorgenommene Zwangsvollstreckung erlangt habe; die von der Vernichtung der in dieser Sperrfrist erfolgten Vollstreckungsmaßnahmen handelnde Vorschrift des § 70 VerglO. komme für die von der Beklagten vorgenommene Zwangsvollstreckung nicht zur Anwendung.

Diese Erwägung beruht auf einer zutreffenden Auslegung der in Betracht kommenden Bestimmungen der Vergleichsordnung.

Der Kreis der am Vergleichsverfahren beteiligten Gläubiger wird kraft der Bestimmung des § 2 Satz 1 VerglO. grundsätzlich durch die Eröffnung des Verfahrens bestimmt. Eine Ausnahme von diesem Grundsatz enthält § 4 VerglO. Nach ihm sind Gläubiger, deren Ansprüche auf einem gegenseitigen Vertrage beruhen, der zur Zeit der Eröffnung des Vergleichsverfahrens von dem Schuldner und von dem anderen Teile noch nicht oder noch nicht vollständig erfüllt ist, an dem Verfahren nicht beteiligt und werden von dem Vergleich nicht betroffen. Diese Gläubiger werden aber am Verfahren beteiligt, wenn der Schuldner von der ihm durch § 28 VerglO. gewährten Befugnis Gebrauch macht, mit Ermächtigung des Gerichts die Erfüllung oder die weitere Erfüllung des Vertrags abzulehnen. Alsdann wird kraft der Bestimmung des § 30 VerglO. der Vertragsgegner des Schuldners mit einem Schadensersatzanspruch wegen Nichterfüllung am Vergleichsverfahren beteiligt und von dem Vergleich betroffen.

Die Erfüllungsablehnung und die damit eintretende Umwandlung des Erfüllungsanspruchs in einen Schadensersatzanspruch wegen Nichterfüllung ergreift den ganzen Vertrag. Denn der gegenseitige Vertrag ist, auch wenn bereits ein Teil geleistet worden ist, ein einheitliches Ganzes. Dieser Grundsatz der einheitlichen Behandlung des gegenseitigen Vertrages gilt auch für den hier vorliegenden Sonderfall des Teillieferungsgeschäfts. Bei diesem ist die vereinbarte Leistung zwar in Teilen zu bewirken. Der Verpflichtungsgrund ist aber einheitlich und deshalb ist auch dieser Vertrag als ein einheitliches Ganzes zu behandeln (vgl. RGZ. Bd. 129 S. 228). Ist er zur Zeit der Eröffnung des Verfahrens noch von keiner Seite vollständig erfüllt, so ist der Gläubiger, wenn er Lieferant ist, mit seiner ganzen Forderung, auch soweit sie sich auf Lieferungen bezieht, die er vor der Eröffnung des Vergleichsverfahrens gemacht hat, an diesem unbeteiligt und wird von dem Vergleich nicht betroffen. Wird aber die weitere Erfüllung gemäß §§ 28, 30 VerglO. abgelehnt, so ergreift die Ablehnung den ganzen Vertrag. Der Gläubiger hat in diesem Fall auch für die Leistungen, die er vor der Eröffnung des Verfahrens bewirkt hat, keinen Vertragsanspruch mehr; er ist vielmehr von jetzt ab mit einem Schadensersatzanspruch wegen Nichterfüllung des ganzen Vertrages am Verfahren beteiligt und wird mit ihm von dem Vergleich betroffen. Das ist herrschende Meinung, wie sie auch in der amtlichen Begründung zu § 2 des Entwurfs einer Vergleichsordnung zum Ausdruck gekommen ist (vgl. K i e s o w Anm. 18 zu § 4 VerglO., wo auch die Übereinstimmung des hier vertretenen Standpunktes mit der Rechtsprechung des Reichsgerichts und mit dem Schrifttum zu § 17 KO. betont ist).

Das Berufungsgericht mißt nun aber den Bestimmungen der §§ 4, 28, 30 VerglO. nicht die Tragweite bei, daß der Gläubiger im Falle der Erfüllungsablehnung schon für die Zeit vor dieser Ablehnung als am Verfahren beteiligt anzusehen wäre. Diese Ansicht ist zu billigen. Die Erfüllungsablehnung des § 28 VerglO. bezieht sich auf „die Erfüllung oder die w e i t e r e Erfüllung“ des gegenseitigen Vertrages. Sie wirkt also nur für die Zukunft. Erst mit der Ablehnung der Erfüllung oder der weiteren Erfüllung verwandelt sich der vertragliche Erfüllungsanspruch in einen Schadensersatzanspurch wegen Nichterfüllung; erst von diesem Zeitpunkt an ist der Gläubiger am Verfahren beteiligt. Bis zur Erklärung der Ablehnung bestand der vertragliche Erfüllungsanspruch; bis zu diesem Zeitpunkt war der Gläubiger als Gläubiger eines noch von keiner Seite voll erfüllten gegenseitigen Vertrages gemäß § 4 VerglO. nicht am Verfahren beteiligt. Diese Rechtslage wird nicht rückwirkend dadurch geändert, daß später, nach der Eröffnung des Verfahrens, die Erfüllung oder die weitere Erfüllung abgelehnt wird. Diese Auslegung entspricht auch der herrschenden Lehre (vgl. M a e d e r in Berl. Prozeßr. Abhandlungen 1929 S. 45; M a y e r VerglO. S. 179 Anm. 19; N a g e l in Heidelberger Rechtswissenschaftl. Abhandlungen 1929 S. 117 flg.; B e n d i x VerglO. S. 73; K i e s o w VerglO. Anm. 32 zu § 28). Tritt die Verfahrensbeteiligung des Gläubigers aus einem gegenseitigen, zur Zeit der Eröffnung des Verfahrens noch von keinem Vertragsteil voll erfüllten Vertrage aber erst mit der Ablehnung der weiteren Erfüllung des Vertrages ein, so hat ein solcher Gläubiger, wenn er vor der Eröffnung des Verfahrens innerhalb der Sperrfrist des § 3 VerglO. für einen Teil seiner Forderung im Wege der Zwangsvollstreckung Befriedigung erlangt hat, diese Befriedigung als ein am Verfahren nicht beteiligter Gläubiger erlangt. Es treffen auf ihn daher nicht die Voraussetzungen des § 3 VerglO. zu. Infolgedessen ist er nicht gemäß § 70 VerglO. verpflichtet, das im Wege der Zwangsvollstreckung zur Befriedigung Erlangte nach der Bestätigung des Vergleichs an den Schuldner herauszugeben (vgl. Bley VerglO. Anm. II 1 d zu § 3).

Die Klägerin kann hiernach nicht die Rückzahlung der von der Beklagten vor der Eröffnung des Verfahrens beigetriebenen 5022,23 RM. verlangen. Das Berufungsgericht hat ihr mit Recht die Aufrechnung mit diesem nicht bestehenden Anspruche versagt.

Die Revision verweist zur Rechtfertigung ihrer entgegengesetzten Auffassung auf zwei Entscheidungen des Oberlandesgerichts Dresden vom 12. Januar 1934 und des Oberlandesgerichts Düsseldorf vom 18. Januar 1934, abgedr. JW. 1934 S. 1184 Nr. 17. Diese Entscheidungen behandeln die Rechtsstellung des Vorbehaltsverkäufers im Vergleichsverfahren, der nach der Eröffnung des Vergleichsverfahrens den Rücktritt von dem zu dieser Zeit beiderseits noch nicht ganz erfüllten Kaufvertrag erklärt. Sie erwägen, daß die Rücktrittserklärung den gegenseitigen Vertrag rückwirkend zum Erlöschen bringe und ein gesetzliches Schuldverhältnis entstehen lasse, das seinem Inhalt nach durch die §§ 346, 347 BGB. bestimmt werde, seine Wurzeln aber in dem ursprünglichen Vertrage habe. Daraus ziehen sie den Schluß, daß die infolge der Rücktrittserklärung an die Stelle des Eröffnungsanspruchs tretenden Schadens- oder Wertersatzansprüche bereits vor der Eröffnung des Vergleichsverfahrens — zur Zeit des Vertragsabschlusses oder des Verzuges — bestanden haben und gelangen auf diese Weise zu dem Ergebnis, daß die Schadens- und Wertersatzansprüche in diesen Fällen von Anfang an am Verfahren beteiligt sind und von dem Vergleiche betroffen werden. Es ist ohne weiters zu erkennen, daß jenen Entscheidungen ein von dem vorliegenden völlig verschiedener Tatbestand zugrunde liegt. Dort handelt es sich um die Rechtsfolgen eines von dem Gläubiger erklärten Rücktritts vom Vertrage, hier dagegen um die Wirkungen der von dem Vergleichsschuldner mit gerichtlicher Ermächtigung ausgesprochenen Ablehnung der Erfüllung oder weiteren Erfüllung des Vertrages. Aus den angeführten Entscheidungen läßt sich daher ebensowenig wie aus der von der Klägerin bereits im ersten Rechtszug zur Rechtfertigung ihrer Klage herangezogenen, von ihr völlig mißverstandenen Entscheidung des Kammergerichts vom 12. Juli 1932 (JW. 1932 S. 2637 Nr. 11) gegen die hier entwickelte Rechtsauffassung etwas herleiten.

2. Das Berufungsgericht hat die zwangsweise beigetriebene Leistung der Klägerin zu ihren Gunsten insoweit berücksichtigt, als es sie von der

angemeldeten und anerkannten Schadensersatzforderung der Beklagten von 15 341,25 RM. abgesetzt, diese der Berechnung der Vergleichsquote also nur in Höhe von 15 341,25 RM. — 5022,23 RM. = 10 319,02 RM. zugrunde gelegt hat. Es hat dies getan, obgleich in einem anderen Rechtsstreite der Parteien in Höhe eines Teilbetrags von 2129,87 RM. der Summe von 5022,23 RM. rechtskräftig festgestellt ist, daß der Klägerin dieser Teilanspruch nicht zusteht. Die Klägerin ist durch diese Stellungnahme des Berufungsgerichts nicht beschwert. Sie ist aber auch zutreffend.

Der Gläubiger muß sich auf seine von dem ganzen Vertrag ausgehende Schadensersatzforderung wegen Nichterfüllung (§ 30 VerglO.) alle Leistungen anrechnen lassen, die der Schuldner vor der Erfüllungsablehnung auf Grund des Vertrags gemacht hat. Daß die Leistung im Wege der Zwangsvollstreckung erlangt worden ist, macht dabei keinen Unterschied. Dieser Berechnung steht die Rechtskraft des Urteils in dem erwähnten anderen Rechtsstreit nicht entgegen. Mit Recht weist das Berufungsgericht darauf hin, daß dort der Klägerin ein Anspruch gegen die Beklagte aberkannt worden sei, den sie zur Aufrechnung gestellt hatte, daß es sich bei der Anrechnung aber nicht um die Geltendmachung einer Forderung der Klägerin und eine Aufrechnung handle. Auch die Anerkennung der Forderung der Beklagten in Höhe von 15 341,25 RM. im Vergleichsverfahren und ihre damit gegebene Vollstreckbarkeit (§ 75 VerglO.) hinderte nicht die nachträgliche Anrechnung der beigetriebenen 5022,23 RM. Der Anerkennungsvermerk (§ 62 Abs. 4 Satz 2 VerglO.) schafft nicht Rechtskraft (RGZ. Bd. 132 S. 113, 115). Der Schuldner ist daher in seinen Einwendungen gegen die anerkannte Forderung, wie in den Fällen des § 794 Nr. 5 ZPO. gemäß § 797 Abs. 4 das., durch § 767 Abs. 2 ZPO. nicht beschränkt. Mit Recht hat aber das Berufungsgericht in dem von der rechtlichen Zulässigkeit der Aufrechnung ausgehenden Klagevorbringen auch das Begehren einer anderweitigen Berechnung der Vergleichsquote der Beklagten durch Anrechnung der Teilleistung von 5022,23 RM. auf die anerkannte Vergleichsforderung erblickt.

3. Das Berufungsgericht hat hiernach rechtlich einwandfrei festgestellt, daß die vollstreckbare Vergleichsforderung der Beklagten nicht 15 341,25 RM., sondern nur 10 319,02 RM. beträgt, daß die 30%ige Vergleichsquote der Beklagten also nur von dieser Summe berechnet werden kann, aber auch berechnet werden darf, so daß das auf Unzulässigkeitserklärung der Vollstreckungsklausel und der Zwangsvollstreckung aus dem Vergleich vom 4. Februar 1932 sowie auf die Feststellung des Nichtbestehens einer Forderung der Beklagten aus diesem Vergleich gerichtete Klagebegehren mindestens zum Teil ungerechtfertigt ist.

II. Das Berufungsgericht hat die Klage aber für völlig unbegründet erklärt und der Widerklage, mit der die Beklagte gebeten hat, die Erteilung der Vollstreckungsklausel aus dem Vergleich auch für den ihre Vergleichsquote übersteigenden Betrag bis zur Höhe der anerkannten

Vergleichsforderung für zulässig zu erklären, grundsätzlich unbeschränkt, rechnerisch allerdings nur zum Teil, nämlich unter Anrechnung des mehr erwähnten Betrages von 5022,23 RM. auf die 15 341,25 RM., stattgegeben, weil es die Voraussetzungen der Wiederauflebensklausel des § 7 VerglO. für gegeben erachtet hat. Die Revision bittet um Nachprüfung, ob die Vorschrift des § 7 VerglO. auf das Rechtsverhältnis der Parteien Anwendung zu finden hat.

Nach der genannten Vorschrift ist, sofern der Vergleich einen teilweisen Erlaß der Forderungen enthält, im Zweifel anzunehmen, daß der Erlaß hinfällig wird, wenn der Schuldner mit der Erfüllung des Vergleichs in Verzug kommt.

Das Berufungsgericht prüft zunächst die Frage, ob die Verfallklausel des § 7 VerglO. durch den Inhalt des Vergleichs vom 4. Februar 1932 etwa stillschweigend wegbedungen sei. Es hält einen stillschweigenden Ausschluß für möglich, wenn es sich um einen Liquidations- oder um einen Treuhandvergleich handle, da in beiden Fällen ein Verzug des Schuldners nicht möglich sei. Dabei bezeichnet es als Liquidationsvergleich einen Vergleich, bei dem eine fest begrenzte Vermögensmasse zur Befriedigung der Gläubiger bestimmt wird derart, daß die an die Gläubiger auszuschüttende Quote sowohl ihrem Umfang als ihrer Fälligkeit nach von dem tatsächlich vorhandenen Liquidationserlös abhängig gemacht ist, während es den Treuhandvergleich auf den Fall beschränkt, daß die Ausschüttung der Vergleichsquoten ausschließlich in den Händen eines Treuhänders liegt, welcher Partei des Vergleichs, nicht bloß Erfüllungsgehilfe des Schuldners ist.

Die Frage, ob die Begriffsbestimmungen des Berufungsgerichts zutreffen und ob es richtig ist, daß bei einem Liquidations- oder einem Treuhandvergleich die Anwendung des § 7 VerglO. regelmäßig stillschweigend ausgeschlossen ist, braucht nicht entschieden zu werden. Denn dem Berufungsgericht ist darin beizustimmen, daß der Vergleichsinhalt nach keiner Richtung etwas für einen stillschweigenden Ausschluß der Verfallklausel des § 7 VerglO. ergibt. Es handelt sich vielmehr um einen Erlaßvergleich mit einer Art Besserungsklausel. Die Schuldnerin soll ihr Vermögen liquidieren. Die Quote der Gläubiger und ihre Fälligkeit sind nicht von dem tatsächlich vorhandenen Liquidationserlös abhängig gemacht; vielmehr werden den Gläubigern — von gewissen Banken abgesehen — mindestens 30 % der anerkannten Forderungen zu genau festgelegten Fälligkeitsterminen zugesichert. Die Abwicklung des Vergleichs ist nicht einem Treuhänder anvertraut, sondern in die Hände des nur einer Aufsicht durch treuhänderische Instanzen unterstellten Vorstands der Klägerin gelegt. Die Klägerin glaubt, gegen die Annahme eines Erlaßvergleichs und gegen die Anwendbarkeit des § 7 VerglO. daraus etwas herleiten zu können, daß sie eine juristische Person sei, daß sie ihr gesamtes Vermögen, also alles, worauf die Gläubiger Anspruch hätten, den Gläubigern zur Verfügung stelle und daß ihre Vermögensfähigkeit mit ihrer Auflösung erlösche. Mit diesem Einwand verkennt die Klägerin den Begriff des Erlaßvergleichs, für den nicht entscheidend ist, was der Schuldner behält, sondern was die Gläubiger aufgeben. Es genügt in dieser Beziehung auf die Darlegungen in RGZ. Bd. 143 S. 347 (349) zu verweisen. Mit dem Berufungsgericht ist also davon auszugehen, daß ein Verzug der Klägerin in der Erfüllung der Verpflichtungen aus dem Vergleich vom 4. Februar 1932 nicht begrifflich ausgeschlossen war.

III. Bei der Prüfung der tatsächlichen Voraussetzungen des von der Beklagten behaupteten Verzuges gelangt das Berufungsgericht zu der Ansicht, daß die Fälligkeit des Anspruchs der Beklagten auf Auszahlung der ihr auf Grund des Vergleichs zustehenden Forderungsquoten spätestens mit dem 31. März 1933 eingetreten sei. Es folgert dies aus dem Inhalt des Vergleichs selbst, aber auch aus dem Zugeständnisse der Klägerin, daß sämtliche übrigen Gläubiger schon zwei Raten ihrer Vergleichsquoten erhalten hätten.

Die Revision rügt hier Verletzung der §§ 160, 164 ZPO. und der §§ 59, 63, 65, 67 VerglO., weil das Berufungsgericht seine Entscheidung auf den Inhalt des in der gerichtlichen Sitzungsniederschrift vom 4. Februar 1932 als verhandelt und bestätigt bezeichneten Vergleichsvorschlags vom 3. Dezember 1931 gestützt habe, über die Behauptung der Klägerin aber hinweggegangen sei, in dem Termin vom 4. Februar 1932 sei nicht über den Vergleichsvorschlag vom 3. Dezember 1931, sondern über einen abweichenden — die Fälligkeit der Vergleichsquoten anders regelnden — Vorschlag vom 15. Dezember 1931 verhandelt und abgestimmt worden, so daß auch der Genehmigungsbeschluß des Gerichts nur einen auf Grund des letztgenannten Vorschlags geschlossenen Vergleich ergriffen haben könne.

Die Rüge ist unbegründet. Das Berufungsgericht hat die Behauptung der Klägerin, daß im Termin vom 4. Februar 1932 ein anderer Vergleichsvorschlag als der in dem Terminsprotokoll bezeichnete vom 3. Dezember 1931 Gegenstand der Verhandlung und Abstimmung gewesen sei, nicht übergangen. Es hat vielmehr in der Form zu ihr Stellung genommen, daß es einen Nachweis der unrichtigen Beurkundung nach § 164 ZPO. in Verbindung mit § 8 VerglO. als unzulässig bezeichnet hat. Dieser Ansicht ist im Ergebnis beizustimmen. Der Bestätigungsbeschluß ist eine gerichtliche Entscheidung. Die Tatsache, daß diese Entscheidung verkündet worden ist, beweist das Protokoll unwiderleglich, solange es so besteht, wie es vorliegt, und der — von der Klägerin nicht unternommene — Nachweis der Fälschung nicht erbracht ist. Ein Beweis, daß der verkündete Beschluß in Wirklichkeit einen anderen Inhalt hatte, ist nach § 417 ZPO. ausgeschlossen (vgl. auch RGZ. Bd. 107 S. 144). Die Beweiskraft des Protokolls in dem oben bezeichneten Sinn erstreckt sich aber auch darauf, welcher Vergleichsvorschlag Gegenstand der Verhandlung und Abstimmung war. Mit Recht nimmt das Berufungsgericht an, daß zu den Förmlichkeiten im Sinne des § 164 ZPO. nicht nur die Tatsache der Antragstellung, sondern auch der Inhalt des Antrags gehöre und daß nach dem eine entsprechende Anwendung der Zivilprozeßordnung vorschreibenden § 8 VerglO. als Antrag des Schuldners im Vergleichstermin der Vergleichsvorschlag zu erachten ist.

Im übrigen beruht die angefochtene Entscheidung nicht darauf, daß die in dem Vergleichsvorschlag vom 3. Dezember 1931 enthaltene Regelung als maßgeblich erachtet ist, welche die Schuldnerin, anders als der Vergleichsvorschlag vom 15. Dezember 1931, hinsichtlich der Auszahlung der Vergleichsquoten an die Innehaltung von Fälligkeitsterminen bindet, die nur um höchstens drei Monate hinausgeschoben werden dürfen. Die Fälligkeit der an die Beklagte geschuldeten Vergleichsquoten ist vom Berufungsgericht ohne Rechtsirrtum schon deshalb angenommen worden, weil die Klägerin nach Ablauf der beiden ersten Fälligkeitstermine an sämtliche nichtbevorrechtigten Gläubiger des Vergleichs schon vor längerer Zeit zwei Raten der ihnen zustehenden Vergleichsquoten ausgezahlt, die Beklagte dagegen völlig unberücksichtigt gelassen hat. Zu einer derartigen ungleichmäßigen Behandlung hatte die Klägerin weder nach dem einen noch nach dem anderen Vergleichsvorschlag ein Recht. Die Feststellung des Berufungsgerichts, daß die Klägerin der Beklagten gegenüber mit der Erfüllung ihrer Vergleichspflicht objektiv in Verzug geraten sei, beruht hiernach auf zulässigen, rechtlich nicht zu beanstandenden Erwägungen.

In der Frage des Verschuldens ist das Berufungsgericht der Meinung, daß die Klägerin die Gefahr des Irrtums trage, gegenüber den Ansprüchen der Beklagten aus dem gerichtlich bestätigten Vergleich zur Aufrechnung mit der höheren Forderung auf Rückerstattung der in der Sperrfrist des § 3 VerglO. beigetriebenen Vertragsleistung, d. h. zur Versagung jeder Befriedigung der Beklagten aus dem Vergleich, berechtigt zu sein. Ob dieser Rechtsansicht, wonach der Schuldner einen Rechtsirrtum stets zu vertreten haben würde, beizupflichten wäre, mag auf sich beruhen. Das Reichsgericht hält an seiner Ansicht, daß nur in ganz besonderen Fällen ein nicht auf Fahrlässigkeit beruhender Rechtsirrtum den Schuldner von den Verzugsfolgen befreien könne (vgl. RGZ. Bd. 130 S. 28 und die dort angez. Entsch.), nicht mehr mit derselben Strenge fest. Es neigt vielmehr neuerdings dazu, den Rechtsirrtum dem Tatsachenirrtum gleichzusetzen (vgl. die Entsch. des erkennenden Senats vom 25. September 1934 II 142/34). Stets ist aber die Voraussetzung dafür, daß ein Rechts- oder Tatsachenirrtum den Verzug ausschließt, die Entschuldbarkeit des Irrtums, d. h. daß der Irrtum nicht auf Fahrlässigkeit beruht. Sache des Schuldners ist es, Tatsachen zu behaupten und zu beweisen, welche die Annahme einer solchen Fahrlässigkeit ausschließen (§ 285 BGB.). Die Klägerin kann nun nicht geltend machen, durch irgend etwas anderes als durch ihre eigene Überzeugung veranlaßt worden zu sein, ihre Rechtsauffassung von dem Sinn und der Tragweite der hier in Frage kommenden Vorschriften der Vergleichsordnung gegenüber derjenigen der Beklagten für die richtigere zu halten. Die Entscheidung des Kammergerichts, auf die sich die Klägerin im Rechtsstreit für ihre Ansicht berufen hat, betraf ersichtlich rechtlich und tatsächlich einen ganz anderen Fall; sie konnte der Rechtsauffassung der Klägerin unmöglich zur Stütze dienen. Dagegen waren die hier zu beantwortenden Rechstfragen bereits im Schrifttum lebhaft erörtert worden. Es hatte sich hier, wie gezeigt, sogar schon eine herrschende Meinung gebildet. Das in Frage kommende Schrifttum ist der von einem Rechtskundigen beratenen Klägerin, wie sich aus ihren Ausführungen in den Vorinstanzen ergibt, auch nicht unbekannt gewesen. Die Klägerin ist daher wegen des behaupteten Rechtsirrtums nicht entschuldigt; sie hat auf eigene Gefahr gehandelt, wenn sie, von ihrer persönlichen, abweichenden Auffassung geleitet, die Zahlung der Vergleichsquoten an die Beklagte unterließ und damit dieser gegenüber mit der Erfüllung ihrer Vergleichspflicht in Verzug geriet.

IV. Hiernach hat das Berufungsgericht die Rechtslage zutreffend dahin beurteilt, daß im Verhältnis der Parteien zueinander die Voraussetzungen des § 7 VerglO. eingetreten sind und daß der der Klägerin gewährte teilweise Erlaß der Vergleichsforderung unter Fortbestand des Vergleichs im übrigen hinfällig geworden ist.

RGZ. 146, 300

Bedarf eine Bürgschaftserklärung der Wiederholung im Vergleichstermin, wenn sie zwar nicht dem Antrag auf Eröffnung des Vergleichsverfahrens beigefügt wird, aber vor diesem Termin mit dem Willen des Bürgen allen Gläubigern zugeht?

Vergleichsordnung vom 5. Juli 1927 — VerglO. — (RGBl. I S. 139) §§ 15, 16.

VI. Zivilsenat. Urt. v. 7. Januar 1935.

I. Landgericht München. II. Oberlandesgericht daselbst.

Am 16. September 1931 beantragte die Firma G. und L. AG. in D. die Eröffnung des gerichtlichen Vergleichsverfahrens über ihr Vermögen zur Abwendung des Konkurses. Diesem Antrag wurde durch Beschluß des Amtsgerichts vom 30. September 1931 stattgegeben; Rechtsanwalt B. wurde zur Vertrauensperson bestellt. Zu den Gläubigern der Firma G. und L. gehörten beide Parteien. Die Beklagte besaß seit dem Jahre 1929 eine größere Anzahl von Aktien der genannten Firma; sie hatte ferner bereits seit 1924 der Firma wiederholt Darlehen gegen Sicherungsübereignung von Maschinen und Rohstoffen gegeben. Sie hatte als Hauptgläubigerin an der Fortführung des Betriebs unter Vermeidung des Konkurses ein erhebliches Interesse. Zwischen ihr, vertreten durch Dr. D. als Geschäftsführer, und Dr. W., einem Mitglied des Aufsichtsrats der Firma G. und L., zugleich Vorstandsmitglied der B.schen Treuhandgesellschaft in M., fanden Verhandlungen über den Abschluß eines Vergleichs statt. Am 12. November 1931 wurden in einer Gläubigerausschußsitzung die Grundlagen des abzuschließenden Vergleichs besprochen. Es wurde in Aussicht genommen, daß die der Beklagten übereigneten Maschinen der Schuldnerin zum Verkauf überlassen werden sollten; die Gläubiger sollten mit 9 Teilbeträgen zu je 5 v. H. abgefunden werden; für die 4 letzten Zahlungen sollte die Beklagte die selbstschuldnerische Bürgschaft übernehmen. Die Beklagte lehnte das ab, und es kam nach weiteren Verhandlungen zu einem Beschluß des Gläubigerausschusses vom 30. November dahin, daß die Gläubiger sich mit einem 40prozentigen Bruchteil bei 15prozentiger Sicherung durch die Beklagte begnügten. Nach weiteren fernmündlichen Gesprächen zwischen Dr. W. und Dr. D. entwarf Rechtsanwalt B. eine als „endgültiger Vergleichsvorschlag" bezeichnete Urkunde vom 5. Dezember 1931, in der es u. a. heißt:

3. . . .

b) Die der Bezirkssparkasse D. und der Firma Gebr. St. GmbH. (Bekl.) übereigneten Maschinen werden der Firma G. und L. AG. zum Verkauf überlassen. Nach Bestreitung der mit dem Vertrieb anfallenden Kosten von etwa RM. 80 für je eine Maschine werden die Reinerlöse pro Maschine in der Weise verwendet, daß RM. 40 an die Bezirkssparkasse D. ausbezahlt und der Rest für die Quotenzahlungen an die am Verfahren beteiligten Gläubiger in gleicher Weise wie die Zahlungseingänge gemäß Ziffer 3 a angesammelt und verwendet wird.

c) Die Firma Gebr. St. GmbH. gewährleistet ferner als Selbstschuldnerin die zuletzt fällig werdenden 3 Vergleichsraten, also diejenigen mit Fälligkeit vom 15. November, 15. Dezember 1932 und 15. Januar 1933 dergestalt, daß diese letzten 3 Raten durch die Firma Gebr. St. GmbH. auf jeden Fall geleistet werden müssen, gleichviel ob der gerichtliche Vergleich durch die Firma G. und L. AG. völlig, insbesondere bezüglich der ersten 5 Raten, erfüllt wird oder nicht.

4. Nachdem die Firma Gebr. St. GmbH. für die Abwicklung des Vergleichs und während der Dauer der Abwicklung auf eine Rückzahlung ihrer Forderungen verzichtet und die ihr übereignet gewesenen Maschinen ohne weitere Erörterung der Rechtsfrage freigegeben hat, wird ihr das Recht eingeräumt, zur Sicherung der bestehenbleibenden Forderung von RM. 153 445 sowie derjenigen Forderung, welche sie durch evtl. Teilerfüllung des Vergleichs neu erwirbt, im Betrage von ca. RM. 75 000 sich andere, freie Vermögenswerte der Firma G. und L. AG., insbesondere die vorhandenen Halbfabrikate, Rohstoffe, Einzelteile, Patente, Werkzeuge, die aus den vorhandenen Maschinenteilen noch fertigzustellenden Maschinen, im Gesamtwert von ca. RM. 225 000 übereignen zu

lassen. Dieses Recht steht der Firma Gebr. St. GmbH. auch dann zu, wenn die Firma G. und L. vor vollständiger Vergleichserfüllung in Konkurs geraten sollte...

Diesen Vergleichsvorschlag schickte Rechtsanwalt B. an sämtliche Gläubiger mit einem Anschreiben, in dem er unter Darlegung des Sachverhalts um umgehende Einsendung der Zustimmungserklärung ersuchte. Mit einem Schreiben vom 7. Dezember 1931 erklärte sich die Beklagte gegenüber Dr. B. mit dem endgültigen Vergleichsvorschlag vom 5. Dezember 1931 einverstanden. Ebenso erklärten fast alle Gläubiger schriftlich auf der ihnen übersandten Urkunde ihre Zustimmung.

In dem Vergleichstermin vom 22. Dezember 1931, der nach mehrmaligen Vertagungen stattfand, wurde eine Niederschrift aufgenommen, in der es u. a. wie folgt heißt:

> Es wurde auf den Vergleichsvorschlag vom 5. Dezember 1931 verwiesen. Die Vertrauensperson gab bekannt, daß der Vergleichsvorschlag allen Gläubigern mitgeteilt worden sei ... Die Vertrauensperson gab die Erklärung, daß die Garantie der Firma St.-Konzern schriftlich in seinen Händen sei, wenn er auch augenblicklich nicht in der Lage sei, sie vorzulegen ...

Zu dem Vergleichstermin selbst waren nur einige Gläubiger erschienen. Nach Feststellung der Zustimmung der Gläubigermehrheit wurde der Vergleich gerichtlich bestätigt. Die Garantieerklärung der Beklagten wurde am 21. Januar 1933 zu den Gerichtsakten eingereicht.

Als die Beklagte die im Vergleich erörterte Übereignung von Gegenständen zu ihrer Sicherung verlangte, verweigerte die Bezirkssparkasse in D. die Freigabe der Werkzeuge und nahm sie, soweit sie Zubehör der von der Hypothek betroffenen Grundstücke waren, für sich in Anspruch. Verhandlungen der Beklagten mit der Bezirkssparkasse blieben ohne Erfolg. Am 4. Juni 1932 übereignete die Firma G. und L. der Beklagten eine Reihe von Gegenständen mit Rücksicht auf den gerichtlich bestätigten Vergleich, jedoch mit Ausnahme der erwähnten Werkzeuge. Die Beklagte erklärte am 17. Januar 1933 endgültig, daß das Stehenlassen der Hypothek und die Überlassung der Werkzeuge Vergleichsbedingungen gewesen seien, von denen sie nicht abgehen könne. Am 8. April 1933 wurde über das Vermögen der Firma G. und L. das Konkursverfahren eröffnet.

Die Klägerin verlangt im jetzigen Rechtsstreit von der Beklagten Zahlung der in dem Vergleichsvorschlag genannten 3 letzten Teilbeträge mit je 5 v. H. Sie stützt den Anspruch auf Bürgschaft, auf Vertragsverletzung und auf unerlaubte Handlung. Während das Landgericht die Klage abwies, entsprach das Oberlandesgericht dem Klagantrage. Die Revision der Beklagten wurde zurückgewiesen.

Gründe:

Das Berufungsgericht stellt fest, daß zunächst Verhandlungen über den Inhalt der von der Beklagten zu übernehmenden Bürgschaft gepflogen worden sind und daß sich sodann ein Geschäftsführer der Beklagten mit Einwilligung eines zweiten Vertretungsberechtigten mit dem Direktor der B.schen Treuhandgesellschaft am 4. und 5. Dezember 1931 in fernmündlichen Besprechungen über die Fassung des endgültigen Vergleichsvorschlages geeinigt hat. Rechtsanwalt B., ein Angestellter der Treuhandgesellschaft und Vertrauensperson im Vergleichsverfahren, hat nunmehr einen der Einigung über die Bürgschaftsverpflichtung entsprechenden Vergleichsvorschlag, in dem der Inhalt der Bürgschaftsverpflichtung angegeben war, ausgearbeitet und der Beklagten den Entwurf zugeschickt. Diese hat sich in einem von einem Geschäftsführer und einem Prokuristen unterzeichneten und am 9. Dezember bei Rechtsanwalt B. eingegangenen Schreiben vom 7. Dezember mit dem endgültigen Vergleichsvorschlag vom 5. Dezember 1931 einverstanden erklärt. Nach dem Gesellschaftsvertrag der Beklagten wird diese durch die genannten beiden Personen rechtswirksam vertreten. Wie das Berufungsgericht feststellt, war diese Erklärung nach dem hinreichend zum Ausdruck gekommenen Willen der Beklagten dazu bestimmt, an die Gläubiger der Firma G. und L. AG. weitergeleitet zu werden. Das ist geschehen; Rechtsanwalt B. hat nach der ausdrücklichen Feststellung des Berufungsgerichts den Vergleichsvorschlag sämtlichen Gläubigern vor dem 9. Dezember 1931 zugesandt. In einem Begleitschreiben wies B. darauf hin, daß der Gläubigerausschuß den Vergleichsvorschlag zur Annahme empfohlen habe und dieser eine Quote von 40 % vorsehe, wovon 15 % durch die Beklagte garantiert seien; B. ersuchte ferner um Zusendung einer Zustimmungserklärung. Im Vergleichstermin vom 22. Dezember ist die Beklagte nicht vertreten gewesen; eine Wiederholung der Bürgschaftserklärung hat nicht stattgefunden. Rechtsanwalt B. hat als Vertrauensperson gemäß § 47 Abs. 2 VerglO. einen Bericht erstattet und dabei erklärt, daß die Garantie der Firma St.-Konzern — womit die Beklagte gemeint war — schriftlich in seinen Händen sei, daß er sie aber augenblicklich nicht vorlegen könne. Die Mehrheit der Gläubiger hat dem Vergleichsvorschlag zugestimmt. Das Berufungsgericht nimmt an, daß die Bürgschaftsverpflichtung der Beklagten hierdurch rechtswirksam zustande gekommen ist.

Hiergegen wendet sich die Revision. Sie meint, daß die Beklagte eine Bürgschaft nur der Gesamtgläubigerschaft, nicht den Einzelgläubigern gegenüber habe übernehmen wollen und sollen. Schon deshalb sei anzunehmen, daß alle Verhandlungen vor dem Vergleichstermin nur vorbereitender Natur gewesen seien; dem Aufbau der Vergleichsordnung entspreche es, wenn nur die im Vergleichstermin erklärte Bürgschaftsverpflichtung als rechtswirksam angesehen werde. Diese Auffassung ist nicht zu billigen. In dem in RGZ. Bd. 143 S. 100 abgedruckten Urteil des erkennenden Senats kamen zwei Bürgschaftsurkunden in Frage, die Wirksamkeit der zweiten hing von der Beurteilung der ersten Urkunde ab. Die erste Bürgschaftsurkunde war dem Vergleichsvorschlag als Anlage beigefügt; die Bürgschaftsverpflichtung war aber im Vergleichstermin nicht wiederholt worden. Es handelte sich damals nur um die Frage, ob eine dem Antrag auf Eröffnung des Vergleichsverfahrens beigefügte Bürgschaftserklärung der Wiederholung im Vergleichstermin bedürfe. Diese Frage ist verneint worden. Daran ist festzuhalten. Eine rechtliche Würdigung der zweiten Urkunde war damals zu unterlassen, weil das Berufungsgericht in dieser Beziehung noch keinerlei tatsächliche Feststellung getroffen hatte. Es wurde dem Berufungsgericht für die künftige mündliche Verhandlung insbesondere die Prüfung aufgegeben, ob ein Bürgschaftsvertrag zwischen dem Beklagten und bestimmten Personen in jenem Fall überhaupt zustande gekommen sei, wo die Beteiligten von der Einreichung der Bürgschaftsurkunde zu den Gerichtsakten absichtlich Abstand genommen hatten, weil diese zweite Urkunde in der Öffentlichkeit nicht bekannt werden sollte. Es wurde ferner bemerkt, es würde der Umstand, daß der Bürgschaftsvertrag nicht Bestandteil des gerichtlichen Vergleichs geworden sei und deshalb auch nicht Grundlage eines Vollstreckungsverfahrens aus § 75 VerglO. sein könne, seiner Rechtswirksamkeit nicht entgegenstehen.

Der vorliegende Fall zeigt folgende Besonderheiten: eine Bürschaftserklärung war zur Zeit der Einreichung des ersten Vergleichsvorschlags (§ 15 VerglO.) noch nicht beabsichtigt; sie ist später inhaltlich in den abgeänderten Vergleichsvorschlag aufgenommen und mit diesem Vorschlag als dessen Bestandteil mit dem Willen des Bürgen sämtlichen Gläubigern mitgeteilt worden. — Insoweit liegt der Fall wesentlich anders als der in RGZ. Bd. 122 S. 361 (365) beurteilte Sachverhalt. — Einer Schriftform bedurfte die Bürgschaft nach § 350 HGB. nicht. Die Annahme der Bürgschaftserklärung erfolgte im Vergleichstermin. Der Ansicht des Berufungsgerichts, daß unter diesen Umständen die Bürgschaftsverpflichtung rechtswirksam entstanden sei, ist beizutreten. Diese Auffassung liegt in der Linie der Erwägungen, die in dem erwähnten Urteil des erkennenden Senats in RGZ. Bd. 143 S. 100 angestellt worden sind. Mißt man der Bürgschaftserklärung, die nach der eingehenden tatsächlichen Begründung des Berufungsgerichts von der Beklagten nicht etwa nur im Sinn einer — wie die Revision annimmt — lediglich vorbereitenden Maßnahme gemeint war, eine solche selbständige Bedeutung bei, daß sie im Vergleichstermin nicht wiederholt zu werden braucht, so ist nicht abzusehen, warum die Rechtslage eine andere sein soll, je nachdem ob zur Zeit der Stellung des Antrags auf Eröffnung des Vergleichsverfahrens die Sicherung der Verpflichtung des Schuldners durch eine solche Bürgschaft bereits beabsichtigt ist oder ob in jenem Zeitpunkt eine solche nicht geplant und eine Beifügung der Bürgschaftserklärung zu dem

Vergleichsvorschlage deshalb unmöglich ist. Die gegenteilige Annahme von Kiesow VerglO., 4. Aufl., S. 228 legt der Beifügung der Bürgschaftserklärung gerade für die Zeit des Antrags auf Eröffnung des Verfahrens eine Bedeutung bei, die ihr nicht zukommen kann; die sachlichrechtliche Frage der Rechtswirksamkeit der Bürgschaft würde von dem mehr zufälligen Umstand abhängen, ob von vornherein das Zustandekommen eines Vergleichs auf der Grundlage einer Sicherstellung der Gläubiger durch eine Bürgschaft oder auf andere Weise herbeigeführt werden soll. Da durch die Bürgschaft an sich eine Besserstellung der Gläubiger bewirkt wird, kann man annehmen, daß dem Gedanken des Gesetzes die Annahme nicht widerspricht, die Bürgschaftserklärung könne im Laufe des Verfahrens rechtswirksam allen Gläubigern, wie im vorliegenden Fall, mitgeteilt werden. Freilich ist hier eine Mitteilung der schriftlichen Bürgschaftserklärung selbst nicht erfolgt; aber da sie der Schriftform nach § 350 HGB. nicht bedurfte, kann das der Rechtswirksamkeit der Erklärung nicht entgegenstehen. Daß sie mit dem Willen des Bürgen, wenn auch durch Vermittlung der Vertrauensperson, den Gläubigern inhaltlich mitgeteilt worden ist, stellt das Berufungsgericht fest. Ob diese Mitteilung, wie hier, zusammen mit einem von dem ursprünglichen abweichenden Vergleichsvorschlag oder unabhängig von diesem erfolgt, kann für die Entscheidung keine Rolle spielen. Jedenfalls nähert sich das im vorliegenden Fall beobachtete Verfahren mehr der Vorschrift des § 16 VerglO., wenn auch die Mitteilung des Vergleichsvorschlags durch die Vertrauensperson bewirkt ist. Schwierigkeiten, die für das Vergleichsverfahren entstehen können, wenn die Mitteilung der Bürgschaftserklärung nicht rechtzeitig vor dem Vergleichstermin erfolgt, können die Lage des Bürgen nicht verschlechtern; im übrigen würde gegebenenfalls die Vertagung des Vergleichstermins (§ 66 VerglO.) den Gläubigern, die ohne Kenntnis von der Bürschaftserklärung den Vergleichsvorschlag schriftlich abgelehnt haben, Gelegenheit zu erneuter Stellungnahme bieten. Auch dem Umstand, daß die Bürgschaftserklärung selbst im Vergleichstermin noch nicht vorgelegen hat, kann keine entscheidende Rolle zukommen, da eine Annahme der den Gläubigern rechtswirksam mitgeteilten Erklärung auch ohne Vorlegung der Urkunde erfolgen konnte. Daß es allerdings sachgemäß gewesen wäre, wenn das Vergleichsgericht für die rechtzeitige Herbeischaffung der Urkunde gesorgt hätte, mag immerhin hervorgehoben werden.

Es kommt hiernach darauf an, ob Bedingungen, an welche die Beklagte nach ihrer Darstellung die Bürgschaftsübernahme geknüpft hat, erfüllt sind oder ob die Beklagte berechtigt ist, die Erfüllung der Bürgschaftsverpflichtung zu verweigern. Die Beklagte behauptet einmal, daß sie das Stehenbleiben der Hypothek der Bezirkssparkasse und sonstige auf die Hypothek bezügliche Vergünstigungen als Bedingung der Bürgschaft angesehen habe. Rechtlich einwandfrei nimmt das Berufungsgericht an, daß dem Gläubiger gegenüber lediglich der Inhalt der die fraglichen Umstände nicht erwähnenden Urkunde vom 5. Dezember 1931 als Willens e r k l ä r u n g der Beklagten gelten kann; auf ihren etwa entgegenstehenden Willen kann es nicht ankommen. Mit dem Inhalt dieser Urkunde hat sich die Beklagte aber ausdrücklich einverstanden erklärt; es ist daher nicht ersichtlich, inwiefern die Revision aus einer unrichtigen Übermittlung des Vergleichsvorschlags an die Gläubiger etwas herleiten will. Sodann beruft sich die Beklagte darauf, daß ihr nach Freigabe der ihr übereigneten Maschinen im Rahmen der Bürgschaftsurkunde das Recht eingeräumt sei, sich zur Sicherung ihrer dort näher bezeichneten Forderungen andere, freie Vermögenswerte der Schuldnerin, insbesondere näher angegebene Gegenstände im Gesamtwert von etwa 225 000 RM., übereignen zu lassen. Das Berufungsgericht stellt fest, daß der Beklagten diese Gegenstände übereignet worden sind mit Ausnahme der Werkzeuge, soweit diese von der Bezirkssparkasse in D. als Zubehör der ihr hypothekarisch verhafteten Grundstücke in Anspruch genommen wurden. Es legt den Begriff der freien Werte dahin aus, daß mit ihnen nicht diejenigen gemeint waren, welche mit Rechten Dritter belastet waren. Die Revision rügt neben dieser Auslegung Verletzung des § 139 ZPO.; sie führt aus, daß die Beklagte auf Befragen dargelegt hätte, daß sog. freie Vermögenswerte in Höhe von 225 000 RM. nicht vorhanden gewesen seien und die vom Berufungsgericht vorgenommene Auslegung deshalb unmöglich sei. Die Rüge ist nicht begründet. Es hätte nahe gelegen, diese Bestimmung der Urkunde vom 5. Dezember 1931 daraufhin zu prüfen, ob nicht damit überhaupt nur gemeint war, daß die Gläubiger irgendwelchen Widerspruch nicht erheben wollten, falls sich die Beklagte Gegenstände dieser Art von der Schuldnerin übereignen lasse. Falls diese Bestimmung so aufzufassen wäre, würde ein Recht der Beklagten auf irgendeine Leistung der Gläubiger überhaupt nicht in Betracht kommen können. Allein diese Frage kann dahingestellt bleiben. Denn die von dem Berufungsgericht von seinem Standpunkt aus vorgenommene Auslegung der Bestimmung läßt keinen Verstoß gegen gesetzliche Auslegungsregeln (§ 133, 157 BGB.) erkennen. Zur Ausübung der Fragepflicht in dem von der Revision vertretenen Sinne lag keine Veranlassung vor. Es wäre Sache der Beklagten gewesen, in der Berufungsinstanz alle tatsächlichen, von ihr für die Auslegung der Vertragsbestimmung für wesentlich erachteten Umstände darzulegen.

RGZ. 151, 265

Kann eine nach dem Beginn der Sperrfrist des § 3 der alten, des § 28 der geltenden Vergleichsordnung erfolgte Forderungspfändung die in § 845 Abs. 2 ZPO. bezeichnete Wirkung für eine vor der Sperrfrist erfolgte Pfändungsbenachrichtigung auslösen?

Vergleichsordnung vom 5. Juli 1927 (RGBl. I S. 139) — VerglO. a. F. — §§ 3, 70. Vergleichsordnung vom 26. Februar 1935 (RGBl. I S. 321) — VerglO. n. F. — §§ 28, 87. ZPO. § 845.

VII. Zivilsenat. Urt. v. 15. Mai 1936.

I. Landgericht Darmstadt. II. Oberlandesgericht daselbst.

Die Beklagte hat der Dr. Bank in D. und dem Postscheckamt F. am 9. November 1934 gemäß § 845 ZPO. eine Benachrichtigung zustellen lassen, daß die Pfändung der Ansprüche der Klägerin gegen die genannte Bank aus „Spareinlage, Darlehenszusage, laufender Rechnung und Separatkonto" und gegen das Postscheckamt „aus dem Postscheckvertrag, aus Bareinzahlungen, Darlehen, laufender Rechnung und ungerechtfertigter Bereicherung" bevorstehe. Der Beschluß des Vollstreckungsgerichts vom 19. November 1934, durch den diese Ansprüche für die Beklagte gepfändet und ihr überwiesen wurden, wurde den beiden Drittschuldnern am 22. November 1934 zugestellt. Am 12. Dezember 1934 stellte die Klägerin Antrag auf Eröffnung des gerichtlichen Vergleichsverfahrens, dem durch Beschluß vom 25. Januar 1935 stattgegeben wurde. Am 16. April 1935 wurde der von den Gläubigern angenommene Vergleich gerichtlich bestätigt.

Mit der Begründung, daß hiernach die Pfändung unwirksam sei, weil sie innerhalb der Sperrfrist des § 3 VerglO. a. F. geschah, verlangt die Klägerin Rückzahlung der an die Beklagte von dem Postscheckamt F. ausgezahlten 14 291,73 RM. Sie beantragte mit ihrer Klage unter Beschränkung auf einen Teilbetrag, die Beklagte zu verurteilen, an die Klägerin unter Vorbehalt aller weitergehenden Ansprüche den Betrag von 6001 RM. nebst 5 % Zinsen vom 30. November 1934 an zu zahlen. Die Beklagte beantragte, die Klage abzuweisen. Sie meint, die Pfändung innerhalb der Sperrfrist sei nicht unwirksam, weil die Benachrichtigung gemäß § 845 ZPO. vor Beginn dieser Frist zugestellt und die gerichtliche Pfändung innerhalb von drei Wochen seit Zustellung der Benachrichtigung erfolgt sei.

Landgericht und Oberlandesgericht haben die Klage abgewiesen. Die Revision der Klägerin führte zur Aufhebung dieser Urteile und zur Verurteilung der Beklagten nach der Klage.

Gründe:

Die hier gegebene Rechtslage hat eine gewisse Ähnlichkeit mit derjenigen, die dem Urteile des erkennenden Senats vom 5. Dezember 1913 (RGZ. Bd. 83 S. 332) zugrunde lag. Dort war zu unterstellen, daß die Vorpfändung (§ 845 ZPO.) mangelfrei, insbesondere an sich der Anfechtung nach der Konkursordnung nicht zugänglich war; dagegen unterlag die ihr fristgemäß vor Eröffnung des Konkurses nachgefolgte gerichtliche Pfändung den Voraussetzungen der Anfechtung nach § 30 Nr. 2 KO., weil dem Pfändungsgläubiger zur Zeit der gerichtlichen Pfändung die Zahlungseinstellung bekannt gewesen war. Dort handelte es sich also um die Frage, ob die Anfechtbarkeit der gerichtlichen Pfändung zur Folge hat, daß sich der Pfändungsgläubiger der Anfechtung gegenüber nicht darauf berufen könne, er habe schon durch die von den Voraussetzungen der Anfechtung nicht betroffene Vorpfändung das Pfandrecht erworben. Der erkennende Senat hat in jenem Urteile diese Frage verneint. Er hat ausgeführt, schon die Vorpfändung (§ 845 ZPO.) habe das Pfandrecht begründet; sie habe die Rechtsänderung herbeigeführt, welche das Vermögen des (Gemein-)Schuldners belastet habe. Die gerichtliche Pfändung erzeuge das Pfandrecht nicht erst, es sei bereits erzeugt gewesen. Deshalb genüge das Vorliegen der Voraussetzungen für die Anfechtung der gerichtlichen Pfändung nicht. Die Überweisung der gepfändeten Forderung stelle keine Vermögensbelastung mehr dar. Der Senat war mit dieser Begründung von derjenigen abgewichen, mit der am 16. September 1898 der III. Zivilsenat die gleiche Frage ebenso entschieden hatte. In diesem Urteile (RGZ. Bd. 42 S. 365) war ausgeführt worden, die Anfechtung der Pfändung habe nur die Wirkung, einen persönlichen Anspruch des Anfechtenden auf Wiederherstellung des früheren Zustandes zu schaffen; aber nicht des Zustandes „von Anfang an", sondern nur des Zustandes, der bis zur Anfechtung bestanden habe. Die Folgen, welche die angefochtene Handlung bis dahin ausgelöst habe, blieben bestehen. Zu ihnen gehöre die Herbeiführung der vollen Wirksamkeit der Vorpfändung durch den gerichtlichen Pfändungsbeschluß, sofern nicht etwa dieser selbst ungültig, insbesondere nach Eröffnung des Konkursverfahrens oder nach Erlaß eines allgemeinen Veräußerungsverbots erwirkt sei. Der erkennende Senat ist in seinem Urteile vom 5. Dezember 1913 ausdrücklich (vgl. S. 333, Schluß des ersten Absatzes, und S. 335, Anfang des zweiten Absatzes) jener Entscheidung nur im Ergebnis beigetreten.

Daß es sich bei der Pfändungsbenachrichtigung des § 845 ZPO. nicht um eine bloße Benachrichtigung, sondern, falls die Pfändung innerhalb der gesetzlichen Frist erfolgt ist, um eine wirkliche Pfandrechtsbegründung handelt, ist schon in RGZ. Bd. 17 S. 331 ausgesprochen worden; daran hat das Reichsgericht immer festgehalten. Freilich spricht der erkennende Senat in RGZ. Bd. 83 S. 332 nicht mehr davon, daß diese Pfandrechtsbegründung nur bedingt (sei es aufschiebend, sei es auflösend) erfolge, wie dies u. a. in RGZ. Bd. 17 S. 331 und Bd. 26 S. 425 angenommen worden war. Er stellt vielmehr die vom Gesetz verlangte fristgemäße gerichtliche Pfändung inhaltlich einer bloßen fristgebundenen Nachholung der vollstreckbaren Ausfertigung und der Zustellung des Schuldtitels gleich (S. 334). Er spricht von der gerichtlichen Pfändung nur mehr als von einem „vorgeschriebenen Erfordernis", bei dessen Erfüllung sich das Arrestpfandrecht von selbst in ein ordentliches Vollstreckungspfandrecht umwandle. Der Senat hat in jenem Urteil davon abgesehen, das Entstehen des Pfandrechts aus der Vorpfändung als auf zwei gleichwertigen

Voraussetzungen beruhend anzusehen, von denen keine ohne die andere imstande sei, das Pfandrecht in dem Zeitpunkte der Benachrichtigung entstehen zu lassen (so WarnRspr. 1913 Nr. 351). Der Senat läßt sich dort überhaupt nicht ein auf die Lehrmeinungen der aufschiebend oder auflösend bedingten Pfandrechtsbegründung und sonstige Deutungen des Inhalts des § 845 ZPO. Er erklärt die Pfändungsbenachrichtigung schlechthin als einen echten pfandrecht-begründenden (privaten) Vollstreckungsakt, natürlich nur dann, wenn auch das „Erfordernis" des Abs. 2 erfüllt sei. Der von Jaeger (KO. § 14 Anm. 14) dem Reichsgericht zur Last gelegte unlösbare Widerspruch zu den beiden Entscheidungen in RGZ. Bd. 26 S. 425 und Bd. 42 S. 366 sowie zu dem vorstehend erwähnten, bei WarnRspr. 1913 Nr. 351 abgedruckten Urteile liegt aber trotzdem nicht vor. Denn nirgends läßt das Urteil des erkennenden Senats in RGZ. Bd. 83 S. 332 die Auffassung zu, daß auch eine unwirksame gerichtliche Pfändung das „Erfordernis" des § 845 Abs. 2 ZPO. erfülle. Und gerade unter diesem letzten Gesichtspunkt fragt es sich, welche Auswirkung für die Anwendung des § 3 (mit § 70) VerglO. a. F. und damit auch für diejenige des § 28 mit § 87 VerglO. n. F. die Anwendung der Rechtsgrundsätze haben muß, die der erkennende Senat in jenem Urteile im 83. Band aufgestellt hat.

Es ist schon eingangs hervorgehoben worden, daß die Rechtslage ähnlich, aber nicht gleich ist derjenigen, die jenem Urteile vom 5. Dezember 1913 zugrunde lag. Denn der Gesetzgeber der alten wie der nunmehr geltenden Vergleichsordnung hat es abgelehnt, die mit § 3, jetzt § 28 beabsichtigten Wirkungen durch Einführung einer Anfechtbarkeit nach Art der Konkursanfechtung zu erreichen. Vielmehr versagt er den Zwangsvollstreckungsmaßnahmen, die innerhalb der Sperrfrist vor Eröffnung des Vergleichsverfahrens vorgenommen worden sind, ohne weiteres („automatisch") die Anerkennung schon für das Vergleichsverfahren selbst (vgl. Kiesow VerglO. 4. Aufl. S. 117/118; Bley VerglO. S. 144) und nimmt ihnen mit der Bestätigung des Vergleichs überhaupt die sachlich-rechtliche Wirksamkeit (§ 70 VerglO. a. F., § 87 VerglO. n. F.). Es kann nicht zweifelhaft sein, daß die fristgemäß der Pfändungsbenachrichtigung folgende gerichtliche Pfändung nicht eine bloße Nachholung gewisser, jener Benachrichtigung fehlender Formerfordernisse, auch nicht die bloße Auslösung einer mit der Benachrichtigung gesetzten aufschiebenden oder auflösenden Bedingung, sondern eine echte Vollstreckungshandlung ist. Daraus ergibt sich nun aber ein grundlegender Unterschied gegenüber der Rechtslage, die bei dem Urteile vom 5. Dezember 1913 gegeben war. Und zwar betrifft dieser Unterschied gerade das in RGZ. Bd. 26 S. 427 und Bd. 42 S. 366 aufgestellte Erfordernis der Wirksamkeit der Vollstreckungshandlung als einer Pfandrechtsbegründung. Es liegt hier eine Art von Mittelding vor zwischen einer bloß der Anfechtbarkeit zugänglichen Pfändung (RGZ. Bd. 42 S. 366, Bd. 83 S. 335) und zwischen einer unzulässigen und deshalb unwirksamen

Pfändung (§ 14 KO.; § 32 VerglO. a. F., § 47 n. F.). Denn die vor Eröffnung des Vergleichsverfahrens, aber nach Beginn der Sperrfrist des § 3 VerglO. a. F. (§ 28 VerglO. n. F.) bewirkte Pfändung ist nach §§ 3, 70 (28, 87) VerglO. zwar zunächst nicht unzulässig, auch sachenrechtlich wirksam; sie hat also an sich zunächst ein Pfandrecht begründet; denn sie wird nicht rückwirkend unwirksam mit der Bestätigung des Vergleichs. Aber sie gilt doch wieder für das Vergleichsverfahren selbst als nicht vorhanden, sie wird nicht „anerkannt" (Kiesow), sie bleibt für das Vergleichsverfahren schlechthin außer Betracht (Bley). Sie ist also praktisch auch vor der Bestätigung des Vergleichs nicht vorhanden; wird der Vergleich, wie hier, bestätigt, so ist sie also für den Vergleichsgläubiger und das Vergleichsverfahren überhaupt nicht vorhanden gewesen. — Für einen solchen Fall aber gelten die Grundsätze des Urteils des erkennenden Senats im 83. Band nicht; der von Jaeger (KO. § 14 Anm. 14) dem Reichsgerichte zum Vorwurf gemachte unlösbare Widerspruch liegt nicht vor. Damit, daß der Gesetzgeber in § 3 VerglO. a. F. (§ 28 n. F.) es gerade abgelehnt hat, die Grundsätze der bloßen Anfechtbarkeit nach Art der Konkursordnung zu übernehmen, daß er vielmehr den innerhalb der Sperrfrist vorgenommenen Zwangsvollstreckungsmaßnahmen, also den durch sie an sich erzeugten sachenrechtlichen Wirkungen, die Berücksichtigung während der Dauer des Vergleichsverfahrens schlechthin verweigert, um die durch sie (an sich) begründeten Rechte schließlich (§§ 70 VerglO. a. F., § 87 n. F.) für den Fall der Bestätigung des Vergleichs der Wirksamkeit überhaupt zu berauben, hat er eine Rechtslage geschaffen, die im Ergebnis derjenigen entspricht, welche sich ergibt, wenn nach Eröffnung des Konkursverfahrens oder nach dem Erlaß eines allgemeinen Veräußerungsverbots (§ 106 Abs. 1 S. 3 KO.; vgl. RGZ. Bd. 26 S. 425 zu § 98 KO. a. F. = (abgeändert) § 106 KO. nunmehriger Fassung) oder nach Eröffnung des Vergleichsverfahrens (§ 32 VerglO. a. F. = § 47 n. F.) fristgemäß die gerichtliche (Nach-)Pfändung zu einer vor der Eröffnung erfolgten Vorpfändung erfolgt. Es kommt für das Vergleichsverfahren mindestens im Ergebnis auf dasselbe hinaus, ob der Gesetzgeber bestimmt, daß Zwangsvollstreckungen nicht mehr vorgenommen werden „können" (§ 32 VerglO. a. F., § 47 n. F.) oder daß solche „nicht" mehr „stattfinden" (§ 14 KO.), und daß Rechte an den Konkursmassegegenständen nicht mehr erworben werden können (§ 15 KO.), oder ob er zunächst die völlige Nichtberücksichtigung solcher Vollstreckungshandlungen für das Vergleichsverfahren anordnet (§ 3 VerglO. a. F.) und sie dann endgültig (§ 70) ihrer Wirksamkeit überhaupt beraubt. In beiden Fällen ist — für das Vergleichsverfahren — die Vollstreckungshandlung in Wahrheit schlecht unwirksam, und darauf kommt es hier an. Deshalb ist durchaus den Erwägungen entsprechend beizutreten, die das Reichsgericht in RGZ. Bd. 26 S. 425 (S. 427/428) für den Fall angestellt hatte, daß einer einwandfreien Vorpfändung zwar fristgemäß, aber nach dem Erlaß (der

Bekanntmachung) eines gerichtlichen Veräußerungsverbots nach § 98 KO. a. F. (= § 106 KO.) die gerichtliche Pfändung nachgefolgt war, und mit jenem Urteil in entsprechender Fassung für die hier vorliegende Rechtslage zu sagen: „Gleichgültig, ob man in anderen Beziehungen sagen kann, daß nach erwirkter gerichtlicher Pfändung das Arrestpfandrecht des § 845 ZPO. schon als mit der Zustellung der Benachrichtigung an den Drittschuldner erworben gelte, so will doch die in Rede stehende Bestimmung (hier § 3 VerglO. a. F. = § 28 VerglO. n. F. mit § 70 VerglO. a. F. = § 87 VerglO. n. F.) soviel als möglich verhindern, daß nach der Antragstellung des Vergleichsschuldners ein einzelner Gläubiger sich durch irgendeine Rechtshandlung noch einen Vorzug vor der Gesamtheit der Vergleichsgläubiger verschaffen könne; es entspricht daher dem Sinn des Gesetzes, unter dem „Erlangen" und dem „Erwerben" (§§ 3, 70 VerglO. a. F. und §§ 28, 87 n. F.) von Sicherungen oder Befriedigungen, welches für das Vergleichsverfahren unberücksichtigt bleiben solle, auch den hier fraglichen Fall „mitzuverstehen", wo die Benachrichtigung nach § 845 ZPO. bereits vor dem Beginn jener Sperrfrist stattgefunden hat, „obschon dies sonst immerhin ein Erwerb mit rückwirkender Kraft sein würde" (so RGZ. Bd. 26 S. 427 bis 428).

Zu dem gleichen Ergebnis kommen, wenn auch im einzelnen mit etwas anderer Begründung: Kiesow (VerglO. § 3 Anm. 24a [S. 125/126]); Bley (VerglO. § 3 Anm. IV 2c); Vogels (VerglO. § 28 Bem. III b S. 208); Bernhardt (Die Vollstreckungssperre nach der Vergleichsordnung, Leipzig 1929 S. 35, 36). Die gegenteilige Meinung ist für die hier zu entscheidende Frage bisher, soweit ersichtlich, weder im Schrifttum noch in der Rechtsprechung vertreten worden.

Demgemäß und da im übrigen gegen den Klaganspruch Einwendungen nicht erhoben worden sind, war der Revision der Klägerin stattzugeben und nach ihrem Klageantrage zu erkennen.

RGZ. 153, 179

Wie wirkt sich in einem Falle, wo der Kaufpreisschuldner Kundenwechsel in Zahlung gibt und später er sowohl wie der Wechselschuldner ins Vergleichsverfahren gehen, die Zahlung der Vergleichsquote auf die Wechsel in bezug auf den Bestand der Kaufpreisschuld und auf die Quote im Vergleich des Kaufpreisschuldners aus?

KO. § 68. Vergleichsordnung vom 5. Juli 1927 (RGBl. I S. 139) — VerglO. — § 2.

VII. Zivilsenat. Urt. v. 22. Dezember 1936.

I. Landgericht Bonn. II. Oberlandesgericht Köln.

Die Firmen Sch. & Co. in K. und R. GmbH. in Sch. hatten an J. J. R. als Inhaber der Firma Gebr. R. käuflich Installations- und Heizungsgegenstände geliefert, welche Gebr. R. an die Sch. AG. durch

Einbau in den von dieser aufgeführten Bau eines Hauses in K. weiterlieferten. Gebr. R. wurden dadurch Schuldner vom Sch. & Co. in Höhe von 22 723,66 RM., und der R. GmbH. in Höhe von 17 363,84 RM. Sie gaben auf den Kaufpreis von ihnen indossierte Wechselakzepte der Sch. AG., und zwar an Sch. & Co. über 16 000 RM., an die R. GmbH. über 15 000 RM. Sowohl die Sch. AG. wie die Firma Gebr. R. gingen ins Vergleichsverfahren. Die Firmen Sch. & Co. und R. GmbH. meldeten im Sch.-Verfahren ihre Wechselforderungen, im R.-Verfahren ihre Kaufpreisforderungen an. Im Verfahren Sch. erhielten entsprechend der 30%igen Vergleichsquote im November 1933 Sch. & Co. auf Grund des Vergleiches vom 20. April 1932 4800 RM., die R. GmbH. 4500 RM. ausgezahlt. Auch das Vergleichsverfahren der Gebr. R. schloß am 23. Mai 1932 mit einem Vergleiche von 30 %, wobei die Klägerin für die Bezahlung dieser Quote die selbstschuldnerische Bürgschaft übernahm. Auf die ersten beiden Vergleichsraten haben Sch. & Co. bisher 264,98 RM., die R. GmbH. 141,50 RM. erhalten. Der Beklagte hat von den Firmen Sch. & Co. und R. GmbH. deren Forderungen samt den Sch.-Wechseln erworben und sich in Höhe der Vergleichsquoten Vollstreckungsklausel und vollstreckbare Ausfertigung des R.-Vergleichs über jene Forderungen erteilen lassen. Die Klägerin hat Vollstreckungsgegenklage erhoben und beantragt, die Zwangsvollstreckung des Beklagten aus den beiden Schuldtiteln für unzulässig zu erklären und ihn zu deren Herausgabe zu verurteilen. Sie betrachtet die dem Beklagten abgetretenen Forderungen als durch die bisherigen Zahlungen im Sch.- und R.-Vergleichsverfahren getilgt, hält das Vorgehen des Beklagten für sittenwidrig, rechnet mit einer angeblichen Schadensersatzforderung auf und erklärt hilfsweise Zurückhaltung der Leistung bis zur Herausgabe der Sch.-Wechsel.

Während das Landgericht dem Antrag des Beklagten gemäß die Klage abgewiesen hat, hat das Berufungsgericht die Zwangsvollstreckung aus den beiden Schuldtiteln in Höhe von 9706,48 RM. für unzulässig und in Höhe weiterer 2319,87 RM. nur gegen Herausgabe der vollstreckbaren Ausfertigungen und von Sch.-Wechseln über 12 026,35 RM. für zulässig erklärt. Auf die Revision des Beklagten wurde die Zwangsvollstreckung aus den genannten Schuldtiteln gegen die Klägerin wegen der Forderung der Firma Sch. & Co. in Höhe von 1704.99 RM. und wegen der Forderung der R. GmbH. in Höhe von 1491,50 RM. für unzulässig erklärt. Im übrigen hatte die Revision keinen Erfolg. Aus den

Gründen:

Das Berufungsgericht steht auf dem Standpunkt, daß die Rechtsvorgängerinnen des Beklagten nicht vermöge ihrer Beteiligung an beiden Vergleichsverfahren auf Grund von § 2 der für den Rechtsstreit maßgebenden Vergleichsordnung vom 5. Juli 1927 verb. mit § 68 KO. sowohl im Vergleichsverfahren Sch. wie in dem der Firma Gebr. R. Anspruch auf je die ganze Vergleichsquote erheben könnten, sondern sich die bei Sch. empfangenen Vergleichszahlungen auf die Quote im R.-Vergleiche anrechnen zu lassen hätten. Da die in beiden Verfahren ausgezahlten Beträge bisher 9706,48 RM. ausmachten, sei somit in dieser Höhe die Vollstreckung aus den Schuldtiteln überhaupt unzulässig. Wegen der Beträge, die an 30 % der den Rechtsvorgängerinnen des Beklagten gegen Gebr. R. erwachsenen Kaufpreisforderungen hiernach noch fehlten, d. i. wegen 2319,87 RM., könne der Beklagte zwar noch vollstrecken, aber nur gegen Herausgabe der in seinem Besitz befindlichen Sch.-Wechsel, soweit deren Summe nicht 12 026,35 RM. übersteige.

Mit Recht erhebt die Revision gegen diese Erwägungen des Berufungsrichters Bedenken. Die Frage, wie in dem Falle der Hingabe von Kundenwechseln auf Kaufpreisforderungen ein sowohl vom Wechselschuldner wie vom Kaufpreisschuldner geschlossener, diese Schulden mitumfassender Vergleich gegen den Gläubiger wirkt, ist nicht in erster Reihe aus § 68 KO. (§ 2 VerglO.), sondern vielmehr aus der rechtlichen Besonderheit der Zahlung durch Wechsel zu beurteilen. Ist die Wechselhingabe, wie dies die Regel ist, zahlungshalber erfolgt, so wird ein Gesamtschuld- oder gesamtschuldähnliches Verhältnis im Sinne von § 68 KO. zwischen dem Gläubiger einerseits und dem Kaufpreis- sowie dem Wechselschuldner anderseits nicht begründet. Der Klage auf den Kaufpreis steht die Einrede der Wechselhingabe entgegen, und der Gläubiger ist vermöge der Annahme der Wechsel verpflichtet, zunächst aus diesen sich zu befriedigen, so daß er seine Kaufpreisforderung erst dann verfolgen kann, wenn er entweder auf seine Wechselforderungen verzichtet oder deren Uneinbringlichkeit dartut. Was er auf die Wechsel erlangt, hat er dem Kaufpreisschuldner gutzubringen. Daraus folgt, daß der Gläubiger zwar nicht behindert ist, in einem Vergleichsverfahren des Wechselschuldners und des Kaufpreisschuldners einerseits die Wechsel-, anderseits die Kaufpreisforderung anzumelden, wie das im Streitfall die Firmen Sch. & Co. und R. GmbH. unstreitig getan haben, er hat aber eine etwa auf die Wechsel erlangte Vergleichsquote auf seine Kaufpreisforderung abzurechnen, weil insoweit der mit der Wechselhingabe unternommene Zahlungsversuch geglückt ist. Das angefochtene Urteil macht den Fehler, daß es die Wechselvergleichsquote auf die Vergleichsquote der Kaufpreisforderung verrechnet. Das würde nur möglich sein, wenn es sich beiderseits um dieselbe Forderung handelte, was aber nicht der Fall ist. Der in Zahlung gegebene Wechsel ist sozusagen ein Zahlungsmittel, dessen Wert von seinem Eingang abhängt. Gelingt die Einziehung des Wechselbetrags nur teilweise, so liegt auch nur eine Teilzahlung vor, und der Gläubiger kann nunmehr wegen des Kaufpreisrestes auf seine ursprüngliche Forderung zurückgreifen. Ob die Entscheidung über das Schicksal des Wechsels in einem Vergleichsverfahren fällt, kann dabei keine Rolle spielen, am Ergebnis wird dadurch nichts geändert. Anderseits liegt die Sache auch nicht so, wie die Revision meint, daß der Gläubiger ohne Rücksicht auf die auf seine Wechsel entfallende Vergleichsrate auf seine ganze Kaufpreisforderung bis zu deren voller Deckung die Quote im Vergleichsverfahren des Kaufpreisschuldners fordern könnte. Das Schuldverhältnis zu Wechsel- und Kaufpreisgläubiger ist eben, wie dargelegt, kein solches gleichzeitig durchführbarer Haftung wie in § 68 KO., sondern durch eine Aufeinanderfolge der Haftung gekennzeichnet, derart, daß sich Wiedereintritt und Umfang der Kaufpreisschuld erst durch das Schicksal der Wechsel bestimmen. Zweifelhaft kann aber nicht sein, daß der Gläubiger, soweit er aus den Wechseln keine Befriedigung erlangt, auf den vollen Rest seines Kaufpreisanspruchs die Quote im Vergleichsverfahren des Kaufpreisschuldners verlangen kann.

An dieser Rechtslage wird auch im Streitfalle nichts dadurch geändert, daß die Vergleichsquote im Sch.-Verfahren erst zur Auszahlung gelangt ist, nachdem die Forderungen der Rechtsvorgängerinnen des Beklagten aus Kauf gegenüber Gebr. R. durch den R.schen Vergleich auf 30 % — höchstens 45 % — herabgesetzt worden waren. Denn dieser Teilerlaß ist nicht dahin zu verstehen, daß damit Gläubiger, die auf ihre Forderung Kundenwechsel von R. empfangen und damit für sie in Gestalt eines Anspruchs gegen dritte Wechselverpflichtete eine zusätzliche Sicherung oder Befriedigungsmöglichkeit erlangt hatten, der Vorteile dieser Rechtslage hätten verlustig gehen sollen, wie dies der Fall wäre, wenn die Kaufpreisforderung vermöge des R.-Vergleiches nur noch mit der Quote einzustellen und sonach durch die Quote im Sch.-Verfahren nahezu voll gedeckt wäre. Wäre die Zahlung der Sch.-Quote vor dem R.-Vergleich erfolgt, so wäre kein Zweifel, daß sie auf die volle Höhe der Kaufpreisforderungen anzurechnen wäre, wie auch eine etwa volle Deckung der Wechsel den Kaufpreisgläubigerinnen ohne Rücksicht auf den Ausgang des R.schen Vergleichsverfahrens hätte verbleiben müssen. Der mehr oder minder zufällige Zeitpunkt der Auszahlung der Sch.-Quote kann aber für die rechtliche Betrachtung nicht entscheidend sein und die ursprünglichen Rechte der Gläubigerinnen um so weniger verkümmern, als ja ohnehin nach § 7 VerglO. der Erlaß im R.-Verfahren noch keineswegs als endgültig zu betrachten war, als die Zahlung erfolgte, und ohne Rücksicht auf die Zahlung der Sch.-Quote bei Abschluß des R.-Vergleichs auf Grund des früheren Sch.-Vergleichs bereits so gut wie feststand, daß die Kaufpreisforderungen vermöge des Ausgangs des Sch.-Verfahrens für den R.-Vergleich nur noch wegen des in jenem Verfahren nicht gedeckten Restes in Frage kamen.

Hat der Beklagte nach alledem auf die Schuldtitelforderung der Firma Sch. & Co. die auf deren Wechel gezahlten 4800 RM. und auf diejenige der R. GmbH. die Wechselvergleichsquote von 4500 RM. gutzubringen, so mindert sich sein Guthaben aus Kauf im ersten Falle auf 17 923,66 RM., im zweiten auf 12 863,84 RM. Davon sind 30 % seine Vergleichsforderung in der Sache Gebr. R., d. h. für Sch. & Co. 5377,09 RM., für R. GmbH. 3859,15 RM. Bezahlt sind darauf im ersten Falle 264,98 RM., im zweiten 141,50 RM., so daß 5112,11 RM. und 3717,65 RM. verbleiben. Die Zwangsvollstreckung gegen die Klägerin ist also noch in Höhe von 8829,76 RM. zulässig, würde aber unzulässig sein wegen des Mehrbetrags von 1704,99 RM. im Falle Sch. & Co., von 1491,50 RM. im Falle R. GmbH., der sich durch Abrechnung der noch offenen Beträge von 30 % der vollen Kaufpreisforderungen, d. s. 12 026,25 RM. ergibt.

RGZ. 154, 72

Sind im Vergleichsverfahren über eine Genossenschaft die Gläubiger einer von ihr aufgenommenen, aber noch nicht endgültig mit ihr verschmolzenen anderen Genossenschaft mit dem vollen Betrag ihrer zur Zeit der Eröffnung des Verfahrens bestehenden Forderung oder nur in Höhe ihres Ausfalls bei der Abwicklung des Vermögens der übernommenen Genossenschaft beteiligt?

GenG. § 93 b Abs. 3. KO. §§ 64, 68. Vergleichsverordnung vom 5. Juli 1927 (RGBl. I S. 139) — VerglO. a. F. — §§ 88 flg. Vergleichsordnung vom 26. Februar 1935 (RGBl. I S. 321) — VerglO. n. F. — §§ 108 flg.

II. Zivilsenat. Urt. v. 9. Februar 1937.

Die Entscheidung ist abgedruckt unter „Handelsrecht, Handelsgesellschaften 4".

RGZ. 155, 95

Inwieweit wird der persönliche Gläubiger des Vergleichsschuldners, dem ein Absonderungsrecht an einem diesem gehörigen Gegenstande zusteht, vom Vergleichsverfahren betroffen, wenn er dazu nur den seiner Annahme nach durch das Absonderungsrecht nicht gedeckten Teil seiner Forderung anmeldet?

VerglO. vom 5. Juli 1927 (RGBl. I S. 139) — VerglO. a. F. — §§ 2, 73; VerglO. vom 26. Februar 1935 (RGBl. I S. 321, 356) — VerglO. n. F. — §§ 27, 82.

VII. Zivilsenat. Urt. v. 25. Mai 1937.

I. Landgericht München I.

Der Kläger hatte von der Beklagten einen größeren Kontokorrentkredit eingeräumt erhalten, zu dessen Sicherung auf seinem Anwesen in M. Grundschulden im Gesamtbetrage von 67 000 RM. eingetragen worden waren. Auf seinen Antrag wurde mit Beschluß vom 23. März 1931 das Vergleichsverfahren zur Abwendung des Konkurses eröffnet. Im Vergleichstermin vom 18. April 1931 fand sein Vergleichsvorschlag — 40 % für die am Verfahren beteiligten Gläubiger — die Zustimmung der erforderlichen Mehrheit. Mit Beschluß vom selben Tage hob das Vergleichsgericht das Vergleichsverfahren wieder auf.

Zur Zeit des Antrags auf Eröffnung des gerichtlichen Vergleichsverfahrens hatte die Kontokorrentforderung der Beklagten 57 412 RM. betragen. Am 2. Februar 1931 hatte die Beklagte dem Kläger geschrieben:

... Wir teilen Ihnen mit, daß wir den Wert des Hauses mit 80 000 RM. ansetzen müssen. Unser Guthaben ist zwischen 57 000 und 58 000 RM., so daß wir zwischen 4—5000 RM. in die Masse fallen würden. Wir sind bereit, mit diesem Betrag auf einen Vergleich zu 40 % in der besprochenen Weise einzugehen.

Am 9. April 1931 hatte sie zum Vergleichsverfahren die nachfolgende weitere Erklärung abgegeben:

Wir Endesunterfertigte haben gegen den Vergleichsschuldner eine Forderung in Höhe von 4500 RM. und sind mit dieser Forderung an dem gerichtlichen Vergleichsverfahren beteiligt.

Wir haben von dem Vorschlage, der uns durch das Vergleichsgericht übermittelt worden ist, Kenntnis genommen und erklären hiermit unser ausdrückliches Einverständnis zu demselben. Hiernach verzichten wir auf 60 % der obengenannten Forderung unter der Bedingung, daß 20 % unserer Forderung innerhalb einer Woche nach Rechtskraft des gerichtlichen Vergleichs und je 10 % 2 bzw. 4 Monate später ausbezahlt werden.

Auf den Betrag von 4500 RM. wurde die Vergleichsquote von 40 % bezahlt. Nach Abschluß des Vergleichsverfahrens führte die Beklagte die zur Zeit der Eröffnung des Vergleichsverfahrens geschuldete Summe abzüglich des Betrages von 4500 RM. nach wie vor im Konto des Klägers weiter. Sie erlangte von diesem in der Zeit vom 6. Oktober 1931 bis 7. Februar 1935 insgesamt 14mal das vorbehaltlose schriftliche Anerkenntnis des jeweiligen Schuldstandes. Vom 16. September 1935 an fügte der Kläger dem Anerkenntnisse den Zusatz bei, daß eine persönliche Haftung seinerseits für dieses Konto nicht bestehe. Er zahlte nach Aufhebung des Vergleichsverfahrens auf die persönliche Schuld den Betrag von insgesamt 15 314,64 RM.; die Beklagte erwirkte gegen ihn für kleinere Schuldteilbeträge Vollstreckungsbefehle.

Mit der Klage begehrt der Kläger die Feststellung, daß er der Beklagten für die von ihr „auf Konto Ordinario dem Kläger zur Last geschriebenen Beträge“ nicht persönlich hafte. Er faßt die Erklärung der Beklagten vom 2. Februar 1931 dahin auf, daß sie sich in Höhe von 53 546 RM. nur an das Pfand halten wolle und insoweit auf die persönliche Forderung verzichte. Abgesehen davon sei vom Vergleichsverfahren die ganze persönliche Forderung der Beklagten betroffen worden; lediglich ihr Stimmrecht und die Höhe ihrer Teilnahme an der Vergleichsquote habe sich nach § 64 KO. auf den Betrag beschränkt, zu welchem sie auf die abgesonderte Befriedigung verzichtet habe, nämlich auf 4500 RM. Die persönliche Forderung sei deshalb nach § 73 VerglO. a. F. im vollen Umfang erloschen. Die Anerkennung der Rechnungsauszüge habe sich nur auf deren ziffermäßige Richtigkeit bezogen. Vorsorglich nehme er seine Anerkenntniserklärungen nach §§ 812 flg. BGB. zurück, auch fechte er die Anerkennung wegen Irrtums und arglistiger Täuschung an.

Die Beklagte bestreitet, auf die persönliche Haftung des Klägers verzichtet zu haben. Sie macht geltend, sie sei nur mit dem Betrage von 4500 RM. am Vergleichsverfahren beteiligt gewesen; soweit sie nicht auf abgesonderte Befriedigung verzichtet habe, sei sie nicht beteiligt gewesen. Sie beruft sich auf die Anerkenntnisse der Rechnungsauszüge und die nach Beendigung des Vergleichs erfolgten Zahlungen.

Das Landgericht hat die Klage abgewiesen. Die nach § 566a ZPO. eingelegte Revision des Klägers führte zur Aufhebung und Zurückverweisung an das Oberlandesgericht.

Gründe:

Das Landgericht hat die Auffassung abgelehnt, daß in dem Schreiben der Beklagten vom 2. Februar 1931 ein Verzicht auf den Rest der persönlichen Forderung liege. Das ist aus Rechtsgründen nicht zu beanstanden; die Revision hat dagegen auch nichts eingewendet.

Im übrigen hat das Landgericht die für die Entscheidung des Rechtsstreits wesentliche Frage, ob ein Gläubiger, dem an einem seinem persönlichen Schuldner gehörigen Gegenstand ein Absonderungsrecht zusteht, an dem gegen diesen Schuldner eröffneten Vergleichsverfahren mit seiner persönlichen Forderung im vollen Umfange beteiligt ist und davon betroffen wird, in Auslegung des § 2 Satz 2 VerglO. a. F. verneinend beantwortet. Es verkennt nicht, daß, wenn an Stelle des Vergleichs im Vergleichsverfahren ein Zwangsvergleich in einem Konkursverfahren geschlossen worden wäre, die obige Frage zu bejahen wäre. Es meint aber, im Vergleichsverfahren sei die Rechtslage anders. Dafür führt es an: § 2 VerglO. umschreibe den Kreis der beteiligten Gläubiger, wobei er in Satz 2 den § 64 KO. für entsprechend anwendbar erklärte. Aus der Stellung dieser Bestimmung im 1. Abschnitt „Allgemeine Vorschriften" sei zu schließen, daß ein Absonderungsberechtigter nur soweit am Verfahren b e t e i l i g t sein solle, als er gemäß § 64 KO. Anspruch auf die Quote erheben könne. Die abweichende Regelung im Konkursverfahren stehe dieser Auffassung um deswillen nicht entgegen, weil das Konkursverfahren die Umsetzung der gesamten Konkursmasse in Geld zum Zwecke gleichmäßiger Befriedigung der Gläubiger zum Gegenstande habe; deshalb sollten absonderungsberechtigte Gläubiger zur Verwirklichung ihres Absonderungsrechts gedrängt werden. Das Vergleichsverfahren dagegen diene vornehmlich der Erhaltung des wirtschaftlichen Bestehens des Vergleichsschuldners; ein Druck auf die Absonderungsberechtigten, ihr Absonderungsrecht zu verwirklichen, arbeite diesem Zweck entgegen. Ein solcher Druck ergebe sich aber, wenn der Absonderungsberechtigte, der zugleich persönlicher Gläubiger des Vergleichsschuldners sei, durch die Bestätigung des Vergleichs ohne Rücksicht auf Ausfall oder Verzicht auf abgesonderte Befriedigung seine persönliche Forderung gegen den Vergleichsschuldner über die Vergleichsquote hinaus verliere. Der Vergleichsvorschlag habe sich ausdrücklich nur an die nicht bevorrechtigten und nicht gesicherten Gläubiger gewandt, so daß die absonderungsberechtigten Gläubiger, die hätten annehmen dürfen, daß sie bei normalen Verhältnissen keinen Ausfall erleiden würden, keinen Anlaß zur sofortigen Verwirklichung ihres Absonderungsrechts gehabt hätten. Diese Auffassung stehe im Einklang mit Kiesow (Anm. 25 zu § 2, Anm. 16 zu § 73 VerglO. a. F.) und sei nunmehr in § 27 Abs. 1 VerglO. n. F. klar zum Ausdruck gekommen.

Keine dieser Erwägungen vermag die angefochtene Entscheidung zu rechtfertigen. Auszugehen ist von der Bestimmung des § 2 VerglO. a. F., wobei es entscheidend auf die Bedeutung des zweiten Satzes ankommt. Zunächst besagt die Stellung dieses Paragraphen im 1. Abschnitt des Gesetzes „Allgemeine Vorschriften“ nichts dafür, daß die „Beteiligung“ des absonderungsberechtigten Gläubigers am Vergleichsverfahren nur in dem Maße stattfinde, als er im Konkurse Anspruch auf verhältnismäßige Befriedigung haben würde. Dafür, daß dem § 64 KO. im Vergleichsverfahren eine andere Auslegung zukomme als im Konkurse, liegt nichts vor, insbesondere läßt lich dafür nicht das Wort „entsprechende“ (Anwendung) verwerten. Denn es ist klar, daß eine unmittelbare Anwendung dieser für das Konkursverfahren getroffenen Bestimmung unmöglich ist. § 64 KO. besagt aber nicht, daß der absonderungsberechtigte Gläubiger am Konkursverfahren nur mit dem Betrage teilnehme, zu welchem er auf abgesonderte Befriedigung verzichtet oder mit welchem er dabei ausgefallen ist. Im Gegenteil („aber“) bestimmt er, daß der Gläubiger seine volle Forderung im Konkurse geltend machen, gleichwohl aber nur in beschränktem Umfang verhältnismäßige Befriedigung verlangen könne. Auch wenn er nicht aktiv teilnimmt, so ist er doch passiv beteiligt (§ 3 KO., vgl. Jaeger KO. Anm. 1 zu § 3); „aber“ Befriedigung kann er jedenfalls nur für den Ausfall (Verzicht) beanspruchen (vgl. Jaeger KO. Anm. 11 bis 13 zu § 64). Die Unhaltbarkeit der Erwägungen des Erstrichters zeigt sich bei der Annahme, daß das Vergleichsverfahren in das Konkursverfahren übergeleitet wird (§§ 82 flg. VerglO. a. F.). Es müßte dann dem § 64 KO. plötzlich eine andere Auslegung gegeben werden als in dem vorangegangenen Vergleichsverfahren; der absonderungsberechtigte persönliche Gläubiger, der seine Forderung im Vergleichsverfahren nicht angemeldet hatte, weil er (nach der Ansicht des Erstrichters) im Falle eines rechtswirksamen Vergleichsabschlusses Forderung wie Absonderungsrecht ungeschmälert behalten hätte, würde, wenn er auch im nachfolgenden Konkurse die Anmeldung unterließe, im Falle eines Zwangsvergleichs zunächst weder den Gemeinschuldner persönlich in Anspruch nehmen, noch Anspruch auf die Zwangsvergleichsquote erheben können; er müßte erst das Absonderungsverfahren durchführen und könnte dann nur seinen Ausfall nach der Zwangsvergleichsquote verlangen. Eine verschiedene Auslegung des § 64 KO. im Konkursverfahren und im Rahmen des § 2 VerglO. a. F. ist unmöglich. Die Erwägungen, mit denen der Erstrichter sie stützen will, versagen. Auch im Konkursverfahren dient der Zwangsvergleich der Erhaltung des wirtschaftlichen Bestehens des Gemeinschuldners; er bezweckt nichts anderes als der Vergleich im Vergleichsverfahren, dessen Vorbild er für den Gesetzgeber gewesen ist; anderseits kann auch das Vergleichsverfahren die „Versilberung" des gesamten Vermögens des Gemeinschuldners zum Gegenstande haben (Liquidations-Vergleich); darauf hat die Revision zutreffend hingewiesen. Der Erstrichter meint weiter, die von ihm getroffene Auslegung des § 2 VerglO. a. F. sei auch um deswillen geboten, weil der absonderungsberechtigte persönliche Gläubiger nur durch sofortige Beseitigung der Ungewißheit darüber, ob er einen Ausfall erleiden werde oder nicht, erreichen könne, daß er für den allenfalls entstehenden Ausfall die Quote erhalte, welche die übrigen Gläubiger erhielten; in vielen Fällen würden bei später eintretendem Ausfall die zur Abwicklung des Vergleichs zur Verfügung stehenden Mittel nicht mehr vorhanden sein. Das mag in manchen Fällen zutreffen, ist aber keineswegs geeignet, die Ansicht zu stützen, daß dem § 64 KO. in § 2 VerglO. a. F. eine andere Bedeutung zukomme als im Konkurse, insbesondere beim Zwangsvergleich. Auch dem Schuldner wird die Ungewißheit darüber, ob der Gläubiger einen Ausfall erleidet, um so weniger angenehm sein, als er auf die Durchführung des Absonderungsverfahrens keinen Einfluß hat.

Auch die weitere Erwägung des Landgerichts, daß sich der Vergleichsvorschlag nur an die nicht bevorrechtigten und nicht gesicherten Gläubiger gewandt habe, so daß die absonderungsberechtigten Gläubiger hätten annehmen dürfen, bei normalen Verhältnissen keinen Ausfall zu erleiden, und deshalb keinen Anlaß zur sofortigen Verwirklichung des Absonderungsrechts gehabt hätten, vermag die vom Erstrichter vertretene Auffassung nicht zu stützen, auch nicht für den besonderen Fall, der zur Entscheidung steht.... (Wird näher dargelegt.)

Endlich geht auch die Berufung des Vorderrichters auf § 27 VerglO. n. F. fehl. Er meint, die von ihm vertretene Auffassung sei nunmehr auch in der neuen Vergleichsordnung klar zum Ausdruck gekommen. Zunächst ist die Entscheidung der hier streitigen Frage lediglich aus der Vergleichsordnung von 1927 zu treffen; die Vergleichsordnung von 1935 hat außer Betracht zu bleiben. Aber auch als Auslegungsbehelf für den Sinn des § 2 Satz 2 VerglO. a. F. ist § 27 VerglO. n. F. nicht für die vom Erstrichter vertretene Auffassung zu verwerten. Denn die Auslegung, die das Landgericht dem § 27 der neuen Vergleichsordnung gibt, trifft nicht zu. § 27 VerglO. n. F. sollte den bisher geltenden Rechtszustand nicht ändern; darüber herrscht Einhelligkeit (vgl. Vogels zu § 27 Anm. I 1; Danielcik-Küch zu § 27 Anm. 1). Es sollte das Teilnahmerecht der Absonderungsgläubiger im Vergleichsverfahren demjenigen im Konkurs angeglichen werden. Die Verweisung auf § 64 KO. in § 2 Satz 2 der alten Vergleichsordnung sollte durch Übernahme dieser Vorschrift aus der Konkursordnung ersetzt werden (Vogels a. a. O.). Der Inhalt der Vorschrift des § 64 KO. gibt also auch hier erst Aufschluß über den Inhalt des § 27 VerglO. n. F. Danach nimmt aber der absonderungsberechtigte persönliche Gläubiger, wenn er die Forderung im Konkurs überhaupt geltend macht, mit seiner vollen Forderung am Konkurse teil, auch mit dem durch das Absonderungsrecht gedeckten Teil und auch wenn sie nur als Ausfallsforderung angemeldet wird (vgl. Jaeger KO. § 3 Anm. 1, § 64 Anm. 11); bei der Schlußverteilung wie beim Zwangsvergleich wird er aber nur mit dem Betrage des wirklichen Ausfalls oder des Verzichts berücksichtigt. So ist auch im Sinne des § 27 VerglO. n. F. unter „Ausfall" diejenige Forderung zu verstehen, die verbleibt, wenn der übrige Teil durch Verwertung der Sicherheit befriedigt und damit erloschen ist; neben der Ausfallsforderung gibt es danach keine persönliche Forderung mehr. Der Gegensatz zu Ausfallsforderung ist nicht eine bestehenbleibende persönliche Forderung, sondern die erloschene Forderung oder das bloße dingliche Absonderungsrecht. Auch die Vorschrift des § 27 VerglO. n. F. würde also, auf den vorliegenden Fall angewendet, besagen, daß bei einem teilweisen Verzicht auf das Absonderungsrecht der Teil der Forderung, für den auf dieses Recht verzichtet wurde (also die 4500 RM.), ebenso zu behandeln ist, als wenn er durch das Absonderungsverfahren befriedigt worden wäre; eine persönliche Forderung besteht dann insoweit nicht mehr. Auf all das hat die Revision zutreffend hingewiesen.

Erweisen sich so die vom Vorderrichter angestellten Erwägungen als ungeeiget, seiner Auslegung des § 2 VerglO. a. F. als Grundlage zu dienen, so ergeben die bereits zur Entkräftung seiner Darlegungen angeführten Gesichtspunkte die Richtigkeit der Auffassung von Bley (zu § 2 C II Note 36, S. 103; zu § 73 II 3a, S. 737). Ist der Gläubiger — von seinem Recht auf abgesonderte Befriedigung abgesehen — mit seiner persönlichen Forderung am Vergleichsverfahren beteiligt (und das ist er im Sinne der §§ 3, 64 KO. nach § 2 VerglO. a. F., weil er nichtbevorrechtigter Konkursgläubiger wäre, falls statt des Vergleichsverfahrens das Konkursverfahren eröffnet worden wäre), so verbleibt es dabei trotz des Absonderungsrechts. Die einzige Besonderheit ist, daß er wegen der entsprechenden Anwendbarkeit des § 64 KO. nur in Höhe seines mutmaßlichen Ausfalls stimmberechtigt ist und daß er vergleichsmäßige Befriedigung nur für den Betrag seines Verzichts oder nachgewiesenen Ausfalls verlangen kann. Er ist also mit dem vollen Betrag seiner Forderung am Vergleichsverfahren beteiligt und wird zum vollen Betrag seiner Forderung vom Vergleich betroffen, unbeschadet des Fortbestandes der dinglichen Haftung für den ungekürzten Forderungsbetrag (§ 73 Abs. 1 VerglO. a. F.) und unbeschadet des Bestehenbleibens einer sogenannten natürlichen Verbindlichkeit für den erlassenen Forderungsteil.

Dies Ergebnis ist auch allein befriedigend. Es entspricht allein dem Grundgedanken, daß sich die persönliche Haftung des Vergleichsschuldners in dem Anspruch auf die Vergleichsquote verkörpert; über die Vergleichsquote hinaus kann der Gläubiger den Vergleichsschuldner persönlich nicht in Anspruch nehmen (vgl. Jaeger KO. § 64 Anm. 9, 11 bis 13; § 193 Anm. 12). Wenn der absonderungsberechtigte persönliche Gläubiger, der auf das Absonderungsrecht nicht verzichtet, dieses Recht aber auch nicht (zur Ausfallsfeststellung) verwirklicht, der aber gleichwohl seine persönliche Forderung im Vergleichsverfahren geltend macht, sich so behandeln lassen muß, als hätte er kein Absonderungsrecht (Kiesow Anm. 114 zu § 2, vgl. Jaeger KO. § 64 Anm. 16), so wäre es unerträglich, daß der absonderungsberechtigte persönliche Gläubiger dem Vergleichsschuldner gegenüber im Vergleichsverfahren einen Teil und außerhalb desselben den Rest, zusammen die volle persönliche Forderung sollte geltend machen und außerdem für den Teil, für den er im Vergleichsverfahren nicht befriedigt worden ist, das Absonderungsrecht sollte verwirklichen dürfen. Dieses Ergebnis würde dem Grundsatz (Kiesow a. a. O.) widersprechen, daß die Ausfallshaftung nicht dem Interesse der absonderungsberechtigten, sondern dem der nichtabsonderungsberechtigten Gläubiger zu dienen hat. Ob sich der Erstrichter für das Ergebnis, zu dem er kommt, mit Recht auf Kiesow Anm. 25 zu § 2 und Anm. 16 zu § 73 VerglO. a. F. berufen kann, mag insbesondere angesichts der Ausführungen Kiesows in Anm. 105 zu § 73 dahingestellt bleiben.

Die Beklagte ist also an dem Vergleichsverfahren im vollen Umfang ihrer persönlichen Forderung beteiligt gewesen. Lediglich die Höhe der verhältnismäßigen Befriedigung richtete sich nach dem Betrage, zu dem sie auf abgesonderte Befriedigung verzichtet hatte, also nach 4500 RM. Insoweit ist sie befriedigt.

RGZ. 160, 134

1. Inwieweit wird der absonderungsberechtigte persönliche Gläubiger eines Vergleichsschuldners, der sich nur mit einem Teile der Forderung am Vergleichsverfahren beteiligt und insoweit, nicht aber für den Rest auf sein Absonderungsrecht verzichtet hat, vom Vergleichsverfahren betroffen, und welche Wirkung hat der in diesem Verfahren zustandegekommene Teilerlaß auf seine Forderung?

2. Welchen Einfluß hat hierbei ein später auf sein Absonderungsrecht eingetretener Ausfall?

3. Inwieweit besteht in solchem Falle eine sogen. unvollkommene — unerzwingbare — Verbindlichkeit für den erlassenen Forderungsteil weiter?

4. Kann eine solche Verbindlichkeit die Rechtsgrundlage für selbständige Schuldanerkenntnisverträge abgeben?

VerglO. vom 5. Juli 1927 (RGBl. I S. 139) — VerglO. a. F. — §§ 2, 73; VerglO. vom 26. Februar 1935 (RGBl. I S. 321, 356) — VerglO. n. F. — §§ 27, 82. BGB. §§ 781, 812.

VII. Zivilsenat. Urt. v. 14. März 1939.

I. Landgericht München. II. Oberlandesgericht daselbst.

Für den Sachverhalt wird auf das Urteil des erkennenden Senats vom 25. Mai 1937 VII 301/36 (RGZ. Bd. 155 S. 95) Bezug genommen; ihm ist hinzuzufügen:

Im Laufe des inzwischen von der Beklagten in das Grundstück des Klägers weiterbetriebenen Zwangsvollstreckungsverfahrens erhielt die Beklagte am 22. Juni 1937 für 58 500 RM. den Zuschlag. Der Kläger hat in der erneuten mündlichen Verhandlung vor dem Oberlandesgericht, an das die Sache gemäß § 566 a Abs. 5 ZPO. vom Reichsgericht zurückverwiesen worden war, den früheren Klageantrag wiederholt. Die Beklagte beruft sich auf den Fortbestand einer unvollkommenen Verbindlichkeit des Klägers gemäß § 73 Abs. 2 VerglO. a. F. Durch die Anerkenntnisse und Zahlungen des Klägers seien Schuldanerkenntnisverträge nach § 781 BGB. zustande gekommen. Diese Anerkenntnisse könne der Kläger nicht nach § 812 BGB. zurückfordern, da sie mit Rücksicht auf die fortbestehende unvollkommene Verbindlichkeit erteilt worden seien; auch habe der Kläger mit ihnen bewußt einer sittlichen Pflicht und einer auf den Anstand zu nehmenden Rücksicht (§ 814 BGB.) entsprochen. Der Beklagten seien aus dem Erwerb des Grundstücks nur 21 707,63 RM. „verblieben" gegenüber einer Forderung an den Kläger von 68 006,82 RM. Mit dem nunmehr von der Beklagten angefochtenen Urteil hat das Oberlandesgericht festgestellt, daß der Kläger der Beklagten „für die von ihr auf conto ordinario dem Kläger belasteten Beträge nicht persönlich hafte, unbeschadet etwaiger persönlicher Ansprüche der Beklagten auf Grund des Ergebnisses der Zwangsversteigerung des Grundstücks". Auf die Revision der Beklagten wurde das Urteil aufgehoben und die Sache zurückverwiesen aus folgenden

Gründen:

Wenn der Berufungsrichter angenommen haben sollte, daß das Reichsgericht in dem Urteil vom 25. Mai 1937 keine Stellung genommen habe zu der Frage, ob der Teil der persönlichen Forderung, für den auf das Absonderungsrecht nicht verzichtet worden ist, als erzwingbare persönliche Forderung erloschen sei, so würde er sich irren; und die Revision geht in der Annahme fehl, die Stellungnahme des Reichsgerichts in jenem Urteil hierzu binde das Berufungsgericht und, wie hinzuzufügen ist, nunmehr das Reichsgericht nicht. Das Gegenteil beider Annahmen trifft zu. Der Senat hat in jenem Urteil unmißverständlich klargelegt, daß der Absonderungsberechtigte, der zugleich persönlicher Gläubiger ist, durch die Bestätigung des Vergleichs ohne Rücksicht auf einen Verzicht auf abgesonderte Befriedigung und ohne Rücksicht auf Ausfall bei einer solchen seine persönliche Forderung gegen den Vergleichsschuldner über die Vergleichsquote hinaus als erzwingbare persönliche Forderung verliert. Der ganze Inhalt der Ausführungen jenes Urteils besteht in der Widerlegung der entgegenstehenden Ansicht. Dabei ist gerade auch die Möglichkeit behandelt, daß zu der Zeit, zu welcher der absonderungsberechtigte persönliche Gläubiger im Vergleichsverfahren zu einem Teil auf das Absonderungsrecht verzichtet, zu einem andern Teil aber nicht, noch nicht feststeht, ob für den Teil der Forderung, für den er das Absonderungsrecht aufrechterhält, bei der späteren Verwertung dieses Rechts ein Ausfall eintreten wird; es genügt hier, auf das frühere Urteil des Senats Bezug zu nehmen.

Die Beklagte hat also mit ihrer ganzen persönlichen Forderung gegen den Kläger, wie sie der Berufungsrichter näher angibt, am Vergleichsverfahren teilgenommen, ist mit dieser vom Vergleiche betroffen worden und hat sie im Umfange des Zwangserlasses des Vergleiches als erzwingbare persönliche Forderung auch insoweit verloren, als sie auf ihr Absonderungsrecht im Vergleichsverfahren nicht verzichtet hatte; insoweit galt sie im Vergleichsverfahren dafür als durch ihr Absonderungsrecht befriedigt, ohne Rücksicht darauf, ob sie bei der Verwirklichung dieses Rechts hinterher einen Ausfall darauf erlitten hat oder nicht. Ist nun die Beklagte mit dem vollen Betrag ihrer persönlichen Forderung an dem Vergleiche beteiligt gewesen und von ihm betroffen worden (vgl. Bley zu § 73 Abs. 2 VerglO. a. F., Bem. II 3 a S. 737) und ist sie auch im Vergleichsverfahren wegen ihrer gesamten persönlichen Forderung als befriedigt anzusehen, so hatte dies nach einhelliger Auslegung des § 73 Abs. 2 VerglO. a. F. doch nur die Wirkung, daß der gesamte erlassene Forderungsteil, hier also 60 v. H. der gesamten persönlichen Forderung, zwar nicht mehr erzwingbar war, daß dieser Rest aber als unvollkommene Verbindlichkeit fortbestand (vgl. Bley a. a. O. Bem. III 2 b S. 743). Darauf hatte schon das Urteil vom 25. Mai 1937 (RGZ. Bd. 155 S. 102 oben, Ende des ersten Absatzes) hingewiesen. Dies galt, wie erwähnt, für den erlassenen Teil — hier 60 v. H. — der gesamten persönlichen Forderung von rund 58 000 RM. Hierfür bedeutete es nichts, daß die Beklagte für rund 53 000 bis 54 000 RM., für welche sie auf das Absonderungsrecht nicht verzichten zu wollen erklärt hatte, als durch dieses Recht im Vergleichsverfahren befriedigt anzusehen war, wie oben dargelegt worden ist. Mit diesem Forderungsteil war sie als für den Vergleich und durch den Vergleich befriedigt ausgeschieden; da aber ihre gesamte persönliche Forderung, einschließlich dieses Forderungsteils, vom Vergleich, also auch von dem darin liegenden Erlaßvertrag, betroffen worden war, so bestand der erlassene Forderungsteil, berechnet aus der gesamten persönlichen Forderung, als unvollkommene Restverbindlichkeit fort, selbstverständlich nur, soweit die Gläubigerin nicht durch das Absonderungsrecht tatsächlich dafür Befriedigung gefunden hat; soweit dies, wenn auch nachträglich, geschehen ist, kann auch keine unvollkommene Verbindlichkeit mehr fortbestehen.

Nun hat der Berufungsrichter festgestellt, durch die vom Kläger abgegebenen vierzehn vorbehaltlosen Anerkenntnisse der von der Beklagten mitgeteilten Abrechnungsergebnisse (Saldi) sei ein neues, selbständiges Schuldverhältnis im Wege des Vertrags nach § 781 BGB. begründet worden; den vom Kläger geleisteten Zahlungen von insgesamt 15 314,64 RM. könne solche Wirkung allerdings nicht zukommen. Diese Feststellung liegt sowohl in ihrem bejahenden wie in ihrem verneinenden Teil im wesentlichen auf dem dem Tatrichter vorbehaltenen Gebiet der Ermittlung und Auslegung des Inhalts von Willenserklärungen. Von Rechtsfehlern ist sie nicht beeinflußt. Sie bindet deshalb das Revisionsgericht. Den Einwand der Beklagten, der Kläger könne diese Anerkenntnisse nicht nach §§ 812 flg. BGB. zurückfordern, weil er mit ihnen eine sogen. „natürliche" persönliche Verbindlichkeit bekräftigt, sie also nicht ohne rechtlichen Grund abgegeben habe, hat der Berufungsrichter abgelehnt. Er meint, es könne dahingestellt bleiben, ob eine unvollkommene Verbindlichkeit einen rechtlichen Grund im Sinne von § 812 Abs. 1 BGB. darstelle; denn die Beklagte sei, soweit sie auf das Absonderungsrecht nicht verzichtet habe, als befriedigt anzusehen. Auch eine unvollkommene Verbindlichkeit habe deshalb nicht mehr bestanden. Was bei den nichtabsonderungsberechtigten Gläubigern der Billigkeit entspreche (gemeint ist wohl der Fortbestand einer unvollkommenen Verbindlichkeit), das sei nicht in gleicher Weise bei dem durch sein Pfandrecht bevorzugten Absonderungsberechtigten gerechtfertigt. Der letzte Satz erweist sich schon aus § 73 Abs. 2 VerglO. a. F. als unrichtig; denn gerade dinglich gesicherten Gläubigern persönlicher Forderungen läßt der Gesetzgeber selbst die Wohltat des Fortbestandes ihrer dinglichen Sicherungen für die sonst nicht mehr erzwingbare Restforderung zukommen. Aber auch im übrigen kann dem Vorderrichter nicht beigetreten werden.

Zunächst ist die vom Berufungsgericht offen gelassene Frage zu bejahen, ob eine unvollkommene Verbindlichkeit, wie die im Vergleichsverfahren erlassene Restschuld sie darstellt, die rechtliche Grundlage für einen selbständigen Schuldanerkenntnisvertrag nach § 781 BGB. in dem Sinn abzugeben vermag, daß ein solches Anerkenntnis nicht wegen Mangels des rechtlichen Grundes zurückgefordert werden kann. Denn „der Zwangserlaß läßt für seinen Bereich die Forderung nicht ganz erlöschen, sondern abgeschwächt weiterbestehen; unerzwingbar, aber erfüllbar" (J a e g e r KO. Bem. 5 zu § 193; M e n t z e l KO. Bem. 8 zu § 193, beide mit Verweisungen); „die Anerkennung der Restverbindlichkeit kann nicht als ungerechtfertigte Bereicherung zurückgefordert werden, §§ 812, 814, 781" (J a e g e r a. a. O. Bem. 6; vgl. auch B l e y a. a. O. Bem. III 2 c S. 743). Wenn, wie in dem Urteil des Senats vom 25. Mai

1937*) ausgeführt ist, die Beklagte mit ihrer gesamten persönlichen Forderung, also sowohl dem Teil, für den sie auf ihr Absonderungsrecht verzichtet hatte, als auch dem Teil, für den sie dieses Absonderungsrecht in Anspruch nahm, an dem Vergleiche teilgenommen hat und von ihm betroffen worden ist und wenn sie für den letztgenannten Forderungsteil dabei als durch Absonderungsrecht befriedigt anzusehen war, so konnte diese Annahme nur darin bestehen, daß es so galt, als sei die absonderungsberechtigte Beklagte insoweit durch den Vergleich ebenso befriedigt worden wie alle anderen mit ihren persönlichen Forderungen vom Vergleich betroffenen Gläubiger, die das, was sie aus dem Vergleich erhalten sollten, erhalten und im übrigen durch Zwangserlaß auf ihre Restforderung verzichtet haben. Eine weitergehende Wirkung konnte diese Annahme einer Befriedigung im Vergleichsverfahren begrifflich auch nicht zu Ungunsten eines Vergleichsgläubigers haben, dem ein Absonderungsrecht zur Seite stand. Die im Vergleich erlassene Restschuld — hier 60 v. H. auf die Gesamtforderung — bildete deshalb auch in dem Forderungsteil, für den auf das Absonderungsrecht nicht verzichtet worden war, weiterhin eine zwar unerzwingbare, aber erfüllbare unvollkommene Verbindlichkeit des Vergleichsschuldners. Soweit durch die Verwertung des fortbestehenden (§ 73 Abs. 2 VerglO. a. F.) Absonderungsrechts die durch dieses Absonderungsrecht weiter gesicherte Schuld selbst (das ist der Teil der persönlichen Forderung, für den auf das Absonderungsrecht nicht verzichtet worden ist) sich gemindert hat oder ganz entfallen ist, kann, wie bereits oben erwähnt wurde, auch nicht mehr von dem Fortbestand einer unvollkommenen, zwar erfüllbaren, aber nicht erzwingbaren persönlichen Verbindlichkeit die Rede sein. Es kommt also darauf an, ob nach Anrechnung dessen, was die Beklagte aus der Verwertung ihres Absonderungsrechts auf die nach § 73 Abs. 2 VerglO. a. F. weiter gesichert gebliebene persönliche Forderung (genauer auf den Teil davon, für den sie auf ihr Absonderungsrecht nicht verzichtet hatte) erlangt hat, noch eine unvollkommene Restverbindlichkeit des Klägers aus dem Erlaß von 60 v. H. seiner gesamten persönlichen Schuld verblieben ist. Denn in einem Falle wie dem hier gegebenen sind Zwangserlaß und Ausfallsgrundsatz nebeneinander bestimmend für die Höhe der fortbestehenden unvollkommenen Verbindlichkeit. Diese hiernach allenfalls noch verbliebene persönliche unvollkommene Restverbindlichkeit ist nach dem, was der Berufungsrichter — für diesen Rechtsgang, wie erwähnt, bindend — über den Inhalt der vierzehn Schuldanerkenntnisse festgestellt hat, in deren Umfange wieder als eine erzwingbare persönliche Schuld aufgelebt.

Das Berufungsgericht wird also festzustellen haben, wie groß der Ausfall ist, den die Beklagte bei der Verwertung ihres Absonderungsrechts auf den Teil ihrer vom Vergleiche betroffenen persönlichen

*) Bd. 155 S. 95 [102] (abgedruckt in diesem Abschnitt).

Forderung erlitten hat, für den sie auf ihr Absonderungsrecht nicht verzichtet hatte. Soweit sich dieser Ausfallsbetrag im Rahmen des Vergleichszwangserlasses auf denselben Forderungsteil hält, bestand er als unvollkommene Verbindlichkeit fort und vermochte die Rechtsgrundlage für selbständige Schuldanerkenntnisverträge (§ 781 BGB.) darzustellen in dem Sinne, daß die Beklagte sie nicht ohne rechtlichen Grund erlangt hat (§ 812 Abs. 2 BGB.).

RGZ. 155, 306

Sind die Leistungen des Lizenzgebers aus einem einfachen Lizenzvertrage mit gesellschaftlichem Einschlag teilbar im Sinne des § 36 Abs. 2 der Vergleichsordnung vom 26. Februar 1935?

Vergleichsordnung vom 26. Februar 1935 (RGBl. I S. 321) — VerglO. — §§ 36, 50, 51. Patentgesetz vom 5. Mai 1936 (RGBl. II S. 117) — PatG. — § 9.

I. Zivilsenat. Urt. v. 18. August 1937.

I. Landgericht Berlin. II. Kammergericht daselbst.

Die Klägerin hat im Jahre 1929 mit dem Verbande der Funkindustrie e. V. (= Funkverband) einen durch eine sogenannte Aktiennotiz vervollständigten Mantelvertrag geschlossen. Dieser bezog sich u. a. auf den Abschluß von Bauerlaubnisverträgen mit den Mitgliedern des Funkverbandes, die dadurch für eine gewisse Zeit Lizenzen an Schutzrechten der Klägerin hauptsächlich auf dem Gebiete der Rundfunkempfangsgeräte erhalten sollten. Einen solchen Bauerlaubnisvertrag hat die Klägerin zur selben Zeit mit der Erstbeklagten abgeschlossen, die Mitglied des Funkverbandes ist und deren persönlich haftende Gesellschafter die Beklagten zu 2 und 3 sind.

Die Erstbeklagte stellte Anfang November 1935 ihre Zahlungen ein und beantragte die Eröffnung des Vergleichsverfahrens. Dieses Verfahren wurde im Februar 1936 eröffnet und im März 1936 nach Bestätigung eines Quotenvergleichs wieder aufgehoben. Die Parteien waren dabei übereingekommen, den Bauerlaubnisvertrag mit unwesentlichen Änderungen weiter bestehen zu lassen.

Die Erstbeklagte ist für die Monate September und Oktober 1935 mit Lizenzgebühren in Höhe von 76 422,42 RM. im Rückstande geblieben. Sie ist der Meinung, daß die Klägerin mit dieser Forderung Vergleichsgläubigerin sei, weil es sich bei deren Leistungen aus dem gegenseitigen Vertrage, der zur Zeit der Verfahrenseröffnung beiderseits noch nicht vollständig erfüllt gewesen sei — § 36 Abs. 1 VerglO. —, um teilbare Leistungen im Sinne des § 36 Abs. 2 das. gehandelt habe. Sie hat deshalb den Anspruch in Höhe der Vergleichsquote anerkannt, darüber hinaus aber Zahlung abgelehnt. Die Klägerin ist demgegenüber der Ansicht, ihre Leistungen seien unteilbar, deswegen sei sie gemäß § 36 Abs. 1 a. a. O. vom Vergleiche nicht betroffen. Sie hat beantragt, die Beklagten über die Vergleichsquote hinaus zur Zahlung eines Teilbetrages von 20 000 RM. nebst Zinsen zu verurteilen. Die Beklagten haben um Klagabweisung gebeten. Landgericht und Kammergericht haben die Klage abgewiesen, weil die Leistungen der Klägerin im Sinne des § 36 Abs. 2 VerglO. teilbar gewesen seien. Auch die Revision der Klägerin blieb Erfolg versagt.

Gründe:

Der Entscheidung des Berufungsgerichts war im Ergebnis beizutreten.

I. Der Berufungsrichter spricht sich über die Rechtsnatur der zwischen der Klägerin und der beklagten Gesellschaft bestehenden Vertragsbeziehungen nicht völlig klar aus. Er glaubt in erster Linie, von dem Muttervertrag — gemeint ist der Mantelvertrag zwischen der Klägerin und dem Funkverbande, dessen Mitglied die beklagte Gesellschaft ist, — absehen und den auf seinem Boden erwachsenen Bauerlaubnisvertrag zwischen der Klägerin und der beklagten Gesellschaft für sich allein betrachten und ihn als reinen Lizenzvertrag ansehen zu dürfen. In einer Hilfserwägung erklärt er dann, auch bei Berücksichtigung des Mantelvertrages komme man zum gleichen Ergebnis, sagt aber nicht, von welcher Art die rechtlichen Beziehungen der Parteien bei Berücksichtigung beider Verträge seien. Die Revision rügt demgegenüber, das Berufungsgericht hätte den Mantelvertrag mit berücksichtigen und sich dabei mit der von der Klägerin vorgetragenen Entscheidung des Kartellgerichts vom 13. April 1934 auseinandersetzen müssen, die das gesamte Vertragswerk zwischen der Klägerin einerseits und dem Funkverband und seinen Mitgliedern andererseits als Gesellschaftsvertrag angesehen habe. Leistungen aus einem Gesellschaftsvertrage seien aber nicht teilbar.

Der Revision ist darin beizustimmen, daß der Mantelvertrag nicht überhaupt ausgeschaltet werden darf. Allerdings mußte das Kartellgericht von einem anderen Gesichtspunkt aus an die Verträge herantreten als das Berufungsgericht. Das Kartellgericht hatte in erster Linie das Verhältnis zwischen der Klägerin und dem Funkverbande zu prüfen und mußte demgemäß den Mantelvertrag (einschließlich der Aktennotiz) und die Gesamtheit der auf Grund dieses Vertrages mit den einzelnen Mitgliedern des Funkverbandes geschlossenen Bauerlaubnisverträge als ein einheitliches Ganze ansehen. Das Berufungsgericht hatte dagegen die rechtlichen Beziehungen zwischen der Klägerin und einem einzelnen Mitgliede des Verbandes zu untersuchen, zwischen denen ein unmittelbares vertragliches Band nur durch den Bauerlaubnisvertrag hergestellt war. Mag sich immerhin nach Ansicht des Kartellgerichts aus der Gesamtheit der Verträge ergeben, daß sich die Klägerin und der Funkverband in Verknüpfung wechselseitiger Interessen zu einer langfristigen Marktregelung zusammengetan haben und die von der Klägerin den Verbandsmitgliedern gewährten Lizenzen als Mittel zu diesem Zwecke gebrauchen, also eine Gesellschaft bilden, so hindert das nicht, daß zwischen der Klägerin und einem Einzelmitglied des Funkverbandes nur solche Vertragsbeziehungen bestehen, die sich als reiner Lizenzvertrag oder als Lizenzvertrag mit gesellschaftlichem Einschlag, nicht aber als Gesellschaftsvertrag darstellen. Die Klägerin hat selbst nicht behauptet, daß die beklagte Gesellschaft mit der Lizenznahme über die unmittelbaren Zwecke ihres Betriebes hinaus die etwa weitergehenden *Zwecke des Funkverbandes fördern wollte. Das Berufungsgericht* hat daher mit Recht das Rechtsverhältnis zwischen der Klägerin und der beklagten Gesellschaft in erster Linie nach dem zwischen ihnen geschlossenen Bauerlaubnisvertrage beurteilt. Es hätte aber ergänzend den zwischen der Klägerin und dem Funkverband geschlossenen Mantelvertrag insoweit heranziehen sollen, als dieser — etwa im Wege der Vereinbarung zugunsten eines Dritten — Rechte und Verbindlichkeiten zwischen der Klägerin und den Einzelmitgliedern des Verbandes begründete.

Betrachtet man, was auch dem Revisionsgericht noch möglich ist, die Verträge unter diesem Gesichtspunkt, so ergibt sich: Auf Grund des Bauerlaubnisvertrages gestattet die Klägerin der beklagten Gesellschaft auf eine bestimmte Zeit, die sie unter gewissen Voraussetzungen abkürzen kann, die nicht übertragbare und auf Deutschland beschränkte Benutzung ihrer sämtlichen bei Vertragsbeginn vorhandenen und während der Vertragsdauer entstehenden Schutzrechte für die Herstellung von Rundfunkempfangsgerät, von Verstärkern für die Wiedergabe von Schallplatten und dergleichen. Die Bauerlaubnis erstreckt sich nicht auf die Herstellung gewisser, im Vertrage beschriebener Arten von Röhren (Gleichrichter-Verstärkerröhren und dergleichen). Diese Röhren verpflichtet sich die Klägerin der beklagten Gesellschaft in dem benötigten Umfang und zu angemessenen Preisen zu liefern. Die Beklagte zahlt monatlich abzurechnende Stücklizenzen von jedem während der Vertragsdauer unter Benutzung der klägerischen Schutzrechte hergestellten und auf den Markt gebrachten Gerät. Sie ist weiter verpflichtet, die von ihr benötigten „Röhren" nur von der Klägerin oder einer von dieser bezeichneten Firma zu beziehen, über ihren Vertrieb Kontrollbücher zu führen und der Klägerin Einsicht in ihre Fabrikationsstätten und Bücher zu gewähren. Nach dem Mantelvertrag ist die Klägerin verpflichtet, während der Vertragsdauer Rechtsschutz gegen Störer der Schutzrechte zu gewähren. Der Funkverband kann durch einseitige Erklärung mit Wirkung für seine Mitglieder die Vertragsdauer verlängern.

Mithin ist, wie das Berufungsgericht mit Recht angenommen hat, das Kernstück der vertraglichen Beziehungen zwischen den Parteien die Gewährung einer beschränkten einfachen Lizenz an den Schutzrechten der Klägerin. Die bloße Vereinbarung der Stücklizenz sowie die Gewährung des Kontrollrechts und die Verpflichtung zum Rechtsschutz reichen nicht aus, dem Lizenzvertrag einen gesellschaftsähnlichen Charakter zu verleihen (RG. in MuW. 1931 S. 441, 1932 S. 466). Ob die Verpflichtung, die Benutzung aller während der Vertragsdauer neu entstehenden Schutzrechte zu gestatten, in Verbindung mit der Röhrenlieferungs- und Bezugspflicht, ein gewisses Zusammenwirken der Parteien zu gemeinsamem Zweck begründet und so dem Lizenzvertrag einen gesellschaftsartigen Einschlag gibt, kann dahinstehen. Jedenfalls würde ein derartiger Einschlag nicht hinreichen, um den ganz überwiegend lizenzrechtlichen Vertrag in vergleichsrechtlicher Hinsicht wie eine Gesellschaft zu behandeln. Eine Verpflichtung, zur gemeinsamen Marktregelung zusammenzuwirken, läßt sich, wie schon ausgeführt, den vertraglichen Beziehungen der Parteien nicht entnehmen, mag auch die Klägerin den Bauerlaubnisvertrag mit der beklagten Gesellschaft aus dem Beweggrunde heraus abgeschlossen haben, im Zusammenwirken mit den übrigen von ihr abgeschlossenen Verträgen damit ihre Marktregelungspolitik zu fördern.

Im Ergebnis handelt es sich daher um einen Vertrag, der — mag er auch einen gewissen gesellschaftsartigen Einschlag zeigen — vergleichsrechtlich doch zu behandeln ist wie ein einfacher Lizenzvertrag, der nicht auf einen bloßen Verbietungsverzicht des Schutzrechtsinhabers beschränkt, sondern auf ein positives Benutzungsrecht des Lizenznehmers gerichtet und mit gewissen diesem Hauptzweck dienenden Nebenabreden versehen ist.

II. 1) Die Parteien sind sich darüber einig, und es bestehen auch keine rechtlichen Bedenken gegen die Annahme, daß ihr Vertrag ein gegenseitiger, zur Zeit der Eröffnung des Vergleichsverfahrens beiderseits noch nicht vollständig erfüllter Vertrag im Sinne des § 36 Abs. 1 VerglO. ist. Die Entscheidung des Rechtsstreits hängt daher davon ab, ob die von der Klägerin (Gläubigerin) als Lizenzgeberin geschuldeten und bis zur Vergleichseröffnung vertragsgemäß erbrachten Leistungen als teilbare im Sinne des § 36 Abs. 2 VerglO. anzusehen sind.

Die Entscheidung muß unmittelbar aus dem § 36 selbst gefunden werden. Es kommt insbesondere nicht darauf an, ob etwa in Anlehnung an RGZ. Bd. 122 S. 70 und Bd. 134 S. 91 (98) der Lizenzvertrag, der ein Rechtsgebilde eigener Art ist, in vergleichsrechtlicher Hinsicht den Regeln der Rechtspacht zu unterstellen, d. h. nicht der in § 50 VerglO. geregelten allgemeinen Gruppe gegenseitiger Verträge einzuordnen wäre, sondern der durch § 51 aus ihr herausgehobenen Sondergruppe von Verträgen, welche die entgeltliche, sich zeitlich erstreckende Gewährung von Diensten oder des Gebrauchs von Sachen oder des Gebrauchs und

Fruchtgenusses von Gegenständen zum Inhalte haben. Denn auch dann, wenn man den Lizenzvertrag nach § 51 VerglO. zu beurteilen hätte, ließe sich aus dem Aufbau des Gesetzes, etwa aus dem Ineinandergreifen seiner §§ 36, 50, 51 und 52, kein sicherer Schluß darauf herleiten, daß es grundsätzlich und ausnahmslos die Leistungen des (nichtbevorrechtigten) Dienstverpflichteten, des Vermieters, Verpächters und Lizenzgebers als teilbar im Sinne seines § 36 ansehe. Zwar stellt § 51 Abs. 2 dem Schuldner nur den Rechtsbehelf der befristeten Kündigung, also der Vertragsaufhebung nach Eröffnung des Vergleichsverfahrens, zur Verfügung, während § 50 Abs. 1, auf den § 51 Abs. 2 verweist, den Schuldner je nach Unteilbarkeit oder Teilbarkeit der Gläubigerleistungen zur Ablehnung der Erfüllung des ganzen Vertrages oder des von der Verfahrenseröffnung an laufenden Vertragsteils ermächtigt, und dies mag darauf hindeuten, daß das Gesetz mit einer Teilbarkeit der unter § 51 fallenden Gläubigerleistungen rechnet. Da diese Leistungen jedoch mannigfach verschiedene Inhalte haben können und da § 51 Abs. 2 über § 50 Abs. 1 ausdrücklich auf § 36 Abs. 1 und 2 zurückverweist, so muß man annehmen, daß das Gesetz gleichwohl in jedem Einzelfalle die Prüfung der Frage, ob die in Betracht kommende, nach § 51 zu beurteilende Gläubigerleistung teilbar oder unteilbar sei, für möglich hält, ja diese Prüfung verlangt.

Mit der Vorschrift des § 36 Abs. 2, die der Teilbarkeit der Gläubigerleistung Bedeutung beimißt für die Frage, inwieweit der Gläubiger aus gegenseitigen, bei Verfahrenseröffnung beiderseits noch nicht voll erfüllten Verträgen am Vergleiche des Schuldners teilnimmt, bildet die Vergleichsordnung von 1935 den bisherigen Rechtszustand bewußt fort. Zur Klarstellung von Sinn und Tragweite der neuen Bestimmung ist daher in erster Linie die Entstehungsgeschichte und der daraus zu entnehmende Zweck der Gesetzesänderung heranzuziehen. Nach § 4 der Vergleichsordnung vom 5. Juli 1927 (RGBl. I S. 139) nahmen Gläubiger aus gegenseitigen, bei Verfahrenseröffnung beiderseits noch nicht voll erfüllten Verträgen am Vergleiche des Schuldners überhaupt nicht teil. Nur soweit aus solchen Verträgen infolge von Erfüllungsablehnung oder vorzeitiger Kündigung ein Schadensersatzanspruch erwuchs, nahm dieser Anspruch am Verfahren teil (§§ 28 bis 30 VerglO. von 1927). Das entsprach im wesentlichen der für den Konkurs getroffenen Regelung (§§ 17, 19 flg., 26, 59 KO.). Hieraus erwuchs der Nachteil, daß die Sonderbehandlung derartiger Gläubiger das für den Vergleich zur Verfügung stehende Vermögen schmälerte, also den Vergleich erschwerte und zum Konkurse trieb, und daß sie ohne ausreichende innere Rechtfertigung dem Grundsatz möglichst gleichmäßiger Behandlung aller Gläubiger des Vergleichsschuldners widersprach. Die Nachteile wurden besonders bei den Verträgen auf Lieferung von Gas, Wasser und Elektrizität und bei langfristigen Sukzessivlieferungsverträgen empfunden. Zur Abhilfe bildete die Rechtsprechung die Begriffe des Einheitsvertrages und des Wiederkehrschuldverhältnisses aus (vgl. RGZ. Bd. 148 S. 326 und die dort angeführte Rechtsprechung). Ein Wiederkehrschuldverhältnis wurde dann angenommen, wenn das Schuldverhältnis nicht ein für allemal fest begründet war, sondern kraft einer — sei es auch nur stillschweigenden — Wiederholung des Vertragsschlusses fort und fort für weitere Bezugsmengen oder für weitere Zeitabschnitte neu entstand. Forderungen aus den zurückliegenden Abschnitten eines solchen Verhältnisses sollten am Vergleiche teilnehmen. Forderungen aus dem laufenden Abschnitt eines Wiederkehrschuldverhältnisses und (alle) Forderungen aus Einheitsverträgen sollten ihm dagegen fremd bleiben. Hier setzt die Neuregelung des § 36 Abs. 2 der Vergleichsordnung von 1935 ein. Sie bestimmte „aus Billigkeitsgründen" im Interesse der Erleichterung des Vergleichs und der möglichst gleichmäßigen Behandlung aller Gläubiger des Vergleichsschuldners (vgl. Deutsche Justiz 1935 S. 373, 374, 390 und RGZ. Bd. 148 S. 335), daß ein Gläubiger, der aus einem gegenseitigen, zur Zeit der Verfahrenseröffnung beiderseits noch nicht voll erfüllten Vertrage teilbare Leistungen schuldete und diese bis zur Verfahrenseröffnung erbracht hatte, mit dem dieser Teilleistung entsprechenden Betrage seiner Forderung an dem Vergleiche teilnehme. Damit hat die Unterscheidung zwischen Einheitsvertrag und Wiederkehrschuldverhältnis einen großen Teil ihrer praktischen Bedeutung verloren. Das Gesetz will ersichtlich — über diese Unterscheidung hinaus, wenn auch in ihrer Zielrichtung — jedenfalls alle Gläubiger aus Dauerrechtsverhältnissen, deren zeitlich ablaufende Leistungen sich ihrem wirtschaftlichen Werte nach teilen lassen, am Vergleiche des Schuldners teilnehmen lassen, soweit ihre bis zur Verfahrenseröffnung erbrachten Leistungen in Frage kommen. Das gebietet eine weite Auslegung des von § 36 Abs. 2 VerglO. verwendeten Begriffes der Teilbarkeit.

Als teilbar bezeichnet die Rechtsprechung des Reichsgerichts, die hauptsächlich zu § 266 und § 425 BGB. ergangen ist, eine Leistung dann, wenn ein beliebiger Leistungsteil seinem Wesen und Werte nach verhältnismäßig (anteilig) der Gesamtleistung entspricht, d. h. sich nur der Größe, nicht der Beschaffenheit nach von ihr unterscheidet. Diese Begriffsbestimmung kann für § 36 VerglO. übernommen werden, falls dabei nur im Einzelfall die durch den Gesetzeszweck gebotene weite Auslegung beachtet wird.

Die Leistungen der Klägerin (Lizenzgeberin) aus dem mit der beklagten Gesellschaft geschlossenen Lizenzvertrage bestehen darin, daß sie für eine Vertragsdauer von mehreren Jahren, die sie unter gewissen Voraussetzungen durch vorzeitige Kündigung abkürzen und die der Funkverband unter Umständen verlängern kann, der Beklagten (neben anderen) die Benutzung einer Anzahl bei Vertragsbeginn vorhandener und während der Vertragszeit neu entstehender Schutzrechte zu gestatten und ihr auf Erfordern jeweils die benötigten Röhren zu angemessenen Preisen zu liefern hat. Daß die Verpflichtung zur fortlaufenden

Lieferung der Röhren eine teilbare Leistung betrifft, kann nicht zweifelhaft sein. Was die Einräumung der einfachen Lizenz an den Schutzrechten angeht, so erschöpft sie sich ihrer rechtlichen Bedeutung nach nicht in dem bloßen der Beklagten gegenüber erklärten Verzicht auf die aus den Schutzrechten fließende Verbietungsmacht. Sie ist vielmehr darauf gerichtet, der Beklagten ein positives Benutzungsrecht zu verschaffen und sie während der Vertragsdauer in dem Genusse dieses Rechtes zu erhalten, mit anderen Worten: ihr während der Vertragsdauer die Benutzung derjenigen erfinderischen technischen Lehren zu ermöglichen, deren Ausnutzung an sich dem Schutzrechtsinhaber vorbehalten ist. Diese Verpflichtung erschöpft sich daher nicht in der einmaligen, formalen Begründung des Benutzungsrechtes der Beklagten. Die Klägerin muß vielmehr, um diesen einmaligen Verschaffungsakt praktisch wirksam zu machen, während der ganzen Vertragsdauer bestrebt sein, die Schutzrechte aufrechtzuerhalten und die Benutzung der dadurch geschützten technischen Lehren zu ermöglichen, mag sich diese Verpflichtung nun im einzelnen in der Weiterbezahlung der Schutzrechtsgebühren, in der Abwehr von gegen den Bestand der Schutzrechte gerichteten Angriffen, in der Aushändigung der erforderlichen technischen Unterlagen an die Beklagte oder in sonstigen Einzelmaßnahmen ausdrücken. Dies rechtfertigt es, im Sinne des § 36 Abs. 2 VerglO. als die vom Lizenzgeber geschuldete Leistung dessen einheitliches, sich gleichmäßig über die ganze Vertragsdauer hin erstreckendes, vertragsmäßiges Gesamtverhalten anzusehen und dieses Verhalten nicht künstlich zu zerlegen in einen einmaligen, auf die Rechtsverschaffung gerichteten Akt und in daraus fließende, zu anderen unregelmäßigen Zeitpunkten zu erfüllende Nebenverpflichtungen. Bei dieser Betrachtungsweise ist es gerechtfertigt, die von der Klägerin aus dem Lizenzvertrage geschuldeten Leistungen im Sinne des § 36 VerglO. als grundsätzlich teilbar anzusehen. Die Vertragsparteien haben dem selbst dadurch Rechnung getragen, daß sie als Gegenleistung monatlich abzurechnende Stücklizenzen vereinbart haben. Der Lizenzvertrag ist während der ganzen ursprünglich vorgesehenen Vertragsdauer erfüllt worden. Es lassen sich deswegen gegen die Annahme der Teilbarkeit der aus ihm geschuldeten Leistungen der Klägerin Bedenken auch aus dem Gesichtspunkte nicht herleiten, daß der Lizenznehmer in der Regel seinen Betrieb auf der Voraussetzung aufbauen muß, er werde die Schutzrechte während der ganzen Vertragsdauer ausnützen können, daß also eine zeitlich beschränktere Ausnutzungsmöglichkeit für ihn unter Umständen weniger wert sein kann als dem bloßen rechnerischen Anteil dieser Zeitspanne an der gesamten Vertragsdauer entspräche. Vielmehr findet, worauf schon das Landgericht mit Recht hingewiesen hat, die Auffassung von der grundsätzlichen Teilbarkeit der Leistungen des Lizenzgebers eine gewisse Bestätigung in der reichsgerichtlichen Rechtsprechung über den Einfluß der nachträglichen Nichtigerklärung von Schutzrechten auf den Lizenzvertrag. Hier ist anerkannt, daß der Lizenznehmer in einem solchen Fall in der Regel die in der Vergangenheit geleisteten Lizenzzahlungen nicht zurückfordern könne, weil sie sich als das Entgelt für die bis zur Vernichtung des Schutzrechtes gewährte Möglichkeit der tatsächlichen Ausnutzung der Erfindung darstellen (RGZ. Bd. 101 S. 235 (238), Br. 123 S. 116; RG. in MuW. 1936 S. 173). Auch hier liegt mittelbar der Gedanke einer mindestens tatsächlichen und wirtschaftlichen Teilbarkeit der Leistungen des Lizenzgebers zugrunde.

Die Annahme des Berufungsgerichts, die Leistungen der Klägerin seien teilbar, erweist sich daher im Ergebnis als gerechtfertigt, wenn auch seiner Begründung — wie der Revision zuzugeben ist — nicht zugestimmt werden kann. Das Berufungsgericht unterscheidet zwischen einer gegenständlichen und einer zeitlichen Teilbarkeit. Es sieht die Leistung der Lizenzgeberin an als die Summe der von der Lizenznehmerin für die Anfertigung jedes einzelnen Gerätes benötigten „Einzellizenzen" und erklärt sie deswegen als gegenständlich teilbar nach der Zahl der von der Lizenznehmerin angefertigten Stücke. Die zeitliche Teilbarkeit der Leistungen der Klägerin folgert es lediglich aus dem Umstande, daß der Lizenzvertrag aus gewissen Gründen vorzeitig kündbar war. Die Unterscheidung zwischen gegenständlicher und zeitlicher Teilbarkeit ist in bezug auf die von der Klägerin geschuldeten Leistungen unfruchtbar und irreführend. Der Umstand, daß die Klägerin eine gewisse Zeitdauer hindurch tätig zu werden hat, gehört vielmehr zum Inhalt und damit zum Gegenstand ihrer Leistung. Auch lassen sich die von ihr als Lizenzgeberin geschuldeten Leistungen keineswegs auffassen als die Summe der Einzellizenzen (Einzelerlaubnisse), welche die Lizenznehmerin für die Anfertigung jedes einzelnen Gerätes brauche. Mit dem Erwerb der Lizenz hatte die Erstbeklagte das Recht zur beliebigen Ausnutzung der in den Schutzrechten beschriebenen technischen Lehren in dem vertragsmäßigen Umfang ein für allemal erworben. Dieses Recht konnte sie nach ihrem freien Belieben nutzen und bedurfte keinesfalls bei der Herstellung jedes einzelnen Gerätes einer erneuten Erlaubnis der Klägerin. Auch folgt aus dem Umstande allein, daß die Parteien die Möglichkeit einer vorzeitigen Kündigung des Lizenzvertrages vereinbart hatten, noch nichts Entscheidendes für die Teilbarkeit der Leistungen der Lizenzgeberin. Er ist höchstens im Verein mit anderen Umständen als ein Anzeichen dafür zu werten, daß die Parteien von der Teilbarkeit jener Leistungen ausgegangen seien.

Die Revision erhebt gegenüber der Annahme, daß auch eine „zeitliche" Teilbarkeit die Anwendung des § 36 Abs. 2 VerglO. begründen könne, den bereits in den früheren Rechtszügen gemachten Einwand, dann bleibe für die Anwendbarkeit des § 36 Abs. 1 überhaupt kein Raum mehr. Abgesehen davon, daß — wie oben hervorgehoben — in bezug auf die Leistungen des Lizenzgebers die Unterscheidung von gegenständlicher und zeitlicher Teilbarkeit überhaupt schief ist, genügt es demgegenüber mit dem Landgericht darauf hinzuweisen, daß auch unzweifelhaft unteilbare Leistungen — beispielsweise diejenige des Unternehmers eines Werkvertrages — sich zeitlich erstrecken und daher im Augenblicke der Eröffnung des Vergleichsverfahrens gegen den Vertragspartner unvollständig erfüllt sein können.

2) Daß die Klägerin zur Zeit der Eröffnung des Vergleichsverfahrens gegen die Erstbeklagte die von ihr geschuldeten Teilleistungen voll erbracht hatte, hat das Berufungsgericht tatsächlich festgestellt. Warum — wie die Revision meint — eine solche Feststellung rechtlich nicht möglich sein sollte, ist nicht einzusehen. Falls, worauf die Revision zur Begründung hingewiesen hat, damals bereits begangene Verletzungen von Schutzrechten noch nicht bekannt gewesen sein sollten, so bestand für die Klägerin auch noch keine Vertragspflicht zum gerichtlichen Vorgehen dagegen.

3) Auch die Annahme, der von der Klägerin in den Monaten September und Oktober 1935 erbrachten Teilleistung entspreche ihr Anspruch auf die in diesen Monaten fällig gewordenen Stücklizenzen, unterliegt keinen durchgreifenden Bedenken. Da der Vertrag diese Art der Bewertung der von der Klägerin erbrachten Leistungen ausdrücklich und bindend vorsah, konnte das Berufungsgericht hiervon ausgehen und brauchte nach keinen andersartigen objektiven Bewertungsmaßstäben zu suchen.

Gerichtsverfassungsgesetz

RGZ. 16, 413

1. Ist Beschlußunfähigkeit des Gerichtes im Sinne des § 45 ZPO. vorhanden, wenn die Abteilung des Gerichtes (Kammer, Senat), bei welcher die Sache anhängig oder anhängig zu machen ist, durch Ausscheiden des abgelehnten Mitgliedes beschlußunfähig wird?
2. Ist Beschlußunfähigkeit nicht vorhanden, solange die Beschlußfähigkeit auf dem durch § 66 GVG. bestimmten Wege hergestellt werden kann?
3. Kann nach § 66 GVG. auch im Falle der Verhinderung des durch § 65 GVG. bestimmten regelmäßigen Vertreters des Vorsitzenden ein zeitweiliger Vertreter bestimmt werden?

I. Zivilsenat. Beschl. v. 19. Juni 1886.

I. Landgericht Rostock. II. Oberlandesgericht daselbst.

In einer Berufungssache lehnte, nachdem Termin zur Verhandlung vor dem I. Zivilsenate des Oberlandesgerichtes zu Rostock anberaumt war, die Berufungsbeklagte den Vorsitzenden und die sämtlichen Mitglieder dieses Senates ab. Die Akten wurden mit der Bemerkung des Vorsitzenden, das Gericht werde, da der I. Zivilsenat nur vier stellvertretende Mitglieder habe, durch Ausscheiden der abgelehnten Mitglieder beschlußunfähig, dem Reichsgerichte zur Entscheidung über das Ablehnungsgesuch vorgelegt. Das Reichsgericht lehnte ab, diese Entscheidung zu treffen aus folgenden

Gründen:

„Wenngleich das Ablehnungsverfahren nicht das den Gegenstand des Rechtsstreites bildende Rechtsverhältnis zwischen den Parteien, sondern die Befähigung des abgelehnten Richters zur Ausübung des Richteramtes in diesem Rechtsstreite betrifft, so steht dasselbe doch in dem engsten Zusammenhange mit dem anhängigen Rechtsstreite, dessen Entscheidung erst erfolgen kann, nachdem die Vorfrage entschieden ist, ob der abgelehnte Richter bei der Entscheidung mitzuwirken hat. Diese Entscheidung über das Ablehnungsgesuch ist eine in diesem Rechtsstreite ergehende prozessuale Verfügung, gegen welche unter Umständen das prozessuale Rechtsmittel der Beschwerde stattfindet (§ 46 ZPO.) und welche bei Beschlußunfähigkeit des zunächst zur Entscheidung berufenen Gerichtes von dem im Instanzenzuge höheren Gerichte zu treffen ist. Es kann daher unter dem „Gerichte, welchem der Abgelehnte angehört", bei welchem das Ablehnungsgesuch nach § 44 anzubringen ist und welches darüber nach § 45 zu entscheiden hat, nur das Prozeßgericht, bei welchem der Rechtsstreit anhängig ist oder anhängig zu machen ist, und, wenn dieses Gericht in mehrere Abteilungen (Kammern, Senate) zerfällt, nur diejenige Abteilung desselben verstanden werden, bei welcher der Rechtsstreit anhängig ist oder gemäß der auf Grund des Gerichtsverfassungsgesetzes bestehenden Geschäftsverteilung anhängig zu machen ist. Es kommt daher auch bei der Frage, ob das Gericht durch das Ausscheiden des abgelehnten Richters beschlußunfähig wird, nur diese Abteilung des Gerichtes in Betracht. Der Umstand, daß bei dem Großh. Oberlandesgerichte zu Rostock ein zweiter Zivilsenat besteht, gibt keinen Grund ab, das Oberlandesgericht für beschlußfähig zu erachten; die Abgabe der Ablehnungsgesuche an den II. Zivilsenat zur Entscheidung würde nur durch Abgabe der ganzen Prozeßsache an diesen Senat erfolgen können, welcher die auf Grund der §§ 121, 62 GVG. getroffene Geschäftsverteilung entgegensteht.

Die Beschlußunfähigkeit des I. Zivilsenates würde anzunehmen sein, wenn die Entscheidung nur durch die ständigen Mitglieder desselben oder deren nach §§ 121, 62 GVG. bestellte regelmäßige Vertreter beschlossen werden könnte. Da erstere einschließlich des Vorsitzenden sämtlich abgelehnt sind und die vorhandenen vier stellvertretenden Mitglieder zur Besetzung des Senates nicht hinreichen, so würde unter der erwähnten Voraussetzung über keines der Ablehnungsgesuche von dem I. Zivilsenate entschieden werden können. Die Meinung, daß, da fünf verschiedene Ablehnungsgesuche vorliegen und bei jedem einzelnen Gesuche nur der hierdurch abgelehnte Richter bei der Entscheidung mitzuwirken verhindert sei, über jedes Gesuch von den vier übrigen Richtern unter Zuziehung eines für den abgelehnten Richter eintretenden Stellvertreters entschieden werden könne, kann nicht gebilligt werden; denn ein jeder der fünf Richter, welche den I. Zivilsenat bilden, ist für den ganzen Rechtsstreit, mithin auch hinsichtlich der Entscheidung über die gegen die übrigen Richter angebrachten Ablehnungsgesuche abgelehnt und aus diesem Grunde von der Entscheidung über sämtliche Ablehnungsgesuche ausgeschlossen.

Es ist jedoch nicht anzunehmen, daß bei der Frage der Beschlußfähigkeit nur die ständigen Mitglieder und deren regelmäßige Vertreter in Betracht kommen. Vielmehr ist der Senat nicht beschlußunfähig, solange noch auf dem durch § 66 in Verbindung mit §§ 121, 122 GVG. bezeichneten Wege durch Heranziehung zeitweiliger Vertreter die Beschlußfähigkeit desselben hergestellt werden kann. Daß diese Möglichkeit im vorliegenden Falle ausgeschlossen sei, geht aus den vorgelegten Akten nicht hervor.

Nach dem mecklenburg-schwerinschen Staatskalender ... ist außer den abgelehnten Richtern und vier weiteren Räten noch ein Senatspräsident vorhanden, welcher kraft der angeführten Vorschriften von dem Präsidenten zum einstweiligen Vertreter des Vorsitzenden des I. Zivilsenates für die Entscheidung über die Ablehnungsgesuche bestellt werden oder, falls der Präsident an der Ausübung der Präsidialbefugnisse für diesen

Fall sich behindert erachten sollte, als dessen Stellvertreter kraft § 65 Abs. 2, § 121 GVG. sich selbst als einstweiligen Vertreter bestellen kann. Zwar ist behauptet worden, daß § 66 GVG. nur die zeitweilige Vertretung der Mitglieder im engeren Sinne, d. h. der ständigen Mitglieder mit Ausschluß des Vorsitzenden betreffe.

Vgl. Turnau, Die Justizverfassung in Preußen Bd. 1 S. 339 Anm. 2, S. 337 Anm. 4 und v. Wilmowski-Levy, Komm. 4. Aufl. Bd. 2 S. 1148.

Indessen ist diese einschränkende Auslegung nach dem Wortlaute des § 66 nicht notwendig, da der Ausdruck „Mitglieder" der Kammern oder Senate im Gerichtsverfassungsgesetze (vgl. §§ 77, 124, 140) auch in einem weiteren Sinne gebraucht wird, in welchen er die sämtlichen der Kammer oder dem Senate angehörenden Richter mit Einschluß des Vorsitzenden bezeichnet. Die Stellung des § 66 und der Zweck der darin enthaltenen Bestimmung läßt eher darauf schließen, daß der Ausdruck „Mitglieder" daselbst in diesem weiteren Sinne gebraucht ist. An die Vorschriften, welche die ordentliche regelmäßige Vertretung der ständigen Mitglieder im engeren Sinne des Wortes (§ 62) und des Vorsitzenden (§ 65) regeln, schließt sich die für beide Fälle ergänzende Vorschrift des § 66, welche eine außerordentliche Vertretung ermöglicht, wenn auch der regelmäßige Vertreter verhindert ist. Das Bedürfnis der Anordnung einer außerordentlichen Vertretung durch einen zeitweiligen Vertreter kann auch bezüglich des Vorsitzenden eintreten, wenn nämlich die im § 65 Abs. 1 geordnete regelmäßige Vertretung desselben durch das älteste Mitglied der Kammer oder des Senates deshalb nicht Platz greift, weil mit dem Vorsitzenden auch alle übrigen Mitglieder der Kammer oder des Senates verhindert sind, wie es in der vorliegenden Sache infolge der Ablehnung des Vorsitzenden und aller Mitglieder des I. Zivilsenates sich verhält. In diesem Falle fällt auch das Bedenken hinweg — welches in den Motiven zu § 32 des Entwurfes der Verordnung zur Ausführung des Gerichtsverfassungsgesetzes,

vgl. v. Amsberg, Ausführungsverordnungen S. 35,

hervorgehoben ist —, daß bei Heranziehung des einen Senatspräsidenten zur Vertretung in einem anderen Senate es sich ereignen könnte, daß ein Rat als Vertreter des Vorsitzenden nach § 65 dem Präsidenten oder Senatspräsidenten vorgesetzt werden würde. Für die Anwendung des § 66 auf den Fall der Verhinderung des regelmäßigen Vertreters des Vorsitzenden ist schließlich geltend zu machen, daß, wenn man dieselbe nicht annähme, das Gerichtsverfassungsgesetz eine Lücke enthalten würde, und daß die Entstehungsgeschichte des § 66 mindestens nicht gegen diese ausdehnende Auslegung beweist. Der § 66 ist, wie die §§ 62 flg. GVG. überhaupt, auf den Antrag der Justizkommission des Reichstages in das Gesetz aufgenommen worden. Er beruht auf einem Vorschlage des Abgeordneten Lasker und einem dem Sinne nach gleichen Vorschlage des Abgeordneten Reichensperger, welche angenommen wurden und durch die Redaktionskommission der Justizkommission diejenige Gestalt erhielten, in welcher sie als § 66 unverändert in das Gerichtsverfassungsgesetz übergegangen sind.

Vgl. H a h n , Materialien zum Gerichtsverfassungsgesetze S. 575, 576, 578, 697, 700, 1688, 1689.

In dem angenommenen Lasker'schen Vorschlage, zu bestimmen:

„Wird eine Abweichung von einer angeordneten Vertretung in einem einzelnen Falle unvermeidlich, so wird die hierdurch notwendige Verfügung von dem Präsidenten getroffen",

trat die Beschränkung der Bestimmung auf Vertreter der Mitglieder im Gegensatze zum Vertreter des Vorsitzenden in keiner Weise hervor, und die von der Redaktionskommission vorgeschlagene und demnächst angenommene, mit § 66 des Gesetzes gleichlautende, Fassung war nur dazu bestimmt, der bereits beschlossenen Bestimmung Ausdruck zu geben; daß dieselbe eine Einschränkung der früher beschlossenen Bestimmung enthalte, wurde von keiner Seite geäußert."

RGZ. 29, 222

1. Ist nach § 2 des preußischen Ausführungsgesetzes zum Gerichtsverfassungsgesetze ein seit mindestens zwei Jahren im Vorbereitungsdienste beschäftigter Referendar befähigt, einen Zahlungs- und Vollstreckungsbefehl (§§ 632, 639 ZPO.) zu erlassen?

2. Was versteht § 2 Abs. 2 a. a. O. unter dem Ausdrucke „einzelner richterlicher Geschäfte"? Darf insbesondere der Amtsrichter einen seit zwei Jahren im Vorbereitungsdienste beschäftigten Referendar im voraus beauftragen, alle im Geschäftskreise des Amtsrichters vorkommende Zahlungs- und Vollstreckungsbefehle selbständig zu erledigen?

3. Ist ein infolge eines solchen Auftrages von dem Referendar erlassener Vollstreckungsbefehl rechtsgültig?

§ 10 GVG.

II. Z i v i l s e n a t. Urt. v. 2. Februar 1892.

I. Landgericht Aachen. II. Oberlandesgericht Köln.

Der Makler Di. erwirkte am 29. April 1887 bei dem Amtsgerichte zu Aachen gegen die daselbst wohnende geschäftslose De. einen Zahlungsbefehl auf Höhe von 6000 M. an Hauptsumme; der Zahlungsbefehl trägt die Unterschrift: „Amtsgericht Abt. V I. A. B., Referendar". Durch Vollstreckungsbefehl vom 23. Mai 1887 wurde der Zahlungsbefehl für vorläufig vollstreckbar erklärt; der Vollstreckungsbefehl ist unterzeichnet: „Amtsgericht Abt. V. I. A. Rh., Referendar". Di. erwirkte auf Grund dieses Vollstreckungsbefehles am 2. Juni 1887 eine Hypothekeneintragung auf sämtliche gegenwärtige und zukünftige Güter der Schuldnerin. Er zedierte die fragliche Forderung mit dem Rechte aus der gedachten Eintragung an den Kläger. Nach dem Tode der Schuldnerin De. wurde deren Immobiliarnachlaß auf Anstehen der Benefiziarerbin derselben versteigert und über den Erlös das Verteilungsverfahren bei dem Amtsgerichte zu Malmedy eingeleitet. In diesem Verfahren meldete Kläger die ihm von Di. zedierte Forderung an; diese Anmeldung wurde jedoch vom Amtsgerichte mit der Begründung zurückgewiesen, daß der Zahlungsbefehl vom 29. April 1887 und insbesondere der Vollstreckungsbefehl vom 23. Mai 1887 von einem zur Urteilsfällung gesetzlich nicht qualifizierten Beamten erlassen und daher kein zur Begründung einer Hypothek geeigneter Titel sei. In dem Verteilungsplane wurde hinter V. und B. der genannte Di. und an fernerer Stelle die beklagte Benefiziarerbmasse, letztere auf den nach Befriedigung der Vorlozierten übrigbleibenden Rest der Masse angewiesen. Kläger erhob Widerspruch gegen den Plan und hat demnächst gegen die Beklagte Klage mit dem Antrage erhoben, ihm für seine Forderung von 6000 M. nebst Zinsen und Kosten hinter V. und B., aber vor Di. Anweisung zu erteilen. Di., welcher den Widerspruch des Klägers als begründet anerkannt hatte, trat als Nebenintervenient in den Prozeß ein, ebenso — und zwar auf Streitverkündung seitens des Klägers — der frühere Gerichtsreferendar, jetzige Regierungsassessor Rh. als Unterzeichner des in Frage stehenden Vollstreckungsbefehles und die Erben des verstorbenen Amtsgerichtsrates M., der zur Zeit des Erlasses des fraglichen Zahlungs- und Vollstreckungsbefehles der Abteilung V des Amtsgerichtes zu Aachen vorgestanden hatte. Die Nebenintervenienten schlossen sich dem Antrage des Klägers an. Die Beklagte beantragte Abweisung der Klage. Beide Vorinstanzen haben im Sinne der Klage erkannt. Die Revision wurde zurückgewiesen aus folgenden

Gründen:

„Das Oberlandesgericht hat tatsächlich festgestellt, daß die beiden Referendare, welche den in Rede stehenden Zahlungs- bzw. Vollstreckungsbefehl im Auftrage des Amtsgerichtes unterschrieben haben, seit zwei Jahren im Vorbereitungsdienste beschäftigt waren, und daß sie von dem Amtsrichter M., dem sie zur Ausbildung überwiesen worden waren, allgemein mit der selbständigen Erledigung aller während ihrer Vorbereitungszeit bei der betreffenden Gerichtsabteilung vorkommenden Zahlungs- und Vollstreckungsbefehle beauftragt worden sind. Da nach Abs. 3 des hier maßgebenden § 2 des preußischen Ausführungsgesetzes zum Gerichtsverfassungsgesetze (vgl. § 10 des letzteren) Referendare überhaupt nicht zur Urteilsfällung befähigt sind, so würden zweifellos der von dem Referendar Rh. erlassene Vollstreckungsbefehl und die auf Grund desselben eingetragene Hypothek ungültig sein, wenn der Vollstreckungsbefehl als ein Urteil im Sinne des Abs. 3 a. a. O. angesehen werden könnte. Das Oberlandesgericht führt aber zutreffend aus, daß dies nicht der Fall sei. Es erscheint hierbei nicht ausschlaggebend, daß nach § 640 ZPO. der Vollstreckungsbefehl einem für vorläufig vollstreckbar erklärten, auf Versäumnis erlassenen Endurteile gleichgestellt ist, daß nach § 702 Ziff. 4 daselbst die Zwangsvollstreckung aus demselben stattfindet, und daß er insbesondere auch für das Gebiet des französischen Rechtes die Kraft eines Urteiles hat, aus welchem gemäß Art. 2123 BGB. dem Gläubiger eine Hypothek erwächst. Maßgebend ist allein, welche Bedeutung jener Abs. 3 im Zusammenhange mit den übrigen Bestimmungen des § 2 des Ausführungsgesetzes dem Ausdrucke „Urteil" hat beilegen wollen. In dieser Hinsicht ist nun, wie das Oberlandesgericht richtig hervorhebt, der vom Gesetze gewählte Ausdruck „Urteilsfällung" sehr bezeichnend. Er deutet mit Bestimmtheit an, daß hierbei nur an Urteile im engeren Sinne, welche auf Grund stattgefundener mündlicher Verhandlung ergehen (§§ 272 flg. ZPO.), gedacht worden ist. Die Urteilsfällung besteht ihrem Begriffe nach in der geistigen Tätigkeit des Richters, welche das Parteivorbringen nach seinem materiellen Inhalte zu beurteilen und danach das Resultat zu ziehen hat, wogegen der im Mahnverfahren zu erlassende Zahlungs- und Vollstreckungsbefehl wesentlich nur eine formelle richterliche Tätigkeit bedingt, indem die materielle Prüfung des Sachverhaltes und des geltend gemachten Anspruches durch den ungenutzten Zeitablauf zur Erhebung des Widerspruches ersetzt wird. Aus den Motiven und dem Berichte der Kommission des Abgeordnetenhauses (Materialien S. 20, 140) ergibt sich auch, daß man gerade die Urteilsfällung nebst einigen anderen richterlichen Berufsgeschäften wegen ihrer Wichtigkeit und Bedeutung den Referendaren entziehen und sich in dieser Beziehung überhaupt an die bisher in Preußen geltenden Bestimmungen, wie sie im § 8 des Gesetzes über die juristischen Prüfungen vom 6. Mai 1869 enthalten sind, halten wollte. Auch diese Rücksichten können nur zu der vorgedachten engeren Auffassung führen. Denn wenn auch nicht verkannt werden soll, daß der Erlaß von Zahlungs- und Vollstreckungsbefehlen zu den wichtigeren Geschäften des Amtsrichters gehört, so gibt es doch noch eine Menge von anderen den Referendaren offen gelassenen Funktionen, welche wenigstens eine gleiche Bedeutung beanspruchen können, z. B. der Erlaß von einstweiligen Verfügungen, Arrestbefehle, die Festsetzung von Kosten. Alle diese richterlichen Anordnungen gestatten der betreffenden Partei, sofort, wenn auch nur vorläufig, mit der Vollstreckung derselben vorzugehen. Dagegen wurde die besondere Wichtigkeit der Urteilsfällung, welche den Referendaren als hierzu nicht hinreichend befähigt entzogen bleiben sollte, offenbar gerade in der judizierenden, auch das Materielle des Falles prüfenden Tätigkeit des Richters gefunden, welche bei den nach dem Mahnverfahren zu erlassenden Befehlen ausgeschlossen ist. Noch bestimmter weist der vorerwähnte § 8 des Gesetzes vom 6. Mai 1869 durch die in demselben gewählte Ausdrucksweise „jedoch nicht mit der Teilnahme an der Erkenntnisfällung" darauf hin, daß dieses Gesetz die Referendare nur von der Teilnahme an der eigentlichen Rechtsprechung im engeren Sinne ausschließen wollte. Schon die Allgemeine Gerichtsordnung (Tl. I, Tit. 13 daselbst: „Von Abfassung und Publikation der Erkenntnisse") faßt den Ausdruck „Erkenntnis" in diesem engeren Sinne auf, und in derselben Bedeutung ist er stets in der preußischen Rechtssprache gehandhabt worden. Zudem bestand auch im preußischen Prozesse schon zur Zeit der Abfassung des Gesetzes vom 6. Mai 1869 ein dem heutigen Mahnverfahren ähnliches Mandatsverfahren (Verordnung vom 21. Juli 1846 § 28). Aber ein nach diesem Verfahren erlassenes vollstreckungsfähiges Mandat wurde nicht als ein Erkenntnis bezeichnet. Es kann daher auch die richterliche Tätigkeit, welche bezüglich eines solchen Mandates auszuüben war, nicht unter den Begriff der Erkenntnisfällung subsumiert werden.

Wenn hiernach die beiden Referendare im allgemeinen nicht der Fähigkeit ermangelten, den Zahlungs- und Vollstreckungsbefehl zu erlassen, sofern die übrigen Voraussetzungen des § 2 des Ausführungsgesetzes gegeben waren, so kann es sich, da eine generelle Beauftragung derselben durch die Justizverwaltung im Sinne des Abs. 1 daselbst nicht stattgefunden hat, nur fragen, ob ihnen gemäß Abs. 2 von dem Amtsrichter in zulässiger Weise der Auftrag zur Wahrnehmung des in Rede stehenden richterlichen Geschäftes erteilt worden ist. Das Gesetz gestattet dem Amtsrichter, den ihm zur Ausbildung überwiesenen, seit mindestens zwei Jahren beschäftigten Referendaren die Erledigung einzelner richterlicher Geschäfte zu übertragen. Das Oberlandesgericht nimmt an, daß die allgemeine Beauftragung, wie sie hier stattgefunden hat, sämtliche bei der betreffenden Gerichtsabteilung vorkommende Zahlungs- und Vollstreckungsbefehle selbständig zu erledigen, als die Übertragung einer Reihe von einzelnen Geschäften anzusehen sei, so daß der Amtsrichter, indem er den Auftrag erteilte, sich in Übereinstimmung mit dem Gesetze befunden habe. Dieser Auffassung kann nicht beigetreten werden.

Schon der Wortlaut des Gesetzes läßt erkennen, daß es sich bei der Beauftragung durch den Amtsrichter nur um einzelne bestimmte Fälle, welche der Amtsrichter speziell zu bezeichnen hat, handeln soll. Der Auftrag kann auch auf mehrere bestimmte Fälle zugleich gerichtet sein. Aber der dem Gesetze zugrunde liegende Gedanke ist der, daß der Amtsrichter in bezug auf jedes einzelne richterliche Geschäft prüfen soll, ob es sich zur Erledigung durch den Referendar eigne, und daß je nach dem Ausfalle dieser Prüfung die Beauftragung erfolgen soll. Damit aber verträgt sich nicht eine im voraus erteilte generelle Beauftragung mit der Erledigung einer bestimmten Gattung von richterlichen Geschäften, wie sie hier stattgefunden hat. Wenn das Oberlandesgericht zutreffend hervorhebt, daß der Bericht der Kommission des Abgeordnetenhauses Materialien S. 140) zwischen der im organisatorischen Interesse erfolgenden allgemeinen Beauftragung eines Referendars (§ 2 Abs. 1) und der im Interesse der Ausbildung desselben erfolgenden Beauftragung mit der

Wahrnehmung einzelner Geschäfte unterschieden habe, so folgt doch aus dieser Unterscheidung keineswegs die vom Oberlandesgerichte gezogene Konsequenz, daß nun auch dem Amtsrichter jede allgemeinere Beauftragung gestattet sein soll, sofern es sich nur nicht um Bestellung eines Hilfsrichters im Sinne des Abs. 1 handele. Im Gegenteil läßt schon derselbe Kommissionsbericht, indem er die beschränktere Tätigkeit des Referendars mit „der Wahrnehmung eines einzelnen Geschäftes (z. B. Abhaltung eines Termines)" bezeichnet, deutlich erkennen, daß nur an die obengedachte beschränkte Beauftragung gedacht worden ist. Dazu kommt, daß Abs. 2 dem Amtsrichter nur gestattet, die Referendare „nach näherer Anordnung der Justizverwaltung" mit der Erledigung einzelner richterlicher Geschäfte zu beauftragen. Die Anordnung der Justizverwaltung ist also maßgebend für die vom Amtsrichter zu beobachtende Art und Weise der Beauftragung. Es läßt nun aber die in Ausführung der Gesetzesbestimmung ergangene allgemeine Verfügung des Justizministers vom 9. Dezember 1879 (JMBl. S. 466), indem sie als Regel vorschreibt, daß von der Beauftragung nach Abs. 2 nur hinsichtlich der Abhaltung von Terminen Gebrauch gemacht werden soll, keinen Zweifel darüber, daß die Justizverwaltung selbst jede allgemeinere Beauftragung der Referendare mit Erledigung bestimmter Arten von Geschäften ohne genaue Bezeichnung der einzelnen Sache hat ausschließen wollen.

Vgl. Turnau, Justizverfassung in Preußen Bd. 1 S. 49 Nr. 3 und 4. Dieselben Worte „einzelne richterliche Geschäfte" kommen in § 8 des Gesetzes vom 6. Mai 1869 vor, welches bezüglich der in Rede stehenden Bestimmung, wie bereits hervorgehoben, dem § 2 Abs. 2 des preußischen Ausführungsgesetzes zum Vorbilde gedient hat, und auch hier haben die Worte dieselbe Bedeutung, wie aus den Vorarbeiten des Gesetzes hervorgeht. Der Entwurf hatte auch bei diesem Gesetze, ähnlich wie der Entwurf zu dem preußischen Ausführungsgesetze zum Gerichtsverfassungsgesetze, eine allgemeinere Fassung und wollte den Referendaren überhaupt die Befähigung als Hilfsrichter verleihen, wie dies auch früher in Preußen, als noch ein besonderes Referendarexamen als zweites Examen vorgeschrieben war, der gesetzlichen Vorschrift entsprach (Art. XV des Gesetzes vom 26. April 1851). Dieser Vorschlag wurde jedoch von beiden Häusern des Landtages abgelehnt und die jetzige Fassung des § 8 angenommen, wonach nur gestattet sein soll, die Referendare nach mindestens einundeinhalbjähriger Beschäftigung mit einzelnen richterlichen Geschäften zu beauftragen. Der Bericht der damaligen Kommission des Abgeordnetenhauses sprach sich darüber, wie folgt, aus (Anlagen, Stenographischer Bericht des Abgeordnetenhauses 1868/69 S. 1565):

„Gleichfalls einstimmig erklärte sich die Kommission gegen die Zulassung des Referendars während seiner Vorbereitungszeit zu den Geschäften eines Hilfsrichters. Man müsse gerade infolge der bisherigen schwankenden Praxis die Stellung des Referendars klarstellen. Es sei nichts dagegen einzuwenden, ihn mit einzelnen Geschäften, welche eine Vertrauensperson voraussetzen, zu beauftragen; aber wer sich zum Richteramte erst vorbereite, dürfe auch nicht unter dem Namen eines Hilfsrichters zu dem Amte berufen werden."

Hiernach muß davon ausgegangen werden, daß der Amtsrichter durch die mehrerwähnte allgemeinere Beauftragung der Referendare seine Befugnisse überschritten hat. Jedoch folgt daraus nicht ohne weiteres, daß nach außen die von den Referendaren im Auftrage des Amtsgerichtes vorgenommenen richterlichen Geschäfte der Gültigkeit ermangeln. Vielmehr ist anzunehmen, daß in einem Falle wie dem vorliegenden, wo der Referendar an und für sich mit dem Erlasse des Vollstreckungsbefehles in gültiger Weise beauftragt werden konnte, wo auch der Auftrag zur Erledigung der richterlichen Geschäfte dieser Art vom Amtsrichter wirklich erteilt worden ist, und der letztere nur bei Erteilung des Auftrages nicht die richtige, vom Gesetze gewollte Form, bestehend in der näheren Bezeichnung der einzelnen Sachen, gewählt hat, die vorgenommene richterliche Handlung nach der Meinung des Gesetzes nicht rechtsungültig sein, sondern nur eventuell Anlaß zu disziplinarischen Maßnahmen geben solle. Berücksichtigt man, daß die bei einem solchen Zahlungs- und Vollstreckungsbefehle beteiligten Parteien nicht imstande sind, zu beurteilen, ob der Referendar, welcher „I. A. des Amtsgerichtes" den Befehl unterschrieben hat, in der vorgeschriebenen Weise von dem Amtsrichter mit der Erledigung dieses Geschäftes beauftragt war, daß auch die Parteien, selbst wenn sie Zweifel an der Ordnungsmäßigkeit eines solchen richterlichen Befehles haben sollten, der Regel nach nicht in der Lage sein würden, sich hierüber Gewißheit zu verschaffen und eventuell eine Remedur eintreten zu lassen, daß endlich auch das Gesetz selbst in keiner Weise vorschreibt, daß der Auftrag schriftlich erteilt werden müsse, und überhaupt keine Mittel in die Hand gibt, wie denn die korrekte Auftragserteilung im Falle des vielleicht lange nachher erfolgenden Bestreitens nachgewiesen werden solle, so muß man zu dem Schlusse kommen, daß es nicht in der Absicht des Gesetzes liegen konnte, solchen richterlichen Akten die Rechtsgültigkeit abzusprechen, daß vielmehr die Frage, ob bei der stattgefundenen Beauftragung durch den Amtsrichter die richtige Form beobachtet worden sei, lediglich als eine innere Angelegenheit des Gerichtes angesehen werden muß.

In demselben Sinne ist zweifellos die im Absatz 1 daselbst enthaltene Einschränkung zu verstehen, daß die Referendare durch die Justizverwaltung nur „im Falle des Bedürfnisses" mit der zeitweiligen Wahrnehmung richterlicher Geschäfte beauftragt werden dürfen. Die Frage, ob im einzelnen Falle ein Bedürfnis vorliege, ist lediglich von der Justizverwaltung selbst zu prüfen. Eine Partei würde dagegen nicht befugt sein, die Rechtsgültigkeit der von einem durch die Justizverwaltung bestellten

Hilfsrichter vorgenommenen richterlichen Handlungen zu bestreiten, selbst wenn sie nachzuweisen imstande wäre, daß in Wirklichkeit ein Bedürfnis zur Bestellung des Hilfsrichters nicht vorhanden gewesen sei.

Es mag hier noch darauf hingewiesen werden, daß auch das Gerichtsverfassungsgesetz selbst Vorschriften über die Ausübung der Gerichtsbarkeit enthält, welche lediglich den inneren Dienst betreffen und nicht von den Parteien angerufen werden können, um die Rechtsgültigkeit der ergangenen richterlichen Anordnungen und Entscheidungen in Zweifel zu ziehen. Dahin gehören die im § 62 GVG. enthaltenen Bestimmungen über die Geschäftsverteilung und die Vertretung der einzelnen Mitglieder der Kammern durch andere Richter. Das Reichsgericht hat wiederholt entschieden, daß bezüglich dieser Stellvertretung die sich erhebenden Fragen, ob ein Bedürfnis zur Vertretung vorhanden, und ob die richtige Reihenfolge bei der Vertretung beobachtet worden sei, lediglich der Prüfung der Justizverwaltung anheimfallen und nicht der richterlichen Kognition unterworfen sind. Die in dieser Beziehung gegebenen gesetzlichen Vorschriften sind ihrer Natur nach nur reglementarische und berühren nicht die Frage, ob im Sinne der §§ 513 Ziff. 1 und 542 Ziff. 1 ZPO. „das erkennende Gericht vorschriftsmäßig besetzt war".

Vgl. Entsch. des RG.'s in Strafs. Bd. 1 S. 238, Bd. 2 S. 195, Bd. 3 S. 8, 242; ferner Seuffert, Archiv Bd. 42 S. 210, Bd. 44 S. 343.

Demnach muß im gegenwärtigen Falle der von dem Referendar erlassene Vollstreckungsbefehl für ebenso rechtsgültig erachtet werden, als wenn er von dem Amtsrichter selbst erlassen worden wäre, und es bedarf somit auch keiner Erörterung der Frage, ob, wenn wirklich eine Nichtigkeit vorhanden wäre, die Schuldnerin gegen den rechtskräftig gewordenen Vollstreckungsbefehl nur im Wege der Nichtigkeitsklage gemäß § 542 Ziff. 1 ZPO. hätte vorgehen können.

Nach Vorstehendem ist die Entscheidung des Oberlandesgerichtes, wenn auch aus anderen als den von ihm gegebenen Gründen, aufrechtzuerhalten, die Revision also unter Anwendung des § 526 a. a. O. zurückzuweisen."

RGZ. 33, 244 †

1. . . .

2. Finden § 71 Abs. 3 GVG. und § 39 Abs. 3 des preußischen Ausführungsgesetzes zum Gerichtsverfassungsgesetze Anwendung auf Klagen gegen Beamte, welche vor der Klagezustellung die Beamteneigenschaft verloren haben?

IV. Zivilsenat. Urt. v. 12. März 1894.

I. Landgericht II Berlin. II. Kammergericht daselbst.

Aus den Gründen:

„Der Rechtsanwalt P. zu S. hatte Ende Oktober 1890 ohne Beifügung einer Prozeßvollmacht, aber mit dem Versprechen, solche nachzubringen, bei dem Königlichen Amtsgerichte zu Alt-Landsberg eine Klage namens des Bauerngutsbesitzers Sch. gegen den Viehhändler B. wegen Gewährleistung aus dem Verkaufe einer Kuh zum Zwecke der Terminsbestimmung eingereicht. Der Beklagte, welcher damals als Amtsrichter bei dem gedachten Gerichte angestellt war, und dem die Erledigung dieser Sache nach der Geschäftsverteilung zufiel, beschränkte sich darauf, zu verfügen, daß diese Klageschrift eventuell nach vierzehn Tagen zu reproduzieren sei. Bei dieser Sachlage unterblieb die Klagezustellung, welche zur Wahrung der sechsmonatlichen Frist des § 343 ALR. I. 5 bis zum 7. November 1890 hätte erfolgen müssen. Infolgedessen ist das Klagerecht bezüglich jenes Gewährleistungsanspruches durch Verjährung verloren gegangen. Wegen des hierdurch entstandenen Schadens ist nunmehr der Beklagte in Anspruch genommen und vom Berufungsrichter verurteilt worden, den in den Prozeß eingetretenen Erben des während des Rechtsstreites verstorbenen Bauergutsbesitzers Sch. 250 M. nebst 5 Prozent Zinsen seit dem 20. Juli 1892 zu zahlen. Der Beklagte war bereits zur Zeit der Zustellung dieser Klage aus dem Staatsdienste geschieden. Es ist deshalb in Rücksicht auf die Bestimmungen der §§ 508, 509 ZPO. zunächst zu prüfen, ob die Landgerichte für Klagen der vorliegenden Art ohne Rücksicht auf den Wert des Streitgegenstandes auch dann ausschließlich zuständig sind, wenn der wegen einer Pflichtwidrigkeit in Anspruch zu nehmende Beamte inzwischen seine Beamteneigenschaft verloren hat. Diese Frage muß bejaht werden. Der § 70 Abs. 3 GVG. bestimmt: „Der Landesgesetzgebung bleibt überlassen, ... Ansprüche gegen Beamte wegen Überschreitung ihrer amtlichen Befugnisse oder wegen pflichtwidriger Unterlassung von Amtshandlungen, ... ohne Rücksicht auf den Wert des Streitgegenstandes, den Landgerichten ausschließlich zuzuweisen." Hieran schließt sich der Wortlaut des § 39 Abs. 3 des preußischen Ausführungsgesetzes vom 24. April 1878 an, insofern danach die Landgerichte in bürgerlichen Rechtsstreitigkeiten ausschließlich zuständig sind: „für die Ansprüche gegen öffentliche Beamte wegen Überschreitung ihrer amtlichen Befugnisse oder wegen pflichtwidriger Unterlassung von Amtshandlungen." Schon diese Fassung, nach welcher das Gesetz nicht von Klagen spricht, die gegen Beamte erhoben werden, sondern nur die den Landgerichten überwiesenen A n s p r ü c h e bezeichnet, läßt die Annahme gerechtfertigt erscheinen, daß vom Gesetzgeber nicht beabsichtigt worden ist, den Beamten für die Dauer ihrer aktiven Dienstzeit ein persönliches Vorrecht zu gewähren, sondern daß alle Ansprüche der fraglichen Art aus objektiven Gründen einer Ausnahmebestimmung haben unterworfen werden sollen. Die Richtigkeit dieser Auffassung ergibt sich auch aus der Entstehungsgeschichte jener Gesetzesvorschriften. Der dem § 70 GVG. entsprechende § 50 des Entwurfes enthielt weder die in Frage stehenden Worte im Abs. 3, noch die jetzt im § 70 unter Ziff. 2 des zweiten Absatzes befindliche Bestimmung bezüglich der Ansprüche gegen Reichsbeamte. Die jetzige Fassung dieser

Teile des § 70 beruht auf Anträgen, welche in der Kommission des Reichstages gestellt und damit begründet worden sind, daß es sich bei Prozessen der in Rede stehenden Art oft um wichtige staatsrechtliche Fragen handele, weshalb es im Interesse des Staates liegen müsse, solche Prozesse ohne Rücksicht auf die Höhe der Streitsumme den für die Entscheidung geeigneteren Kollegialgerichten zu überweisen und damit den Rechtszug, behufs Erzielung einer gleichmäßigen Rechtsprechung, bis in die höchste Instanz offen zu lassen.

Vgl. Hahn, Materialien zum Gerichtsverfassungsgesetz S. 787 u. 788. Dementsprechend bemerken die Motive zum Entwurfe des preußischen Ausführungsgesetzes vom 24. April 1878 (S. 56) bei der Begründung der Bestimmung des § 39 (§ 31 des Entwurfes): „Den reichsgesetzlichen Vorschriften des § 70 Abs. 3 GVG. und des § 509 Abs. 2 ZPO. liege die Erwägung zugrunde, daß bei Rechtsstreitigkeiten der bezeichneten Art vielfach das öffentliche Recht berührt werde, und daß es daher für die einzelnen Bundesstaaten zweckmäßig sein könne, wenn in solchen Sachen zur Aufrechterhaltung einer einheitlichen Rechtsprechung in allen Fällen die Revision an das Reichsgericht zulässig sei." Dies stimmt auch mit der Ausführung der Motive zum Entwurfe der Zivilprozeßordnung überein, in welchen zur Rechtsprechung der Ausnahmebestimmung des § 509 Abs. 2 (§ 485 Abs. 2 des Entwurfes) hervorgehoben wird, daß durch die Interessen des Reiches und der einzelnen Bundesstaaten eine einheitliche Rechtsprechung bei den fraglichen Rechtsstreitigkeiten mit gebieterischer Notwendigkeit gefordert werde. An die Schaffung eines persönlichen Privilegiums ist hiernach nicht gedacht worden; der leitende Gesichtspunkt aber, daß bei der Syndikatsklage oft Fragen staatsrechtlicher Art konkurrieren, trifft auch in dem Falle zu, wenn die Klage gegen einen inzwischen inaktiv gewordenen Beamten erhoben wird. Hiernach erscheint die Revision als zulässig.

. . . . .

RGZ. 40, 202

1. Für welchen Grad von Verschulden haftet der Spruchrichter den Parteien nach gemeinem Rechte?
2. Inwiefern kann in der Anwendung einer falschen Rechtsansicht ein Verschulden des Richters, insbesondere ein grobes, gefunden werden?
3. Fallen alle Ansprüche gegen Staatsbeamte wegen pflichtwidrigen Verhaltens derselben unter die Bestimmung des § 70 Abs. 3 GVG.?

VI. Zivilsenat. Urt. v. 13. Dezember 1897.

I. Landgericht Hamburg. II. Oberlandesgericht daselbst.

Der Beklagte, ein hamburgischer Amtsrichter, hatte in einem Rechtsstreite der Klägerin wider einen gewissen R., in welchem dieser vorläufig vollstreckbar verurteilt worden war und sodann die einstweilige Einstellung der Zwangsvollstreckung gegen Hinterlegung von 95 M. erwirkt hatte, nachdem weiterhin auf Antrag der Klägerin der Einstellungsbeschluß wieder aufgehoben worden war, auf Ansuchen des R. ohne weiteres verfügt, daß demselben die hinterlegten 95 M. zurückzugeben seien. Die Klägerin behauptete, daß ihr hierdurch ein Schaden von 16,80 M. verursacht sei, und klagte diesen mit der Syndikatsklage von dem Amtsrichter P. ein. Die Klage wurde in erster und zweiter Instanz abgewiesen. Das Reichsgericht hat die Revision der Klägerin für zulässig erklärt, jedoch als unbegründet zurückgewiesen, aus den folgenden

Gründen:

„Da mit der Klage nur ein Schadensersatz in Höhe von 16,80 M. nebst Zinsen gefordert ist, so blieb der Wert des mit dem anfänglichen Streitgegenstande zusammenfallenden Beschwerdegegenstandes hinter demjenigen Betrage weit zurück, von dessen Vorliegen nach § 508 Abs. 1 ZPO. in der Regel die Zulässigkeit der Revision abhängt. Es handelte sich mithin darum, ob der Ausnahmefall des § 509 Ziff. 2 daselbst gegeben sei, was nicht ganz unzweifelhaft war. Zwar sind durch § 75 des hamb. Ausf.-Ges. zum GVG. alle in § 70 Abs. 3 des letzteren Gesetzes aufgeführten Streitigkeiten ohne Rücksicht auf den Wert des Streitgegenstandes dem Landgerichte ausschließlich zugewiesen, und zu diesen gehören die Ansprüche gegen Beamte „wegen Überschreitung ihrer amtlichen Befugnisse oder wegen pflichtwidriger Unterlassung von Amtshandlungen"; aber unter den Wortlaut dieser letzteren Bestimmung läßt sich ein Anspruch, wie er hier erhoben ist, nämlich ein Anspruch gegen einen Richter wegen einer bei Ausübung der streitigen Gerichtsbarkeit erlassenen rechtsirrigen Entscheidung, auch nur in gezwungener Weise bringen. Dennoch verdient aber die Auslegung den Vorzug, welche dem Wortlaute diese Gewalt antut; denn ein innerer Grund, in Ansehung der ausschließlichen Zuständigkeit der Landgerichte zwischen einzelnen Kategorien von pflichtwidrigem Verhalten von Beamten zu unterscheiden, wäre gar nicht zu entdecken, und so muß man dem Gesetze die Absicht beimessen, mit jener nicht besonders glücklich formulierten Gegenüberstellung positiver und negativer Pflichtwidrigkeit das ganze Gebiet des Verschuldens im amtlichen Verhalten zu umfassen und damit einen Parallelismus herzustellen zu einem anderen dort zugelassenen Falle ausschließlicher Zuständigkeit der Landgerichte, den Ansprüchen „gegen den Staat wegen Verschuldung von Staatsbeamten". Die Wahl der Ausdrücke würde sich dabei erklären aus der äußeren Vorbildlichkeit des in Abs. 2 Ziff. 2 in betreff der Reichsbeamten Gesagten, das seinerseits wieder auf die in § 154 Abs. 1 des Reichsbeamtengesetzes vom 31. März 1873 gebrauchte Ausdrucksweise zurückzuführen ist.

War somit die Revision als zulässig anzusehen, so konnte sie dagegen als begründet nicht anerkannt werden. Ob der Entscheidungsgrund des Oberlandesgerichtes unanfechtbar ist, mag dabei dahingestellt bleiben. Die Entscheidung selbst würde doch jedenfalls aufrechtzuhalten sein.

Vorerst ist dem Berufungsgerichte darin beizutreten, daß nach gemeinem deutschen Rechte der Spruchrichter mit der sog. Syndikatsklage keinenfalls für mehr als für grobes Verschulden verantwortlich gemacht werden kann. Wie das Reichsgericht schon wiederholt ausgesprochen hat, gibt es im allgemeinen einen Anspruch wegen schuldhafter Vermögensbeschädigung nach gemeinem Rechte außer dem Falle der Arglist nur bei Verletzung von Rechten an körperlichen Sachen, und was nun insbesondere die Haftung des Spruchrichters anlangt, so braucht schon nicht einmal für das römische Recht die in l. 5 § 4 Dig. de O. et A. 44, 7, l. 6 Dig. de extr. cogn. 50, 13 und pr. Inst. de obl. quae quasi ex del. 4, 5 mehr beiläufig gebrauchte Wendung „licet per imprudentiam" notwendigerweise mit von gewöhnlicher Nachlässigkeit verstanden zu werden, um so weniger als in l. 15 § 1 Dig. de jud. 5, 1 und l. 2 Cod. de poena jud. 7, 49 ausschließlich absichtliche Rechtsbeugung als Voraussetzung des „litem suam facere" genannt wird. Was nun aber die Streitfrage anlangt, ob nach heutigem gemeinen Rechte wegen der Bestimmungen der Kammergerichtsordnung von 1555 Tl. III Tit. 53 §§ 4, 5, 6, 10 die Haftung des Spruchrichters sich auf den Fall der Arglist beschränkt, oder doch auch auf grobe Fahrlässigkeit zu erstrecken ist, so bedarf es hier keiner Entscheidung derselben, da der Beklagte sich einer groben Fahrlässigkeit keinenfalls schuldig gemacht hat. Freilich muß auch darin dem Berufungsgerichte beigetreten werden, daß die Entscheidung des Beklagten in dem Prozesse der Klägerin gegen R., daß die von diesem zur Sicherheit wegen einstweiliger Einstellung der gegen ihn eingeleiteten Zwangsvollstreckung hinterlegten 95 M. ihm deshalb ohne weiteres zurückzugeben seien, weil im ferneren Fortgange der Sache der Einstellungsbeschluß auf Antrag der Klägerin wieder aufgehoben war, nicht zu rechtfertigen war. Denn ein solches Verfahren widerspricht geradezu dem Zwecke, um dessentwillen die Sicherheitsleistung für Fälle dieser Art überhaupt eingeführt ist. Eben darum ist an einem dem Beklagten zur Last fallenden Verschulden nicht zu zweifeln. Aber die vom Oberlandesgerichte offen gelassene Frage, ob dieses Verschulden ein grobes oder ein leichtes gewesen sei, kann unbedenklich zu seinen Gunsten im Sinne der letzteren Alternative entschieden werden. Denn nur weil über die hier in Betracht kommende Rechtsfrage eine Meinungsverschiedenheit kaum denkbar war, kann überhaupt von einer Fahrlässigkeit des Beklagten die Rede sein; wenn es sich um den Gegenstand einer möglichen Streitfrage handelte, so würde ihm überhaupt ein solcher Vorwurf nicht gemacht werden können. Besondere Umstände aber, welche für die Beurteilung erschwerend wirkten, liegen hier nicht vor." ...

RGZ. 50, 396

1. Sind für einen Anspruch auf Ersatz des Schadens, den der Kläger an seinen Sachen durch einen Eisenbahnzug einer preußischen Staatseisenbahn infolge des Verschuldens eines Beamten erlitten hat, die Landgerichte

ohne Rücksicht auf den Wert des Streitgegenstandes ausschließlich zuständig?
2. Sind die Eisenbahnbetriebsinspektionen einer solchen Eisenbahn Niederlassungen im Sinne des § 21 ZPO.?

GVG. § 70.
Preuß. Ausf.-Ges. zum GVG. vom 24. April 1878 § 39.

VI. Zivilsenat. Urt. v. 30. Januar 1902.

I. Landgericht Graudenz. II. Oberlandesgericht Marienwerder.

Am 3. Januar 1900 wurden die dem Kläger gehörigen Pferde und sein Wagen auf dem Bahnübergange der von dem verklagten preußischen *Eisenbahnfiskus betriebenen Eisenbahn Riesenberg-Jablonowo durch einen* von Riesenberg herkommenden Eisenbahnzug beschädigt. Der Kläger verlangte Ersatz des ihm erwachsenen Schadens von dem Beklagten, weil demselben ein Verschulden zur Last falle, und weil er auf Grund des preußischen Gesetzes vom 3. November 1838 über die Eisenbahnunternehmungen hierzu verpflichtet sei. Er erhob gegen den Beklagten, vertreten durch die Königliche Eisenbahndirektion zu Danzig, bei dem Landgericht Graudenz Klage mit dem Antrage, den Beklagten zur Zahlung von 1121 M. nebst Zinsen zu verurteilen.

Der Beklagte trug auf Abweisung der Klage an. Er erhob den Einwand der örtlichen Unzuständigkeit des Landgerichtes Graudenz und bestritt in der Sache jedes Verschulden seinerseits.

Der erste Richter erklärte den Anspruch dem Grunde nach für gerechtfertigt. Das Oberlandesgericht wies die Klage ab, weil das Landgericht Graudenz, soweit der Anspruch auf das Gesetz vom 3. November 1838 gestützt sei, nicht zuständig sei, und weil der Unfall nicht auf ein vom Beklagten zu vertretendes Verschulden zurückzuführen sei.

Die gegen dieses Urteil eingelegte Revision ist zurückgewiesen.

Aus den Gründen:

„Es handelt sich um einen vermögensrechtlichen Anspruch in Höhe von 1121 M., und deshalb hängt die Zulässigkeit der Revision davon ab, ob die Voraussetzungen des § 547 ZPO. vorliegen. Dies ist indes nicht der Fall, soweit der Anspruch auf ein Verschulden des Beklagten gestützt und aus sachlichen Gründen vom Berufungsgericht abgewiesen ist. Denn es ist nicht richtig, daß, wie der Revisionskläger meint, nach § 70 Abs. 3 GVG. in Verbindung mit § 39 Abs. 2 des preuß. Ausführungsgesetzes zu demselben für einen Anspruch dieser Art das Landgericht ohne Rücksicht auf den Wert ausschließlich zuständig sei.

Wie das Reichsgericht schon wiederholt ausgesprochen hat,

vgl. Entsch. desselben in Zivils. Bd. 29 S. 420, Bd. 40 S. 399,

ist ein Anspruch gegen den Landesfiskus wegen Verschuldung eines Staatsbeamten im Sinne des angeführten § 39 Nr. 2 nur dann gegeben, wenn der Anspruch auf die Verschuldung des Beamten bei Ausübung der ihm obliegenden öffentlichrechtlichen Funktionen gegründet ist, dagegen nicht, wenn vom Fiskus deshalb Entschädigung verlangt wird, weil ein in einem Gewerbebetriebe desselben Angestellter die ihm obliegenden Verpflichtungen schuldhafterweise nicht gehörig erfüllt hat, sollte derselbe auch die Eigenschaft eines Staatsbeamten haben, und ihm deshalb gewisse Amtsbefugnisse zustehen.

Nach dem Tatbestande des angefochtenen Urteiles macht Kläger dem Beklagten den Vorwurf, daß auf dem Wegübergange über die von ihm betriebene Eisenbahn Riesenberg-Jablonowo der eine Prellstein längere Zeit und auch am 3. Januar 1900 gefehlt habe. Er gründet seinen Anspruch also lediglich darauf, daß der Beklagte die ihm als Eisenbahnunternehmer obliegende Verpflichtung zur Unterhaltung der im Interesse des Publikums erforderlichen Anlagen vernachlässigt habe. Diese Verpflichtung hatte der Fiskus, wie jeder andere Unternehmer, und es handelten die Personen, welche für ihn das Erforderliche auszuführen hatten, nicht in Ausübung öffentlichrechtlicher Funktionen, sondern als seine Betriebsgehilfen. Daß abgesehen hiervon einem Staatsbeamten die Verletzung von Amtspflichten zur Last falle, und Beklagter aus besonderen Gründen für das Versehen des Beamten bei Wahrnehmung der obrigkeitlichen oder Regierungsgewalt haften müsse, hat Kläger nicht geltend gemacht. Das Landgericht war deshalb für den Anspruch nicht ohne Rücksicht auf den Wert ausschließlich zuständig. Dies hat der Senat auch bereits in dem Urteile vom 29. April 1901 (Jurist. Wochenschr. von 1901 S. 394) ausgesprochen.

Zulässig ist dagegen die Revision nach § 547 Nr. 1 ZPO. insoweit, als das Berufungsgericht die Zuständigkeit des Landgerichtes Graudenz zur Entscheidung über den auf § 25 des Gesetzes vom 3. November 1838 gestützten Anspruch und damit auch seine eigene Zuständigkeit zur Entscheidung hierüber verneint hat. Die Revision ist aber insoweit nicht begründet. Denn es ist nicht richtig, daß die Betriebsinspektion zu Graudenz eine Niederlassung des verklagten Eisenbahnfiskus, von welcher aus unmittelbar Geschäfte geschlossen würden, darstelle, und deshalb das Landgericht Graudenz zuständig sei.

Eine Niederlassung im Sinne des § 21 ZPO. erfordert eine Geschäftsstelle, der dem Hauptetablissement gegenüber Selbständigkeit zusteht, und die nicht bloß in Ausnahmefällen und in Sachen von untergeordneter Bedeutung selbständig handeln kann.

Vgl. Urteil des I. Zivilsenats des Reichsgerichts vom 24. Mai 1897, Jurist. Wochenschr. S. 381 Nr. 1.

Eine solche Niederlassung bilden die Betriebsinspektionen nicht. Sie haben den örtlichen Dienst nach den Anordnungen der Königlichen Eisenbahndirektionen auszuführen und zu überwachen. Es kann ihnen allerdings die Befugnis zu vorläufigen Kassenanweisungen, zur Beurlaubung der unterstellten Beamten und zur selbständigen Vergebung von Arbeiten und Lieferungen übertragen werden (§§ 9 und 10 der Verwaltungsordnung für die Staatseisenbahnen vom 15. Dezember 1894, GS. 1895 S. 11). Aber auch wenn dies geschehen ist, haben sie die Anordnungen der Eisenbahndirektionen zu befolgen (Geschäftsanweisung für die Vorstände der Eisenbahnbetriebsinspektionen vom 17. Dezember 1894 § 1, Eisenb.-Verordnungsbl. von 1895 S. 49). In der Denkschrift, betreffend die Neuordnung der Staatseisenbahnverwaltung (daselbst S. 72 flg.), ist die neue Organisation damit begründet, daß die bisherige Verteilung der Geschäfte auf drei Instanzen (Minister, Eisenbahndirektionen, Betriebsämter) ungünstig eingewirkt habe, daß deshalb eine der gegenwärtigen drei Instanzen zu beseitigen, die Betriebsämter als selbständige Behörden aufzuheben, ihre Verwaltungsbefugnisse auf die Direktionen zu übertragen, und diesen für die ihnen zunächst obliegende unmittelbare Leitung und Beaufsichtigung des Betriebsdienstes ausführende Organe zu unterstellen seien. Als solche wurden unter anderen die Eisenbahnbetriebsinspektionen in Aussicht genommen, welche alsdann auch eingeführt sind. Sie sind also lediglich die ausführenden Organe der Eisenbahndirektionen, haben diesen gegenüber, welche den Eisenbahnfiskus vertreten, keine Selbständigkeit und können deshalb auch nicht als Niederlassungen, von welchen aus unmittelbar Geschäfte geschlossen werden, im Sinne des § 21 ZPO. angesehen werden."

Vgl. auch Entsch. des RG.'s in Zivils. Bd. 2 S. 386, und die Kommentare zur ZPO. von Gaupp, Bd. 2 bei Nr. 1, 12, und Petersen, Bem. 7 zu § 21. ...

RGZ. 57, 350

Was versteht der § 13 des deutschen Gerichtsverfassungsgesetzes unter bürgerlichen Rechtsstreitigkeiten?

IV. Zivilsenat. Urt. v. 15. Februar 1904.

I. Landgericht Stettin. II. Oberlandesgericht daselbst.

Der klagenden Stadtgemeinde waren auf Grund des § 27 des preußischen Gesetzes, betreffend das Diensteinkommen der Lehrer und Lehrerinnen an den öffentlichen Volksschulen, vom 3. März 1897 aus der Staatskasse vom 1. April 1900 ab ein fester Staatszuschuß von 40 000 M. (Abt. VI a. a. O.) und ein Staatsbeitrag von 23 272 M. (Abt. II a. a. O.) unstreitig alljährlich zur Kasse ihres Schulverbandes zu zahlen. Für das Etatsjahr 1900 aber zahlte der verklagte Fiskus zur Kasse der Klägerin nur 40 000 M. + 23 050 M., also 222 M. zu wenig, und für das Etatsjahr 1901 nur 40 000 M. + 17 287,50 M., also 5984,50 M. zu wenig. Auf die hiernach fehlende Gesamtsumme von 6206,50 M.

gelangten nachträglich zunächst noch 222 M. und am 21. Oktober 1902 noch ein fernerer Teilbetrag von 1220,77 M. zur Zahlung.

Die Klägerin forderte klagend den Restbetrag von 4763,73 M. nebst 4 Prozent Zinsen seit dem 21. Juni 1902, und außerdem 4 Prozent Zinsen von 1220,77 M. für die Zeit vom 21. Juni bis zum 2. Oktober 1902.

Der Beklagte erhob vorweg die Einrede der Unzulässigkeit des Rechtsweges. Eventuell aber wollte er mit gewissen aus dem streitigen Rechtsverhältnis hergeleiteten Gegenforderungen aufrechnen.

Das Landgericht, das den Rechtsweg für zulässig hielt, verurteilte den Beklagten zur Zahlung von 4 Prozent Zinsen von 1220,77 M. seit dem 21. Juni 1902 bis zum 21. Oktober 1902, wies im übrigen aber die Klage ab.

Das Oberlandesgericht Stettin verneinte die Zulässigkeit des Rechtsweges und wies aus diesem Grunde die Berufung der Klägerin zurück.

Der von der Klägerin hiergegen eingelegten Revision ist stattgegeben.

Aus den Gründen:

... Der Berufungsrichter führt aus, daß die von der Klägerin aus § 27 des Gesetzes vom 3. März 1897 gegen den Beklagten geltend gemachte Verpflichtung „lediglich öffentlichen Rechts sei", und daß ein Streit darüber „nicht zu den bürgerlichen Rechtsstreitigkeiten" im Sinne des § 13 des Gerichtsverfassungsgesetzes gehöre. Der Rechtsweg sei für den streitigen Anspruch auch nicht besonders („ausdrücklich") zugelassen, und es müsse aus der Bestimmung in § 27 Ziff. II Abs. 6 des Gesetzes vom 3. März 1897 im Gegenteil gefolgert werden, daß er der ausschließlichen Entscheidung durch die Verwaltungsbehörde unterliege.

Die vorstehenden Erwägungen sind nicht geeignet, das Urteil zu stützen. Der § 13 des deutschen Gerichtsverfassungsgesetzes bestimmt, daß vor die ordentlichen Gerichte alle „bürgerlichen Rechtsstreitigkeiten" und Strafsachen gehören, „für welche nicht entweder die Zuständigkeit von Verwaltungsbehörden oder Verwaltungsgerichten begründet ist, oder reichsgesetzlich besondere Gerichte bestellt oder zugelassen sind."

Ein besonderes Gericht ist durch Reichsgesetz für den vorliegenden Fall nicht bestimmt worden.

Wenn der gegenwärtige Prozeß zu den „bürgerlichen Rechtsstreitigkeiten" zu rechnen ist, so würde er also nur dann den ordentlichen Gerichten entzogen sein, wenn nach dem preußischen oder nach Reichsrecht eine Verwaltungsbehörde oder ein Verwaltungsgericht für seine Entscheidung zuständig wäre.

Der von der Reichsgesetzgebung vielfach angewendete Ausdruck „bürgerliche Rechtsstreitigkeit" oder „bürgerlicher Rechtsstreit" wird von ihr nicht ausdrücklich erklärt. Die Motive zu § 13 a. a. O. bemerken: „Der Begriff der ‚bürgerlichen Rechststreitigkeiten‘ leidet keine (vgl. Mot. zur bad. PO. § 1) oder doch nur eine durchaus ungenügende (vgl. preuß. AGO. Einl. § 1) Definition. Ihn gemeinsam für alle deutschen Staaten zu präzisieren, war um so weniger ausführbar, als nach einzelnen Rechten auch Justizpolizeisachen bzw. Akte der gemischt freiwilligen Gerichtsbarkeit, namentlich auch Vormundschaftssachen, in den Formen eines Prozesses verhandelt werden (vgl. Nordd. Protokolle V. S. 2260). Der Entwurf konnte aber den Begriff der bürgerlichen Rechtsstreitigkeiten als einen gegebenen voraussetzen, weil er ungeachtet seiner Verschiedenheit in den verschiedenen Gebieten des Deutschen Reichs überall gesetzlich, sei es im geschriebenen oder ungeschriebenen Rechte, fixiert ist (Hann. Prot. I S. 343 flg.). Für die Bestimmung einer Sache sind sonach in erster Linie die Reichsgesetze, in weiterer Linie aber das Landesrecht des einzelnen Staates maßgebend.“ Das bürgerliche Recht oder Privatrecht bildet den Gegensatz zum öffentlichen Recht. Hieraus aber folgt nicht, daß bürgerliche Rechtsstreitigkeiten im Sinne des § 13 a. a. O. nur solche sind, welche sich ausschließlich auf einen Streit über die Anwendung privatrechtlicher Normen beziehen. Auch die Verfolgung eines auf einem öffentlich-rechtlichen Titel beruhenden Anspruchs kann, wie z. B. auch der § 70 GVG. erkennen läßt, eine bürgerliche Rechtsstreitigkeit darstellen. Maßgebend ist nicht der Umstand, ob die Verpflichtung, zu deren Erfüllung die verklagte Partei angehalten werden soll, in einer Norm des öffentlichen Rechtes wurzelt, sondern die Frage, ob es sich dabei lediglich um einen Gegenstand des öffentlichen Interesses, des Gemeinwohles, oder um das Rechtsgut und die individuelle Rechtssphäre einer einzelnen, sei es physischen, sei es juristischen, Person handelt. Mit der gegenwärtigen Klage verfolgt die Stadtgemeinde St. nicht einen die Volksschule selbst (als öffentliche, dem Staatswohle dienende Anstalt) betreffenden Anspruch. Ihr Interesse ist als vermögensrechtliches nur darauf gerichtet, daß der Beklagte ihr den gesetzlich geschuldeten Staatsbeitrag zu den Kosten der öffentlichen Volksschule voll auszahlt und verhindert wird, gegen den bisher ihr vorenthaltenen Betrag eine von ihr bestrittene, aus ungerechtfertigter Bereicherung hergeleitete Forderung aufzurechnen. Durch den Ausgang des Prozesses wird das Schulinteresse selbst, für welches die Klägerin unabhängig von dem jetzt erhobenen Anspruch zu sorgen hat, nicht berührt. Der vermögensrechtliche Anspruch einer Stadtgemeinde gehört begrifflich in das Gebiet des Privatrechts. Wie bereits der V. Zivilsenat des Reichsgerichts in einem Urteil vom 22. September 1888 (Entsch. des RG.'s in Zivils. Bd. 22 S. 288) ausgesprochen hat, besteht eine die Regel des § 13 GVG. einschränkende Rechtsnorm des Inhalts, daß die aus öffentlich-rechtlichen Verhältnissen hervorgehenden privatrechtlichen, insbesondere vermögensrechtlichen Ansprüche allgemein von der Verfolgung im ordentlichen Rechtswege ausgeschlossen seien, weder nach Reichsrecht, noch nach gemeinem Recht, noch auch nach preußischem Rechte. Nur aus Zweckmäßigkeitsgründen hat gleich anderen Rechtssystemen auch das preußische Staatsrecht gewisse einzelne an sich privatrechtliche Ansprüche wegen ihrer nahen Beziehungen zum öffentlichen Rechte anderen Behörden als den ordentlichen Gerichten zur Aburteilung überwiesen.

Die Annahme des Berufungsgerichts, daß überhaupt keine bürgerliche Rechtsstreitigkeit vorliege, trifft demnach nicht zu." ...

RGZ. 78, 316

Hängt die Eigenschaft der Wechselsachen als Feriensachen davon ab, ob sie im Wechselprozesse oder im ordentlichen Verfahren verhandelt werden?

GVG. § 202 Abs. 2 Nr. 6.

I. Zivilsenat. Urt. v. 13. März 1912.

I. Landgericht Düsseldorf, Kammer für Handelssachen.
II. Oberlandesgericht daselbst.

Aus den Gründen:

„Die Revision muß als unzulässig verworfen werden, weil sie nicht in der vorgeschriebenen Frist begründet ist. Geklagt ist aus einem Wechsel; alsbald nach Erhebung der Klage hat die Klägerin vom Wechselprozeß Abstand genommen. Während die Frist für die Revisionsbegründung am 14. Juli 1911 begann, ist der Begründungsschriftsatz erst nach Ablauf der Gerichtsferien eingereicht. Nach § 223 ZPO. hätte dies nur genügt, wenn Rechtsstreitigkeiten über Ansprüche aus Wechseln, die im ordentlichen Verfahren verfolgt werden, nicht als Feriensachen beurteilt werden müßten. Die Frage hängt von der Auslegung der Worte des § 202 Abs. 2 GVG. ab: „Feriensachen sind 1. ... 5. Wechselsachen." Der erkennende Senat hat in gleichmäßiger Rechtsprechung die Ansicht vertreten, daß es für den Begriff der Feriensache im Sinne der angeführten Bestimmung unerheblich ist, ob sie im Wechselprozeß oder im ordentlichen Verfahren verhandelt wird.

Vgl. die Entscheidungen vom 4. Juli 1896 in Seuffert's Archiv Bd. 52 Nr. 188, vom 10. Oktober in den Entsch. des RG.'s in Zivils. Bd. 64 S. 164, vom 27. März 1907 in der Jur. Wochenschr. S. 313.

In einem Urteile vom 4. Februar 1910 (abgedruckt im Sächs. Archiv für Rechtspflege Bd. 5 S. 171, mit Auslassungen auch in der Jur. Wochenschr. S. 294), das übrigens auf der Auslegung des § 202 GVG. nicht beruht und daher die Anrufung der Vereinigten Zivilsenate nicht nötig macht, hat sich der III. Zivilsenat mit Entschiedenheit gegen diese Rechtsprechung gewandt. Die Bedeutung der dortigen Ausführungen mußte den erkennenden Senat veranlassen, die Frage von neuem einer Prüfung zu unterziehen. Die Prüfung hat indes ergeben, daß die Angriffe des III. Senats nicht stichhaltig sind, so daß an der bisherigen Ansicht festgehalten werden muß.

Schon in dem grundlegenden Satze der ganzen Erörterung, daß nämlich das Wort „Wechselsache" in § 202 einer mehrfachen Deutung fähig sei, läßt sich dem neuen Urteile nicht zustimmen. Gewiß kann man unter einer Wechselsache, wenn man das Wort für sich allein nimmt, sowohl einen Wechselprozeß wie einen Rechtsstreit über Ansprüche aus Wechseln verstehen. In der Verbindung aber, in der das Wort in § 202 vorkommt, ist nur die zweite Auffassung möglich. Nachdem unter Nr. 1 und 2 die Strafrechtspflege und der vorläufige Rechtsschutz durch Arrest und einstweilige Verfügung genannt sind, folgt unter Nr. 3 bis 6 eine Aufzählung verschiedener bürgerlicher Rechtsstreitigkeiten, die, wenn man von der streitigen Nr. 5 zunächst einmal absieht, sämtlich durch ihren Gegenstand, nicht durch die Form des Verfahrens gekennzeichnet werden. Eine besondere Prozeßform ist für keine dieser Streitigkeiten zur Verfügung gestellt. Dazu kommt die sprachliche Ausdrucksweise in den Nr. 3 und 6, wo zur Bezeichnung der Streitigkeiten über Ansprüche der in § 30 ZPO. erwähnten Art und über die Fortsetzung eines angefangenen Baues gleichfalls das Wort Sache herangezogen wird: „Meß- und Marktsachen", „Bausachen". Eine unbefangene Auslegung kann, wenn in unmittelbarer Verbindung hiermit von Wechselsachen gesprochen wird, nur an Sachen denken, die Wechsel zum Gegenstande haben, nicht an Sachen in der Form des Wechselprozesses.

Auf diese nächstliegende Erwägung, die schon in dem ersten Urteile hervorgehoben war, ist der III. Senat nicht eingegangen. Statt den durch den Zusammenhang des Gesetzes gebotenen Fingerzeig zu beachten, sucht er Hilfe für die Auslegung in anderen Gesetzesstellen und glaubt sie in § 101 Nr. 2 GVG. und § 603 Abs. 1 ZPO. gefunden zu haben. Allein diese Stellen zwingen nicht dazu, den Begriff der Wechselsachen auf solche Wechselsachen, die im Wechselprozesse verhandelt werden, einzuschränken. Der III. Senat hält es für auffallend, daß bei der Bestimmung der Handelssachen in § 101 GVG., wo die Prozeßform nicht in Frage kommt, von Rechtsstreitigkeiten „aus einem Wechsel" die Rede ist; hätte der Gesetzgeber, wird gesagt, unter dem Worte Wechselsachen alle Sachen über Ansprüche aus Wechseln verstanden, so würde er dieses Wort auch in § 101 gebraucht haben. Aber abgesehen davon, daß die Reichsjustizgesetze die Festhaltung der einmal gewählten Terminologie überhaupt noch nicht in demselben Maße bewerteten wie die mit dem Bürgerlichen Gesetzbuche beginnende Gesetzgebung, liegt die Ursache der abweichenden Ausdrucksweise des § 101 offen zutage. Der Grund ist ein rein sprachlicher; er besteht darin, daß sämtlichen Nummern des § 101 das Gattungsmerkmal Anspruch voraufgeschickt ist: „Rechtsstreitigkeiten, in welchen durch die Klage ein Anspruch geltend gemacht wird: 1. gegen einen Kaufmann . . .; 2. aus einem Wechsel im Sinne der

Wechselordnung oder aus einer der im § 363 HGB. bezeichneten Urkunden; 3. aus einem der nachstehend bezeichneten Rechtsverhältnisse ..." In dieses Satzgefüge hätte das Wort Wechselsache nicht hineingepaßt. Die andere entgegengehaltene Stelle aber, § 603 ZPO., spricht nicht von Wechselsachen, sondern von „Wechselklagen"; überdies ist hier die Beziehung auf Rechtsstreitigkeiten über Wechsel, die im Wechselprozesse verfolgt werden, durch § 602 sichergestellt.

Ein Hauptgewicht hatte der erkennende Senat ferner gelegt auf Zweck und Absicht des Gesetzes. Er hatte erwogen, daß Wechselsachen als solche, nach der Natur des Wechselverkehrs, der Beschleunigung bedürfen, ohne Unterschied der Prozeßform, für deren Wahl besondere Gründe bestimmend sein können. Auch diese Erwägung ist nicht ausreichend gewürdigt. Auf bloßem Mißverständnis beruht das Argument, daß, wenn der Gedanke an die Beschränkung der Einreden nach Art. 82 WO. für § 202 Nr. 5 GVG. maßgebend gewesen wäre, auch die Ansprüche aus kaufmännischen Anweisungen und Verpflichtungsscheinen, Konnossementen, Ladescheinen, Lagerscheinen usw. (§ 363 vgl. mit § 364 Abs. 2 HGB.) vom Gesetze zu Feriensachen hätten erklärt werden müssen. Nicht auf die rechtliche Loslösung des Wechsels von dem unterliegenden Schuldverhältnis, wie sie in Art. 82 zum Ausdruck gelangt, kommt es an, sondern auf seine wirtschaftliche Bedeutung als Zahlungs- und Kreditmittel. Die Aufgaben, die der Wechsel hauptsächlich erfüllen soll, den Umlauf des Metallgeldes zu erleichtern und den kurzfristigen Personalkredit zu sichern, bringen es mit sich, daß eine tunlichst schnelle Abwickelung etwaiger Rechtsstreitigkeiten als Bedürfnis empfunden wird. Bei den handelsrechtlichen Orderpapieren spielt dieser Gesichtspunkt eine viel geringere Rolle. Fehl geht ferner die Berufung darauf, daß es auch Wechsel gibt, deren Abwicklung nicht beschleunigt zu werden braucht. Allerdings gibt es solche Wechsel, aber sie bilden eine Ausnahme und konnten eben deshalb für die gesetzliche Regelung nicht den Ausschlag geben. Kann doch auch der III. Senat von seiner eigenen Auffassung aus nicht umhin, in solchen Fällen Abweichungen von dem Grundsatze anzunehmen. In dem angeführten Falle, wenn jemand einen Blankowechsel zur Sicherung der Forderungen des Vertragsgegners aus einem auf längere Dauer angelegten Rechtsverhältnis gibt, wird die an sich nicht eilige Sache nicht dadurch beschleunigungsbedürftig, daß sich der Empfänger nach Ausfüllung des Blanketts der Form des Wechselprozesses bedient.

Als fernerer Einwand wird geltend gemacht, die Rücksicht auf die leichte Anwendbarkeit der Vorschrift gebiete es, ohne Gesuch des Klägers nur solche Wechselsachen als Feriensachen zu behandeln, bei denen die Klagschrift die Bezugnahme auf den Wechselprozeß enthält. Diese Meinung ist indes nicht begründet. Die Beurteilung der Klage aus der Natur des erhobenen Anspruchs heraus ist bei der Nr. 5 des § 202 nicht schwieriger und zeitraubender, im Gegenteil infolge der Beifügung der Wechselabschrift sehr häufig einfacher als bei den Nr. 3, 4, 4a (vgl. auch die neue Nr. 4b) und 6. Daß eine Klage, die außer einem Wechselanspruch auch Ansprüche aus andern, nicht unter § 202 Abs. 2 gehörigen Rechtsverhältnissen umfaßt, keine Feriensache ist, kann ebensowenig zweifelhaft sein, wie daß es an der Eigenschaft der Sache als Wechselsache nichts ändert, wenn der Beklagte die von einem andern eingegangene Wechselschuld übernommen hat. Ein äußeres Merkmal, das dem Termin anberaumenden Vorsitzenden jede weitere Prüfung abnähme, gibt das Gesetz überhaupt nicht an die Hand. Insbesondere ist es nicht richtig, daß in den übrigen Fällen des § 202 Abs. 2 für die Regel schon aus dem Klagantrag ein Kennzeichnen zu gewinnen sei. Streitigkeiten über Meß- und Marktsachen z. B., desgleichen Streitigkeiten zwischen Dienstherrschaft und Gesinde, Arbeitgebern und Arbeitern, Prozesse über Ansprüche aus außerehelichem Beischlaf weisen hinsichtlich des Antrags eine Eigentümlichkeit nicht auf.

Den breitesten Raum in den Erörterungen des abweichenden Urteils nimmt die Entstehungsgeschichte des Gesetzes ein. Gegen diese Verwertung längst vergangener Bestimmungen müssen sich von vornherein praktische Bedenken aufdrängen. Es wäre ein unerträglicher Zustand für die Rechtsanwendung und ein schwerer Vorwurf gegen den Gesetzgeber, wenn die Gerichte zur Ermittelung des Sinnes einer Prozeßvorschrift, die so sehr der sofortigen Handhabung bedarf wie § 202 GVG., genötigt wären, Forschungen über die altpreußische Gesetzgebung und die damaligen Verfügungen des preußischen Justizministers anzustellen. In der Tat geht denn auch aus dem geschichtlichen Rückblicke, den der III. Senat gibt, für das geltende Gesetz nichts hervor. Daß in Preußen Wechselprozeßsachen (Porzeßordnung Tit. 27) als Feriensachen bezeichnet waren, ist richtig, verliert aber jede Beweiskraft dadurch, daß die Ferienordnung vom 16. April 1850 (JustMinBl. S. 130, vgl. § 3 Nr. 2) von einer selbständigen Bestimmung der zivilprozessualen Feriensachen absah und statt dessen auf § 13 der Verordnung vom 21. Juli 1846 verwies. Diese Verordnung war erlassen aus dem Bestreben heraus, den summarischen Prozeß über seine bisherigen Grenzen auszudehnen. Sie enthielt eine Regelung des Verfahrens im engeren Sinne; mit der Materie der Gerichtsferien beschäftigte sie sich nicht und zählte in § 13 unter acht Nummern alle Rechtsstreitigkeiten und nur die Rechtsstreitigkeiten auf, wofür die Prozeßordnung ein abgekürztes Verfahren vorgesehen hatte. Lediglich in dieser mangelhaften Ordnung der Sache durch Verweisung auf einen für andere Zwecke angefertigten Katalog liegt der Grund, warum in Preußen der Wechselprozeß Vorbedingung für die Befreiung von Wechselsachen vom Ferienzwange war. Freilich galt die Benutzung der erwähnten Prozeßart so durchaus als Regel, daß die Beschränkung in der Praxis kaum fühlbar geworden sein wird. Wurde doch darüber gestritten, ob für Klagen aus Wechseln der Weg des ordentlichen Verfahrens überhaupt offen stand.

Vgl. die Entsch. des Obertribunals in Streithorst's Archiv Bd. 5 S. 70 mit der Anmerkung des Einsenders; Koch, Prozeßordnung 6. Aufl. Bd. 1 S. 769.

Als aber die Reichsgesetzgebung ihre eigenen Vorschriften über die Gerichtsferien traf, war es nur natürlich, wenn sie die Abhängigkeit der Ferienexemtion von den besonderen Prozeßarten, die für die meisten Sachen ohnehin nicht mehr in Betracht kam, beseitigte.

Kann hiernach nicht zugegeben werden, daß die Ansicht des erkennenden Senats durch das neuere Urteil widerlegt wäre, so hat sie auf der anderen Seite inzwischen eine Bestätigung erfahren, wodurch sie außer allen Zweifel gerückt erscheint. Es ist das geschehen durch das Scheckgesetz vom 11. März 1908. Dieses Gesetz, das am 4. Februar 1910 in Geltung stand, während es zur Zeit der früheren Urteile des erkennenden Senats auch im Entwurfe noch nicht vorlag, lautet in § 28 Abs. 3 wie folgt:

„Auf die Geltendmachung von Regreßansprüchen aus einem Scheck finden die den Wechselprozeß betreffenden Vorschriften der §§ 602 bis 605 ZPO. entsprechende Anwendung. Die Rechtsstreitigkeiten, in welchen ein solcher Anspruch geltend gemacht wird, gelten als Feriensachen."

Hiermit ist klar gesagt, daß die innere Natur des Schecks — die Rücksicht auf seine Kurzfristigkeit, wie sich die Motive S. 34 ausdrücken — beides zur Folge hat, sowohl die Möglichkeit des Wechselprozesses wie die Befreiung von der Einwirkung der Gerichtsferien. Das Verhältnis ist ganz so, wie es der I. Senat für Wechsel von Anfang an angenommen hatte: davon, daß der Kläger von der Möglichkeit des beschleunigten Prozesses Gebrauch macht, hängt die Eigenschaft der Streitsachen als Feriensachen nicht ab. Das aber ist selbstverständlich, daß die obigen Bestimmungen für Regreßansprüche gegen Scheckaussteller und Scheckindossanten nur den Rechtszustand herbeiführen sollten, der nach Meinung des Gesetzgebers für Klagen aus Wechseln bereits verwirklicht war. Die Wendung in Satz 2 des § 28 Abs. 3 „die Rechtsstreitigkeiten, in welchen ein solcher Anspruch geltend gemacht wird" statt „die Schecksachen" erklärt sich aus der stilistischen Anknüpfung an den vorhergehenden Satz. Hätte der Gesetzgeber einen Unterschied in der Weise aufstellen wollen, daß Schecksachen immer Feriensachen wären, Wechselsachen nur bei Benutzung des Wechselprozesses, so würde er die bis dahin feste Rechtsprechung des Reichsgerichts, die in dem Wechselprozesse kein Erfordernis für die Eigenschaft der Wechselsachen als Feriensachen erblickte, in den Motiven mißbilligt haben. Vor allem aber hätte er dann eine Unterscheidung zwischen Scheck und Wechsel angestrebt, die völlig sinnlos gewesen wäre und jeder inneren Rechtfertigung entbehrt hätte.

Nach alle dem muß dabei verharrt werden, daß auch ordentliche Wechselsachen Feriensachen sind. Hervorgehoben zu werden verdient, daß Stein, der die gleiche Meinung schon in seinem Urkundenprozeß S. 206 vertrat, sie in der neuesten Auflage des Kommentars Bd. 1 S. 525 bei Note 15, auch nach Einsicht und Prüfung des abweichenden Urteils des III. Senats, festgehalten hat."

RGZ. 107, 61

Sind für Ansprüche gegen Kommunalverbände wegen Amtspflichtverletzungen ihrer Beamten die Landgerichte ohne Rücksicht auf den Streitwert ausschließlich zuständig?

III. Zivilsenat. Beschl. v. 12. Juni 1923.

I. Landgericht Breslau. II. Oberlandesgericht daselbst.

Trotz der geringen Höhe der eingeklagten Summe (rund 27 000 M.) ist die Weiterverfolgung der Revision nach Art. V Abs. 5 des Entlastungsgesetzes vom 27. März 1923 in Verbindung mit § 547 Nr. 2 ZPO., § 70 Abs. 3 GVG., § 39 Nr. 3 preuß. AG. z. GVG. zulässig, soweit die Klage auf Amtspflichtverletzungen der städtischen Beamten gestützt ist, für welche die Beklagte nach Art. 131 RVerf. haftet, der an die Stelle des preußischen Staatshaftungsgesetzes vom 1. August 1909 getreten ist (vgl. RGZ. Bd. 102 S. 166, Bd. 106, S. 34). Allerdings sind im § 70 Abs. 3 GVG., § 39 Nr. 2, 3 AG. z. GVG. ausdrücklich nur für Ansprüche gegen den Staat wegen Verschuldung von Staatsbeamten und für Ansprüche gegen öffentliche Beamte wegen Überschreitung ihrer amtlichen Befugnisse oder wegen pflichtwidriger Unterlassung von Amtshandlungen die Landgerichte ohne Rücksicht auf den Wert für ausschließlich zuständig erklärt, nicht auch für Ansprüche gegen Gemeinden wegen Amtspflichtverletzungen ihrer Beamten. Wenn auch für diese der der Vorschrift des § 70 Abs. 3 GVG. nach ihrer Begründung (Mot. zu § 50 Entw. des GVG.) zugrunde liegende Zweck, nämlich die öffentlichrechtlich bedeutsame Erzielung einer einheitlichen Rechtsprechung für die das Grenzgebiet des öffentlichen und des Privatrechts betreffenden Ansprüche, ebenfalls zutrifft, so steht doch der Wortlaut der obigen gesetzlichen Vorschriften ihrer allgemeinen Ausdehnung auf Ansprüche gegen Gemeinden wegen Amtspflichtverletzungen ihrer Beamten entgegen; diese Ausdehnung ist daher auch wiederholt vom Reichsgericht abgelehnt worden (JW. 1893 S. 341 Nr. 1, 1902 S. 133 Nr. 44; Beschl. des erkennenden Senats vom 1. Juli 1923 III 531/22). Hiervon gilt aber nach der Rechtsprechung des erkennenden Senats eine Ausnahme für die auf § 4 des preuß. Staatshaftungsgesetzes und auf Art. 131 RVerf. gestützten Ansprüche gegen Gemeinden oder andere Kommunalverbände. Nach diesen gesetzlichen Bestimmungen tritt der Kommunalverband nur in die Haftung des Beamten aus § 839 BGB. an dessen Stelle ein; im übrigen behält es aber bei den materiellrechtlichen und prozeßrechtlichen Vorschriften über Ansprüche gegen die schuldigen Beamten sein Bewenden (vgl. z. B. RGZ. Bd. 87 S. 116), soweit nichts Abweichendes bestimmt ist (wie z. B. durch Art. 131 Abs. 1 Satz 3 RVerf. bezüglich der Zulässigkeit des Rechtswegs; vgl. RGZ. Bd. 106 S. 34). Aus diesem Grunde ist für die genannten Ansprüche auch ohne eine ausdrückliche Vorschrift, wie sie im § 3 des Reichshaftungsgesetzes getroffen ist, die ausschließliche Zuständigkeit der Landgerichte ohne Rücksicht auf den Streitwert und folglich nach § 547 Nr. 2 ZPO. die Zulässigkeit der Revision ohne Revisionssumme anzunehmen.

RGZ. 108, 58

1. . . .

2. Zur Auslegung des § 137 GVG.

II. Zivilsenat. Urt. v. 25. Januar 1924.

Die Entscheidung ist abgedruckt unter „Bürgerliches Recht, Recht der Schuldverhältnisse 9".

RGZ. 111, 341

Sind die Landgerichte ohne Rücksicht auf den Wert des Streitgegenstandes ausschließlich zuständig für Ansprüche, die ein Beamter der Deutschen Reichspost gegen diese auf Grund des Unfallfürsorgegesetzes für Beamte und für Personen des Soldatenstandes vom 18. Juni 1901 erhebt?

ZPO. § 547 Nr. 2. GVG. § 71 Abs. 2 Nr. 1. RBeamtenUnfFürsGes. § 9. Reichspostfinanzgesetz vom 18. März 1924 § 12 Abs. 1.

III. Zivilsenat. Urt. v. 6. Oktober 1925.

I. Landgericht I Berlin. II. Kammergericht daselbst.

Der Kläger, ein pensionierter Oberpostschaffner, leidet infolge eines Dienstunfalls an einer schweren Nervenerkrankung. Mit der Klage verlangt er die Erstattung von Kosten des Heilverfahrens.

Das Landgericht hat die Beklagte zur Zahlung von jährlich 157,50 Goldmark verurteilt; das Kammergericht hat auf die Berufung der Beklagten den jährlich zu zahlenden Betrag auf 74 Goldmark herabgesetzt.

Der Kläger hat Revision eingelegt. Sie wurde für zulässig erklärt aus folgenden

Gründen:

Der Beschwerdegegenstand beläuft sich auf weniger als 1800 RM. Trotzdem ist die Revision nach § 547 Nr. 2 ZPO. zulässig, da für den eingeklagten Anspruch das Landgericht ohne Rücksicht auf den Streitwert ausschließlich zuständig war. Der Anspruch stützt sich auf § 1 Abs. 6

RBeamtenUnfFürsGes., gehört also allerdings nicht zu den in § 71 (früher § 70) Abs. 2 Nr. 1 GVG. genannten Ansprüchen, die auf Grund des Reichsbeamtengesetzes gegen den Reichsfiskus erhoben werden. Nach § 9 RBeamtenUnfFürsGes. finden auf die nach seinen §§ 1 bis 3 zu gewährenden Bezüge die für die Beteiligten geltenden Bestimmungen über die Pension Anwendung. Zu diesen Bestimmungen gehören nicht nur die sachlichrechtlichen, sondern auch die verfahrensrechtlichen. § 71 Abs. 2 Nr. 1 GVG. begründet also, ebenso wie für die im Reichsbeamtengesetz (§§ 34 flg.) wurzelnden Pensionsansprüche der Reichsbeamten, so auch für ihre Ansprüche aus dem RBeamtenUnfFürsGes. die ausschließliche Zuständigkeit der Landgerichte.

Dem Reichsfiskus ist bei Anwendung der angezogenen Vorschrift des Gerichtsverfassungsgesetzes die Deutsche Reichspost gleichzustellen, wenn sie auch nach dem Reichspostfinanzgesetz vom 18. März 1924 ein selbständiges Unternehmen bildet. § 12 Abs. 1 das. ergibt, daß die Rechtsstellung der Beamten der Deutschen Reichspost die gleiche sein soll wie die der Reichsbeamten. Das Bedürfnis einheitlicher Rechtsprechung, dem die fragliche besondere Zuständigkeitsnorm ihre Entstehung verdankt, besteht für jene nicht weniger als für diese. Deshalb muß § 71 a. a. O. für die gegen die Deutsche Reichspost von ihren Beamten erhobenen Ansprüche aus dem Beamtenverhältnis ebenfalls gelten....

RGZ. 117, 162

Sind die Landgerichte ohne Rücksicht auf den Wert des Streitgegenstands ausschließlich zuständig für die Ansprüche der Reichsbahnbeamten gegen die Deutsche Reichsbahn-Gesellschaft aus ihrem Dienstverhältnis?

ZPO. § 547 Nr. 7. GVG. § 71 Abs. 2 Nr. 1.

III. Zivilsenat. Urt. v. 27. Mai 1927.

I. Landgericht I München. II. Oberlandesgericht daselbst.

Die obige Frage wurde bejaht aus folgenden

Gründen:

Der Beschwerdegegenstand beläuft sich auf weniger als 4000 RM. Trotzdem ist die Revision nach § 547 Nr. 2 ZPO. zulässig. Denn für den eingeklagten Anspruch, den Anspruch eines Reichsbahnbeamten gegen die Deutsche Reichsbahn-Gesellschaft, ist in sinngemäßer Anwendung des § 71 Abs. 2 Nr. 1 GVG. die ausschließliche landgerichtliche Zuständigkeit als gegeben anzusehen. Allerdings bestimmen sich die Rechtsverhältnisse der Reichsbahnbeamten nicht nach dem Reichsbeamtengesetz, sondern nach dem Reichsbahngesetz vom 30. August 1924, dem Reichsbahn-Personalgesetz vom gleichen Tage und der auf Grund des ersteren erlassenen Personalordnung. Aber die dort gegebenen Vorschriften lehnen sich grundsätzlich an die für Reichsbeamte geltenden Vorschriften an und weichen von diesen nur insoweit ab, als das bei Berücksichtigung der besonderen Verhältnisse der Gesellschaft erforderlich erschien (vgl. § 22 Abs. 3 ReichsbahnG.). Auf die Verfolgung vermögensrechtlicher Ansprüche aus dem Reichsbahnbeamtenverhältnis sind nach ausdrücklicher Vorschrift (§ 8 Reichsbahn-PersonalG.) die Bestimmungen der §§ 149 flg. RBG. sinngemäß anzuwenden. Das Bedürfnis einer einheitlichen Rechtsprechung, dem die fragliche besondere Zuständigkeitsnorm ihre Entstehung verdankt, besteht für die im Dienste der Reichseisenbahnen beschäftigten Beamten bei ihrer großen Zahl in besonders hohem Maße. Dem durch das Reichsbahngesetz bewirkten Übergang der Dienstgewalt über sie vom Reich auf die Deutsche Reichsbahn-Gesellschaft, ihrer Verwandlung von unmittelbaren Reichsbeamten in mittelbare (RGSt. Bd. 60 S. 139) kann daher für die zu entscheidende Frage keine Bedeutung beigemessen werden. Es muß vielmehr trotzdem angenommen werden, daß die bis dahin gegebene Anwendbarkeit des § 71 Abs. 2 Nr. 1 GVG. auf die bei den Reichseisenbahnen tätigen Beamten durch das Reichsbahngesetz nicht hat ausgeschlossen werden sollen, daß also die Landgerichte ohne Rücksicht auf den Wert des Streitgegenstandes auch für die Ansprüche ausschließlich zuständig sind, die auf Grund der für die Reichsbahnbeamten geltenden Vorschriften gegen die Deutsche Reichsbahn-Gesellschaft erhoben werden. Im gleichen Sinne hat der Senat bereits über Ansprüche entschieden, die gegen das Unternehmen „Deutsche Reichspost" von ihren Beamten geltend gemacht werden (RGZ. Bd. 111 S. 341).

RGZ. 127, 100

Unter welchen Umständen ist der ordentliche Vorsitzende eines Senats als dauernd an der Führung des Vorsitzes verhindert anzusehen?*)

GVG. §§ 62, 66, 117. ZPO. § 551 Nr. 1.

VI. Zivilsenat. Urt. v. 13. Januar 1930.

I. Landgericht Osnabrück. II. Oberlandesgericht Celle.

Der Sachverhalt und die Entscheidung ergeben sich aus den

Gründen:

Der Beklagte stützt die Revision in erster Linie auf die Rüge, daß der 8. Zivilsenat des Berufungsgerichts bei Erlaß des angefochtenen Urteils nicht vorschriftsmäßig besetzt gewesen sei (§ 551 Nr. 1 ZPO. Vorsitzen-

*) Das Urteil des VII. Zivilsenats vom 26. November 1929 VII 256/29, inzwischen abgedruckt RGZ. Bd. 126 S. 245, ist erst nach Erlaß des vorliegenden Urteils bekannt geworden, so daß nicht in eine Prüfung der Frage eingetreten werden konnte, ob es einer Anrufung der Vereinigten Zivilsenate bedürfe.

der des 8. Zivilsenats sei nach der Geschäftsverteilung der Senatspräsident H. gewesen. Dieser sei aber an der Führung des Vorsitzes dauernd verhindert gewesen. Die Rüge ist begründet. Das angefochtene Urteil ist am 12. Januar 1929 auf Grund der Verhandlung vom 19. Dezember 1928 gefällt. Nach der vom Oberlandesgerichtspräsidenten in Celle unter dem 26. März 1929 mitgeteilten Äußerung des Senatspräsidenten H. ist diesem zu Anfang des Jahres 1928 neben dem Vorsitz im 7. Senat auch der Vorsitz im 8. Senat übertragen worden. Senatspräsident H. erklärte, er habe darauf eine Zeitlang monatlich einmal den Vorsitz im 8. Senat geführt; späterhin sei ihm das bei der zunehmenden Geschäftslast des 7. Senats nicht mehr möglich gewesen; seit einiger Zeit seien die neuen Eingänge im 7. Senat geringer geworden; wenn dieser Zustand andauere, würde er wieder in der Lage sein, einen Teil der Geschäfte des 8. Senats zu übernehmen. Danach ist anzunehmen, daß der Senatspräsident H. schon zu Anfang des Jahres 1928 und erst recht im Laufe dieses Jahres sowie zu Beginn des Jahres 1929 in Wirklichkeit durch Überlastung mit anderen Dienstgeschäften nicht nur vorübergehend verhindert war, den Vorsitz zu führen, und daß aus diesem Grund das dienstälteste Mitglied des Senats den Vorsitz ständig geführt hat. Die Stellvertretung geschah nicht nur aushilfsweise, sondern sie wurde zu einer dauernden Einrichtung für die völlig unbestimmte Zeit der Überlastung des Vorsitzenden durch andere Dienstgeschäfte. Schon lange Zeit vor Schluß des Jahres 1928 und auch zu Anfang des Jahres 1929 ist die dauernde Verhinderung des Vorsitzenden erkennbar gewesen. Irgendein Anhaltspunkt dafür, daß die Belastung des Vorsitzenden mit anderen Dienstgeschäften und damit seine Stellvertretung durch das dienstälteste Senatsmitglied nur vorübergehend sein würde, ist nicht vorhanden. Noch im März 1929 konnte nach der amtlichen Auskunft nur damit gerechnet werden, daß der Vorsitzende einen Teil der Geschäfte des 8. Zivilsenats erst dann werde übernehmen können, wenn die seit einiger Zeit eingetretene Abnahme der Geschäfte im 7. Senat andauern würde; also auch die Wiederaufnahme der Geschäfte durch den Vorsitzenden im 8. Senat hing damals noch von einer völlig ungewissen Entwicklung ab. Danach widersprach die von der Revision gerügte Regelung der Führung des Vorsitzes im 8. Zivilsenat zur Zeit des Erlasses des Berufungsurteils den Vorschriften der §§ 117, 115, 62 GVG. Der Fall liegt demnach hier nicht so, wie in der Entscheidung des erkennenden Senats RGZ. Bd. 126 S. 97, wo ein Senat des Oberlandesgerichts vorübergehend mit Angelegenheiten belastet war, deren Wegfall feststand und nur dem genauen Zeitpunkt nach noch ungewiß war. Vielmehr war im vorliegenden Falle in Übereinstimmung mit der Entscheidung in RGZ. Bd. 119 S. 280 gemäß § 551 Nr. 1 ZPO. das Urteil wegen unvorschriftsmäßiger Besetzung des Gerichts aufzuheben.

RGZ. 128, 216

Liegt schon dann eine Verletzung der Vorschriften über die Öffentlichkeit des Verfahrens vor, wenn der Grund der Ausschließung der Öffentlichkeit bei Verkündung des die Ausschließung anordnenden Beschlusses nicht angegeben worden ist?

GVG. §§ 170, 174. ZPO. § 551 Nr. 6.

VIII. Zivilsenat. Urt. v. 7. April 1930.

I. Landgericht II Berlin. II. Kammergericht daselbst.

Die Klägerin hatte gegen ihren Mann Klage auf Scheidung der Ehe erhoben; der Beklagte verlangte widerklagend gleichfalls Scheidung. Nachdem der erste Richter der Klage stattgegeben und die Widerklage abgewiesen hatte, legte der Beklagte Berufung ein. Die Klägerin schloß sich der Berufung an und erhob hilfsweise, d. h. für den Fall, daß ihre Scheidungsklage abgewiesen werden sollte, Ehe-Anfechtungsklage aus § 1333 BGB. Das Kammergericht schied die Ehe auf Klage und Widerklage. Im Sitzungsprotokoll des Kammergerichts vom 13. Dezember 1929 heißt es zur Frage des Ausschlusses der Öffentlichkeit lediglich: „Beschlossen und verkündet: die Öffentlichkeit wird für die Dauer der Verhandlung ausgeschlossen". Davon, daß eine Partei den Ausschluß der Öffentlichkeit beantragt hätte, sagt das Protokoll nichts. Die Revision der Klägerin rügte, von anderen Angriffen abgesehen, Verletzung der Vorschriften über die Öffentlichkeit des Verfahrens. Diese Rüge führte zur Aufhebung und Zurückverweisung.

Aus den Gründen:

In § 174 GVG. ist in einer dem Ermessen keinen Raum lassenden Form vorgeschrieben, daß bei Verkündung des Beschlusses, der die Öffentlichkeit ausschließt, anzugeben ist, ob die Ausschließung wegen Gefährdung der öffentlichen Ordnung, insbesondere wegen Gefährdung der Staatssicherheit, oder wegen Gefährdung der Sittlichkeit erfolgt. Diese durch Gesetz vom 5. April 1888 (RGBl. S. 133) geschaffene Vorschrift hat ihren gesetzgeberischen Grund darin, daß bei Ausschließung der Öffentlichkeit wegen Gefährdung der Staatssicherheit und wegen Gefährdung der Sittlichkeit jeweils besondere Folgen eintreten können (Schweigegebot, Verbot von Presseberichten einerseits, StGB. § 184 b anderseits; vgl. hierzu den Kommissionsbericht zu § 175, 2. Anlageband zu den stenographischen Berichten über die Verhandlugnen des Reichstags 7. Legislaturperiode II. Session 1887/88, S. 589, 591). Diese Wirkungen treten dagegen nicht ein, wenn in Ehesachen die Öffentlichkeit nach § 170 GVG. auf den Antrag einer Partei ausgeschlossen wird. Es besteht demnach ein zwingendes Interesse an der Klarstellung des Grundes der Ausschließung. Fehlt seine Angabe in dem für den Beschlußinhalt beweiskräftigen Sitzungsprotokoll, so bleibt im Dunkeln, welche Rechtslage gegeben ist. Durch die Vermutung, daß nach Lage der Sache der eine oder der andere Grund vorliegen werde, kann die Angabe schon deshalb nicht ersetzt werden, weil in vielen Fällen die Möglichkeit des Vorhandenseins mehrerer Gründe gegeben, von ihnen aber nur einer maßgebend gewesen sein kann. Im gegenwärtigen Ehestreit kann der Beschluß ebensowohl von Amts wegen aus dem Grunde der Gefährdung der Sittlichkeit, wie auch auf Antrag einer Partei erlassen worden sein. Es entspricht aber auch nicht der Wichtigkeit, die der Öffentlichkeit der Gerichtsverhandlungen zukommt, den Grund ihrer Ausschließung im Unklaren zu lassen. Ebensowenig kann die vom Revisionsbeklagten geltend gemachte Erwägung gebilligt werden, mangels Widerspruchs der Parteien sei deren Einverständnis anzunehmen und dadurch ein Antrag nach § 170 GVG. als ersetzt anzusehen. Denn die Vorschriften über Öffentlichkeit der Gerichtsverhandlungen und ihre ausnahmsweise eintretende Ausschließung gehören dem öffentlichen Recht an (Begr. z. GVG. § 140 des Entwurfs, Hahn Materialien S. 174). Sie beruhen auf dem Interesse der Allgemeinheit an der Rechtspflege und am Schutze der gefährdeten Güter, in Ehesachen insbesondere an der „dem noch bestehenden Eheverbande schuldigen Pietät" (Begr. a. a. O.; vgl. ferner Kommissionsprotokoll bei Hahn Materialien S. 330, 332, 336). Die Rücksicht auf die Ehe als solche, nicht das Interesse der einzelnen Partei, ist der Grund der Ausschließung nach § 170 GVG. auch geblieben, nachdem sie, abweichend vom Entwurf, dem Parteiantrag überlassen worden ist. Demgemäß hat die Rechtsprechung des Reichsgerichts zu § 174 (früher § 175) GVG. sowohl in Zivilsachen wie in Strafsachen nie daran gezweifelt, daß die Angabe des Grundes der Ausschließung ohne Rücksicht auf die Sachlage im einzelnen Fall vom Gesetz zwingend vorgeschrieben ist (RGZ. Bd. 16 S. 394, RGSt. Bd. 25 S. 248, 249; JW. 1908 S. 359 Nr. 2) und daß die Unterlassung der Angabe einen absoluten Revisionsgrund nach § 551 Nr. 6 ZPO. oder nach § 338 Nr. 6 StPO. darstellt.

RGZ. 130, 154

Unter welchen Voraussetzungen ist der ordentliche Vorsitzende eines Zivilsenats des Oberlandesgerichts dauernd an der Führung des Vorsitzes verhindert?*)

GVG. §§ 62, 66, 117. ZPO. § 551 Nr. 1.

II. Zivilsenat. Urt. v. 29. Oktober 1930.

I. Landgericht Görlitz II. Oberlandesgericht Breslau.

Die Revision erhob u. a. die Rüge, der erkennende 6. Zivilsenat des Oberlandesgerichts sei nicht vorschriftsmäßig besetzt gewesen. Vorsitzender dieses Senats sei seit etwa drei Jahren der Oberlandesgerichtspräsident;

*) Vgl. hierzu Bd. 126 S. 245 und Bd. 132 S. 295.

er habe aber noch niemals vorgesessen, sondern lasse sich ständig durch den dienstältesten Oberlandesgerichtsrat R. vertreten. Es liege somit dauernde Verhinderung und dauernde Vertretung des ordentlichen Vorsitzenden vor. Das widerspreche den §§ 62, 117 GVG., § 551 Nr. 1 ZPO.

Das Reichsgericht wies die Rüge zurück aus folgenden

Gründen:

Nach der amtlichen Auskunft des Oberlandesgerichtspräsidenten vom 11. Oktober 1930 gehören nach der Geschäftsverteilung für das Geschäftsjahr 1930 zur Zuständigkeit des 6. Zivilsenats des Oberlandesgerichts neben der Beaufsichtigung der Stiftungen, der Entscheidung über die Aufhebung gesetzwidriger Beschlüsse über Wahlen der Anwaltskammer oder ihres Vorstands, den Disziplinarsachen gegen mittlere, Kanzlei- und Unterbeamte, der Entscheidung über die Ablehnung von Richtern der Land- und Amtsgerichte in den Zivilsachen des ganzen Bezirks, den Rechtshilfesachen, mit Ausnahme derer in Strafsachen, und den Beschwerden gemäß § 181 GVG., soweit sie nicht einem Strafsenat zugeteilt sind, nur noch die Streitigkeiten aus dem Wechsel- und Scheckrecht aus dem ganzen Oberlandesgerichtsbezirk. Der Oberlandesgerichtspräsident, der auch den Vorsitz im 3. Strafsenat führt, ist nach dem Geschäftsverteilungsplan Vorsitzender des 6. Zivilsenats. Er hat sich aber vor Beginn des Geschäftsjahres 1930 durch seine sonstige Tätigkeit an der Führung des Vorsitzes im 6. Zivilsenat an jedem zweiten und vierten Sonnabend im Monat für verhindert erklärt. Er hat ferner im Laufe des Geschäftsjahrs für die Streitigkeiten aus dem Wechsel- und Scheckrecht die Termine immer selbst angesetzt, und zwar jeweils auf den zweiten und vierten Sonnabend im Monat, so daß in der Spruchsitzung in diesen Sachen tatsächlich nicht er, sondern der Oberlandesgerichtsrat R. den Vorsitz geführt hat. Aber auch in diesen Sachen hat der Oberlandesgerichtspräsident die Verteilung auf die Mitglieder des Senats selbst vorgenommen. In allen anderen Sachen hat er den Vorsitz ohne Einschränkung geführt. Die letzteren Sachen sind niemals auf die obengenannten Tage gesetzt worden.

Diese Art der Geschäftsbehandlung verstößt nicht gegen die Vorschriften der §§ 62, 117 GVG., wonach den Vorsitz in einem Senat der Oberlandesgerichtspräsident oder ein Senatspräsident und nur bei vorübergehender Verhinderung des ordentlichen Vorsitzenden der dem Senat angehörende dienstälteste Oberlandesgerichtsrat zu führen hat. Zunächst hat es das Reichsgericht auch bisher schon für zulässig gehalten, daß ein Präsident in mehreren Senaten den Vorsitz führt (JW. 1895 S. 517 Nr. 2, 1915 S. 96 Nr. 13; RGSt. Bd. 55 S. 201/202, 236, Bd. 56 S. 157). Es ist auch anerkannt, daß es heute infolge der Zunahme der Geschäfte, der durch die Besetzung der Senate und Kammern mit einer über die gesetzliche Mindestzahl hinausgehenden Zahl von Mitgliedern Rechnung getragen wird, den ordentlichen Vorsitzenden gemeinhin nicht mehr möglich ist, alle ihnen anfallende Dienstgeschäfte selbst zu erledigen (RGZ. Bd. 115 S. 157 [162], Bd. 119 S. 280 [283]). Des weiteren wird zugelassen, daß der Vorsitzende sich schon vor Beginn des Geschäftsjahrs für gewisse Sitzungstage im voraus für verhindert erklärt und an diesen Tagen den Vorsitz seinem Stellvertreter überläßt (RGZ. Bd. 115 S. 157 [159/60]; RGSt. Bd. 25 S. 389, Bd. 54 S. 298, Bd. 55 S. 201 [204], 236/238). Unbestritten ist ferner, daß es allein im pflichtmäßigen Ermessen des Vorsitzenden steht, auf welche Termine er die einzelnen Sachen ansetzen will (RGZ. Bd. 115 S. 157 [161]; JW. 1930 S. 63 Nr. 13). Es ist auch nicht zu beanstanden, wenn der Präsident zur Zuständigkeit des Senats gehörige Sachen bestimmter Art (z. B. Ehesachen) stets so ansetzt, daß sie an gewissen Tagen, an denen er verhindert ist, von seinem Stellvertreter erledigt werden; vgl. RGZ. Bd. 115 S. 157, wo es für unzulässig erklärt wird, in solche Ermessens- und Zweckmäßigkeitsfragen im Wege der Revision einzudringen. Hieran muß festgehalten werden, wenn nicht die Sicherheit der Urteilstätigkeit weithin ins Wanken geraten soll. Dies gilt um so mehr, als es bei der heutigen Lage Deutschlands tatsächlich unmöglich ist, die Besetzung der Gerichte auf einen Stand zu bringen, der solche inneren Behelfsmaßnahmen zur Bewältigung der Geschäfte entbehrlich macht.

Betrachtet man nach diesen Grundsätzen das im vorliegenden Fall eingeschlagene Verfahren, so besteht kein Anlaß zu Bedenken. Insbesondere stand nichts entgegen, daß der Oberlandesgerichtspräsident sich schon vor Beginn des Geschäftsjahrs für bestimmte Tage im voraus für verhindert erklärte und daß er dann im Laufe des Geschäftsjahrs im Wege des inneren Dienstes die Wechsel- und Schecksachen auf die Tage ansetzte, an denen er jeweils verhindert war. Die letztere Maßnahme ist um so weniger zu beanstanden, als der Oberlandesgerichtspräsident auch in diesen Sachen die Termine selbst ansetzte und die Verteilung unter die Mitglieder des Senats vornahm. Er hatte dadurch stets die erforderliche Übersicht über den gesamten Geschäftsstand und war in der Lage, auch in diesen Sachen den Vorsitz selbst zu übernehmen, sobald dies nach seinem pflichtmäßigen Ermessen wegen Wegfalls anderer Geschäfte möglich war.

Es verstieß auch nicht gegen das Gesetz, daß infolge dieser Geschäftsbehandlung die eigentlichen Prozeßsachen — in der mündlichen Verhandlung — vom Stellvertreter des Präsidenten geleitet wurden. Diese Sachen genießen nach dem Gesetz keinen Vorzug vor anderen, die das Gesetz den Oberlandesgerichten zur Bearbeitung zuweist. Tatsächlich hat sich der Oberlandesgerichtspräsident in weitem Umfang ständig als Vorsitzender des Senats betätigt. Denn nach seiner Erklärung hat er an allen Sitzungen teilgenommen mit Ausnahme von zweien im Monat, und auf die letzteren sind außer Wechsel- und Schecksachen keine anderen Sachen angesetzt worden. Daß es sich bei den Sachen, in denen der

Präsident regelmäßig den Vorsitz führte, um einen großen Teil der Geschäfte des Senats handelt, ergibt sich schon daraus, daß der Senat über die gesetzliche Mindestzahl hinaus — mit vier Beisitzern — besetzt ist. Diese Besetzung wäre durch die Zuteilung der Wechsel- und Schecksachen nicht gerechtfertigt. Der Fall unterscheidet sich also von solchen, wo eine vorschriftswidrige Besetzung angenommen wurde, dadurch, daß in jenen Fällen der Präsident in einem Senate, deren Vorsitzender er nach der Geschäftsverteilung war, längere Zeit den Vorsitz entweder gar nicht oder nur in einem im Verhältnis zur Gesamtbelastung des Senats unbedeutendem Maße geführt hat. Hier hat er aber den Vorsitz in erheblichem Umfang und in regelmäßigen Sitzungen wahrgenommen.

Hiernach kann nicht angenommen werden, daß der Senat unvorschriftsmäßig besetzt war. Die Entscheidung RGZ. Bd. 119 S. 280 (281) steht dieser Annahme nicht entgegen. Dort ist weder festgestellt, daß der ordentliche Vorsitzende regelmäßig an bestimmten Sitzungen teilgenommen hat, noch daß die von ihm ausgeübte Tätigkeit einen nennenswerten Teil der Senatsgeschäfte ausmachte.

RGZ. 132, 301

Welche Voraussetzungen sind für eine dem Gesetz entsprechende Führung des Vorsitzes aufzustellen, wenn ein Senatspräsident gleichzeitig Vorsitzender mehrerer Senate ist?

GVG. §§ 62, 66, 117. ZPO. § 551 Nr. 1.

III. Zivilsenat. Urt. v. 21. April 1931.

I. Landgericht Stettin. II. Oberlandesgericht daselbst.

Über obige Frage sagen die

Gründe:

Die Revision wird in erster Reihe auf Verletzung des § 551 Nr. 1 ZPO. und der §§ 62, 66, 117 GVG. gestützt. Sie macht geltend: Der Vorsitzende des erkennenden 4. Zivilsenats des Oberlandesgerichts sei nach dem Geschäftsverteilungsplan Senatspräsident R. gewesen, der gleichzeitig auch der Vorsitzende des 1. Zivilsenats gewesen sei. Sowohl am Schluß des Jahres 1929 als auch Anfang 1930 habe in Wahrheit das dienstälteste Mitglied des Senats, Oberlandesgerichtsrat K., den Vorsitz geführt. Senatspräsident R. habe in der genannten Zeit im allgemeinen einmal monatlich den Vorsitz in der Zivilsitzung gehabt, alle übrigen Dienstgeschäfte, insbesondere die Verteilung der Dezernate an die Beisitzer, habe Oberlandesgerichtsrat K. erledigt. Infolgedessen habe seine Stellvertretung nicht aushilfsweise stattgefunden, sondern sei zu einer dauernden Einrichtung für die völlig unbestimmte Zeit der anderweitigen Inanspruchnahme des Senatspräsidenten R. geworden.

Nach der eingeholten amtlichen Auskunft des Oberlandesgerichtspräsidenten und der ihr beigefügten Erklärung des Senatspräsidenten R. sind die Angaben der Revision über den Umfang, in welchem dieser den Vorsitz im 4. Zivilsenat geführt hat, zutreffend. Senatspräsident R. hat angegeben: die Ausübung des Vorsitzes habe sich darauf beschränkt, daß er in der Regel einmal monatlich in einer Spruchsitzung des 4. Zivilsenats den Vorsitz geführt habe; durch den Vorsitz im 1. Zivilsenat werde seine Arbeitskraft voll in Anspruch genommen, so daß er sich in der entsprechenden Sitzung des 4. Zivilsenats vertreten lassen müsse; dieser Zustand bestehe seit dem 1. Januar 1929. Der Oberlandesgerichtspräsident hat noch weiter ausgeführt: Die Regelung des Vorsitzes im 1. und 4. Zivilsenat sei in gleicher Weise auch bei den Geschäftsverteilungen für 1930 und 1931 getroffen worden. Das Präsidium habe die Maßnahme im Hinblick auf die der Geschäftssteigerung nicht entsprechende Besetzung des Oberlandesgerichts mit einem Vizepräsidenten und zwei Senatspräsidenten nur als eine vorübergehende Maßnahme bis zum Eintritt eines normalen Verhältnisses zwischen der Zahl der Geschäfte und der zu ihrer Bewältigung verfügbaren Kräfte angesehen. Das Präsidium habe mit gesetzgeberischen Maßnahmen zur Verringerung der Geschäfte und mit der Zuteilung einer dritten Senatspräsidentenstelle gerechnet. Es habe sich dabei um eine berechtigte Erwartung gehandelt, da, nachdem im Jahre 1928 eine zweite Senatspräsidentenstelle geschaffen worden, im Juni 1929 für das nächste Etatsjahr die Errichtung einer dritten Senatspräsidentenstelle beantragt und der Antrag im Juni 1930 dringlich erneuert worden sei.

Diese Äußerungen ergeben, daß keine den gesetzlichen Vorschriften der §§ 62, 117 GVG. entsprechende Führung der Geschäfte des 4. Zivilsenats durch den bestellten ordentlichen Vorsitzenden, Senatspräsident R., stattgefunden hat. Sinn und Zweck des Gesetzes gehen dahin, daß die Führung der Senate Richtern anvertraut wird, die vermöge ihrer besonderen Auswahl die Güte und Einheitlichkeit der Rechtsprechung durch den Senat, dem sie vorsitzen, in besonderem Maße gewährleisten. Das Gesetz erfordert somit eine Führung des Senats zum mindesten in dem Umfang, daß der zum ordentlichen Vorsitzenden bestellte Senatspräsident seinen richtunggebenden Einfluß geltend machen kann. Hiermit steht nicht im Widerspruch, daß in der Rechtsprechung des Reichsgerichts anerkannt ist, es widerspreche dem Gesetze nicht, wenn ein Senatspräsident gleichzeitig zum Vorsitzenden mehrerer Senate bestellt werde und wenn er, falls es ihm nicht möglich sei, alle Dienstgeschäfte selbst zu erledigen, sich sowohl für besondere Dienstgeschäfte als auch für gewisse Sitzungstage nach seinem pflichtmäßigen Ermessen für verhindert erkläre und gemäß § 66 GVG. durch den dienstältesten Oberlandesgerichtsrat des Senats vertreten lasse. Denn die Teilnahme an der Tätigkeit zweier Senate schließt nicht aus, daß die Tätigkeit in beiden eine richtunggebende sein kann.

Dementsprechend ist es auch in der Rechtsprechung des Reichsgerichts (RGZ. Bd. 130 S. 154) für ausreichend erachtet worden, daß der ordentliche Vorsitzende, der zwar in Beschlußsachen mitwirkt, den Vorsitz in den Spruchsitzungen aber nicht führt, die Termine selbst ansetzt und die Verteilung der Sachen unter die Mitglieder des Senats vornimmt. Denn hierdurch behält er stets einen ausreichenden Überblick über die zu erledigenden Spruchsachen und ist in der Lage, den Vorsitz in der einen oder anderen Sache selbst wahrzunehmen, falls er dies nach seinem pflichtmäßigen Ermessen für zweckentsprechend hält.

Im vorliegenden Fall fehlt es aber an einer ausreichenden Mitwirkung des ordentlichen Vorsitzenden an der Erledigung der Geschäfte des 4. Zivilsenats. Die Wahrnehmung einer Sitzung im Monat war im Verhältnis zur Gesamtbelastung des Senats unbedeutend. Sie ermöglichte nicht den erforderlichen Überblick über den gesamten Geschäftsstand. Der ordentliche Vorsitzende war, da er nicht die Verteilung der Dezernate vornahm und keine Termine bestimmte, nicht in der Lage, wichtigere Prozeßsachen zur Erledigung unter seinen Vorsitz zu bringen; ferner hatte er keinen Einfluß auf die Zuteilung der einzelnen Sachen an bestimmte Dezernenten. Er war daher nicht in der Lage, einen richtunggebenden Einfluß auf die Erledigung der Geschäfte des 4. Senats auszuüben, zumal da seine Arbeitskraft durch den Vorsitz im 1. Zivilsenat voll in Anspruch genommen war.

Die Möglichkeit zur Ausübung eines richtunggebenden Einflusses muß aber als Mindestmaß erfordert werden, falls nicht die Führung des Vorsitzes zu einer leeren Form herabsinken soll. An diesem Grundgedanken des Gesetzes muß auch gegenüber dem allgemeinen Anwachsen der Geschäfte und der wirtschaftlichen Notlage des Staates festgehalten werden. Diese Umstände können niemals dazu führen, daß der Sinn des Gesetzes, solange dieses besteht, in sein Gegenteil verkehrt wird. Sie zu berücksichtigen ist nicht Aufgabe der Rechtsprechung. Vielmehr bedürfen gerade in Zeiten des wirtschaftlichen Niedergangs die vom Gesetz für die Gewährleistung der Güte der Rechtsprechung getroffenen Maßnahmen einer besonderen Beachtung.

Die Senatsgeschäfte wurden somit nicht nur aushilfsweise durch den dienstältesten Oberlandesgerichtsrat geführt; dieser nahm vielmehr in Wahrheit die Stelle des ordentlichen Vorsitzenden ein. Es handelte sich hierbei auch nicht um einen nur vorübergehenden Zustand, sondern die Sachlage bestand zur Zeit des Ergehens des angefochtenen Urteils schon seit fast einem Jahre. Das Ende der Regelung war nicht abzusehen. Zwar hoffte das Präsidium des Oberlandesgerichts auf die Bewilligung einer weiteren Senatspräsidentenstelle für das Etatsjahr 1930. Die Schaffung der neuen Stelle hing aber von ganz unsicheren Umständen ab; sie ist auch bis jetzt trotz aller Bemühungen nicht bewilligt worden. Ebensowenig konnte von dem damals noch ungewissen Erlaß gesetzgeberischer

Maßnahmen mit genügender Sicherheit ein Nachlassen der Geschäfte in erheblichem Umfang erwartet werden.

Die Führung der Senatsgeschäfte durch den dienstältesten Oberlandesgerichtsrat, die nicht aushilfsweise und für nicht absehbare Zeit erfolgte, war sonach mit den Vorschriften der §§ 62, 117 GVG. unvereinbar (RGZ. Bd. 115 S. 157, Bd. 119 S. 280 und S. 284, Bd. 126 S. 97 und S. 245, Bd. 127 S. 100, Bd. 130 S. 154). Das erkennende Berufungsgericht war daher im gegenwärtigen Rechtsstreit nicht vorschriftsmäßig besetzt (§ 551 Nr. 1 ZPO.).

RGZ. 143, 250 †

1. Ist die Bezeichnung einer Sache als Feriensache auch für den nächsten Rechtszug wirksam?

2. . . .

GVG. § 200. ZPO. § 223.

VI. Zivilsenat. Urt. v. 29. Januar 1934.

I. Landgericht Detmold. II. Oberlandesgericht Celle.

Der klagende Rechtsanwalt hatte einen ihm von dem Beklagten erteilten Auftrag, eine Schadensersatzklage gegen die Stadtgemeinde D. zu erheben, ohne Wissen des Beklagten so verspätet ausgeführt, daß die Stadtgemeinde mit Erfolg die Verjährungseinrede erhob. Da der Beklagte hierauf dem Kläger mit Schadensersatzansprüchen drohte, erhob dieser die negative Feststellungsklage, worauf der Beklagte im Wege der Widerklage seine Schadensersatzansprüche geltend machte. Das Oberlandesgericht hatte den Anträgen des Klägers entsprochen und die Widerklage wegen Verjährung der Ansprüche abgewiesen. ...

Mit der Revision erstrebte der Beklagte die Aufhebung dieses Urteils und Verurteilung des Klägers gemäß der Widerklage in der noch streitigen Höhe von 6684 RM. Nachdem der Kläger am 10. September 1933 verstorben war, ist der Rechtsstreit von seinen Erben fortgesetzt worden. Der Vertreter der Kläger beantragte, die Revision auf Grund der § 554 Abs. 2, § 554 a Abs. 1 ZPO. wegen verspäteter Einreichung der Revisionsbegründung als unzulässig zu verwerfen; ... Zur Begründung des ersten Antrags berief er sich darauf, daß die Sache auf Antrag der Parteien durch Beschluß des Oberlandesgerichts vom 8. Juli 1933 zur Feriensache erklärt worden sei. Die Revision des Beklagten sei am 15. August 1933 eingelegt, die Revisionsbegründung aber erst nach Ablauf der gemäß § 223 Abs. 2 ZPO. nicht gehemmten Monatsfrist am 18. September 1933 eingereicht worden. Der Vertreter des Beklagten wandte ein, es sei aus den Umständen zu entnehmen, daß die Sache nur hinsichtlich der Verkündung einer Entscheidung zur Feriensache erklärt worden sei. Die Revision führte zur Aufhebung und Zurückverweisung.

Aus den Gründen:

Es kann dahingestellt bleiben, ob das Berufungsgericht in seinem Beschluß vom 8. Juli 1933 die Sache nur insoweit zur Feriensache hat erklären wollen, als der Termin zur Verkündung einer Entscheidung in Frage kam. Denn ohnehin kann ein Beschluß, durch den eine Sache zur Feriensache erklärt wird, wie gegenüber der im Schrifttum teilweise vertretenen abweichenden Meinung grundsätzlich zu betonen ist, jedenfalls im Rahmen des § 200 Schlußabsatz GVG. nur für die Instanz, die ihn erlassen hat, rechtswirksam sein, nicht auch für die späteren Rechtszüge. Weder der Wortlaut, Sinn und Zweck der Vorschrift noch die Regelung des Instanzenzugs im allgemeinen ergeben einen Anhalt für die Annahme, das Gesetz habe der Vorinstanz die Befugnis einräumen wollen, in der nach Ermessen des Gerichts zu beurteilenden Frage, ob die Sache einer besonderen Beschleunigung bedarf, eine die spätere Instanz bindende Entscheidung zu geben und dieser damit das Verfahren, möglicherweise für einen Zeitpunkt vorzuschreiben, wo etwa die Beschleunigung gar nicht mehr geboten ist. Auch ist (mit Stein-Jonas ZPO. § 223 V 2 bei Anm. 28) auf die praktischen Gefahren hinzuweisen, die sich aus der entgegengesetzten Auffassung für die Verfolgung des Rechtsstreits in die höhere Instanz, insbesondere in Ansehung der Rechtzeitigkeit der Berufungs- und der Revisionsbegründung (ZPO. § 223), ergeben können: es kann nicht wohl angenommen werden, daß dessenungeachtet der in erster Instanz erfolgten Bezeichnung als Feriensache nach dem Sinne des Gesetzes eine zeitlich und sachlich so weittragende Bedeutung innewohnen soll. Für die Partei ist es in aller Regel weder mit nennenswerten Verzögerungen noch mit sonstigen Schwierigkeiten verbunden, den Antrag auf Bezeichnung des Rechtsstreits als Feriensache bei Einleitung der neuen Instanz zu wiederholen. Demnach erstreckte sich die Wirksamkeit des Beschlusses nur bis zu dem Termin, in dem das Endurteil in der Berufungsinstanz verkündet wurde; nach diesem Termin — dem 18. Juli 1933 — trat die Hemmung der Fristen durch die Gerichtsferien gemäß § 223 ZPO. ohne weiteres ein, soweit es sich nicht um Notfristen handelte. Da die Frist für die Revisionsbegründung mithin erst am 16. Oktober 1933 ablief, so ist die Revisionsbegründung am 18. September rechtzeitig eingereicht worden.

. . . . .

RGZ. 146, 244

Hat bei der Prüfung der Zulässigkeit des Rechtswegs die Verteidigung des Beklagten auch dann außer Betracht zu bleiben, wenn die Rechtsstreitigkeit dem Rechtsweg erst durch eine nach dem Berufungsurteil erlassene Rechtsverordnung entzogen ist?

Verordnung über den Zusammenschluß der Deutschen Zuckerwirtschaft vom 10. November 1934 (RGBl. I S. 1173) § 10 Abs. 1 Nr. 2. GVG. § 13. ZPO. § 274 Abs. 2 Nr. 2.

II. Zivilsenat. Urt. v. 21. Dezember 1934.

I. Landgericht Breslau. II. Oberlandesgericht daselbst.

Graf St., Besitzer des Fideikommisses S., ist Gesellschafter der verklagten Gesellschaft mbH. und als solcher auf Grund des Gesellschaftsvertrags verpflichtet, jährlich eine bestimmte Menge Rüben anzubauen und den Ertrag gegen Zahlung des vertraglich festgesetzten Übernahmepreises an die Beklagte abzuliefern. Er bat die Beklagte mit Schreiben vom 13. Dezember 1930 um die Gewährung eines Darlehns von 33 000 RM., indem er erklärte, für das nächste Jahr den Anbau von rund 235 Morgen, statt bisher 80 Morgen, mit Rüben zu beabsichtigen. Er verpflichtete sich, das Darlehen mit der Rübenlieferung im Herbst 1931 abzudecken. Die Tilgung des Darlehns in diesem Jahr könne mit Rücksicht auf den vermehrten Rübenanbau als voll gesichert gelten. Die Beklagte erklärte darauf in ihrem Schreiben vom 19. Dezember 1930 ihre Bereitschaft, dem Antragsteller für die Rübenernte des Jahres 1931 einen Gesamtkredit von 33 000 RM. einzuräumen. Die Verrechnung der Darlehnssumme werde, so schrieb sie, mit der nächstjährigen Rübenlieferung zu erfolgen haben. Graf St. erhielt den Betrag von 33 000 RM., war aber im Jahre 1931 nicht imstande, wie beabsichtigt, neue Flächen Ackerlandes mit Rüben zu bebauen. Denn der Rübenanbau mußte nach Erlaß der Verordnung über den Zusammenschluß der Zuckerindustrie vom 27. März 1931 (RGBl. I S. 86) erheblich eingeschränkt werden. Ihm war es infolgedessen nicht möglich, mit dem Erlöse der Rübenernte des Jahres 1931 die erhaltenen 33 000 RM. völlig abzudecken.

Durch Beschluß des Auflösungsamtes in B. vom 13. November 1931 wurde über das Familiengut des Grafen St. die Familiengutsverwaltung angeordnet und nach Inkrafttreten der Osthilfesicherungsverordnung vom 17. November 1931 (RGBl. I S. 675) auch das Sicherungsverfahren in Ansehung dieses Gutes eröffnet. Der Kläger wurde zum Familiengutsverwalter und Treuhänder bestellt. Er lieferte im Jahre 1932 die Rübenernte des Gutes an die Beklagte und erwarb daraus nach seiner Meinung einen Anspruch auf Zahlung von 8130,75 RM. Die Beklagte lehnte die Bezahlung dieser Summe ab, weil sie sich für berechtigt hielt, die geforderte Summe mit dem noch nicht getilgten Rest des im Dezember 1930 gezahlten Betrages von 33 000 RM. zu verrechnen.

Mit der Klage verlangt der Kläger die Verurteilung der Beklagten zur Zahlung der 8130,74 RM. Er ist der Ansicht, daß die von der Beklagten gewünschte Verrechnung nach den Vorschriften der genannten Sicherungsverordnung vom 17. November 1931 unzulässig sei. Dagegen meint die Beklagte, der Kläger sei verpflichtet, sich eine Verrechnung des von ihr an Graf St. gezahlten Vorschusses mit den aus den Rübenlieferungen seit der Hingabe dieses Vorschusses entstandenen und entstehenden Forderungen bis zur völligen Tilgung des erhaltenen Betrages gefallen zu lassen.

Das Landgericht hat die Klage abgewiesen, das Oberlandesgericht ihr stattgegeben. Die Revision der Beklagten blieb ohne Erfolg.

Aus den Gründen:

Die Revision bezweifelt zunächst die Zulässigkeit des Rechtswegs. Sie verweist auf § 10 Abs. 1 Nr. 2 der am 1. Dezember 1934 in Kraft getretenen Verordnung über den Zusammenschluß der Deutschen Zuckerwirtschaft vom 10. November 1934 (RGBl. I S. 1173), wonach für die Entscheidung von Streitigkeiten, die zwischen einem Rübenanbauer und einer Zuckerfabrik aus einem Vertrag über die Lieferung von Rüben entstehen, unter Ausschluß des Rechtswegs die in der Verordnung vorgesehenen Schiedsgerichte zuständig sind. Das Bedenken der Revision ist nicht begründet.

Die Zulässigkeit des Rechtswegs ist in jeder Lage des Verfahrens, auch ohne Rüge der Parteien, von Amts wegen zu prüfen, selbst noch in der Revisionsinstanz (RGZ. Bd. 122 S. 101). Vorschriften, die den ordentlichen Rechtsweg ausschließen, sind prozessualer Natur. Sie sind, soweit sie nicht etwa selbst etwas anderes bestimmen, von dem Augenblick ihres Inkrafttretens an auch auf bereits anhängige Rechtsstreitigkeiten anzuwenden (RGZ. Bd. 101 S. 426). Hiernach wäre an sich das Eingreifen der erwähnten Verordnung ohne Rücksicht darauf zu beachten, daß sie erst im Laufe der Revisionsinstanz in Kraft getreten ist und über die Behandlung der im ordentlichen Verfahren anhängigen Streitigkeiten aus Rübenlieferungsverträgen der in § 10 Abs. 1 Nr. 2 der Verordnung bezeichneten Art keine Bestimmungen enthält.

Für die Frage der Zulässigkeit des Rechtswegs ist nach feststehender Rechtsprechung (RGZ. Bd. 12 S. 399, Bd. 129 S. 288) maßgebend das tatsächliche Klagevorbringen; die Verteidigung des Beklagten hat für die Entscheidung dagegen außer Betracht zu bleiben. Diese Grundsätze können aber nur dann gelten, wenn zur Zeit der Klageerhebung bereits der Rechtsweg unzulässig war, wenn sich also die ordentlichen Gerichte mit einer sachlichen Erörterung des Rechtsstreits gar nicht befassen durften und deshalb auch ein Verteidigungsvorbringen der Beklagten nicht beachten und würdigen konnten. Anders liegt der Fall, wenn eine Rechtsstreitigkeit, die zur Zeit der Klageerhebung ohne Zweifel dem Rechtsweg zugänglich war, im Laufe des Rechtsstreits dem Rechtsweg entzogen wird. Hier ist das Verfahren der ordentlichen Gerichte bis zum Inkrafttreten des Rechtssatzes, der die Rechtsstreitigkeiten dem Rechtsweg entzieht, gesetzmäßig; die Ergebnisse dieses Verfahrens und die in ihm getroffenen Feststellungen sind auf einer gesetzmäßigen Grundlage in dem für die Erörterung des Streitfalls bisher allein zulässigen Verfahren von den ordentlichen Gerichten gefunden worden. Dem entspricht es, bei der Entscheidung der Frage, ob der bisher zulässige Rechtsweg weiterhin zulässig ist, den Sachverhalt so zugrunde zu legen, wie er sich dem Richter nach dem bisher zulässigen Verfahren zu der Zeit darstellt, zu der über die Frage der weiteren Zulässigkeit des Rechtswegs zu entscheiden hat. Der Richter wird demgemäß in dem genannten Falle nicht nur das Klagevorbringen für sich allein, sondern den sich aus der Einlassung des Beklagten und einer etwaigen Erwiderung des Klägers ergebenden Sach- und Streitstand bei seiner Entscheidung zu beachten haben.

Im vorliegenden Fall war der Rechtsweg für Streitigkeiten aus Rübenlieferungsverträgen zur Zeit der Klagerhebung unzweifelhaft zulässig. Erst die während der Revisionsinstanz am 1. Dezember 1934 in Kraft getretene Verordnung über den Zusammenschluß der Deutschen Zuckerwirtschaft vom 10. November 1934 bestimmt in § 10 Abs. 1 Nr. 2:

Schiedsgerichte sind unter Ausschluß des Rechtswegs zuständig

1. . . .

2. für die Entscheidung von Streitigkeiten, die zwischen einem Rübenanbauer und einer Zuckerfabrik aus einem Vertrag über die Lieferung von Rüben entstehen.

Nach dem zuvor Ausgeführten kommt es für die Frage, ob der Rechtsweg für den vorliegenden Rechtsstreit weiter zulässig ist, mithin darauf an, ob es sich nach dem für die Revisionsinstanz feststehenden Sachverhalt um eine Streitigkeit aus einem Vertrag über die Lieferung von Rüben handelt. Das ist zu verneinen. Die Erfüllung des Rübenlieferungsvertrags, ihre Ordnungsmäßigkeit, die Höhe des für die Rüben zu zahlenden Entgelts sind völlig außer Streit; streitig und Gegenstand des Prozesses ist nur die Frage, ob der Kläger das unstreitig geschuldete Entgelt gleichwohl mit Rücksicht auf Vorgänge nicht verlangen kann, die sich unabhängig von der Rübenlieferung und zeitlich erheblich vor ihr ereignet haben. Ein Streit dieser Art fällt nicht unter den Tatbestand des § 10 Abs. 1 Nr. 2 der Verordnung und ist daher durch diese Vorschrift dem an sich gegebenen Rechtsweg nicht entzogen.

RGZ. 146, 381

Genügt zur Zustellung der Verfügung des Vorsitzenden, durch die eine Sache als Feriensache bezeichnet wird, formlose Mitteilung?

ZPO. § 329 Abs. 3. GVG. § 200 Abs. 4.

VI. Zivilsenat. Beschl. v. 7. Februar 1935.

I. Landgericht Berlin. II. Kammergericht daselbst.

Der Sachverhalt ergibt sich aus den

Gründen:

Gegen das Urteil des Landgerichts vom 15. Mai 1934, zugestellt am 6. Juni 1934, hat der Beklagte rechtzeitig am 4. Juli 1934 Berufung eingelegt. Am 15. August 1934 beantragte der erstinstanzliche Prozeßbevollmächtigte der Kläger, die Sache als Feriensache zu bezeichnen. Durch Verfügung des Vorsitzenden vom 16./18. August 1934 wurde dem Beklagten zum Nachweis der Zahlung der Prozeßgebühr eine Frist bis zum 18. September 1934 gesetzt und die Sache zur Feriensache erklärt. Diese Verfügung ist dem Prozeßbevollmächtigten des Beklagten am 22. August 1934 persönlich formlos zugestellt worden. Er reichte eine Berufungsbegründung erst am 4. Oktober 1934 beim Berufungsgericht ein. Er machte geltend, die Verfügung des Vorsitzenden vom 16./18. August 1934 sei hinsichtlich der Bezeichnung der Sache als Feriensache unwirksam, weil der darauf gerichtete Antrag nicht von einem bei dem Berufungsgericht zugelassenen Anwalt gestellt worden sei. Hilfsweise bat er um Wiedereinsetzung in den vorigen Stand gegen die Versäumung der Berufungsbegründungsfrist, da er die Mitteilung über die Erklärung der Sache zur Feriensache infolge eines unabwendbaren Zufalls nicht beachtet habe; denn sie sei in einem Vordruck für die Fristbestimmung des Vorsitzenden gemäß § 519 Abs. 6 ZPO. — mit Tinte eingefügt — enthalten gewesen, und derartige nur Fristen enthaltene Vordrucke würden ihm nicht zur persönlichen Bearbeitung vorgelegt, sondern in seinem Büro erledigt. Weder dem Anwalt noch seinem Personal könne zugemutet werden, in Vordrucken Gerichtsbeschlüsse und Verfügungen zu vermuten. Hinzu komme, daß vorher — am 3. August 1934 — der amtlich bestellte Vertreter des Prozeßbevollmächtigten des Beklagten beantragt habe, die Berufungsbegründungsfrist bis zum 5. September 1934 zu verlängern, und hierbei gleichzeitig auf die gerichtliche Anfrage vom 24. Juli 1934 mitgeteilt habe, der Antrag sei gegenstandslos, da die Berufungsbegründungsfrist keine Notfrist sei und in den Gerichtsferien nicht laufe.

Das Kammergericht hat durch Beschluß vom 17. Dezember 1934 das Gesuch des Beklagten um Wiedereinsetzung in den vorigen Stand abgelehnt und seine Berufung gemäß § 519 Abs. 2, § 519b ZPO. als unzulässig verworfen. Gegen diesen am 27. Dezember 1934 zugestellten Beschluß hat der Beklagte form- und fristgerecht am 9. Januar 1935 sofortige Beschwerde gemäß § 519b Abs. 2, § 567 Abs. 3 ZPO. erhoben mit dem Antrag, den Beschluß aufzuheben, hilfsweise unter Aufhebung des Beschlusses dem Beschwerdeführer die Wiedereinsetzung gegen die Versäumung der Berufungsbegründungsfrist zu gewähren.

Das Kammergericht erachtet die Verfügung des Vorsitzenden vom 16./18. August 1934, durch die gemäß § 200 Abs. 4 GVG. die Sache zur Feriensache erklärt wurde, als einen Staatshoheitsakt auch dann für wirksam, wenn sie auf einem Verfahrensmangel beruhen sollte. Mit der am 22. August 1934 erfolgten Zustellung der Verfügung sei daher die gemäß § 223 Abs. 1 ZPO. eingetretene Hemmung des Laufs der Berufungsbegründungsfrist beendigt; die Frist sei vom 23. August 1934 an weitergelaufen und mithin verstrichen gewesen, als die Berufungsbegründung vom 4. Oktober 1934 eingereicht worden sein. Das Wiedereinsetzungsgesuch sei unbegründet. Wenn der Prozeßbevollmächtigte des Beklagten, dem die Verfügung vom 16./18. August 1934 persönlich zugestellt worden sei, den mit Tinte hervorgehobenen Teil, welcher die Erklärung zur Feriensache enthielt, übersehen habe, so sei dies nicht als unabwendbarer Zufall im Sinne von § 233 ZPO. anzusehen, sondern als ein Verschulden, das die Partei gegen sich gelten lassen müsse.

Der Beschwerdeführer bekämpft diesen Standpunkt in beiderlei Hinsicht. Er führt aus: der Antrag der Kläger vom 15. August 1934, die Sache zur Feriensache zu erklären, habe nur durch einen beim Kammergericht zugelassenen Anwalt gestellt werden können. Der gestellte Antrag sei daher rechtsunwirksam, und in Ermanglung eines rechtswirksamen Antrags habe der Vorsitzende angesichts der zwingenden Vorschrift des § 200 Abs. 4 GVG. die Sache nicht zur Feriensache erklären dürfen. Seine Verfügung sei deshalb insofern wirkungslos. Sie sei es auch, weil durch sie die Berufungsbegründungsfrist wieder in Lauf gesetzt worden sei und weil sie deshalb nach § 329 Abs. 3 ZPO. nicht formlos hätte mitgeteilt werden dürfen. Auf jeden Fall hätte die Verfügung durch das Gericht aufgehoben werden müssen, da sie nur vorbehaltlich der Entscheidung des Gerichts habe erlassen werden können, so daß die Hemmung des Laufes der Frist wieder eingetreten wäre. Endlich habe das Kammergericht auch zu Unrecht das Vorliegen eines unabwendbaren Zufalls verneint.

Die Beschwerde ist begründet. Ob der Antrag, den Rechtsstreit zur Feriensache zu erklären, nach § 78 ZPO. dem Anwaltszwang unterliegt, ist nicht näher zu erörtern. Denn dem Kammergericht ist nicht in der Auffassung entgegenzutreten, daß die Verfügung des Vorsitzenden vom 16./18. August 1934, durch welche die Sache zur Feriensache erklärt wurde, auch dann rechtswirksam geworden ist, wenn sie etwa in Ermanglung des erforderlichen Antrags nicht hätte erlassen werden dürfen. Eine von zuständiger Seite einmal erlassene, das Verfahren betreffende Verfügung verliert nicht ohne weiteres ihre Gültigkeit, wenn sich nachträglich herausstellt, daß sie unter einer irrtümlichen Voraussetzung erlassen worden ist. Im vorliegenden Fall wäre, da es sich nach der Bestimmung des § 200 Abs. 4 Satz 2 GVG. um eine vorbehaltlich der Entscheidung des Gerichts erfolgte Bezeichnung der Sache als Feriensache handelte, das Kammergericht in der Lage gewesen, die Verfügung abzuändern. Da das Gericht von dieser Möglichkeit keinen Gebrauch gemacht hat, bestand die Verfügung zu Recht.

Zutreffend macht der Beschwerdeführer aber geltend, daß die formlose Mitteilung der Verfügung nach § 329 Abs. 3 Satz 2 ZPO. deshalb nicht genügte, um die in § 329 Abs. 3 Satz 1 vorgeschriebene Zustellung zu ersetzen, weil die Entscheidung eine Frist in Lauf setzte. Eine Frist wurde durch die Verfügung insofern in Lauf gesetzt, als die durch die Gerichtsferien gehemmte Berufungsbegründungsfrist nunmehr während der Gerichtsferien ihren Fortgang nehmen sollte. Die Verfügung hätte demnach, um gegen den Beklagten rechtswirksam zu werden, ihm gemäß §§ 208 flg. ZPO. zugestellt werden müssen. Blieb mithin die Berufungsbegründungsfrist weiter durch die Gerichtsferien gehemmt (§ 223 Abs. 1 ZPO.), so hat der Beklagte die Frist nach § 519 Abs. 2 ZPO. gewahrt, da nach Einlegung der Berufung am 4. Juli 1934 die Berufungsbegründung am 4. Oktober 1934 bei dem Berufungsgericht eingereicht worden ist. Der Beschluß des Kammergerichts war daher aufzuheben, ohne daß es eines Eingehens auf die Frage der Wiedereinsetzung in den vorigen Stand gegen den Ablauf der Berufungsbegründungsfrist bedurfte.

RGZ. 149, 29

Inwieweit ist das Amtsgericht ohne Rücksicht auf den Wert des Streitgegenstandes für vertragliche Unterhaltsansprüche zuständig?

GVG. § 23 Nr. 2.

IV. Zivilsenat. Urt. v. 14. Oktober 1935.

I. Landgericht Berlin. II. Kammergericht daselbst.

Die Parteien sind geschiedene Eheleute. Der Scheidungsklage der Ehefrau ist durch Urteil des Landgerichts III in Berlin vom 28. Oktober 1922 stattgegeben worden; an diesem Tage ist das Urteil rechtskräftig geworden. Darauf haben die Parteien noch an demselben Tage zu notariellem Protokoll einen Vertrag geschlossen, worin sich die Ehefrau wegen ihrer Unterhaltsansprüche für die Vergangenheit und alle Zukunft durch Überlassung von 600 000 M. und 300 Dollar für abgefunden erklärte und die Parteien weiter anerkannten, daß sich das von der Ehefrau eingebrachte Vermögen bereits in ihrem Besitze befinde, und worin sich die Ehefrau schließlich verpflichtete, keinen Strafantrag wegen Ehebruchs zu stellen. Entgegen diesem Vertrag hat die Ehefrau vor dem Amtsgericht in Ch. am 29. September 1934 Klage auf Zahlung einer Unterhaltsrente erhoben. Gesondert davon hat der Kläger vor dem Landgericht in B. in dem vorliegenden Prozeß die Feststellung verlangt, daß der Vertrag vom 28. Oktober 1922 gültig sei. Die Beklagte hat unter anderem die Einrede der sachlichen Unzuständigkeit des Landgerichts erhoben. Nachdem der Kläger trotz Befragens den Antrag auf Verweisung an das Amtsgericht nicht gestellt hatte, hat das Landgericht die Klage wegen Unzuständigkeit abgewiesen. Die Berufung des Klägers ist zurückgewiesen worden. Seine Revision führte zur Aufhebung des Berufungsurteils und zur Zurückverweisung der Sache an das Landgericht.

Gründe:

Die Zuständigkeit des Amtsgerichts umfaßt nach § 23 Nr. 2 GVG. alle Ansprüche auf Erfüllung einer durch Ehe oder Verwandtschaft begründeten gesetzlichen Unterhaltungspflicht. Bei Feststellungsklagen gelten für die Zuständigkeit dieselben Vorschriften, die für Leistungsklagen maßgebend sind. § 23 Nr. 2 GVG. umfaßt daher auch Feststellungsklagen, die auf der angegebenen Grundlage beruhen.

Nach dem Wortlaut des Gesetzes scheinen Ansprüche aus Verträgen, welche die Unterhaltspflicht regeln, von der Bestimmung schlechthin nicht mitergriffen zu sein. In dem Bericht des 22. (Rechts-)Ausschusses über den Entwurf eines Gesetzes zur Entlastung der Gerichte (Nr. 1353 der Drucksachen des Reichstages zum Gesetz zur Entlastung der Gerichte vom 11. März 1921 [RGBl. S. 229]) ist indessen als einstimmige Ansicht des Ausschusses festgestellt worden, daß nach der Fassung des Art. I Nr. 2b auch diejenigen Ansprüche unter die Bestimmung fielen, die sich unmittelbar auf einen Vertrag stützten, wofern diesem nur die gesetzliche Unterhaltspflicht zugrunde liege; der Vertrag stelle schließlich den Anspruch nur der Höhe nach fest, den eigentlichen Rechtsgrund bilde immer doch die gesetzliche Bestimmung, auf die sich der Unterhaltsanspruch stütze. Danach muß allerdings angenommen werden, daß das Gesetz so, wie es der Ausschußbericht ausspricht, gewisse Vertragsansprüche unter die Vorschrift begriffen sehen will, aber nur solche, bei denen durch die Vertragsabrede wirklich bloß die Höhe des Anspruchs geregelt worden ist. Keinesfalls könnte über diese Grenze hinausgegangen werden. Denn darüber hinaus werden sich aus den Unterhaltsverträgen meist die großen rechtlichen Schwierigkeiten ergeben, die insbesondere auch den Verträgen innezuwohnen pflegen, welche die Unterhaltspflicht geschiedener Eheleute regeln. Aus der Begründung zu Art. I des Gesetzes vom 11. März 1921 ist ersichtlich, daß die gesetzlichen Unterhaltsstreitigkeiten den Amtsgerichten in Rücksicht darauf übertragen worden sind, daß sie in der Regel nicht mehr Schwierigkeiten als andere den Amtsgerichten übertragene Sachen bieten.

Danach können nur solche vertraglichen Unterhaltsansprüche unter § 23 Nr. 2 GVG. fallen, bei denen der Grund des Anspruchs außer Zweifel steht und ganz den Vorschriften des Gesetzes entspringt und entspricht. In dem vorliegenden Fall ist vom Gesetz mindestens insoweit abgewichen worden, als nicht, wie das Gesetz für die Regel bestimmt, eine Rente ausbedungen ist, sondern eine Kapitalabfindung, ohne daß eine gesetzliche Unterlage hierfür ersichtlich wäre. Schon aus diesem Grunde fällt der vorliegende Streit nicht unter die durch § 23 Nr. 2 GVG. getroffene Bestimmung. Daß der hier geltend gemachte Unterhaltsanspruch seiner Höhe nach zur Zuständigkeit des Landgerichts gehört, ist nicht zweifelhaft, so daß dessen Zuständigkeit begründet ist, ohne daß es eines Eingehens auf den weiteren Inhalt des Vertrags bedarf.

RGZ. 150, 243

1. Ist für die Ansprüche, die ein Krankenhaus gegen einen Fürsorgeverband wegen der Behandlung Hilfsbedürftiger erhebt, der ordentliche Rechtsweg zulässig?

2. Gilt dies auch dann, wenn das Krankenhaus Eigentum einer Stadt ist, die selbst Fürsorgeverband ist?

GVG. § 13. BGB. § 677, 679. Verordnung über die Fürsorgepflicht vom 13. Februar 1924 ((RGBl. I S. 100) — FürsPflVo. — §§ 7, 14, 24, 29. Preuß. Ausführungsverordnung dazu in der Fassung vom 30. Mai 1932 (GS. S. 207) — Pr.AusfVo. — § 20.

VII. Zivilsenat. Urt. v. 11. Februar 1936.

I. Landgericht Lüneburg. II. Oberlandesgericht Celle.

In den Jahren 1931 bis 1934 wurden im Krankenhause der klagenden (preußischen) Stadtgemeinde hilfsbedürftige Personen aus dem Fürsorgebezirk des verklagten Landkreises behandelt. Der Beklagte war in der Mehrzahl der Fälle vorläufig zur Fürsorgegewährung verpflichtet; in einigen dieser Fälle hatte er, da er selbst kein Krankenhaus besaß, die Hilfsbedürftigen in das Krankenhaus der Klägerin gesandt und ihnen einen Schein mitgegeben, in dem er sich zur Übernahme der Kosten verpflichtete. In weiteren sechs Fällen war der Beklagte endgültig zur Fürsorge verpflichtet, während der Klägerin die vorläufige Fürsorgepflicht oblag. In diesen Fällen hat das Krankenhaus der Klägerin als Fürsorgeverband von der Behandlung der Hilfsbedürftigen Mitteilung gemacht.

Bei der Behandlung entstand ein Streit, weil der Beklagte statt der geforderten Sätze nur den Betrag zahlen wollte, den die Ortskrankenkasse der Stadt L. an die Klägerin für die ihr angehörigen Krankenhauspatienten bezahlte, in einem Falle auch deshalb, weil der Beklagte nicht von der Aufnahme, sondern erst von der Anzeige an die Kosten der Krankenhausbehandlung tragen wollte.

Die Klägerin verlangt mit der Klage als Eigentümerin des städtischen Krankenhauses die Unterschiedsbeträge mit insgesamt 3121,64 RM. Auf die sechs Fälle, in denen die vorläufige Fürsorgepflicht der Klägerin oblag, entfallen 64,20 RM., auf weitere drei Fälle, in denen die Klägerin endgültig fürsorgepflichtig war, 106,20 RM. Der Beklagte hat die Einrede der Unzulässigkeit des Rechtswegs erhoben. Das Landgericht hat diese für durchschlagend erachtet und die Klage abgewiesen. Das Oberlandesgericht hat die Berufung der Klägerin zurückgewiesen. Ihre Revision wurde wegen der zuletztgenannten neun Fälle zurückgewiesen; im übrigen wurde der Rechtsweg für zulässig erklärt.

Gründe:

Für die Frage der Zulässigkeit des ordentlichen Rechtswegs ist die rechtliche Natur des Klageanspruchs entscheidend, so wie er sich aus der tatsächlichen Begründung der Klage ergibt. Liegt der Streit nach dem vorgetragenen Sachverhältnis auf öffentlich-rechtlichem Gebiet, so ist der Rechtsweg nach § 13 GVG. auch dann unzulässig, wenn die Klägerin ihren Anspruch durch Bezugnahme auf Vorschriften des bürgerlichen Rechts begründet (RGZ. Bd. 129 S. 288, Bd. 130 S. 268, Bd. 133 S. 244).

Nach den §§ 14, 29 FürsPflVo. in Verbindung mit den §§ 37 flg. des Reichsgesetzes über den Unterstützungswohnsitz in der Fassung vom 30. Mai 1908 (RGBl. S. 381) gehören Streitigkeiten zwischen Fürsorgeverbänden, insbesondere zwischen dem vorläufig und dem endgültig verpflichteten Fürsorgeverband, dem öffentlichen Recht an und werden im Verwaltungswege entschieden. Das gleiche gilt nach § 20 Pr.AusfVo. für den Anspruch des Hilfsbedürftigen gegen den Fürsorgeverband, den nach § 24 FürsPflVo. auch die Krankenanstalt zur Deckung ihrer Verpflegungskosten für ihre Insassen erheben kann.

Solche Ansprüche will aber die Klägerin nach der Klagebegründung nicht geltend machen. Sie klagt als Eigentümerin des städtischen Krankenhauses, nicht als Fürsorgeverband, da sie keine öffentliche Fürsorge ausgeübt haben will. Wenn der Berufungsrichter meint, mit der Stellung des Antrags aus § 24 FürsPflVo. bei dem Beklagten oder mit der Aufnahme der Hilfsbedürftigen, die einen Übernahmeschein vorlegen konnten, habe das Krankenhaus zu erkennen gegeben, daß es öffentliche Fürsorge ausüben wolle, seine Erstattungsansprüche seien daher öffentlich-rechtlicher Natur, so ist das rechtsirrig. Denn es liegt nichts dafür vor, daß die Leitung des Krankenhauses befugt gewesen wäre, für die Klägerin verbindliche Erklärungen über die Übernahme der öffentlichen Fürsorge abzugeben ... Das Krankenhaus aber ist kein Fürsorgeverband, und nur die Erstattungsansprüche von Fürsorgeverband zu Fürsorgeverband sind öffentlich-rechtlicher Natur. Die Klägerin macht auch nicht Ansprüche der Hilfsbedürftigen geltend, sondern klagt aus eigenem Recht gegen den Beklagten und verlangt von ihm nach den Regeln der Geschäftsführung ohne Auftrag Erstattung von Auslagen, die sie für ihn gemacht habe. Derartige Ansprüche gehören dem bürgerlichen Recht an (vgl. RGZ. Bd. 133 S. 244 [245 flg.]). Auch wenn das Krankenhaus zunächst gemäß § 24 FürsPflVo. für den Hilfsbedürftigen den Anspruch auf Unterstützung zur Deckung ihrer Verpflegungskosten gestellt hat, ist es der Klägerin unbenommen, soweit das Krankenhaus mit diesem Antrag keinen Erfolg gehabt hat, den in Betracht kommenden Fürsorgeverband gemäß §§ 677, 679 BGB. auf Grund von Geschäftsführung ohne Auftrag in Anspruch zu nehmen (vgl. Baath Fürsorgepflicht 10. Aufl. Anm. zu § 24; Entsch. des Bundesamts für das Heimatwesen Bd. 66

S. 27). Daß die Verpflichtung des Geschäftsherrn, deren Erfüllung der Geschäftsführer besorgt hat, auf öffentlichem Recht beruht, ist ohne Belang. Wenn der von der klagenden Partei verfolgte Anspruch eine bürgerlich-rechtliche Grundlage hat, so liegt eine bürgerliche Rechtsstreitigkeit auch dann vor, wenn sich die Notwendigkeit ergibt, zur Entscheidung des Streites über Fragen und Verhältnisse zu befinden, die dem öffentlichen Recht angehören (vgl. RGZ. Bd. 76 S. 324, Bd. 113 S. 180 und die dort angef. Entsch.). Die bürgerlich-rechtliche Natur der geltend gemachten Erstattungsansprüche ergibt sich besonders deutlich in den Fällen, wo der Beklagte selbst die Hilfsbedürftigen dem Krankenhaus der Klägerin zugeleitet hat, weil er ein eigenes Krankenhaus nicht zur Verfügung hatte. Denn der Beklagte hatte in diesen Fällen keinerlei Anspruch darauf, daß das städtische Krankenhaus die ihm zugeleiteten Personen auch aufnahm, und hätte, wenn es richtig hätte handeln wollen, einen Vertrag mit dem Krankenhaus schließen müssen.

In Preußen ist auch nicht etwa für die Ansprüche Dritter gegen die Fürsorgebehörden die Zuständigkeit von Verwaltungsbehörden oder Verwaltungsgerichten begründet. Durch die Entscheidung der Vereinigten Zivilsenate in RGZ. Bd. 41 S. 267 wurde dies bereits vor dem Inkrafttreten der Fürsorgepflicht-Verordnung und der preußischen Ausführungs-Verordnung dazu verneint, und diese Verordnungen haben an dem bisherigen Zustand nichts geändert.

Der ordentliche Rechtsweg für den geltend gemachten Anspruch ist daher nach § 13 GVG. gegeben, soweit sich nicht unter der äußeren Form eines Erstattungsanspruchs aus Geschäftsführung ohne Auftrag die Absicht der Klägerin verbirgt, eine gerichtliche Feststellung über die Höhe der Beträge herbeizuführen, die ein Fürsorgeverband einem anderen zu erstatten hat. Denn dann handelt es sich in Wirklichkeit um die Geltendmachung eines öffentlich-rechtlichen Anspruchs. Eine solche Absicht kann aber nicht ohne weiteres daraus gefolgert werden, daß die Klägerin nicht nur Eigentümerin des städtischen Krankenhauses, sondern auch Fürsorgeverband ist. Denn sie ist nach ihrem Vorbringen in der Mehrzahl der in der Klage behandelten Fälle nicht als solcher tätig geworden, hatte dazu auch keine Veranlassung, weil sie in diesen Fällen nicht fürsorgepflichtig war. Dagegen ist jene Absicht anzunehmen für diejenigen Fälle, in denen sie selbst, sei es vorläufig, sei es endgültig, fürsorgepflichtig war. In diesen Fällen läßt sich ihre Stellung als Eigentümerin des Krankenhauses und als fürsorgepflichtiger Fürsorgeverband nicht trennen. Dies gilt vor allem für die sechs Fälle, in denen nach dem unstreitigen Sachverhalt das Krankenhaus die Hilfsbedürftigen bei der Klägerin als dem vorläufig unterstützungspflichtigen Fürsorgeverband angemeldet hat. Denn in diesen Fällen handelt es sich, wenn die Klägerin jetzt vom Beklagten Erstattung verlangt, in der Tat um Ansprüche des vorläufig unterstützungspflichtigen Fürsorgeverbandes gegen den endgültig verpflichteten und damit um einen Anspruch, der dem öffentlichen Recht angehört. Wenn die Klägerin auch hier behauptet, keine öffentliche Fürsorge ausgeübt zu haben, so setzt sie sich mit dem klaren Sachverhalt in Widerspruch. Aus ähnlichen Erwägungen ist der Rechtsweg aber auch ausgeschlossen in denjenigen drei Fällen, in denen die Klägerin als endgültig fürsorgepflichtiger Verband dem Beklagten als vorläufig verpflichtetem Verbande nach § 7 Abs. 2, § 14 FürsPflVo. für die Aufwendungen, deren Erstattung sie jetzt verlangt, Ersatz leisten müßte. Denn es hat als Mißbrauch des bürgerlichen Rechts zu gelten, wenn die Klägerin versucht, mit Hilfe bürgerlich-rechtlicher Bestimmungen Beträge von dem Beklagten zu erlangen, die sie ihm nach ihrer eigenen Angabe nach den Bestimmungen des öffentlichen Rechts wieder erstatten muß.

RGZ. 157, 106 †

1.—2. . . .

3. Wird der Rechtsweg für einen vor dem ordentlichen Gericht geltend gemachten Anspruch unzulässig, wenn der Beklagte mit einer Forderung aufrechnet, über die ein nach jener Verordnung*) gebildetes Schiedsgericht zu entscheiden hat?

ZPO. § 274 Abs. 2 Nr. 2.

II. Zivilsenat. Urt. v. 26. Februar 1938.

I. Landgericht Kiel. II. Oberlandesgericht daselbst.

. . . . .

Aus den Gründen:

. . .

3. Für die Frage der Zulässigkeit des Rechtswegs ist nach der ständigen Rechtsprechung des Reichsgerichts die Natur des Rechtsverhältnisses entscheidend, aus dem der Klagantrag abgeleitet wird (so z. B. RGZ. Bd. 71 S. 421, Bd. 83 S. 304, Bd. 113 S. 125 [131], Bd. 125 S. 399, Bd. 146 S. 244). Stellt sich dieser nach seiner tatsächlichen Begründung als Folge eines Sachverhalts dar, der nach Grundsätzen des bürgerlichen Rechts für die Entstehung eines solchen Anspruchs Raum läßt, so kann ihm der Rechtsschutz durch die ordentlichen Gerichte nach § 13 GVG. nicht versagt werden. Dagegen ist ihm der Rechtsweg in der Regel verschlossen, wenn er nach dem vom Kläger vorgetragenen Tatbestand nur als öffentlich-rechtlicher Anspruch bestehen und auch nur insofern Gegenstand des Streites sein kann. Dabei kann es darauf, wie der Kläger seinen Anspruch rechtlich beurteilt, ebensowenig ankommen, wie auf die Verteidigung, mit der sich der Beklagte seiner zu erwehren sucht (vgl.

*) Verordnung über die Bildung von Schiedsgerichten für die landwirtschaftliche Marktregelung vom 26. Februar 1935.

RGZ. Bd. 80 S. 371, Bd. 106 S. 150). Macht der Beklagte geltend, daß er dem auf bürgerlich-rechtlicher Grundlage beruhenden Anspruch des Klägers nicht Genüge zu tun brauche, weil ihm ein Recht zur Seite stehe, das nach seiner öffentlich-rechtlichen Natur einer Erörterung vor den ordentlichen Gerichten nicht zugänglich sei, so wird dadurch der Rechtsweg nicht unzulässig.

. . .

RGZ. 157, 197

Unter welchen Voraussetzungen kann vom Deutschen Reich wegen Amtspflichtverletzung eines Steuerbeamten vor den ordentlichen Gerichten Schadenersatz gefordert werden und muß der Einwand, in Wirklichkeit werde in unzulässiger Weise ein Steuererstattungsanspruch verfolgt, vergeblich bleiben?

GVG. § 13. WeimVerf. Art. 131. BGB. § 839. RAbgO. § 242.

III. Zivilsenat. Urt. v. 4 Februar 1938.

I. Landgericht Breslau. II. Oberlandesgericht daselbst.

Der im Jahre 1935 verstorbene Ehemann der Klägerin betrieb in O. eine Fleischerei mit Wurstfabrik. Die Klägerin ist seine alleinige Erbin geworden. Im Mai 1932 fand bei ihrem Ehemann eine Betriebsprüfung durch die Steuerbehörde statt. Dabei wurde festgestellt, daß er für die Jahre 1927 bis 1930 den gewerblichen Gewinn zu niedrig angegeben hatte. Der Gewinn wurde daher geschätzt und durch Steuerbescheid des Finanzamts in O. vom 17. August 1932 eine Nachzahlung von 22 000 RM. Einkommensteuer festgesetzt. Hiergegen legte der Ehemann der Klägerin Einspruch ein, den er im Schriftsatz vom 12. Oktober 1932 u. a. damit begründete, daß er im August 1931 auf Grund der Steueramnestieverordnung vom 23. August 1931 (RGBl. I S. 449) seine früheren Einkommensangaben berichtigt und Steueramnestie rechtzeitig in Anspruch genommen habe. Sein Einspruch gegen den Bescheid wurde jedoch zurückgewiesen, weil eine „Amnestieanzeige" nicht eingegangen sei. Aus demselben Grunde blieben seine Berufung und seine Rechtsbeschwerde erfolglos, obwohl er an Eidesstatt versichert hatte, daß er eine Amnestieanzeige nach einem von ihm vorgelegten Entwurf eigenhändig geschrieben und an das Finanzamt abgesandt habe. Am 16. Januar 1936 wurde jedoch eine Amnestieanzeige von ihm, vom 30. August 1931, in den sein Grundstück Breslauer Platz 7 betreffenden Einheitswertakten III vorgefunden. Das Schriftstück war mehrfach zusammengefaltet und mit einer leicht angerosteten Heftklammer zwischen dem etwa 9 cm breiten Heftrücken und dem hinteren Aktendeckel an diesem so versteckt angeheftet, daß es beim Öffnen des Aktenstückes nicht ohne Hebung des Aktenrückens zu sehen war. Es trägt keinen Eingangsstempel, ist stark abgenutzt, zerknittert und eingerissen und weist Heftlöcher sowie einen eingeknickten Heftrand auf. Die Auffindung wurde dem Bücherrevisor und Steuersachverständigen L., der die Klägerin (mit ihrem Ehemanne) vertrat, am 21. April 1936 bekanntgegeben. Die Klägerin hat darauf in einer an den Reichsminister der Finanzen gerichteten Eingabe vom 19. Juni 1936 gebeten, ihr den auf den Steuerbescheid vom 17. August 1932 noch geschuldeten Betrag 5977,68 RM.) zu erlassen und die bereits gezahlten Beträge zu erstatten. Das ist jedoch durch den Bescheid des Präsidenten des Landesfinanzamts vom 6. August 1936 abgelehnt worden.

Alsdann hat die Klägerin den ordentlichen Rechtsweg beschritten. Sie behauptet, die Amnestieanzeige sei von ihrem Manne mit seiner Vermögenssteuererklärung vom 28. August 1931 innerhalb der Amnestiefrist dem Finanzamt eingereicht worden. Sie selbst habe die von ihrem Manne geschriebene Anzeige in den Briefkasten des Finanzamts in O. geworfen. Sie habe dies damals auch dem Steuerberater L. mitgeteilt. Die verspätete Ermittlung der Urkunde könne nur durch eine Amtspflichtverletzung der mit der Bearbeitung betrauten Beamten verursacht worden sein. Dafür spreche, daß das Schriftstück keinen Eingangsvermerk trage und in die unrichtigen Akten gelangt sei. Bei ordnungsmäßiger Behandlung würde ihrem Manne die Steueramnestie zugute gekommen sein. Gestützt auf Art. 131 WeimVerf. und § 839 BGB. fordert sie Schadensersatz. Den Schaden erblickt sie darin, daß ihr Ehemann und sie selbst auf die Nachveranlagung Zahlungen habe leisten müssen.

Der Beklagte hat Unzulässigkeit des Rechtswegs eingewandt und geltend gemacht, eine Amtspflichtverletzung im Sinne des § 839 BGB., Art. 131 WeimVerf. sei nicht schlüssig dargelegt.

Das Landgericht hat die Klage wegen Unzulässigkeit des Rechtswegs abgewiesen. Im zweiten Rechtsgang hat die Klägerin noch ausgeführt: Es handle sich um einen echten Schadensersatzanspruch. Die Amtspflichtverletzung sei von dem freiwillig aus dem Leben geschiedenen Obersteuerinspektor B. begangen worden, der Darlehnsschuldner ihres Mannes gewesen sei. B. sei ihrem Manne feindlich gesinnt gewesen, weil dieser auf Rückzahlung des Darlehns bestanden habe. Er habe damals dem Steuerberater L. gegenüber geäußert: „Diesem verfluchten Lumpen und Halsabschneider werde ich schon etwas auswischen; er soll sein Lebtag an mich denken". B. habe aus diesem Grunde absichtlich die Amnestieanzeige nicht mit dem vorgeschriebenen Eingangsvermerk versehen und sie zu den falschen Akten gebracht. Die Ansicht, daß B. die Amnestieanzeige absichtlich unterdrückt habe, sei auch von dem Oberregierungsrat K., dem früheren Leiter des Finanzamtes in O., geteilt worden; denn dieser habe nach Auffindung der Amnestieanzeige geäußert: „Ich bin heilfroh, daß B. heute nicht mehr am Leben ist".

Der Beklagte hat geltend gemacht: Auch wenn man mit der Möglichkeit rechnen wolle, daß der verstorbene Obersteuerinspektor B. die Amnestieanzeige absichtlich unterdrückt habe, werde für den Klaganspruch der Rechtsweg nicht eröffnet. Nach § 222 Abs. 1 Nr. 3 und 4 RAbgO. habe der Präsident des Landesfinanzamts auf Grund des durch die nachträgliche Auffindung der Amnestieanzeige geschaffenen Sachverhalts die Rechtmäßigkeit des gegen den Ehemann der Klägerin ergangenen Steuerbescheides nachgeprüft, aber nach eingehender Untersuchung die Aufhebung des Steuerbescheides und die Erstattung oder Niederschlagung der nachverlangten Steuer abgelehnt. Die Veranlagung zu dieser Steuer beruhe daher jetzt nicht mehr auf den früheren, durch die Unkenntnis von dem Vorhandensein der Amnestieanzeige beeinflußten Entscheidungen, sondern auf demselben Sachverhalt, auf Grund dessen die Klägerin die Erstattung der gezahlten Steuer im Wege der Schadensersatzklage verlange. Sie verlange also eine nach § 242 RAbgO. unzulässige Nachprüfung der Entscheidung des Landesfinanzamtspräsidenten.

Das Oberlandsgericht hat die Berufung der Klägerin zurückgewiesen.

Auf ihre Revision ist das Berufungsurteil aufgehoben und der Rechtsweg für zulässig erklärt worden.

Gründe:

Das Berufungsgericht verkennt nicht, daß trotz der Bestimmung des § 242 RAbgO. gegen das Deutsche Reich nach Art. 131 WeimVerf., § 839 BGB. ein Schadensersatzanspruch geltend gemacht werden kann, wenn Steuerbeamte einem Steuerpflichtigen durch schuldhafte Amtspflichtverletzung Schaden zugefügt haben. Unumgängliche Voraussetzung für die Verfolgung eines solchen Anspruchs ist freilich, daß der Kläger in genügend schlüssiger Weise durch bestimmte tatsächliche Angaben einen Sachverhalt darlegt, der ein schuldhaft pflichtwidriges und daher zum Schadenersatz verpflichtendes Verhalten eines beteiligten Beamten in Ausübung der ihm anvertrauten öffentlichen Gewalt klar erkennen läßt. Fehlt es daran, läuft also das Klagevorbringen darauf hinaus, daß eine Verwaltungsentscheidung oder eine andere Maßnahme der Verwaltungsbehörde unabhängig von der schuldhaften Amtsverpflichtung eines beteiligten Beamten als unrechtmäßig angefochten werden soll, dann steht der Rechtsweg nicht offen (vgl. RGZ. Bd. 146 S. 257 flg. mit Nachweisen). Dann liegt eben in Wahrheit keine Schadensersatzklage aus Amtspflichtverletzung vor, sondern der unzulässige Versuch, ohne schlüssige Behauptungen und Anhaltspunkte für eine Amtspflichtverletzung im Gewande der Amtshaftungsklage über einen Steuererstattungsanspruch durch die ordentlichen Gerichte entscheiden zu lassen, wofür der Rechtsweg unzulässig ist (RGZ. Bd. 140 S. 84 flg., Urteil des erkennenden Senats vom 13. April 1934 III 307/33 in HRR. 1934 Nr. 955). Die tatsächliche Klagebegründung muß also mindestens die Möglichkeit eines bürgerlich-rechtlichen, vor den ordentlichen Gerichten zu verfolgenden Anspruchs ergeben (RGZ. Bd. 150 S. 174 [176]).

Im vorliegenden Falle haben beide Vorderrichter die Zulässigkeit des Rechtswegs verneint. Das Landgericht meint, die Klägerin wolle eine dem ordentlichen Gericht versagte Nachprüfung der Entscheidung der Finanzbehörden herbeiführen. Bei den vor die ordentlichen Gerichte gehörigen Rechtsstreitigkeiten würde das nachträgliche Auffinden einer Urkunde lediglich die Erhebung einer Restitutionsklage rechtfertigen können; falls diese versage, würde allenfalls ein Schadensersatzanspruch gegen den Prozeßgegner mit Erfolg geltend gemacht werden können, wenn er die Urkunde arglistig unterdrückt habe. Für einen solchen Sachverhalt sei jedoch von der Klägerin kein Beweis angetreten worden.

Das Oberlandesgericht geht bei seiner Entscheidung von ähnlichen Erwägungen aus. Es entnimmt den Steuerakten, daß der durch das Auffinden der Amnestieanzeige geänderte Sachverhalt bereits Gegenstand der Nachprüfung durch den Präsidenten des Landesfinanzamts gewesen sei, diesen aber laut seines Bescheides vom 6. August 1936 nicht veranlaßt habe, die früheren Entscheidungen des Finanzamts und der Finanzgerichte zu ändern. Die Möglichkeit der Änderung habe trotz der formell rechtskräftigen Entscheidungen der Finanzgerichte nach § 222 Abs. 1 Nr. 4 RAbgO. bestanden, da diese keiner materiellen Rechtskraftwirkung fähig seien. Unerheblich sei, ob der Klägerin gegen die neue Entscheidung des Landesfinanzamtspräsidenten Rechtsmittel zur Verfügung gestanden hätten. Um insofern den Rechtsweg auszuschließen, genüge, daß bei einer solchen Sachlage die Zuständigkeit einer Finanzbehörde in irgendeiner Form gegeben sei. Nun gehöre aber zu dem der ausschließlichen Entscheidung der Steuerbehörden unterliegenden steuerrechtlichen Tatbestand vor allem die Frage, ob die Amnestieanzeige rechtzeitig eingegangen sei. Diese Frage habe die Steuerbehörde auf Grund des neuen Sachverhalts verneint. Ein Anspruch aus Amtspflichtverletzung würde aber nur dann bejaht werden können, wenn die Gerichte auf Grund desselben Sachverhalts den rechtzeitigen Eingang der Anzeige feststellten. Die begehrte Feststellung der Amtspflichtverletzung als solcher, nämlich der Beseitigung der Urkunde durch einen Finanzbeamten, stehe damit in einem so engen Zusammenhang, daß eine Trennung unmöglich sei. Es fehle also an einem außerhalb des rein steuerrechtlichen Tatbestandes liegenden tatsächlichen Vorbringen, das einen Schadensersatzanspruch aus Amtspflichtverletzung rechtfertigen könnte.

Diese Ausführungen werden von der Revision mit Recht beanstandet; sie verkennen die Bedeutung des § 242 RAbgO., des § 839 BGB. und des Art. 131 WeimVerf. und verletzen § 13 GVG.

Was das Landgericht für den bürgerlichen Rechtsstreit über die Möglichkeit der Restitutionsklage beim nachträglichen Auffinden einer Urkunde und die Möglichkeit eines Schadensersatzanspruchs gegen den Prozeßgegner ausführt, falls dieser eine Urkunde unterdrückt hat, paßt überhaupt nicht hierher. Denn das Steuerveranlagungs- und Steuerstreitverfahren läßt sich mit einem bürgerlichen Rechtsstreit, in dem sich mehrere Streitteile gleichberechtigt gegenüberstehen, nicht vergleichen; es folgt eigenen Regeln. Aber auch die Ausführungen des Oberlandesgerichts sind von Rechstirrtum beeinflußt. Zuzugeben ist, daß der Präsident des Landesfinanzamts auf den Antrag der Klägerin vom 19. Juni 1936 trotz des rechtskräftig zu Ungunsten des Erblassers der Klägerin erledigten Steuerstreitverfahrens einen Steuernachlaß hätte bewilligen können, wenn er die Überzeugung gewonnen hätte, daß die erst am 16. Januar 1936 in anderen Steuerakten, nämlich den Einheitswertakten III vorgefundene Amnestieanzeige des Erblassers der Klägerin vom 30. August 1931 den gesetzlichen Vorschriften entspreche und rechtzeitig eingegangen sei. Nach der Steueramnestieverordnung vom 23. August 1931 §§ 15 flg. mußten zur Erlangung der Steueramnestie, die in gewissem Umfange die Befreiung von Nachzahlungen nach sich zog, der Behörde die früher nicht angegebenen Steuerwerte innerhalb der vom 18. Juli bis 16. September 1931 laufenden Amnestiefrist angezeigt werden. Diese Frist ist durch die Verordnung des Reichspräsidenten über Aktienrecht, Bankenaufsicht und über eine Steueramnestie vom 19. September 1931, Dritter Teil § 1 (RGBl. I S. 493, 503) bis zum 15. Oktober 1931 und sodann durch die Verordnung über Verlängerung der Steueramnestiefrist vom 17. Oktober 1931 (RGBl. I S. 581) § 1 bis zum Ablauf des 26. Oktober 1931 verlängert worden. Voraussetzung für die Befreiung von Nachzahlungen war also, daß bis zum 26. Oktober 1931 ein formgerechte Amnestieanzeige bei der Steuerbehörde eingegangen war. Der Erblasser der Klägerin hatte im Steuerstreitverfahren geltend gemacht, er habe rechtzeitig eine solche Anzeige beim Finanzamt eingereicht. Diese Behauptung ist von den Steuerbehörden und den Finanzgerichten, weil damals eine solche Anzeige nicht vorgefunden wurde und die für die rechtzeitige Einreichung angeführten Beweismittel ungenügend erschienen, als nicht bewiesen angesehen worden. Daher ist es bei dem Steuerbescheide des Finanzamts vom 17. August 1932, der eine Nachzahlung von 22 000 RM. an Einkommensteuer festgesetzt hatte, verblieben; der Erblasser der Klägerin und sie selbst haben daher erhebliche Zahlungen leisten müssen, von denen sie bei Feststellung rechtzeitigen Eingangs der Amnestieanzeige befreit worden wären.

Nun ist es zwar nicht zutreffend, wenn der Berufungsrichter aus der von ihm angeführten Entscheidung des Reichsfinanzhofs (Amtl. Samml. Bd. 21 S. 85 flg.) schließt, die rechtskräftigen Entscheidungen der Finanzgerichte seien einer materiellen Rechtskraftwirkung unfähig. Die angeführte Entscheidung verneint ausdrücklich, daß auf Grund des § 212 Abs. 3 RAbgG. a. F. — einer Bestimmung, der jetzt im wesentlichen der § 222 Abs. 1 Nr. 3 n. F. entspricht, — eine rechtskräftige Rechtsmittelentscheidung geändert werden kann, wenn derselbe Sachverhalt vorliegt, der erkennbar Gegenstand der Urteilsfindung gewesen ist, der Sachverhalt also nur rechtlich anderweit beurteilt werden soll. § 222 Abs. 1 Nr. 4

RAbgO. läßt eine Änderung des Steuerbescheides (Berichtigungsveranlagung oder Berichtigungsfeststellung) nur zu, wenn bei einer Nachprüfung durch die Aufsichtsbehörde vor dem Ablauf der Verjährungsfrist Fehler aufgedeckt werden, deren Berichtigung eine niedrigere Veranlagung rechtfertigt. Voraussetzung ist mit Rücksicht auf die angeführte Entscheidung, daß eine für die Berichtigung erhebliche Tatsache außerhalb des Erwägungsberichts der Rechtsmittelinstanz geblieben war. Das sollte nach dem Antrage der Klägerin vom 19. Juni 1936 die nachträglich aufgefundene Amnestieanzeige gewesen sein, die ja bisher bei keiner Entscheidung vorgelegen hatte, sondern erst am 16. Januar 1936 in Akten gefunden war, in die sie nicht hineingehörte. Sie dort unterzubringen, war ein Fehler, aber est steht bisher nicht fest, wer sie dort untergebracht hat — das kann möglicherweise auch von einem Unbefugten geschehen sein —, vor allem aber nicht, ob sie rechtzeitig bei dem Finanzamt eingegangen war. Nur wenn diese Frage zu bejahen wäre, würde ein ursächlicher Fehler im Sinne des § 222 Abs. 1 Nr. 4 RAbgO. aufgedeckt sein, der den Präsidenten des Landesfinanzamts zu einer der Klägerin günstigen Entscheidung hätte veranlassen können. Von dem rechtzeitigen Eingang aber hat sich der Präsident des Landesfinanzamts nicht zu überzeugen vermocht und deshalb den Steuererlaß- und Erstattungsantrag abgelehnt.

An die ablehnende Entscheidung als solche sind die Gerichte gebunden. Sie wird auch von der Klägerin nicht angegriffen. Diese verfolgt vielmehr einen Schadensersatzanspruch, gestützt auf die Behauptung, Finanzbeamte hätten es ihr und ihrem verstorbenen Manne durch schuldhaftes Verhalten unmöglich gemacht, den Nachweis des rechtzeitigen Eingangs der Amnestieanzeige zu führen. Die Klägerin behauptet nämlich, der zuständige Beamte habe seinerzeit die rechtzeitig eingereichte Amnestieanzeige nicht ordnungsmäßig in Verwahrung und nicht zu den richtigen Akten gebracht. Darin erblickt sie die schuldhafte Verletzung einer Amtspflicht, die ihrem Erblasser gegenüber zu erfüllen gewesen sei. Es wird also nicht eine steuerrechtliche Nachprüfung gefordert, sondern das schuldhaft pflichtwidrige Verhalten eines Beamten behauptet, der an der steuerrechtlichen Entscheidung gar nicht beteiligt war. Das behauptete Verhalten kommt natürlich nur dann als ursächliches Verschulden in Betracht, wenn die Amnestieanzeige rechtzeitig eingereicht worden war. Insoweit wird allerdings die Frage, über die bereits der Präsident des Landesfinanzamts in seinem Bescheide vom 6. August 1936 sich schlüssig geworden ist, dem ordentlichen Gericht erneut unterbreitet, aber unter einem anderen Gesichtspunkt und in Verbindung mit bestimmten, eine Amtspflichtverletzung begründenden Behauptungen. Genügen die angeführten Tatsachen den Anforderungen, die an eine Amtshaftungsklage nach den oben zu Eingang der Entscheidungsgründe dargelegten Voraussetzungen zu stellen sind, so ist der Rechtsweg zulässig;

von einem unzulässigen Versuch, unter Umgehung des § 242 RAbgO. im Gewand einer Amtshaftungsklage einen Steueranspruch, nämlich den Anspruch auf Rückforderung bezahlter Steuern, vor den ordentlichen Gerichten zu verfolgen, ist dann keine Rede. Der Umstand, daß zur Begründung einer solchen Amtshaftungsklage neben den die Amtspflichtverletzung begründenden Tatsachen zum Nachweise der Entstehung eines ursächlichen Schadens weitere Tatsachen dargetan werden müssen, deren Vorliegen im Steuerstreitverfahren oder bei einer Prüfung nach § 222 Abs. 1 Nr. 4 RAbgO. nicht für bewiesen angesehen wurde, kann, wenn auch diese Tatsachen in genügender Weise behauptet sind und dafür genügende Anhaltspunkte nicht offensichtlich fehlen, die Zulässigkeit des Rechtswegs nicht beeinträchtigen. Ob diese Tatsachen als bewiesen anzusehen sind, hat dann der ordentliche Richter selbst zu prüfen, ohne an die Auffassung der Finanzbehörden oder Finanzgerichte gebunden zu sein. Das übersieht der Berufungsrichter bei seiner Erwägung, die mit der Klage begehrte Feststellung einer Amtspflichtverletzung, nämlich der Beseitigung der Amnestieanzeige durch einen Finanzbeamten, stehe mit der vom Präsidenten des Landesfinanzamts verneinten Frage des rechtzeitigen Eingangs der Amnestieanzeige in so engem Zusammenhange, daß eine Trennung unmöglich sei. Rechtsirrig ist es daher auch, wenn der Berufungsrichter im Anschluß an diese Erwägung weiter sagt, es fehle also an einem außerhalb des rein steuerlichen Tatbestandes liegenden tatsächlichen Vorbringen, das einen Schadenersatzanspruch aus Amtspflichtverletzung rechtfertigen könnte.

Fraglich konnte nur sein, ob in genügend schlüssiger Weise Tatsachen behauptet sind, die eine Amtspflichtverletzung und einen daraus entstandenen Schaden begründen können. Das hätte für das erstinstanzliche Vorbringen zweifelhaft erscheinen können. Denn danach wollte die Klägerin im wesentlichen aus der Tatsache, daß ihr verstorbener Ehemann die Anzeige vom 30. August 1931 damals geschrieben und sie selbst innerhalb der Amnestiefrist in den Briefkasten des Finanzamts geworfen habe, und aus der Tatsache der versteckten Unterbringung der erst am 16. Januar 1936 in falschen Akten vorgefundenen Anzeige und ihrer Beschädigung gefolgert wissen, daß ein Finanzbeamter diese Unterbringung vorgenommen und die Urkunde auf diese Weise beseitigt habe. Diese Unterbringung und die oben im Tatbestande näher dargelegte äußere Beschaffenheit der Urkunde sind allerdings im höchsten Maße auffällig. Es mochte jedoch die Möglichkeit bestanden haben, daß irgendein Unbefugter, der nicht zu den Beamten des Finanzamts gehörte, die Urkunde nachträglich in der festgestellten Weise und Beschaffenheit am angeführten Ort untergebracht habe, und mochte also der Schluß nicht geboten sein, daß ein Finanzbeamter sie dort untergebracht habe, mithin noch die Möglichkeit in Frage kommen, daß sie in der festgestellten Beschaffenheit nach Ablauf der Amnestiefrist in jene Akten von einem Unbefugten hineingeschmuggelt worden sei. Die Klägerin hat jedoch im zweiten

Rechtsgang ihr erstinstanzliches Vorbringen ergänzt und unter Beweisantritt vorgetragen, der durch Selbstmord aus dem Leben geschiedene Obersteuerinspektor B., der die hier fragliche Steuersache zu bearbeiten hatte, sei dem Erblasser der Klägerin verschuldet gewesen und habe, als der Erblasser auf Rückzahlung des ihm gewährten Darlehns gedrängt habe, geäußert: „Diesem verfluchten Lumpen und Halsabschneider werde ich schon etwas auswischen; er soll sein Lebtag an mich denken". Dieses Vorbringen kann im Zusammenhang mit dem erstinstanzlichen Vortrag nur dahin aufgefaßt werden, daß B. absichtlich die Steueranzeige unterdrückt habe, um für den Erblasser der Klägerin die Gewährung der Amnestie zu hintertreiben. Dazu kommt die unter Beweis gestellte Tatsache, daß der Oberregierungsrat K. geäußert habe: „Ich bin heilfroh, daß B. heute nicht mehr am Leben ist". Diese Tatsache soll ganz offensichtlich ein Beweisanzeichen dafür sein, daß B. ein unzuverlässiger, nicht sorgsamer Beamter gewesen sei, dem die absichtliche Beseitigung oder doch die fahrlässige Versäumung der Ablieferung der Amnestieanzeige und ihrer Bearbeitung zuzutrauen sei. Aus den angeführten beiden neuen Tatsachen in Verbindung mit dem Vorbringen, daß die Steueramnestieanzeige am 30. August 1931 von ihrem Manne nach Angaben des Steuerberaters L. verfaßt und von ihr in den Briefkasten des Finanzamts gelegt worden sei; aus der äußeren Beschaffenheit, die die Urkunde bei ihrer Auffindung aufwies, und ihrer versteckten Unterbringung folgert die Klägerin, daß B. die Urkunde seinerzeit beiseite geschafft und dann später in der vorgefundenen Art und Weise in falschen Akten untergebracht habe; er habe damit verhindern wollen, daß ihrem Manne die Steueramnestie zugute komme; danach müsse angenommen werden, daß die Anzeige rechtzeitig eingegangen sei. Damit ist aber die Amtshaftungsklage tatsächlich genügend begründet worden. Ob die Schlüsse, welche die Klägerin aus den angeführten Tatsachen zieht, gerechtfertigt sind, ist Sache tatrichterlicher Würdigung; daß sie unmöglich seien, kann nicht anerkannt werden. Die Ansicht des Berufungsrichters, es fehle an einem außerhalb des rein steuerrechtlichen Tatbestandes liegenden tatsächlichen Vorbringen, das einen Schadensersatzanspruch aus Amtspflichtverletzung rechtfertigen könnte, ist mithin unhaltbar.

Zuzustimmen ist dem Berufungsgericht darin, daß es nicht darauf ankommen kann, ob gegen den ablehnenden Bescheid des Präsidenten des Landesfinanzamts vom 6. August 1936 mit den ordentlichen Rechtsbehelfen der Reichsabgabenordnung hätte vorgegangen werden können. Selbst wenn diese Frage zu bejahen wäre, würde weder dem Antrage der Klägerin vom 19. Juni 1936 noch den gegen den Bescheid vom 6. August 1936 zulässigen Rechtsmitteln die Bedeutung eines Rechtsmittels im Sinne des § 839 Abs. 3 BGB. zukommen. Denn darunter fallen nur solche Rechtsmittel, die nach gesetzlicher Ordnung die Beseitigung oder Berichtigung der schädigenden Amtshandlung oder Unterlassung eines Beamten herbeiführen können (RGZ. Bd. 138 S. 114 [116]), also solche, die sich unmittelbar gegen die schädigende Amtshandlung oder -Unterlassung richten (RGZ. Bd. 150 S. 323 [328]).*)

RGZ. 157, 341

1. Grenzen der Beschränkung — im Gegensatz zur Ausschließung — der Öffentlichkeit der Verhandlung (im Ortstermin).

2. Kann eine Partei auf die Befolgung des Grundsatzes der Öffentlichkeit der Verhandlung wirksam verzichten?

3. Zur Feststellung von Zeugenaussagen.

ZPO. §§ 161, 164, 295, 551 Nr. 6. GVG. §§ 169, 172.

VI. Zivilsenat. Urt. v. 4. Mai 1938.

I. Landgericht Detmold. II. Oberlandesgericht Celle.

Am 8. September 1935 spätabends stieß der Kläger, der seinen Personenkraftwagen steuerte, mit dem Beklagten, der auf seinem Kraft-

*) Weitere Entsch. über Zulässigkeit des Rechtsweges vgl.: Bd. 67 S. 291 (Straßenanliegerbeiträge); Bd. 68 S. 267; Bd. 144 S. 253; Bd. 144 S. 205 (Gewerbepolizeil. Vfg.); Bd. 70 S. 177 (Beschluß einer Zwangsinnung); Bd. 73 S. 157 (Kämmereivermögen); Bd. 99 S. 254 (Zweckmäßigkeit von Verwaltungsverfügungen); Bd. 100 S. 219 (Polizeil. Beschlagnahme); Bd. 103 S. 429 (Pflichtverletzung eines Marinearztes im Entlassungsverfahren); Bd. 111 S. 418; Bd. 118 S. 227 (Wohnungsbeschlagnahmeverfügung); Bd. 118 S. 109 (Wohnungszuweisung, Abstandssumme); Bd. 121 S. 7 (Liquidationsschaden aus Gebietsabtretung); Bd. 121 S. 273 (Kurtaxe); Bd. 164 S. 226 (Freigabe von Sicherheit für öff. Fürsorge); Bd. 123 S. 228 (Wertzuwachssteuer); Bd. 127 S. 337; Bd. 129 S. 95 (Sicherungsüberwachung durch Steuerschuldner); Bd. 128 S. 146 Anstellung städt. Lehrkräfte); Bd. 130 S. 268 Streitigkeiten zwischen Provinzialverbänden aus Aufwendungen im Rahmen öff.-rechtl. Pflichten); Bd. 130 S. 290 (Amtshandl. d. Behörden); Bd. 130 S. 313 (Entziehung des Gewerbesteuerprivilegs); Bd. 133 S. 301 (Aufwendungen für Ödlanderschließung); Bd. 142 S. 165 (Mitgliederbeiträge öff.-rechtl. Körperschaften); Bd. 145 S. 224 Abgeltungsstreitigkeiten); Bd. 150 S. 58 (Steuerverzugszuschläge); Bd. 156 S. 279 (Ausschließl. Zuständigkeit eines Sondergerichts); Bd. 160 S. 216 (Unkostenbeiträge öff.-rechtl. Wirtschaftsverbände); Bd. 162 S. 37 (Milchwirtschaftsverband, Preisfestsetzungsstreit); Bd. 167 S. 129 und 138 (Streit zwischen Mitgliedern eines Zusammenschlusses i. S. d. Marktschiedsgerichtsordnung); Bd. 167 S. 225; Bd. 171 S. 75 (Richtlinien einer mit Wirtschaftslenkung befaßten öff.-rechtl. Körperschaft [Reichsstelle für Futter und Getreide]); Bd. 43 S. 47 (Zeugen- und Sachverständigengebühren); Bd. 79 S. 197 (Zuschüsse zu Volksschulkosten); Bd. 146 S. 257 (Erstattung von Steuern); Bd. 111 S. 211 Klagen auf Zuschüsse für kirchliche Zwecke. Die Entsch. ist abgedruckt im Teil Kirchenrecht dieser Sammlung; Bd. 77 S. 411 (Klagevorbringen allein maßgebend für Zulässigkeit des Rechtswegs); Bd. 76 S. 95 (Klage auf Herstellung von Vorkehrungen zur Beseitigung schädl. Zuführungen in Fischereigewässern).

Weitere Entscheidungen über Ansprüche aus unlauterem Wettbewerbsgesetz gegen Staat und Landkreis RGZ. Bd. 116 S. 2 und RGZ. Bd. 128 S. 134.

rad aus der entgegengesetzten Richtung kam, auf einer Kreisstraße am Eingang des Ortes W. zusammen. Der Beklagte und seine hinter ihm sitzende Frau wurden herabgeschleudert und — der Ehemann besonders schwer — verletzt. Mit der vorliegenden Klage verlangt der Kläger Ersatz für die Beschädigung seines Wagens. Der Beklagte begehrt mit der Widerklage die Erstattung von Heilungskosten. Das Landgericht wies die Widerklage ab und erklärte den Klaganspruch dem Grunde nach für gerechtfertigt. Das Berufungsgericht wies die Berufung zurück. Die Revision des Beklagten führte zur Aufhebung und Zurückverweisung.

Gründe:

1. Die Revision rügt in erster Linie, daß das Berufungsurteil auf Grund einer mündlichen Verhandlung ergangen sei, bei der die Vorschriften über die Öffentlichkeit des Verfahrens verletzt worden seien (§ 551 Nr. 6 ZPO.). Die Rüge ist begründet.

Durch Beschluß des Berufungsgerichts vom 18. September 1937 wurde die Vernehmung von Zeugen und die Einnahme des Augenscheins angeordnet; zugleich wurde der dafür angesetzte Termin vom 12. Oktober 1937 auch zur weiteren mündlichen Verhandlung bestimmt. Die Niederschrift über die Vorgänge von diesem Tage enthält den Eingangsvermerk „Sitzung des 6. Zivilsenats des Oberlandesgerichts Celle". Es wird festgestellt, daß die Örtlichkeit besichtigt und den Parteien Gelegenheit gegeben sei, den Hergang des Unfalls zu schildern, daß auch die beiden Kraftfahrzeuge an Ort und Stelle waren. Weiter wird gesagt, daß 8 Zeugen vernommen wurden; nach der Angabe der persönlichen Verhältnisse jedes Zeugen heißt es: „Der Zeuge wurde zur Sache vernommen". Demnächst folgt der Vermerk, daß sich der Senat und der Protokollführer ohne die Parteien und ihre Vertreter, aber mit deren Einverständnis in die Wohnung einer erkrankten Zeugin begeben haben, über deren Vernehmung dasselbe gesagt ist wie bei den anderen Zeugen. Nach der Feststellung, daß der im Ortstermin vorgeführte Kraftwagen derselbe sei wie der beim Unfall benutzte, heißt es in der Niederschrift:

> Nach Einbruch der Dunkelheit wurde nochmals eine Ortsbesichtigung vorgenommen und hierbei sowohl der Kraftwagen wie das Motorfahrrad ... vorgeführt. Die Zeugen wurden ... entlassen ... Hierauf verlasen die Parteien die Anträge ... und verhandelten zur Sache. Vor Beginn der Ortsbesichtigung nach Einbruch der Dunkelheit war eine Pause von reichlich 1/2 Stunde eingetreten.

Schließlich wurde Termin zur Verkündung einer Entscheidung anberaumt und bekanntgegeben. In diesem neuen Termine wurde das Urteil verkündet, nachdem ein Antrag des Beklagten, die Verhandlung mit Rücksicht auf ein von ihm nunmehr vorgelegtes umfangreiches Gutachten eines Sachverständigen wiederzueröffnen, abgelehnt worden war.

Nachdem der Beklagte im Armenrechtsgesuch die Verletzung der Öffentlichkeit im Termine vom 12. Oktober 1937 gerügt und die einzelnen Vorgänge von diesem Tage geschildert hatte, ließ der erkennende Senat das Berufungsgericht hierzu Stellung nehmen. Danach müssen bei dem Verlauf des Termins mehrere Abschnitte unterschieden werden, die aber rechtlich als Einheit aufzufassen sind.

Zunächst fand die Ortsbesichtigung und die Vernehmung von Zeugen auf der Straße statt; hierzu wurden nur die am Rechtsstreit Beteiligten zugelassen. Demnächst begaben sich die Gerichtspersonen mit den anderen Prozeßbeteiligten in das Gemeindehaus, wo ein im Obergeschoß belegener, zweifenstriger, höchstens 20 qm großer Raum zur Verfügung stand. Das Berufungsgericht beurteilt diesen Raum dahin, daß es unmöglich gewesen sei, außer den Gerichtspersonen, den Parteien und ihren Angehörigen sowie den Rechtsanwälten noch eine größere Zahl von Personen darin unterzubringen; deshalb sei jeder Zeuge gebeten worden, nach seiner Vernehmung den Saal zu verlassen. Alsdann wurde nach einer Pause die Unfallstelle nochmals besichtigt. Im Anschluß hieran begab sich der Gerichtshof, nachdem die Zeugen unter Einverständnis der Parteien entlassen waren, mit den übrigen Beteiligten in das Gasthaus; dort wurde in einem wesentlich größeren Zimmer verhandelt.

Im Anschluß an die Äußerung des Berufungsgerichts haben die Urkundspersonen, welche die Niederschrift vom 12. Oktober 1937 unterzeichnet hatten, diese dahin berichtigt, daß die Sitzung öffentlich gewesen sei. Diese Berichtigung ist nicht unter dem Gesichtspunkt des § 164 ZPO. zu werten, wonach gegen den Inhalt der Niederschrift, der die für die Verhandlung vorgeschriebenen Förmlichkeiten betrifft, nur der Nachweis der Fälschung zulässig ist. Es handelt sich vielmehr um eine Aufklärung der Vorgänge, deren Feststellung an sich Bestandteil der Niederschrift sein mußte, aber nicht stattgefunden hat. Die Niederschrift ist nicht durch Ergänzung im Wege der Aufnahme jener Vorgänge berichtigt worden, sondern die Urkundspersonen haben nach der Beanstandung durch eine Partei eine rechtliche Beurteilung der Vorgänge vorgenommen, die in der Revisionsinstanz nachzuprüfen ist. Das ist hier um so weniger zu bezweifeln, als der Inhalt der Niederschrift selbst ihre Unvollständigkeit ergibt; denn es war naturgemäß ausgeschlossen, daß die Verhandlung der Parteien etwa an der Unfallstelle stattgefunden habe, wie aus dem Inhalt der Niederschrift entnommen werden könnte.

Nach § 169 GVG. ist die Verhandlung vor dem erkennenden Gericht öffentlich. Die Verhandlung in diesem Sinne schließt, wenn in dem Verhandlungstermin auch die Beweisaufnahme stattfindet, diese ein; beides ist dann eine Einheit. Was für die Verhandlung der Parteien gilt, gilt auch für die Beweisaufnahme. Darüber besteht auch im Schrifttum kein Streit. Nun hat aber der Grundsatz der Öffentlichkeit nicht die Bedeutung, daß der Zutritt jedermann und allezeit gewährt wird. Auch wenn die vom Gesetz für eine vollkommene — vom Berufungsgericht im vorliegenden Falle nicht beabsichtigte — Ausschließung der Öffentlichkeit im § 172 GVG. erschöpfend angeführten Voraussetzungen nicht vorliegen, können die örtlichen und räumlichen Verhältnisse die volle Verwirklichung des Grundsatzes der Öffentlichkeit verhindern. Das ist in der Rechtsprechung der Strafsenate des Reichsgerichts anerkannt (RGSt. Bd. 54 S. 225, Bd. 52 S. 137, Bd. 47 S. 322). Die Zivilsenate haben bisher, soweit ersichtlich, keine Gelegenheit zur Stellungnahme gehabt, weil die Beweisaufnahme früher seltener durch die Gesamtheit des Gerichtshofs erledigt und die Verhandlung auch nicht mit der Beweisaufnahme verbunden zu werden pflegte. Die schärfere Betonung der Unmittelbarkeit der Beweisaufnahme und der Notwendigkeit der Beschleunigung bei der Erledigung der Rechtsstreitigkeiten in der neueren Zeit haben zwangsläufig zu einer Änderung des früheren Verfahrens geführt. Im vorliegenden Fall konnten besondere Gründe für die Einschränkung der Öffentlichkeit bei der Beweisaufnahme sprechen. Die zu besichtigende Unfallstelle, an der auch die Zeugen zu vernehmen waren, befand sich auf einer öffentlichen Straße am Eingang einer Ortschaft; dabei sollten Kraftfahrzeuge vorgeführt werden. Es mag also Anlaß vorgelegen haben, dritte nicht zu den Beteiligten gehörende Personen räumlich von der Vornahme der gerichtlichen Handlungen fernzuhalten; dabei konnte mit Rücksicht auf die Nähe der Ortschaft auch die Fernhaltung unerwachsener Personen (§ 175 GVG.) in Frage kommen. Es soll nicht verkannt werden, daß dem Gericht bei der Ausübung des für die Einschränkung der Öffentlichkeit notwendigen Ermessens im allgemeinen die Freiheit der Entschließung gewahrt bleiben muß. Aber eine Grenze findet dieses Ermessen dort, wo für seine Ausübung Erwägungen maßgebend sind, die mit den örtlichen und räumlichen Verhältnissen des Einzelfalls in keinerlei Zusammenhang stehen. Und so war die Sachlage im vorliegenden Fall. Zu Beginn des Termins haben beide Parteien an der Unfallstelle mitgeteilt, daß sie zu ihrer Unterstützung Sachverständige — der Beklagte einen Oberingenieur — mitgebracht hätten. Diesen Sachverständigen ist nicht gestattet worden, den Vorgängen in einer Weise beizuwohnen, daß sie so, wie die Gerichtspersonen und die Parteien, das Gesprochene mitanhören konnten; es verblieb auch bei der Ausschließung der Sachverständigen, als der Prozeßbevollmächtigte des Beklagten im Laufe der Verhandlung nochmals um die Zulassung bat. Das Berufungsgericht hat sich in seiner Stellungnahme zu der Darstellung des Beklagten wiederholt dahin geäußert, es habe keine Veranlassung vorgelegen, zugunsten der Privatgutachter irgendeine Ausnahme zu machen; das Gericht sei auch der Ansicht gewesen, daß die Zuziehung der beiden Privatgutachter zum Termin überflüssig sei. Am Schluß seiner Äußerung faßt es seine Stellungnahme dahin zusammen, es habe sich darum gehandelt, ob der Aufenthalt der Privatgutachter unmittelbar in der Nähe des Senats erzwungen werden konnte zu dem Zweck, jedes Wort der Beteiligten zu hören und unmittelbar oder mit Hilfe des Anwalts in die Vernehmung einzugreifen;

der Senat habe keine Veranlassung gehabt, den Privatgutachtern vor anderen am Rechtsstreit nicht beteiligten Personen eine bevorzugte Stellung einzuräumen. Danach handelt es sich nicht mehr um eine Beschränkung der Öffentlichkeit aus Gründen der oben dargelegten Art, sondern um eine Ausschließung der Öffentlichkeit, eine Ausschließung, die vom Berufungsgericht selbst aber nicht gewollt war. Die Öffentlichkeit soll naturgemäß den Zuhörern die Möglichkeit geben, die vor Gericht sich abspielenden Vorgänge zu verfolgen. Den Parteien war daran gelegen, die von ihnen gestellten sachverständigen Personen zuhören zu lassen, und diese selbst hatten ein Recht darauf im Rahmen der öffentlichen Verhandlung. Von dem Eingreifen eines Zuhörers in die Verhandlung kann keine Rede sein; wäre der Versucht gemacht worden, wofür aber irgendein Anhalt nicht angeführt wird, so hätten die Vorschriften der §§ 176 flg. GVG. den Weg zur Abhilfe gewiesen. Die Ausführung des Berufungsgerichts, es habe die Zuziehung der Sachverständigen seitens der Parteien für überflüssig gehalten, liegt neben der Sache; sie hat mit den sachlichen Gründen der oben erörterten Art nichts zu tun und hätte nur dazu führen können, von einem Beschluß über sofortige Vernehmung der Sachverständigen (§ 357 a ZPO.) abzusehen, wenn sie beantragt worden wäre. Dieses Verfahren würde in Übereinstimmung mit der Auffassung des Berufungsgerichts gestanden haben, daß auch die Zuziehung eines gerichtlichen Sachverständigen nicht nötig sei. Gewiß sollte die Anwesenheit der Sachverständigen dazu dienen, die Parteien über die mit dem Unfall zusammenhängenden Fragen technischer Art zu unterrichten. Daß damit aber ein anderer Zweck als die Erforschung der Wahrheit verfolgt werden sollte, erhellt nicht, Alles das hat aber mit der Beschränkung der Öffentlichkeit nichts zu tun.

Von derselben nicht zu billigenden Erwägung hat sich das Berufungsgericht anscheinend auch bei der Vernehmung der Zeugen im Gemeindehause leiten lassen. Es kam, soweit es sich um zwei sachverständige Personen handelte, nicht darauf an, ob noch eine „größere Zahl" von Personen dort untergebracht werden konnte; wenn die Angehörigen der Parteien dort noch Unterkunft fanden, so kann man wohl auch annehmen, daß dies auch bei zwei anderen Personen möglich gewesen wäre; vermutlich würden die Parteien deren Anwesenheit für notwendiger gehalten haben als die ihrer Angehörigen. Daß die Beweisaufnahme mit der Vernehmung der Zeugen an der Unfallstelle noch nicht abgeschlossen war, sondern im Gemeindehause fortgesetzt wurde, kann nicht in Abrede gestellt werden.

Schließlich ist es durch das beanstandete Verfahren dazu gekommen, daß die Sachverständigen auch der Verhandlung im Gasthause nach Erledigung der Beweisaufnahme nicht beigewohnt haben. Der Prozeßbevollmächtigte des Beklagten hatte den von ihm zugezogenen Sachverständigen bereits entlassen, wahrscheinlich weil er sich nun keinen hinreichenden Nutzen mehr von dessen Anwesenheit versprach oder weil er annahm, daß diese auch weiterhin in der Verhandlung nicht möglich sein werde. Der Sachverständige des Klägers war in diesem Abschnitt des Termins noch anwesend; der Prozeßbevollmächtigte des Klägers bat aber auch ihn — auf den Widerspruch des Beklagten hin —, den Sitzungsraum zu verlassen. Daß die Belange der Parteien durch die Beschränkung der Öffentlichkeit im vorliegenden Fall verletzt worden sind, kann man auch aus dem weiteren Verlaufe des Rechtsstreits ersehen. Als der Beklagte vor dem Verkündungstermin ein umfangreiches Gutachten seines Sachverständigen einreichte und um Wiedereröffnung der Verhandlung bat, machte der Kläger geltend, dieses Gutachten sei schon deshalb nicht verwertbar, weil der Sachverständige an der Beweisaufnahme nicht teilgenommen habe, und das Berufungsgericht lehnte es dann ab, die Verhandlung wieder zu eröffnen.

Die Versuche des Klägers und Revisionsbeklagten, in der Verhandlung vor dem Revisionsgericht darzulegen, daß die Öffentlichkeit gewahrt worden sei, gehen fehl. Er meint, die Öffentlichkeit der Verhandlung habe nur allgemein den Zweck, daß unbeteiligte Personen der Verhandlung beiwohnen könnten, diese Erwägung treffe aber auf Privatgutachter der Parteien nicht zu. Eine solche Unterscheidung ist dem Gesetz nicht bekannt. Wollte man diesem Gedanken nachgehen, so könnte er nur dazu führen, die Anwesenheit sachkundiger Personen für bedeutsamer zu halten als die von Personen, welche auf dem zur Verhandlung stehenden Gebiet keine Fachkenntnisse besitzen.

Der Kläger nimmt ferner darauf Bezug, daß der Privatgutachter des Beklagten und Revisionsklägers in seinem nach dem Verhandlungstermin eingereichten Gutachten die Bemerkung vorausgeschickt habe, die Stellung von Wagen und Kraftrad bei der Augenscheinseinnahme könne nur in dem Umfange benutzt werden, wie sie habe beobachtet werden können aus der Entfernung, wohin die Sachverständigen der Parteien durch das Gericht verwiesen worden seien. Der Kläger meint, daraus gehe hervor, daß der Gutachter doch gewisse Beobachtungen habe machen können. Das ist unwesentlich. Das Erfordernis der Öffentlichkeit ist grundsätzlich zu bedeutsam, als daß man es für ausreichend halten könnte, wenn mehr oder weniger zuverlässige Wahrnehmungen allein mit dem Auge in gewissem Umfange möglich sind; im vorliegenden Falle wollte außerdem das Berufungsgericht die Privatgutachter von der Verhandlung — mit unzulässiger Begründung — fernhalten.

2. Schließlich meint der Kläger, daß der Beklagte auf die Rüge der Verletzung des Grundsatzes der Öffentlichkeit stillschweigend verzichtet habe; er leitet dies daraus her, daß die Rüge nach seiner Annahme nicht in dem Abschnitte des Termins erhoben worden sei, der die Verhandlung der Parteien zum Gegenstande hatte. Diese Rüge ist schon deshalb unbegründet, weil eine Vorschrift verletzt ist, auf deren Befolgung eine Partei wirksam nicht verzichten kann (§ 295 Abs. 2 ZPO.). Die — vereinzelt vertretene — Auffassung B a u m b a c h s (Bem. 1 zu § 169 GVG.),

daß der Öffentlichkeit der Verhandlung nach heutiger Auffassung nicht mehr die Bedeutung zukomme, die ihr in der Begründung des Gesetzes beigelegt wurde, ist abzulehnen. Die Bedeutung, welche die Ausübung der Rechtspflege grundsätzlich für die Volksgemeinschaft hat, spricht keineswegs dafür, daß diese jetzt über den vom Gesetz bestimmten Rahmen hinaus in der Möglichkeit beschränkt sein sollte, sich auch durch eigene Wahrnehmungen über den Gang des Verfahrens von der Rechtssicherheit zu überzeugen. Es würde andrerseits mit der im neuen Recht eingeführten Beschränkung der Parteibefugnis, den Verlauf des Rechtsstreits maßgebend zu bestimmen, nicht vereinbar sein, wenn man einer Partei die Verfügung darüber einräumen wollte, ob eine zugunsten der Voksgemeinschaft verordnete Grundlage des Verfahrens beiseite geschoben werden soll.

3. Das angefochtene Urteil war aus den angegebenen Gründen gemäß § 551 Nr. 6 ZPO. aufzuheben, ohne daß eine Nachprüfung in sachlich-rechtlicher Beziehung erfolgen konnte. Die erneute Verhandlung wird dem Beklagten Gelegenheit geben, auch seine sachlichrechtlichen Rügen — insbesondere zur Frage der Entlastung des Klägers — dem Berufungsgericht vorzutragen, das den gesamten Prozeßstoff von neuem zu prüfen hat. Dazu sei noch auf das folgende formelle Bedenken hingewiesen: Das Berufungsurteil enthält den Vermerk, daß die Zeugen „im wesentlichen" ihre früheren Aussagen wiederholt hätten. Zwar konnte die Feststellung der Zeugenaussagen in der Sitzungsniederschrift unterbleiben, weil die Vernehmung vor dem Prozeßgericht erfolgte und das Endurteil der Berufung nicht unterlag (§ 161 ZPO.). Dann ist aber, wie im Urteil des erkennenden Senats RGZ. Bd. 145 S. 392 im einzelnen dargelegt ist, die Wiedergabe der Zeugenaussagen im Urteil unerläßlich und geht es nicht an, diese auf das zu beschränken, was das Berufungsgericht für wesentlich hält. Vielmehr muß die Wiedergabe so erfolgen, daß nachgeprüft werden kann, ob das Berufungsgericht bei der Beurteilung, inwieweit eine Aussage als wesentlich zu erachten sei, von rechtlich zutreffenden Gesichtspunkten ausgegangen ist (JW. 1937 S. 35 Nr. 17 u. a.).

RGZ. 172, 68

Inwieweit ist der Rechtsweg für einen Schadensersatzanspruch zulässig, den der Rentengutserwerber gegen den Rentengutsausgeber aus arglistigem Verschweigen eines Sachmangels herleitet?

Preuß. Gesetz über Landeskulturbehörden vom 3. Juni 1919 (GS. S. 101) — LKBG. — § 1 Abs. 5.

III. Zivilsenat. Urt. v. 11. Oktober 1943.

I. Landgericht Berlin. II. Kammergericht daselbst.

Der Kläger kaufte von der Beklagten durch Rentengutsvertrag vom 30. Mai 1932 ein Gelände von 2,93 ha als Rentengutsstelle Nr. 54 des

Gutes B. Der Rentengutsrezeß von B. vom 14. und 17. März 1939 wurde nach Anerkennung durch den Kläger am 7. Juni 1939 vom Oberpräsidenten (Landeskulturabteilung) bestätigt. Der Kläger ist im Grundbuch noch nicht eingetragen worden.

Der Kläger nimmt die Beklagte auf Schadensersatz aus Vertrag und unerlaubter Handlung in Anspruch mit der Behauptung, sie habe ihm arglistig verschwiegen, daß die veräußerte Siedlerstelle zum Vorflutgelände des durch die Beklagte besiedelten Gutes gehöre, dessen Drainage etwa 60 cm höher liege, und daß sie in nassen Jahren durch das anfallende Oberwasser und das Grundwasser überflutet werde; infolge dieser Lage sei das Grundstück im Frühjahr 1940 überschwemmt und dabei die auf ihm angelegte Obstkultur zum großen Teil vernichtet worden, wodurch ihm ein Schaden von mindestens 6000 RM. entstanden sei. Mit der Klage hat der Kläger die Verurteilung der Beklagten zur Zahlung von 6000 RM. nebst Zinsen sowie die Feststellung begehrt, daß die Beklagte ihm zum Ersatz allen weiteren Schadens verpflichtet sei, der dadurch entstanden sei und noch entstehen werde, daß jene ihm ein Vorflutgelände als Siedlerstelle verkauft habe. Die Beklagte hat unter Bestreiten des Klaganspruchs die Einrede der Unzulässigkeit des Rechtswegs erhoben, über die vorweg verhandelt worden ist. Durch Zwischenurteil hat das Landgericht die Einrede verworfen. Die Berufung der Beklagten hiergegen ist vom Kammergericht zurückgewiesen worden. Ihre Revision hatte teilweise Erfolg.

Gründe:

Die Entscheidung, ob der Rechtsweg zulässig ist, hängt davon ab, ob für den vorliegenden Streit die Zuständigkeit der Landeskulturbehörden gesetzlich begründet ist (§ 13 GVG.). Dies wird vom Berufungsgericht verneint unter Hinweis auf die Vorschrift in § 1 Abs. 5 LKVG., durch welche die bisherige, auf § 12 des Gesetzes, betreffend die Beförderung der Errichtung von Rentengütern, vom 7. Juli 1891 (GS. S. 279) in Verbindung mit §§ 3, 20 der Preuß. Verordnung wegen Organisation der Generalkommissionen usw. vom 20. Juli 1817 (GS. S. 161) und § 7 der Preuß. Verordnung wegen des Geschäftsbetriebes in den Angelegenheiten der Gemeinheitsteilungen usw. vom 30. Juni 1834 (GS. S. 96) beruhende weitgehende Zuständigkeit der Auseinandersetzungsbehörden zur Entscheidung von Streitigkeiten im Rentengutsverfahren erheblich eingeschränkt worden ist. Nach dieser Vorschrift — so meint das Berufungsgericht im Anschluß an eine Entscheidung des Gerichtshofs zur Entscheidung der Kompetenzkonflikte vom 1. Juli 1933 (Ztschr. f. Agrar- und WasserR. Bd. 20 S. 73) — sei der Rechtsweg für Streitigkeiten in Rentengutssachen lediglich dann ausgeschlossen, wenn das zur Entscheidung stehende Rechtsverhältnis nur im Zusammenhange mit dem Rentengutsverfahren denkbar und eine Maßnahme dieses behördlich geleiteten Verfahrens als solchen zur Prüfung gestellt sei; dagegen genüge nicht, daß das streitige Rechtsverhältnis auf dem Boden des Rentengutsvertrags erwachsen sei. Es komme auch nicht darauf an, ob der Rezeß bereits grundbuchlich vollzogen sei und die sogenannte Ausführungsverhandlung stattgefunden habe. Da die mit der Klage geltend gemachten Ansprüche aus Gewährleistung (§§ 459 flg. BGB.) oder aus unerlaubter Handlung (§§ 823 flg. BGB.) nicht nur im Zusammenhange mit dem Rentengutsverfahren denkbar seien und der Kläger, der bei dem Rezeß stehenbleiben wolle, sich nicht über die Art der Ausführung des Rentengutsverfahrens und über die darin vorgekommenen behördlichen Maßnahmen beschwere, seien die ordentlichen Gerichte zur Entscheidung berufen.

Diese Beurteilung ist nicht frei von rechtlichen Bedenken. Verfehlt ist allerdings die Ansicht der Revision, der Rechtsweg sei schon deshalb unzulässig, weil das Rentengutsverfahren noch nicht beendet sei. Die völlige Beendigung des Rentengutsverfahrens, zu der nicht nur die Bestätigung, sondern auch die der Landeskulturbehörde ebenfalls obliegende Ausführung des Rentengutsrezesses gehört (RG. in Gruch. Bd. 69 S. 625), könnte für die hier streitige Frage nur insofern Bedeutung haben, als mit ihr die Zuständigkeit der Landeskulturbehörden zur Entscheidung von Streitigkeiten überhaupt erlöschen, der Rechtsweg also in vollem Umfang offenstehen würde (RGZ. Bd. 40 S. 211 [215]). Soweit ist aber das Rentengutsverfahren hier, wenn auch das Berufungsurteil keine Feststellungen darüber enthält, bisher ersichtlich nicht durchgeführt worden. Es kommt deshalb darauf an, ob der vorliegende Rechtsstreit zu denjenigen Streitigkeiten gehört, deren Entscheidung auch nach § 1 Abs. 5 LKBG. bei den Landeskulturbehörden verblieben ist oder ob dafür nach dieser Vorschrift der Rechtsweg offensteht.

§ 1 Abs. 5 bestimmt, daß die bisherige Zuständigkeit der Auseinandersetzungsbehörden (Landeskulturbehörden) zur Entscheidung von Streitigkeiten über solche Rechtsverhältnisse wegfällt, die außerhalb eines Auseinandersetzungsverfahrens — hier eines Rentengutsverfahrens — Gegenstand eines Rechtsstreits hätten werden können und dann vor die ordentlichen Gerichte gehört hätten. Die Fassung dieser Vorschrift, deren Bedeutung und Tragweite umstritten ist (vgl. außer der bereits erwähnten eine weitere Entscheidung des Kompetenzgerichtshofes vom 25. Oktober 1930 [Arch. f. inn. Kolon. Bd. 23 S. 70]; RGZ. Bd. 121 S. 190, Bd. 123 S. 27; Pr. OVG. Bd. 93 S. 214), wurde bewußt dem § 66 Satz 2 des Gesetzes, betreffend das Verfahren in Auseinandersetzungsangelegenheiten, vom 18. Februar 1880 in der Fassung vom 10. Oktober 1899 (GS. S. 403) angeglichen, der im Anschluß an noch ältere Vorbilder die Zulässigkeit der Revision gegen die in der Berufungsinstanz erlassenen Endurteile des Oberlandeskulturgerichts in derselben Weise abgegrenzt hatte. Daraus läßt sich die Absicht des Gesetzes entnehmen, die Entscheidung solcher Streitigkeiten, für die bis dahin die Revision an das Reichsgericht zugelassen war, künftig ganz den ordentlichen Gerichten zu übertragen. Der Grund dafür ist nach der Gesetzesbegründung darin zu suchen, daß die bisherigen Auseinandersetzungsbehörden aus richterlichen in Verwaltungsbehörden umgestaltet und von der Entscheidung aller „rein bürgerlichen" Streitigkeiten befreit werden sollten (Drucks. d. verfassunggebenden Landesversammlung Nr. 191 S. 346 Sp. 13).

Zu § 66 Satz 2 des Gesetzes von 1880/1899 hat das Reichsgericht vor 1919 wiederholt ausgesprochen, daß es für die Revisionsfähigkeit ohne Bedeutung sei, ob die zu entscheidenden Rechtsfragen dem allgemeinen bürgerlichen Recht angehörten, daß die Zulässigkeit der Revision vielmehr davon abhänge, ob das im Streit befindliche Rechtsverhältnis, losgelöst aus dem Rahmen des agrarrechtlichen Verfahrens, in dem es zur Zeit befangen sei, Gegenstand eines vor den ordentlichen Gerichten zum Austrag zu bringenden Rechtsstreits hätte werden können (so RGUrt. vom 17. Januar 1905 in Ztschr. für LandKultGesgebung Bd. 35 S. 362 [376]). Entsprechendes muß auch für die Auslegung des § 1 Abs. 5 LKBG. gelten. Für die Zulässigkeit des Rechtswegs genügt es deshalb nicht, daß Voraussetzungen und Inhalt des streitigen Anspruchs sich nach bürgerlichrechtlichen Vorschriften richten und darum gleichartige Ansprüche auch bei Verträgen des bürgerlichen Rechtsverkehrs, insbesondere bei gewöhnlichen Grundstückskäufen, vorkommen können. Entscheidend ist vielmehr, ob über dieses bestimmte einzelne Rechtsverhältnis, das im Rentengutsverfahren streitig geworden ist, auch schon ohne dieses Verfahren, wennschon vielleicht zwischen anderen Beteiligten, hätte gestritten werden können und dann für die Entscheidung darüber die ordentlichen Gerichte zuständig gewesen wären. Dabei ist es ohne Belang, ob der Streit ohne das Rentengutsverfahren nicht ausgebrochen wäre. Nur in diesem Sinne kann an dem in RGZ. Bd. 121 S. 195 aufgestellten, in Bd. 123 S. 34 gebilligten Satze festgehalten werden, daß die Zuständigkeit der ordentlichen Gerichte für Streitigkeiten, wie sie bei jedem Kaufvertrage vorkommen könnten, nicht darum ausgeschlossen sei, weil der Kaufvertrag ein Rentengutsvertrag sei. Hiernach ist zwar einerseits die Auffassung des Oberverwaltungsgerichts als zu weitgehend zu beanstanden, daß Rechtsverhältnisse, wie sie durch den behördlich vermittelten Rentengutsvertrag entständen, und Streitigkeiten über solche Rechtsverhältnisse ihrem Kern und Wesen nach ohne behördlich vermitteltes Rentengutsverfahren nicht denkbar und deshalb durchweg der Entscheidung der ordentlichen Gerichte entzogen seien (OVG. Bd. 93 S. 229). Andererseits muß aber auch die Ansicht des Kompetenzgerichtshofes abgelehnt werden, daß sich der Rentengutsvertrag, seine Rechtswirkungen und die durch ihn begründeten Rechte und Pflichten der Beteiligten von solchen bei anderen Grundstückskaufverträgen überhaupt nicht wesentlich unterschieden und demgemäß für sie grundsätzlich der Rechtsweg gegeben sei (Arch. f. inn. Kol. Bd. 23 S. 73) und daß die Zuständigkeit der Landeskulturbehörde zur Entscheidung nur begründet sei, wenn die Behandlung des streitigen Rechtsverhältnisses in ihre verwaltende Tätigkeit falle und eine Maßnahme des behördlich geleiteten Verfahrens zur Prüfung gestellt sei (Ztschr. f. Agrar- und WasserR. Bd. 20 S. 73). Es kann nicht im Sinne der Vorschrift des § 1 Abs. 5 LKBG. liegen, den Rechtsweg auch für Streitigkeiten über solche Ansprüche zu eröffnen, die erst innerhalb des Rentengutsverfahrens und für dieses entstanden sind und in ihm ihre Verwirklichung zu finden haben.

Im vorliegenden Falle verlangt der Kläger von der Beklagten, von der er ein Grundstück im Rentengutsverfahren erworben hat, Schadensersatz, weil sie ihm bei der Veräußerung des Rentenguts einen wesentlichen Mangel der Kaufsache verschwiegen habe. Soweit der Anspruch auf Vertrag gestützt wird, handelt es sich um einen solchen aus Gewährleistung gemäß § 463 Satz 2 BGB. Prüft man diesen Streit nach den vorher über die Bedeutung des § 1 Abs. 5 LKBG. entwickelten Grundsätzen, so ergibt sich, daß dafür der Rechtsweg nicht gegeben ist.

Das Rentengutsverfahren zielt ab auf eine endgültige und erschöpfende Festlegung der vertraglichen Rechtsbeziehungen der Beteiligten aus der Bildung und Veräußerung der Rentengüter in dem Rentengutsbegründungsvertrag, dem sogenannten Rezeß. Die Grundlagen für dessen Inhalt geben die Rentengutsvorverträge in Verbindung mit den daran angeschlossenen behördlichen Erhebungen. Auch der Abschluß jener Vorverträge stellt einen Teil des Rentengutsverfahrens dar, mag er gleich der Anrufung der Landeskulturbehörde voraufgegangen sein. Die Vorverträge selbst sind dabei ebenso wie jene behördlichen Erörterungen nur vorbereitender Natur und haben für die Gestaltung der vertraglichen Rechtsbeziehungen der Beteiligten keine selbständige Bedeutung. In den Rezeß sind alle aus der Bildung und Veräußerung der Rentengüter erwachsenden Ansprüche der Beteiligten aufzunehmen; auch etwaige nach bürgerlichrechtlichen Vorschriften sich ergebende Gewährleistungsansprüche sind dabei zu berücksichtigen. Mit der behördlichen Bestätigung erhält der Rezeß die sachlichrechtliche Wirkung eines Vergleichs oder rechtskräftigen Urteils. Gemäß dem auch im Rentengutsverfahren anwendbaren § 170 der Verordnung vom 20. Juni 1817 sind die Beteiligten nunmehr mit weiteren Einwendungen oder Nachforderungen in bezug auf die durch den Rezeß geregelten Rechtsverhältnisse ausgeschlossen (vgl. RGZ. Bd. 123 S. 30, 32, 35 flg.). Für die Geltendmachung von darin nicht aufgenommenen Gewährleistungsansprüchen ist daher jetzt kein Raum mehr, und zwar auch dann, wenn sie aus einem arglistigen Verschweigen hergeleitet werden, zumal da sich § 476 BGB. nur auf einen vertraglichen Ausschluß der Gewährleistung bezieht.

Aus dieser Verfahrensgestaltung ergibt sich, daß ein Gewährleistungsmangel beim Rentengutskauf überhaupt nur einen Anspruch des davon Betroffenen auf Berücksichtigung seiner nach bürgerlichrechtlichen Vorschriften daraus erwachsenden Rechte bei der Aufstellung des Rezesses zu begründen vermag. Das ist aber ein Anspruch, der nur innerhalb des Rentengutsverfahrens Bedeutung hat und nur darin Befriedigung finden kann. Die Entscheidung über ihn steht deshalb im Streitfalle nicht den ordentlichen Gerichten, sondern den Landeskulturbehörden zu.

Nun ist allerdings die vorliegende Klage nicht ausdrücklich auf eine Abänderung des Rezesses gerichtet; sachlich aber läuft das Klagebegehren, soweit es auf Vertrag gestützt ist, auf nichts anderes hinaus. Deshalb kann dafür insoweit der Rechtsweg nicht gegeben sein.

Anders muß dagegen die Beurteilung sein, soweit der eingeklagte Schadensersatzanspruch aus unerlaubter Handlung hergeleitet wird, wofür als Klagegrundlage § 826 BGB. oder § 823 Abs. 2 BGB. in Verbindung mit § 263 StGB. in Betracht kommen. Ein solcher Anspruch besteht unabhängig vom Rentengutsverfahren und bleibt von der das Ziel dieses Verfahrens bildenden Rechtsgestaltung unberührt. Er würde freilich nach dem Grundsatze des § 249 BGB. nur auf Herstellung der gleichen Vermögenslage des Klägers gerichtet sein können, wie sie bestehen würde, wenn die Beklagte den behaupteten Mangel des Rentenguts überhaupt nicht arglistig verschwiegen hätte oder doch später ihrer Offenlegungspflicht nachgekommen wäre, wenn sie insbesondere den Mangel so rechtzeitig aufgedeckt hätte, daß der aus dem anfänglichen Verschweigen dem Kläger erwachsene Gewährleistungsanspruch noch im Rezeß hätte berücksichtigt werden können. Von diesem Gesichtspunkt aus wird der Kläger seinen Schadensersatzanspruch im weiteren Verfahren noch näher darzulegen haben.

Soweit sich die Klage auf unerlaubte Handlung gründet, ist hiernach der Rechtsweg vom Berufungsgericht mit Recht für zulässig gehalten worden.

Rechtsanwaltsordnung

RGZ. 88, 223

In welcher Frist verjährt der Anspruch der Partei auf Schadensersatz aus dem zwischen ihr und dem Rechtsanwalt bestehenden Vertragsverhältnis, wenn dieses Verhältnis ein Werkvertrag ist?

BGB. §§ 195, 638. Rechtsanwaltsordnung § 32a.

III. Zivilsenat. Urt. v. 5. Mai 1916.

Die Entscheidung ist abgedruckt unter „Bürgerliches Recht, Recht der Schuldverhältnisse 7".

RGZ. 90, 82

In welchem Zeitpunkte entsteht gemäß § 198 BGB. der Rückgriffsanspruch einer Partei gegen ihren Rechtsanwalt, der darauf gestützt ist, daß dieser eine Forderung der Partei gegen einen Dritten hat verjähren lassen?

BGB. §§ 198, 249 Rechtsanwaltsordnung § 32a.

III. Zivilsenat. Urt. v. 23. März 1917.

Die Entscheidung ist abgedruckt unter „Bürgerliches Recht, Allgemeiner Teil 4".

RGZ. 142, 70 †

Verstößt ein Abkommen gegen Standesehre und gute Sitten, durch das sich ein Rechtsanwalt als Vergütung einen bestimmten Teil des Gewinns ausbedingt, der durch seine Tätigkeit erzielt werden wird?

RAO. § 28. BGB. § 138 Abs. 1.

III. Zivilsenat. Urt. v. 20. Oktober 1933.

I. Landgericht Berlin. II. Kammergericht daselbst.

Durch Pachtvertrag vom 6. Juni 1928 hatte der Beklagte das in Berlin-Charlottenburg an der Kantstraße belegene Hotel H. für einen Jahrespachtzins von 240 000 RM. gepachtet. Etwa in derselben Zeit übernahm er auf Grund eines mit dem Hauseigentümer geschlossenen Mietvertrags das in Berlin an der Ecke Potsdamer Platz/Bellevuestraße belegene Kaffee J. Durch die Verschlechterung der wirtschaftlichen Verhältnisse wurden die Verpflichtungen aus diesen Verträgen für den Beklagten immer drückender. Er erstrebte deshalb eine Herabsetzung der von ihm zu zahlenden Pacht- und Mietzinsen. Um Beratung in dieser

Angelegenheit wandte er sich an den Kläger als Rechtsanwalt und betraute diesen dann auch mit der Wahrnehmung seiner Interessen.

Verhältnismäßig rasch wurde eine Herabsetzung des für die Räume am Potsdamer Platz vom Beklagten geschuldeten Mietzinses erreicht. Das Haus geriet unter Zwangsverwaltung. Mit dem Zwangsverwalter wurde bereits am 2. Februar 1931 ein dem Beklagten entgegenkommender Vergleich geschlossen. In der Pachtsache H. wurden dagegen zunächst Prozesse zwischen dem Beklagten und den Verpächtern anhängig. Der Beklagte zahlte von Beginn des Jahres 1931 ab statt der vertraglichen Monatspacht von 20 000 RM. nur 10 000 RM. In vier getrennten Prozessen klagten nun die Verpächter je 10 000 RM. gegen ihn ein. Anderseits erhob er Klage gegen die Verpächter auf Rückzahlung von 120 000 RM., da er im Jahre 1930 in dieser Höhe zu viel an Pacht gezahlt habe. Indessen wurden diese Rechtsstreitigkeiten nicht bis zur rechtskräftigen Entscheidung durchgeführt. Am 4. Dezember 1931 verglich sich der Beklagte mit seinen Vertragsgegnern dahin, daß die Jahrespacht für das Hotel H. von 240 000 RM. auf 165 000 RM. herabgesetzt werde.

Bei ihren Besprechungen über die sachliche Behandlung der vorgenannten Angelegenheiten erörterten die Parteien auch alsbald die Frage der dem Kläger für seine Bemühungen vom Beklagten zu entrichtenden Vergütung. Sie einigten sich dahin, daß der Beklagte dem Kläger neben den gesetzlichen Gebühren eine Sondervergütung zahlen sollte. Die getroffene Vereinbarung legte der Kläger in folgendem, am 16. Februar 1931 an den Beklagten gerichteten Briefe nieder:

> Ich bestätige die Vereinbarung, die wir bezüglich der Vergütung meiner Tätigkeit betreffend Herabsetzung der Mieten Potsdamer Platz und Kantstraße getroffen haben:
>
> Neben den mir zustehenden gesetzlichen Gebühren bewilligen Sie mir 10 % derjenigen Beträge, die Sie auf die Dauer der Miet- bzw. Pachtverhältnisse gegenüber den vertraglichen Vereinbarungen ersparen. Dabei ist es gleichgültig, ob und inwieweit Sie Vorteile unmittelbar oder mittelbar durch meine Tätigkeit erzielen und ob oder wann meine Tätigkeit zu Ende ist.
>
> Für den Abschluß von Vergleichen werden Sie sich meiner Mitwirkung bedienen.

Diesen Brief ergänzte der Kläger dann am nächsten Tage, dem 17. Februar, durch folgendes Schreiben an den Beklagten:

> Auf Grund unserer heutigen Unterhaltung ergänze ich meine gestrige Bestätigung unserer Honorar pp.-Vereinbarung wie folgt:
>
> Sollte sich für Sie die Notwendigkeit ergeben, innerhalb der Instanz statt meiner einen anderen Anwalt mit Ihrer Vertretung zu betrauen, so ermäßigt sich für diejenigen Erfolge bzw. Ersparnisse, die während der Tätigkeit dieses anderen Anwalts erzielt werden, mein Anteil von 10 % auf 5 %.

Eine spätere Abänderung der Vertragsabreden ergibt sich aus einem Schreiben, das der Kläger am 5. August 1931 an den Beklagten gerichtet hat:

Inhalt und Ergebnis unserer heutigen Unterhaltung bestätige ich Ihnen wie folgt:

Sie haben anerkannt, daß die von mir aufgemachte Kostenforderung auf Grund der zwischen uns getroffenen Vereinbarungen begründet ist, haben aber geltend gemacht, daß Sie sich vor Abschluß unserer Vereinbarungen über die Höhe der in Frage kommenden Beträge nicht klar gewesen seien, und haben deshalb gebeteen, das bedungene Honorar zu ermäßigen. Wir sind übereingekommen, daß meine prozentuale Beteiligung für Potsdamer Platz und Kantstraße mit Wirkung vom 1. Juli d. J. auf 5 % herabgesetzt wird, daß Sie mir aus dieser Beteiligung für beide Sachen zusammen ein Extrahonorar von mindestens 30 000 Reichsmark garantieren und daß im übrigen unsere Vereinbarungen unverändert fortbestehen. Wir haben unsere Übereinstimmung darüber festgestellt, daß meine Beteiligung sich auf die ganze Dauer der Miet- bzw. Pachtverhältnisse erstreckt.

Der Kläger berechnet den ihm nach den vorstehend wiedergegebenen Abreden zustehenden Anteil an den Ersparnissen, die der Beklagte durch die Vergleiche vom 2. Februar und 4. Dezember 1931 seinen ursprünglichen Vertragsverpflichtungen gegenüber bisher gemacht hat, auf den Betrag von 12 975,12 RM. und hat ihn nebst Zinsen eingeklagt. Der Beklagte bestreitet die Gültigkeit der Vereinbarungen. Er macht geltend, eine solche Beteiligung eines Rechtsanwalts an den Vorteilen, die seine Tätigkeit der von ihm beratenen und vertretenen Partei bringe, sei nicht bloß standeswidrig, sondern verstoße auch gegen die guten Sitten. Die ganze Abmachung sei daher nichtig.

Das Landgericht hat der Klage stattgegeben, das Kammergericht hat sie dagegen abgewiesen. Die Revision des Klägers blieb erfolglos.

Gründe:

Im Gegensatz zum Landgericht steht das Kammergericht auf dem Standpunkt, daß die Abmachungen, welche die Parteien über die dem Kläger neben seinen gesetzlichen Gebühren vom Beklagten zu zahlende besondere Vergütung getroffen haben und welche sich im einzelnen aus den Schreiben des Klägers vom 16. und 17. Februar sowie vom 5. August 1931 ergeben, nicht bloß gegen die anwaltliche Standesehre, sondern auch gegen die guten Sitten verstoßen. Es hat deshalb die ganze Vereinbarung nach § 138 Abs. 1 BGB. für nichtig erklärt und die darauf gestützte Klage abgewiesen. Zu den hiergegen gerichteten Angriffen der Revision ist vorweg zu bemerken, daß sie zu einem erheblichen Teil neben der Sache liegen, insoweit nämlich, als sie sich mit der — allerdings auch vom Berufungsgericht behandelten — Frage befassen, ob sich der Kläger im vorliegenden Fall überhaupt eine Erfolgsvergütung ausbedingen durfte.

Nicht davon hängt die Entscheidung ab, wie diese allgemeinere Frage zu beantworten ist, sondern allein davon, ob die Vergütungsvereinbarung so, wie sie nun einmal von den Parteien getroffen worden ist, rechtlichen Bestand haben kann. Diese Vereinbarung wird aber gekennzeichnet dadurch, daß dem Kläger nicht etwa für den Fall des günstigen Ausgangs der von ihm zu führenden Sachen eine fest bestimmte Summe versprochen wurde, sondern daß er an den Vorteilen teilhaben sollte, die seine Tätigkeit dem Beklagten, sei es im Wege des Rechtsstreits, sei es im Wege des gütlichen Vergleichs, verschaffen würde. Ein bestimmter Hundertsatz davon wurde dem Kläger versprochen. Er selbst nennt das, was er fordert, „Ersparnisprozente". Die Ausbedingung solcher „Ersparnisprozente" verstößt aber, zumal unter Berücksichtigung der Nebenbestimmungen des Abkommens, gegen die guten Sitten und ist daher nichtig.

Das Berufungsgericht ist bei Beurteilung der Sachlage mit Recht ausgegangen von den Grundsätzen, die der erkennende Senat in seiner RGZ. Bd. 115 S. 141 abgedruckten Entscheidung, übrigens in Übereinstimmung mit seiner früheren Rechtsprechung (vgl. Seuff-Arch. Bd. 69 Nr. 255), entwickelt hat. Wie dort ausgeführt, darf sich der Rechtsanwalt, weil er Organ der Rechtspflege ist, bei seiner Tätigkeit als Beistand und Berater der Partei nur von Rücksichten auf die von ihm zu vertretende Sache leiten lassen. Hierzu muß er sich seiner Partei gegenüber die erforderliche Freiheit wahren. Diese Stellung gefährdet er aber und würdigt sie herab, wenn er das Interesse an einer angemessenen Entlohnung seiner Mühewaltung mit den Interessen der Partei dadurch verquickt, daß er es in Abhängigkeit zu ihrem Erfolg im Rechtsstreit setzt. Ein Rechtsanwalt, der ein solches Abkommen schließt, verstößt deshalb gegen die Standesehre. Nur bei besonderer Gestaltung des Falls läßt sich ausnahmsweise eine andere Beurteilung rechtfertigen.

Dem erkennenden Senat ist bekannt, daß gegen seine vorstehend wiedergegebene Auffassung im Schrifttum lebhafte Angriffe erhoben worden und daß auch einige Oberlandesgerichte ihr nicht gefolgt sind. Gleichwohl hält er an ihr fest. Soweit sich die Einwendungen beziehen auf die Ausführungen des früheren Urteils darüber, wann ein Verstoß gegen die anwaltliche Standesehre zugleich einen Verstoß gegen die guten Sitten enthält, wird später auf sie eingegangen werden. Im übrigen ist ihnen gegenüber zu sagen, daß die früher allgemein anerkannte Standesunwürdigkeit einer Verabredung, die dem Anwalt als Entlohnung einen Teil des Ergebnisses seiner Tätigkeit zuweist, nur dann geleugnet werden kann, wenn man dem einzelnen Anwalt völlige Freiheit in der Gestaltung seiner wirtschaftlichen Berufsangelegenheiten geben will. Das ist aber angesichts der Stellung, die der Gesetzgeber dem Anwaltsstand gegeben hat, unmöglich. Der Awaltsberuf wird zwar — im Gegensatz zum Beamtenberuf — zu den freien Berufen gezählt. Die Freiheit eines nur durch die allgemeinen Gesetze in seiner wirtschaftlichen Betätigung beschränkten Privatmannes genießt der Rechtsanwalt gleichwohl nicht. Aus der gesetzlich geordneten und mit besonderen Rechten ausgestatteten Stellung der Anwaltschaft, aus der Bedeutung, die der Anwaltschaft für das Rechts- und damit für das gesamte Staatsleben zukommt, folgen vielmehr besondere Pflichten für jeden einzelnen Rechtsanwalt. Sie werden in § 28 RAO. dahin zusammengefaßt, daß der Rechtsanwalt verpflichtet ist, seine Berufstätigkeit gewissenhaft auszuüben und durch sein Verhalten in Ausübung des Berufs sowie außerhalb desselben sich der Achtung würdig zu zeigen, die sein Beruf erfordert. Die danach gebotene Gewissenhaftigkeit der Berufsausübung ist aber nicht mehr unbedingt gewährleistet, wenn sich der Anwalt mit seiner Partei dadurch wirtschaftlich aufs engste verbindet, daß er sich einen Teil des Gewinns versprechen läßt, den seine Arbeit der Partei verschaffen wird. Das eigene Interesse an der von ihm zu führenden Sache wird dann so groß, daß die ihm gesetzlich zugewiesene Stellung als Walter des Rechts gefährdet erscheint. Der Anwalt, der solche Gefährdung herbeiführt, handelt in aller Regel gegen die Ehre seines Standes.

Daß es sich hierbei nicht um bloß erdachte Gefahren handelt, sondern daß sich ein Anwalt, der durch Gewinnbeteiligung in stärkstem Maße persönlich an dem Ausgang der von ihm geführten Sache interessiert ist, leichter entschließen wird, sie mit unstatthaften Mitteln zu fördern, als das ein nicht in solcher Weise beteiligter Anwalt tut, dafür bietet gerade der vorliegende Fall einen gewissen Anhalt. Bei den Vergleichsverhandlungen mit den Verpächtern des Hotels H. wollte der Beklagte günstigere Bedingungen dadurch erzielen, daß er seine wirtschaftlichen Verhältnisse in einem möglichst trüben Lichte darstellte. Er verfaßte deshalb am 12. November 1931 einen zwar an den Kläger gerichteten, aber, wie dieser wußte, von vornherein zur Weitergabe an die Gegner bestimmten Brief, worin er ausführte, daß er aus wirtschaftlichen Gründen nicht in der Lage sei, die bisherigen Vergleichsvorschläge anzunehmen. Wie der Kläger in einem Schriftsatz berichtet, erschien ihm der vom Beklagten geschriebene Brief in der ursprünglichen Fassung nicht als vollkommen geeignet und vorteilhaft für den Zweck, für den er bestimmt war. Der Kläger verbesserte deshalb den Brief, schrieb ihn um und ließ die veränderte Fassung vom Beklagten genehmigen. Dann übersandte er ihn, als wäre er ein Originalbrief des Beklagten, mit einem eigenen Begleitschreiben an die Vertreter der Verpächter. Der Kläger selbst sagt zu diesem Vorgang zusammenfassend: der Brief vom 12. November 1931 war nicht etwa eine für den Kläger bestimmte und deshalb präsumtiv wahrheitsgetreue Darstellung der Verhältnisse, sondern war dazu bestimmt, die Gegenpartei zu bluffen, gab also die Verhältnisse tendenziös entstellt wieder. Daß der Kläger durch Beteiligung an diesen auf die Täuschung der Gegenseite abzielenden Machenschaften seiner Partei seine Standespflichten ernstlich verletzt hat, bedarf keiner weiteren Begründung. Daß er sich zu solcher Handlungsweise aber nur verstanden hat, weil er aus einer günstigen Vergleichsgestaltung unmittelbar eigene Vorteile zog, diese Annahme liegt mindestens sehr nahe. Natürlich soll nicht etwa aus dem späteren Verhalten des Klägers die Sittenwidrigkeit der von ihm mit dem Beklagten getroffenen Vergütungsvereinbarung hergeleitet werden. Es begründet nur den Verdacht, daß der Kläger infolge der zwischen ihm und seiner Partei bestehenden Interessengemeinschaft nicht mehr imstande war, seinen Anwaltspflichten unter allen Umständen gerecht zu werden. Somit bildet es eine aus dem Einzelfall zu gewinnende Rechtfertigung für die Forderung, daß die Anwälte nicht in solcher Weise ihre Interessen mit denen ihrer Partei verquicken sollen.

Der erkennende Senat befindet sich bei dieser grundsätzlichen Beurteilung der *Beteiligung des Rechtsanwalts an den wirtschaftlichen* Erträgnissen seiner Tätigkeit durchaus im Einklang mit dem Ehrengerichtshof für Rechtsanwälte. Dessen frühere Rechtsprechung ist bereits RGZ. Bd. 115 S. 142 angeführt worden. Er hat aber auch später an ihr festgehalten, so in der Entscheidung vom 5. Mai 1928 (EGH. Bd. 22 S. 111). Er sagt dort, nur in seltenen Ausnahmefällen könnten derartige Abkommen als makelfrei erscheinen. Diese Entscheidung ist besonders bemerkenswert, weil sie unter standesrechtlichen Gesichtspunkten denselben Fall behandelt, über den der erkennende Senat in dem mehrerwähnten Urteil Bd. 115 nach bürgerlichem Recht zu befinden hatte. Im Grundsätzlichen sind also die beiden obersten Gerichtshöfe durchaus einig. Daß der Ehrengerichtshof den damaligen Einzelfall anders beurteilt hat als der Senat, kommt demgegenüber nicht irgendwie entscheidend in Betracht. Auch später noch in der Entscheidung vom 1. November 1930 (EGH. Bd. 24 S. 169) hat der Ehrengerichtshof daran festgehalten, daß das Erfolgshonorar in Form der Zusicherung eines Teiles des Streitgegenstandes, d. h. eines Teiles des demnächst durch die Tätigkeit des Anwalts erlangten Streitgegenstandes, zu beanstanden sei.

Die Bekämpfung des vom Senat eingenommenen strengeren Standpunkts ist letztlich zurückzuführen auf eine abweichende Auffassung von dem Wesen des Anwaltsberufes, auf eine Auffassung, welche dessen wirtschaftliche Seite in den Vordergrund rückt, seinem öffentlich-rechtlichen Charakter und den daraus entspringenden Anwaltspflichten aber nicht hinreichend Rechnung trägt. Diese Anschauung kam zwar gewissen Zeitströmungen der letzten Jahre entgegen. Gleichwohl kann, zumal angesichts der Rechtsprechung des Ehrengerichtshofs, nicht anerkannt werden, daß sie jemals zur endgültigen Herrschaft gelangt sei. . . . Zu den Schranken, welche übrigens von den ihrer Berufsehre bewußten, zweifellos die überwiegende Mehrzahl bildenden deutschen Rechtsanwälten niemals als solche empfunden worden sind und auch in Zukunft nicht empfunden werden, gehört die grundsätzliche Unzulässigkeit einer Beteiligung des Sachwalters am Streitgewinn. An ihr muß somit festgehalten werden.

Allerdings hindert auch die heutige Rechtsauffassung nicht, daß unter besonderen Umständen ausnahmsweise ein Abkommen der gedachten Art zwischen dem Anwalt und seiner Partei als nicht standeswidrig erscheinen kann. Indessen liegt der gegenwärtige Fall nicht so. Im Gegenteil ist dem Berufungsgericht durchaus darin beizustimmen, daß die Einzelbestimmungen der zwischen den Parteien getroffenen Abmachungen diese in einem ganz besonders ungünstigen Licht erscheinen lassen.

Hier hebt das Berufungsgericht zunächst mit Recht die lange Dauer der nach dem Abkommen vom Beklagten an den Kläger zu leistenden Zahlungen hervor. Die Parteien waren von vornherein darüber einig — in dem Schreiben des Klägers vom 5. August 1931 ist es nochmals besonders hervorgehoben —, daß sich die Beteiligung des Klägers an den ersparten Pacht- und Mietzinsen auf die ganze Dauer der Pacht- und Mietverhältnisse erstrecken sollte. Der Pachtvertrag über das Hotel H. endete mit dem 31. März 1939 und verlängerte sich sogar bei nicht rechtzeitiger Kündigung immer wieder um jeweils ein Jahr. Vom Tage des Vergleichsabschlusses, dem 4. Dezember 1931, ab gerechnet, mußte der Beklagte also noch mehr als sieben Jahre lang eine dauernde Abgabe an den Kläger leisten. Ähnlich stand es mit dem Mietvertrag über die Räume am Potsdamer Platz. Seine genaue Dauer ist zwar dem Parteivorbringen nicht zu entnehmen. Sie kann aber nicht ganz gering gewesen sein, da sich nach der unbestrittenen Berechnung des Beklagten die sog. Ersparnisprozente des Klägers insgesamt auf mehr als 70 000 RM. belaufen würden.

Die Revision wendet sich lebhaft dagegen, daß das Kammergericht in diesem Zusammenhang von einer „Geschäftsbeteiligung" des Klägers spricht, die sich einem „unkündbaren Gesellschaftsverhältnis" nähere. Zuzugeben ist ihr, daß keine eigentliche Gewinnbeteiligung des Klägers an den Betrieben des Beklagten vorliegt, da dieser die vertraglichen Zahlungen zu leisten hatte, einerlei, ob er nach Ermäßigung seiner Pacht- und Mietzinsverpflichtungen Gewinn erzielte oder nicht. Indessen kommt es hierauf nicht entscheidend an. Denn jedenfalls läßt sich nicht leugnen, daß der Beklagte nach dem Abkommen jahrelange Zahlungen an den Kläger zu leisten hatte, Zahlungen, die er nur aus den Erträgnissen seiner Wirtschaftsbetriebe machen konnte. Diese Belastung des Beklagten verlor von Jahr zu Jahr mehr ihren Zusammenhang mit der immer weiter zurückliegenden Tätigkeit des Klägers. Die Bedeutung dieser Tätigkeit für den Beklagten konnte schließlich völlig aufhören, zumal wenn nicht vorauszusehende Änderungen der wirtschaftlichen oder rechtlichen Verhältnisse eintraten, wofür etwa auf die Kündigungsmöglichkeit verwiesen werden mag, die sich den Mietern und ebenso den Pächtern gewerblicher Räume durch die Vierte Notverordnung des Reichspräsidenten zur Sicherung von Wirtschaft und Finanzen usw. vom 8. Dezember 1931, Zweiter Teil Kap. III (RGBl. I S. 699, 708) in Verbindung mit der Verordnung über die außerordentliche Mietkündigung zum 5. Januar 1932, vom 23. Dezember 1931 (RGBl. I S. 796) eröffnete. Allen Neugestaltungen, welche die Zukunft bringen konnte, zum Trotz blieb aber der Beklagte dem Kläger, seinem Anwalt, für viele Jahre verpflichtet. Die Zahl dieser Jahre stand nicht einmal von vornherein fest, wenigstens soweit der Pachtvertrag H. in Frage kam. Denn dieser verlängerte sich bei Nichtkündigung auch noch über den 31. März 1939 hinaus immer wieder um jedesmal ein Jahr. Das Vergütungsabkommen, das die Parteien geschlossen hatten, umfaßte aber unzweideutig die ganze Dauer des Pachtverhältnisses, also auch die Jahre solcher Verlängerung. Insoweit waren die Zahlungsverpflichtungen des Beklagten mithin sogar zeitlich unbegrenzt. *Durchaus unstatthaft* ist es, daß sich ein Anwalt für seine Bemühungen eine derartige Abgabe ausbedingt, die ihm seine Partei für eine nicht sicher zu bestimmende Zeit, mindestens aber für fast zehn Jahre zahlen soll.

Der Kläger hat allerdings durch das Nachtragsabkommen vom 5. August 1931 seine Beteiligung an den Ersparnissen des Beklagten herabgesetzt von 10 % auf 5 %. Das Entgegenkommen hat er sich aber durch die Garantie eines Mindestbetrages von 30 000 RM. völlig ausreichend vergüten lassen. Damals war noch nicht vorauszusehen, wie sich die Pachtzahlungen für das Hotel H. gestalten würden. Für den Kläger war es also sehr wertvoll, unabhängig von dem Ausgang dieser Sache eine so beträchtliche Summe zugesichert zu erhalten, wobei zugleich seine Gewinnbeteiligung immer noch zur Hälfte des ursprünglichen Satzes bestehen blieb. Die Revision versucht, das August-Abkommen folgendermaßen zu deuten: der Beklagte bewilligt dem Kläger ein Honorar von 30 000 RM., das in Raten von 5 % der jeweils erzielten Ersparnisse gezahlt wird; übersteigen diese Ersparnisse die Summe von insgesamt 600 000 RM., so soll sich das Honorar des Klägers um 5 % des Überschusses erhöhen. Indessen ist nicht zu ersehen, was durch diese veränderte Ausdrucksweise für den Kläger gewonnen werden könnte. Um wirkliche Teilzahlungen handelte es sich nicht, da die geschuldete Summe nicht feststand. Auch nach der Zusatzvereinbarung blieb die Zahlungspflicht des Beklagten immer noch abhängig von der Höhe seiner Ersparnisse. Das ist gerade der für die Beurteilung entscheidende Punkt.

In den Abmachungen der Parteien sind aber auch noch weitere Einzelabreden enthalten, die das Berufungsgericht mit Recht zu ungunsten des Klägers verwertet. Für seine Ansprüche soll es gleichgültig sein, ob und inwieweit die Vorteile für den Beklagten unmittelbar oder mittelbar durch die Tätigkeit des Klägers erzielt werden. Ebensowenig sollen sie davon abhängen, ob und wann die Tätigkeit des Klägers beendigt ist. Auch falls für den Beklagten die Notwendigkeit eintritt, statt des Klägers einen anderen Anwalt mit seiner Vertretung zu betrauen, bleibt er mit 5 % seiner Ersparnisse abgabepflichtig. Für den Abschluß von Vergleichen soll sich der Beklagte aber jedenfalls der Mitwirkung des Klägers bedienen. Der Kläger glaubt alle diese Abmachungen damit rechtfertigen zu können, daß sie nur die Sicherung seines nun einmal begründeten Anspruchs auf die sog. Ersparnisprozente zum Zweck gehabt hätten; eine Umgehung und Vereitelung dieses Anspruchs durch den Beklagten hätten sie verhüten sollen. Es mag richtig sein, daß der Kläger dieses Ziel im Auge gehabt hat. Er übersieht dabei aber, daß das Abkommen über seine Beteiligung an dem zu erzielenden Gewinn an sich schon erheblichen Bedenken unterlag und daß diese Bedenken durch solche Sicherungsmaßnahmen, welche den Schuldner noch fester banden, wesentlich verstärkt wurden. Die Durchsetzung seines guten Rechts darf der Gläubiger vielleicht auf diese Weise sichern. Nach Standes- und Sittenauffassung ohnehin schon anstößige Ansprüche unterliegen solchenfalls nur noch stärkerer Mißbilligung. Auch im einzelnen müssen diese Klauseln mit dem Berufungsgericht beanstandet werden. Die erste gewährt dem Kläger eine Beteiligung an den Ersparnissen des Beklagten auch für den Fall, daß diese nicht einmal mittelbar auf die Bemühungen des Klägers zurückgehen. Er wollte also an Vorteilen des Beklagten auch dann teilnehmen, wenn er sie ihm nicht verschafft hatte. Ferner wurde die Dauer der Tätigkeit des Klägers für belanglos erklärt. Sogar dann, wenn der Beklagte notwendigerweise einen anderen Anwalt zu Rate ziehen mußte, etwa aus Gründen, die in der Person des Klägers lagen, mußte er diesem für viele Jahre eine fünfprozentige Abgabe von der erzielten Pacht- und Mietzinsermäßigung zahlen. Daß sich der Kläger seine Mitwirkung beim Abschluß von Vergleichen noch ausdrücklich hat zusichern lassen, führt das Berufungsgericht ohne Rechtsirrtum wenigstens mit auf das eigene Interesse des Klägers an dem Vergleichsinhalt zurück, von dem ja sein eigener Verdienst abhing. Die unerfreulichen Folgen einer Geschäftsverknüpfung zwischen Anwalt und Klient zeigen sich, wie das Berufungsgericht zutreffend betont, hier ganz besonders deutlich.

In dem mehrerwähnten Urteil des erkennenden Senats RGZ. Bd. 115 wird allerdings auf S. 143 ein Fall herausgehoben, in welchem die Ausbedingung eines Gewinnanteils keinen Verstoß des Anwalts gegen seine Anwaltspflichten bedeuten soll. Es heißt dort:

> Wenn die Sache so läge, daß die Beklagte ohne erhebliche Verletzung ihrer eigenen Interessen die Zahlung der Sondervergütung in einer anderen Gestalt nicht hätte übernehmen können, oder wenn ähnliche Gründe sie genötigt hätten, auf der Vereinbarung des besonderen Entgelts in der gewählten Form zu bestehen, so würde darin, daß der Kläger sich das Versprechen für den Fall des Obsiegens usw. im Rechtsstreit erteilen ließ, kein Verstoß gegen die Berufspflichten des Anwalts zu finden sein.

Auf diese Sätze beruft sich die Revision und meint, daß nach der Darstellung, die der Kläger in den Vorinstanzen über das Zustandekommen seiner Abmachung mit dem Beklagten gegeben habe und die zunächst als richtig zu unterstellen sei, der dort vorausgesetzte Tatbestand hier vorliege. Das ist indessen nicht richtig.

Zunächst hat das Berufungsgericht mit Recht für unerheblich erklärt, ob der Kläger, wie er behauptet, anfänglich ein festes Erfolgshonorar gefordert und sich erst auf Vorschlag des Beklagten mit einer Gewinnbeteiligung einverstanden erklärt hat. Der Rechtsanwalt ist für die Wahrung seiner Standesehre selbst verantwortlich und muß sie ganz besonders gegenüber Zumutungen seiner Partei zur Geltung bringen. Allerdings soll der Beklagte nach dem Vorbringen des Klägers eine feste Sondervergütung gerade mit der Begründung abgelehnt haben, daß ihn die laufenden Pacht- und Mietverträge, falls seine Verpflichtungen daraus nicht ermäßigt würden, schlechthin ruinieren würden, so daß er mehr als die gesetzlichen Gebühren nur zahlen könne, wenn ihm die Tätigkeit des Klägers eine erhebliche Erleichterung verschaffe. Indessen ließe sich bei solcher Sachlage vielleicht überhaupt ein Erfolgshonorar rechtfertigen, für die Zulässigkeit einer prozentualen Gewinnbeteiligung ist damit noch nichts gewonnen. Außerdem fordert der Senat in dem oben wiedergegebenen Satz seines früheren Urteils eine wirklich bestehende Zwangslage des Auftraggebers des Anwalts oder mindestens doch, daß dieser nach ernsthafter Prüfung angenommen hat, eine andere Lösung der Vergütungsfrage lasse sich nach den auf seiten der Partei bestehenden Verhältnissen nicht ermöglichen. Hieran fehlt es indessen nach der eigenen Sachdarstellung des Klägers ... (Wird näher dargelegt.)

Der Kläger hat sonach bei Abschluß der streitigen Abmachung seine Standespflichten außer acht gelassen. Das Abkommen ist aber nach § 138 Abs. 1 BGB. nur dann nichtig, wenn es zugleich gegen die guten Sitten verstößt. Auch das hat das Berufungsgericht mit zutreffender Begründung angenommen. Insbesondere hat es das Verhältnis zwischen Verletzung der Standesehre und Verletzung der guten Sitten richtig erkannt. Nicht jede Verletzung der ersteren enthält zugleich einen Verstoß gegen letztere. Das hat der erkennende Senat bereits in RGZ. Bd. 83 S. 114 gerade mit Bezug auf die anwaltlichen Standespflichten ausgesprochen und hat davon auch in seinen Ausführungen RGZ. Bd. 115 S. 144 nicht abweichen wollen, wie schon der dortige Hinweis auf die frühere Entscheidung im 83. Bande zeigt. Der Satz:

> Gehört jedoch die Person, welcher die Verletzung (der Standesehre) zur Last fällt, einem Stande an, der, wie der Anwaltsstand, vermöge seines Berufs bei der Aufrechterhaltung der Rechtsordnung mitzuwirken hat, also der Träger wichtiger öffentlich-rechtlicher Funktionen ist, so wird der Verstoß in den Kreisen der billig und gerecht Denkenden wegen der strengen Anforderungen, die an das Verhalten der Angehörigen jener Berufe gestellt werden, als sittlich anstößig empfunden,

bezieht sich nur auf den damals zu beurteilenden Verstoß gegen die anwaltliche Standesehre. Im engsten Zusammenhang mit dem folgenden Satz:

Schon wenn der objektive Inhalt eines Abkommens dem sittlichen Empfinden und dem Anstandsgefühl der Gesamtheit widerspricht, ist der Vertrag wegen Unvereinbarkeit mit den guten Sitten nichtig, sollte er dartun, daß die Vertragsabrede, auf welche in jenem Fall der Klaganspruch gestützt wurde, ihrem sachlichen Gehalt nach unsittlich war. Daß der Senat alle Verletzungen anwaltlicher Standesehre unter § 138 BGB. habe stellen wollen, ist ein Mißverständnis seiner Ausführungen, in denen nur — und das mit Recht — für die Bejahung der Sittenwidrigkeit des damals in Frage kommenden Vergütungsabkommens die besondere Stellung des Anwalts im öffentlichen Leben und die sich daraus für ihn ergebenden Pflichten entscheidend herangezogen worden sind. Auf der anderen Seite muß aber mit Entschiedenheit der Versuch zurückgewiesen werden, die Vereinbarungen zwischen Anwalt und Partei über die dem ersteren zu zahlenden Vergütungen nur nach Standesgrundsätzen zu beurteilen und sie dem Geltungsbereich des § 138 BGB. gänzlich zu entziehen. Das würde der gefestigten Rechtsprechung des Senats zuwiderlaufen, wie übrigens auch der Ehrengerichtshof (EGH. Bd. 25 S. 72) ausgesprochen hat, daß das Verlangen und Durchsetzen übermäßiger Honorare weit außerhalb des Rahmens einer bloßen Standessitte liegt.

Mithin bedarf es, wie überhaupt, so auch für den vorliegenden Einzelfall noch der Prüfung, ob der Verstoß gegen die Standesehre, den sich der Kläger hat zuschulden kommen lassen, so schwer wiegt, daß ihn billig und gerecht Denkende als sittlich anstößig empfinden. Das ist mit dem Berufungsgericht zu bejahen. Freilich darf dabei nicht abgestellt werden auf die Anschauung solcher Personen, die sich lediglich in wirtschaftlichen Gedankengängen bewegen und die kein Verständnis besitzen für die besondere Rechtsstellung, welche das Gesetz den Rechtsanwälten zuweist. Zieht man aber diese gebührend in Rücksicht, so muß allerdings gesagt werden: der Kläger ist bei seinen mit dem Beklagten getroffenen Abmachungen den an ihn als Rechtsanwalt zu stellenden sittlichen Anforderungen so wenig gerecht geworden, er hat seinen persönlichen Vorteil so rücksichtslos verfolgt, daß sein Verhalten gerechten und billigen Anschauungen nicht mehr entspircht, sondern als sittlich verwerflich bezeichnet werden muß. Zur Begründung hierfür braucht nur auf das verwiesen zu werden, was bereits früher zur Kennzeichnung der streitigen Abmachung im einzelnen ausgeführt worden ist. Die aus ihr entspringenden langdauernden Zahlungsverpflichtungen des Beklagten und deren sorgfältige Sicherung durch die verschiedenartigen Nebenabreden lassen die Anwendung des § 138 BGB. gegenüber dem Kläger gerade wegen seiner Eigenschaft als Rechtsanwalt geboten erscheinen. Daß sich der Beklagte anfänglich auf die Abmachung eingelassen hat, ist, wie gegenüber der Revision bemerkt werden mag, für ihre Beurteilung ohne Belang.

Die vorstehenden Darlegungen ergeben, daß die vom Kläger im Anschluß an schriftstellerische Äußerungen vertretene Auffassung unbegründet ist, der Senat habe sich mit seinem Urteil RGZ. Bd. 115 S. 141

in Widerspruch gesetzt zu seinem Bd. 113 S. 1 das. abgedruckten Erkenntnis. Der hier (S. 4) gemachte Unterschied zwischen dem bloß disziplinarisch zu ahndenden Verhalten eines Richters und seinem Zuwiderhandeln gegen die guten Sitten erkennt der Senat nach dem Gesagten auch für Rechtsanwälte an. Im übrigen ist hervorzuheben, daß sich der im 113. Bande behandelte Fall von dem späteren (Bd. 115) wesentlich unterschied. Der Vertrag, den der Richter über seine Bestellung zum Obmann eines Schiedsgerichts geschlossen hatte, war inhaltlich unanstößig und konnte nur dann als unsittlich gelten, wenn der Richter, wie ihm vorgeworfen wurde, sein Staatsamt mißbraucht hatte, um mit dem Schiedsrichteramt betraut zu werden. Ein solcher Mißbrauch kam aber nicht in Frage, wenn ihm dieses Amt von den Streitteilen selbst angetragen worden war. Die Vereinbarung, durch die sich in dem späteren Fall der klagende Rechtsanwalt eine Beteiligung an dem Erträgnis seiner Tätigkeit hatte versprechen lassen, war aber schon ihrem Inhalt nach, objektiv betrachtet, unsittlich und erforderte deshalb eine andere Beurteilung.

RGZ. 157, 359

Sind die Prozeßhandlungen, die ein Anwaltsassessor für den an der Ausübung seines Berufs zeitweise verhinderten Rechtsanwalt vorgenommen hat, unwirksam, solange er nicht gemäß § 29 Abs. 2 Reichs-Rechtsanwaltsordnung zum Stellvertreter des Rechtsanwalts bestellt worden war?

Reichs-Rechtsanwaltsordnung vom 21. Februar 1936 (RGBl. I S. 107) — RRAO. — §§ 12, 13, 29, 34.

IV. Zivilsenat. Beschl. v. 30. Mai 1938.

I. Landgericht Stuttgart. II. Oberlandesgericht daselbst.

Die Frage ist verneint worden aus folgenden, den Sachverhalt ergebenden

Gründen:

Am 22. Februar 1938 hat für den Rechtsanwalt W. der Anwaltsassessor G. namens der Beklagten Berufung gegen das Urteil der 1. Zivilkammer des Landgerichts Stuttgart vom 15. Februar 1938 eingelegt und das Rechtsmittel zugleich begründet. Assessor G. ist dem Rechtsanwalt W. mit Wirkung vom 17. Februar 1937 an zur Leistung des Anwärterdienstes überwiesen worden. W. befindet sich seit dem 20. Januar 1938 auf einer Weltreise. Nach der Angabe in der Beschwerdebegründung hat er mit einem Schreiben vom 20. Januar 1938 dem Präsidenten des Oberlandesgerichts Stuttgart mitgeteilt, daß er für die Dauer seiner Abwesenheit anläßlich einer Überseereise in der Zeit vom 21. Januar bis Ende Juni 1938 zu seinem Vertreter den Anwaltsassessor G. bestelle. Auf den ihm durch Luftpost mitgeteilten Hinweis der Präsidialabteilung des Oberlandesgerichts Stuttgart, daß die Bestellung des Vertreters gemäß § 29 Abs. 2 RRAO. durch den Reichsminister der Justiz erfolgen müsse, bat

W. mit einem an den Reichsminister der Justiz gerichteten, durch die Hände des Oberlandesgerichtspräsidenten in Stuttgart geleiteten Schreiben vom 31. Januar 1938, für die Dauer seiner Weltreise in der Zeit vom 20. Januar bis 10. August 1938 den Anwaltsassessor G. zu seinem Vertreter zu bestellen. Mit einem weiteren, an den Oberlandesgerichtspräsidenten in Stuttgart gerichteten Schreiben vom 10. März 1938 benannte er bis zur Entscheidung über sein Gesuch als seinen Stellvertreter den Rechtsanwalt B. Der Oberlandesgerichtspräsident in Stuttgart bestellte mit Ermächtigung des Reichsministers der Justiz am 21. März 1938 für die Zeit von diesem Tage an bis zum 10. August 1938 unter Vorbehalt des Widerrufs den Anwaltsassessor G. zum Stellverterter von W. Inzwischen hatte am 8. März 1938 Rechtsanwalt B. vorsorglich Berufung für den Fall eingelegt, daß G.s Unterschrift unter der Berufungsschrift beanstandet werde.

Durch den angefochtenen Beschluß hat das Oberlandesgericht die Berufung der Beklagten als unzulässig verworfen und zur Begründung ausgeführt: Der Anwaltsassessor habe nicht die Stellung eines Generalsubsistuten des Anwalts, da er nach § 12 Abs. 2 RRAO. die ihm vom Anwalt übertragenen Geschäfte nach dessen Weisungen zu erledigen habe, während ein Generalsubstitut die Praxis des Anwalts selbständig und unter eigener Verantwortung weiterführe. Nach § 13 RRAO. stünden dem Anwaltsassessor die anwaltlichen Befugnisse des Rechtsanwalts zu, dem er überwiesen sei. Der Anwaltsassessor könne also keine Befugnis ausüben, die sein Rechtsanwalt wegen einer unter § 34 RRAO. fallenden Verhinderung nicht ausüben könne. G. habe daher unter keinem Gesichtspunkt einem beim Oberlandesgericht zugelassenen Rechtsanwalt gleichgestanden. Die vom Rechtsanwalt B. vorsorglich vorgenommene Berufungseinlegung sei zwar geeignet gewesen, die Berufung wirksam zu machen, sie sei aber nicht, wie erforderlich gewesen wäre, von B. selbst bis zum 8. April 1938 begründet worden.

Die hiergegen von den Beklagten in der rechten Form und Frist eingelegte Beschwerde mußte Erfolg haben.

Der Rechtsanwalt, der sich über eine Woche hinaus von seinem Wohnsitz entfernen will, ist nach seinem Berufsrecht — § 34 RRAO. — verpflichtet, für seine Stellvertretung, und zwar nach Maßgabe des § 29 RRAO., zu sorgen, dem Vorsitzenden des Gerichts, bei dem er zugelassen ist, sowie dem Amtsgericht, in dessen Bezirk er seinen Wohnsitz hat, Anzeige zu machen und den Stellvertreter zu benennen. Diesen Verpflichtungen ist Rechtsanwalt W. jedenfalls insoweit, als sie ihm gegenüber dem Oberlandesgerichtspräsidenten — als Vorsitzenden des Gerichts, bei dem er zugelassen ist, — oblagen, nach den Angaben der Beschwerdebegründung durch das Schreiben vom 20. Januar 1938 auch nachgekommen. Er mag sich, wie die Fassung des Schreibens ergibt, nur darüber im Unklaren gewesen sein, daß nicht er selbst den Anwaltsassessor G. zu seinem Vertreter im Sinne des § 29 RRAO. bestellen konnte, sondern daß die Bestellung gemäß § 29 Abs. 2 das. durch den Reichsminister der Justiz erfolgen mußte. Die Ermächtigung des Oberlandesgerichtspräsidenten nach Abschnitt B Ziffer V, 3 der Allgemeinen Verfügung vom 29. Januar 1936 (Deutsche Justiz S. 202) griff im vorliegenden Falle nicht Platz, weil die Vertretung länger als drei Monate dauern sollte. Von hier aus braucht nicht dazu Stellung genommen zu werden, ob nicht schon das Schreiben des Rechtsanwalts W. vom 20. Januar 1938 als ein Gesuch im Sinne des § 29 Abs. 2 RRAO. hätte behandelt werden können. Ebensowenig kommt es darauf an, ob etwa Rechtsanwalt W. durch die Art, wie er die Regelung seiner Vertretung behandelte, gegen Berufspflichten verstoßen hat. Ein Verstoß des Rechtsanwalts gegen die sich für ihn aus den §§ 34, 29 RRAO. ergebenden Pflichten würde unter Umständen zu einem Einschreiten im Aufsichtswege (§ 57 RRAO.) oder auch zur Einleitung eines ehrengerichtlichen Verfahrens Anlaß geben können. Die verfahrensrechtliche Wirksamkeit der von dem Stellvertreter vorgenommenen Prozeßhandlungen wird aber nicht dadurch in Frage gestellt, daß der Rechtsanwalt die Stellvertretung anders geregelt hat, als ihm durch die Vorschriften seines Berufsrechts zur Pflicht gemacht war. Übertrüge z. B. der an der Ausübung seines Berufs zeitweise verhinderte Rechtsanwalt, statt gemäß § 29 Abs. 1 RRAO. einen anderen Rechtsanwalt als Generalsubstituten zu bestellen, die Vertretung in den schwebenden Prozeßsachen durch Einzelvollmachten auf mehrere andere Rechtsanwälte, so könnte die Rechtswirksamkeit der von diesen vorgenommenen Prozeßhandlungen nicht bezweifelt werden. Ebensowenig steht es deren Rechtswirksamkeit entgegen, daß der Rechtsanwalt im Falle zeitweiser Verhinderung an der Berufsausübung seine Stellvertretung, sei es auch unter Verstoß gegen die sich aus den §§ 29, 34 RRAO. für ihn ergebenden Berufspflichten, dem ihm überwiesenen Anwaltsassessor überläßt, der nach § 13 RRAO. gesetzlich ermächtigt ist, die dem Rechtsanwalt zustehenden anwaltlichen Befugnisse auszuüben. Die sich aus § 12 Abs. 2 Satz 2 RRAO. ergebende Einschränkung betrifft nur das Innenverhältnis. Der Ansicht des Berufungsgerichts, daß mit einer unter § 34 RRAO. fallenden Verhinderung des Rechtsanwalts auch die anwaltlichen Befugnisse des ihm überwiesenen Anwaltsassessor ohne weiteres erlöschen, kann nicht beigetreten werden. § 13 RRAO. gesteht dem Anwaltsassessor die anwaltlichen Befugnisse des Rechtsanwalts, dem er überwiesen ist, schlechthin und unabhängig davon zu, ob der Rechtsanwalt im einzelnen Falle tatsächlich in der Lage ist, selbst diese Befugnisse auszuüben. Die auf § 13 RRAO. beruhende Vertretungsmacht des Anwaltsassessors endigt erst mit seinem Ausscheiden aus dem Anwärterdienst oder mit seiner Überweisung an einen anderen Rechtsanwalt oder mit dem Ausscheiden des Rechtsanwalts aus der Anwaltschaft. Ob sie auch mit dem Tode des Rechtsanwalts ohne weiteres endigt oder ob in diesem Falle, wie N o a c k Kommentar zur RRAO. 2. Aufl. Anm. 12 a zu § 14 annimmt, der § 30 RRAO. entsprechend anwendbar ist, bedarf hier nicht der Erörterung.

Zu Unrecht hat hiernach das Berufungsgericht dem Anwaltsassessor G. die für die Berufungseinlegung und -begründung erforderlichen Befugnisse eines beim Oberlandesgericht zugelassenen Rechtsanwalts abgesprochen und aus diesem Grunde die Berufung als unzulässig verworfen.

RGZ. 161, 280 †

1. Kann der Anwalt die Verantwortung für eine zweckwidrige Klage durch einen Hinweis auf den Auftrag der Partei oder auf die Schwierigkeit der Sache ablehnen?

2. . . .

VIII. Zivilsenat. Urt. v. 7. September 1939.

I. Kreisgericht Reichenberg. II. Obergericht Prag.

. . . . .

Der Ansicht des Berufungsgerichts, daß der Beklagte für den Mißerfolg der Klage nicht haftbar ist, weil sie dem erteilten Auftrag entsprach, kann nicht zugestimmt werden. ... Es ist Sache des Anwalts, seiner Partei die Schritte anzuraten, die zu dem erstrebten Ziele führen. Dies ergibt sich aus der Pflicht des Anwalts zur redlichen Geschäftsbesorgung ... Selbst die Zustimmung oder der Auftrag der Partei zu einer zweckwidrigen Klageführung könnte den Anwalt von seiner Verantwortung nur dann befreien, wenn er seiner Partei vorher die Folgen vorgestellt und den richtigen Weg empfohlen hätte. Es bedarf daher nicht erst der Parteivernehmung über den dem Beklagten erteilten Auftrag, deren Unterbleiben in der Revision als Verfahrensmangel gerügt wird.

. . . . .

Rechtsanwaltsgebührenordnung

RGZ. 11, 364

Findet für Handlungen, welche die Zwangsvollstreckung nur vorbereiten, die in § 23 Nr. 2 der RAGO. bestimmte Gebühr statt?

I. Zivilsenat. Beschl. v. 26. September 1883.

I. Landgericht Bromberg. II. Oberlandesgericht Posen.

Der Kläger hatte, nachdem in erster Instanz ein den Beklagten verurteilendes landgerichtliches Urteil ergangen und gegen Sicherheitsleistung für vorläufig vollstreckbar erklärt worden war, behufs Leistung dieser Sicherheit durch seinen Porzeßbevollmächtigten die nötige Summe beim Amtsgerichte zur vorläufigen Verwahrung hinterlegt und bei der Gerichtsschreiberei des Berufungsgerichtes Vollstreckungsklausel erwirkt. Bei Festsetzung der Kosten strich das Oberlandesgericht den Ansatz von $^{3}/_{10}$ für den Antrag auf Hinterlegung bis auf die Schreibgebühren. Die gegen diesen Beschluß eingelegte sofortige Beschwerde des Klägers wurde verworfen.[1])

Aus den Gründen:

„Nach § 23 Nr. 2 der Gebührenordnung für Rechtsanwälte erhält der Rechtsanwalt eine besondere Gebühr von $^{3}/_{10}$ der im § 13 bestimmten Gebühren, wenn seine Tätigkeit „die Zwangsvollstreckung" betrifft. Hierunter sind nicht Handlungen zu verstehen, welche die Zwangsvollstreckung nur vorbereiten, indem sie Voraussetzungen derselben zu beschaffen bezwecken, wie die Erwirkung der Vollstreckungsklausel oder die Stellung einer Sicherheit, von welcher die vorläufige Vollstreckbarkeit abhängt. Diese Handlungen gehören ebenso wie diejenigen, welche erforderlich sind, um das Urteil rechtskräftig zu machen, noch zu derjenigen Instanz, in welcher das zu vollstreckende Urteil ergangen ist, und werden gemäß § 29 durch die im § 13 a. a. O. benannten Gebühren vergütet, woran auch der Umstand, daß die Vollstreckungsklausel wegen § 646 ZPO.vom Gerichtsschreiber der höheren Instanz erteilt worden ist, nichts ändert. Es ist daher die Streichung der auf § 23 Nr. 2 a. a. O. gestützten Gebühr, wenn auch aus einem anderen als dem im angefochtenen Beschlusse aus § 31 a. a. O. entnommenen Grunde, gerechtfertigt."

[1]) Die zugleich erhobene Beschwerde wegen Streichung der nach § 87 RAGO. angesetzten Gebühren wurde in Übereinstimmung mit Entsch. des RG.'s in Zivils. Bd. 9 S. 329 verworfen.

RGZ. 13, 319†

1. Gebührenansätze der Rechtsanwälte:

a) für einen Antrag auf Erlaß einer einstweiligen Verfügung,

b) für einen Antrag auf Sicherung des Beweises zum Zwecke der Begründung jenes Antrages,

c) für die Beweisaufnahme in dem hierdurch hervorgerufenen besonderen Verfahren,

nach den §§ 20, 22, 23, 29, 30 der Gebührenordnung für Rechtsanwälte. Sinn und gegenseitiges Verhältnis dieser gesetzlichen Vorschriften.

2. Liegt ein neuer selbständiger Beschwerdegrund vor, wenn die bestätigende Entscheidung des Oberlandesgerichtes ihrem Sinne nach dem Beschwerdeführer ungünstiger ist, als die Entscheidung des Landgerichtes?

ZPO. § 531 Abs. 2 (Jetzt ZPO. § 568 Abs. 2).

3. Kostenerstattungspflicht des Prozeßgegners bei dem Inzidentverfahren auf Sicherung des Beweises?

4. Prozessuale Bedeutung der von dem Amtsgerichte auf Grund des § 820 ZPO. (Jetzt § 942 ZPO.) erlassenen Verfügung?

III. Zivilsenat. Beschl. v. 28. Januar 1885.

I. Landgericht Darmstadt. II. Oberlandesgericht daselbst.

Aus den Gründen:

„Die Kläger sind von dem Beklagten gewaltsam in dem Besitze ihrer Wiesen gestört worden und haben deshalb Ende Juni 1884 Klage erhoben. Vor Anstellung dieser Klage beantragten sie gleichzeitig in zwei verschiedenen, bei dem Amtsgerichte zu M. überreichten Schriftsätzen:

1. Erlaß einer einstweiligen Verfügung zur Regelung des Zustandes der von dem Beklagten zerstörten Wehranlage;

2. Beweisaufnahme zur Sicherung des Beweises zum Zwecke der Begründung des Antrages auf Anordnung jenes Provisoriums;

mit der Bitte, die gemäß der §§ 819, 820 ZPO. auf den ersteren Antrag zu erlassende Verfügung bis zur Erhebung der Beweise auszusetzen.

Nach Aufnahme der Beweise untersagte das Amtsgericht durch Beschluß vom 14. Mai 1884 dem Beklagten jede weitere Besitzstörung, gab den Klägern jedoch auf, binnen vier Wochen den Beklagten zur mündlichen Verhandlung über die Rechtmäßigkeit der erlassenen einstweiligen Verfügung vor das Gericht der Hauptsache zu laden.

Das Landgericht zu D. hat demnächst — abgesondert und unabhängig von dem inzwischen anhängig gemachten Prozesse in der Hauptsache — durch rechtskräftig gewordenes Endurteil vom 7. Juli 1884 das Provisorium bestätigt und den Beklagten in die Kosten dieses Verfahrens verurteilt.

Der im Vor- und Hauptverfahren aufgetretene Porzeßbevollmächtigte der Kläger reichte nun ein Gesuch um Kostenfestsetzung bei dem

Landgerichte ein. Unter Bezug auf die §§ 20, 22, 30 der Gebührenordnung für Rechtsanwälte liquidierte er bei dem unbestritten zu 2000 M. angenommenen Streitgegenstande:

a) 18 M. Prozeßgebühr bei dem Amtsgerichte (5/10 der vollen Gebühr);

b) 18 M. Gebühr für den Antrag auf Beweiserhebung bei demselben Gerichte;

c) 9 M. Beweisgebühr für die Beweiserhebung bei diesem Gerichte (5/20 der vollen Gebühr),

dies alles für Mai 1884, während er zugleich als Prozeß- und Verhandlungsgebühr bei dem Landgerichte je 18 M. in Ansatz brachte.

Das Landgericht ließ sämtliche Ansätze unbeanstandet zu. Hiergegen verfolgte Beklagter sofortige Beschwerde mit der Bitte:

1. als Gebühr für den Antrag auf Erlaß einer einstweiligen Verfügung nach § 23 Ziff. 1 der Gebührenordnung für Rechtsanwälte nur 3/10 der vollen Gebühr zuzubilligen;

2. die beanspruchte Gebühr für den Antrag auf Sicherung des Beweises nach § 30 a. a. O. zu streichen, endlich

3. für die Aufnahme des Beweises selber gemäß § 23 Ziff. 1 a. a. O. nur 3/20 der vollen Gebühr zuzusprechen.

Das Oberlandesgericht hat der ersten Beschwerde in der Erwägung stattgegeben, daß der § 20 nicht zur Anwendung gebracht werden könne, weil die Tätigkeit des Anwaltes der Kläger in dem Prozesse, dessen Kosten festzusetzen seien, nicht ausschließlich die Anordnung der einstweiligen Verfügung betroffen habe. Dagegen hat es die beiden anderen Beschwerden verworfen: „da der Antrag auf Sicherung des Beweises jedenfalls nicht nur im Interesse des Erlasses der einstweiligen Verfügung, sondern auch als Grundlage für das demnächstige Hauptverfahren gestellt worden, das letztere aber zur Zeit der Einbringung jenes Antrages noch nicht rechtshängig gewesen sei."

Beide Teile haben weitere Beschwerde eingelegt; die Kläger wollen den Landgerichtsbeschluß wiederhergestellt wissen, der Beklagte verlangt Stattgebung auch der beiden in voriger Instanz zurückgewiesenen Beschwerdepunkte.

1. Die Beschwerde des Vertreters der Kläger konnte für gerechtfertigt nicht erachtet werden, wenn auch aus anderen, als den von dem Oberlandesgerichte geltend gemachten Gründen.

Nach § 20 der Gebührenordnung für Rechtsanwälte erhält der Rechtsanwalt 5/10 der in den §§ 13 bis 18 bestimmten Gebühren, soweit die durch die Gebühr zu vergütende Tätigkeit, d. h. der betreffende prozessualische Akt, ausschließlich einen der im Gerichtskostengesetze § 26 Nr. 1 bis 20 bezeichneten Gegenstände betroffen hat. Zu diesen Gegenständen gehört nach Nr. 9 des § 26 a. a. O. die Anordnung einer einstweiligen Verfügung, sofern die Entscheidung durch Endurteil zu treffen ist. Im Gegensatze hierzu bestimmt der § 23 Ziff. 1 der Gebührenordnung für Rechtsanwälte, daß der Rechtsanwalt $^3/_{10}$ der vollen Gebühr anzusprechen habe, wenn seine Tätigkeit die Anordnung einer einstweiligen Verfügung im Sinne des § 35 Nr. 4 (jetzt § 35 Nr. 3) des Gerichtskostengesetzes betreffe.

Hiermit ist ausgesprochen, daß die Befugnis des Anwaltes, entweder die höhere Gebühr von $^5/_{10}$ oder die niedere von $^3/_{10}$ der vollen Taxe zu liquidieren, davon abhängig sei, ob das Verfahren wegen Anordnung eines Provisoriums durch Endurteil oder durch Beschluß zu erfolgen hat. In dieser Weise unterscheidet auch das GKG. die Ansätze der Gerichtsgebühren nach $^5/_{10}$ und $^2/_{10}$ der regelmäßigen Gebühren, wie die Reichstagskommission im Einverständnisse mit dem Regierungsvertreter zu Protokoll festgestellt hat.

Hiermit sind jedoch die Voraussetzungen des besonderen Gebührenbezuges für Fälle der vorliegenden Art noch nicht erschöpft. Nach § 29 GebO. f. RA. umfassen nämlich die in § 13 benannten Gebühren die gesamte Tätigkeit des Anwaltes von dem Auftrage bis zur Beendigung der Instanz, und es wird zur Instanz insbesondere das Verfahren über einen Antrag auf Erlaß einer einstweiligen Verfügung gerechnet, „soweit dasselbe mit dem Verfahren über die Hauptsache verbunden ist". Ist dagegen in einem solchen Falle das Verfahren von dem in der Hauptsache getrennt, so soll für jenes dem Anwalte nach § 30 Nr. 2 GebO. eine besondere Gebühr bewilligt werden. Maßgebend für diese Bestimmung war die Erwägung, daß es sich in allen in § 30 a. a. O. vorgesehenen Fällen um eine Mehrarbeit des Anwaltes handele, welche besonders zu honorieren sei, sobald eine mündliche, von dem Hauptverfahren gesonderte Verhandlung stattgefunden habe. Es genügt deshalb die Stellung eines bezüglichen Antrages in einem Schriftsatze für sich allein noch nicht, um den Anspruch des Prozeßbevollmächtigten auf die Prozeßgebühr zu begründen.

Vgl. Entsch. des RG.'s in Zivils. Bd. 8 S. 429.

Das gegenseitige Verhältnis der §§ 20, 23, 29 und 30 GebO. f. RA. in betreff des Gebührenbezuges der Rechtsanwälte bei dem Verfahren über einstweilige Verfügungen ist hiernach folgendes.

Zunächst kommt es darauf an, ob dieses Verfahren mit dem über die Hauptsache verbunden oder ob es von demselben getrennt ist. In jenem Falle gehört es zur Instanz, und dürfen besondere Gebühren dafür nicht berechnet werden; in diesem Falle kommen solche Gebühren in Ansatz. Die Höhe der letzteren richtet sich wiederum danach, ob die Anordnung des Provisoriums durch Endurteil oder durch Beschluß zu erfolgen hat; wenn durch Endurteil, so trifft der § 20, wenn durch Beschluß, der § 23 GebO. zu. Für den Bezug der Prozeßgebühr endlich ist noch entscheidend, ob die Parteien in eine mündliche Verhandlung eingetreten sind.

Es ergibt sich daraus, daß die Vorinstanz mit Unrecht dem Beschwerdeführer $^5/_{10}$ der vollen Prozeßgebühr deshalb abgesprochen hat, weil sich dessen Tätigkeit nicht ausschließlich auf Stellung des Antrages zum Erlasse einer einstweiligen Verfügung im Sinne des § 20 GebO. beschränkt habe. Denn der in Abs. 1 des § 20 gebrauchte Ausdruck „ausschließlich" hat teils dieselbe Bedeutung, wie die Vorschrift des § 30 a. a. O., teils will er klarstellen, daß der Umfang der dem Anwalte erteilten Vollmacht für dessen Gebührenanspruch unerheblich sei. Auch ist wohl zu beachten, daß der § 20 a. a. O. eine ganze Reihe von prozessualen Handlungen in sich begreift, während der § 30 nur einige davon — unter Hinzufügung anderer — heraushebt, und daß hier der Anspruch des Anwaltes auf die besondere Vergütung festgesetzt, dort die Höhe dieser Gebühr geregelt wird.

Gleichwohl unterliegt es keinem Zweifel, daß dem Beschwerdeführer nur $^{3}/_{10}$ der vollen Gebühr, also 10,80 RM., zu bewilligen sind.

Der Antrag auf Erlaß einer einstweiligen Verfügung ist bei dem Amtsgerichte in einem Schriftsatze, jedoch mit nachfolgender mündlicher Verhandlung über den gleichzeitig eingebrachten Antrag auf Sicherung des Beweises gestellt worden. Da die Kläger in dem einen Schriftsatze auf den anderen Bezug nahmen und das Provisorium gerade mit Rücksicht auf das Ergebnis der Beweisaufnahme angeordnet wurde, auch der Hauptprozeß — die Klage wegen Besitzstörung — damals noch gar nicht anhängig war, so liegt einerseits zwar die Voraussetzung vor, unter welcher nach § 30 a. a. O. ein besonderer Gebührenbezug zulässig erschien; allein andererseits war die Anordnung des Provisoriums nach § 820 ZPO. nicht durch Endurteil zu treffen und ist in der Tat nur durch Amtsgerichtsbeschluß getroffen worden. Die Verfügung, welche das Amtsgericht vermöge seiner vom Gesetze ausnahmsweise verordneten Zuständigkeit auf Grund des § 820 ZPO. erläßt, ist auch, gleichviel ob solche nach vorgängiger, fakultativ zugelassener, mündlicher Verhandlung und in welcher Form immer ergeht, stets ein Beschluß; die Kompetenz des Amtsgerichtes hört auf, sobald die Sache vor das Landgericht gebracht wird, und es hat nunmehr letzteres durch Endurteil über das Provisorium zu befinden. Es mangelt mithin vorliegend die weitere Voraussetzung, an welche das Gesetz (§§ 20 und 23 GebO. f. RA. das Recht des Anwaltes auf den Bezug von $^{5}/_{10}$ der vollen Gebühr geknüpft hat, — die Möglichkeit der Erlassung eines Endurteiles über den Antrag auf Anordnung eines Provisoriums durch das Amtsgericht überhaupt und zugleich die Tatsache des Erlasses eines solchen Erkenntnisses.

Der Beschwerdeführer meint zwar, das von dem Landgerichte am 7. Juli 1884 erlassene Urteil hierher ziehen zu können; allein das Gesetz gibt keinen Anhaltspunkt dafür, daß die Porzeßgebühr, welche der Anwalt für das Verfahren vor dem Landgerichte zu beziehen und im vorliegenden Falle unbeanstandet angesetzt hat, auch für das Verfahren vor dem Amtsgerichte maßgebend sei. Vom legislativen Standpunkte aus wäre es kaum zu rechtfertigen, für derartige Arbeiten und Verhandlungen die nämliche Gebühr doppelt zu gewähren, einmal für das fakultativ mündliche Verfahren vor dem interimistisch zuständigen Amtsgerichte, bei welchem kein Anwaltszwang besteht, und sodann nochmals für das obligatorisch mündliche Verfahren vor dem definitiv kompetenten Landgerichte.

.....

Sachlich ist die erhobene Beschwerde des Vertreters des Beklagten begründet. Die Zivilprozeßordnung hat es absichtlich unterlassen, in Buch II Tit. 12 Bestimmungen über die Kostenerstattungspflicht bei Anträgen auf Sicherung des Beweises aufzunehmen. Entweder muß darüber im demnächstigen Verfahren über die Hauptsache erkannt werden, oder es muß der Antragsteller seinen Anspruch auf Kostenerstattung in einem besonderen Verfahren verfolgen. Die Kostenfestsetzung zu Lasten des Gegners kann aber immer nur auf Grund eines zur Zwangsvollstreckung geeigneten Titels erwirkt werden (§ 98 ZPO.), und ein solcher Titel ist vorliegend ausschließlich in Ansehung des durch den Antrag auf Erlaß einer einstweiligen Verfügung ergangenen Landgerichtsurteiles vom 7. Juli 1884 begründet worden.

Nur dieser zuletzt erwähnte Antrag ist denn auch hier als die Hauptsache zu betrachten. Ob derselbe außerdem noch die ihm von dem Oberlandesgerichte beigelegte weitere Bedeutung hatte, darüber ist gegenwärtig ebensowenig zu befinden, als über die Frage entschieden werden kann und entschieden worden ist, ob der Beklagte die durch eine solche Beweisaufnahme etwa bedingten Mehrkosten zu zahlen verpflichtet sei.

Der § 22 GebO. f. RA. regelt die Prozeß- und Verhandlungsgebühr des Anwaltes für seine Tätigkeit bei Anträgen auf Sicherung des Beweises für den Fall, daß ausnahmsweise (§ 451 ZPO.) in diesem Verfahren eine mündliche Verhandlung über die Zulässigkeit des Antrages stattgefunden hat. Das Amtsgericht hatte jedoch unter Anordnung der Beweisaufnahme dem gestellten Antrage sofort, ohne weitere Verhandlung, deferiert. Damit fällt ohne weiteres der Anspruch auf Bezug der — übrigens auch nicht angesetzten — Verhandlungsgebühr. Für die Ausscheidung der Prozeßgebühr tritt die weitere Erwägung hinzu, daß das Verfahren in der Hauptsache — über das Provisorium — bereits anhängig war, mithin das Verfahren zur Sicherung des Beweises zur Instanz gehörte (§ 29 Nr. 3 GebO.). In einem solchen Falle hat der Anwalt, der bereits in der Hauptsache Prozeßgebühr bezog, aus § 22 a. a. O. nichts anzusprechen.

Vgl. Meyer, GebO. f. RA. zu §§ 22 Anm. 3; Willenbucher, GebO. S. 84.

Anlangend die Beweisgebühr, so kommt auch für diese mit Rücksicht auf die Anhängigkeit der Hauptsache nicht der § 22, sondern der § 23 Nr. 1 GebO. bezw. § 35 Nr. 4, jetzt 3 GKG. zur Anwendung, und es hat demgemäß der Anwalt der Kläger 3/10 der in § 13 Abs. 2 Nr. 4 GebO. bestimmten Gebühr von 5/10 der vollen Taxe, also 3/20 der letzteren zu fordern.

Hiernach mußte die Beschwerde der Kläger zurückgewiesen, derjenigen des Beklagten stattgegeben und, unter Festsetzung der Kosten auf 150,97 M., die Klageseite in die durch die beiderseitige Beschwerdeführung entstandenen Kosten dieser und der vorigen Instanz verurteilt werden."

RGZ. 15, 402

Unter welchen Voraussetzungen kann Ersatz der Gebühren des den Verkehr der Partei mit dem Prozeßanwalte vermittelnden Anwaltes (§ 44 der Gebührenordnung) vom Gegner verlangt werden?

II. Zivilsenat. Beschl. v. 29. Januar 1886.

I. Landgericht II München. II. Oberlandesgericht daselbst.

Der Müller D., unweit Kufstein wohnhaft, welcher vor dem Landgerichte in München geklagt und ein obsiegendes Urteil erlangt hatte, forderte Ersatz von 14,58 M., welche er an einen Advokaten zu Kufstein für dessen Vermittelung zur Information des Münchener Anwaltes zahlen mußte. In erster Instanz wurde dieses Begehren für gerechtfertigt erachtet, in zweiter Instanz aber der fragliche Kostenansatz aus dem Grunde gestrichen, weil einer der Fälle, in welchen nach § 87 Abs. 2 ZPO. die Kosten mehrerer Rechtsanwälte erstattungsfähig seien, nicht vorliege. Auf weitere Beschwerde wurde der Beschluß erster Instanz wiederhergestellt aus folgenden

Gründen:

„Wenn derjenige, welcher einen Rechtsstreit beginnen will, nach den Umständen des Falles, insbesondere in Berücksichtigung seiner Persönlichkeit und der Natur des Rechtsstreites, nicht imstande ist, seinem Anwalte die zur richtigen Einleitung und Durchführung des Rechtsstreites erforderliche Information brieflich zu erteilen, so ist er genötigt, entweder selbst an den Gerichtssitz zu reisen oder aber sich der Vermittelung einer anderen Person, und zwar in der Regel nach eines Rechtsverständigen, zu bedienen.

Die infolge hiervon entstehenden Kosten sind ohne Zweifel als solche zu betrachten, welche im Sinne von § 87 Abs. 1 ZPO. zur zweckentsprechenden Rechtsverfolgung notwendig waren, wobei selbstverständlich davon auszugehen ist, daß der minder kostspielige Weg gewählt werden muß, also die Verpflichtung besteht, sich der Vermittelung eines Rechtsverständigen zu bedienen, wenn die Reise zum Gerichtssitze unverhältnismäßig hohe Kosten verursachen würde.

Sind nun Kosten dieser Art an sich zum Ersatze geeignet, so kann die Person des Vermittlers keinen Unterscheid begründen, die Partei kann nicht schlimmer gestellt sein, weil sie die Vermittelung einem Rechtsanwalte statt etwa einem Winkelagenten übertragen hat, im Gegenteile erscheint es im Interesse der Rechtspflege wünschenswert und dem Willen des Gesetzes entsprechend, daß, falls eine Vermittelung notwendig ist, sie einem Rechtsanwalte anvertraut werde.

Wesentlich ist nur, daß Dienste in Frage stehen, welche vom Prozeßanwalte nicht geleistet werden konnten, also von einer anderen Person geleistet werden mußten, und daß die bezüglichen Kosten als notwendige im vorerörterten Sinne erscheinen.

Diese Ansicht steht nicht im Widerspruche mit der Entscheidung des III. Zivilsenates vom 2. Juni 1883.

Vgl. Entsch. des RG.'s in Zivils. Bd. 9 Nr. 104.

Dort ist nur der Grundsatz ausgesprochen, daß die Bestimmung in § 87 Abs. 2 a. a. O., nach welcher die Kosten mehrerer Rechtsanwälte nur soweit zu erstatten sind, als sie die Kosten eines Rechtsanwaltes nicht übersteigen, allgemein zu nehmen und nicht auf den Fall, wo mehrere Rechtsanwälte für eine Partei vor dem erkennenden Gerichte auftreten, zu beschränken sei, und wird hieraus gefolgert, daß die Kosten eines zweiten Rechtsanwaltes als solche, d. h. lediglich deshalb, weil gesetzliche Gebühren eines Rechtsanwaltes in Frage stehen, nicht ersatzfähig seien und dies insbesondere auch von denjenigen Gebühren gelte, welche nach § 44 der Anwaltsgebührenordnung der Anwalt, der den Verkehr der Parteien mit dem Prozeßbevollmächtigten führe, zu beanspruchen habe. Die Frage, ob in Fällen, wo die Information des Prozeßbevollmächtigten durch einen Vermittler, sei dies ein Rechtsanwalt oder eine andere Person, den Umständen nach notwendig erscheint, Ersatz der bezüglichen Auslagen gefordert werden könne, ist in jenem Falle nicht entschieden. Es kann daher dahingestellt bleiben, ob die dort ausgesprochene Rechtsansicht richtig, oder ob der Ansicht des V. Zivilsenates beizustimmen sei, welche in den Gründen einer Entscheidung vom 10. Oktober 1883,

vgl. Annalen des RG.'s Bd. 8 S. 443,

dahin ausgesprochen ist, daß § 87 Abs. 2 ZPO. nur die Gebühren und Auslagen des Rechtsanwaltes im Auge habe, welcher die Vertretung vor Gericht wahrnimmt, nicht aber auch eines solchen Anwaltes, dessen Tätigkeit sich auf Vermittelung des Verkehrs der Partei mit dem Prozeßbevollmächtigten beschränkt (§ 44 a. a. O.).

Was nun den vorliegenden Fall betrifft, so sind die verhältnismäßig geringen Kosten, welche dadurch entstanden sind, daß sich der Kläger eines Advokaten in Kufstein zur Vermittelung seines Verkehres mit dem Prozeßbevollmächtigten in München bediente, nach den Umständen des vorliegenden Falles, als zur zweckentsprechenden Rechtsverfolgung notwendig zu erachten."

RGZ. 26, 428

Für welche Schriftstücke stehen dem Rechtsanwalte Schreibgebühren zu?

VI. Zivilsenat. Beschl. v. 25. September 1890.

I. Landgericht Torgau. II. Oberlandesgericht Naumburg.

Gründe:

„Das Oberlandesgericht hat durch den angefochtenen Beschluß ... 25 Pf. von dem dem Kläger vom Beklagten zu erstattenden Betrage abgesetzt, nämlich, da dem Beklagten nur fünf Sechstel der Prozeßkosten durch das maßgebende Urteil zu tragen auferlegt war, fünf Sechstel eines Ansatzes von 30 Pf. Schreibgebühr für die Urschrift der Klage. Die hiergegen gerichtete, rechtzeitig und formgerecht eingelegte Beschwerde des Klägers war für begründet zu erachten. Das Oberlandesgericht hat deshalb das Recht des klägerischen Anwaltes auf jene Schreibgebühr verneint, weil die zur Terminsbestimmung vorgelegte und sodann zur Zustellung verwandte Urschrift der Klage nicht die Reinschrift eines vom Anwalte gefertigten Entwurfes, sondern das vom Anwalte unterschriebene Konzept selbst gewesen sei, nach § 76 der Gebührenordnung für Rechtsanwälte in Verbindung mit § 80 des Gerichtskostengesetzes aber Schreibgebühren nur für Abschriften und Ausfertigungen in Ansatz zu bringen seien. Jene Tatsache steht nun zwar außer Zweifel; aber diese Rechtsauffassung trifft nicht zu. Der § 76 der Gebührenordnung für Rechtsanwälte enthält keine Bestimmung darüber, für welche Arten von Schriftstücken der Rechtsanwalt Schreibgebühren verlangen könne. Wenn jener Paragraph „für die Höhe der dem Rechtsanwalte zustehenden Schreibgebühren“ auf § 80 des Gerichtskostengesetzes verweist, so kann darunter der erste Satz des ersten Absatzes dieses § 80:

> „Die Schreibgebühren werden für Ausfertigungen und Abschriften erhoben“,

nicht mißverstanden sein, weil dieser gar keine Vorschrift über die Höhe der Schreibgebühren enthält, vielmehr nur diejenigen Schriftstücke bezeichnet, für welche die Gerichte überhaupt Schreibgebühren erheben sollen. Dies ergibt sich unmittelbar aus dem Wortsinne, wird übrigens bekräftigt durch die Entstehungsgeschichte des § 76 der Gebührenordnung für Rechtsanwälte. Im Regierungsentwurfe nämlich bildete der jetzt einzige Satz dieses Paragraphen nur den zweiten Absatz; vorher ging noch folgender Absatz:

> „Schreibgebühren stehen dem Rechtsanwalte nur für die zum Zwecke der Einreichung bei Gericht oder zum Zwecke der Zustellung anzufertigenden Abschriften von Schriftsätzen, Urkunden, Urteilen oder Beschlüssen zu.“

Es ist klar, daß nicht daran hätte gedacht werden können, in diesem Zusammenhange dem zweiten Absatze die Bedeutung beizulegen, daß er auch den ersten Satz des § 80 des Gerichtskostengesetzes für anwendbar auf die Rechtsanwaltsgebühren erklären wolle. Dadurch, daß der Reichstag den im Entwurfe enthaltenen ersten Absatz strich, weil er die darin ausgedrückte Beschränkung des Schreibgebührenanspruches der Rechtsanwälte nicht wollte, und daß der Paragraph in dieser Form ins Gesetz überging, kann der zweite, jetzt alleinige Absatz desselben keinen anderen Sinn erhalten haben. Die Gebührenordnung für Rechtsanwälte bestimmt überhaupt nichts darüber, für welche Schriftstücke der Rechtsanwalt sich Schreibgebühren berechnen dürfe. Da aber soviel aus dem Gesetze sich ergibt, daß dem Rechtsanwalte Schreibgebühren überhaupt zustehen sollen, so ist kein Grund ersichtlich, ihm für irgendeine Art von Schriftstücken, die innerhalb derjenigen Berufstätigkeit, auf welche die Gebührenordnung sich bezieht, zur Erledigung der ihm erteilten Aufträge im Verkehre nach außen hin, sei es mit dem Auftraggeber selbst, sei es mit dritten Personen, insbesondere der Gegenpartei, oder mit dem Gerichte, erforderlich werden, den Anspruch auf Schreibgebühren zu versagen; nur was innerhalb seines eigenen Geschäftsbetriebes an Schreibwerk vorkommt, bleibt dabei nach der Natur der Sache außer Betracht. Daher sind dem Rechtsanwalte insbesondere auch für die Urschriften von Schriftsätzen, welche die Grundlage der Zustellung an die Gegenpartei bilden, oder welche bei Gericht eingereicht werden, Schreibgebühren zu vergüten. Letzteres scheint übrigens auch vom Oberlandesgerichte an sich nicht in Abrede genommen zu werden; nur meint dasselbe, indessen nach dem soeben Dargelegten ohne Grund, die Urschrift müsse Abschrift eines Konzeptes gewesen sein, nicht ein ohne Abschrift gebliebenes Konzept selbst, wenn dafür Schreibgebühren sollen verlangt werden können. Auch ist es für den Anspruch auf Schreibgebühren gleichgültig, wer geschrieben hat, ob der Rechtsanwalt selbst bzw. sein Vertreter oder ein Schreiber. Das Gegenteil kann nicht etwa aus dem Umstande abgeleitet werden, daß die Schreibgebühren im Gesetze unter den Gesichtspunkt zu erstattender Auslagen gebracht sind. Denn für das Schreibwerk wird nicht bloß der etwaige Schreiberlohn ausgelegt, sondern ebensowohl der Anschaffungspreis der Schreibmaterialien, und diese letztere Auslage behält auch dann ihre Bedeutung, wenn der Rechtsanwalt selbst schreibt, während andererseits die Höhe der zu ersetzenden Schreibgebühren im Gesetze nach einem Durchschnittssatze bestimmt ist ohne Rücksicht darauf, wie viel bei genauer Berechnung im einzelnen Falle wirklich als ausgelegt zu gelten hätte.

Unter den Kommentatoren der Gebührenordnung für Rechtsanwälte vertritt Walter (2. Aufl. S. 418 flg.) die hier entwickelte richtige Ansicht, während Willenbücher (Kostenfestsetzungsverfahren 2. Aufl. S. 120 flg.) auf dem entgegengesetzten Standpunkte steht und Meyer (2. Aufl. S. 107 flg.) und Pfafferoth (S. 127 flg.) wenigstens einige unbegründete Unterscheidungen machen.

Nicht im Widerspruche mit der hier angenommenen Auffassung steht die in den Beiträgen zur Erläuterung des deutschen Rechtes (Bd. 29 S. 1033) abgedruckte Entscheidung des V. Zivilsenates des Reichsgerichtes, wonach die Erstattung von Schreibgebühren für das Konzept der Klage nicht verlangt werden kann, auch wenn der Rechtsanwalt zu seiner Bequemlichkeit, statt es selbst zu schreiben, es von einem anderen schreiben läßt. Die Herstellung des Konzeptes als solchen, solange es nicht zugleich als Urschrift bei der Zustellung verwandt wird, ist eben nur eine Angelegenheit des inneren Geschäftsbetriebes des Rechtsanwaltes, so daß derselbe hierfür keine besondere Vergütung verlangen kann. Allerdings scheint der V. Zivilsenat, wenn er hinzufügt:

„Nach dem auch für die Auslagen der Rechtsanwälte gültigen § 80 des Gerichtskostengesetzes sind Schreibgebühren nur für die zu fertigenden Ausfertigungen und Abschriften zu zahlen",

in dieser Beziehung auf dem hier mißbilligten Standpunkte des Oberlandesgerichtes zu Naumburg und Willenbücher's zu stehen; zu einer Anwendung des § 137 Abs. 1 GVG. konnte aber dieser Umstand nicht führen, weil nicht erhellte, daß in jenem Falle die angeführte Bemerkung zur wesentlichen Grundlage der Entscheidung gehört hätte." ...

RGZ. 31, 393

Ist die auf persönliche Beschwerde eines Rechtsanwaltes erfolgte Erhöhung des Wertes des Streitgegenstandes auch für die Gerichtskosten und die Gebühren des Gegenanwaltes maßgebend?

II. Zivilsenat. Beschl. v. 14. März 1893.

I. Oberlandesgericht Köln.

Gründe:

„Zur Festsetzung des Streitwertes für die Beschwerde ist die Frage zu entscheiden, ob eine auf persönliche Beschwerde eines Rechtsanwaltes erfolgte Erhöhung des Streitwertes in einer Prozeßsache zugleich die Bedeutung hat, daß die Erhöhung auch für die Gebühren des Gegenanwaltes maßgebend ist, oder ob die Erhöhung lediglich zum Vorteile des beschwerdeführenden Rechtsanwaltes in Betracht kommt, so daß es in allen übrigen Beziehungen bei der früheren Festsetzung zu verbleiben hat. Würde das letztere richtig sein, so würde sich der Streitwert für die gegenwärtige Beschwerde auf die Differenz zwischen den Gebühren des klägerischen Anwaltes, berechnet nach der in erster Instanz festgesetzten Wertssumme von 20 000 M. und der auf seine Beschwerde in zweiter Instanz erhöhten Summe von 568 000 M., beschränken, also, da die Gebühr zweimal in Ansatz kommt, 1206 M. betragen. Würde dagegen die erstere Auffassung für zutreffend zu erachten sein, so würde, da jetzt die beklagte Partei selbst, welche alle Kosten, auch die Gerichtskosten und die Gebühren ihres eigenen Anwaltes, zu zahlen hat, gegen die Erhöhung des Streitwertes auf 568 000 M. beim Reichsgerichte Beschwerde eingelegt hat, der Streitgegenstand für diese Beschwerde in der Differenz der Gebühren der beiderseitigen Anwälte und der Gerichtskosten bestehen, also 8792 M. betragen.

Es muß nun aber davon ausgegangen werden, daß das Gesetz nur eine einheitliche Festsetzung des Streitwertes kennt, und daß nicht eine Festsetzung erfolgen kann lediglich für die Gebührenberechnung der Rechtsanwälte oder des einen oder anderen derselben, während für die Gerichtskosten ein anderer Streitwert maßgebend bleiben soll, daß vielmehr jede durch Gerichtsbeschluß erfolgte Festsetzung, wenn sie auch auf persönliche Beschwerde des Anwaltes allein stattgefunden hat, zugleich für die Gerichtskosten und für alle in Betracht kommenden Beziehungen von maßgebender Bedeutung ist.

Zwar wird bei Völk, Gebührenordnung für Rechtsanwälte Anm. zu § 12, bemerkt, daß bei der Beratung des Entwurfes ein Kommissionsmitglied die Frage gestellt habe, ob die Beschwerde nach § 12 bloß für die Beziehungen zwischen Anwalt und Partei maßgebend sei oder aber gleichzeitig für die Berechnung der Gerichtskosten, und daß der Regierungskommissar sich darauf in einem der ersteren Auffassung entsprechenden Sinne geäußert habe. Diese Auffassung wird denn auch von einzelnen Kommentatoren vertreten.

Vgl. Meyer, Gebührenordnung für Rechtsanwälte zu § 12 Anm. 2;
Rittmann, Wert des Streitgegenstandes S. 13.

Sie kann aber nicht für zutreffend erachtet werden.

Zunächst spricht der Wortlaut des § 12 der Gebührenordnung für Rechtsanwälte gegen dieselbe. Er besagt:

„Gegen den im § 16 des Gerichtskostengesetzes bezeichneten Beschluß steht dem Rechtsanwalte die Beschwerde ... zu."

Der im § 16 bezeichnete Beschluß betrifft die von Amts wegen vom Gerichte vorzunehmende Festsetzung des Wertes des Streitgegenstandes, welche für alle im Prozesse vorkommenden Beziehungen, insbesondere auch für die Berechnung der Gebühren der Rechtsanwälte, maßgebend sein soll (§ 11 der Gebührenordnung für Rechtsanwälte). Wenn nun das Gesetz gegen diesen Beschluß dem Rechtsanwalte eine Beschwerde gestattet, so kann doch infolge dieser Beschwerde der Beschluß und auch der an dessen Stelle tretende auf die Beschwerde erfolgende neue Beschluß keinen anderen Charakter annehmen, als er vorher hatte. Der neue Beschluß, welcher den vorhergegangenen abändert, kann gerade wegen der feststehenden Bedeutung des letzteren nicht bloß Tragweite für den beschwerdeführenden Rechtsanwalt erhalten. Sonst dürfte auch der frühere allgemein wirkende Beschluß eventuell nicht aufgehoben, sondern er müßte für alle übrigen Beziehungen ausdrücklich aufrecht erhalten werden. Eine solche Auseinanderziehung der Wirkungen der einheitlich gedachten Festsetzung infolge der Beschwerde des Rechtsanwaltes erscheint mit dem Sinne des § 16 GKG. und dem Wortlaute des § 12 der Gebührenordnung für Rechtsanwälte, welcher offenbar diesen Sinn festhalten wollte, nicht vereinbar.

Die Motive zu §§ 10—12 der Gebührenordnung für Rechtsanwälte (Mater. S. 35) weisen denn auch sehr bestimmt darauf hin, daß der Beschwerde des Rechtsanwaltes keine andere Bedeutung als die vorbezeichnete beigelegt werden sollte. Dieselben führen an, daß nach anderen Anwaltsgebührenordnungen die Festsetzung des Wertes des Streitgegenstandes bei Berechnung der Anwaltsgebühren nach denselben Grundsätzen erfolge wie bei Berechnung der Gerichtsgebühren, und fahren dann fort:

„Bei dieser Sachlage empfiehlt es sich zugleich, zur Vermeidung doppelter Arbeit und eventuell widersprechender Entscheidungen im Anschlusse an das preußische Gesetz vom 12. Mai 1851 § 2 und das hannoversche Gesetz vom 8. November 1850 § 34 der Wertsfestsetzung, wo sie zur Berechnung der Gerichtsgebühren stattgefunden hat, auch für die Berechnung der Anwaltsgebühren maßgebende Bedeutung zu geben; nur kann dann dem Anwalte, weil er an jener Wertsfestsetzung persönlich interessiert ist, die Beschwerde kraft eigenen Rechtes, also auch seinem eigenen Machtgeber gegenüber, nicht versagt werden."

Die Motive halten hiernach an dem Gedanken fest, daß die Wertsfestsetzung durch das Gericht eine einheitliche sein soll. Nach den angeführten Kostengesetzen hatte bisher der Rechtsanwalt persönlich kein Beschwerderecht in Ansehung der Festsetzung des Streitwertes. Er mußte ohne weiteres die erfolgte Festsetzung auch für seine Gebühren als entscheidend hinnehmen. Nun will ihm aber das neue Gesetz, „weil er persönlich interessiert ist", eine gewisse Mitwirkung bei der Wertsfestsetzung nicht versagen. Deshalb gibt ihm der § 12 a. a. O. das Recht der Beschwerde. Aber diese Mitwirkung kann, da nach den Motiven widersprechende Entscheidungen vermieden werden sollen, nur dasselbe Ziel einer einheitlichen Festsetzung für alle in Betracht kommenden Verhältnisse im Augen haben.

Man kann hiergegen nicht anführen, daß die Wirkung einer Beschwerde als eines nach allgemeinen Grundsätzen zu beurteilenden Rechtsmittels nie weiter greifen könne als das Interesse des Beschwerdeführers selbst, und daß insbesondere nicht eine auf die Beschwerde ergehende Entscheidung Rechtswirkung für andere Parteien oder Personen, welche an dem Beschwerdeverfahren gar nicht beteiligt sind, haben könne. Es handelt sich nämlich bei der Festsetzung des Streitwertes nicht um ein rein privatrechtliches Verhältnis unter den Parteien, bzw. der Partei und dem Anwalte, und es ist nicht gerechtfertigt, die in Rede stehende Frage lediglich nach den Grundsätzen über die privatrechtlichen Rechtsmittel entscheiden zu wollen. Vielmehr handelt es sich bei der Streitwertsfestsetzung um eine von Amts wegen auch ohne Anregung der Parteien zu treffende Maßregel, welche nicht bloß im Privatinteresse der Parteien, sondern zugleich im staatlichen Interesse zu erfolgen hat.

Daß im vorliegenden Falle nicht die theoretische Auffassung der Beschwerde als eines Rechtsmittels mit allen Konsequenzen Platz greifen kann, ergibt sich auch daraus, daß nach § 16 a.a.O. dem Gerichte gestattet ist, im Laufe des Verfahrens von Amts wegen die einmal getroffene Festsetzung, auch die auf Beschwerde eines Anwaltes erfolgte, nach freiem Ermessen wieder abzuändern. Erfolgt eine solche Ändeurng, so ist sie auch für die Gebühren des Rechtsanwaltes maßgebend (§ 11 der Gebührenordnung für Rechtsanwälte). Auch aus dieser Vorschrift läßt sich erkennen, daß bei der ganzen Streitwertsfestsetzung nach der Absicht des Gesetzes die von Amts wegen auszuübende Tätigkeit des Gerichtes in den Vordergrund tritt, welche stets nur zu einer allgemeingültigen Festsetzung führen kann.

Wollte man der Annahme Raum geben, daß die auf Beschwerde des Rechtsanwaltes erfolgte Erhöhung des Streitwertes nur für die Gebühren des letzteren in Betracht komme, so würde der Fall vorkommen können, daß in derselben Instanz eine doppelte und mehrfache Streitwertsfestsetzung der Berechnung der verschiedenen Gebühren zugrunde gelegt werden müßte, je nachdem entweder der eine oder der andere der beiderseitigen Rechtsanwälte oder jeder Rechtsanwalt für sich das an keine Frist gebundene Rechtsmittel der Beschwerde mit verschiedenem Erfolge eingelegt, die Partei selbst aber sich bei der ersten Feststellung des Gerichtes beruhigt oder etwa eine Herabsetzung erzielt hätte. Es kann nicht angenommen werden, daß eine solche Verschiedenartigkeit der Kosten und Gebührenberechnung im Sinne des Gesetzes liege.

Demnach konnte nur die gesamte Gebührendifferenz als Wert des Streitgegenstandes angesehen werden."

RGZ. 31, 425

Steht der Anspruch auf die in der Gebührenordnung für Rechtsanwälte bestimmte Verhandlungsgebühr dem Rechtsanwalte zu, wenn der Verhandlungstermin von einem zwar zwei Jahre im Vorbereitungsdienste beschäftigten, aber nicht gemäß § 25 Abs. 1, 2 der Rechtsanwaltsordnung von dem Rechtsanwalte als Stellvertreter bestellten Rechtskundigen wahrgenommen ist?

IV. Zivilsenat. Beschl. v. 25. September 1893.

I. Landgericht Stendal. II. Oberlandesgericht Naumburg a. S.

Aus den Gründen:

„Der Rechtsstreit, dessen Gegenstand eine Forderung im Betrage von 317 M. bildete, ist ursprünglich bei dem Amtsgerichte in Öbisfelde anhängig gewesen und von diesem auf den Antrag der Klägerin gemäß

§ 466 ZPO. durch Urteil an das Landgericht in Stendal verwiesen worden. In dem Verhandlungstermine vor dem Amtsgerichte hat sich der Prozeßbevollmächtigte des Beklagten, Rechtsanwalt K. in Öbisfelde, durch den Referendar W. vertreten lassen. Nachdem durch landgerichtliches Urteil die Klägerin zur Tragung der Kosten des Rechtsstreites verurteilt war, hat der Beklagte unter den Kosten des amtsgerichtlichen Verfahrens auf Grund der Rechtsanwaltsgebührenordnung eine Verhandlungsgebühr von 7 M. zur Erstattung liquidiert. Das Landgericht hat das Liquidat nicht beanstandet, dagegen das Oberlandesgericht dasselbe auf die Beschwerde der Klägerin von der Kostenrechnung abgesetzt, weil der Rechtsanwalt K. den Verhandlungstermin nicht in Person wahrgenommen habe, und der Referendar W. — was unstreitig ist — ihm nicht von der Landesjustizverwaltung als Vertreter bestellt gewesen sei.

Die gegen diesen Beschluß von dem Beklagten erhobene Beschwerde ist formell zulässig. Die Beschwerdeschrift ist zwar nicht von einem beim Oberlandesgerichte, bei dem sie eingereicht ist, zugelassenen Rechtsanwalte unterzeichnet; dieser Form bedurfte es jedoch nach § 532 Abs. 2 ZPO. nicht, da es sich um die Erstattung von Kosten handelt, die die Prozeßführung betreffen, als der Rechtsstreit noch bei dem Amtsgerichte anhängig war, und das amtsgerichtliche Verfahren im Falle des § 466 ZPO. eine selbständige Instanz bildet.

Vgl. Entsch. des RG.s in Zivils. Bd. 30 S. 332 flg.

Die Beschwerde ist dagegen materiell unbegründet.

Die den Rechtsanwälten durch die Rechtsanwaltsgebührenordnung zugebilligten Vergütungen sind mit Rücksicht auf die persönliche Tätigkeit des Rechtsanwaltes bemessen. Der Rechtsanwalt darf daher dieselben in der festgesetzten Höhe nur dann liquidieren, wenn er selbst tätig oder durch einen anderen — zu denselben Bezügen berechtigten — Rechtsanwalt vertreten gewesen ist. Dagegen stehen ihm diese Vergütungen nicht zu, wenn er sich durch einen Referendar, mag solcher auch schon, wie für den gegenwärtigen Fall behauptet ist, zwei Jahre im Vorbereitungsdienste beschäftigt gewesen sein, hat vertreten lassen. Von dieser Regel findet nur in dem Falle eine Ausnahme statt, wenn für einen an der Ausübung seines Berufes verhinderten Rechtsanwalt eine Stellvertretung eingesetzt ist. Ein solcher Vertreter tritt für die Zeit der Stellvertretung ganz an die Stelle des Rechtsanwaltes und übt während dieser Zeit die Berufstätigkeit des Rechtsanwaltes überhaupt aus, so daß seine Tätigkeit als Berufstätigkeit des Rechtsanwaltes gilt. In diesem Falle greifen für die Geschäftsbesorgung durch den Stellvertreter die Sätze der Gebührenordnung Platz, wenn auch der Stellvertreter kein Rechtsanwalt ist, sondern gemäß § 25 Abs. 1, 2 der Rechtsanwaltsordnung durch Anordnung der Landesjustizverwaltung aus der Zahl derjenigen Rechtskundigen bestellt wurde, welche mindestens zwei Jahre im Justizvorbereitungsdienste beschäftigt waren. Dagegen treffen dieselben, jene

Ausnahme rechtfertigenden Gründe nicht auch dann zu, wenn, wie hier, ein Rechtsanwalt, der seine Berufstätigkeit im allgemeinen selbst ausübt, für einzelne ihm obliegende Berufsgeschäfte sich einen Vertreter bestellt, der kein Rechtsanwalt ist; und in dieser Auffassung wird auch durch die Bestimmung des § 25 Abs. 3 der Rechtsanwaltsordnung nichts geändert, welche allein den Zweck hat, die Anwendung der Vorschriften des § 143 Abss. 1, 2 ZPO. auf die mindestens zwei Jahre im Vorbereitungsdienste beschäftigten Rechtskundigen auszuschließen, wenn sie — wie dies hier geschehen — einen Rechtsanwalt, ohne als dessen Stellvertreter durch die Justizverwaltung bestellt zu sein, in Fällen vertreten, in denen eine Vertretung durch einen Rechtsanwalt nicht geboten ist. Eine Verschiedenheit in der Beurteilung der streitigen Frage tritt, je nachdem die Vertretung im Parteiprozesse oder im Anwaltsprozesse stattgefunden hat, nicht ein. In gleicher Weise hat sich das Reichsgericht schon wiederholt ausgesprochen, so der III. Zivilsenat in dem Beschlusse vom 18. September 1885,

vgl. Entsch. des RG.'s in Zivils. Bd. 14 S. 393,

der II. Zivilsenat in dem Beschlusse vom 5. Oktober 1886 Rep. II. 84/86,

vgl. Juristische Wochenschrift Jahrgang 1886 S. 317,

der IV. Zivilsenat in dem Beschlusse vom 9. Juli 1888 Rep. IV. 129/88.

Vgl. a. a. O. Jahrgang 1888 S. 331.

Auch die vereinigten Zivilsenate des Reichsgerichtes sind in dem Beschlusse vom 9. April 1888,

vgl. Entsch. des RG.'s in Zivils. Bd. 21 S. 349,

in welchen es sich speziell um die Frage handelte, ob für einen substituierten Referendar Reisekosten und Tagegelder in der den Rechtsanwälten zugebilligten Höhe liquidiert werden dürfen, von denselben Grundsätzen ausgegangen. In den Gründen dieses Beschlusses ist gleichzeitig dargelegt, daß der — auch von der jetzigen Beschwerde wiederum unternommene — Versuch, aus der Entstehungsgeschichte der Rechtsanwaltsordnung und der Justizgesetze die gegenteilige Ansicht herzuleiten, verfehlt ist. Der Beschluß der vereinigten Zivilsenate bezieht sich allerdings, wie angedeutet, nicht unmittelbar auf Verhandlungsgebühren. Aber die in dem Beschlusse für Reisekosten und Tagegelder angenommenen Grundsätze müssen auch auf Verhandlungsgebühren angewendet werden. Wenn der I. Zivilsenat des Reichsgerichtes in dem Beschlusse vom 22. November 1884,

vgl. Entsch. des RG.'s in Zivils. Bd. 15 S. 433,

die Ansicht vertreten hat, daß dem Rechtsanwalte, der Termine durch Rechtskundige, die mindestens zwei Jahre im Vorbereitungsdienste beschäftigt gewesen sind, hat wahrnehmen lassen, Anspruch auf Gebühren, Diäten und Fuhrkosten nach der Gebührenordnung für Rechtsanwälte zustehen, so können die für diese Entscheidung maßgebend gewesenen

Grundsätze dem Beschlusse der vereinigten Zivilsenate gegenüber nicht mehr in Frage kommen. Der Fall des § 137 GVG. ist nicht gegeben.

Da sich hiernach das allein nach den Sätzen der Rechtsanwaltsgebührenordnung bemessene Liquidat an Verhandlungsgebühr nicht rechtfertigt, und da andererseits nicht konstiert, daß dem Rechtsanwalte K. infolge seiner Vertretung in dem fraglichen Termine durch den Referendar W. Kosten entstanden sind, so ist das streitige Liquidat mit Recht in voller Höhe abgesetzt worden."

RGZ. 32, 410

Unter welchen Voraussetzungen darf ein Rechtsanwalt die Beweisgebühr nach § 13 Ziff. 4 und die Erhöhung der Verhandlungsgebühr nach § 17 der Gebührenordnung für Rechtsanwälte fordern? Ist es notwendig, daß das Gericht einen neuen späteren Termin zur Aufnahme des Beweises angesetzt hat?

V. Zivilsenat. Beschl. v. 3. Januar 1894.

I. Landgericht Liegnitz. II. Oberlandesgericht Breslau.

Der Beschwerde des Anwaltes des Klägers ist stattgegeben worden aus folgenden

Gründen:

„Der Kläger hat gegen die beiden Beklagten auf Zahlung rückständiger Pachtzinsen und Räumung des Pachtgutes geklagt. Die Beklagten erhoben die Einrede der Stundung der Pachtgelder. Das Landgericht verkündete in dem ersten Verhandlungstermine den Beschluß: „Beweis zu erheben über die von den Beklagten behauptete Stundung der eingeklagten Pachtzinsraten bis nach der Ernte d. J. (1893) durch Vernehmung des Rentmeisters K. als Zeugen." Das Terminsprotokoll besagt weiter, daß hierauf der Prozeßvertreter des Klägers mit Rücksicht auf die bevorstehende Ernte beantragt hat, den anwesenden Zeugen sofort zu vernehmen, daß diesem Antrage seitens des Gerichtes stattgegeben, die Vernehmung des Zeugen bewirkt, und hierauf von den Prozeßvertretern der Parteien wiederholt zur Sache verhandelt ist. Das Landgericht hat sodann die Beklagten zur Zahlung der eingeklagten Pachtgelder, Räumung des Rittergutes St. usw. verurteilt und das Urteil gegen Sicherheitsleistung für vorläufig vollstreckbar erklärt.

Nach Erlaß dieses Urteiles ist von dem Vertreter des Klägers der Antrag auf Kostenfeststellung gestellt, und demselben entsprochen worden. Derselbe hat nachträglich um Festsetzung der Beweisgebühr gemäß § 13 Ziff. 4 und der weiteren Verhandlungsgebühr gemäß § 17 der Gebührenordnung für Rechtsanwälte vom 7. Juli 1879 im Gesamtbetrage von 168 M. gebeten. Das Landgericht hat diesem Antrage entsprochen, das Oberlandesgericht dagegen auf Beschwerde der Beklagten das nachträgliche Festsetzungsgesuch des Klägers abgewiesen und dem Kläger die Kosten der Beschwerdeinstanz auferlegt.

Gegen diesen Beschluß richtet sich die weitere, frist- und formgemäß erhobene Beschwerde des Klägers. Die Zulässigkeit der Nachliquidation unterliegt nach dem Beschlusse der vereinigten Zivilsenate des Reichsgerichtes vom 9. Februar 1891,

vgl. Entsch. des RG.s in Zivils. Bd. 27 S. 402,

keinem Bedenken. Die Beschwerde ist vom Reichsgerichte für begründet erachtet.

Das Oberlandesgericht beruft sich für seine Entscheidung lediglich auf den Beschluß des I. Zivilsenates des Reichsgerichtes vom 29. September 1883.

Vgl. Entsch. des RG.s in Zivils. Bd. 10 S. 370.

Der Sachverhalt bei der damals vorliegenden Beschwerde war folgender. Es hatte ein einziger Termin zur mündlichen Verhandlung angestanden, in welchem die Vertreter der Parteien sich auf bei dem Prozeßgerichte befindliche Vorprozeßakten bezogen. Diese wurden sofort vorgelegt und anerkannt, und demnächst das Urteil erlassen. Für diesen Fall hat der I. Zivilsenat unter Hinweis auf die §§ 323—335 ZPO. angenommen, daß die von dem Prozeßvertreter des Beklgaten beanspruchte Beweisgebühr nicht gefordert werden könne, weil als Voraussetzungen für einen solchen Anspruch ein dem § 324 ZPO. entsprechender Beweisbeschluß und die Aufnahme des Beweises in einem anderen Termine als demjenigen, in welchem dieser Beschluß gefaßt ist, erachtet werden müssen. Dieser Entscheidung sind demnächst mehrere andere Senate des Reichsgerichtes beigetreten, indem sie teils den Erlaß eines Beweisbeschlusses als notwendige Bedingung für die Liquidation von Beweisgebühren bezeichnen, teils das Erfordernis aufstellen, daß die Beweisaufnahme nicht in demselben Termine stattfinden dürfe.

Vgl. Entsch. des RG.'s in Zivils. Bd. 14 S. 394; Gruchot, Beiträge Bd. 29 S. 1032; Jurist. Wochenschr. 1888 S. 100, 137 usw.

Der zur Entscheidung über die jetzt vorliegende Beschwerde berufene Senat hat angenommen, daß er in der rechtlichen Beurteilung der Streitfrage durch den Beschluß des I. Zivilsenates nicht gebunden ist. Die Frage, ob und in welcher Form der Beweisbeschluß erlassen werden muß, um den Anspruch auf Beweisgebühren zu begründen, steht jetzt überhaupt nicht zur Entscheidung. In betreff des Erfordernisses eines anderen Termines kommt in Betracht, daß die Beschlüsse des I. Zivilsenates und der übrigen Senate, soweit ersichtlich, nur den Fall des Urkunden-, nicht des Zeugenbeweises betreffen. Es ist immer nur die Absetzung der Beweisgebühr beschlossen, wenn Akten des erkennenden Gerichtes ohne Ansetzung eines neuen Termines vorgelegt sind. Die Gründe des Beschlusses des I. Zivilsenates würden nicht zwingen, einen Beschluß der vereinigten

Zivilsenate gemäß § 137 GVG. einzuholen. Der erkennende Senat glaubt jedoch, daß die Gründe des I. Zivilsenates einer Entscheidung zugunsten des Klägers auch nicht entgegenstehen. In denselben wird besonders betont (S. 273 a. a. O.), daß eine Gebührenerhöhung gemäß § 13 Ziff. 4 der Gebührenordnung für Rechtsanwälte vom 7. Juli 1879 sich legislativ nur rechtfertigen lasse durch den infolge einer Cäsur in dem Prozeßverfahren anzunehmenden erheblichen Mehraufwand an Zeit und Arbeit seitens der Prozeßvertreter. Das Reichsgericht hat angenommen, daß in der vorliegenden Sache eine derartige Cäsur eingetreten ist. Die mündliche Verhandlung führte zu dem oben angegebenen, dem § 324 ZPO. entsprechenden Beweisbeschlusse. Mit dem Erlasse desselben war der erste Abschnitt des Verfahrens (§§ 127 flg. ZPO.) abgeschlossen. Der erst hierauf gestellte Antrag des klägerischen Prozeßvertreters auf sofortige Vernehmung des Zeugen K. leitete einen neuen Abschnitt, das Beweisverfahren, ein. In demselben erfolgte die Vernehmung des Zeugen. Eine Vorschrift, daß die Beweisaufnahme notwendig in einem von dem Verhandlungstermine zeitlich getrennten Termine bewirkt werden müsse, kennt die Zivilprozeßordnung nicht. Es würde zu gewiß nicht vom Gesetzgeber beabsichtigten Konsequenzen führen, wenn man die Anwendung der Vorschriften über das Beweisverfahren und die damit verbundene Erhöhung der Anwaltsgebühren von der Formalität abhängig machen wollte, daß das Prozeßgericht einen späteren Termin — vielleicht nach Ablauf weniger Minuten — zur Vernehmung der Zeugen bestimmen müsse. Für die Beweisaufnahme vor dem Prozeßgerichte ist sogar im § 335 ZPO. als Regel angeordnet, daß die Schlußverhandlung mit derselben verbunden werden solle. Inwiefern eine Rücksicht auf die Mehrarbeit, welche den Anwälten durch das Beweisverfahren erwächst, ein legislativer Grund für die Gebührenerhöhung gewesen ist, kann unerörtert bleiben; denn eine solche Mehrarbeit erwächst den Prozeßvertretern auch dann, wenn sie, wie im vorliegenden Falle, in Voraussicht des notwendigen Beweisbeschlusses die Beweisaufnahme durch Ermittelung und Gestellung von Zeugen vorbereiten und deren Vernehmung beiwohnen. Es liegen hiernach die vom I. Zivilsenate verlangten Erfordernisse zur Anwendung des § 13 Ziff. 4 der Gebührenordnung für Rechtsanwälte vor, und ist angenommen, daß der im Beschlusse vom 29. September 1883 gebrauchte Ausdruck: „anderer Termin" sich nicht unbedingt auf einen zur Zeugenvernehmung angesetzten späteren Termin beziehen kann. Daraus folgt, daß der Anspruch des Klägers auf Bewilligung der Gebühren für das Beweisverfahren begründet ist. Dasselbe gilt von der weiter geforderten Verhandlungsgebühr gemäß § 17 der Gebührenordnung für Rechtsanwälte, da das Sitzungsprotokoll ausdrücklich besagt, daß die Prozeßvertreter nach Vernehmung des Zeugen „wiederholt zur Sache verhandelt haben." ...

RGZ. 34, 426

Ist bei der Berechnung der Prozeßgebühr auch der durch eine schriftlich angekündigte, jedoch in der mündlichen Verhandlung nicht vorgetragene Klagerweiterung umfaßte Wert zu berücksichtigen?

III. Zivilsenat. Beschl. v. 14. Dezember 1894.

I. Landgericht Aurich. II. Oberlandesgericht Celle.

Aus den Gründen:

„Die vom Kläger in einem vorbereitenden Schriftsatze angekündigte Erweiterung der Klage ist zwar in der mündlichen Verhandlung nicht wiederholt, daher nicht rechtshängig geworden; dennoch muß sie für die Höhe der dem Anwalte des Gegners zukommenden Prozeßgebühr berücksichtigt werden, zumal bereits eine eingehende schriftliche Erklärung auf die angekündigte Erweiterung erfolgt war. Denn die Prozeßgebühr wird, wie schon häufig vom Reichsgerichte ausgesprochen ist, dem Rechtsanwalte für die Instruktion und für die Vorbereitung der mündlichen Verhandlung gewährt, und diese Vorbereitung mußte sich auch auf die angekündigte Erweiterung erstrecken. Der Beschwerdeführer irrt in der Annahme, daß der Anwalt des Gegners nicht verpflichtet gewesen sei, in der mündlichen Verhandlung auf die Klagerweiterung sich zu erklären. Die vorbereitenden Schriftsätze verpflichten den Gegner, auf die angekündigten Anträge und Behauptungen sich so vorzubereiten, daß eine Vertagung der Verhandlung möglichst vermieden wird.

Der in den Entsch. des RG.'s in Zivils. Bd. 17 S. 374 abgedruckte Beschluß, auf welchen das Oberlandesgericht sich beruft, trifft allerdings nicht zu, da es sich dort um bereits rechtshängige Ansprüche handelte; aber auch in dem fast gleich liegenden Falle, wenn eine angekündigte Widerklage in der mündlichen Verhandlung nicht erhoben wird, hat das Reichsgericht sich ebenso ausgesprochen.

Vgl. Jurist. Wochenschr. Jahrg. 1887 S. 42 Nr. 22.

Daß es sich im vorliegenden Falle um die Prozeßgebühr des Anwaltes der Gegenpartei handelt, kann keinen Unterschied machen, weil auch dieser die mündliche Verhandlung über die Erweiterung vorzubereiten hatte.

Allerdings können anscheinend Härten für die in die Kosten verurteilte Partei entstehen, wenn sie Kosten für eine vom Gegner zwar angekündigte, aber in der Verhandlung nicht wiederholte Klagerweiterung oder Widerklage ersetzen muß. Solche Härten können aber nicht mehr im Festsetzungsverfahren, dagegen wohl in der Entscheidung über die Verpflichtung, die Prozeßkosten zu tragen, vermieden werden." ...

RGZ. 35, 361

Kommt § 51 GebO. für Rechtsanwälte zur Anwendung, wenn der Prozeßvollmacht des Intervenienten nachträglich die Hauptpartei beitritt?

III. Zivilsenat. Beschl. v. 8. März 1895.

I. Landgericht Wiesbaden. II. Oberlandesgericht Frankfurt a. M.

Aus den Gründen:

„Der § 51 GebO. für Rechtsanwälte hat nicht den nachträglichen Beitritt zum Prozesse, sondern zur Prozeßvollmacht, mithin diejenigen Fälle im Auge, wo Streitgenossen nachträglich den gleichen Prozeßbevollmächtigten bestellen, welchen andere Streitgenossen bereits aufgestellt hatten. Für solche Fälle will der § 51 die Nebenintervenienten gleich den Streitgenossen behandelt wissen. Dies ist im ersten Satze des Paragraphen ausgesprochen und muß zweifelsohne auch für dessen weiteren Inhalt gelten. Also auch für Satz 2 des Paragraphen, wonach bei nachträglichem Beitritte eines Streitgenossen zu der von dem anderen Streitgenossen erteilten Prozeßbevollmächtigung die Prozeßgebühr des Anwaltes je um zwei Zehntel sich erhöht. Sind bezüglich dieser Kostenfrage die Intervenienten wie Streitgenossen zu behandeln, so ergibt sich zunächst, daß die Erhöhung bei ihrem nachträglichen Beitritte zur Bevollmächtigung der Hauptpartei erfolgen muß. Hiergegen wird auch von dem Oberlandesgerichte kein Widerspruch erhoben. Es ist aber nicht einzusehen, weshalb nicht die gleiche Folge eintreten sollte, wenn der von dem Intervenienten erteilten Vollmacht die Hauptpartei nachträglich sich anschließt. In beiden Fällen liegt ein nachträglicher Beitritt eines Streitgenossen vor, und für beide Fälle gleichmäßig trifft die legislatorische Erwägung zu, welche zu der Bestimmung des § 51 geführt hat, daß nämlich überall, wo Streitgenossen nicht gleichzeitig Vollmacht erteilen, für den gemeinsamen Prozeßbevollmächtigten eine Vermehrung der Schriftsätze, Konferenzen und Korrespondenzen zufolge des nachträglichen Beitrittes zu seiner Vollmacht entstehen muß, und dadurch diejenige Tätigkeit desselben, welche durch die Prozeßgebühr abgelohnt werden soll, sich steigert und deren Erhöhung rechtfertigt."

RGZ. 44, 397

Haben die Gebühr für die Vertretung in einem Beweisaufnahmeverfahren und die erhöhte Gebühr für die Vertretung in der weiteren mündlichen Verhandlung zur Voraussetzung, daß es zu einer Aufnahme der Beweise gekommen ist?

Gebührenordnung für Rechtsanwälte § 13 Ziff. 4, § 17.

VII. Zivilsenat. Beschl. v. 20. Juni 1899.

I. Landgericht Brieg. II. Oberlandesgericht Breslau.

Durch Beschluß des Landgerichtes wurde die Aufnahme eines von den Klägern angetretenen Zeugen- und Sachverständigenbeweises über den Wert gewisser Gegenstände angeordnet, und zugleich Termin zur Beweisaufnahme vor dem Prozeßgerichte bestimmt. Nachdem der klägerische Prozeßbevollmächtigte durch ein Schreiben den Klägern Kenntnis von dem Beschlusse und der Terminsanberaumung gegeben hatte, verzichtete der Beklagte auf die Vernehmung der Zeugen und Sachverständigen mit dem Bemerken, daß er bei dem Bestreiten der Werte nicht stehen bleiben wolle. Die Zeugen und Sachverständigen wurden abbestellt. In dem anberaumten Termine wurde der Beklagte nach kontradiktorischer Verhandlung dem Klageantrage gemäß und in die Kosten des Rechtsstreites verurteilt. Der Wert des Streitgegenstandes belief sich auf mehr als 900 bis 1200 M.

Die Kläger liquidierten ihre Kosten in Gesamthöhe von 123,40 M., darunter Beweisgebühr und weitere Verhandlungsgebühr zu je 14 M., sowie Festsetzungsgebühr zu 2,10 M. Durch Beschluß des Landgerichtes wurden die Kosten in der liquidierten Höhe festgesetzt. Der Beklagte legte Beschwerde ein mit dem Antrage, von dem Liquidat 28,90 M. abzusetzen, und zwar die Beweisgebühr und die Gebühr für die weitere mündliche Verhandlung vollständig zu streichen, die Gebühr für das Festsetzungsverfahren aber dem geminderten Wertobjekte entsprechend zu ermäßigen. Durch Beschluß des Oberlandesgerichtes wurde in Stattgebung der Beschwerde der Betrag der zu erstattenden Kosten auf 94,50 M. festgesetzt. Kläger haben weitere Beschwerde eingelegt, und derselben ist stattgegeben worden aus folgenden

Gründen:

... „Wenn die angeordneten Beweiserhebungen auch nicht zur Ausführung gebracht sind, so hat mit der Anberaumung des Vernehmungstermins und der Ladung der Zeugen das Beweisaufnahmeverfahren doch bereits begonnen. Diesem Verfahren, welches hinsichtlich der Anwaltstätigkeit als ein besonderer und für sich bestehender Abschnitt des Rechtsstreites ausgeschieden ist, gehören auch schon die zur Vorbereitung und unmittelbaren Herbeiführung der Beweisaufnahme selbst dienenden Akte des Gerichtes an, so speziell die Bestimmung von Zeit und Ort zur Beweiserhebung und die Aufforderung der zu vernehmenden Personen zum Erscheinen im Termine. Das in dieser Weise beginnende Beweisverfahren sondert sich ab von den übrigen Teilen des Rechtsstreites, namentlich von der die Entscheidung darüber, ob und in welchem Umfange eine Beweisaufnahme stattfinden soll, herbeiführenden Verhandlung.

Die Gebühr des § 13 Ziff. 4 aber ist vorgesehen für die Vertretung in einer Beweisaufnahme". Es bedarf für die Entstehung des Anspruches nicht der Vertretung in einem Beweisaufnahmetermine. Dies ergibt sich insbesondere aus der abweichenden Fassung der Bestimmung in derselben Nummer des § 13 über den Urteilseid, denn dort ist die Gebühr für die Vertetung „in dem Termine zur Leistung des durch ein Urteil auferlegten Eides", hier dagegen für die Vertretung „in einem Beweisaufnahmeverfahren" angeordnet. Wäre es die Absicht des Gesetzgebers gewesen, die Gebühr auch in diesem Falle von der Vertretung in einem Termine abhängig zu machen, so ist nicht ersichtlich, weshalb er sich hier nicht der ganz gleichen Ausdrucksweise wie dort bedient haben sollte, und zwar um so weniger, als die beiden Gebühren in demselben Satze und in unmittelbarer Folge aufeinander normiert sind, und als deshalb der Gegensatz der Fassung notwendig in die Augen fällt. Jede Art von Tätigkeit des Rechtsanwaltes, die mit der Beweisaufnahme in direktem Zusammenhange steht, bildet daher eine Grundlage für den Anspruch auf die Gebühr. Ausgeschlossen bleiben solche Handlungen, die nur zeitlich in das Stadium des Beweisaufnahmeverfahrens fallen, aber ihre Bedeutung für andere Teile des Rechtsstreites haben, darunter auch die nachträgliche Angabe der Adresse eines Zeugen, da diese schon mit der Beweisantretung verbunden werden muß; diese Handlungen werden durch die Prozeßgebühr abgegolten. Wohl aber charakterisiert sich als Vertretung in einem Beweisaufnahmeverfahren die Erteilung eines Auftrages an einen Rechtsanwalt am Sitze des um die Erhebung des Beweises ersuchten Gerichtes, die Versendung der Akten an ihn und die Erteilung der Information. Das gleiche muß aber für die Benachrichtigung der Partei selbst vom Termine gelten, auch dann, wenn sich eine weitere Mitteilung über den Stand der Sache und die bei der Beweisaufnahme etwa besonders zu beachtenden Momente nicht damit verbindet, sondern das weitere lediglich dem eigenen Ermessen und der eigenen Kenntnis der Partei, von der Sachlage anheimgestellt und überlassen bleibt. Auch diese, wenngleich mit geringer Mühewaltung verbundene, Tätigkeit dient dem Interesse der Partei in unmittelbarer Beziehung zur Beweisaufnahme, wird durch die Prozeßgebühr nicht vergütet und rechtfertigt den Anspruch auf die Beweisgebühr.

Vgl. Gruchot, Beiträge Bd. 40 S. 1138 Nr. 124; Jurist. Wochenschrift 1898 S. 390 Nr. 19.[1])

Eine solche Anwaltstätigkeit aber liegt hier vor.

Gerechtfertigt ist aber auch der Anspruch auf die in § 17 der Gebührenordnung für Rechtsanwälte vorgesehene Gebührenerhöhung. Diese greift Platz, insoweit in den Fällen des § 13 Ziff. 4 die Vertretung auf die weitere mündliche Verhandlung sich erstreckt. Daß in der Bezugnahme in dem § 17 auf den § 13 Ziff. 4 („in den Fällen des § 13 Ziff. 4") dem Ausdrucke „Beweisaufnahmeverfahren" ein anderer, und zwar engerer, Sinn hätte unterlegt werden sollen, als in welchem die in Bezug genommene Bestimmung selbst den Ausdruck zur Anwendung bringt, läßt sich bei dem nahen Zusammenhange der beiden Gebührenvorschriften nicht annehmen. Auch hier genügt also, daß ein Termin anberaumt ist, und Ladungen an die zu vernehmenden Personen ergangen

[1]) Vgl. auch diese Sammlung Bd. 12 Nr. 115 S. 393, Bd. 21 Nr. 85 S. 408, Bd. 26 Nr. 78 S 378.

sind, wenn auch demnächst die Erhebung der Beweise unterblieben ist. Was aber das Erfordernis der Vertretung in der weiteren mündlichen Verhandlung anbetrifft, so sind an den Inhalt dieser Verhandlung im Gesetze besondere Anforderungen nicht gestellt. Der gesetzgeberische Beweggrund für die Gebührenerhöhung besteht darin, daß nach einem Beweisaufnahmeverfahren in der Regel die weitere mündliche Verhandlung und die Vorbereitung zu derselben eine gesteigerte Mühewaltung des Rechtsanwaltes mit sich bringen;

vgl. Motive zu dem Entwurfe einer Gebührenordnung für Rechtsanwälte S. 39;

es kann aber nicht darauf ankommen, ob im einzelnen Falle der gesetzgeberische Grund in vollem Maße zutrifft, oder nicht. Bedingend für die Gebühr ist nicht, daß die weitere mündliche Verhandlung die Ergebnisse des Beweisaufnahmeverfahrens zum Gegenstande hat. Die Gebühr kann selbst dann nicht versagt werden, wenn die Verhandlung, weil die den Gegenstand des Beweises bildenden Behauptungen unmittelbar nach der Beweisaufnahme zugestanden oder zurückgenommen sind, sich auf die Ergebnisse der Beweisaufnahme, wenn die Parteierklärungen nicht wiederum geändert wurden, gar nicht richten konnte. Das gleiche gilt aber auch für den Fall, daß es im Beweisaufnahmeverfahren zur Aufnahme der Beweise nicht gekommen ist. Einen Unterschied macht das Gesetz nur, je nachdem die weitere Verhandlung eine kontradiktorische, oder eine nicht kontradiktorische ist; Bedeutung hat derselbe aber nicht für die Existenz des Anspruches auf die Gebührenerhöhung, sondern nur für das Maß derselben.

Vgl. Gruchot, Beiträge Bd. 40 S. 1138 Nr. 124.

Da hiernach die beiden Gebührenansätze zugebilligt werden müssen, infolge davon aber der den Klägern zu erstattende Kostenbetrag im ganzen die Summe von 120 M. übersteigt, so erweist auch der Anspruch auf Erstattung der Festsetzungsgebühr in der liquidierten Höhe sich als gerechtfertigt." ...

RGZ. 44, 400

Gebühr des Rechtsanwaltes, welcher den Gegner der den Einspruch einlegenden Partei vertritt, für die mündliche Verhandlung, auf welche das Versäumnisurteil erlassen ist, falls diese Verhandlung sich als eine solche im Sinne des § 17 der Gebührenordnung für Rechtsanwälte darstellt.

VII. Zivilsenat. Beschl. v. 20. Juni 1899.

I. Landgericht Hamburg. II. Oberlandesgericht daselbst.

Gründe:

„Es handelt sich darum, ob im Falle des § 27 Abs. 2 der Gebührenordnung für Rechtsanwälte, lautend:

„Im Falle der Zulassung des Einspruchs steht dem Rechtsanwalte des Gegners der den Einspruch einlegenden Partei die Gebühr für die mündliche Verhandlung, auf welche das Versäumnisurteil erlassen ist, besonders zu",

dann, wenn die letzterwähnte Verhandlung eine solche im Sinne des § 17 a. a. O. war, wenn also nach stattgehabtem Beweisaufnahmeverfahren eine weitere nicht kontradiktorische mündliche Verhandlung zu dem Versäumnisurteile geführt hat, die in dem angeführten § 27 festgesetzte besondere Gebühr sich nach § 16 a. a. O., welcher für eine nicht kontradiktorische Verhandlung die Verhandlungsgebühr dem Rechtsanwalte zu $^{5}/_{10}$ zubilligt, bemißt, o d e r ob jener § 17 in Betracht kommt, der für die nach ihm in Frage stehende, nicht kontradiktorische Verhandlung nur die H ä l f t e des letzteren Betrages zuläßt.

Die Entscheidung muß, in Übereinstimmung mit der Vorinstanz, im ersteren Sinne erfolgen. Daß die Tarifierung, welche die betreffende Verhandlung, auf die das Versäumnisurteil erlassen ist, im einzelnen Falle erfährt, für die in Rede befindliche besondere, also außerdem verdiente, Gebühr nicht in Frage kommt, ist daraus zu entnehmen, daß letztere Gebühr nach ihrer erwähnten Natur auch dann zuzubilligen ist, wenn jene mündliche Verhandlung einer Gebührenpflicht überhaupt nicht mehr unterliegt, weil schon für eine in der Instanz vorhergegangene Verhandlung eine gleich hohe oder höhere Gebühr zum Ansatze gekommen ist. Es kann also davon, daß in dem hier zu entscheidenden Falle die Zusatzgebühr des § 17 maßgebend sein sollte, nicht die Rede sein.

Speziell vertreten ist diese Ansicht bei P f a f f e r o t h, Gebührenordnung für Rechtsanwälte, Anm. 4 zu § 27. Offenbar hangen ihr auch an die ausnahmslos auf § 16 bezüglich der Höhe der fraglichen Gebühr verweisenden Kommentare von M e y e r und W a l t e r in den Bemerkungen zu dem angeführten Paragraphen." ...

RGZ. 83, 109

1. Unter welchen Voraussetzungen ist ein Vertrag, wodurch sich ein Rechtsanwalt ein das Angemessene erheblich überschreitendes Honorar versprechen läßt, wegen Verstoßes gegen die guten Sitten nichtig?

2. Ist die Rückforderung des gezahlten übermäßigen Honorars trotz eines hierüber abgeschlossenen Vergleichs zulässig?

BGB. §§ 138, 779, 812. RAGebO. § 93 Abs. 4.

III. Z i v i l s e n a t. Urt. v. 24. September 1913.

Die Entscheidung ist abgedruckt unter „Bürgerliches Recht, Allgemeiner Teil 2".

RGZ. 103, 340

1. Kann der für die höhere Instanz bestellte Armenanwalt, wenn die Instanz ohne Erlaß einer Kostenentscheidung beendet wird, sofort Erstattung seiner Auslagen aus der Staatskasse verlangen?

2. Darf für den Erstattungsantrag eine Gebühr beansprucht werden?

3. Sind für das Gesuch eine besondere Pauschgebühr oder wenigstens besondere Schreibgebühren in Ansatz zu bringen?

IV. Zivilsenat. Beschl. v. 6. Juni 1921.

Aus den Gründen:

Der Justizrat G. war dem Beklagten und Revisionsbeklagten für die Revisionsinstanz als Armenanwalt beigeordnet. Durch Urteil des Reichsgerichts vom 17. Mai 1920 wurde auf die Revision des Klägers das Berufungsurteil aufgehoben und die Sache zur anderweiten Verhandlung und Entscheidung an das Berufungsgericht zurückverwiesen. Dabei wurde die Entscheidung über die Kosten der Revisionsinstanz dem in der Berufungsinstanz zu erlassenden neuen Urteile vorbehalten. Der Justizrat G. beantragte bei dem Gerichtsschreiber des Reichsgerichts auf Grund des Art. II des Reichsgesetzes vom 18. Dezember 1919 über die Teuerungszuschläge zu den Gebühren der Rechtsanwälte und Gerichtsvollzieher (RGBl. S. 2113) die Festsetzung der ihm aus der Staatskasse zu erstattenden Auslagen auf 138,55 M., und zwar berechnete er

a) Pauschsatz gemäß § 76 RAGebO. bei 24 000 bis 26 000 M. Streitwert	132,50 M.
b) Gebühr für den Festsetzungsbetrag nach § 23 Abs. 1 RAGebO.	3,00 M.
c) Pauschsatz	1,00 M.
d) Umsatzsteuer (1½ %)	2,05 M.
	138,55 M.

Der Gerichtsschreiber wies den Antrag durch Bescheid vom 15. Februar 1921 zurück, weil die Möglichkeit bestehe, daß der Kläger in die Kosten verurteilt werde und der Antragsteller dann von ihm gemäß § 124 ZPO. Ersatz der Auslagen werde verlangen können. Im übrigen erachtete der Gerichtsschreiber die Ansätze zu b und zu c auch aus dem Grunde für ungerechtfertigt, weil es sich bei der Festsetzung der Auslagen des Armenanwalts zwecks Erstattung aus der Staatskasse nicht um ein Kostenfestsetzungsverfahren im Sinne der Zivilprozeßordnung handle und mangels einer dem Rechtsanwalt zustehenden Gebühr auch für den Ansatz einer Pauschalgebühr kein Raum sei.

Der Justizrat G. hat hiergegen Erinnerung erhoben, die gemäß Art. II Abs. 2 Satz 5 des Ges. vom 18. Dezember 1919 in Verb. mit § 4 des GKG. zulässig ist. Der Oberreichsanwalt, dem die Erinnerung zur

Erklärung vorgelegt ist, erachtet sie hinsichtlich der Ansätze zu a, c und d der Kostenrechnung für begründet.

Zu a. Art. II des Ges. vom 18. Dezember 1919 bestimmt:

„In bürgerlichen Rechtssreitigkeiten werden im Falle der Bewilligung des Armenrechts dem für die arme Partei bestellten Rechtsanwalt die Auslagen nach Maßgabe der Gebührenordnung für Rechtsanwälte von der Staatskasse ersetzt, falls sie nicht von einem ersatzpflichtigen Gegner beigetrieben werden können (§§ 124, 788 ZPO.)."

In der Begründung zu dieser Vorschrift (Aktenstück Nr. 1458 der verfassunggebenden deutschen Nationalversammlung) wird ausgeführt, bei der gegenwärtigen schwierigen wirtschaftlichen Lage der Rechtsanwälte sei es eine besonders drückende Last, daß der Armenanwalt nicht nur der armen Partei seine Arbeitskraft unentgeltlich zur Verfügung zu stellen habe, sondern nach dem geltenden Rechte auch gezwungen sei, bare Auslagen für die arme Partei zu machen. Dieser Zwang werde um so drückender empfunden, als wegen der allgemeinen Entwertung des Geldes die Zahl der Armensachen in der letzten Zeit erheblich zugenommen habe und überdies die Auslagen wegen der herrschenden Teuerung jetzt ziffernmäßig viel schwerer ins Gewicht fielen als in der Zeit vor dem Kriege. In diesem Punkte erscheine eine Hilfe schon jetzt geboten und möglich durch die dem § 21 der Gebührenordnung für Gerichtsvollzieher nachgebildete Bestimmung.

In der Rechtsprechung hat sich über die Auslegung des Art. II des Ges. vom 18. Dezember 1919 ein lebhafter Streit erhoben. Die Worte „falls sie nicht von einem ersatzpflichtigen Gegner beigetrieben werden können" und die hinzugefügte Bezugnahme auf die §§ 124, 788 ZPO. sind dahin gedeutet worden, daß die Erstattung der Auslagen aus der Staatskasse nur stattfinden dürfe, wenn ein ersatzpflichtiger Gegner vorhanden, die Beitreibung der Auslagen bei ihm jedoch nicht möglich sei, und daß deshalb in Fällen der vorliegenden Art, in denen die Instanz oder der Rechtsstreit ohne Erlaß einer Kostenentscheidung beendet wird, der Armenanwalt einstweilen keinen Erstattungsanspruch gegen den Staat habe, vielmehr den Erlaß der Entscheidung über die Prozeßkosten abwarten müsse (vgl. JW. 1920 S. 565 Nr. 3a [Kammergericht, 2. Sen.], S. 908 [Oberlandesgericht Celle, 1. Sen.], 1921 S. 118 [Landgericht Freiberg]). In anderen Entscheidungen sind teils unter entsprechender Anwendung des § 85 RAGebO., teils aus allgemeinen Rechtsgrundsätzen von Leistung und Gegenleistung, teils aus der Annahme eines zwischen dem Staat und dem Anwalt bestehenden Auftragsverhältnisses, teils unter Hinweis auf den sozialen Zweck des Gesetzes die Auslagen des Armenanwalts aus der Staatskasse für erstattungsfähig erklärt worden, sobald die Instanz, für die der Armenanwalt beigeordnet ist, beendet oder sein Auftrag in sonstiger Weise erledigt ist (vgl. JW. 1920 S. 445 [Oberlandesgericht Köln], S. 565 Nr. 3b [Kammergericht, 22. Sen.], S. 715 [Oberlandesgericht Celle], S. 981 [Oberlandesgericht München], S. 406 [Landgericht Brieg]; 1921 S. 277 [Kammergericht, 15. Sen.], S. 279 [Oberlandesgericht Düsseldorf]; vgl. auch Friedländer Leipz. Z. 1920 S. 102 flg.; JW. 1920 S. 908 zu 7).

Die zweite Ansicht erweist sich im Ergebnis als richtig.

Nach dem früheren Rechtszustand hatte der zum Armenanwalt bestellte Rechtsanwalt gegen die von ihm vertretene Partei keinen Anspruch auf Erstattung von Gebühren und Auslagen, solange nicht durch Gerichtsbeschluß der Partei das Armenrecht entzogen (§ 121 ZPO.) oder deren Verpflichtung zur Nachzahlung der betreffenden Beträge festgestellt war (§ 125 ZPO.). Ersatz für Gebühren und Auslagen konnte er lediglich gemäß den §§ 124, 788 ZPO. von dem in die Prozeßkosten verurteilten Gegner erlangen. Demgegenüber räumt Art. II des Ges. vom 18. Dezember 1919 dem Armenanwalt einen Erstattungsanspruch wenigstens in Höhe seiner Auslagen gegenüber der Staatskasse ein. Sowohl der Wortlaut als auch die Begründung der Vorschrift ergeben, daß damit nicht nur ein Ersatz für den Fall des Unvermögens des in die Prozeßkosten verurteilten Gegners hat gewährt werden sollen, sondern daß die Staatskasse ganz allgemein an Stelle der von der Ersatzpflicht befreiten armen Patrei dem Armenanwalt seine Auslagen ersetzen und diese Verpflichtung nur entfallen soll, wenn der Anwalt Ersatz seiner Auslagen von einem in die Prozeßkosten verurteilten Gegner zu erlangen vermag. Hiermit steht der in Art. II enthaltene Hinweis auf die §§ 124, 788 ZPO. nicht im Widerspruch. Es handelt sich hierbei nur um einen Hinweis auf den Weg, auf dem die Erstattung der Auslagen von dem ersatzpflichtigen Gegner zu erreichen ist und auf dem die Einziehung versucht werden muß. Dabei ist vorausgesetzt, daß überhaupt ein ersatzpflichtiger Gegner vorhanden ist. Ist dies nicht der Fall, weil der Rechtsstreit oder die Instanz ohne Kostenentscheidung erledigt oder die arme Partei selbst zur Kostentragung verurteilt ist, so kann ohne weiteres der Ersatz der Auslagen aus der Staatskasse beansprucht werden. Die Ansicht des Gerichtsschreibers, daß bei vorhandener Möglichkeit einer Verurteilung des Gegners in die Prozeßkosten ein Erstattungsanspruch gegen den Staat nicht anzuerkennen, vielmehr erst der Erlaß der Kostenentscheidung abzuwarten sei, ist nicht gerechtfertigt. Der Art. II des Ges. vom 18. Dezember 1919 enthält keine ausdrückliche Bestimmung über den Zeitpunkt der Fälligkeit des Anspruchs gegen den Staat. Ein bürgerlich-rechtliches Auftragsverhältnis zwischen dem Armenanwalt und dem Staat auf Grund der Beiordnung besteht nicht und hat auch durch Art. II weder anerkannt noch geschaffen werden sollen; nach der Begründung sind vielmehr für die Gewährung des Ersatzanspruchs ausschließlich wirtschaftliche und Billigkeitsrücksichten maßgebend gewesen. Die Grundsätze über den Auftrag oder über das Verhältnis von Leistung zu Gegenleistung können daher keine unmittelbare Anwendung finden. Der mit der Vorschrift des Art. II verfolgte Zweck, dem Armenanwalt für seine Auslagen an Stelle der fehlenden Ersatzpflicht der Partei einen Anspruch gegen den Staat einzuräumen, läßt es aber als geboten erscheinen, die Fälligkeit dieses Anspruchs auf den Zeitpunkt abzustellen, in welchem der Anwalt ohne Verstattung der Partei zum Armenrecht zur Geltendmachung des Ersatzanspruchs gegen die Partei selbst berechtigt sein würde. Das ist nach § 85 RAGebO. der Zeitpunkt, in dem eine Kostenentscheidung ergangen ist, ferner die Beendigung der Instanz oder die Erledigung des Auftrags. Die Heranziehung dieser Vorschrift der Gebührenordnung ist um so unbedenklicher, als Art. II den Ersatz der Auslagen aus der Staatskasse „nach Maßgabe der RAGebO." vorschreibt, also selbst auf die Vorschriften dieser Gebührenordnung verweist. Bei dieser Auslegung wird der Vermögensschaden, der dem Armenanwalt aus der ihm obliegenden Verpflichtung zur vorläufig unentgeltlichen Vertretung der armen Partei erwächst, in Ansehung der von ihm gemachten Auslagen ausgeglichen, indem er diese Auslagen in gleichem Umfange und zur gleichen Zeit erstattet erhält, wie er es ohne Bewilligung des Armenrechts fordern dürfte. Allerdings würde der Anwalt in dem letzterwähnten Falle sich die Aufwendung der Auslagen durch die ihm durch § 84 GebO. zugestandene Befugnis zur Einforderung von Vorschüssen noch weiter erleichtern können. Eine derartige Befugnis ist dem Armenanwalt jedoch durch das Gesetz vom 18. Dezember 1919 nicht beigelegt worden, und es muß deshalb dabei sein Bewenden behalten, daß er Ersatz seiner Auslagen zu dem sich nach § 85 RAGebO. bestimmenden Zeitpunkt aus der Staatskasse verlangen kann (vgl. auch RGZ. Bd. 99 S. 187).

Zur Unterstützung des hier vertretenen Standpunkts läßt sich auch die Auslegung heranziehen, die der § 21 der GebO. für Gerichtsvollzieher gefunden hat. Diese Vorschrift, die dem Art. II des Ges. vom 18. Dezember 1919 (vgl. Begründung) zum Vorbild gedient hat, bestimmt, daß im Falle der Bewilligung des Armenrechts dem für die arme Partei bestellten Gerichtsvollzieher die baren Auslagen von der Staatskasse ersetzt werden, falls sie nicht von dem Ersatzpflichtigen beigetrieben werden können (§§ 124, 788 ZPO.). Auch hier ist die Ersatzpflicht der Staatskasse an die Nichtbeitreibbarkeit bei dem Ersatzpflichtigen geknüpft und auf die §§ 124, 788 ZPO. verwiesen. Gleichwohl werden nach §§ 59 Nr. 5, 68 Abs. 1 der Preußischen Gerichtsvollzieherverordnung vom 23. März 1914 in Übereinstimmung mit den früheren Gerichtsvollzieherverordnungen die nicht eingezogenen baren Auslagen sofort nach ihrer Entstehung in Spalte 11 des Dienstregisters eingestellt und am Ende des Vierteljahrs zahlbar gemacht, ohne daß der Erlaß der Kostenentscheidung und gegebenenfalls der daraufhin beim Gegner zu unternehmende Beitreibungsversuch aus § 124 ZPO. abgewartet zu werden braucht.

Im vorliegenden Falle ist mit der Zurückverweisung der Sache an das Berufungsgericht die Revisionsinstanz, für welche der Justizrat G.

dem Beklagten als Armenanwalt beigeordnet war, beendet und zugleich der dem Justizrat G. von dem Beklagten erteilte Auftrag zu seiner Vertretung in der Revisionsinstanz erledigt worden. Da die Entscheidung über die Kosten der Revisionsinstanz dem künftig in der Berufungsinstanz ergehenden Urteil vorbehalten ist, ist zurzeit ein in die Kosten der Revisionsinstanz verurteilter Prozeßgegner nicht vorhanden. Justizrat G. kann daher die Erstattung seiner Auslagen nach Art. II des Ges. vom 18. Deezmber 1919 aus der Staatskasse verlangen. Sein Anspruch auf Festsetzung der Pauschgebühr aus § 76 RAGebO. zur Erstattung aus der Staatskasse ist daher berechtigt.

Zu b. Der auf § 23 RAGebO. gestützte Anspruch auf eine Gebühr für den Festsetzungsantrag ist nicht begründet. Der auf Art. II Abs. 2 des Ges. vom 18. Dezember 1919 gestützte Antrag auf Festsetzung der dem Armenanwalt aus der Staatskasse zu erstattenden Auslagen betrifft keine der im § 23 RAGebO. bezeichneten Angelegenheiten. Insbesondere ist die Gebühr aus § 23 Nr. 1 RAGebO. in Verb. mit § 38 Nr. 1 GKG. nicht zu rechtfertigen, da § 38 Nr. 1 GKG. sich nur auf Anträge auf Festsetzung der vom Gegner zu erstattenden Prozeßkosten oder auf Abänderung der Kostenfestsetzung bezieht, derartige Angelegenheiten hier jedoch nicht vorliegen (vgl. auch Friedländer in JW. 1921 S. 444 und Küster daselbst S. 448).

Zu c. Der Ansatz einer besonderen Pauschgebühr für den Festsetzungsantrag würde nach § 76 Abs. 1 RAGebO. voraussetzen, daß der Anwalt für diesen Antrag eine besondere Gebühr zu beanspruchen hätte. Denn die Pauschgebühr erhält der Rechtsanwalt als Entschädigung für Schreibwerk und Portoauslagen, die im Rahmen einer gebührenpflichtigen Tätigkeit entstehen, und sie ist nach der dem Anwalt für die betreffende Tätigkeit zustehenden Gebühr zu berechnen. Da dem Anwalt für den Antrag auf Festsetzung seiner Auslagen zwecks Erstattung aus der Staatskasse heine besondere Gebühr zusteht, kann ihm insoweit auch keine besondere Pauschgebühr zuerkannt werden (vgl. auch RGZ. Bd. 85 S. 361).

Es kann sich fragen, ob der Anwalt für das Erstattungsgesuch etwa auf Grund des § 76 Abs. 6 RAGebO. besondere Schreibgebühren in Ansatz bringen darf. Das hängt davon ab, ob dieses Gesuch als Schreibwerk anzusehen ist, das nicht innerhalb des Rahmens einer gebührenpflichtigen Tätigkeit liegt (§ 76 Abs. 6 Nr. 3). Wie zu a ausgeführt ist, tritt die Staatskasse in Ansehung der Auslagenerstattungspflicht an die Stelle der armen Partei. Wäre die Partei nicht durch die Bewilligung des Armenrechts von der Pflicht zur Zahlung der Gebühren und Auslagen ihres Anwalts befreit, so würde der Anwalt bei Beendigung der Instanz oder seiner Tätigkeit der Partei seine Kostenrechnung übersenden. An die Stelle dieser Übersendung der Kostenrechnung an die Partei tritt in Armensachen die Einreichung der Auslagenberechnung bei der Gerichtsschreiberei. Für die Übersendung der Kostenrechnung an die Partei steht aber dem Anwalt keine besondere Schreibgebühr zu. Die Einführung der Pauschgebühr ist gerade zu dem Zweck geschehen, um eine Berechnung von Schreibgebühren und Portokosten grundsätzlich auszuschließen, und in der Begründung zu Art. IV des Entwurfs zu dem Gesetz vom 1. Juni 1909 (Drucks. des Reichstags 1907/08 Nr. 735 S. 61) wird ausdrücklich gesagt, daß das gesamte regelmäßig vorkommende Schreibwerk, insbesondere die Korrespondenz mit der Partei und die Schriftsätze nebst Abschriften, schreibgebührenfrei bleiben sollen. Die Übersendung der Kostenrechnung an die Partei gehört zu dem regelmäßig vorkommenden Schreibwerk jedes Prozesses und wird daher durch die allgemeine Pauschgebühr abgegolten. Das gleiche muß für die Einreichung der Auslagenberechnung bei der Gerichtsschreiberei gelten (vgl. Küster, JW. 1921 S. 448), die regelmäßig nicht mehr Schreibwerk und Portokosten erfordern wird als die Übersendung der Kostenrechnung an die Partei. Eine andere Beurteilung könnte in Frage kommen, wenn durch unbegründete Beanstandung der Rechnung durch die Partei oder die Gerichtsschreiberei dem Anwalt noch weitere Auslagen erwachsen, die das Maß der regelmäßig vorkommenden Unkosten übersteigen. Ein derartiger Fall liegt hier jedoch nicht vor. Denn durch die Ablehnung des Erstattungsgesuchs seitens des Gerichtsschreibers sind dem Justizrat G., da er schon in dem Gesuch für den Fall einer Beanstandung Erinnerung gegen die Entscheidung des Gerichtsschreibers erhoben hat, keinerlei besondere Auslagen entstanden. Der Ansatz unter c der Auslagenberechnung ist hiernach in voller Höhe zu streichen.

Zu d. Der Ansatz von 2,05 M. Umsatzsteuer ist vom Gerichtsschreiber an sich nicht beanstandet worden. Daß die dem Rechtsanwalt nach Maßgabe des § 76 RAGebO. zustehenden Pauschsätze der Umsatzsteuer unterliegen und daher auch die zu entrichtende Umsatzsteuer dem Armenanwalt aus der Staatskasse zu erstatten ist, hat das Reichsgericht bereits ausgesprochen (RGZ. Bd. 101 S. 212). Vom Standpunkt dieser Entscheidung aus, an der festzuhalten ist, kann der Justizrat G. auch die Erstattung der Umsatzsteuer von dem ihm zustehenden Pauschsatz von 132,50 M. aus der Staatskasse verlangen. Der Betrag der Umsatzsteuer stellt sich mit $1^1/_2$ v. H. von 132,50 M. auf 1,99 M., der auf 1,90 M. abzurunden ist.

RGZ. 113, 264 †

1. Wann hat der Rechtsanwalt die sog. Verkehrsgebühr verdient?

2. Kann der Gebührenanspruch eines Rechtsanwalts durch mißbräuchliche Ausübung des Zurückbehaltungsrechts an seinen Handakten verwirkt werden?

3. . . .

Gebührenordnung für Rechtsanwälte §§ 29 Nr. 8, 44, 50. Rechtsanwaltsordnung § 32 Abs. 1. Gesetz über die Gebühren der Rechtsanwälte und die Gerichtskosten vom 18. August 1923 Art. III Abs. 4, 5. Dreizehnte Verordnung über die Gebühren der Rechtsanwälte vom 13. Dezember 1923 Art. VII Abs. 2.

III. Zivilsenat. Urt. v. 24. April 1926.

I. Landgericht Hannover. II. Oberlandesgericht Celle.

Gegen die Beklagte war im Sommer 1923 ein Rechtsstreit beim Landgericht H. anhängig. In diesem Rechtsstreit hat der Kläger die Beklagte als Prozeßbevollmächtigter des ersten Rechtszugs vertreten. Durch Urteil vom 5. Juli 1923 hatte das Landgericht die Unzuständigkeitseinrede der Beklagten verworfen. Mit Schreiben vom 13. August 1923 beauftragte die Beklagte den Kläger, gegen dieses Urteil die Berufung einzulegen und den Verkehr mit dem Anwalt des zweiten Rechtszugs zu führen. Der Kläger bestellte den Rechtsanwalt W. in C. zum Bevollmächtigten des zweiten Rechtszugs und pflog mit diesem kurz vor dem 3. Oktober 1923 eine mündliche Besprechung, worauf W. mit Schreiben vom 3. Oktober sich dem Kläger gegenüber gutachtlich über die Sache äußerte. Mit Urteil vom 24. Oktober 1923 hat das Landgericht auch in der Hauptsache zuungunsten der Beklagten entschieden. Inzwischen waren unter den Streitteilen Meinungsverschiedenheiten über die Gebühren des Klägers entstanden. Unter dem 24. Oktober schrieb die Beklagte dem Kläger, sie werde sich über die Einlegung der Berufung schlüssig machen; komme es zur Einlegung der Berufung in der Hauptsache, so werde sie den brieflichen Verkehr mit dem Anwalt II. Instanz selbst führen und mit Rücksicht auf die Höhe der Kosten auf die Korrespondenztätigkeit des Klägers verzichten. Am 15. November 1923 beauftragte die Beklagte den Kläger mit der Einlegung der Berufung gegen das Schlußurteil des Landgerichts. ...

Infolge der erwähnten Meinungsverschiedenheiten hat der Kläger am 1. Dezember 1923 der Beklagten erklärt, daß er von seinem Zurückbehaltungsrecht bezüglich der Handakten Gebrauch mache. Wenige Tage später hat er die Klage erhoben. Nachdem zwei andere Streitpunkte sich auf gütlichem Wege erledigt hatten, blieb im Streit die sogenannte Verkehrsgebühr, die der Kläger auf Grund des Schreibens der Beklagten vom 13. August 1923 dafür in Ansatz brachte, daß er im Verfahren betr. die sogenannte erste Berufung (die Berufung gegen das landgerichtliche Zwischenurteil vom 5. Juli 1923) den Verkehr mit dem Prozeßbevollmächtigten II. Instanz vermittelt hatte. ...

Aus den Gründen:

Nach Erlaß des die Unzuständigkeitseinrede verwerfenden Zwischenurteils vom 5. Juli 1923 hat die Beklagte, wie sie nicht bestreitet, dem

Kläger den Auftrag erteilt, für die gegen jenes Zwischenurteil einzulegende Berufung den Verkehr mit dem Prozeßbevollmächtigten II. Instanz zu führen. Danach hat der Kläger die streitige sogenannte Verkehrsgebühr (§ 44 RAGO.) verdient, wenn er eine Tätigkeit entfaltet hat, die geeignet war, die Gebühr für ihn zu begründen. Der Berufungsrichter erachtet das, entgegen dem Bestreiten der Beklagten, für dargetan. Er entnimmt es der Unterredung, die der Kläger unstreitig kurz vor dem 3. Oktober 1923 auf seinem Geschäftszimmer mit dem Prozeßbevollmächtigten II. Instanz, Rechtsanwalt W., in bezug auf die Sache gepflogen hat. Der Berufungsrichter nimmt zunächst an, daß die Verkehrsgebühr nicht nur durch schriftlichen Verkehr verdient werden könne, sondern daß dazu auch mündliche Besprechungen mit dem zum Prozeßbevollmächtigten bestellten Anwalt genügen können. Diese Annahme ist rechtlich nicht zu beanstanden. Die Revision bekämpft denn auch nicht sowohl diese Annahme des Berufungsrichters; sie trägt vielmehr vor, bei jener mündlichen Besprechung habe es sich nicht um eine sachliche Erörterung gehandelt; was der Kläger getan habe, gehe nicht über die in §§ 29 Nr. 8, 44 Abs. 2 RAGebO. genannten Verrichtungen hinaus.

Die Rüge ist nicht begründet. (Es wird ausgeführt, daß der Berufungsrichter die von der Beklagten in Zweifel gezogene Tätigkeit des Klägers für tatsächlich erwiesen erachte und daß rechtliche Bedenken hiergegen nicht zu erheben seien, auch ein weiterer Einwand der Beklagten zurückgewiesen).

Endlich macht die Beklagte geltend, der Kläger habe durch mißbräuchliche Ausübung des Zurückbehaltungsrechts an den Handakten den Gebührenanspruch verwirkt. Diesem Einwand ist der Berufungsrichter nicht gerecht geworden.

Mit dem Schreiben vom 1. Dezember 1923 hat der Kläger der Beklagten erklärt, er lehne es ab, seine Handakten dem Rechtsanwalt W. als Prozeßbevollmächtigten II. Instanz zu übersenden. Der Kläger gründet diese Maßnahme auf das ihm nach § 32 Abs. 1 RAO. zustehende Recht. Die Beklagte meint, die Geltendmachung dieses Rechts verstoße gegen Treu und Glauben. Zur Frage der Rechtmäßigkeit der Ausübung des Zurückbehaltungsrechts hat der Berufungsrichter nicht Stellung genommen. Er läßt dahingestellt, ob der Kläger zu Recht oder zu Unrecht die Handakten einbehalten habe. Demzufolge ist für den Rechtszug der Revision zugunsten der Beklagten — da Gegenteiliges nicht festgestellt ist — davon auszugehen, daß die Zurückbehaltung unrechtmäßig war. Hat sie aber als unrechtmäßig zu gelten, so hat sie, als vorsätzliches Tun, auch als schuldhaft zu gelten, jedenfalls solange nicht der Kläger besondere Entschuldigungsgründe für sein Verhalten dartut.

Der Berufungsrichter erwägt zunächst, ob etwa in der Ausübung des Zurückbehaltungsrechts eine Kündigung des Verkehrsauftrags durch den Kläger gefunden werden müsse. Der Berufungsrichter verneint das; er meint, es sei, wenn schon ungewöhnlich, doch nicht unzulässig oder rechtlich unmöglich, daß ein Anwalt in der einen Sache zu der Maßregel der Einbehaltung der Handakten schreite und daneben doch gleichzeitig einen andern Auftrag der Partei weiterführe. Dabei verkennt aber der Berufungsrichter, daß es sich hier nicht um zwei selbständige Aufträge in zwei verschiedenen Sachen handelte, sondern um einen und denselben Rechtsstreit, der sich nur infolge des besonderen, zufälligen Laufes der Dinge in zwei getrennte Verfahrensabschnitte gespaltet hatte. Das Endziel der Beklagten war ihr Obsieg in dem ganzen Rechtsstreit; diesem Endziel zu dienen war der Kläger vermöge des Anwaltdienstvertrages gehalten; trug er durch unbefugte Zurückbehaltung der Handakten zur Vereitelung oder Erschwerung dieses Ziels bei, so war das mit den Pflichten eines Verkehrsanwalts auch nur für die erwähnte erste Berufung nicht mehr in Einklang zu bringen. Die Erwägungen des Berufungsrichters sind mithin schon in diesem Punkt von Rechtsirrtum beeinflußt. Dieser Rechtsirrtum nötigt dazu, das Urteil aufzuheben und die Sache an das Berufungsgericht zurückzuverweisen. Bei der erneuten Verhandlung wird der Berufungsrichter in erster Reihe sich darüber auszusprechen haben, ob die Zurückbehaltung der Handakten durch den Kläger schuldhaft unrechtmäßig war oder nicht. Gelangt der Berufungsrichter zu der Annahme eines schuldhaft unrechtmäßigen Verhaltens des Klägers, so wird er in eine erneute Prüfung nach der Richtung einzutreten haben, ob der Kläger mit jener ungerechtfertigten Maßregel den Auftrag gekündigt hat oder doch sich so behandeln lassen muß, als hätte er gekündigt. Dabei wird noch zu erwägen sein, daß der Kläger wenige Tage nach der Ausübung des Zurückbehaltungsrechts auch zur Erhebung der Klage geschritten ist. Wäre das Verhalten des Klägers als Kündigung von seiner Seite zu beurteilen, so wäre der Auftrag schon Anfang Dezember 1923 erloschen. Dem Kläger würden dann an sich die ihm bis dahin erwachsenen Gebühren gemäß § 50 RAGO. verbleiben, jedoch „unbeschadet der aus einem Verschulden sich ergebenden zivilrechtlichen Folgen", wie die Schlußklausel des § 50 ausdrücklich besagt. Es bliebe mithin immer noch die Frage offen, wie es sich mit dem Gebührenanspruch des Klägers verhielte. Nach dem oben Ausgeführten ist dem Kläger ein solcher Anspruch zwar schon durch seine kurz vor dem 3. Oktober 1923 entwickelte Tätigkeit erwachsen; aber es erscheint fraglich, ob sich der Kläger darauf berufen kann, wenn er, wie hier zu unterstellen, vor der sachgemäßen Erledigung seines Auftrags durch mißbräuchliche Ausübung des Zurückbehaltungsrechts vertragsuntreu geworden ist.

Die Beklagte will aus diesem letzteren Umstand ableiten, daß der Kläger den, obzwar entstandenen, Gebührenanspruch „verwirkt" habe. Auch diesem rechtlichen Gesichtspunkt ist der Berufungsrichter nicht gerecht geworden. Er hat erwogen: Daß die Zurückbehaltung der Aktenstücke der sachgemäßen Rechtsverfolgung (der Beklagten) in der Berufungsinstanz Eintrag getan hätte, sei nicht mit überzeugenden Einzelheiten behauptet worden und ohne weiteres nicht einzusehen. Die in diesen Ausführungen vielleicht enthaltene Verletzung des § 287 ZPO. kann zur Zeit nicht gerügt werden. Allein auch abgesehen von einem etwaigen verfahrensrechtlichen Verstoß tritt hier eine sachlich ungenügende Würdigung des Sachverhalts zutage. Der von der Beklagten vertretene Gedanke einer „Verwirkung" ist in § 654 BGB. für den Mäklervertrag gesetzlich anerkannt. Danach verliert der Mäkler seinen Lohnanspruch, wenn er vertragswidrig auch für den anderen Teil tätig gewesen ist. Die Vorschrift regelt einen einzelnen Fall, entspricht aber einem von der Treu- und Sorgfaltspflicht ausgehenden allgemeinen Rechtsgedanken. Demgemäß wird sie auch in anderen Fällen anzuwenden sein, in denen der Mäkler unter vorsätzlicher oder fahrlässiger Verletzung wesentlicher Vertragspflichten den Interessen seines Auftraggebers in wesentlicher Weise zuwiderhandelt. Das gleiche muß auch für andere Rechtsverhältnisse gelten, denen eine besondere Treupflicht des Dienstverpflichteten innewohnt. Dazu gehört in hervorragendem Maße das Verhältnis des Rechtsanwalts zu seinem Auftraggeber. Der Berufungsrichter hatte daher zu prüfen, ob nach den gegebenen Umständen in der Verweigerung der Herausgabe der Handakten eine Vertragswidrigkeit der bezeichneten Art lag, wobei namentlich die Einheitlichkeit des Auftrags trotz Spaltung des Verfahrens zu berücksichtigen war. Daß dem Auftraggeber ein positiver Schaden erwachsen ist, ist hier ebensowenig als Voraussetzung der Verwirkung zu fordern wie im Falle des § 654 BGB. Auch unter diesem Gesichtspunkt werden die Ausführungen des Berufungsurteils dem Vorbringen der Beklagten nicht gerecht, und der Berufungsrichter wird bei der erneuten Verhandlung auch diese Gesichtspunkte zu würdigen haben.

.....

RGZ. 118, 365

1. Ist der Rechtsanwalt unter Umständen verpflichtet, bei der Übernahme eines Auftrags den Auftraggeber auf die voraussichtlich entstehenden, verhältnismäßig hohen Anwaltsgebühren hinzuweisen?
2. Steht dem Rechtsanwalt, der vom Gläubiger mit der Anmeldung einer Forderung im Konkurs des Schuldners beauftragt wird und ihm empfiehlt, aus Zweckmäßigkeitsgründen die Forderung nur in beschränktem Umfang anzumelden, die Gebühr aus § 47 RAGebO. auch für den Teil der Forderung zu, dessen Anmeldung infolge seines Rates unterblieben ist?

BGB. §§ 242, 675. RAGebO. §§ 47, 55.

III. Zivilsenat. Urt. v. 8. November 1927.

I. Landgericht II Berlin. II. Kammergericht daselbst.

In dem im Dezember 1924 eröffneten Konkurse über das Vermögen der Deutschen Opernhaus-Betriebs-Aktiengesellschaft in Ch. hat der klagende Rechtsanwalt, wie den größten Teil des Personals, so auch die verklagten Musiker (Orchestermitglieder) vertreten. Für jeden der Beklagten hat er eine Forderung aus Dienstvertrag auf rückständiges und laufendes Gehalt bis zum 1. April 1925 und, nachdem der Konkursverwalter die Dienstverträge gekündigt hatte, auf Schadensersatz für entgehendes Gehalt für die Zeit vom 1. April 1925 bis zum 30. September 1942 angemeldet oder jedenfalls die Anmeldung vorbereitet. Mit Schreiben vom 27. Februar 1925 hat der Orchester-Vorstand namens der Beklagten dem Kläger den Auftrag gekündigt. In der Folge hat der Kläger seine Gebührenansprüche gegen die Beklagten geltend gemacht. Anfänglich hat er, unter Vorbehalt der Mehrforderung, seine Ansprüche nur aus dem Betrag je eines Jahresgehalts der Beklagten erhoben und insoweit rechtskräftige Urteile erwirkt und Zahlungen erhalten. Mit der gegenwärtigen Klage macht er, unter Anrechnung des Erstrittenen und Bezahlten, seine Mehrforderungen geltend, die er auf der Grundlage der gesamten Konkursforderungen der Beklagten bis 1942 berechnet. Danach entfallen auf jeden Beklagten rund 400 RM.

Die Beklagten sind dem Klagantrag entgegengetreten. Sie wenden insbesondere ein, die Anmeldung der Forderungen bis 1942 sei nicht zweckmäßig gewesen und der Kläger hätte sich mit ihnen besprechen sollen, ehe er so weitgehende Ansprüche geltend machte.

Das Landgericht hat, indem es die Anwaltsgebühren aus einem dreifachen Jahresgehalt der Beklagten berechnete, diese zur Zahlung von durchschnittlich 70 bis 80 RM. verurteilt, zum Mehrbetrag aber die Klage abgewiesen. Das Kammergericht dagegen hat auf die Berufung der Beklagten die Klage gänzlich abgewiesen und die Berufung des Klägers zurückgewiesen. Auf die Revision des Klägers ist das Berufungsurteil aufgehoben und die Sache an das Berufungsgericht zurückverwiesen worden.

Gründe:

Der Klaganspruch ist gemäß §§ 55, 59 Abs. 2, §§ 62 und 9 RAGebO. an sich begründet. Gleichwohl stehe er, so führt der Berufungsrichter aus, dem Kläger nicht zu, denn bei sach- und pflichtgemäßer Beratung der Beklagten wäre er ihm nicht erwachsen. Zwar sei, so nimmt das Urteil zugunsten des Klägers an, der Rechtsanwalt keinesfalls verpflichtet, die Partei auf die Entgeltlichkeit seiner Tätigkeit hinzuweisen. Auch auf die Höhe der Gebühren brauche er, wenigstens in der Regel, nicht hinzuweisen. Jedoch könnten die besonderen Umstände des Falles es mit sich bringen, daß er doch zu einem Hinweis auf die entstehenden hohen Gebühren verpflichtet sei; so namentlich, wenn zwischen dem voraussichtlichen wirtschaftlichen Ergebnis der Rechtsverfolgung und den aufzuwendenden Kosten ein Mißverhältnis bestehe und es sich um eine erkennbar wenig bemittelte Partei handle.

Diesem Ergebnis, dem auch die Anwaltskammer in ihrem für den Rechtsstreit erstatteten Gutachten beigetreten ist, kann aus Rechtsgründen nicht entgegengetreten werden. Zwar ist der Anwalt im allgemeinen nur dazu berufen, die Partei rechtlich zu beraten. Ob sich die Rechtsverfolgung wirtschaftlich lohnt, hat die Partei zu erwägen. Soweit für die Wirtschaftlichkeit der Rechtsverfolgung die Höhe der aufzuwendenden Kosten in Betracht kommt, mag sich die Partei beim Anwalt erkundigen. Unaufgefordert die Partei auf die erwachsenden Gebühren hinzuweisen, kann dem Anwalt nur unter ganz besonderen Umständen angesonnen werden. Aber falls solche Umstände in der Tat gegeben und festgestellt sind, wird die Hinweisungspflicht des Anwalts allerdings anzuerkennen sein. Diese Pflicht beruht auf den §§ 157, 242 BGB. Der Anwalt schuldet der Partei Rechtsberatung, sein Verhältnis zur Partei beruht auf besonderem Vertrauen; gegen die mit diesem Vertrauensverhältnis verbundenen Pflichten verstößt er, wenn er die Partei nicht auf naheliegende, erhebliche, wenn auch auf wirtschaftlichem Gebiet gelegene Bedenken gegen die Zweckmäßigkeit der ihm zu übertragenden Rechtsverfolgung hinweist.

Für den vorliegenden Fall nimmt der Berufungsrichter solche besonderen Umstände als gegeben an. Ob ihm hierin beigetreten werden könnte, oder, im Hinblick darauf, daß die Erwägungen des Berufungsrichters überwiegend auf dem Gebiete der tatrichterlichen Würdigung liegen, beigetreten werden müßte, kann dahingestellt bleiben. Denn dem Berufungsrichter fällt, wie die Revision mit Recht rügt, in der Beurteilung des auf § 47 RAGebO. gestützten Gegeneinwands des Klägers ein Rechtsirrtum zur Last, der zur Aufhebung des angefochtenen Urteils nötigt.

Die Beklagten hatten dem Kläger ihre Ansprüche gegen die Gemeinschuldnerin zur Geltendmachung im Konkurse unterbreitet. Die Verträge der Beklagten liefen bis 1942. Das steht für neun Beklagte fest; bezüglich der zwei weiteren Beklagten K. und P. ist beim Fehlen gegenteiliger Feststellungen für den Rechtszug der Revision zugunsten des Klägers zu unterstellen, daß er ohne Verschulden der Ansicht sein durfte, auch ihre Verträge hätten Geltung bis zum Jahre 1942. Der Kläger war also mit Forderungen, die bis 1942 liefen, zunächst einmal anwaltlich befaßt. Daran würde es nichts ändern können, wenn der Kläger, wie der Berufungsrichter für richtig hält, den Beklagten empfohlen hätte, aus Gründen der Kostenersparnis ihre Forderungen nur in der Beschränkung auf ein Jahr anzumelden. Die dem Kläger zunächst übertragene Aufgabe erforderte doch immer, daß er die Forderungen in ihrem vollen Umfang anwaltlich prüfte und in den Kreis seiner Erwägungen zog. Wäre er dabei zu dem Ergebnis gekommen, den Beklagten die Beschränkung ihrer Forderungen in dem vom Berufungsrichter für richtig erachteten Sinne vorzuschlagen, so hätte sich seine Tätigkeit in bezug auf die über ein Jahr hinausgehenden Ansprüche als ein den Beklagten erteilter Rat dargestellt. Nach den besonderen Umständen des Falles muß dem Kläger darin beigepflichtet werden, daß er im Sinne der bestehenden Ordnung des Gebührenwesens für diesen Rat ein Entgelt in Gestalt der Gebühr des § 47 RAGebO. zu beanspruchen befugt war. Wie im übrigen der Anwendungsbereich des § 47 von dem des § 13 Abs. 1 Nr. 1 RAGebO. abzugrenzen ist, bedarf keiner ausdrücklichen Entscheidung. Ebenso kann es auf sich beruhen, ob die nämliche Beurteilung geboten wäre, wenn es sich um einen Fall der von den Revisionsbeklagten erwähnten Art gehandelt hätte, um den Fall nämlich, daß eine Partei den Anwalt mit der Geltendmachung hoher Schadensersatzansprüche beauftragt und der Anwalt die Partei zu einer Beschränkung der Höhe des Anspruchs bestimmt. Derlei Fragen werden sich nur von Fall zu Fall unter Anwendung des § 242 BGB. entscheiden lassen. Die sinngemäße Anwendung des § 47 RAGebO. auf die Tätigkeit des Rechtsanwalts im Konkurse (§§ 55 flg. das.) begegnet keinem rechtlichen Bedenken. Auch das erwähnte Gutachten der Anwaltskammer teilt diesen Standpunkt; es geht nur darin fehl, daß es die Vergütung des Klägers für den erteilten Rat nach der landesrechtlichen Gebührenordnung für Rechtsanwälte bemessen haben will, während es sich ersichtlich um die Berufstätigkeit in einem Verfahren handelte, auf das die Konkursordnung Anwendung findet (§ 1 RAGebO.).

Auf dem dargelegten rechtlichen Verstoß beruht das angefochtene Urteil. Auf Grund des § 47 a. a. O. wäre eine Gebühr von drei Zehnteilen der Sätze des § 9 daselbst begründet gewesen, auch wenn der Kläger dasjenige Verfahren eingehalten hätte, das der Berufungsrichter als das richtige bezeichnet. Dazu wäre die Gebühr von vier Zehnteilen aus dem Betrag des einjährigen Gehalts als Entgelt für die weitere Tätigkeit des Klägers getreten. Damit vermindert sich die Spanne zwischen dem jedenfalls erwachsenden Gebührenbetrag und dem Betrag, der bei dem vom Berufungsrichter für richtig gehaltenen Verfahren entstanden wäre, so sehr, daß die Frage, ob dem Kläger aus der Unterlassung eines Hinweises auf die entstehenden Gebühren ein so schwerwiegender Vorwurf gemacht werden kann, einer erneuten Prüfung bedarf. Bei der neuerlichen Prüfung des Sachverhalts wird das Gericht insbesondere auch den bisher ungewürdigt gebliebenen Hinweis des Klägers darauf zu beachten haben, daß es sich bei der Anmeldung der Forderungen der Beklagten keineswegs nur um den schließlich herauskommenden baren Betrag ihrer anteilmäßigen Befriedigung, sondern auch darum gehandelt habe, den Beklagten zusammen mit den übrigen Mitgliedern des Personals der Oper ein möglichst hohes Stimmrecht wie überhaupt eine möglichst starke Stellung im Konkursverfahren zu verschaffen, die es ihnen ermöglichte, in etwaigen Verhandlungen mit einem Übernehmer der Oper ein gewichtiges Wort mitzusprechen und sich auf diesem Wege, wenn auch nicht eine hohe Geldquote, so doch eine neue Anstellung zu sichern. Zum mindesten bedarf dieser Gesichtspunkt bei der Würdigung des subjektiven Verschuldens des Klägers eingehender Beachtung.

RGZ. 126, 300

1. Zur Rechtsnatur des Vorschusses im Sinne des § 84 der Rechtsanwaltsgebührenordnung.

2. Muß der nachträglich als Armenanwalt beigeordnete Prozeßbevollmächtigte einen früher empfangenen Vorschuß insoweit zurückzahlen, als er zur Deckung der nach seiner Beiordnung erwachsenen Verhandlungsgebühr bestimmt ist?

Gesetz über die Erstattung von Rechtsanwaltsgebühren in Armensachen vom 6. Februar 1923. ZPO. § 115.

VI. Zivilsenat. Beschl. v. 9. Dezember 1929.

I. Landgericht Nordhausen. II. Oberlandesgericht Naumburg a. S.

Der Sachverhalt und die Entscheidung ergeben sich aus den

Gründen:

Der Rechtsanwalt Justizrat G. ist den Revisionsklägern als Armenanwalt beigeordnet worden, nachdem er die Revision bereits eingelegt und begründet hatte. Während seiner Tätigkeit als Wahlanwalt hat er einen Vorschuß von 200 RM. erhalten. Der Streitwert ist auf 2100 RM. festgesetzt worden. Justizrat G. will 104,45 RM. auf die Prozeßgebühr und die Nebenkosten verrechnen und meint verpflichtet zu sein, den Rest des Vorschusses von 95,55 RM. an die arme Partei zurückzuzahlen, weil er die erst nach seiner Beiordnung erwachsene Verhandlungsgebühr nicht fordern dürfe. Er bittet deshalb um Gewährung der für die Verhandlung berechneten Gebühren und Auslagen mit 46,99 RM. aus der Staatskasse. Die Geschäftsstelle hat die Erstattungspflicht abgelehnt, weil der beigeordnete Rechtsanwalt bereits erhaltene Beträge nicht noch einmal aus der Staatskasse verlangen könne, auch nicht etwa, um der armen Partei Vorschüsse zurückzuerstatten.

Die hiergegen erhobene Erinnerung ist unbegründet. Der Ansicht, daß der gezahlte Vorschuß seine Natur als bloßes Sicherungsmittel überhaupt nicht verlieren könne, ist nicht beizutreten. Wenn auch der Vorschuß zunächst als Sicherungsmittel dient, so bildet er doch zugleich eine Vorauszahlung des Auftraggebers auf seine noch nicht entstandene oder noch nicht fällige Schuld (Friedländer Bem. 3 zu § 84 RAGebO.). Abgesehen von der Hoffnung auf die Erstattungspflicht des Gegners wird eine Partei, die ihrem Rechtsanwalt Vorschüsse zahlt, regelmäßig nicht auf deren Rückzahlung bei Durchführung des Rechtsstreits rechnen. Die Vereinbarung über die Einforderung und Zahlung des Vorschusses ist, sofern nicht Sonderabreden zu einer abweichenden Beurteilung nötigen, nach Treu und Glauben mit Rücksicht auf die Verkehrssitte dahin auszulegen, daß der Zahlende seinem Vertrauensanwalt die Verrechnung des Vorschusses überläßt und, soweit Kostenforderungen erwachsen, von vornherein auf die Rückzahlung des Vorschusses verzichtet. Eine Verpflichtung des Rechtsanwalts auf Rückzahlung des Vorschusses, obgleich inzwischen Kostenforderungen mindestens in gleicher Höhe fällig geworden sind, würde unbillig sein und den Rechtsanwalt der bevorzugten Rechtsstellung berauben, die ihm durch § 84 RAGebO. eingeräumt ist.

An dieser rechtlichen Beurteilung wird durch die nachträgliche Bestellung des Justizrats G. zum Armenanwalt nichts geändert. Die Bewilligung des Armenrechts hat, wenn im Beschlusse nicht ausnahmsweise etwas anderes erklärt ist (JW. 1929 S. 3188, 3190), keine rückwirkende Kraft (RGZ. Bd. 111 S. 35, vgl. JW. 1927 S. 520 Nr. 10, S. 847 Nr. 12). Für die Gerichtskosten ergibt sich dies schon aus dem Wortlaut des § 115 Nr. 1 ZPO., der bestimmt, daß die Bewilligung des Armenrechts die Befreiung von der Berichtigung (nur) der rückständigen und künftigen Gerichtskosten herbeiführt. Die bereits bezahlten Kosten, auch Vorschüsse, können nach der ständigen Rechtsprechung bei nachträglicher Bewilligung des Armenrechts nicht zurückgefordert werden (Busch-Krantz Bem. 1, Stein-Jonas Bem. II zu § 115 ZPO.). Es fehlt an jedem Rechtsgrunde, den Rechtsanwalt in dieser Richtung schlechter zu stellen. Vorschußzahlungen, die er in seiner Eigenschaft als Wahlanwalt von seinem Auftraggeber rechtmäßig erlangt hat (§ 84 RAGebO.), darf er unbeschränkt behalten, auch wenn er nachträglich zum Pflichtanwalt bestellt wird. Daraus folgt, daß der Rechtsanwalt die einmal empfangenen Beträge in derselben Weise zu verrechnen hat, wie es ohne die Bewilligung des Armenrechts und ohne seine Beiordnung zu geschehen hätte. Im vorliegenden Fall ist der Justizrat G. für seine Kosten bis auf einen geringfügigen Betrag gedeckt, so daß eine Erstattung nach den noch maßgebenden oben angeführten Entscheidungen des Reichsgerichts nicht in Betracht kommt; § 3 des neuen Armenrechtsgebühren-Gesetzes vom 20. Dezember 1928 findet, wie der Antragsteller anerkennt, auf den gegenwärtigen Fall keine Anwendung. Es mag darauf hingewiesen werden, daß die Partei, da sie in der Lage war, ihren erwählten Anwalt im voraus nahezu völlig zu bezahlen, auf Beiordnung eines Rechtsanwalts beim Fehlen eines Bedürfnisses nach § 114 ZPO. überhaupt keinen Anspruch hatte; dem hätte es entsprochen, die Bewilligung des Armenrechts auf die Gerichtskosten zu beschränken, von denen die Partei übrigens die angeforderte Prozeßgebühr von 100 RM. ebenfalls schon bezahlt hatte. Auch diese Erwägung spricht gegen die Meinung des Antragstellers, daß es gerechtfertigt oder billig oder gar geboten sei, den die Prozeßgebühr übersteigenden Vorschuß an die Partei zurückzuzahlen.

RGZ. 135, 177

Wie sind die dem beigeordneten Rechtsanwalt einer armen Partei aus der Staatskasse zu erstattenden Gebühren zu berechnen, wenn das Armenrecht der Partei nur zu einem Bruchteil bewilligt worden war?

Reichsgesetz betr. die Erstattung von Rechtsanwaltsgebühren in Armensachen und Änderung des Gerichtskostengesetzes vom 20. Dezember 1928 (RGBl. I S. 411) Art. I § 1. ZPO. § 115 Abs. 2.

I. Zivilsenat. Beschl. v. 20. Februar 1932.

Gründe:

Den Beklagten und Revisionsklägern ist durch Beschluß des Senats vom 30. Mai 1931 für die Revisionsinstanz unter Beiordnung des Rechtsanwalts K. in Leipzig das Armenrecht nur zur Hälfte bewilligt worden, weil sie im übrigen als zur Tragung der Kosten nicht unvermögend erschienen. Wie in einem solchen Fall auf Grund des Gesetzes betr. die Erstattung von Rechtsanwaltsgebühren in Armensachen usw. vom 20. Dezember 1928 die Gebühren zu berechnen sind, die dem für die arme Partei bestellten Rechtsanwalt aus der Reichskasse zu ersetzen sind, ist streitig. Nach der einen Ansicht, die hier der Urkundsbeamte der Geschäftsstelle vertritt, ist dann von den sich aus Art. I § 1 dieses Gesetzes ergebenden Gebührensätzen derjenige Bruchteil zu berechnen, zu dem das Armenrecht bewilligt worden ist (so auch Oberlandesgericht Stettin vom 7. April 1926 in Buschs Zeitschr. Bd. 52 S. 103 und vom 4. Juni 1930 in JW. 1930 S. 3359 Nr. 64; ferner Oberlandesgericht Köln vom 25. Mai 1928 in D. Just. Amtmann 1928 Sp. 464; Oberlandesgericht Frankfurt a. M. vom 14. Juni 1929 in Bür. Bl. 1930 S. 8 und D. Just. Amtm. 1930 Z. 170; Oberlandesgericht Breslau vom 16. Mai 1927 in Bür. Bl. 1929 S. 268; Rittmann-Wenz Gerichtskostengesetz 15. Aufl. S. 649 flg. Anm. 8 zu § 1 Ges. vom 20. Dezember 1928; anscheinend auch Sydow-Busch-Krieg Gebührenordnung für Rechtsanwälte 13. Aufl. S. 309 Anm. 9 zu § 1 Ges. vom 20. Dezember 1928). Nach einer anderen Meinung ist dann der Bruchteil der Gebühren von ihrem vollen aus der Gebührenordnung für Rechtsanwälte zu entnehmenden Betrage zu berechnen und demnächst erst auf denjenigen Betrag zu ermäßigen, für den der Staat nach dem Gesetz vom 20. Dezember 1928 haftet (so Oberlandesgericht Rostock vom 23. November 1929 in D. Just. Amtm. 1930 Sp. 170; Oberlandesgericht Marienwerder vom 26. April 1929 in Bür. Bl. 1929 S. 198; Oberlandesgericht Königsberg vom 21. Dezember 1928 in Bür. Bl. 1929 S. 199; Oberlandesgericht Hamm vom 16. Dezember 1929 in Bür. Bl. 1930 S. 77; Oberlandsgericht Celle vom 23. Januar 1928 in Bür. Bl. 1928 S. 78; Granzow in LZ. 1928 Sp. 380; Kraemer in Buschs Zeitschr. Bd. 52 S. 103; Baumbach Die Reichskostengesetze 3. Aufl. S. 282 Anm. 5 zu § 1 Ges. vom 20. Dezember 1928; Friedländer in JW. 1930 S. 3359 zu Nr. 64; Walter-Joachim-Friedländer Gebührenordnung für Rechtsanwälte 9. Aufl. S. 125; Willenbücher Kostenfestsetzungsverfahren 11. Aufl. S. 194). Eine dritte, von Jonas Gerichtskostengesetz 2. Aufl. S. 340 vertretene Meinung, der sich auch das Kammergericht in JW. 1929 S. 134 Nr. 31 und nach dem Kommentar von Walter-Joachim-Friedländer die Oberlandesgerichte Dresden und Kassel angeschlossen haben, will zunächst nach dem vollen Wert die Gebühr gemäß § 9 der Gebührenordnung berechnen, dann durch den Bruchteil teilen und nun ermitteln, welcher Streitwert dem Bruchteilsbetrag der vollen Gebühr nach dem Gesetz vom 20. Dezember 1928 entspricht. Der diesem Streitwert entsprechende Satz soll dem beigeordneten Rechtsanwalt vergütet werden. Oder — was zu dem gleichen Ergebnis führen soll — der Streitwert soll nach dem Bruchteil geteilt und die Gebühr des Gesetzes vom 20. Dezember 1928 hiernach angesetzt werden.

Dieser dritten Ansicht ist schon deshalb nicht beizutreten, weil sie, wie Walter-Joachim-Friedländer a. a. O. zutreffend bemerken, auf einem angenommenen und nicht dem wirklichen Streitwert beruht und für die Zulässigkeit der Zugrundelegung eines angenommenen Streitwerts weder § 115 Abs. 2 ZPO. noch das Gesetz vom 20. Dezember 1928 einen Anhalt bietet.

Rechtsanwalt K., der gegen die Festsetzung des Urkundsbeamten der Geschäftsstelle Erinnerung erhoben hat, steht auf dem Standpunkt der zweiten Meinung. Es ist indessen dem Urkundsbeamten der Geschäftsstelle beizutreten.

Wollte man selbst annehmen, daß der Wortlaut des Art. I § 1 des Gesetzes vom 20. Dezember 1928 der von Rechtsanwalt K. vertretenen Ansicht nicht geradezu entgegenstehe, so ergibt sich doch ihre Unrichtigkeit aus der geschichtlichen Entwicklung und dem Sinn und Zweck des Gesetzes.

Ein Anspruch des einer Partei als Armenanwalt beigeordneten Rechtsanwalts auf Ersatz seiner Gebühren und Auslagen aus der Staatskasse bestand früher nicht. Art. II des Gesetzes vom 18. Dezember 1919 (RGBl. S. 2113) erkannte einen solchen für die Auslagen an. Demnächst bestimmte § 1 Satz 1 des Gesetzes vom 6. Februar 1923 (RGBl. I S. 103), daß in bürgerlichen Rechtsstreitigkeiten im Falle der Bewilligung des Armenrechts dem für die arme Partei bestellten Rechtsanwalt die Gebühren und Auslagen nach Maßgabe der Gebührenordnung für Rechtsanwälte und der sie ergänzenden Vorschriften von der Staatskasse ersetzt werden sollten. Damals galt schon der durch Art. III des vorgenannten Gesetzes vom 18. Dezember 1919 eingefügte Absatz 2 des § 115 ZPO., wonach einer armen Partei das Armenrecht zu einem Bruchteil bewilligt werden kann, wenn sie ohne Beeinträchtigung des für sie und ihre Familie notwendigen Unterhalts die Kosten des Prozesses teilweise zu bestreiten imstande ist. Diese Bestimmung mußte, wie nicht zweifelhaft sein kann und wohl auch von den Gegnern der hier vertretenen Ansicht nicht bezweifelt wird, unter der Herrschaft des Gesetzes vom 6. Februar 1923 dahin führen, daß dem einer Partei als Armenanwalt beigeordneten Rechtsanwalt seine ihm an sich nach der Gebührenordnung für Rechtsanwälte zustehenden Gebühren aus der Staatskasse nur zu dem Bruchteil zu ersetzen waren, zu dem der Partei das Armenrecht bewilligt worden war. Dies muß gelten, obgleich das Gesetz vom 6. Februar 1923 eine solche Beschränkung nicht ausspricht. Einer dahingehenden Bestimmung bedurfte es auch nicht. Denn der Zweck des Gesetzes war nicht der, dem Rechtsanwalt neben seiner der armen Partei gegenüber bestehenden Forderung auf Zahlung eines Teilbetrags seiner Gebühren einen Ersatzanspruch gegen den Staat in voller Höhe dieser Gebühren zu gewähren. Das würde zu einer nicht gerechtfertigten Bereicherung des Anwalts geführt haben. Allerdings sollte nach § 4 Satz 1 des Gesetzes vom 6. Februar 1923, soweit dem Rechtsanwalt wegen seiner Gebühren und Auslagen ein Anspruch gegen die von ihm vertretene Partei oder einen ersatzpflichtigen Gegner zustände, dieser Anspruch mit der Erstattung auf die Staatskasse übergehen. Aber diese Vorschrift kann nicht auf denjenigen Bruchteil der Gebühren bezogen werden, in Ansehung dessen das Armenrecht nicht bewilligt ist und infolgedessen dem Rechtsanwalt von vornherein die Gebührenforderung gegen die Partei zusteht, es sich also nicht lediglich um einen durch gebesserte Vermögenslage gemäß § 125 ZPO. begründeten Anspruch auf Nachzahlung handelt. Denn soweit die Partei zur Bestreitung der Prozeßkosten imstande und ihr deshalb das Armenrecht nicht bewilligt ist, besteht kein Grund für den Staat, dem Anwalt die Gebühren zu zahlen, da er sie von der insoweit zahlungsfähigen Partei einzuziehen vermag.

Hieran ist nichts dadurch geändert worden, daß Art. V des Gesetzes vom 18. August 1923 (RGBl. I S. 813) eine Höchstgrenze für den zu ersetzenden Gebührenbetrag in der Richtung bestimmte, daß, wenn der Wert des Streit- oder Beschwerdegegenstandes 200 Millionen Mark übersteigen sollte, nur der Betrag der Gebühren zu ersetzen sei, der sich bei diesem Wert ergeben würde. Kraemer in Buschs Zeitschr. Bd. 52 S. 103 flg. äußert die Ansicht, daß es, da Absatz 2 des § 115 ZPO. damals schon gegolten habe, zum Ausdruck hätte kommen müssen, wenn beabsichtigt gewesen wäre, bei Bewilligung des Armenrechts zu einem Bruchteil den Ersatzanspruch des Rechtsanwalts weiter zu beschränken. Dem kann indessen nicht zugestimmt werden. Die Folgen, die bei einer Armenrechtsbewilligung zu einem Bruchteil einzutreten hatten, ergaben sich unmittelbar aus § 115 Abs. 2 ZPO. und aus dem Zwecke des Eintretens des Staates für den Rechtsanwalt und brauchten ebensowenig im Gesetz vom 18. August 1923 ausgesprochen zu werden, wie das im Gesetz vom 6. Februar 1923 geschehen war. Ein zwingender Anlaß hierzu trat auch nicht ein, als die Erstattung von Anwaltsgebühren in Armensachen weiterhin — zuerst durch das Gesetz vom 14. Juli 1925 (RGBl. I S. 136) — dadurch beschränkt wurde, daß der Ersatzanspruch bei gewissen Stufen des Werts des Streitgegenstandes statt nach den Sätzen des § 9 RAGebO. nach niedrigeren Sätzen berechnet werden sollte. So ist die Rechtslage auch heute nach dem Gesetz vom 20. Dezember 1928. Der Ersatzanspruch des Armenanwalts ist nach der Gebührenordnung für Rechtsanwälte und, soweit das Gesetz vom 20. Dezember 1928 an deren Stelle andere Sätze bestimmt, nach diesen zu berechnen. Daneben aber muß bei einer Armenrechtsbewilligung zu einem Bruchteil eine Kürzung der so berechneten Gebühren um denjenigen Bruchteil eintreten, zu dem das Armenrecht nicht bewilligt worden ist. Angesichts der Entwicklung, welche die Gesetzgebung über den Ersatz der Gebühren und Auslagen des Armenanwalts aus der Staatskasse genommen hat, und des Zwecks dieser Gesetzgebung hätte es eines ausdrücklichen gesetzlichen Ausspruchs bedurft, wenn es anders sein sollte. Die gegenteilige Meinung müßte folgerichtig je nach dem Wert des Streitgegenstandes zu einer ungleichmäßigen Behandlung führen. Es müßte nämlich dort, wo die Gebühren nach § 9 RAGebO. zu berechnen sind, bei der Bewilligung des Armenrechts beispielsweise zur Hälfte ebenso, wie es nach dem Gesetz vom 6. Februar 1923 der Fall war, dem Rechtsanwalt nur die Hälfte dieser Gebühren zu ersetzen sein, bei einer höheren Wertstufe aber, für die im Gesetz vom 20. Dezember 1928 niedrigere Sätze bestimmt sind, die vollen Gebühren nach diesen Sätzen, da nur insoweit eine Ermäßigung des Erstattungsanspruchs stattgefunden hat. Diese Unterscheidung findet aber im Gesetz vom 20. Dezember 1928 und in den ihm vorangegangenen gesetzlichen Bestimmungen keine Stütze.

Diesen Erwägungen gegenüber vermögen auch die übrigen Gründe der Gegenseite nicht standzuhalten. Allerdings sind bei Prüfung der Frage, ob eine Partei zur Bezahlung der Prozeßkosten imstande ist, die Bestimmungen der Gebührenordnung für Rechtsanwälte zugrunde zu legen, während die Haftung des Staates für die Gebühren des Armenanwalts besonders geregelt ist. Die Ersatzpflicht des Staates steht aber zur Armenrechtsbewilligung in naher Beziehung und wird von ihr unmittelbar beeinflußt. Überdies hat auch, wie schon erwähnt, für die untersten Stufen das Gesetz vom 20. Dezember 1928 es bei den Sätzen der Gebührenordnung für Rechtsanwälte belassen.

Hiernach und unter Berücksichtigung des Neunten Teils (Vereinfachungen und Ersparnisse auf dem Gebiete der Rechtspflege) § 7 der Verordnung des Reichspräsidenten zur Sicherung von Wirtschaft und Finanzen vom 1. Dezember 1930 (RGBl. I S. 517, 604) und des Sechsten Teils (Rechtspflege) Kap. I (Vereinfachung und Ersparnisse) § 17 der Dritten Verordnung des Reichspräsidenten zur Sicherung von Wirtschaft und Finanzen usw. vom 6. Oktober 1931 (RGBl. I S. 537, 565) hat der Urkundsbeamte der Geschäftsstelle die dem Rechtsanwalt K. aus der Reichskasse zu ersetzenden Gebühren und Auslagen richtig berechnet. Die Erinnerung ist daher zurückzuweisen.

RGZ. 145, 217

Kann eine vereinbarte Anwaltsvergütung, weil sie übermäßig hoch sei, auch dann herabgesetzt werden, wenn ursprünglich eine noch höhere Vergütung vereinbart worden war, diese aber bereits vergleichsweise ermäßigt worden ist?

RAGebO. § 93 Abs. 2.

III. Zivilsenat. Urt. v. 12. Oktober 1934.

I. Landgericht Kiel. II. Oberlandesgericht daselbst.

Der mittellose Kläger glaubte auf ein aus zwei Gütern bestehendes Fideikommiß Anspruch erheben zu können. Seine Vertretung bei Geltendmachung dieses Anspruchs übernahm der jetzt verklagte Rechtsanwalt. Dieser erstattete zunächst ein Gutachten über die Aussichten des Klägers und erhob dann in dessen Auftrage gegen andere Fideikommißanwärter Klage auf Feststellung, daß der Kläger der zur Fideikommißnachfolge Berechtigte sei. Das Landgericht bewilligte dem Kläger das Armenrecht hinsichtlich der Gerichtskosten. Ihn als Armenanwalt zu vertreten, hatte der Beklagte von vornherein abgelehnt; er hatte aber in Aussicht gestellt, ihm die Rechtsanwaltsgebühren bis zur Beendigung des Prozesses zu stunden. Dementsprechend trafen die Parteien am 13. November 1925 eine Vereinbarung über die Gebühren des Beklagten, die in einem vom Beklagten entworfenen, vom Kläger unterzeichneten „Honorarschein" niedergelegt wurde. Danach verzichtete der Beklagte auf Vorschußzahlung. Dagegen verpflichtete sich der Kläger für den Fall, daß der Prozeß gewonnen werde und die Kosten von den Gegnern nicht einzutreiben seien, diese Kosten an den Beklagten in dem Augenblick zu zahlen, in welchem er, Kläger, in den Besitz der Fideikommißgüter komme oder die Güter zu seinen Gunsten verkauft würden. Solange blieb die Kostenrechnung gestundet. Das Objekt wurde unabhängig von der Festsetzung des Gerichts auf 5 000 000 RM. festgesetzt.

Das Landgericht wies die Klage ab. Auf die Berufung des Klägers traf jedoch das Oberlandesgericht die begehrte Feststellung. Die Prozeßgegner des Klägers legten Revision ein, führten diese jedoch nicht durch, nachdem das Reichsgericht das Armenrecht versagt hatte. Vielmehr trafen sie mit dem Kläger außergerichtlich eine Vereinbarung dahin, daß der Fideikommißbesitz zwischen diesem und einem anderen Fideikommißanwärter geteilt werden, auch jede Partei ihre außergerichtlichen Kosten tragen solle. Nunmehr wurde die Revision zurückgenommen. Die außergerichtliche Abmachung der Beteiligten wurde dann in einem Familienschluß endgültig festgelegt. Der Kläger erhielt das eine Gut sowie zwei Zeitpachtdörfer als freies Eigentum.

Nach rechtskräftiger Beendigung des Hauptprozesses berechnete der Beklagte seine Gebühren auf Grund der Honorarvereinbarung vom

13. November 1925. Er kam zu einem ihm zustehenden Gesamtbetrag von 168 973 RM., ermäßigte diese Summe aber auf den abgerundeten Betrag von 160 000 RM., den der Kläger zunächst als richtig anerkannte. Dann wandte sich aber der fremden Einflüssen leicht zugängliche Kläger auf Rat anderer Personen an den inzwischen verstorbenen Rechtsanwalt Justizrat Dr. R., um eine Herabsetzung der dem Beklagten zugestandenen Gesamtvergütung zu erwirken. R. übernahm es, den Kläger zu unterstützen. Die Verhandlungen zwischen R. und dem Beklagten führten schließlich zu einer Einigung auf 125 000 RM. Die Gebührenforderung des Beklagten wurde endgültig auf diesen Betrag festgesetzt.

Nunmehr übertrug der Kläger dem Beklagten erneut die Weiterführung der mit der Fideikommißangelegenheit zusammenhängenden Sachen. Der Beklagte blieb noch bis weit in das Jahr 1928 hinein für den Kläger tätig. Er beriet und vertrat den Kläger insbesondere bei der Abwicklung des Verfahrens vor dem Auflösungsamt, bei der Verwertung der dem Kläger durch den Familienschluß zugefallenen Liegenschaften sowie bei vielfachen Auseinandersetzungen mit Personen, mit denen sich der Kläger in Geschäfte eingelassen hatte. Zur Abdeckung der Schulden des Klägers verschaffte ihm der Beklagte ein Darlehen bei der Landschaft, das durch Bestellung einer Hypothek von 266 000 RM. auf den dem Kläger zugefallenen Grundstücken des ehemaligen Fideikommißbesitzes gesichert wurde. Auf diese Hypothek wurde zunächst ein Betrag von 233 000 RM. als Zwischenkredit an den Kläger zu Händen des Beklagten ausgezahlt. Mit Zustimmung des Klägers befriedigte sich der Beklagte hieraus für seinen Gebührenanspruch, den er insgesamt auf 156 668,03 RM. berechnete und den der Kläger auch in dieser Höhe anerkannte.

Der Kläger, der völlig vermögenslos und sogar mit Schulden beschwert aus der Fideikommißangelegenheit hervorgegangen ist, verlangt nunmehr vom Beklagten Rückzahlung eines Teiles der von diesem vereinnahmten Gebühren, und zwar in Höhe von 30 000 RM. Er stützt seinen Rückforderungsanspruch zunächst auf § 138 BGB. Er behauptet, der vom Beklagten der Honorarvereinbarung vom 13. November 1925 zugrunde gelegte Streitwert mit 5 000 000 RM. gehe weit über den wahren Wert der Vermögensstücke hinaus, die im Streit befangen gewesen seien. Der Beklagte habe diese Wertannahme im Bewußtsein ihrer Unrichtigkeit gewählt, um sich aus verwerflichem Eigennutz eine ungebührlich hohe Vergütung für seine Anwaltstätigkeit zu verschaffen. Dabei habe er die Persönlichkeit des Klägers ausgenutzt, dessen Unerfahrenheit und Hemmungslosigkeit in Geldsachen er schon bei den ersten Besprechungen mit ihm erkannt habe. Ebenso sei das im Oktober 1927 unter Mitwirkung von Justizrat Dr. R. getroffene Abkommen wegen Verstoßes gegen die guten Sitten nichtig. Auch der auf 125 000 RM. ermäßigte Gebührenanspruch des Beklagten gehe noch in solchem Maße über die Grenzen des Angemessenen hinaus, daß darin eine standes- und sittenwidrige Übervorteilung des Klägers liege. Außerdem begehrt der Kläger Herabsetzung der Gebührenansprüche des Beklagten auf Grund des § 93 Abs. 2 RAGebO. Die vereinbarten Vergütungen, auch die von 125 000 RM., seien übermäßig hoch. Einen für die Anwendung der genannten Vorschrift wesentlichen Umstand bilde übrigens der für den Kläger ungünstige Ausgang der ganzen Fideikommißangelegenheit.

Der Beklagte vertritt demgegenüber den Standpunkt, daß sowohl die auf Grund des Honorarscheins vom 13. November 1925 errechneten Gebühren wie die in dem Ermäßigungsabkommen vom Oktober 1927 festgesetzte Vergütung von 125 000 RM. die Grenze der Angemessenheit nicht überschritten. Es fehle für die Anwendung des § 138 BGB. schon an der erforderlichen sachlichen Voraussetzung. Ebenso sei aber in dieser Hinsicht der innere Tatbestand nicht gegeben. § 93 Abs. 2 RAGebO. scheide ebenfalls aus, weil die vereinbarte Vergütung nicht übermäßig hoch sei. Dazu komme, daß der Beklagte dem Kläger bereits durch das Abkommen vom Oktober 1927 Gebührenermäßigung gewährt habe. Damit sei der genannten Vorschrift genügt worden. Ihre nochmalige Anwendung sei nicht möglich.

Die Vorinstanzen haben die Klage abgewiesen. Die Revision des Klägers führte zur Aufhebung und Zurückverweisung.

Aus den Gründen:

Der Hauptangriff der Revision richtet sich gegen die Ausführungen des Berufungsgerichts, mit denen es abgelehnt hat, die dem Beklagten vom Kläger vereinbarungsgemäß gewährte Vergütung auf Grund von § 93 Abs. 2 RAGebO. herabzusetzen. Dieser Angriff muß als begründet anerkannt werden.

§ 93 Abs. 2 bestimmt folgendes:

> Ist die vereinbarte Vergütung unter Berücksichtigung aller Umstände übermäßig hoch, so kann sie im Rechtsstreit nach eingeholtem Gutachten des Vorstandes der Anwaltskammer bis auf den in diesem Gesetze bestimmten Betrag herabgesetzt werden.

Den Tatbestand dieser Vorschrift sieht das Berufungsgericht an sich als gegeben an. Es stellt in Abweichung von dem von ihm eingeholten Gutachten des Vorstandes der Anwaltkammer fest, daß die zwischen den Parteien vereinbarte Vergütung übermäßig hoch sei, und zwar auch noch nach ihrer Ermäßigung auf 125 000 RM. Zutreffend nimmt es ferner an, daß die Entrichtung dieses Betrags an den Beklagten dem Kläger nicht das Recht genommen habe, Herabsetzung der Vergütung zu beanspruchen. Gleichwohl lehnt es eine solche Herabsetzung ab, weil sich der Kläger durch Abschluß des Ermäßigungsabkommens im Oktober 1927 der ihm durch § 93 Abs. 2 RAGebO. gewährten Möglichkeit begeben habe. Im einzelnen begründet es diese Auffassung folgendermaßen:

Die Frage, inwieweit grundsätzlich der Herabsetzungsanspruch aus § 93 Abs. 2 durch Parteiabrede abbedungen werden könne, sei zweifelhaft. Denn die Vorschrift beruhe auf dem gesetzgeberischen Gedanken, daß zur Wahrung der Standesehre der Rechtsanwaltschaft eine ungebührliche Belastung der rechtssuchenden Bevölkerung durch unangemessene Vergütungsabreden ausgeschlossen werden solle. Die Wurzel, aus der die Bestimmung hervorgegangen, liege mithin außerhalb des Privatrechtskreises des Einzelnen; die Vorschrift trage öffentlich-rechtlichen Charakter. Trotzdem könne mangels entsprechender Gesetzesfassung dem § 93 Abs. 2 RAGebO. nicht die Bedeutung beigemessen werden, daß er zwingendes, einer Verzichtsabrede schlechthin unzugängliches Recht setze. Die Partei habe das Recht, die Herabsetzung der vereinbarten Vergütung „im Rechtsstreit" zu erwirken. Ihr stehe danach mindestens im Rechtsstreit ein gewisses Verfügungsrecht zu, so daß sie sich im Rechtsstreit noch vergleichen könne. Sei aber einem gerichtlichen Vergleich die Wirksamkeit nicht abzusprechen, so müsse unter Umständen auch ein außergerichtlicher Vergleich als wirksam erachtet werden. Dabei komme es auf den einzelnen Fall an, der hier so liege, daß ein rechtswirksamer Verzicht des Klägers auf den Herabsetzungsanspruch angenommen werden müsse. Nach den — vom Berufungsgericht näher dargelegten — Umständen sei es nicht zweifelhaft, daß sowohl der Beklagte als auch Justizrat Dr. R., der Bevollmächtigte des Klägers, bei den Verhandlungen im Oktober 1927 die Herabsetzungsmöglichkeit des § 93 Abs. 2 bewußt in den Kreis ihrer Erwägungen gezogen und sich gerade hierüber verglichen hätten. So sei denn durch die abschließende Einigung auf den Betrag von 125 000 RM. der dem Kläger aus der genannten Vorschrift zustehende Rechtsbehelf in dem Sinne erfaßt worden, daß sich der Kläger seiner um den Preis der außergerichtlichen Verständigung auf einer annehmbar erscheinenden Grundlage bewußt begeben habe. Nach den ganzen Umständen beständen keine Bedenken, den Vergleich für gültig zu erachten. Bei dieser Sachlage sei in dem Abschluß des Ermäßigungsabkommens ein rechtswirksamer Verzicht auf die Herabsetzungsmöglichkeit des § 93 Abs. 2 zu finden, den der Kläger auch in diesem Rechtsstreit gegen sich gelten lassen müsse. Wolle man dies nicht anerkennen, so würde sich der Gebührenstreit unabsehbar fortsetzen und immer wieder aufgenommen werden können. Das könne vernünftigerweise nicht der Sinn des Gesetzes sein. Der Rechtsbestand des danach an sich wirksamen Ermäßigungsabkommens werde auch nicht dadurch erschüttert, daß die ganze Angelegenheit schließlich zu Ungunsten des Klägers ausgelaufen sei.

Diese Ausführungen des Berufungsgerichts werden dem § 93 Abs. 2 RAGebO. nicht gerecht. Daß sie in seinem Wortlaut keine Stütze finden, bedarf kaum der Darlegung. Denn er umfaßt ganz allgemein jede vereinbarte Anwaltsvergütung (im Bereich des § 1 RAGebO.), die unter Berücksichtigung aller Umstände übermäßig hoch ist. Irgendein Unterschied zwischen einer von vornherein in übermäßiger Höhe vereinbarten Vergütung und einer solchen, auf die sich die Parteien unter Herabsetzung einer ursprünglich höher festgesetzten Vergütung nachträglich geeinigt haben, wird nicht gemacht. Es kann nicht angenommen werden, daß innere Gründe zu der vom Berufungsgericht vertretenen einschränkenden Auslegung des § 93 Abs. 2 zwingen. Klar ist das, wenn man die Sache vom Standpunkt des Rechtsanwalts aus betrachtet, der sich eine ungebührlich hohe Gegenleistung ausbedungen hat. Der Umstand, daß er ursprünglich seine Forderung in noch stärkerem Maße übersetzt hatte, bildet keinen zureichenden Grund dafür, ihm eine sonst der richterlichen Herabsetzung unterliegende Vergütung ungeschmälert zu belassen. Aber auch vom Standpunkt des Schuldners aus kann man zu keinem anderen Ergebnis gelangen.

Allerdings gehört das Verhältnis zwischen Rechtsanwalt und Auftraggeber und infolgedessen auch der Anspruch auf Herabsetzung der in übermäßiger Höhe vereinbarten Vergütung dem bürgerlichen Recht an. Indessen trägt die in § 93 Abs. 2 RAGebO. getroffene Regelung — wie das Berufungsgericht zwar erkannt, aber nicht hinreichend berücksichtigt hat — einen öffentlich-rechtlichen Charakter. Der Würde und dem Ansehen des Anwaltstandes wäre es abträglich, könnte der Rechtsuchende zur Zahlung einer vertraglichen Anwaltsvergütung auch dann gezwungen werden, wenn diese übermäßig hoch ist. In der Vorschrift gelangt die besondere Stellung der Rechtsanwaltschaft zum Ausdruck. Dieser gewährt das Gesetz nicht bloß Rechte, sondern legt ihr auch Pflichten und Beschränkungen auf. Letztere unterliegen wegen ihrer Bedeutung, die sie für den Anwaltstand und damit für die Rechtspflege überhaupt besitzen, grundsätzlich nicht der Verfügung der im einzelnen Fall beteiligten Personen. Daß mit einer ursprünglichen Honorarvereinbarung kein rechtsgültiger Verzicht auf die Herabsetzungsmöglichkeiten nach § 93 Abs. 2 verbunden werden kann, liegt auf der Hand. Nicht anders steht es aber mit der nachträglichen Ermäßigung einer anfänglich noch höher festgesetzten Vergütung. Falls diese auch dann übermäßig hoch bleibt, unterliegt sie der Herabsetzung durch Richterspruch.

Zu Unrecht legt das Berufungsgericht besonderes Gewicht darauf, daß die zu hohe Vergütung „im Rechtsstreit" herabgesetzt wird. Diese Worte besagen für die zur Erörterung stehende Frage nichts. Sie haben nur die Bedeutung, daß die Herabsetzung durch Richterspruch geschieht. Das Urteil, das in einem auf Grund von § 93 Abs. 2 RAGebO. anhängigen Rechtsstreit ergeht, ist ein Gestaltungsurteil. Es schafft die Rechtsbeziehungen zwischen Anwalt und Auftraggeber so um, wie es zur Wahrung der anwaltlichen Würde geboten ist. Die an die angeführten beiden Gesetzesworte anknüpfenden Ausführungen des Berufungsurteils verquicken in unstatthafter Weise sachlich-rechtliche und verfahrensrechtliche Gesichtspunkte miteinander. Ob der Verpflichtete die Herabsetzung einer von ihm versprochenen überhohen Anwaltsvergütung betreiben will, liegt in seiner Hand. Strengt er einen Rechtsstreit gegen den Anwalt an, so hat er darin dieselbe prozessuale Stellung wie in jedem anderen Rechtsstreit. Der öffentlich-rechtliche Charakter des § 93 Abs. 2 RAGebO. kommt in dem Verfahren, das sich über die Anwendbarkeit dieser Vorschrift entwickelt, nicht weiter zum Ausdruck. Daraus können aber keine Folgerungen in sachlich-rechtlicher Hinsicht gezogen werden. Ob ein gerichtlicher Vergleich, der dem Anwalt eine immer noch zu hohe Vergütung beläßt, dem Bereich des § 93 Abs. 2 entzogen wäre, kann dahinstehen. Ein außergerichtlicher Vergleich, wie er hier vorliegt, darf jedenfalls nicht unter verfahrensrechtlichen Gesichtspunkten beurteilt werden. Er ist eine Vergütungsvereinbarung von sachlich-rechtlichem Gehalt und unterliegt deshalb der mehrgenannten Vorschrift sowohl nach deren Wortlaut als auch nach dem damit verfolgten, auf Wahrung öffentlicher Belange gerichteten Zweck.

Die vom Berufungsgericht schließlich noch hervorgehobene Gefahr einer unabsehbaren Fortsetzung des Gebührenstreits nötigt nicht dazu, die Herabsetzung einer vergleichsweise zugebilligten Anwaltsvergütung für unzulässig zu erklären. Der Streit findet sofort seinen endgültigen Abschluß, wenn sich der Anwalt mit einer Vergütung begnügt, die nicht übermäßig hoch ist. Erst damit aber tritt der dem Gesetz entsprechende Zustand ein. Bis dahin muß ein erneutes Aufleben des Streites hingenommen werden. Diese Gefahr wird übrigens dadurch gemildert, daß zu den bei Anwendung des § 93 Abs. 2 zu berücksichtigenden Umständen auch die freiwillig vom Anwalt eingeräumte Gebührenminderung gehören kann.

Die Abweisung der Klage, soweit sie sich auf § 93 Abs. 2 RAGebO. stützt, erweist sich sonach als nicht hinreichend begründet.

RGZ. 149, 121

1. Kann der zum Testamentsvollstrecker ernannte Rechtsanwalt neben der vom Erblasser bestimmten Vergütung die in den Gebührenordnungen festgesetzten Gebühren beanspruchen, wenn er als Anwalt Rechtsansprüche verfolgt, die zum Nachlaß gehören?

2. Welche Gebührenordnung ist maßgebend für das Verhältnis des deutschen Rechtsanwalts zum inländischen Auftraggeber, wenn er für ihn Rechtsangelegenheiten im Ausland verfolgt?

BGB. §§ 670, 2218, 2221. Preußische Landesgebührenordnung für Rechtsanwälte und Gerichtsvollzieher vom 28. Oktober 1922 (GS. S. 410) — Pr. RAGebO. — Art. 1, 8 flg.

III. Zivilsenat. Urt. v. 25. Oktober 1935.

I. Landgericht Berlin. II. Kammergericht daselbst.

Die Beklagten und der inzwischen verstorbene N. sind die Erben der in den Jahren 1910 und 1920 verstorbenen Eheleute K. Diese haben in ihrem gemeinschaftlichen Testament vom 2. März 1912 den Erstkläger und N. zu Testamentsvollstreckern bestimmt. Nachdem beide zunächst die Verwaltung des Nachlasses geführt hatten, ist der Zweitkläger im Oktober 1923 an Stelle von N. neben dem Erstkläger Testamentsvollstrecker geworden. Nach dem Testament soll jeder Testamentsvollstrecker eine Jahresvergütung von je 3000 M. erhalten. Die Erben haben mit den Testamentsvollstreckern nach der Geldentwertung vereinbart, daß diese Vergütung auf je 3000 RM. jährlich aufzuwerten sei.

Zu dem Nachlaß gehörten Wertpapiere, Zins- und Erneuerungsscheine, die nach Ausbruch des Krieges in Amerika beschlagnahmt worden waren. Die Kläger, die beide Rechtsanwälte in Berlin sind, haben in den Jahren 1925 bis 1930 die Freigabe dieser Vermögenswerte betrieben und haben sich dabei der Hilfe der Deutschen Botschaft in Washington, des Bankhauses H. in New-York und des Rechtsanwalts P. daselbst, des amerikanischen Konsulats in Berlin und des Nachlaßgerichts daselbst bedient, auch einmal eine Rechtsauskunft von Dr. K. in New-York eingeholt und mit der Deutschen Bank und den Erben Briefe gewechselt. Hierfür fordern sie eine besondere Vergütung von mindestens 3 v. H. des Wertes jener Vermögensstücke, den sie auf 896 893,28 RM. angeben, also insgesamt 26 906 RM. Sie haben bereits früher unter Zugrundelegung eines beschlagnahmten Vermögenswertes von 689 256,24 RM. einen Betrag von 2609 RM. auf Grund der Art. 8, 11 und 12 Pr. RAGebO. gefordert und aus den Einnahmen des Nachlasses für sich entnommen. Am 30. Dezember 1923 haben sie dann einen Zahlungsbefehl über eine weitere Teilvergütung von 20 000 RM. gegen sämtliche Erben erwirkt, gegen den diese Widerspruch erhoben haben. Mit der Witwe des N. als dessen Rechtsnachfolgerin haben sie sich außergerichtlich geeinigt, gegen die übrigen Erben verfolgen sie ihren Anspruch auf die Teilvergütung mit der Klage. Während des Rechtsstreites haben sie aus den Einnahmen des Nachlasses weitere 6835,36 RM. entnommen, um sich für ihre Forderung zu befriedigen. Demgemäß haben sie beantragt, 1. festzustellen, daß sie in Höhe von 6835,36 RM. nebst Zinsen wegen ihrer Honoraransprüche durch Zahlung befriedigt seien, 2. die Beklagten als Gesamtschuldner zu verurteilen, an sie weitere 13 164,64 RM. nebst 5 v. H. Zinsen seit dem 1. Januar 1931 zu zahlen.

Die Beklagten sind der Klage entgegengetreten. Sie vertreten die Ansicht, daß die Tätigkeit der Kläger für die Freigabe des Vermögens in Amerika durch die jährliche Vergütung von je 3000 RM. abgegolten sei, die Kläger auch an ihre frühere Berechnung von 2609 RM. gebunden seien, keinesfalls aber mehr Gebühren verlangen könnten, als sich aus Artikel 8, 11 und 12 Pr. RAGebO. ergebe. Sie haben auch Verjährung eingewandt und meinen, diese Einrede greife mindestens hinsichtlich eines Teils des Klaganspruches durch.

Das Landgericht und das Kammergericht haben die Klage abgewiesen. Die Revision der Kläger, mit der sie aber nur 2 v. H. des Vermögenswertes forderten, wurde zurückgewiesen.

Gründe:

Das Berufungsgericht nimmt an, daß die Kläger neben der ihnen als Testamentsvollstreckern auf Grund des Testaments der Eheleute K. zustehenden Jahresvergütung (§ 2221 BGB.) als Rechtsanwälte für ihre Tätigkeit bei der Freigabe der in Amerika beschlagnahmten Nachlaßstücke eine besondere Vergütung beanspruchen können. Es geht dabei offensichtlich wie das Landgericht von dem Wortlaut der testamentarischen Bestimmung über die den Testamentsvollstreckern zu zahlende Vergütung aus. Sie lautet: „Für den Fall, daß unsere Testamentsvollstrecker die Verwaltungen und Auseinandersetzungen nicht als eine Ehrensache ohne Anspruch auf Remuneration betrachten, so sollen dieselben, solange dieselben in Funktion sind, eine jährliche Entschädigung ihrer Mühewaltung von je 3000 M. für jeden der Testamentsvollstrecker zu beanspruchen berechtigt sein". Bei Errichtung des Testaments können die Erblasser noch nicht damit gerechnet haben, daß der Krieg ausbrechen und die Beschlagnahme der in Amerika befindlichen Vermögensstücke zur Folge haben werde. Die Tätigkeit, welche die Kläger zur Freigabe dieser Stücke entfaltet haben, war also damals nicht vorausgesehen. Sie hat besondere Mühen erfordert. Die einschlägigen amerikanischen Gesetzesbestimmungen mußten, wie das Berufungsgericht feststellt, ermittelt und danach die entsprechenden Anträge gestellt werden. Besondere Kenntnisse und Erfahrungen waren also für diese Tätigkeit nötig. Sie fiel mithin aus dem gewöhnlichen Rahmen der Tätigkeit eines zum Testamentsvollstrecker ernannten Rechtsanwalts heraus. Diese Tätigkeit hält der Berufungsrichter für eine anwaltliche im Sinne der preußischen Landesgebührenordnung für Rechtsanwälte und Gerichtsvollzieher vom 28. Oktober 1922. Ein Vormund oder Gegenvormund kann neben einer ihm etwa für die unmittelbare vormundschaftliche Verwaltungstätigkeit nach § 1836 BGB. zugebilligten Vergütung nach § 1835 Abs. 2 BGB. für solche Dienste, die zu seinem Gewerbe oder seinem Beruf gehören und die er eben deshalb selbst leistet, während sie andernfalls einem das betreffende Gewerbe oder den betreffenden Beruf ausübenden Dritten hätten übertragen werden müssen, das dafür in Frage kommende Entgelt fordern. Auch der Testamentsvollstrecker kann neben der Vergütung des § 2221 BGB. nach § 2218 Abs. 1 in Verbindung mit § 670 BGB. Ersatz seiner Auslagen beanspruchen. Deshalb billigt das Berufungsgericht den Klägern für die hier in Frage kommende Tätigkeit die Gebührensätze der Art. 8, 9, 11 und 12 Pr. RAGebO. zu. Die Zubilligung einer höheren Vergütung lehnt es ab, weil es sich um eine rein rechtliche, anwaltliche, unter die preußische Landesgebührenordnung fallende Tätigkeit gehandelt habe.

Der Ansicht des Berufungsgerichts ist beizupflichten. Grundsätzlich kann der Testamentsvollstrecker, wenn der Erblasser für ihn die Vergütung bestimmt hat, nur diese verlangen (§ 2221 BGB.). Will er sich damit nicht begnügen, so muß er das Amt ablehnen (§ 2202 BGB.). Neben der Vergütung aber kann der Testamentsvollstrecker, soweit die testamentarische Bestimmung nicht entgegensteht, nach §§ 2218, 670 BGB. den Ersatz seiner Auslagen beanspruchen. Dazu zählt das Berufungsgericht mit Recht unter entsprechender Anwendung des § 1835 Abs. 2 BGB. die Gebühren, die den Klägern als Rechtsanwälten für die von ihnen auf Grund ihres Berufs geleisteten Dienste nach den gesetzlichen Bestimmungen erwachsen sind. Daß diese Gebühren durch die von den Erblassern festgesetzten Jahresvergütungen nicht abgegolten seien, hat das Berufungsgericht mit einwandfreier Begründung festgestellt. Diese Annahme beschwert denn auch die Kläger nicht. Sie beanstanden mit der Revision in dieser Richtung nur die weitere Annahme des Berufungsgerichts, daß eine anwaltliche Tätigkeit vorgelegen habe, und wollen an der von ihnen in den bisherigen Rechtszügen vertretenen Ansicht festhalten, daß es sich um eine bankmäßige Tätigkeit gehandelt habe; nur Banken seien mit der Freigabe der in Amerika beschlagnahmten Vermögen befaßt worden, während unter den deutschen Anwälten nur einige Fachkenner solche Angelegenheiten bearbeitet hätten. Der Erstkläger habe über besondere Erfahrungen im Bankgeschäft und über besondere Beziehungen zu einer Großbank verfügt. Deshalb habe er die Freigabe der beschlagnahmten Vermögensstücke selbst betreiben können und nicht eine Bank zu Hilfe genommen. Da sonst nur Banken diese Angelegenheiten erledigt und dazu ihre amerikanischen Zweigstellen und sonstige Bankverbindungen benutzt hätten, habe der Erstkläger die Freigabeangelegenheit bearbeitet und damit eine bankmäßige Tätigkeit entfaltet, die nicht unter die preußische Landesgebührenordnung falle, für die vielmehr eine „angemessene" Vergütung beansprucht werden könne.

Dieser Angriff der Revision scheitert an den tatsächlichen Feststellungen des Berufungsgerichts. Die Beklagten haben entgegen der Meinung der Revision in den Tatsacheninstanzen bestritten, daß nur Banken mit Freigabeverhandlungen befaßt gewesen seien und die Kläger, falls nicht der Erstkläger über besondere Erfahrungen im Bankgeschäft und über besondere Beziehungen zu einer Großbank verfügt hätte, die Freigabeangelegenheit einer Großbank hätten übertragen müssen. Sie haben nicht nur bestritten, daß der Erstkläger im Bankgeschäft die hier nötigen Erfahrungen erworben habe, sondern auch, daß zur Durchführung der Freigabeverhandlungen besondere bankfachliche Kenntnisse erforderlich gewesen seien. Dementsprechend stellt das Berufungsgericht ausdrücklich fest, daß für die Tätigkeit der Kläger in der hier streitigen Angelegenheit keine größeren Bankkenntnisse erforderlich gewesen seien, als sie von jedem erfahrenen Anwalt, der die Bearbeitung einer derartigen Sache übernimmt, verlangt werden müssen und vorausgesetzt werden können. Die Revision muß auch zugeben, daß sich deutsche Anwälte mit solchen Angelegenheiten befassen, meint jedoch, es seien dies nur wenige Fachkenner gewesen. Ob dies zutrifft, kann dahingestellt bleiben, denn keinesfalls kann zugegeben werden, daß nur auf dem Wege über eine deutsche Bank die Freigabe hätte herbeigeführt werden können. Die einschlägige Gesetzgebung ist in Zeitungen und Zeitschriften erörtert worden. Es liegt auf der Hand, daß Rechtsanwälte, die sich überhaupt mit der Verfolgung von Rechtsangelegenheiten im Ausland unter Zuhilfenahme dortiger Stellen befassen — und dies geschieht, wie allgemein bekannt ist, gerade oft in Erbschaftsangelegenheiten —, sich die einschlägigen Rechtskenntnisse beschaffen müssen und beschaffen, wie denn die Ermittelung des ausländischen Rechtes durchaus zu den Aufgaben des Rechtsanwalts gehört (vgl. § 293 ZPO.). Waren aber die einschlägigen Bestimmungen bekannt, so war die Stellung des formularmäßigen Antrags auf Freigabe und seine Weitergabe an die zuständige Behörde eine verhältnismäßig einfache Angelegenheit, die von jedem tüchtigen Rechtsanwalt nach Einziehung der nötigen Erkundigungen, soweit er darüber nicht schon durch die Presse unterrichtet war, erledigt werden konnte. Dazu kommt, daß sich die Kläger bei der Durchführung der Freigabe einer amerikanischen Bank und eines amerikanischen Rechtsanwalts bedient haben. Es lag also ein Rechtsverkehr mit einem ausländischen Rechtsanwalt und mit ausländischen amtlichen Stellen und Geschäften vor, die gerade diese Angelegenheiten bearbeiteten. Aber die Kläger betrieben kein Bankgewerbe; sie sind nur in ihrer Eigenschaft als Rechtsanwälte tätig geworden und haben in dieser Eigenschaft die nötigen Schritte unternommen. Sie sind in einer Rechtssache tätig gewesen. Denn die Vertretung und Beratung in Rechtsangelegenheiten gehört zur Berufstätigkeit des deutschen Rechtsanwalts, auch wenn es sich um die Anwendung ausländischen Rechts und die Verfolgung eines Rechtsanspruchs im Ausland handelt. Und der Austausch von Rechtskenntnissen zwischen deutschen Rechtsanwälten und ausländischen Anwälten in einer Rechtsangelegenheit und die Zuhilfenahme ausländischer Stellen und Rechtsanwälte zur Verfolgung eines Rechtsanspruchs im Ausland durch deutsche Rechtsanwälte ist durchaus eine anwaltliche Tätigkeit. Es kann hiernach keine Rede davon sein, daß die Kläger oder auch nur der Erstkläger in Ausübung einer anderen Tätigkeit als der ihres Rechtsanwaltsberufes in dieser Sache tätig gewesen wären. Die Annahme einer anwaltlichen Berufstätigkeit durch das Berufungsgericht ist also nicht zu beanstanden.

Eine Vereinbarung über eine Vergütung für diese Tätigkeit im Sinne des § 93 Abs. 1 RAGebO., Art. 16 Abs. 1 Pr. RAGebO. ist nach dem eigenen Vorbringen der Kläger nicht abgeschlossen worden. Die reichsgesetzliche Gebührenordnung für Rechtsanwälte kann nicht unmittelbar

Anwendung finden, weil diese in den §§ 1 und 91 ihr Geltungsgebiet ausdrücklich auf die Berufstätigkeit des Rechtsanwalts vor deutschen ordentlichen Gerichten und in bestimmten Verfahrensarten beschränkt. Die beiden Urteile haben die preußische Landesgebührenordnung angewandt. Die Revision stellt zur Nachprüfung, ob deren Anwendung beim Vorliegen einer anwaltlichen Tätigkeit daran scheitern müßte, daß es sich um Vermögen im Ausland gehandelt hat und die Verhandlungen mit ausländischen Stellen geführt werden mußten. Die Kläger meinen, daß eine solche Angelegenheit mit der Berufstätigkeit eines deutschen Anwalts grundsätzlich nichts zu tun habe und die Vorschriften der preußischen Landesgebührenordnung auf eine solche Tätigkeit nicht zugeschnitten seien. Die ersterwähnte Ansicht ist bereits oben zurückgewiesen worden. Die Gebührensätze, die ein amerikanischer Rechtsanwalt fordern könnte, kommen im Verhältnis der Beklagten zu den Klägern nicht in Betracht, da nach der durchaus herrschenden Rechtsmeinung entsprechend den Grundsätzen des zwischenstaatlichen Rechts jeder Rechtsanwalt bei der Verfolgung von Rechtsangelegenheiten im Ausland nur diejenigen Gebühren beanspruchen kann, die in seiner Heimat und an seinem gesetzlichen Wohnsitz gelten. Nun schreibt aber Art. 1 Pr. RAGebO. ausdrücklich vor, daß die Vergütung für die Berufstätigkeit der Rechtsanwälte, soweit sie nicht reichsgesetzlich geregelt ist, sich a u s s c h l i e ß l i c h nach den Vorschriften der preußischen Landesgebührenordnung bestimme, und deren gesamter Inhalt läßt, wie der erkennende Senat in der Entscheidung vom 1. April 1930 III 247/29, abgedr. HHR. 1930 Nr. 1211, bereits ausgesprochen hat, die Absicht des Gesetzgebers ersehen, die Berufstätigkeit des Rechtsanwalts in möglichst weitem Umfange zu erfassen. Demgemäß hat der Senat in dieser Entscheidung ausgesprochen, daß die Berufstätigkeit, die ein preußischer Rechtsanwalt für deutsche Auftraggeber im Inland vor dem Kriegsgericht einer fremdländischen Besatzungsmacht entfalte, unter die preußische Landesgebührenordnung falle, nach deren Art. 14 aber dann die Bestimmungen der deutschen Gebührenordnung für Rechtsanwälte entsprechend anzuwenden seien. Auch bei dem Auftreten eines deutschen Rechtsanwalts vor den auf Grund des Versailler Diktats eingesetzten gemischten Schiedsgerichtshöfen gilt dasselbe. In allen Fällen handelte es sich um ein dem Rechtsanwalt übertragenes Geschäft, für das die preußische Landesgebührenordnung eine Gebühr nicht vorsieht, im vorliegenden Falle jedoch nach der einwandfreien Annahme des Berufungsgerichts um ein Geschäft, das unter die Art. 8, 9 und 10 Pr. RAGebO. fällt. Die Ansicht der Revision, daß die Bestimmungen der preußischen Landesgebührenordnung nur Anwendung finden könnten, wenn ein Geschäft im Inland vorgenommen werde, ist unrichtig; vielmehr gilt im Verhältnis des preußischen Rechtsanwalts zum inländischen Auftraggeber die Landesgebührenordnung auch dann, wenn das Geschäft im Ausland zu erledigen ist. Dies folgt aus dem oben bereits erörterten Grundsatz des zwischenstaatlichen Rechts über den Geltungsbereich gesetzlicher Gebührenbestimmungen.

Hiernach ist dem Berufungsgericht darin beizutreten, daß die Kläger nur die Gebührensätze der preußischen Landesgebührenordnung beanspruchen konnten. Für die Anwendung der §§ 315, 316, 612 BGB. ist kein Raum (RGZ. Bd. 75 S. 98 [107]). Es bedarf demnach auch keiner Stellungnahme zu der Hilfserwägung des Berufungsgerichts, daß auch bei Zugrundelegung dieser Bestimmungen die Klage abzuweisen wäre, und zu den dagegen von der Revision erhobenen Angriffen....

Die Revision stellt noch zur Nachprüfung, ob die testamentarische Bestimmung über die den Testamentsvollstreckern zu zahlende Vergütung nicht dahin auszulegen sei, daß ihnen für die auf die Freigabe der in Amerika beschlagnahmten Vermögensstücke eine angemessene, höhere Vergütung zukommen sollte, als die preußische Landesgebührenordnung vorsehe. Indessen bietet der oben mitgeteilte Wortlaut der Bestimmung keine Möglichkeit zu einer solchen ergänzenden Auslegung, da jeder Anhalt für die Annahme fehlt, daß die Erblasser den Testamentsvollstrecken für jene Tätigkeit eine besondere Vergütung hätten bewilligen wollen. Dazu bestand auch keine Veranlassung, weil insoweit die gesetzlichen Gebührenordnungen Platz greifen.

RGZ. 158, 100

1. Sind bei der Prüfung der Angemessenheit einer von einem Rechtsanwalt nach § 93 RAGebO. vereinbarten Vergütung der Erfolg seiner Leistungen und die Vermögenslage seines Auftraggebers mit zu berücksichtigen? Kann dabei auch dem Umstande Bedeutung zukommen, daß der Rechtsanwalt im Rahmen einer ihm aufgetragenen verwaltenden Tätigkeit bei der Veräußerung von Vermögensbestandsteilen seines Auftraggebers vermittelnd mitgewirkt hat?

2. Zur Frage der Verwirkung von Rückforderungsansprüchen wegen Übermaßes solcher Vergütungen.

RAGebO. § 93 Abs. 2. BGB. § 242.

III. Zivilsenat. Urt. v. 17. Dezember 1937.

I. Landgericht Berlin. II. Kammergericht daselbst.

Der Kläger war seit etwa November 1928 bis Ende April 1934 Rechtsberater der Beklagten. Er stand ihr zunächst in Verhandlungen mit ihrem früheren Ehemann O. H. zur Seite, der von ihr getrennt lebte und die Scheidung erstrebte. Nach dessen am 8. Februar 1930 erfolgtem Ableben vertrat sie der Kläger in vielen Prozessen und Angelegenheiten, insbesondere in solchen, die mit dem Nachlaß zusammenhingen. Über die Vergütung seiner Tätigkeit entstanden zwischen den Parteien Meinungsverschiedenheiten, die zu dem vorliegenden Rechtsstreit geführt haben.

Der Kläger verklagte unter Vorlegung von entsprechenden Rechnungen die Beklagte auf Zahlung rückständiger Gebührenforderungen im Betrage von 14036,55 RM. Die Beklagte bestritt die einzelnen Posten der Rechnungen des Klägers dem Grunde und der Höhe nach, ferner aber ihre Zahlungspflicht auch allgemein und rechnete schließlich gegen die Forderungen des Klägers mit zwei Gegenforderungen auf. Insoweit brachte sie vor, der Kläger habe von ihr zwei Sondervergütungen verlangt und empfangen, beide in Höhe von je 15 000 RM., die erste bald nach dem Tode ihres früheren Ehemannes für seine Tätigkeit und seine Bemühungen bei den sogenannten Scheidungsverhandlungen, die zweite zu Anfang des Jahres 1931, womit seine Tätigkeit nach dem Tode ihres Mannes habe abgegolten werden sollen. Beide Sondervergütungen seien im Sinne des § 93 Abs. 2 RAGebO. übermäßig hoch, so daß ihr Rückforderungsansprüche auf Herausgabe des zuviel Gezahlten zuständen, mit denen sie aufrechne. Der Kläger bestritt das Übermaß der Sondervergütungen und machte u. a. geltend, die Klägerin habe die Rückforderungsansprüche verwirkt.

Das Landgericht hat die Beklagte zur Zahlung von 4833,76 RM. verurteilt und im übrigen die Klage abgewiesen. Die Berufung des Klägers und die Anschlußberufung der Beklagten hat das Kammergericht mit einer hier nicht wesentlichen Maßgabe zurückgewiesen. Auf die Revision des Klägers wurde das Berufungsurteil insoweit aufgehoben, als die Klage in Höhe von 7500 RM. nebst Zinsen abgewiesen worden ist und die Sache insoweit an das Berufungsgericht zurückverwiesen. Die Anschlußrevision der Beklagten blieb erfolglos.

Aus den Gründen:

Zur Revision des Klägers.

Die Revision des Klägers wendet sich in erster Linie gegen die Annahme des Berufungsgerichts, daß die Sondervergütung von 15 000 RM., die dem Kläger für seine Tätigkeit und seine Bemühungen in der Scheidungsangelegenheit der Beklagten mit ihrem früheren Ehemann gewährt worden ist, als übermäßig hoch im Sinne des § 93 Abs. 2 RAGebO. anzusehen und entsprechend dem Gutachten der Rechtsanwaltskammer vom 6. Mai 1935 auf 7500 RM. herabzusetzen sei. Die Frage nach der Angemessenheit einer vereinbarten Anwaltsvergütung ist weitgehend Tatfrage. Das Revisionsgericht kann demzufolge die Entscheidung des Tatsachenrichters nur dahin nachprüfen, ob die gesetzlichen Voraussetzungen für die Herabsetzung innegehalten sind, insbesondere ob das Berufungsgericht — abgesehen von der für den Fall der Herabsetzung erforderlichen Einholung eines Gutachtens der Anwaltskammer — die für seine Entscheidung maßgeblichen Umstände erschöpfend berücksichtigt hat.

Das Berufungsgericht geht bei seiner Würdigung davon aus, daß die hier in Rede stehende Sondervergütung „die Bemühungen des Klägers zu Lebzeiten des verstorbenen Ehemannes der Beklagten in ihren Scheidungs- und Vermögensangelegenheiten" habe abgelten sollen. Das entspricht der — vom Kläger selbst herrührenden — Bezeichnung der abzugeltenden Leistungen in dem von der Beklagten unterzeichneten nachträglichen „Anerkenntnis" vom 23. März 1933. Das Berufungsgericht legt dann weiter für die Bemessung der dem Kläger nach dem Gesetz an sich zukommenden Gebühren im Anschluß an das Gutachten des Vorstandes der Anwaltskammer als Gegenstand den Betrag der von der Beklagten erhobenen vermögensrechtlichen Ansprüche (993 000 RM.) zugrunde und lehnt es im Anschluß an die Ausführungen des Landgerichts insbesondere ab, für die Berechnung dieser Gebühren den — vom Kläger mit über 2 000 000 RM. angegebenen — Wert des Nachlasses heranzuziehen. Das Landgericht hatte das damit begründet, daß es willkürlich sei, den Gegenstand nach dem Nachlaßwert zu bemessen; denn wenn auch der Wille der Beklagten und die Bemühungen des Klägers darauf gerichtet gewesen seien, die Scheidung zu verhindern, so könne der Kläger doch nicht den Auftrag übernommen haben, den Widerruf des Testaments abzuwehren und den Nachlaß der Beklagten zu sichern. Denn dieser Erfolg habe außerhalb des Machtbereichs anwaltlicher Bemühungen gelegen. Das Berufungsgericht führt ergänzend aus, zu berücksichtigen sei, daß es niemals im Machtbereich des Klägers gelegen habe, die Scheidung und den Testamentswiderruf zu verhindern; es komme weiter hinzu, daß besondere Bemühungen des Klägers zur Verhinderung der Scheidung gar nicht erforderlich gewesen seien, weil zwar in der Person des früheren Ehemannes der Beklagten ein Scheidungsgrund vorgelegen habe, in der Person des Beklagten dagegen nicht, so daß also überhaupt nur sie die Scheidungsklage habe erheben können, sie diese aber nicht habe zu erheben brauchen, wenn sie das nicht gewollt habe. Auch könne der nicht erfolgte Widerruf des gemeinschaftlichen Testaments und damit der Anfall der Erbschaft an die Beklagte nicht als ein Erfolg der Bemühungen des Klägers angesehen werden. Denn hierauf habe er unmittelbar keinen Einfluß gehabt, und es stehe noch völlig dahin, ob O. H. nicht doch noch den Testamentswiderruf durch Zustellung an die Beklagte hätte wirksam werden lassen, wenn er nicht gestorben wäre. Der Kläger könne daher nur für seine Bemühungen um die vermögensrechtliche Sicherung der Beklagten Gebühren beanspruchen.

Die Revision führt demgegenüber aus: Für die Anwendung des § 93 RAGebO. komme es neben der Schwierigkeit der Sache, ihrem Umfang und der Verantwortlichkeit des Anwalts auch auf den tatsächlich erzielten Erfolg an. Dabei sei es gleichgültig, ob die Erzielung dieses Erfolgs im Machtbereich des Anwalts gelegen habe. Der Beklagten sei es nach der Behauptung des Klägers gerade darum zu tun gewesen, durch seine Tätigkeit die Scheidung und den Widerruf des Testaments, in dem sie zur alleinigen Erbin eingesetzt gewesen sei, zu verhindern. Dieser Erfolg sei unstreitig erzielt worden. Deshalb habe für die Frage der Angemessenheit der vereinbarten Vergütung der ganze Wert des der Beklagten zugefallenen Nachlasses berücksichtigt werden müssen, der nach der unter Beweis gestellten Behauptung des Klägers 2 000 000 RM. betragen habe. Diesen Wert habe das Berufungsgericht auch noch deswegen heranziehen und feststellen müssen, weil für die Angemessenheit der Vergütung auch die Vermögenslage der Verpflichteten in Betracht komme.

Die Rüge der Revision muß Erfolg haben. Rechtlich nicht zu beanstanden ist zwar die Rechtsansicht der Vordergerichte, daß als Gegenstand für die Bemessung der dem Kläger nach den Art. 9, 11 und 12 der Preuß. Landesgebührenordnung für Rechtsanwälte an sich zukommenden Höchstgebühren nicht der Wert des Nachlasses, sondern der Betrag der von der Beklagten für den Fall der Scheidung erhobenen vermögensrechtlichen Ansprüche zugrunde zu legen sei. Denn die Bemühungen des Klägers blieben, auch soweit sie ein anderes Ziel als die Scheidung verfolgten, im Rahmen der Scheidungsverhandlungen. Darum geht es hier aber nicht: Die Frage ist, ob bei der Prüfung der Angemessenheit der vereinbarten Vergütung nach § 93 Abs. 2 RAGebO. auch der Erfolg der Leistungen des Rechtsanwalts und die Vermögenslage seines Auftraggebers mit berücksichtigt werden müssen. Sie ist zu bejahen.

Das Gesetz erfordert für die Entscheidung über die Angemessenheit die Anlegung eines objektiven Maßstabs. Es soll geprüft werden, ob die vereinbarte Vergütung objektiv angemessen oder als übermäßig hoch anzusehen ist. Dabei sind nach ausdrücklicher gesetzlicher Vorschrift „alle Umstände" zu berücksichtigen, nämlich die Umstände, die entweder nach der Lebenserfahrung schlechthin oder nach der Sachlage im besonderen Falle bei der Bemessung der Vergütung ins Gewicht fallen können und von einem objektiven Beurteiler als berücksichtigenswert anerkannt werden. Diese Umstände werden, wie die Lebensverhältnisse, auf die sie sich gründen, immer mannigfaltig und vielseitig sein. Unbedingt geltende Grundsätze lassen sich daher nicht aufstellen. Nicht außer Betracht bleiben können aber die Leistung des Anwalts, die den Gegenstand der Vereinbarung bildet, und die persönlichen Verhältnisse der Beteiligten.

Die Leistung des Anwalts bemißt sich nach dem Umfang und der Schwierigkeit der Sache, um die es sich handelt, nach ihrem Wert, aber auch nach ihrer Bedeutung für den Auftraggeber. Dabei kann, wie der Revision grundsätzlich zuzugeben ist, nicht unbeachtet bleiben, welches Ziel der Auftraggeber mit dem Auftrag erstrebt hat, in welchem Umfang dieses Ziel durch die von dem Rechtsanwalt aufgewendete Mühe erreicht worden ist, und inwieweit das Ergebnis in diesem Sinne tatsächlich und rechtlich als sein Erfolg gebucht werden kann. Eine bloß formale Betrachtungsweise, wie sie hier das Berufungsgericht angestellt hat, muß dabei auf Abwege führen. Auf den durch die Lebensverhältnisse gegebenen Zusammenhang kommt es an. Wenn also auch der Auftrag des Klägers rein äußerlich gesehen, die Vertretung der Interessen der Beklagten im Rahmen der von ihrem früheren Ehemann veranlaßten Scheidungsverhandlungen betraf, so erhält dieser Auftrag doch seine besondere Prägung durch die Interessenlage auf der Seite des Beklagten. Sie läßt sich nicht mit der Erwägung beiseite schieben, dem Kläger habe auf den Widerruf oder Nichtwiderruf des gemeinschaftlichen Testaments kein unmittelbarer Einfluß gestanden; auch nicht damit, daß dem früheren Ehemann der Beklagten kein Scheidungsgrund zur Verfügung gestanden habe, die Scheidungsklage daher immer nur von der Beklagten habe erhoben werden können. Wohl konnte hiernach die von dem früheren Ehemann der Beklagten verlangte Scheidung nicht gegen deren Willen durchgeführt werden. Allein diesen Willen zu beeinflussen, lag in der Hand des Gegners, der durch den Widerruf des Testaments und die Verweisung auf den Pflichtteil die künftige Gestaltung ihrer Vermögenslage empfindlich beeinträchtigen konnte. Standen auch dem Kläger rechtliche Mittel nicht zur Verfügung, um den Widerruf des Testaments zu verhindern, so hat er durch seine Verhandlungen mit dem früheren Ehemann der Beklagten, wie sich aus den Urteilsfeststellungen ergibt, doch tatsächlich erreicht, daß dieser Widerruf, den wirksam zu machen die Zustellung der bereits abgegebenen Widerrufserklärung genügt hätte, in der Zeit von November 1928 bis zum Tode des früheren Ehemanns am 8. Februar 1930 nicht erfolgt ist, obgleich ersichtlich die Beklagte ihren ablehnenden Standpunkt zur Scheidungsfrage nicht aufgegeben hatte. An dieser Tatsache durfte das Berufungsgericht nicht vorübergehen. Sie ist auf der Seite des Klägers als ein Erfolg zu buchen, der seiner durch die besondere Eigenart des Auftrags erhöhten Verantwortung entspricht und nicht wesentlich dadurch beeinträchtigt wird, daß er sich schließlich durch den Tod des früheren Ehemanns der Beklagten als endgültig erwies.

Ebenso rechtsirrig ist es, wenn das Berufungsgericht den Streit über die Höhe des Nachlasses als neben der Sache liegend ansieht. Es übersieht, daß die Vereinbarung über die Sondervergütung des Klägers nach dem Erbfall, nach Beendigung der hier in Rede stehenden Tätigkeit des Klägers, getroffen worden ist. Zu den bei der Prüfung der Angemessenheit der Sondervergütung zu berücksichtigenden persönlichen Verhältnissen gehört auch die Vermögenslage des Auftraggebers. Das muß besonders dann gelten, wenn, wie hier, die Tätigkeit des Rechtsanwalts, die durch die Sondervergütung abgegolten werden soll, nicht ohne Einfluß auf ihre Gestaltung gewesen ist. Wenn daher, wie der Kläger behauptet und unter Beweis gestellt hat, die Beklagte infolge des Erbfalls zur Zeit der Gewährung der Sondervergütung über ein großes Vermögen verfügte, so kam es darauf und damit auf die Höhe des Nachlasses für die Entscheidung an.

Die Revision beanstandet ferner, das Berufungsgericht habe außer Betracht gelassen, daß die an Stelle der Barzahlung der Sondervergütung von der Beklagten herbeigeführte Löschung eines entsprechenden Teilbetrags einer das Grundstück des Klägers belastenden Hypothek von 30 000 RM. mit Rücksicht auf deren niedrigen Zinsfuß und deren Unkündbarkeit auf 4 Jahre für den Kläger einen weit geringeren Gegenwartswert gehabt habe als eine Barzahlung. Allerdings kann dieser Umstand entgegen der Meinung des Berufungsgerichts nicht als unerheblich angesehen werden. Denn die Frage des Übermaßes der Vergütung kann nicht entschieden werden, ohne daß der objektive Wert der vereinbarten oder gewährten Vergütung festgestellt wird. In Wirklichkeit bezweckt aber die Ausführung des Berufungsgerichts lediglich die Feststellung, daß der objektive Wert der Leistung der Beklagten 15 000 RM. gewesen sei. Demgegenüber konnte der Kläger mit Einwendungen um so weniger gehört werden, als die Art der Erfüllung auf der nach seinem eigenen Vorbringen von ihm selbst mit der Beklagten getroffenen Vereinbarung beruht.

Vergeblich macht die Revision noch geltend, das Berufungsgericht habe bei der Frage der Angemessenheit der vereinbarten Vergütung mindestens berücksichtigen müssen, daß H. selbst sein Verhalten gegenüber dem Kläger bei der Abwicklung eines von beiden gemeinsam getätigten Aktiengeschäftes als unbillig anerkannt und gerade mit Rücksicht darauf dem Kläger persönlich als Vergütung für seine Tätigkeit bei den Scheidungsverhandlungen die Löschung der Hälfte der Hypothek angeboten, der Kläger dies auch der Beklagten sofort mitgeteilt habe. Es mag sein, daß die Beklagte auf diese Mitteilung des Klägers hin angenommen hat, ihr verstorbener Ehemann habe ihm gegenüber bei jenem Geschäft nicht einwandfrei gehandelt, und daß sie deswegen bei der Bestimmung der Höhe der Sondervergütung großzügig gewesen ist, um dem Kläger für die erlittene Schädigung noch einen Ausgleich zu gewähren. Für die Frage der Angemessenheit der Sondervergütung kann aber in dieser Beziehung nicht ohne weiteres darauf abgestellt werden, welche Meinung die Beklagte unter dem Eindruck der Erzählungen des Klägers von dem Verhalten ihres Mannes, dessen sittlicher Beurteilung und ihrer Pflicht, dem Kläger einen Ausgleich zu gewähren, damals gehabt hat. Da sie ihre damalige Meinung inzwischen verworfen hat, könnte sich der Kläger mit Erfolg darauf nur berufen, wenn er dartun würde, daß diese Meinung objektiv richtig gewesen ist. Die Revision kann aber nicht behaupten, daß der Kläger den nunmehrigen Standpunkt der Beklagten hätte widerlegen können.

Die erörterten Rechtsmängel zwingen zur Aufhebung des angefochtenen Urteils im Rahmen der Anträge der Revision und zur Zurückverweisung der Sache an das Berufungsgericht, das die Frage der Angemessenheit unter Zugrundelegung des hier eingenommenen Rechtsstandpunkts erneut zu prüfen haben wird.

(Für den Fall, daß es hiernach noch darauf ankommen sollte, wird u. a. folgendes ausgeführt:)

Die Urteilsausführungen zu dem Einwand der Verwirkung und der unzulässigen Rechtsausübung beanstandet die Revision mit Recht. Wenn sie dahin verstanden werden müßten, daß das Berufungsgericht im Hinblick auf die Entscheidung des VII. Zivilsenats in RGZ. Bd. 144 S. 22 (24) den Rechtsgedanken der Verwirkung als in einem Falle wie dem vorliegenden nicht anwendbar angesehen hätte, wären sie rechtsirrig, wie die von der Revision angeführte Rechtsprechung des Reichsgerichts ergibt. Im übrigen hat nunmehr der VII. Zivilsenat in seinem Urteil vom 4. Juni 1937 VII 321/36 (RGZ. Bd. 155 S. 148) klargestellt, daß er den Verwirkungsgedanken nicht schlechthin ablehnt, sondern als einen Sonderfall der unzulässigen Rechtsausübung anerkennt. Auch über die rechtlichen Voraussetzungen der unzulässigen Rechtsausübung hat sich das Berufungsgericht nicht ausgesprochen, sondern sich darauf beschränkt, unter Hinweis auf das Urteil des II. Zivilsenats vom 22. Januar 1935 II 198/34 (RGZ. Bd. 146 S. 385 [396]) zu sagen, daß das Vorliegen von Rechtsmißbrauch nur unter besonderen Voraussetzungen bejaht werden könne, ohne auch nur anzudeuten, worauf es hierfür eigentlich ankommen solle. Für den Verwirkungsgedanken sowohl wie für die unzulässige Rechtsausübung ist entscheidend, ob die in Frage stehende Geltendmachung von Ansprüchen oder Rechtsausübung gegen die das bürgerliche Recht beherrschenden Grundsätze von Treu und Glauben verstößt. Der Verwirkungseinwand nimmt in diesem Rahmen eine Sonderstellung dadurch ein, daß er die verspätete Geltendmachung von Ansprüchen als einen Sonderfall betrifft. Verwirkung kann daher nur dann vorliegen, wenn die verspätete Geltendmachung eines Anspruchs gegen Treu und Glauben verstößt. Dafür genügt allerdings der Zeitablauf („langes Verschweigen des Anspruchs") für sich allein nicht. Doch kann ein solcher Verstoß anzunehmen sein, wenn der Schuldner dem Verhalten des Gläubigers, das zur verspäteten Geltendmachung des Anspruchs geführt hat, entnehmen mußte, daß dieser den Anspruch nicht mehr geltend machen wollte, wenn sich also der Schuldner darauf einrichten durfte, daß er mit diesem Anspruch nicht mehr zu rechnen brauche, und sich darauf auch eingerichtet hat. Es ist daher rechtlich angreifbar, wenn das Berufungsgericht die Behauptungen des Klägers, daß er sich im Hinblick auf das Verhalten der Beklagten in seinen wirtschaftlichen Maßnahmen entsprechend eingerichtet habe, schlechthin für unerheblich hält, weil anders die Verjährungsbestimmungen des Bürgerlichen Gesetzbuches praktisch bedeutungslos würden. Die Revision hat auch Recht, wenn sie verlangt, daß das Berufungsgericht die vom Kläger vorgebrachten Umstände in ihrer Gesamtheit daraufhin hätte prüfen müssen, ob sie nicht die späte Geltendmachung des Rückforderungsanspruchs der Beklagten als gegen Treu und Glauben verstoßend erscheinen lassen. Sie macht ferner mit Recht geltend, daß die Erwägung, einer beklagten Partei, die mit nach ihrer Ansicht unbegründeten Ansprüchen überzogen werde, könne es unmöglich verwehrt sein, ihrerseits mit Ansprüchen hervorzutreten, die sie bis dahin nicht erhoben hat und andernfalls auch nicht erhoben haben würde, für sich allein das Vorliegen eines solchen Verstoßes nicht ausschließen könne.

Trotz dieser Mängel bedarf es aber im vorliegenden Fall der nochmaligen Prüfung durch den Tatrichter nicht, weil auch bei Berücksichtigung aller vorgetragenen Umstände die Annahme einer Verwirkung oder einer unzulässigen Rechtsausübung auf seiten der Beklagten nicht in Frage kommen kann. Es sei unterstellt, daß der Kläger wegen Verlängerung der ihm bis zum 1. Oktober 1934 gekündigten Hypothek von 18 000 RM. rechtzeitig keine Schritte unternommen hat, weil er mit dem Eingang seiner Gebührenforderung rechnete, und daß er in der Streitangelegenheit M. auf einen Teil der ihm zustehenden Vergleichsgebühr nicht verzichtet haben würde, wenn er gewußt hätte, daß die Beklagte seine Gebührenforderungen beanstanden werde. Aus den Behauptungen des Klägers ist aber weder ersichtlich, daß gerade das mehrjährige Schweigen der Beklagten über ihren Rückforderungsanspruch aus den Honorarvereinbarungen in ihm das Vertrauen hervorgerufen hätte, ein solcher Rückforderungsanspruch werde, auch wenn die Beklagte das Übermaß der Vergütungen erkenne, nicht mehr erhoben werden, noch daß er sich in seinen wirtschaftlichen Maßnahmen gerade im Vertrauen hierauf eingerichtet hätte. Das Anerkenntnis vom 23. März 1933 spricht dagegen und hätte — abgesehen von der durch die Art des Anspruchs begründeten besonderen Lage — auch in diesem Zusammenhang nur Bedeutung, wenn die Beklagte sich des Übermaßes der vereinbarten Vergütung und ihres daraus sich ergebenden Anspruchs bei der Abgabe des Anerkenntnisses bewußt gewesen wäre. Ein Verstoß gegen Treu und Glauben auf der Seite der Beklagten durch langes Verschweigen ihres Anspruchs könnte überhaupt nur in Frage kommen, wenn sie zur früheren Geltendmachung imstande gewesen wäre. Das war aber, solange ihr der Anspruch selbst nicht bekannt war, nicht der Fall.

Entscheidend ist jedoch, daß es sich um einen Anspruch handelt, der auf einer Vorschrift beruht, die öffentlich-rechtlichen Charakter trägt (vgl. Urt. des erkennenden Senats vom 12. Oktober 1934 III 110/34, RGZ. Bd. 145 S. 217). Zwar gelten die Grundsätze von Treu und Glauben auch auf dem Gebiete des öffentlichen Rechts. Der Grundsatz der Verwirkung kann aber, wie überhaupt, gerade auf diesem Gebiet nur mit allergrößter Vorsicht angewendet werden. Er erfährt durch die Eigenart dieses Rechtsgebiets notwendig Einschränkungen. Unterliegen die dem Rechtsanwalt auferlegten Pflichten und Beschränkungen grundsätzlich nicht der Verfügung der im einzelnen Falle beteiligten Personen, so kann auch die Berufung auf Treu und Glauben nicht ohne weiteres einen Rechtszustand als gegeben erscheinen lassen, wie wenn der Auftraggeber auf sein Rückforderungsrecht verzichtet hätte. Solange nicht ganz besondere Umstände vorliegen, steht der Anwendung des Verwirkungsgedankens auf einen Gebührenrückforderungsanspruch aus § 93 Abs. 2

RAGebO. der auf die Wahrung öffentlich-rechtlicher Belange gerichtete Zweck der Bestimmung entgegen. Solche besonderen Umstände fehlen hier.

II. Zur Anschlußrevision der Beklagten.

Wegen der zu Anfang des Jahres 1931 vereinbarten Pauschalvergütung von 15 000 RM. war zwischen den Parteien streitig, wie hoch die damit abgegoltenen gesetzlichen Gebühren anzusetzen seien. Während der Kläger sie mit fast 8500 RM. berechnete, wollte die Beklagte sie nur in Höhe von 5 bis 6000 RM. anerkennen, wobei jeweils rund 1800 RM. für die Tätigkeit des Klägers im Zusammenhang mit der Veräußerung des von der Beklagten ererbten Geschäftsanteils der M. G. m. b. H. an J. H. mit eingeschlossen waren. Hiernach entfielen an Gebühren auf die sonstige rechtliche Tätigkeit des Klägers — also abgesehen von seinen Bemühungen im Zusammenhang mit der Veräußerung des Geschäftsanteils — vom Standpunkt des Klägers aus etwa 6700 RM., vom Standpunkt der Beklagten aus, wie sie selbst behauptet hat, nur 4200 RM. Das Berufungsgericht hat nicht festgestellt, ob hierin dem Kläger oder der Beklagten zu folgen sei. Es hat vielmehr im Anschluß an das Gutachten des Anwaltskammervorstandes angenommen, daß auch dann, wenn man der Beklagten folge, auf die Bemühungen des Klägers bei der Veräußerung des Geschäftsanteils demnach ein Honorar von 10 800 RM. entfalle, die gewährte Gesamtvergütung, insbesondere der auf die letztgenannten Bemühungen entfallende Betrag nicht als übermäßig hoch angesehen werden könne. Gegen die letzte Annahme wendet sich die Anschlußrevision in erster Linie. Das Berufungsgericht hat zur Begründung seines Standpunktes ausgeführt, daß die vom Kläger — und zwar, wie der Zeuge Dr. B. bestätigt habe, erfolgreich — entfaltete Tätigkeit über den Rahmen einer rein anwaltlichen Tätigkeit hinaus gegangen sei, vielmehr der eines Kaufmanns entsprochen habe. Unter diesen Umständen müsse, so fährt das Berufungsgericht fort, einem Anwalt auch das einem Kaufmann als angemessen zustehende Honorar zugebilligt werden, wobei es nicht darauf ankomme, ob der Kläger eine echte Vermittlertätigkeit ausgeübt oder nicht ausgeübt habe. Ein Betrag von 10 800 RM. mache noch nicht 2,5 % (genau 2,25 %) des durch seine Bemühungen erzielten Verkaufserlöses (480 000 RM.) aus. In Anbetracht der Bedeutung der Tätigkeit des Klägers und der Höhe der in Frage stehenden Vermögensinteressen könne das noch nicht als unangemessen hoch bezeichnet werden.

Die Anschlußrevision rügt, daß der Sachverhalt in dieser Beziehung nicht genügend aufgeklärt, insbesondere der von der Beklagten benannte Zeuge H. nicht vernommen worden sei. Dieser Zeuge war, wie die Anschlußrevision selbst nur anführt, dafür benannt worden, daß der nachmalige Käufer der Geschäftsanteile J. H. sich unmittelbar nach dem Tode des O. H. als Käufer der Anteile bei der Beklagten selbst gemeldet habe.

Die Beklagte wollte damit dartun, daß der Kläger nicht erst den Käufer der Anteile nachgewiesen habe und daher auch nicht einen Vermittlerlohn beanspruchen könne. Das Berufungsgericht hat aber nicht angenommen, daß der Kläger eine echte Vermittlertätigkeit entfaltet habe, sondern sich auf den Standpunkt gestellt, daß das Honorar auch dann nicht als unangemessen hoch angesehen werden könne, wenn der Kläger keine echte Vermittlertätigkeit geleistet habe ... (Im folgenden wird eine Verletzung des § 286 ZPO. verneint und dann fortgefahren:)

Dem Berufungsgericht kann auch nicht entgegengetreten werden, wenn es annimmt, daß einem Rechtsanwalt, der eine über eine rein anwaltliche Tätigkeit hinausgehende, mehr kaufmännische Tätigkeit entfaltet habe, auch das einem Kaufmann als angemessen zustehende Honorar zugebilligt werden müsse. Die Frage ist grundsätzlich und aus der Stellung des Rechtsanwalts zu entscheiden. „Der Rechtsanwalt ist", so heißt es in dem Vorspruch zum Zweiten Gesetz zur Ergänzung der Rechtsanwaltsordnung vom 13. Dezember 1935 (RGBl. I S. 1470), „der berufene, unabhängige Vertreter und Berater in allen Rechtsangelegenheiten. Sein Beruf ist kein Gewerbe, sondern Dienst am Recht". Der öffentlich-rechtliche Charakter seiner Stellung ist dadurch gekennzeichnet. Er ist in den einzelnen Bestimmungen der Rechtsanwaltsordnung auch zum Ausdruck gelangt. So ist ihm in § 28 zur Pflicht gemacht, seine Berufstätigkeit gewissenhaft auszuüben und durch sein Verhalten hierbei sowie außerhalb des Berufs sich der Achtung würdig zu erweisen, die sein Beruf erfordert. Pflichtverletzung zieht ehrengerichtliche Bestrafung nach sich.

Daraus ergibt sich, daß ein Rechtsanwalt jedenfalls keine Tätigkeit übernehmen darf, die sich mit seiner Standesehre und mit der Würde seines Berufs oder mit dessen „öffentlich-rechtlichen Zwecken" nicht verträgt. Daß solches im vorliegenden Fall in Frage käme, ist nicht ersichtlich. Gewiß darf und soll der Rechtsanwalt nicht schlechthin kaufmännische Geschäfte übernehmen oder mit seiner beruflichen Tätigkeit verquicken. Insbesondere aber verbieten ihm die Standesehre und das öffentliche Interesse an der Sauberkeit des Berufsstandes, sich mit Geschäften zu befassen, bei denen eine Entlohnung der Natur der Sache nach in der Weise mit dem Erfolg der Tätigkeit verknüpft ist, daß für den Fall eines bestimmten Erfolgs eine bestimmte Beteiligung an dem Geschäft zugesagt wird. Darunter fallen an sich die Provisionsgeschäfte. Aber auch um ein solches handelt es sich hier nicht. Denn hier ist — nachträglich — lediglich für eine bereits durchgeführte Tätigkeit des Klägers eine Vergütung frei vereinbart worden, woran auch dadurch nichts geändert wird, daß der Anwaltskammervorstand sowohl wie das Berufungsgericht Provisionssätze zum Vergleich und zur Nachprüfung der Angemessenheit des vereinbarten Honorars herangezogen haben. Vielfach, insbesondere wenn — wie es hier offensichtlich zutrifft — der Rechtsanwalt die Vermögensinteressen einer — in geschäftlichen und rechtlichen

Angelegenheiten unbewanderten — Partei wahrzunehmen hat, werden sich die mehr verwaltenden Geschäfte, wozu auch Umsatzgeschäfte gehören, nicht vermeiden und von der eigentlichen beruflichen Tätigkeit des Rechtsanwalts, der Rechtsberatung, nicht trennen lassen. Hiernach kann nicht schon aus grundsätzlichen Erwägungen angenommen werden, daß der Kläger sich um die Veräußerung des Geschäftsanteils der Beklagten überhaupt nicht hätte bemühen dürfen. Dafür spricht auch Art. 17 der Preuß. Landesgebührenordnung für Rechtsanwälte, wonach allgemeine Vorschriften über die Vergütung für eine Tätigkeit, welche die Zulassung zur Rechtsanwaltschaft nicht voraussetzt, auch für die Rechtsanwälte maßgebend sind. Es handelt sich insoweit um Taxvorschriften, die eine nicht anwaltliche Tätigkeit eines Anwalts betreffen. Art. 17 geht also davon aus, daß die Übernahme solcher Geschäfte dem Anwalt nicht schlechthin verboten ist.

Die Frage ist daher, ob sich der Rechtsanwalt in solchen Fällen mit der gesetzlichen Gebühr oder der sonst etwa in Betracht kommenden Taxe begnügen muß oder ob er nicht auch eine Vereinbarung über die ihm zukommende Vergütung treffen darf. Umstände, die gegen die Zulässigkeit einer solchen Vereinbarung sprächen, sind indessen nicht erkennbar. Danach muß man aber, da bei der Frage der Angemessenheit alle Umstände zu berücksichtigen sind, es auch als gerechtfertigt und mit der Würde und der Berufsehre des Anwaltsstandes als vereinbar ansehen, wenn bei der Bestimmung der Höhe der vereinbarten Vergütung auch die besondere Art einer solchen Tätigkeit, hier ihr mehr kaufmännischer Einschlag, in Rechnung gestellt wird.

Wenn nun auch bei der Nachprüfung der Angemessenheit der vereinbarten Vergütung berücksichtigt werden darf, welche Vergütungen bei Geschäften mehr kaufmännischer Art, wenn sie nicht von einem Anwalt vorgenommen werden, gewährt zu werden pflegen, so ist doch das Berufungsgericht bei der Beurteilung der Angemessenheit an die gewöhnlich gewährten Vergütungen weder nach oben noch nach unten gebunden. Das Berufungsgericht war daher auch nicht gehalten, auf den Beweisantritt der Beklagten darüber einzugehen, welche Sätze bei der Vermittlung des Verkaufs von GmbH.-Anteilen, insbesondere bei großen Werten in B., angemessen seien. § 286 ZPO. ist hiernach insoweit nicht verletzt.

Allerdings wäre es erwünscht gewesen, wenn das Berufungsgericht den Umfang der Tätigkeit des Klägers bei dem Veräußerungsgeschäft und im Zusammenhang damit näher festgestellt hätte. Aus dem Urteil ist aber in ausreichendem Maße ersichtlich, daß diese Tätigkeit bedeutungsvoll gewesen ist und daß, um das Geschäft zustande zu bringen, eine große Anzahl von Verhandlungen, taktischen Maßnahmen und dergleichen erforderlich war ...

Die Anschlußrevision der Beklagten ist nach alledem zurückzuweisen.

Gerichtskostengesetz

RGZ. 7, 341 †

Kann der einer armen Partei bestellte Offizialanwalt die Zufertigung kostenfreier Abschriften usw. aus den Gerichtsakten durch die Gerichtsschreiberei oder Ersatz der von ihm selbst aufgewendeten Schreibegebühren aus der Staatskasse verlangen?

ZPO. §§ 107, 271. GKG. §§ 79, 80, 97.

III. Zivilsenat. Beschl. v. 16. Mai 1882.

Oberlandesgericht Darmstadt.

Der Sachverhalt und die Entscheidung ergibt sich aus den

Gründen:

„Nach § 271 ZPO. können die Parteien von den Prozeßakten Einsicht nehmen und sich aus denselben durch den Gerichtsschreiber Ausfertigungen, Auszüge und Abschriften erteilen lassen; dem letzteren steht jedoch gemäß § 97 des Gerichtskostengesetzes das Recht zu, die Erteilung des Schreibwerkes von vorgängiger Zahlung eines die Schreibgebühr deckenden Betrages abhängig zu machen. In Armensachen erlangt nun die Partei durch Bewilligung des Armenrechtes nach § 107 ZPO. die einstweilige Befreiung von der Berichtigung der Gerichtskosten einschließlich der baren Auslagen, mithin auch von den zu diesen gehörigen Schreibegebühren (§§ 79, 80 GKG.), und es muß daher die Gerichtsschreiberei den bestellten Offizialanwälten auf deren Verlangen der Regel nach kostenfreie Abschriften oder Auszüge aller zur Rechtsverfolgung erforderlichen, bei den Gerichtsakten befindlichen Schriftstücke erteilen.

Damit ist indessen die Befugnis des Gerichtes nicht ausgeschlossen, in den dazu geeigneten Fällen den beigeordneten Offizialanwälten Einsicht der Gerichtsakten auf dem Gerichte oder in der Wohnung der Anwälte zu gestatten und denselben die Anfertigung von Abschriften und Auszügen zu überlassen. Müssen sich hierbei die Anwälte nach Lage der Sache des Beistandes von Schreibgehilfen bedienen, so erlangen sie dadurch Anspruch auf Ersatz der aufgewendeten notwendigen Schreibgebühren aus der Staatskasse.

.....

RGZ. 11, 435

Gebührenordnung für Zeugen und Sachverständige § 14.

III. Zivilsenat. Beschl. v. 10. Juni 1884.

I. Oberlandesgericht Celle.

Der Beschwerdeführer, Königl. Gewerberat zu D., war in einer Haftpflichtsache in zweiter Instanz als Sachverständiger vernommen wurden und hatte Tagegelder und Erstattung von Reisekosten nach Maßgabe der für Dienstreisen geltenden Vorschriften liquidiert, obwohl die Fabrik, in welcher der Unfall vorgekommen war, nicht zu seinem Dienstbezirke gehörte. Das Oberlandesgericht hat die Rechnung aus den §§ 3 bis 10 der Gebührenordnung für Zeugen und Sachverständige festgestellt, und die hiergegen erhobene Beschwerde ist zurückgewiesen worden aus folgenden

Gründen:

„Wie der als Zeuge fungierende Beamte aus § 14 der Gebührenordnung für Zeugen und Sachverständige Tagegelder und Erstattung von Reisekosten nach Maßgabe der für Dienstreisen geltenden Vorschriften nur erhält, wenn er über Umstände vernommen wird, von welchen er in Ausübung seines Amtes Kenntnis erhalten hat, so kann auch der als Sachverständiger fungierende öffentliche Beamte nach Maßgabe der für Dienstreisen geltenden Vorschriften nicht anders liquidieren, als wenn er über Verhältnisse vernommen wird, welche zu seinem amtlichen Wirkungskreise gehören. Mit der Zuziehung „aus Veranlassung des Amtes", welche in § 14 Ziff. 2 a. a. O. als erste Voraussetzung für eine solche Liquidation hingestellt ist, hat darauf hingewiesen werden sollen, daß die Verhältnisse, über welche die Begutachtung gefordert wird, in den amtlichen Wirkungskreis des Sachverständigen fallen, so daß die geforderte Begutachtung als eine amtliche Auskunft erscheint. Zu dieser Auslegung nötigt die Zusammenstellung des Sachverständigen mit dem Zeugen, welcher über amtliche Wahrnehmungen aussagen soll, und die weitere Hervorhebung im § 14 Ziff. 2 a. a. O., daß die Ausübung der zur Frage stehenden Wissenschaft usw. zu den Pflichten des von dem Sachverständigen versehenen Amtes gehören muß. Die Motive des Gesetzes lassen auch keinen Zweifel darüber, daß der Sachverständige nur dann als öffentlicher Beamter liquidieren darf, wenn er, gleich dem Zeugen, welcher kraft seines Amtes die Verpflichtung gehabt hat, von dem fraglichen Vorgange Kenntnis zu nehmen, mit den in Frage stehenden Verhältnissen amtlich befaßt ist, das geforderte Guthaben mithin als eine ihm als Beamten obliegende Leistung erscheint. Von diesen Gesichtspunkten aus erscheint die Beschwerde nicht begründet. Denn der Beschwerdeführer, welcher sich als Königl. Gewerberat für den Regierungsbezirk A. zu D. bezeichnet, hat nicht dargelegt, daß er zu der in

O. befindlichen Fabrik, in welcher sich der Unfall zugetragen hat, in amtlicher Stellung steht. Die von ihm geforderte Auskunft kann daher nicht als eine amtliche gelten. Mithin durfte er auch nur als Sachverständiger liquidieren."

RGZ. 33, 375

Ist in Ehesachen, wenn der Beklagte und Widerkläger die Revision, und die Klägerin und Widerbeklagte innerhalb der Notfrist die Anschlußrevision eingelegt haben, von jeder der Parteien der Gebührenvorschuß für die Revisionsinstanz zu entrichten, oder ist ein solcher nur einmal, und zwar vom Ehemanne zu erfordern?

IV. Zivilsenat. Beschl. v. 17. Mai 1894.

I. Kammergericht Berlin.

Das Reichsgericht hat die zweite der oben aufgestellten Fragen bejaht.

Gründe:

„Durch das Berufungsurteil ist die Klage der Ehefrau abgewiesen, und auf die Widerklage des Ehemannes die Ehe der Parteien getrennt, und der beklagte Ehemann für den allein schuldigen Teil erklärt worden. Gegen dieses Urteil haben die Beklagte und Widerkläger die Revision, und die Klägerin und Widerbeklagte innerhalb der Notfrist die Anschlußrevision eingelegt. Der Wert des Streitgegenstandes ist in beiden Vorinstanzen auf 2000 M. festgesetzt.

Die Frage, ob bei der so gearteten Sachlage jede der Parteien den Gebührenvorschuß für die Revisionsinstanz zu entrichten hat, oder ob ein solcher nur einmal, und zwar vom Ehemanne zu erfordern ist, muß in letzterem Sinne entschieden werden. Nach § 81 Abs. 1 GKG. ist in bürgerlichen Rechtsstreitigkeiten ein Gebührenvorschuß für jede Instanz von dem Antragsteller zu zahlen; der Vorschuß beträgt soviel wie die höchste Gebühr, welche für einen Akt der Instanz zum Ansatze kommen kann. Nach § 82 Abs. 2 a. a. O. besteht diese Verpflichtung auch für den Widerkläger und im Falle wechselseitig eingelegter Rechtsmittel für jede Partei, in beiden Fällen unter getrennter Berechnung der Streitgegenstände. Hiernach hat zwar im Falle der Widerklage oder wechselseitig eingelegter Rechtsmittel jede der den bezüglichen Anspruch erhebenden Parteien einen Vorschuß nach Maßgabe des § 81 a. a. O. zu zahlen. Die Vorschrift des § 11 des Gerichtskostengesetzes aber, nach welcher, soweit Klage und Widerklage, die nicht in getrennten Prozessen verhandelt werden, denselben Streitgegenstand betreffen, die Gebühren nach dem einfachen Werte dieses Gegenstandes zu berechnen sind, und ein gleiches auch für wechselseitig eingelegte Rechtsmittel gilt, ist auf § 81, in welchem es sich um Vorschußpflicht handelt, nicht anwendbar, so daß der Vorschußbetrag unter getrennter Berechnung der Streitgegenstände zu erheben ist. Dieser Grundsatz kommt jedoch in Ehesachen insofern nicht zur Geltung, als hier der Streitgegenstand nicht geteilt werden kann, vielmehr der gesamte einheitliche Wert desselben maßgebend sein muß. Dieser einheitliche, im vorliegenden Falle auf 2000 M. festgesetzte Betrag bildet den Wert des gesamten Streitgegenstandes, und hieraus folgt, daß der Gebührenvorschuß von diesem einheitlichen Werte nur einmal erhoben werden kann, wie demnächst auch bei Berechnung der Gebühren selbst nur der einheitliche Wert von 2000 M. in Ansatz kommt."

RGZ. 36, 409

Verpflichtung desjenigen, welcher das Verfahren der Instanz beantragt hat, zur Bezahlung der entstandenen Gebühren und Auslagen, wenn vor Beendigung der Instanz ein Jahr seit der Bestimmung des ersten Termines abgelaufen ist. Erlischt seine Verpflichtung, wenn ihm die innerhalb der einjährigen Frist erwachsenen Kosten nicht alsbald mit Ablauf der Frist, sondern erst später abgefordert werden, und vor Ablauf der ihm dabei gesetzten Zahlungsfrist eine den Gegner zur Tragung der Kosten verurteilende Entscheidung ergangen ist?

Inwieweit haftet er für die Beweisgebühr, wenn innerhalb der einjährigen Frist zwar ein Beweisbeschluß verkündet, die Beweisaufnahme aber erst später und bezw. infolge weiterer, nach Ablauf der Jahresfrist erlassener Beweisbeschlüsse erfolgt ist?

GKG. §§ 94 Ziff. 1, 18, 22, 87, 89, 90, 93.

VI. Zivilsenat. Beschl. v. 7. Januar 1896.

I. Landgericht I Berlin. II. Kammergericht daselbst.

Gründe:

„Der Kläger hat unter dem Anführen, der Beklagte behaupte, daß zum Nachlasse der verwitweten L. eine Forderung an ihn, den Kläger, im Betrage von 236 000 M. gehöre, Klage erhoben mit dem Antrage, daß der Beklagte verurteilt werde, anzuerkennen, daß ihm, als Vertreter jenes Nachlasses und der unbekannten Erben der verwitweten L. der behauptete Anspruch nicht zustehe. Auf diese Klage ist der erste Termin bei dem Landgerichte ... am 29. September 1893 anberaumt worden.

Infolge der Beweisanträge des Beklagten, welcher behauptete, daß der vom Kläger bestrittene Anspruch in der Tat bestehe, und Widerklage auf Bezahlung von 236 000 M. nebst Zinsen erhob, ergingen unter dem 7. Juli und 23. Oktober 1894, 18. Juni und 25. Juni 1895 Beweisbeschlüsse, durch welche die Vernehmung von Zeugen angeordnet und dem Kläger mehrere Eide auferlegt wurden. Die Beweiserhebung ist durch Abhörung einer Zeugin und Abnahme der dem Kläger in den

Beweisbeschlüssen vom 18. und 25. Juni 1895 auferlegten Eide am 17. Mai und 25. Juni 1895 erfolgt.

Am 20. Juni 1895 wurde Berechnung der bis dahin erwachsenen Gerichtskosten aufgestellt, in der je 1220 M. für Verhandlungs- und Beweisgebühr angesetzt waren. Die Berechnung, in der unter Verweisung auf § 94 GKG. der Kläger als Schuldner aufgeführt und die von ihm nach Abzug des gezahlten Vorschusses noch geschuldete Summe auf 1228,30 M. berechnet ist, wurde ihm zugefertigt mit der Aufforderung, binnen acht Tagen Zahlung zu leisten. Diese achttägige Frist lief am 3. Juli 1895 ab. Am Tage vorher wurde das in der Sache gesprochene Urteil erster Instanz verkündet, in welchem die sämtlichen Prozeßkosten dem Beklagten in seiner Eigenschaft als Pfleger des L.'schen Nachlasses bzw. der unbekannten Erben auferlegt sind.

Gestützt hierauf und auf den Umstand, daß die Beweisaufnahme lediglich infolge der vom Beklagten gestellten Beweisanträge stattgefunden hat, erhob der Kläger Einwendungen gegen die Abforderung der 1220 M. Dieselben wurden schließlich auf die Gegenvorstellungen des jetzigen Beschwerdeführers in erster Instanz ... als unbegründet zurückgewiesen. Auf die hiergegen vom Kläger eingelegte Beschwerde wurde dieser Beschluß vom Kammergerichte ... aufgehoben, und angeordnet, daß die Beweisgebühr vom Beklagten zu erfordern, der vom Kläger auf dieselbe eingeforderte Betrag aber ihm zurückzuerstatten sei. Die hiergegen von der Staatskasse eingelegte weitere Beschwerde erscheint zum Teil begründet.

Der in § 86 Abs. 1 GKG. als Hauptregel aufgestellte Satz, daß Schuldner der entstandenen Gebühren und Auslagen derjenige sei, welchem durch gerichtliche Entscheidung die Kosten des Verfahrens auferlegt worden sind, oder welcher sie durch eine vor dem Gerichte abgegebene oder diesem mitgeteilte Erklärung übernommen hat, ist für das Zivilprozeßverfahren in mehrfacher Weise durch die §§ 89 bis 94 ergänzt und modifiziert. Nach §§ 89 und 93 soll, wenn das Verfahren oder die Instanz beendigt ist, ohne daß eine gerichtliche Entscheidung über die Kosten ergangen, oder eine Erklärung der bezeichneten Art abgegeben worden ist, derjenige Schuldner der Kosten sein, welcher das Verfahren oder die Instanz beantragt hat; seine Verpflichtung tritt mit dem Zeitpunkte ein, wo das Verfahren oder die Instanz beendigt wird. Weil aber der Prozeßbetrieb lediglich in den Händen der Parteien ruht, und der Prozeß sich, nachdem schon gebührenpflichtige Akte stattgefunden haben, unberechenbar in die Länge ziehen kann, ist für erforderlich gehalten worden,

vgl. Motive zum VI. Abschnitt des Gerichtskostengesetzes S. 100,

die Verpflichtung dessen, der das Verfahren oder die Instanz beantragt hat, zur Bezahlung der entstandenen Kosten unter Umständen auch schon früher, als mit Beendigung der Instanz eintreten zu lassen, nämlich nach

Ablauf je eines Jahres seit Bestimmung des ersten Termines oder Stellung des ersten Antrages (§ 94 Abs. 3).

Hiernach entsteht in einem Zivilprozesse mit dem Ablauf eines Jahres nach der Bestimmung des ersten Termines für den Kläger die Verpflichtung, alle bis dahin erwachsenen durch den Streit über die Klage veranlaßten Gebühren zu bezahlen, dafern nicht v o r h e r eine Entscheidung über die Kosten ergeht, oder die Jahresfrist verlängert wird; das Recht der Staatskasse zur Erhebung der Gebühren von dem Kläger wird, wie das Reichsgericht schon früher ausgesprochen hat,

vgl. Entsch. des IV. Zivilsenates i. S. H. w. H. vom 6. November 1893, Beschw.-Rep. IV 157/93,

in solchem Falle derart begründet, daß es sich als ein wohlerworbenes darstellt und ihr nicht wieder entzogen werden kann. Daß dies nicht durch eine nach Ablauf des Jahres zu erteilende Verlängerung der Frist geschehen könne, ist von dem Reichsgerichte in der angezogenen Entscheidung und auch sonst,

vgl. Beschluß des VI. Zivilsenates i. S. B. w. S. vom 17. Oktober 1895 Beschw.-Rep., VI. 154/95,

ausgesprochen worden. Das gleiche gilt aber auch von einer gerichtlichen die Kostenlast regelnden Entscheidung, welche erst nach Ablauf der Jahresfrist ergeht; eine solche Entscheidung hebt nach der unzweideutigen Bestimmung des § 87 lediglich die durch eine frühere — nachmals aufgehobene oder abgeänderte — Entscheidung begründete Verpflichtung zur Zahlung der Gebühren und Auslagen auf; dagegen wird eine nach §§ 93, 94, verbunden mit § 89, entstandene Zahlungsverpflichtung, wie in der Entscheidung des III. Zivilsenates des Reichsgerichtes vom 27. September 1889,

vgl. Entsch. des RG.'s in Zivils. Bd. 24 S. 435,

dargelegt worden ist, durch eine spätere Entscheidung über die Kosten nicht berührt; die Staatskasse enthält dann vielmehr, wenn die Kosten einer anderen als der nach §§ 93, 94, 89 kostenpflichtigen Person auferlegt werden, neben dieser einen zweiten Schuldner. Beide haften dann, wie gegenüber den Ausführungen des Klägers ... erwähnt werden mag, für die betreffenden Kosten uneingeschränkt nebeneinander; nicht ist die Verpflichtung des nach §§ 93, 94 Kostenpflichtigen davon abhängig, daß vorher vergeblich versucht worden ist, die Kosten von demjenigen einzuziehen, dem sie durch die spätere gerichtliche Entscheidung auferlegt worden sind.

Hiernach ist der Kläger mit dem Ablaufe des 29. September 1894 Schuldner aller derjenigen Kosten geworden, die bis dahin durch die Verhandlung über die Klage entstanden waren, und es wurden diese Kosten mit jenem Zeitpunkte auch fällig. Daran ändert der Umstand nichts, daß die Berechnung der Kosten und ihre Abforderung von dem Kläger erst später — am 20. Juni 1895 — erfolgt, und ihm dabei für die Bezahlung

Frist bis zum 3. Juli 1895 gelassen worden ist. Denn nach dem klaren Wortlaute des § 94 Ziff. 1 tritt die Zahlungspflicht dessen, der das Verfahren der Instanz beantragt hat, ohne weiteres mit dem Ablaufe des Jahres seit der Bestimmung des ersten Termines ein; nicht kommt es darauf an, zu welcher Zeit die mit der Berechnung und Einziehung der Kosten betrauten Beamten die Liquidation aufgestellt und die Zahlungsaufforderung erlassen haben. Die entgegengesetzte Meinung der vorigen Instanz erscheint daher unrichtig, wie denn auch eine Begründung dafür nicht gegeben worden ist. Insbesondere ist die Fälligkeit der Kosten nicht durch die an den Kläger erlassene Bedeutung, die berechnete Schuld zur Vermeidung der Beitreibung im Zwangsverfahren binnen einer Woche nach Zustellung der Berechnung zu bezahlen, ... hinausgeschoben worden. Durch diese auf der Bestimmung in § 21 Ziff. 2 der Königlich preußischen Instruktion für die Verwaltung der Kassen bei den Justizbehörden vom 15. Juli 1893 beruhende Bedeutung wurde nur eine Androhung der Zwangsvollstreckung für den Fall ausgesprochen, daß der Kläger seine bereits fällig gewordene und fällig gebliebene Schuld nicht alsbald tilge. In ganz derselben Weise würde zu verfahren gewesen sein, wenn der Kläger zur Tragung der Prozeßkosten verurteilt worden wäre oder sie durch ein bei Gericht abgeschlossenes Abkommen mit dem Gegner übernommen gehabt hätte.

Wenn hiernach die Verpflichtung des Klägers zur Bezahlung der bis zum 29. September 1894 erwachsenen Gebühren, soweit sie durch die Klage veranlaßt sind, besteht, ohne daß darauf, wann sie ihm abgefordert worden sind, etwas ankäme, auch diese seine Verpflichtung durch die den Gegner zur Kostentragung verurteilende Entscheidung vom 2. Juli 1895 unberührt geblieben ist, so hat andererseits der Umfang seiner Verbindlichkeiten nicht dadurch erweitert werden können, daß die Kostenberechnung nicht schon am 30. September 1894, sondern erst im Juni 1895 aufgestellt worden ist. Entscheidend ist daher, ob die jetzt in Frage befangene Beweisgebühr bereits in der Zeit bis zum Ablaufe des 29. September 1894 entstanden war; nur dafern und soweit dies anzunehmen ist, kann sie von dem Kläger gefordert werden. Es haben sonach alle diejenigen Akte des Verfahrens außer Betracht zu bleiben, die hinter jenem Zeitpunkte liegen; für die durch sie veranlaßten Kosten hätte der Kläger erst haftbar gemacht werden können, wenn nach dem 29. September 1894 ein weiteres Jahr vergangen wäre, ohne daß inzwischen eine Entscheidung über die Kosten ergangen wäre, was nicht der Fall gewesen ist.

Vgl. die angezogene Instruktion vom 15. Juli 1893 § 12 Ziff. 2.

Nun war aber am 30. September 1894 zwar bereits ein Beweisbeschluß — derjenige vom 7. Juli 1894 — verkündet; allein eine Beweisaufnahme hatte noch nicht stattgefunden. Nach der Fassung von § 18 Ziff. 2 GKG. würde an sich die Annahme geboten erscheinen, daß die

Beweisgebühr im vollen Umfange schon mit der Verkündung der Beweisanordnung entstehen solle, und daß dies zu bestimmen bei der Bearbeitung und Vorlegung des Entwurfes jenes Gesetzes beabsichtigt worden sei, ergibt sich mit Deutlichkeit aus den Motiven zu § 16 des Entwurfes, wo bemerkt ist, neben der Gebühr für die Anordnung einer Beweisaufnahme komme für die Beweisaufnahme selbst keine weitere Gebühr zur Erhebung. Indessen ist der Entwurf, was die Beweisgebühr anlangt, nicht unverändert geblieben. Auf den Vorschlag der vom Reichstage zur Prüfung desselben bestellten Kommission ist der jetzige § 22 Abs. 1 des Gesetzes eingefügt, und bestimmt worden, daß die Beweisgebühr nur zur Hälfte erhoben werden solle, wenn die angeordnete Beweisaufnahme weder ganz noch teilweise stattgefunden habe. Mit Rücksicht hierauf muß angenommen werden, daß, wenn innerhalb des in § 94 Ziff. 2 GKG. erwähnten Jahres zwar eine Beweisanordnung ergangen, aber noch keinerlei Beweisaufnahme erfolgt ist, auch nur die Hälfte der Beweisgebühr von demjenigen, der das Verfahren der Instanz beantragt hat, erhoben werden darf.

Im vorliegenden Falle kommt aber noch in Betracht, daß die in dem oben erwähnten Beschlusse vom 7. Juli 1894 angeordnete Beweisaufnahme weder ganz noch teilweise stattgefunden hat, indem die darin angeordnete Vernehmung der Zeugin S., weil sie von ihrem Zeugnisablehnungsrechte Gebrauch gemacht hat, unterblieben, und der Beschluß, was die darin dem Kläger auferlegten Eide betrifft, später durch die Beweisanordnungen vom 18. und 25. Juni 1895 beseitigt worden ist. Es liegt also, was den allein in die Zeit bis zum 30. September 1894 fallenden Beweisbeschluß vom 7. Juli 1894 betrifft, eine Beweisanordnung vor, die selbst in der Zeit nach dem 29. September 1894 weder ganz noch teilweise zur Ausführung gebracht worden ist. Deshalb würde, selbst wenn man annehmen wollte, es entstehe die Beweisgebühr zunächst voll durch die Beweisanordnung, und sie ermäßige sich nur nachträglich, wenn die letztere unausgeführt bleibe, dies dem Kläger nicht nachteilig sein können. Eine diesem ungünstige Folgerung würde insbesondere auch bei dieser Annahme nicht aus dem Umstande herzuleiten sein, daß nach dem 29. September 1894 infolge späterer Beweisbeschlüsse Beweisaufnahmen stattgefunden haben, und daher der volle Beweisgebührenansatz bestehen geblieben ist. Denn hieraus würde, wenn man auf Fälle des § 94 Ziff. 1 die Bestimmung in § 87 Abs. 2 entsprechend anzuwenden hätte, sich nicht mehr ergeben, als daß der Kläger, wenn ihm nach dem 29. September 1894 die volle Beweisgebühr abgefordert worden wäre, und er sie, ehe das den Beklagten zur Kostentragung verurteilende Erkenntnis verkündet wurde, bezahlt hätte, die halbe Beweisgebühr nicht zurückfordern könnte. Dieser Fall liegt aber nicht vor; die Beweisgebühr ist vom Kläger erst nach Verkündung jenes Urteiles und unter Widerspruch gegen die ihm angesonnene Verpflichtung zur Abwendung des

Zwangsvollstreckungverfahrens entrichtet worden. Eine Anwendung der Vorschrift in § 90 endlich erscheint schon ihrem Wortlaute nach ausgeschlossen, da darin die Fälle, auf welche sie sich erstrecken soll, durch Anführung der betreffenden Gesetzesparagraphen genau bestimmt sind, und hiernach eine entsprechende Anwendung auf Fälle, wo es sich bloß um der Vorschußleistung ähnliche Verhältnisse handelt, als unstatthaft angesehen werden muß.

Hiernach ist der Kläger nicht zu einem mehreren als zur Bezahlung der halben Beweisgebühr verbunden. An seiner Verpflichtung zu deren Entrichtung wird aber auch dadurch nichts geändert, daß der Beweisbeschluß vom 7. Juli 1894 ausschließlich auf Antrag des Beklagten erlassen, von diesem auch Widerklage erhoben worden war. Denn der Beweisbeschluß war nicht allein infolge der letzteren, sondern ebenso auch aus Anlaß der Klage erteilt; er sollte dazu dienen, zu ermitteln, ob der Anspruch, dessen Nichtbestehen der Kläger festgestellt wissen wollte, entstanden sei, oder nicht. Die am 7. Juli 1894 verkündete Beweisanordnung fiel somit auch unter diejenigen Maßnahmen, welche zu dem vom Kläger beantragten erstinstanzlichen Verfahren gehörten. Darauf, daß die Beweisaufnahmen selbst vom Beklagten zum Erweise seines einredeweise geltend gemachten Vorbringens beantragt waren, kommt für die Kostenpflicht des Klägers bezüglich der Gerichtsgebühren, wie sich mittelbar aus § 89 Abs. 2 GKG. ergibt, nichts an.

Die Beschwerde war somit teilweise zu beachten, teilweise als unbegründet zurückzuweisen." ...

RGZ. 40, 380

Ist im Falle der Zurückweisung eines Antrages auf Erlassung eines Versäumnisurteiles gemäß § 18 Ziff. 3 GKG. eine Entscheidungsgebühr zu erheben, oder ist in dieser Beziehung § 47 Ziff. 1 des erwähnten Gesetzes maßgebend?

II. Zivilsenat. Beschl. v. 7. Dezember 1897.

I. Landgericht Köln. II. Oberlandesgericht daselbst.

Die Klägerin hatte gegen die Beklagten, die nicht erschienen waren, ein Versäumnisurteil beantragt; ihr Antrag wurde aber vom Landgerichte zurückgewiesen, weil bezüglich der gesetzlichen Vertretung der Klägerin Bedenken bestanden. Für diesen Beschluß wurde nach § 18 Ziff. 3 GKG. vom Landgerichte eine Entscheidungsgebühr in Ansatz gebracht. Auf Beschwerde der Klägerin wurde aber vom Oberlandesgericht Köln bestimmt, daß eine solche Gebühr nicht zu berechnen sei. Die Beschwerde des Oberstaatsanwaltes zu Köln gegen diesen Beschluß wurde vom Reichsgerichte zurückgewiesen aus folgenden

Gründen:

„Die Vorschrift des § 18 Ziff. 3 KGK. bezieht sich allerdings auf Entscheidungen aller Art, insbesondere auch auf Beschlüsse. Auch sind Entscheidungen, welche sich nicht auf die Sache selbst, d. h. auf das Bestehen des vom Kläger erhobenen Anspruches, sondern auf prozessuale Vorfragen beziehen, nicht ohne weiteres gebührenfrei. Für Entscheidungen der letzteren Art sind vielfach niedrigere Gebühren vorgesehen (vgl. die §§ 26, 27 GKG.); soweit dies nicht geschehen und nicht ausdrücklich im Gesetze bestimmt worden ist, daß Gebühren nicht zu erheben seien, muß § 18 des erwähnten Gesetzes Anwendung finden. Die Entscheidung in der vorliegenden Sache hängt deshalb von Beantwortung der Frage ab, ob der Beschluß, durch den der Antrag auf Erlassung eines Versäumnisurteiles auf Grund von § 300 ZPO. zurückgewiesen wird, als eine Entscheidung anzusehen ist, welche unter § 47 Ziff. 1 GKG. fällt. Diese Frage ist aber zu bejahen. Auf die Prozeß- oder Sachleitung im Sinne der erwähnten Vorschrift beziehen sich alle Entscheidungen, welche lediglich den Gang des Verfahrens betreffen, an dem Streitverhältnisse selbst dagegen nichts ändern. Hierher gehören außer den auf die Sachleitung bezüglichen Anordnungen, z. B. denjenigen, welche auf Grund der §§ 131, 132 ZPO. erfolgen, unzweifelhaft die Entscheidungen über die Unterbrechung und Aussetzung des Verfahrens, über die Art der Zustellung sowie die Verbindung mehrerer Prozesse und die Anordnung einer getrennten Verhandlung. Außer diesen Entscheidungen, auf welche bereits in der Begründung zu § 47 Ziff. 1 GKG. verwiesen wurde, sind auch solche Beschlüsse hierher zu rechnen, durch welche lediglich eine von einer Partei beantragte sachliche Entscheidung abgelehnt wird, weil die Voraussetzungen hierzu zur Zeit nicht gegeben seien, welche also darauf hinauslaufen, daß in der Sache weiter verhandelt werden müsse, einer Wiederholung des gestellten Antrages dagegen nicht entgegenstehen. In dieser Richtung hat das Reichsgericht bereits in einem Beschlusse vom 12. März 1887,

Juristische Wochenschrift Jahrg. 1887 S. 111 Nr. 3; Bolze, Praxis des Reichsgerichts Bd. 4 Nr. 418,

ausgesprochen, für den Beschluß, durch den der Erlaß eines Teilurteiles abgelehnt werde, sei nach § 47 Ziff. 1 GKG. keine Gebühr zu erheben, weil es sich dabei um eine prozeßleitende Verfügung handele. Ebenso liegt die Sache aber in Ansehung des Beschlusses, durch den der Antrag auf Erlaß eines Versäumnisurteiles zurückgewiesen wird, weil die erschienene Partei die von dem Gerichte geforderten Nachweisungen nicht zu beschaffen vermag, oder weil die ordnungsmäßige Ladung der nicht erschienenen Partei oder die in § 300 Ziff. 3 erwähnte Mitteilung versäumt worden ist. Durch diesen Beschluß, der stets in Mängeln des vorhergegangenen Verfahrens seinen Grund hat, wird an der vorher bestehenden Sachlage nichts geändert, insbesondere die Rechtshängigkeit des erhobenen Anspruches nicht berührt.

Vgl. Entsch. des RG.'s in Zivils. Bd. 15 S. 391, 392.

Die erschienene Partei kann ihren Anspruch nach wie vor geltend machen, ja auch den Antrag auf Versäumnisurteil wiederholen, wenn sie den gesetzlichen Anforderungen genügt hat. Sie wird durch den Beschluß nicht schlechter gestellt, als wenn sie von ihrem in § 300 besonders hervorgehobenen Rechte Gebrauch macht, die Vertagung der mündlichen Verhandlung zu beantragen.

Das Oberlandesgericht hat hiernach mit Recht angenommen, daß für einen derartigen Beschluß nach § 47 Ziff. 1 GKG. Gebühren nicht zu erheben seien."[1])

RGZ. 44, 403

Darf das Gericht der höheren Instanz, auch wenn es nicht mit der Sache selbst befaßt ist, sondern nur über eine auf die Kostenfestsetzung bezügliche Beschwerde zu entscheiden hat, nach § 16 Abs. 1 GKG. von Amts wegen die in der unteren Instanz erfolgte Festsetzung des Wertes des Streitgegenstandes ändern?

Vereinigte Zivilsenate. Beschl. v. 24. Juni 1899.

I. Landgericht Mannheim. II. Oberlandesgericht Karlsruhe.

Die vorstehende Rechtsfrage war zwischen verschiedenen Zivilsenaten des Reichsgerichts streitig geworden. Die vereinigten Zivilsenate haben sie bejahend dahin entschieden:

„Nach § 16 Abs. 1 des Gerichtskostengesetzes darf das Gericht der höheren Instanz, auch wenn es nicht mit der Sache selbst befaßt ist, sondern nur über eine auf die Kostenfestsetzung bezügliche Beschwerde zu entscheiden hat, von Amts wegen die in der unteren Instanz getroffene Festsetzung des Wertes des Streitgegenstandes ändern."

Gründe:

„Die in den vereinigten Zivilsenaten vorgelegte Rechtsfrage ist bisher von den einzelnen Senaten in verschiedener Weise beantwortet worden. Die zuerst von dem I. Zivilsenate in einem Beschlusse vom 30. Dezember 1893,

Juristische Wochenschrift 1893 S. 488 Nr. 11,

ausgesprochene Auffassung, das höhere Gericht, das lediglich über eine die Kostenfestsetzung betreffende Beschwerde zu entscheiden habe, dürfe bei dieser Gelegenheit nicht von Amts wegen die in der Vorinstanz

[1]) In diesem Sinne hat sich das Oberlandesgericht Rostock in einem Beschlusse vom 11. Oktober 1880 (Mecklenb. Zeitschr. Bd. 3 S. 42) ausgesprochen. Ferner haben sich für diese Auffassung erklärt Rittmann, Gerichtskostengesetz S. 258, 259, und Kapff in Busch's Zeitschr. für deutschen Zivilprozeß Bd. 23 S. 51 flg. Die entgegengesetzte Ansicht wird vertreten in einem Aufsatze in der Zeitschr. für rheinpr. Justiz-Subalternbeamte Bd. 8 S. 449.

getroffene Festsetzung des Wertes des Streitgegenstandes ändern, erscheint nicht als gerechtfertigt. Zu ihrer Begründung wurde im wesentlichen darauf Bezug genommen, daß nach einem vom I. Zivilsenate schon früher in einem Beschlusse vom 14. März 1855,

Entsch. des RG.'s in Zivils. Bd. 14 S. 352,

aufgestellten Rechtssatze die in § 16 Abs. 1 GKG. vorgesehene von Amts wegen erfolgende Änderung der Wertfestsetzung nur dann stattfinden dürfe, wenn die Sache selbst durch den Lauf des Verfahrens an das Gericht höherer Instanz erwachse. Dieser Auffassung, nach der das Kostenfestsetzungsverfahren im Sinne von § 16 Abs. 1 GKG. nicht zu dem „Verfahren" gehört, in dessen Laufe der Wert des Streitgegenstandes anders festgesetzt werden darf, sind aber die vereinigten Zivilsenate nicht beigetreten.

Die in der erwähnten Vorschrift stehenden Worte „im Laufe des Verfahrens", auf die der I. Zivilsenat seine Auffassung hauptsächlich gestützt hat, waren in dem Entwurfe zum Gerichtskostengesetze in § 14, der dem jetzigen § 16 entsprach, nicht enthalten. Sie sind erst von der mit der Prüfung des Entwurfes betrauten Reichstagskommission beigefügt worden. Warum dies geschah, ist aus den Reichstagsverhandlungen, bei denen von der Kommission mündlich Bericht erstattet wurde, nicht zu ersehen. Der Umstand, daß bezüglich der Änderung nirgends eine Begründung gegeben wurde, rechtfertigt aber den Schluß, daß eine sachliche Änderung von der Kommission nicht beabsichtigt wurde, sondern nur der Umfang der den Gerichten eingeräumten Befugnis klargestellt und begrenzt werden sollte. Schon hiernach liegt die Annahme nahe, daß die Kommission durch ihren Zusatz klar stellen wollte, die Befugnis zur Abänderung der den Wert des Streitgegenstandes betreffenden Festsetzung solle nur solange bestehen, als der Rechtsstreit dauere, nach dessen vollständiger Beendigung dagegen eine Änderung ausgeschlossen sein.

Nach dieser Auffassung ist das Wort „Verfahren" in seinem weiteren Sinne zu verstehen, in dem es auch das Kostenfestsetzungsverfahren umfaßt. Eine andere Bedeutung kann auch bei der gegebenen Sachlage dem Worte nicht beigelegt werden. Wenn man sich die Worte „im Laufe des Verfahrens" hinwegdenkt, ergeben sich aus dem Wortlaute des Gesetzes keine Anhaltspunkte dafür, daß die den Gerichten eingeräumte Befugnis im Laufe des Kostenfestsetzungsverfahrens nicht mehr ausgeübt werden dürfe. Vielmehr führt eine unbefangene Betrachtung dann zu der Annahme, solange die Festsetzung des Wertes des Streitgegenstandes noch zulässig sei, und eine Festsetzung der Kosten noch nicht stattgefunden habe, dürfe auch eine Änderung des Festsetzungsbeschlusses erfolgen. Der Wortlaut des Gesetzes läßt an sich auch die Auffassung zu, die von dem I. Zivilsenate des Reichsgerichtes in den erwähnten Beschlüssen ausgesprochen wurde. Er nötigt aber nicht dazu, und wenn man den Worten „im Laufe des Verfahrens" nicht die Bedeutung beilegt, es sei dadurch der Sinn der im Entwurfe zum Gerichtskostengesetze enthaltenen Bestimmung geändert worden, spricht er sogar dafür, daß unter dem Worte „Verfahren" hier nichts anderes als der Rechtsstreit einschließlich des Kostenfestsetzungsverfahrens zu verstehen ist. Dieser Annahme steht auch der Umstand nicht entgegen, daß das Kostenfestsetzungsverfahren in Ansehung der Gebührenerhebung als ein besonderer Rechtsstreit gilt; denn um diese Gebührenerhebung handelt es sich bei der Anwendung von § 16 GKG. nicht; der Schluß, auch im Sinne dieser Vorschrift könne das Kostenfestsetzungsverfahren nicht zum „Verfahren" gerechnet werden, ist sonach nicht gerechtfertigt.

Gegen die Auffassung des I. Zivilsenates und gegen die von ihm angenommene Beschränkung spricht aber in entscheidender Weise die Entstehungsgeschichte und der Grund des Gesetzes.

Bei Aufstellung des Entwurfes zum Gerichtskostengesetze war offenbar die Erwägung maßgebend, daß mit Rücksicht auf die Interessen der Staatskasse die Festsetzung des Wertes des Streitgegenstandes durch das Prozeßgericht keine bindende sein dürfe, sondern deren Abänderung bis zur Erledigung des Verfahrens zulässig sein müsse. In dieser Richtung wurde in der Begründung zu den §§ 12—15 des Entwurfes (auf S. 46) bemerkt: „Die Möglichkeit, die Festsetzung auch von Amts wegen zu ändern, dient dem Interesse der beteiligten Staatskasse, insbesondere auch für den Fall, daß das mit der Hauptsache befaßte Beschwerdegericht den Wert vollständiger zu übersehen imstande ist. Sie schließt aber die Festsetzung einer Notfrist für die Beschwerde aus." Im Anschluß daran wurde bezüglich der Befugnis, die in Ansehung des Wertes des Streitgegenstandes ergangenen Beschlüsse von Amts wegen zu ändern, auf frühere Gesetze, nämlich auf die Gerichtskostengesetze für Baden (§ 6), Hannover (§ 9), Lübeck (§ 8), Oldenburg (Art. 7 § 3) und Württemberg (Art. 10) verwiesen. Aus diesen Gesetzen ergeben sich nun keine Stützpunkte für die Annahme, daß nach Erlassung des Urteiles, insbesondere während des Kostenfestsetzungsverfahrens, die früher erfolgte Festsetzung des Wertes des Streitgegenstandes nicht mehr von Amts wegen abgeändert werden dürfe, oder daß wenigstens das höhere Gericht nur dann dazu befugt sei, wenn es mit der Sache selbst befaßt werde. Den erwähnten Gesetzen lag die Auffassung zugrunde, daß die Festsetzung des Wertes des Streitgegenstandes nicht bindend sein solle, daß sie vielmehr zu ändern sei, wenn sich später herausstelle, daß ihr ein Irrtum zugrunde liege. Regelmäßig war nicht bloß das Prozeßgericht, sondern auch das höhere Gericht zur Berichtigung von Irrtümern berufen. Eine Beschränkung der Abänderungsbefugnis auf den der Kostenfestsetzung vorhergegangenen Zeitraum bestand nirgends. Die Berichtigung von Irrtümern konnte regelmäßig im Laufe des Rechtsstreites, nach manchen Gesetzen sogar noch später erfolgen.

Auf das preußische Gesetz vom 10. Mai 1851, betreffend den Ansatz und die Erhebung der Gerichtskosten, ist in der Begründung zu den

§§ 12—15 des Entwurfes zu einem Gerichtskostengesetze für das Deutsche Reich nicht Bezug genommen worden. Auch wichen die Vorschriften in § 12 des preußischen Gesetzes, nach denen die Angaben der Parteien für die Wertbestimmung große Bedeutung hatten, und nur, falls die Parteien sich nicht einigten, der Wert des Streitgegenstandes durch eine „Resolution" des Gerichtes erster Instanz festzustellen war, erheblich von den Bestimmungen der erwähnten Landesgesetze sowie von denen des Reichsgerichtskostengesetzes ab. Nach Ziff. 7 des § 12 war es aber in allen Fällen, in denen die Feststellung des Wertes nicht „auf einer Ermittlung oder auf dem Arbitrium des Richters, sondern bloß auf einer Angabe der Parteien" beruhte, „der Kassenverwaltung überlassen, behufs Nachweisung eines höheren, bei Ansetzung der Kosten zugrunde zu legenden Wertes eine nähere Ermittlung beim Gerichte zu veranlassen". Nach dieser Vorschrift durfte sonach die Festsetzung des Wertes des Streitgegenstandes gleichfalls nachträglich abgeändert werden. Daß die erwähnte Ermittelung nach Erlassung des Urteiles nicht mehr erfolgen dürfe, war in Ziff. 7 des § 12 nicht gesagt.

Bei dieser Sachlage kann nicht angenommen werden, daß die in § 16 Abs. 1 GKG. vorgesehene Befugnis der Gerichte, die Festsetzung des Wertes im Laufe des Verfahrens von Amts wegen zu ändern, nur solange bestehen soll, bis der Rechtsstreit durch ein Urteil beendigt worden ist, dagegen im Laufe des Kostenfestsetzungsverfahrens von ihr kein Gebrauch mehr gemacht werden darf. Nach der ursprünglichen, im § 14 des Entwurfes vorgesehenen Fassung des Gesetzes gab auch dessen Wortlaut keinerlei Anhaltspunkt für die in Frage stehende Beschränkung. Durch die von der Reichstagskommission beigefügten Worte „im Laufe des Verfahrens" sollte aber, wie schon dargelegt wurde, an dem Inhalte der vorgeschlagenen Bestimmung nichts geändert, sondern lediglich festgestellt werden, daß die Änderung nur im Laufe des Rechtsstreites erfolgen dürfe. Daß das Kostenfestsetzungsverfahren als ein Bestandteil des „Verfahrens" im Sinne von § 16 Abs. 1 GKG. anzusehen ist, ergibt sich auch daraus, daß die diesen Vorschriften zugrunde liegenden Absichten sonst nicht verwirklicht würden. Die Festsetzung des Wertes des Streitgegenstandes darf, wie sich aus Satz 1 dieser Vorschrift und aus der Natur der Sache ergibt, auch von keiner Seite bestritten wird, noch nach Erlassung des Endurteiles mit Rücksicht auf die Kostenfestsetzung erfolgen. Da nun die Abänderung des diese Festsetzung enthaltenden Beschlusses, der nicht in Rechtskraft erwachsen soll, im Laufe des Verfahrens von Amts wegen erfolgen darf, hätte es keinen Sinn gehabt, für die Zulässigkeit dieser Änderung eine andere zeitliche Grenze als diejenige zu bestimmen, die für die Festsetzung selbst besteht. Wäre das Gericht der ersten Instanz, wenn es im Laufe des Rechtsstreites den Wert des Streitgegentandes durch Beschluß festgesetzt hat, später aber erkennt, daß diese Festsetzung unrichtig sei, durch § 16 GKG. gehindert, seinen Irrtum zu verbessern, so würde insoweit ein Zustand bestehen, wie er nach den dieser Vorschrift zugrunde liegenden Erwägungen nicht bestehen soll. Die auf den Wert des Streitgegenstandes bezügliche Festsetzung könnte zwar noch durch Beschwerde angefochten werden; solange dies nicht geschieht, wäre sie aber für das Prozeßgericht bindend. Die Befugnis, den Wert des Streitgegenstandes von Amts wegen anders festzusetzen, würde gerade in dem Zeitpunkte versagen, in dem eine nochmalige Prüfung besonders wichtig ist, und die Verhältnisse auf sie hinweisen. Die in Frage stehende zeitliche Beschränkung der Änderungsbefugnis wäre aber auch sehr unzweckmäßig. Das Prozeßgericht wäre danach genötigt, weil es einmal den Wert des Streitgegenstandes festgesetzt hat, dem Kostenfestsetzungsbeschluß eine Grundlage zu geben, die es selbst für unrichtig hält; es müßte auch dann so verfahren, wenn mit Sicherheit vorauszusehen ist, daß gegen die Festsetzung des Streitwertes Beschwerde eingelegt werden wird, und sie dann abgeändert werden muß. Ein solcher Zustand würde dem Grundgedanken, der zu den in § 16 Abs. 1 GKG. enthaltenen Vorschriften geführt hat, und nach dem die Berichtigung von Irrtümern, die bei Festsetzung des Streitwertes begangen wurden, von Amts wegen erfolgen soll, wenn sie im Laufe des Verfahrens entdeckt werden, nicht entsprechen. Wenn das Gericht der ersten Instanz bei der Kostenfestsetzung nochmals frei prüfen darf, ob der Wert des Streitgegenstandes richtig bestimmt worden ist, muß aber auch das höhere Gericht, das über eine den Kostenfestsetzungsbeschluß betreffende Beschwerde zu entscheiden hat, zu einer derartigen Prüfung befugt sein. Die Annahme, daß es verpflichtet sei, auch eine ganz verkehrte Festsetzung des Streitwertes, solange sie nicht durch Beschwerde angefochten ist, bei der Entscheidung über die Kostenfestsetzung zugrunde zu legen, läßt sich dann nicht rechtfertigen; denn die Worte „im Laufe des Verfahrens", durch die eine Grenze für die in Frage stehende Änderungsbefugnis gezogen worden ist, können für das höhere Gericht keine andere Bedeutung haben, als für das Prozeßgericht. Darf diese Änderung überhaupt noch während des Kostenfestsetzungsverfahrens erfolgen, so muß auch das höhere Gericht dazu befugt sein, sofern es zur Entscheidung über die Festsetzung der Prozeßkosten berufen ist.

RGZ. 55, 312

Findet gegen den Ansatz der Gebühren von Zeugen und Sachverständigen von seiten des Zahlungspflichtigen Beschwerde nach § 17 Abs. 3 der Gebührenordnung für Zeugen und Sachverständige, oder Erinnerung nach § 4 GKG. statt? Ist die in § 4 Abs. 2 GKG. vorgesehene Beschwerde erst gegen diejenige Entscheidung des Gerichts gegeben, welche auf die Erinnerung gegen den durch dasselbe erfolgten Ansatz ergeht?

II. Zivilsenat. Beschl. v. 25. September 1903.

I. Oberlandesgericht München.

In der vorliegenden Beschwerdesache wurde die Entscheidung vom Reichsgericht abgelehnt aus folgenden

Gründen:

„Das Oberlandesgericht zu München hat in der Prozeßsache der vorgenannten Parteien die von dem Professor P. ... liquidierten Sachverständigengebühren auf 64 M. festgesetzt. Gegen diesen Ansatz hat der Rechtsanwalt Dr. Bl. in München im Namen der Klägerin, wie es in dem betreffenden, beim Oberlandesgericht eingereichten Schriftsatz vom 13. August 1903 heißt, „Beschwerde" eingelegt mit dem Antrage, diese Kosten auf 20 M., eventuell auf ein angemessenes Maß herabzusetzen. Das Oberlandesgericht hat, indem es davon ausging, daß die Beschwerde gegen einen Beschluß eingelegt sei, der als eine Entscheidung im Sinne des § 4 mit § 79 Ziff. 4 GKG. zu erachten sei, und indem es aus Gründen zur Sache erwog, daß der Beschwerde nicht abzuhelfen sei, gemäß § 571 ZPO. die Vorlage der Beschwerde an das bayerische Oberste Landesgericht beschlossen, von dem die Sache ... dem Reichsgericht überwiesen worden ist. Unbedenklich findet auf den vorliegenden Fall, wie auch das Oberlandesgericht annimmt, der § 4 GKG., und nicht der § 17 der Gebührenordnung für Zeugen und Sachverständige Anwendung. Die an Zeugen und Sachverständige zu zahlenden Gebühren gehören gemäß § 79 Ziff. 4 GKG. zu den Auslagen im Sinne der §§ 1 und 4 dieses Gesetzes. Daher findet gegen den Ansatz derselben von seiten des Zahlungspflichtigen oder der Staatsanwaltschaft Erinnerung nach § 4 a. a. O. statt, und daraus folgt, daß trotz der allgemeinen Fassung des § 17 der Gebührenordnung für Zeugen und Sachverständige die dort vorgesehene Beschwerde nur dem Empfangsberechtigten, nicht auch dem Zahlungspflichtigen gegeben ist. Die Klägerin kann aber in der vorliegenden Sache nur als zahlungspflichtige Partei in Betracht kommen.

Hiernach ist der von der Klägerin gegen den Gebührenansatz eingelegte Rechtsbehelf nicht, wie er unrichtig bezeichnet wird, eine Beschwerde, sondern eine Erinnerung im Sinne von § 4 GKG. Über diese hat aber nach dieser Bestimmung zunächst das Gericht zu entscheiden, von dem der Ansatz ausgegangen ist, und erst gegen diese Entscheidung würde nach § 4 Abs. 2 die Beschwerde, die übrigens mangels einer Beschwerdesumme von 100 M. offensichtlich unzulässig wäre, gegeben sein. Die Annahme des Oberlandesgerichts, der Ansatz selbst bilde die Entscheidung nach § 4, gegen welche Beschwerde gegeben sei, ist nach dem klaren Wortlaute des Gesetzes unzutreffend. Auch der Beschluß des Oberlandesgerichts vom 10. Juni 1903 bildet keine Entscheidung über die Erinnerung, sondern nur die motivierte Abgabe an das Beschwerdegericht nach § 571 ZPO. Zudem ist gegen diesen Beschluß Beschwerde nicht eingelegt; derselbe ist auch, soweit ersichtlich, der Klägerin nicht zugestellt worden.

Hiernach liegt eine Beschwerde, über welche nach den einschlagenden Bestimmungen das Reichsgericht Entscheidung zu treffen berufen ist, nicht vor; die letztere war daher abzulehnen." ...

RGZ. 57, 301

Erstreckt sich die nach § 94 Ziff. 1 in Verbindung mit § 89 GKG. begründete Kostenzahlungspflicht des Klägers auch auf die durch eine Widerklage verursachten Gerichtskosten? (Jahresrechnung).

Vereinigte Zivilsenate. Beschl. v. 16. Mai 1904.

I. Landgericht Hamburg. II. Oberlandesgericht daselbst.

Die vereinigten Zivilsenate haben die in der Überschrift bezeichnete, zwischen dem I. Zivilsenat einerseits und dem II. und III. Zivilsenat andererseits streitig gewordene Rechtsfrage dahin entschieden:

„Bei Aufstellung der Jahresrechnung nach § 49 Ziff. 1 des deutschen Gerichtskostengesetzes sind dem Kläger diejenigen Gebühren und nicht unter § 89 Satz 2 daselbst fallenden Auslagen nicht zur Last zu legen, welche wegen einer von dem Beklagten erhobenen Widerklage aufzunehmen sind."

Gründe:

„Nach § 94 Ziff. 1 GKG. werden in bürgerlichen Rechtsstreitigkeiten schon vor der Beendigung der Instanz mit dem Ablaufe je eines Jahres seit Bestimmung des ersten Termins oder Stellung des ersten Antrags die bis dahin entstandenen Gebühren und Auslagen fällig. Wer der Schuldner für diese in die Jahresrechnung aufzunehmenden Gebühren und Auslagen sei, muß aus der Bestimmung des § 89 daselbst entnommen werden. Der § 89 lautet in seinem ersten, hier allein interessierenden Satze:

> „In Ermangelung eines anderen Schuldners (§ 86) ist derjenige, welcher das Verfahren der Instanz beantragt hat, Schuldner der entstandenen Gebühren und Auslagen."

Der III. Zivilsenat in dem Beschlusse vom 23. September 1902 i. S. W. w. St., Beschw.-Rep. III. 153/02 — abgedruckt in den Entsch. des RG.s in Zivils. Bd. 52 S. 197 flg. — und der II. Zivilsenat in dem Beschlusse vom 24. Februar 1903 i. S. W. w. Sch., Beschw.-Rep. II 11/03 — abgedruckt daselbst Bd. 54 S. 63 flg. — haben der Vorschrift die Auslegung gegeben, daß das Verfahren der Instanz auch das Verfahren über die Widerklage umfasse, und daß daher der Kläger als derjenige, welcher das Verfahren der Instanz beantragt habe, im Falle des § 94 Ziff. 1 der Schuldner nicht nur der für die Klage, sondern auch der für die Widerklage zu berechnenden Kosten sei.

Der I. Zivilsenat will in der ihm vorliegenden Beschwerdesache die Frage im entgegengesetzten Sinne entscheiden. Er hat deshalb die Entscheidung der vereinigten Zivilsenate eingeholt (§ 137 Abs. 1 GVG.).

Die vereinigten Zivilsenate sind der Auffassung des I. Zivilsenats beigetreten.

Die entgegengesetzte Ansicht des II. und des III. Zivilsenats kann die Bedeutung des Wortes „Instanz", wie es das Gerichtskostengesetz in wesentlicher Übereinstimmung mit der Zivilprozeßordnung gebraucht, für sich geltend machen. Wenn man davon absieht, daß durch die besonderen Vorschriften in den §§ 32, 33, 39 GKG. gewisse Abschnitte des Verfahrens, die an sich Teile des anhängigen Verfahrens sind, für die Gebührenerhebung ausgeschieden und zu „neuen" Instanzen und „besonderen" Rechtsstreitigkeiten erklärt werden, so darf mit Beschränkung auf das zivilprozessuale Verfahren unter „Instanz" im Sinne des Gesetzes die Gesamtheit der Tätigkeit verstanden werden, welche das Gericht einer bestimmten im Rechtsmittelzuge geordneten Stufe vorzunehmen hat, um den ganzen zum Prozesse gehörigen Stoff zu erledigen. Innerhalb der Instanz gibt es — von den vorerwähnten, hier unerheblichen Ausnahmen abgesehen — nicht noch weitere Instanzen; insbesondere bietet das Gesetz keinen Anhalt für die Annahme, daß für Klage und Widerklage, die nicht in getrennten Prozessen verhandelt werden (§ 145 Abs. 2 ZPO.), je eine besondere Instanz bestehe. Vielmehr fällt unter den Begriff der einheitlichen Instanz unbedenklich auch diejenige Tätigkeit des mit der Klage befaßten Gerichts, welche sich auf die Widerklage, ausschließlich oder zugleich mit der Klage, bezieht. Dafür, daß gerade im § 89 das Wort „Instanz" in einem anderen, zwischen Klage und Widerklage unterscheidenden Sinne gebraucht sei, fehlt es an jeder Grundlage.

Nicht ebenso überzeugend ist die weitere Begründung der dissentierenden Senate, wenn sie ausführen, daß „das Verfahren der Instanz", wovon der § 89 spricht, gleichbedeutend mit „die Instanz", und unter demjenigen „welcher das Verfahren beantragt hat", nichts anderes zu verstehen sei, als „der Antragsteller der Instanz". Müßte man diese Auffassung als richtig anerkennen, so wäre freilich die Folgerung unabweislich, daß dem Kläger, der in diesem Sinne unzweifelhaft der Antragsteller der Instanz ist, auch die durch die Widerklage entstandenen Kosten zur Last fallen. Vor einer so bestimmten Vorschrift des Gesetzes müßten dann bloße Rücksichten auf die Unbilligkeit des Ergebnisses zurücktreten. Es ist indessen daran festzuhalten, daß das Gesetz eben nicht von der „Instanz", sondern von dem „Verfahren der Instanz" spricht. Lediglich stilistische Erwägungen reichen nicht aus, um diese Fassung zu erklären, die, wenn die Gleichstellung von Verfahren und Instanz begründet wäre, eine vollkommene Tautologie sein würde.

Von „Verfahren" redet das Gerichtskostengesetz sehr häufig und in verschiedener Bedeutung. Mit der „Instanz" deckt sich das „Verfahren" nicht. Es kann darüber hinausgehen und die Gesamtheit des Verfahrens in allen Instanzen sein (vgl. §§ 86, 90). Andererseits wird das Wort auch gebraucht, um innerhalb der Instanz besondere Abschnitte oder Ausschnitte zu bezeichnen (vgl. §§ 30, 31, 94 Ziff. 2). Im § 93 werden sich

„Verfahren" und „Instanz" geradezu entgegengesetzt: die Fälligkeit der Gerichtskosten soll eintreten, „sobald das Verfahren oder die Instanz beendigt ist". Notwendig ist es daher keineswegs, im § 89 Satz 1 das Wort „Verfahren" nur als eine lediglich pleonastische Erläuterung der „Instanz" zu verstehen; vielmehr ist man berechtigt, ihm auch hier seine technische, von der Instanz verschiedene Bedeutung beizulegen. Dann aber führt die Auslegung nicht dahin, das Verfahren mit der Instanz gleichzustellen, sondern es ergibt sich, daß von einem Verfahren die Rede ist, das an die Instanz gebunden, aber mit dieser nicht identisch ist, also von einem Verfahren in der Instanz. Der Wortlaut des Gesetzes verbietet es demgemäß nicht, die Vorschrift auch auf ein Verfahren, das nicht das gesamte in die Instanz fallende Verfahren ist und in dieser Gesamtheit ursächlich zuletzt auf den Antrag des Klägers zurückzuführen wäre, zu beziehen und für dieses abgegrenzte Verfahren denjenigen, welcher es beantragt hat, als Kostenschuldner anzusehen. Daß aber bei einem Rechtsstreite, worin Klage und Widerklage erhoben sind, nach § 89 Satz 1 auch wirklich in diesem Sinne zwischen dem Verfahren, welches der Kläger beantragt hat, und dem Verfahren, welches der Widerkläger beantragt hat, zu unterscheiden sei, dafür sprechen nach Ansicht der vereinigten Zivilsenate überwiegende Gründe.

Vor allem kommen die Motive in Betracht. Die Regelung der Kostenpflicht in § 89 ist subsidiär; sie greift nur Platz, wenn der Kostenschuldner nicht schon nach § 86 durch gerichtliche Entscheidung oder durch Übernahmeerklärung bestimmt ist. Allein wie die Motive in der Begründung zum Abschn. 6 GKG. (S. 98/100) hervorheben, ist die subsidiäre Regelung eigentlich die prinzipmäßige. Den Rechtsgrund für die Erhebung der Gerichtsgebühren erblicken die Motive in dem Besteuerungsrechte des Staates und leiten daraus für die Heranziehung der Rechtsuchenden zur Kostenzahlung als eine zugleich billige Konsequenz ab, daß ein Teil der zur Aufbringung der Kosten der Rechtspflege notwendigen Steuern denjenigen aufzulegen sei, welche die Justizeinrichtungen für sich in Anspruch nehmen. In Anwendung auf den Zivilprozeß wird demgemäß als grundsätzliche Aufgabe hingestellt, diejenige Partei zu bestimmen, welche die richterliche Tätigkeit veranlaßt habe, und es wird als solche im allgemeinen der Antragsteller bezeichnet. Die Motive machen aber geltend, daß sich bei einem Rechtsstreite, der aus einem Komplexe gerichtlicher Handlungen bestehe, ein solches Prinzip nicht rein durchführen lasse. Auf den ganzen Rechtsstreit bezogen, lehnen sie es ab, daß man die Partei, welche das Verfahren beantragt hat, deshalb schon als Extrahent für alle einzelnen Handlungen ansehen dürfe. Andererseits betonen sie, daß die Frage, wer als der Antragsteller zu gelten habe, eine Frage, der sie den Sinn beilegen, welcher Partei überwiegend die Rolle des betreibenden Teils zufalle, nach dem Gebührensystem des Gesetzes auch nicht für jede richterliche Handlung geprüft werden könne, vielmehr diese Prüfung für die in einen und denselben

Prozeßabschnitt fallenden Handlungen zusammengefaßt werden müsse. Dies gelte zunächst von einer Instanz. Die Motive fahren dann fort, daß auch innerhalb der durch die Klage eingeleiteten Instanz der Beklagte als vorwiegend aktiver Teil auftreten könne; sie finden aber, daß Rücksichten auf die praktische Durchführbarkeit und auf die Billigkeit es verböten, deshalb auch den Beklagten mit Kosten zu belegen. In erster Linie geben die Motive diese Begründung allerdings zur Rechtfertigung dafür, daß die primäre Regelung der Kostenpflicht in § 86 den prinzipiellen Standpunkt überhaupt verläßt. Aber die Begründung soll doch auch rechtfertigen, warum das Gesetz, wenn ein Kostenschuldner nach § 86 nicht vorhanden ist, subsidiär „auf dem zuerst entwickelten Rechtsstandpunkte" verharrt, „wonach derjenige, welcher das Verfahren der Instanz beantragt hat, Schuldner der Staatskasse ... ist" (S. 100). Die Darlegungen der Motive zeigen, daß die „Instanz" vorwiegend eine limitative Bedeutung hat: der Kläger soll nicht deswegen, weil er das Klageverfahren beantragt hat, als Antragsteller für den ganzen Prozeß, auch in den höheren Instanzen angesehen werden und für den ganzen Prozeß Kostenschuldner sein. Von besonderer Bedeutung für die vorliegende Frage aber sind die Erörterungen, womit die Motive begründen, daß der Beklagte nicht zu den Kosten der Instanz dürfe herangezogen werden. In der ganzen, eingehenden Ausführung ist nur die Rede von der Klage, dem Kläger und dem Beklagten, gar nicht aber von den Verhältnissen, welche infolge der Erhebung einer Widerklage eintreten. Die Motive machen, wie bemerkt, selbst auf das Bedenken aufmerksam, daß doch auch der Beklagte als vorwiegend aktiver Teil auftreten könne. Als Beispiele des aktiven Auftretens des Beklagten führen sie aber nur an: die durch seine Anträge hervorgerufenen Beweisverhandlungen, die mündliche Verhandlung über Einredebehauptungen, die Fortsetzung des Verfahrens infolge eines Widerspruchs des Beklagten gegen die Klagezurücknahme. Der Widerklage wird nicht mit einem Worte gedacht. Es ist völlig ausgeschlossen, daß der Verfasser der Motive die Möglichkeit einer Widerklage ganz übersehen haben sollte. Dann aber findet der Umstand, daß hier die Widerklage gar nicht erwähnt ist, obgleich doch bei ihr der Beklagte am allerentschiedensten in der aktiven Rolle eines betreibenden Teils erscheint, seine Erklärung nur in der Annahme, daß die Ausführungen der Motive für das Verhältnis der Klage zur Widerklage nicht gelten sollten. Zur Unterstützung mag noch auf folgendes verwiesen werden. Als weiteren Grund für die Kostenpflicht des Klägers machen die Motive geltend, daß der Beklagte meist nur unfreiwillig durch die ihm aufgezwungene Rechtsverteidigung in die Stellung eines betreibenden Teils gedrängt werde. Dies trifft für die bloße Rechtsverteidigung des Beklagten zu; von seinem Vorgehen als Widerkläger würde man es aber nicht mehr sagen dürfen.

Aus den Motiven kann man daher wohl die Absicht des Gesetzgebers herauslesen, daß es nicht entscheidend sein solle, welche Partei die einzelne richterliche Handlung beantragt habe, sondern daß sich der Begriff des Antragstellers auf das Verfahren in seiner Einheit beziehe, und diese Absicht hat im Gesetz ihren unzweideutigen Ausdruck gefunden. Daß aber die Einheit des Verfahrens unterschiedslos auf das ganze Verfahren der Instanz zu erstrecken wäre, das folgt aus den Motiven nicht. Vielmehr bieten diese einen deutlichen Anhalt für die Annahme, daß nur dasjenige Verfahren bezeichnet werden sollte, welches die jeweilige Rechtsverfolgung und die darauf gerichtete Rechtsverteidigung umfaßt, so daß für Klage und Widerklage zwei zu unterscheidende Verfahren gegeben sind.

Mit dem Wortlaute des Gesetzes ist diese Auslegung, wie oben dargelegt worden ist, wohl vereinbar, um so mehr als aus § 94 Ziff. 2 erhellt, daß dem Gesetze der Begriff des vom Widerkläger „beantragten Verfahrens" bekannt ist. Auch mit den anderen Vorschriften des Gesetzes steht sie nicht in Widerspruch. Allerdings sind daraus auch keine Argumente für die Richtigkeit dieser Auslegung zu gewinnen. Es muß den Ausführungen der dissentierenden Senate zugegeben werden, daß für eine solche Beweisführung weder die Vorschrift in § 81 Abs. 2, welche die ganz andere Frage der Kostenvorschußpflicht betrifft, noch der sachliche Inhalt der in § 94 Ziff. 2 gegebenen Sonderbestimmung verwendbar ist.

Unter diesen Umständen ist es von wesentlicher Bedeutung, daß nur diejenige Auslegung des § 89 Satzes 1, welche zwischen dem Verfahren zur Klage und dem Verfahren zur Widerklage unterscheidet, zu einem angemessenen und billigen Ergebnisse führt, während durch die entgegengesetzte Auslegung, wie allerseits anerkannt ist, die Interessen des Klägers in hohem Grade gefährdet werden. Durch die streitige Vorschrift in Verbindung mit § 94 Ziff. 1 kann die Partei, die danach die Gebühren und Auslagen zu tragen hat, trotz bestem Recht und ohne jedes eigene Verschulden zur Zahlung bedeutender Gerichtskosten gezwungen sein, und es hilft ihr auch nichts, wenn nachträglich der Gegner in die Kosten verurteilt wird. Von der Gerichtskasse erhält sie die bereits gezahlten Kosten nicht zurück, und für die noch nicht bezahlten bleibt sie neben dem Gegner verpflichtet. Sie ist auf den Erstattungsanspruch beschränkt. Ist diese Partei der Kläger, und ist dem Beklagten das Armenrecht bewilligt, so wird der Erstattungsanspruch meist ohne Wert sein. Der Kläger selbst wird durch das dem Gegner erteilte Armenrecht von seiner Kostenschuld aus § 89 und § 94 Ziff. 1 nicht befreit (§ 120 ZPO.). Wenn nun für den Kläger nur diejenigen Kosten in Frage stehen, welche durch die Klage und die Verteidigung gegen die Klage verursacht sind, so ist gegen diese Ordnung der Kostenzahlungspflicht nichts Wesentliches einzuwenden. Es ist eben doch der Kläger, der nach freiem Entschlusse den Rechtsstreit begonnen und dadurch den Beklagten zur Verteidigung genötigt hat. Er mußte sich überlegen, daß er nach Maßgabe des erhobenen Anspruchs auch für die Gerichtskosten verhaftet werden könne. Ganz anders aber liegt die Sache, wenn der Kläger auch für die Gerichtskosten aufkommen soll, welche durch das Verfahren über eine Widerklage entstanden sind. Die Widerklage ist nicht bloße Verteidigung, sie ist ein selbständiger Angriff.

Vgl. Beschl. der vereinigten Zivilsenate vom 21. Juni 1902, Entsch. des RG.s in Zivils. Bd. 51 S. 8/9.

Von einem ursächlichen Zusammenhange der Widerklage mit dem Klagantrage darf nicht gesprochen werden, wenn auch die Klage die notwendige Voraussetzung für die Widerklage bildet. Durch die Widerklage wird ein neuer, willkürlicher Faktor in das Verfahren eingeführt, den der Kläger in vielen Fällen gar nicht voraussehen konnte. Die Widerklage kann aber auch und wird sehr oft die Grundlagen für die Gerichtskostenberechnung völlig verändern und, wenn auch die Kosten der Widerklage zu Lasten des Klägers gehen sollen, den Vorteil, den die Motive S. 100 der Vorschußerhebung nachrühmen, nämlich dem Kläger die von ihm übernommene Gefahr des Rechtsstreits vorzuführen, ganz illusorisch machen. Es handelt sich auch nicht bloß um eine geringe Mehrbelastung des Klägers; je nach dem Streitwerte der Widerklage können sehr hohe Kostenbeträge in Frage stehen. Es ist danach klar, daß, wenn man dem Kläger alle Kosten zuweist, ihm eine Verpflichtung aufgebürdet wird, für die man vergeblich nach einer sachlichen Rechtfertigung sucht, und bei der man sich deshalb nur dann beruhigen könnte und müßte, wenn das Gesetz diese weitgestreckte Kostenzahlungspflicht unzweideutig vorschriebe. Dies ist nach dem Ausgeführten nicht der Fall.

Allerdings gewährt der § 94 Ziff. 1 selbst ein gewisses Schutzmittel für den Zahlungspflichtigen: „die einjährigen Fristen können auf Antrag von dem Gerichte verlängert werden". In der weiteren Frist kann eine gerichtliche Entscheidung über die Kosten des Verfahrens ergehen, welche die §§ 89, 94 Ziff. 1 außer Anwendung setzt. Indessen auch wenn man ganz davon absieht, daß die Möglichkeit einer Korrektur die Bedenken gegen die grundsätzliche Lösung nicht beseitigen kann, ist dieses Schutzmittel schon an sich nur von zweifelhaftem Werte. Die Erstreckung der Fristen liegt im Ermessen des Gerichts und wird gerade da, wo es dem Kläger am meisten darauf ankommt, bei Armut des Gegners, mit Rücksicht auf die Interessen der Staatskasse häufig versagt werden. Denn wie die Motive S. 105 hervorheben, ist nicht schon die Schuldlosigkeit des Klägers an der längeren Dauer der Instanz ein ausreichender Grund für die Fristerstreckung. Für die Praxis verliert das Schutzmittel auch dadurch an Bedeutung, daß die Erstreckung nicht mehr erfolgen kann, wenn die Frist abgelaufen ist, während doch die Partei gewöhnlich erst durch die Anforderung der Kosten auf ihre Zahlungspflicht aufmerksam wird. Die Zulassung der Fristerstreckung in § 94 Ziff. 1 bietet dem Kostenpflichtigen das einzige Mittel, um sich den Nachteilen zu entziehen, welche ihm die Anwendung der §§ 89, 94 Ziff. 1 in einem früheren Zeitpunkte bringen würde; darüber aber, welche Kosten von ihm zu erheben seien, kann aus dem Bestehen dieses Schutzbehelfes, auch wenn er noch so wirksam wäre, nicht das Geringste entnommen werden. Etwas anderes besagen auch die Motive nicht, wenn sie a. a. O. bemerken, daß nur das vorgeschlagene Mittel übrig bleibe, „um Unbilden und Härten abzuwenden, welche aus der Erhebung sämtlicher Gebühren vom Kläger der Instanz ... sich ergeben könnten". Denn was unter den „sämtlichen Gebühren" zu verstehen sei, welche vom Kläger der Instanz erhoben werden, darüber entscheidet nur die Auslegung des § 89.

Zuzugeben ist, daß bei der Unterscheidung zwischen dem Klageverfahren und dem Widerklageverfahren in § 89 Schwierigkeiten für die Kostenberechnung entstehen können. Dadurch, daß die Gebühren nicht für die einzelnen richterlichen Handlungen, sondern als Verhandlungs-, Beweis-, Entscheidungsgebühren je für die Gesamtheit der in der Instanz vorkommenden gleichartigen Handlungen des Gerichts angesetzt werden, wird es unvermeidlich, daß häufig Aktgebühren zu erheben sind, die nicht ausschließlich durch die Klage oder die Widerklage veranlaßt sind, sondern ganz oder zum Teil die Klage und die Widerklage betreffen. Die Vorschrift des § 11, wonach bei Klage und Widerklage, die nicht in getrennten Prozessen verhandelt werden, bald der einfache Wert des Streitgegenstandes entscheidet, bald eine Zusammenrechnung der Werte stattfindet, immer aber nur ein einheitlicher Streitgegenstand vorliegt, kann weitere Verwickelungen herbeiführen. Allein unüberwindlich sind diese Schwierigkeiten keineswegs. Es kommen auch sonst Fälle vor, wo zum Zwecke der Kostenberechnung ganz gleiche Aufgaben zu lösen sind. Dies tritt z. B. ein, wenn durch gerichtliche Entscheidung die Kosten nicht nach Quoten verteilt, sondern der einen Partei die Kosten der Klage, der anderen die Kosten der Widerklage auferlegt sind (vgl. Beschl. des VI. Zivilsenats vom 2. Februar 1891 in Seufferts Archiv Bd. 47 Nr. 228). Die gleiche Verteilung kann durch den Inhalt der Kostenübernahmeerklärung notwendig werden. Namentlich aber kommt der Fall wechselseitiger Einlegung von Rechtsmitteln in Betracht. Wenn beide Teile wechselseitig Rechtsmittel einlegen, und diese nicht in getrennten Prozessen verhandelt werden, so liegt wegen der Einheitlichkeit der Verhandlung nur ein Rechtsstreit und auch nur eine Instanz vor. Für die beiden gemeinsam verhandelten Rechtsmittel ist nur ein einziger Streitgegenstand vorhanden; denn nach § 11 Abs. 2 gilt die Vorschrift des Abs. 1 auch für wechselseitig eingelegte Rechtsmittel. Die Gerichtskosten werden einheitlich berechnet (Entsch. des RG.'s in Zivils. Bd. 29 S. 351). Kostenschuldner im Falle des § 94 Ziff. 1 sind aber beide Parteien nach dem Verhältnis ihrer Beteiligung (Beschl. des V. Zivilsenats vom 25. Januar 1896, Jurist. Wochenschr. S. 132 N. 16). Es müssen also die Kosten auf die beiden Rechtsmittel verteilt werden. Von diesen Rechtsmitteln kann das eine die Klage, das andere die Widerklage betreffen. Dann würde die Aufgabe hier ganz gleich sein, wie bei der Verteilung der auf die Klage und die Widerklage entfallenden Kosten der ersten Instanz. Das Beispiel der wechselseitig eingelegten Rechtsmittel kann aber darüber hinaus auch noch allgemein zur Unterstützung für die Interpretation des § 89 verwertet werden. Denn für die hierfür erheblichen Gesichtspunkte ist das Verhältnis zwischen den beiden Rechtsmittelklägern ganz analog dem Verhältnisse zwischen Kläger und Widerkläger; insbesondere führen, wie bereits bemerkt, auch die beiden wechselseitig eingelegten Rechtsmittel nur zu e i n e r Instanz, und diese ist, als Einheit betrachtet, notwendig durch die Initiative desjenigen Rechtsmittelklägers bedingt, welcher das Rechtsmittel zuerst eingelegt hat. Es wäre nicht konsequent, in der Rechtsmittelinstanz beide Kläger als Antragsteller für die nach § 94 Ziff. 1 zu berechnenden Kosten anteilsweise haften zu lassen, dagegen in erster Instanz nur den Kläger, weil nur er das Verfahren der Instanz beantragt habe, mit diesen Kosten zu belasten.

Wie die Verteilung der in die Jahresrechnung aufzunehmenden Kosten auf den Kläger und auf den Widerkläger im einzelnen zu bewirken sei, kann, wenn es sich nicht um gebührenpflichtige Akte handelt, welche ausschließlich entweder die Klage, oder die Widerklage betreffen, beim Mangel einer ausdrücklichen Bestimmung des Gesetzes zu Zweifeln Anlaß geben. Man kann an eine Verteilung nach Quoten denken, für welche das Verhältnis entscheiden soll, in welchem Streitwert der Klage zum Streitwerte der Widerklage, oder in welchem der Gebührensatz nach dem Streitwerte der Klage zum Gebührensatze nach dem Streitwerte der Widerklage steht. Man kann aber auch die Lösung in der Weise versuchen, daß dem Widerkläger nur der Mehrbetrag der Kosten belastet wird, der durch die Erhebung der Widerklage entstanden ist. Es lassen sich noch andere Arten der Verteilung denken. Eine Entscheidung über diese Frage zu treffen, haben die vereinigten Zivilsenate gegenwärtig keine Veranlassung. In diesem Punkte liegt ein Konfliktsfall im Sinne des § 137 GVG. nicht vor. Entscheidung zu treffen ist nur über den Grundsatz, daß bei Klage und Widerklage dem Kläger nicht sämtliche Kosten zuzuweisen sind, sondern daß eine Verteilung der Kosten zwischen dem Kläger und dem Widerkläger stattfinden muß."

RGZ. 71, 321

Kann nach Erlassung des Urteils der Revisionsinstanz in Anlaß eines Antrages auf Wertfestsetzung für diese Instanz zugleich gemäß § 16 GKG. die Wertfestsetzung der unteren Instanzen abgeändert werden?

I. Z i v i l s e n a t. Beschl. v. 16. Januar 1909.

I. Landgericht I Berlin. II. Kammergericht daselbst.

G r ü n d e :

„Die Frage, ob nach Erlassung des Urteils in der Revisionsinstanz in Anlaß eines Antrages auf Wertfestsetzung für diese Instanz zugleich gemäß § 6 GKG. die Wertfestsetzungen der unteren Instanzen abgeändert werden können, wurde bejaht. In diesem Sinne ist bereits vom I. Zivilsenate in der Sache I. 521/05, vom VII. Zivilsenate in der Sache VII. 458/02 und vom II. Zivilsenate in der Sache II. 314/08 entschieden worden. Entgegenstehende Vorentscheidungen wurden nicht ermittelt. Auch die Konsequenz des Beschlusses der Vereinigten Zivilsenate vom 24. Juni 1899 (Entsch. Bd. 44 S. 403) führt zu dem gleichen Ergebnisse. Dort ist ausgesprochen, daß die Erlassung des Endurteils die höhere Instanz nicht hindere, in Anlaß der Beschwerde über eine Kostenfestsetzung die Wertfestsetzung zu ändern. Decken aber die Worte des Gesetzes „im Laufe des Verfahrens" das nach Erledigung der Hauptsache anhängig werdende Kostenfestsetzungsverfahren, so muß das gleiche gelten von einem Wertfestsetzungsverfahren, da dieses in der Regel die Voraussetzung des ersteren bildet. Der offensichtliche Zweck des Gesetzes ist der, daß Irrtümer bezüglich der Wertfestsetzung, *die sich ergeben*, wenn das Gericht in irgendeiner Weise mit der Sache befaßt ist, berichtigt werden können und daß, wenn sich hierbei eine irrtümliche Wertfestsetzung der unteren Instanz herausstellt, die gewonnene bessere Erkenntnis auch hierfür zu verwerten ist, damit nicht ein innerer Widerspruch in den Wertfestsetzungen der verschiedenen Instanzen bestehen bleibt. Gerade das Wertfestsetzungsverfahren gibt für solche Berichtigungen den hauptsächlichsten Anlaß."

RGZ 82, 39

Kann in Preußen der Oberlandesgerichtspräsident von Amts wegen die dem Rechnungsbeamten zu zahlenden Gebühren herabsetzen und die Durchführung der Rückzahlung im Verwaltungszwangsverfahren beim Amtsgerichte veranlassen? Rechtlicher Charakter der Rechnungsgebühren. Instanzenzug.

Preuß. Gerichtskostengesetz vom 25. Juni 1895 §§ 112, 117 Abs. 3 und 140.

Allgem. Verfügung des preuß. Justizministers vom 16. September 1895, betr. die Anfertigung der Rechnungsarbeiten bei den Justizbehörden und die Rechnungsgebühren (JMBl. S. 273).

III. Zivilsenat. Urt. v. 14. März 1913.

I. Landgericht I Berlin. II. Kammergericht daselbst.

Als Kalkulator beim Amtsgerichte Berlin-Mitte erhielt der Kläger für eine Anzahl Rechnungsarbeiten aus der Staatskasse die von den Amtsrichtern, die ihn mit den Arbeiten beauftragt hatten, festgesetzten Beträge ausgezahlt, nachdem sie von dem Zahlungspflichtigen eingegangen waren und von den beteiligten Parteien eine Beschwerde gegen die Festsetzung der Beträge in den einzelnen Sachen nicht erhoben worden war. Der Kammergerichtspräsident nahm durch seine Rechnungsbeamten von Amts wegen eine Nachprüfung der festgesetzten Beträge vor. Hierbei berechneten die Rechnungsbeamten, daß 72 Arbeitsstunden weniger hätten in Ansatz gebracht werden müssen. Dies Ergebnis teilte der Kammergerichtspräsident dem Amtsgerichte mit, und dieses entschied dann, daß der Kläger 141,50 M. an zu vergütenden Rechnungsgebühren zu viel in Ansatz gestellt und zur Staatskasse zurückzuzahlen habe. Der Kläger legte gegen die Entscheidung des Kammergerichtspräsidenten beim Justizminister Beschwerde ein, die jedoch durch Erlaß vom 24. Januar 1911 zurückgewiesen wurde. Der Kläger zahlte darauf im Wege des Verwaltungszwangsverfahrens gemäß § 140 preuß. GKG. unter Vorbehalt 99,50 M. und 1,75 M. Vollstreckungsgebühr, während die Zwangsvollstreckung in Höhe von 42 M. einstweilen eingestellt wurde.

Der Kläger hat im Rechtswege beantragt, daß die Zwangsvollstreckung aus dem Beschlusse des Kammergerichtspräsidenten für unwirksam erklärt und der Fiskus zur Zurückzahlung des Betrags von 101,25 M. an ihn verurteilt werde. Er beansprucht in erster Linie die Rückzahlung dieses Betrags, als seines Gehalts, indem er das vom Kammergerichtspräsidenten eingeschlagene Verfahren für unzulässig hält, hilfsweise verlangt er die Summe als Schadensersatz, da der Kammergerichtspräsident und die mit der Nachprüfung betrauten Beamten bei der Prüfung es an der erforderlichen Sorgfalt hätten fehlen lassen.

Beide Vorinstanzen haben den Kläger mit seiner Klage abgewiesen. Die Revision des Klägers ist zurückgewiesen worden aus folgenden

Gründen:

... „Daß der Rechtsweg und die Revision zulässig sind, unterliegt keinem Bedenken. Nach Nr. 5 der zur Ausführung der §§ 117 bis 121 preuß. GKG. ergangenen und als eine Norm des objektiven Rechtes anzusehenden allgemeinen Verfügung vom 16. September 1895, betreffend die Anfertigung der Rechnungsarbeiten bei den Justizbehörden und die Rechnungsgebühren, wird den Rechnungsbeamten der Bezug der nach § 117 Abs. 3 preuß. GKG. festgesetzten Gebühren zugesichert, soweit die Gebühren bei der Gerichtskasse zur Einziehung gelangt sind. Der vom Kläger erhobene Anspruch ist mithin ein Gehaltsanspruch und hat die Natur eines solchen nicht dadurch verloren, daß zwar die Auszahlung der Gebühren an den Kläger erfolgt, dann aber die Wiedereinforderung der zuviel erhaltenen Beträge gemäß § 140 GKG. im Wege des Verwaltungszwangsverfahrens geschehen ist, sofern, wie der Kläger behauptet, dieses Verfahren unzulässig gewesen ist; ganz abgesehen hiervon macht der Kläger als Staatsbeamter zugleich vermögensrechtliche Ansprüche aus seinem Dienstverhältnisse geltend.

Die Voraussetzung, von welcher der Antrag des Klägers ausgeht, daß nämlich der Kammergerichtspräsident seinerseits gemäß § 140 preuß. GKG. die Wiedereinziehung der zuviel bezahlten Gebühren durch das Verwaltungszwangsverfahren herbeigeführt habe, trifft nicht zu; der Kammergerichtspräsident hat sich vielmehr darauf beschränkt, in seiner

Entscheidung vom 5. August 1910, die dem Kläger zu erstattenden Rechnungsgebühren anderweit festzusetzen, und die Durchführung der Rückzahlung gemäß § 140 GKG. dem zuständigen Amtsgericht überlassen. Immerhin war die Voraussetzung für die Durchführung des Verwaltungszwangsverfahrens, daß der Kammergerichtspräsident befugt war, von Amts wegen die dem Kläger zu erstattenden Rechnungsbeträge anderweit festzusetzen. Durfte dagegen § 140 GKG. gegen den Kläger nicht angewandt werden, so kann er die auf Grund des Verwaltungszwangsverfahrens gezahlten Beträge zurückverlangen.

Der Kläger will aus der Bestimmung des § 117 Abs. 3 GKG.: „Die Festsetzung der Rechnungsgebühren erfolgt durch das Gericht. Beschwerden werden im Aufsichtsweg erledigt“ folgern, daß die anderweite Festsetzung im Aufsichtswege nur auf die Beschwerde der Beteiligten, nicht aber, wie im vorliegenden Falle geschehen ist, von Amts wegen erfolgen dürfe. Allein mit Unrecht. Allerdings war nach früherem Rechte eine solche anderweitige Festsetzung von Amts wegen ausgeschlossen. Damals fand nach der allgemeinen Verfügung vom 30. September 1879, betreffend die Wahrnehmung der Kalkulaturgeschäfte bei den Justizbehörden im Geltungsbereiche des Gerichtskostengesetzes vom 10. Mai 1851 (JMBl. 1879 S. 392), auf die Kalkulatorgebühren § 17 der deutschen Gebührenordnung für Zeugen und Sachverständige vom 30. Juni 1878 Anwendung. Die Festsetzung der Gebühren geschah durch das Gericht, und über die Beschwerden entschied das im Instanzenzuge vorgesetzte höhere Gericht. Zwar konnten nach § 17 Abs. 2 der Gebührenordnung für Zeugen und Sachverständige das Gericht oder der Richter, durch welche die Gebühren festgesetzt waren, sowie die höhere Instanz von Amts wegen die Festsetzung berichtigen. Voraussetzung für diese Berichtigung von Amts wegen war jedoch, daß die Beträge aus der Staatskasse bezahlt und dieser nicht erstattet waren. Deshalb konnte damals die Berichtigung der festgesetzten Rechnungsgebühren von Amts wegen nie erfolgen, da Rechnungsgebühren nach § 17 des preuß. Gesetzes, betreffend den Ansatz und die Erhebung der Gerichtskosten, vom 10. Mai 1851 erst dann zur Auszahlung an die Kalkulatoren gelangten, wenn sie von der pflichtigen Partei gezahlt und bei der Gerichtskasse eingegangen waren, eine Bestimmung, die von der allgemeinen Verfügung vom 30. September 1879 (JMBl. S. 392) ausdrücklich aufrecht erhalten wurde.

Das bei der Festsetzung der Kalkulaturgebühren eingeschlagene Verfahren war damals wesentlich abweichend gestaltet von dem Festsetzungsverfahren, das bei der Anweisung der Tagegelder und Reisekosten, die den Gerichtsbeamten bei Geschäften außerhalb der Gerichtsstelle zustehen, oder der Kosten des Transportes von Personen und Sachen zur Anwendung gelangt. Die endgültige Festsetzung dieser Auslagen des Gerichts geschah nur im Verwaltungswege, und über Erinnerungen wurde, wie es in der allgemeinen Verfügung vom 22. Juni 1885 (JMBl. S. 223) heißt, im Aufsichtswege entschieden.

Durch das preuß. GKG. vom 25. Juni 1895 haben die Rechnungsgebühren jedoch die Natur von Sachverständigengebühren verloren, was ausweislich der Begründung zum § 117 des Gesetzes im bewußten Gegensatze zum Deutschen Gerichtskostengesetze geschehen ist. Der § 112 preuß. GKG. führt unter den baren Auslagen unter anderen auf:

„4. die an Zeugen und Sachverständige zu zahlenden Gebühren,
5. die bei Geschäften außerhalb der Gerichtsstelle den Gerichtsbeamten zustehenden Tagegelder, Reisekosten und Kommissionsgebühren,
7. die Rechnungsgebühren,
8. die Kosten eines Transports von Personen und Sachen."

Dementsprechend werden auch jetzt die Rechnungsgebühren wesentlich abweichend von den Zeugen- und Sachverständigengebühren festgesetzt. Während diese durch eine instanzenmäßige Entscheidung der Gerichte festgesetzt werden, erfolgt die endgültige Festsetzung aller übrigen im § 112 aufgeführten baren Auslagen nunmehr im Justizverwaltungswege. Daß es sich bei der Festsetzung der Rechnungsgebühren um eine Angelegenheit der Justizverwaltung handelt, läßt die Vorschrift des § 117 Abs. 3 GKG. klar erkennen. Es besteht auch sachlich in der Art der Tätigkeit kein Unterschied, mag es sich nun um die Festsetzung der Rechnungsgebühren oder der Tagegelder, Reisekosten usw. handeln. Der Umstand, daß diese den Beamten durch ihre vorgesetzte Dienstbehörde angewiesen wurden, während Rechnungsgebühren den Rechnungsbeamten zunächst durch dasjenige Gericht (Amtsrichter, Kammer beim Landgericht, Senat beim Oberlandesgericht) festgesetzt werden, welches den Rechnungsbeamten mit der Arbeit beauftragt hat, kann sachlich einen Unterschied nicht begründen und stempelt die Festsetzung durch das Gericht nicht zu einem Akte der rechtsprechenden Tätigkeit. Lediglich Zweckmäßigkeitsgründe waren offenbar dafür maßgebend, die erste Entscheidung in die Hände des beauftragenden Gerichts zu legen, da nur dieses darüber zu befinden vermag, ob die festzusetzenden Rechnungsgebühren mit Rücksicht auf die Schwierigkeit der Aufgabe und die für ihre Erledigung erforderliche Zeit angemessen sind.

Da nach § 4 EG. z. GKG. die Landesgesetzgebung nicht gehindert ist, den Gerichten Geschäfte der Justizverwaltung zu übertragen, läßt sich daraus, daß dem Gerichte durch die Gesetzgebung eine bestimmte Tätigkeit zugewiesen ist, nicht schließen, daß in dieser Tätigkeit ein Ausfluß der Rechtspflege zu erblicken sei. Entscheidend ist in dieser Beziehung lediglich der Charakter der dem Gericht überwiesenen Tätigkeit. Unzulässig ist es, wie der Revisionskläger will, den an sich einheitlich gestalteten Gegenstand der Festsetzung der Rechnungsgebühren in der Weise zu zerreißen, daß man in der Festsetzung durch das Gericht einen Ausfluß richterlicher Tätigkeit und richterlicher Gewalt im Sinne von § 1 GVG., dagegen in der Tätigkeit in der Beschwerdeinstanz einen Ausfluß der Justizverwaltung erblickt. Nur deshalb, weil ihrer inneren Natur nach die Entscheidung durch das Gericht ein Justizverwaltungsakt ist, ist als Beschwerdeinstanz die Aufsichtsbehörde bestellt. Allerdings kommt hierbei nicht der die Aufsicht betreffende Zweig der Justizverwaltung in Betracht. Vermöge der Dienstaufsicht, deren Befugnisse in § 80 flg. des Ausführungsgesetzes zum GVG. vom 24. April 1878 umgrenzt sind, hat die Aufsichtsbehörde darüber zu wachen, daß die Justizbehörden und ihre Beamten die ihnen obliegenden Geschäfte pünktlich und ordnungsmäßig erledigen und auch außerhalb ihres Amtes ein diesem würdiges Verhalten zeigen. Als Aufsichtsbehörde kann die vorgesetzte Behörde die ordnungswidrige Ausführung eines Amtsgeschäfts rügen, zu dessen rechtzeitiger und sachgemäßer Erledigung ermahnen und gegenüber nicht richterlichen Beamten die Erledigung durch Ordnungsstrafen erzwingen. Im vorliegenden Falle richtet sich dagegen die Tätigkeit der Justizverwaltungsbehörde überhaupt nicht gegen den die Gebühren festsetzenden Richter oder gegen den Rechnungsbeamten, vielmehr wird an die Stelle einer Anordnung der unteren Verwaltungsbehörde diejenige der vorgesetzten Behörde gesetzt. Indem § 117 Abs. 3 GKG. die Beschwerde in den Aufsichtsweg verwies, sollte nur bestimmt werden, daß die Behörden für die Entscheidung zuständig sein sollten, welche beim Vorliegen des § 78 preuß. AG. z. GVG. zur Entscheidung berufen sein würden, während für viele sonstige Geschäfte der Justizverwaltung in Preußen die Vorstandsbeamten der Gerichte (der Landesgerichtspräsident und der Erste Staatsanwalt, der Oberlandesgerichtspräsident und der Oberstaatsanwalt) zuständig sind.

Handelt es sich bei der Festsetzung der Rechnungsgebühren um ein Geschäft der Justizverwaltung, so versteht es sich von selbst, daß die vorgesetzte Behörde von Amts wegen jederzeit die Anordnungen der ihr unterstellten Behörden abändern kann. Die Bedeutung des zweiten Satzes des dritten Abs. des § 117 besteht dann nicht darin, die Abänderung der richterlichen Festsetzung lediglich dem Beschwerdeverfahren vorzubehalten, sondern darin, die Behörde zu bezeichnen, an die etwaige Beschwerden zu richten sind.

Ist hiernach über die Frage, welche Rechnungsgebühren dem Kläger zustehen, unter Ausschluß des Rechtswegs durch die Justizverwaltung zu entscheiden, so ist im vorliegenden Falle hierüber zugleich endgültig entschieden worden, da die Beschwerde des Klägers gegen den Beschluß des Kammergerichtspräsidenten vom 5. August 1910 vom Justizminister zurückgewiesen wurde.

Wenn der § 140 preuß. GKG die Wiedereinziehung des zuviel bezahlten Betrags im Wege des Verwaltungszwangsverfahrens zuläßt, falls mehr als der endgültig festgesetzte Betrag aus der Staatskasse gezahlt worden ist, so kann es keinen Unterschied begründen, ob die endgültige Festsetzung vom Amts wegen oder auf die Beschwerde eines Beteiligten erfolgt. Zwar kann zwischen der richterlichen Festsetzung und der amtlichen Nachprüfung durch die Revisionsbeamten eine lange Frist liegen (im vorliegenden Falle ist die Festsetzung der Gebühren durch das Amtsgericht im Jahre 1907, die Prüfung durch die Rechnungsbeamten im Jahre 1910 geschehen), allein auch die Beschwerde gegen die gerichtliche Festsetzung ist an keine Frist gebunden. Die Ungewißheit der dem Rechnungsbeamten tatsächlich zustehenden Gebühren liegt in der Natur dieser Gebühr, da sie ihrer Höhe nach nicht ohne weiteres feststeht, sondern im einzelnen Falle nach der Schwierigkeit der Arbeit und der dafür erforderlichen Zeit zu bemessen ist. Der Begriff der endgültigen Festsetzung kann bei der Kalkulatur nicht anders bestimmt sein, als bei den übrigen in § 112 GKG. aufgeführten baren Auslagen. Auch bei der Zeugen- und Sachverständigengebühr und den Tagegeldern, Reisekosten und Kommissionsgebühren kann von Amts wegen eine Berichtigung erfolgen, und endgültig sind diese Gebühren im Sinne des § 140 erst dann festgesetzt, wenn die amtliche Revision zu Beanstandungen keine Veranlassung gegeben oder die Beanstandungen ihre endgültige Erledigung gefunden haben.

Wollte man den § 140 GKG. bei der von Amts wegen im Justizverwaltungswege erfolgenden Festsetzung ausschließen, so würde dies zu unerträglichen Ergebnissen führen und dem Zwecke der gesetzlichen Regelung des Feststellungsverfahrens widerstreiten. Es besteht ein öffentliches Interesse daran, zu verhindern, daß eine Gebührenüberhebung stattfindet, und es gehört zu den Aufgaben des Staates, Abhilfe gegen die bei der Nachprüfung entdeckten Unregelmäßigkeit zu schaffen. Könnte diese Abhilfe aber nur in der Weise erreicht werden, daß der Fiskus gegen den Rechnungsbeamten wegen der zuviel erhobenen Rechnungsbeträge Klage erhöbe, so würden die Gerichte gleichwohl mit der Entscheidung von Fragen befaßt werden, die nach dem Zwecke des Gesetzes unter Ausschluß des Rechtswegs nur im Wege der Justizverwaltung erfolgen sollen; auch könnte der Prozeßrichter nur einen Rechnungsbeamten als Sachverständigen bestellen, so daß materiell durch dessen Gutachten die Sache entschieden würde. Damit aber würden die ständigen, organisationsmäßigen, beamteten Superrevisoren ausgeschaltet und statt der planmäßig mit den besten Kräften ausgestatteten Revisionseinrichtung träte ein Prozeßverfahren ein, das sich doch nur wieder auf eine vom Prozeßrichter ausgewählte Kalkulaturkraft stützen könnte. Ein solches Verfahren würde dem Zwecke des Gesetzes zuwiderlaufen. Ebensowenig aber bietet das Gesetz einen Anlaß zu der Annahme, daß zwar die unter Ausschluß des Rechtswegs ergehende Festsetzung der Rechnungsgebühren der Entscheidung des Gerichts zugrunde zu legen und nur das im § 140 GKG. angeordnete Verwaltungszwangsverfahren für den Fall der von Amts wegen erfolgenden Abänderung der vom Gerichte festgesetzten Rechnungsgebühren auszuschließen sei.

Auch die Nr. 5 der allg. Verfügung vom 16. September 1895 (JMBl. S. 273) steht nicht im Wege. Hierdurch haben allerdings die Rechnungsbeamten ein im Rechtsweg als Gehaltsanspruch verfolgbares Recht auf die ihnen festgesetzten und bei der Gerichtskasse zur Einziehung gelangten Gebühren erhalten; als festgesetzte Gebühren kommen jedoch auch im Sinne dieser Verfügung nur die endgültig festgesetzten Gebühren in Betracht, und nur insoweit besteht ein im Rechtswege verfolgbarer Anspruch. Bis eine endgültige anderweitige Feststellung geschehen ist, wird der Rechnungsbeamte seinen Anspruch allerdings auf die gerichtliche Festsetzung stützen können, doch bleibt es dem beklagten Fiskus überlassen, den Einwand zu erheben, es sei durch die Justizverwaltung eine anderweite Festsetzung erfolgt. Gerade mit Rücksicht darauf, daß die Höhe der dem Rechnungsbeamten zustehenden Gebühren ungewiß ist, ist es für ihn von großer Bedeutung, daß die genannte allgemeine Verfügung unter Nr. 5 Abs. 2 wegen der Zahlung und Verrechnung der Rechnungsgebühren auf die Vorschriften der Kasseninstruktion vom 15. Juli 1893 (jetzt der Kassenordnung für die Justizbehörden vom 20. März 1907) verweist, wonach die festgesetzten Rechnungsgebühren am Schlusse jeden Monats nach Eingang zur Gerichtskasse an die Rechnungsbeamten zur Auszahlung zu gelangen haben. Diesem Vorteile des Rechnungsbeamten, die Rechnungsgebühren schon vor ihrer endgültigen Festsetzung ausgezahlt zu erhalten, entspricht der Bestimmung, daß auf dem vereinfachten Wege des Verwaltungszwangsverfahrens die zuviel erhobenen Beträge zurückzuerstatten sind. Darnach haben die Vorinstanzen mit Recht entschieden, daß die Klage auf den ersten Klagegrund nicht gestützt werden kann.

Ebensowenig ist ein Schadensersatzanspruch gegen den Fiskus entstanden. In seinem Erlaß vom 5. August 1910 erklärt der Kammergerichtspräsident, die Rechnungsansätze seien in jeder einzelnen Sache von mehreren mit Rechnungsarbeiten betrauten Beamten eingehend geprüft und begutachtet, und der Berufungsrichter nimmt an, daß diese Angabe den Tatsachen entsprochen hat. Der Kammergerichtspräsident hatte — auch darin ist dem Berufungsrichter beizupflichten — nicht die Verpflichtung, seine mit derartigen Revisionen vertrauten Rechnungsbeamten mit besonderen Anweisungen zu versehen, vielmehr konnte er darauf vertrauen, daß sie die bei ihren Prüfungen zu befolgenden Grundsätze beobachten würden. Ebensowenig lag ihm die Nachprüfungspflicht ob, wofern sich aus den Berichten seiner Revisoren für ihn keine Bedenken ergaben.

Dagegen kann den Gründen des Berufungsrichters insoweit nicht beigepflichtet werden, als dieser die Haftung des Beklagten für die von den Rechnungsbeamten etwa begangenen Versehen aus dem preuß. Gesetze vom 1. August 1909 ausschließen will. Wie das Reichsgericht bereits durch Urteil vom 5. November 1912, Rep. III. 111/12, ausgesprochen hat, ist die besondere Kalkulaturtätigkeit keine nur beratende und begutachtende, sondern eine selbständige und endgültige. Gleichwohl kann im vorliegenden Falle eine etwaige Nachlässigkeit der Kalkulaturbeamten deshalb keinen Schadensersatzanspruch begründen, weil die Beschwerde des Klägers durch den Justizminister zurückgewiesen ist und damit die ihm zustehenden Gebühren endgültig in derjenigen Höhe festgesetzt sind, wie sie auch die mit der Nachprüfung betrauten Beamten berechnet haben, so daß sich deren Berechnung als objektiv zutreffend und den Kläger nicht schädigend erwiesen hat. Abgesehen hiervon aber läuft die vom Kläger angestrebte eventuelle Klagbegründung insofern auf eine unzulässige Umgehung der gesetzlichen Bestimmungen hinaus, als er mit seiner Behauptung, die Verwaltungsbehörde sei nicht mit der erforderlichen Sorgfalt verfahren, mittelbar über eine der Beurteilung des Gerichts entzogene Frage gleichwohl dessen Entscheidung herbeizuführen trachtet.“ ...

RGZ. 113, 63

Fallen unter § 10 Abs. 2 des Gerichtskostengesetzes in der Fassung vom 21. Dezember 1922 auch die Rentenansprüche aus unerlaubter Handlung und aus dem Haftpflichtgesetz?

VI. Zivilsenat. Beschl. v. 5. März 1926.

Die Frage ist bejaht worden aus nachstehenden

Gründen:

Der Streit der Parteien hat sich um die Frage gedreht, ob die Klägerin eine ihr wegen eines Eisenbahnunfalls zustehende Haftpflichtrente, deren Betrag vergleichsweise auf 160 M. monatlich festgesetzt worden war, zu einem Goldmarkbetrag in dieser Höhe von der Beklagten verlangen kann.

Der Gerichtsschreiber hat für die Gerichtskosten gemäß § 9 ZPO. das 12½fache des Jahresbetrags der Rente als Streitwert zugrunde gelegt, wogegen die Beklagte Erinnerung erhoben hat.

Die Erinnerung ist begründet, weil der Wert des Rechtes auf die wiederkehrenden Rentenleistungen nach § 10 Abs. 2 GKG. nur auf den Betrag des einjährigen Bezugs zu berechnen war.

Zwar hat der frühere VI. Zivilsenat in einem Beschluß vom 26. März 1923 (RGZ. Bd. 106 S. 411) diese Vorschrift auf Ansprüche aus dem Haftpflichtgesetz nicht für anwendbar gehalten. Dieser Standpunkt, der sich mit der Rechtsprechung einer großen Anzahl von Oberlandesgerichten im Widerspruch befindet, kann jedoch nicht aufrechterhalten werden.

Der bezeichnete Beschluß erkennt selbst an, daß der Entwurf zur Änderung des Gerichtskostengesetzes, auf dem das Gerichtskostengesetz vom 21. Dezember 1922 beruht, auch bei Ansprüchen aus unerlaubter Handlung und aus dem Haftpflichtgesetz den einjährigen Betrag der Rente als Streitwert hat gelten lassen wollen. Die in der Entscheidung mitgeteilte Begründung des Entwurfs läßt darüber auch keinen Zweifel. Der frühere Beschluß nimmt jedoch an, daß die Absicht des Entwurfs im Gesetze selbst nicht zum Ausdruck gelangt sei, weil dieses in § 10 Abs. 2 nur von Ansprüchen auf Erfüllung einer gesetzlichen Unterhaltungspflicht spreche und darunter die sich auf unerlaubte Handlung oder Unfallhaftung gründenden Rentenansprüche nicht fielen. Diese Auslegung ist aber zu eng.

Richtig mag sein, daß unter der gesetzlichen Unterhaltspflicht die durch unerlaubte Handlung oder Unfallhaftung begründete Verpflichtung nicht notwendig begriffen werden muß. Aber sie kann darin einbezogen werden, denn unmittelbar führt auch die Rente aus diesen Verpflichtungen auf eine gesetzliche Vorschrift zurück, und daß das eine Mal die Verwandtschaft, das andere Mal die unerlaubte Handlung oder die Unfallhaftung den Entstehungsgrund für die gesetzliche Rentenpflicht schafft, kann keinen wesentlichen Unterschied begründen.

Jedenfalls war der Verfasser des Regierungsentwurfs, wie eine Vergleichung des Gesetzestextes in Art. I Nummer 4 des Entwurfs mit der Begründung ergibt, der Ansicht, daß unter den Ansprüchen auf Erfüllung einer auf gesetzlicher Vorschrift beruhenden Unterhaltspflicht die auf unerlaubte Handlung oder Unfallhaftung gegründeten Rentenansprüche ohne weiteres mitverstanden seien, und darum hat er den Satz 2 des früheren § 9a GKG., welchem gegenüber in der fraglichen Beziehung keine Änderung beabsichtigt war, offenbar der Kürze halber fortgelassen. Daß sich der Rechtsausschuß und das Plenum des Reichstags diese Auffassung nicht zu eigen gemacht hätten, lassen die Verhandlungen nicht erkennen. Abweichende Meinungen über diesen Punkt sind dort nicht laut geworden (Verhandlungen des Reichstags, I. Wahlperiode 1920, stenogr. Berichte S. 9252, 9394 flg.). Daraus darf aber geschlossen werden, daß man den § 10 Abs. 2 auch im Ausschuß und Plenum entsprechend der Begründung des Entwurfs verstanden hat. Der Umfang, in dem der Entwurf die Renten als Unterhaltsrenten angesehen hat, entspricht auch dem Sprachgebrauch.

Hiernach hat die Kostenberechnung nicht nach § 9 ZPO., sondern nach § 10 Abs. 2 GKG. zu erfolgen. Der Jahresbetrag der geforderten Rente beläuft sich aber auf 1920 RM.

Daß die Rente in einem Vergleich festgesetzt ist, steht der Anwendung des § 10 Abs. 2 GKG. nicht entgegen. Der Vergleich nahm ihr nicht die Natur einer Unfallrente. Er berührte den Grund des Anspruchs überhaupt nicht, sondern nur die Höhe. Eine auf Vertrag beruhende Rentenverpflichtung, die die Anwendung des § 10 Abs. 2 ausgeschlossen hätte, lag deshalb nicht vor. Denn dazu müßte die Rentenpflicht als solche auf einem Vertragsverhältnis beruhen.

RGZ. 124, 351

1. Inwieweit sind Einwendungen der wegen Zahlung von Gerichtskosten in Anspruch genommenen Personen gegen ihre Zahlungspflicht im Verfahren des § 4 des Reichs-Gerichtskostengesetzes oder mit den für das Verwaltungszwangsverfahren bestimmten Rechtsbehelfen geltendzumachen?

2. Können im Wege des § 4 RGKG. auch Einwendungen des Konkursverwalters gegen die Verpflichtung geltendgemacht werden, die gegen ihn angesetzten Gerichtskosten eines der Konkurseröffnung vorhergegangenen Geschäftsaufsichts-Verfahrens als Massekosten zu begleichen?

RGKG. §§ 4, 88. KO. §§ 57 bis 60. Preuß. Verordnung v. 15. November 1899 betr. das Verwaltungszwangsverfahren zur Beitreibung von Geldbeträgen (GS. S. 545) §§ 2, 3.

VII. Zivilsenat. Urt. v. 11. Juni 1929.

I. Landgericht I Berlin.

Am 31. Januar 1925 war vom Amtsgericht Berlin-Mitte ein Antrag auf Anordnung der Geschäftsaufsicht über das Vermögen der jetzt von dem klagenden Konkursverwalter vertretenen Gemeinschuldnerin abgelehnt worden. Nachdem dasselbe Gericht dann am 4. Februar 1925 das Konkursverfahren eröffnet hatte, forderte seine Gerichtskasse in diesem Verfahren die Kosten des Geschäftsaufsicht-Verfahrens als Massekosten vom Kläger an. Sie beharrte auf diesem Anspruch auch gegenüber einer Vorstellung des Klägers vom 18. November 1926 mit Schreiben des Kassenkurators vom 29. dess. Monats. In einer neuen Eingabe vom 26. dess. Monats an die Gerichtskasse erklärte der Kläger, daß er nunmehr Klage erheben werde; er bat um vorläufige Einstellung der Zwangsvollstreckung, weil die Masse zur Befriedigung der Massegläubiger nicht ausreiche (§ 60 KO.), und schloß für den Fall, daß dem nicht entsprochen werde, die weitere Bitte an, die Eingabe „als Beschwerde der übergeordneten Instanz weiterleiten zu wollen." Der Amtsgerichtspräsident, dem die Eingabe vorgelgt wurde, erließ am 8. November 1927 eine Entscheidung, laut der er die „Beschwerde als unbegründet abwies"; sie wurde dem Kläger nach dessen Angabe am 11. dess. Monats zugestellt. Mit der am 9. Dezember eingereichten Klage beantragte der Kläger nunmehr, die Zwangsvollstreckung für unzulässig zu erklären. Der Beklagte machte in erster Linie geltend, daß die Klage nach § 3 Abs. 3 der preuß. Verordnung vom 15. November 1899 über das Verwaltungszwangsverfahren unzulässig sei, weil der Kläger gegen die Entscheidung der Stelle, für deren Rechnung die Zwangsvollstreckung stattfinden solle, nämlich gegen die Entscheidung des Kassenkurators vom 29. November 1926, bereits die Aufsichtsbeschwerde mit seinem Schreiben vom 26. November 1926 ergriffen habe. Das Landgericht erkannte im Sinne dieser Auffassung. Die vom Kläger mit Einwilligung des Beklagten unmittelbar eingelegte Revision blieb erfolglos.

Gründe:

Das Landgericht bringt ohne besondere Begründung den § 3 der preuß. Verordnung vom 15. November 1899 betr. das Verwaltungszwangsverfahren wegen Beitreibung von Geldbeträgen (GS. S. 545) zur Anwendung; dieser regelt die Rechtsbehelfe dritter Personen, gegen welche jenes Verfahren auf Grund einer aus den Vorschriften des bürgerlichen Rechts hergeleiteten Verpflichtung zur Leistung oder zur Duldung der Zwangsvollstreckung angeordnet wird und die diese Verpflichtung bestreiten. Der Beklagte vertritt in seiner Revisionsbeantwortung die Auffassung, daß nicht diese, die Klage wahlweise zulassende Vorschrift zutreffe, sondern § 2 derselben Verordnung, der die Einwendungen wegen vermeintlicher Mängel des Verwaltungszwangsverfahrens behandelt und wegen dieser nur die Beschwerde bei der vorgesetzten Dienstbehörde vorsieht. Dagegen führt die Revision aus, weder § 2 noch § 3 der Verordnung sei maßgebend, es sei vielmehr über die Verpflichtung des Konkursverwalters zur Zahlung der streitigen Kosten, über deren Eigenschaft als Massekosten und über den Einwand der Unzulänglichkeit der Masse ausschließlich im Klageweg zu entscheiden.

Keiner von diesen Meinungen ist beizutreten. Schon die erste wegen der streitigen Kosten aufgestellte Kostenrechnung vom 10. März 1925 ist an den Konkursverwalter als Vertreter der Gemeinschuldnerin gerichtet, wie denn auch das angefochtene Urteil irgendeine an die Gemeinschuldnerin unmittelbar gerichtete Kostenanforderung nicht erwähnt. Das Zwangsverfahren wird also gegen den Konkursverwalter nicht wegen einer ursprünglich gegen die Gemeinschuldnerin angesetzten Kostenforderung auf Grund einer gegen ihn als einen Dritten erlassenen Anordnung der Gerichtskasse betrieben, sondern wegen einer von der Geschäftsstelle des Gerichts gegen ihn als Masseverwalter der Gemeinschuldnerin angesetzten Kostenforderung. Für Erinnerungen der Zahlungspflichtigen gegen den Ansatz von Gebühren und Auslagen ist aber das Verfahren ausschließlich im § 4 GKG. geregelt, der nach § 1 das. und § 14 GAVo. auf die Kosten des Geschäftsaufsicht-Verfahrens anzuwenden ist. Die Bestimmungen der preußischen Verordnung vom 15. November 1899 können demgegenüber nur Anwendung beanspruchen und beanspruchen sie auch nach ihrem Wortlaut nur auf Einwendungen, die sich nicht gegen den ursprünglichen Kostenansatz der Geschäftsstelle richten, sondern gegen die auf Grund dieses Ansatzes von der Gerichtskasse ergriffenen Beitreibungsmaßnahmen, was im vorliegenden Falle nach dem Gesagten nicht zutrifft.

Die Vorschrift des § 4 GKG., wonach „über Erinnerungen des Zahlungspflichtigen gegen den Ansatz von Gebühren oder Auslagen das Gericht der Instanz entscheidet“ und gegen dessen Entscheidung Beschwerde stattfindet, gilt auch nicht etwa nur für Erinnerungen gegen die Höhe der Kosten oder über die Notwendigkeit der unter ihnen begriffenen Auslagen. Vielmehr greift sie, wie die Vereinigten Zivilsenate des Reichsgerichts im Beschluß vom 15. Februar 1886 (RGZ. Bd. 16 S. 291, bes. S. 302, 310) eingehend ausgeführt haben und wie seitdem erneut der VI. Zivilsenat in einer Entscheidung vom 20. November 1919 (RGZ. Bd. 97 S. 175) ausgesprochen hat, auch für den Streit darüber Platz, ob die Person, gegen welche die Kosten angesetzt worden sind, nach den Normen der Kostengesetze und des bürgerlichen Rechts und den anderen nach § 88 GKG. zur Ergänzung der Kostengesetze heranzuziehenden Vorschriften mit Recht als zahlungspflichtig in Anspruch genommen wird. Zu diesen nach § 88 GKG. als Ergänzung der Kostengesetze zu behandelnden Vorschriften, deren Verletzung auf dem im § 4 bezeichneten Wege geltendzumachen ist, gehören nun aber die §§ 57 bis 60 KO. über die Masseverbindlichkeiten und über deren Berichtigung, insbesondere im Falle einer Unzulänglichkeit der Masse. Daraus folgt, daß auf diesem Wege insbesondere auch Streitigkeiten darüber auszutragen sind, ob Gerichtskosten vom Konkursverwalter als Massekosten zu begleichen oder als Konkursforderungen gegen den Gemeinschuldner anzumelden sind und ob im ersten Falle die alsbaldige vollständige Befriedigung oder, wegen Unzulänglichkeit der Masse, nur eine verhältnismäßige Berücksichtigung verlangt werden kann.

Die Anwendbarkeit des § 4 GKG. auf Streitigkeiten dieser Art läßt sich nicht aus dem Grunde verneinen, daß hier nicht die Zahlungspflicht des Konkursverwalters, sondern nur seine Pflicht, die Kosten als Massekosten zu behandeln, oder die Eigenschaft des Kostenanspruchs als Massekosten streitig sei. Die Inanspruchnahme des Konkursverwalters für die gesamten Kosten ist der Wirkung nach gleichbedeutend mit der Beanspruchung ihrer Behandlung als Massekosten; denn zur Erwirkung ihrer Berücksichtigung als bloße Konkursforderung genügt schon die gegen den Gemeinschuldner ausgestellte Kostenrechnung. Während aus einer solchen, solange das Konkursverfahren dauert, nach § 14 KO. keine Zwangsvollstreckung stattfinden darf, gibt die gegen den Konkursverwalter ausgestellte Kostenrechnung ohne weiteres die Grundlage für einen Zwangsbeitreibungs-Auftrag wegen des ganzen darin angeforderten Betrags gegen die Masse. Die Eigenschaft der Kosten als Massekosten kann also nicht einen besonderen Streitpunkt neben der Frage bilden, ob der Konkursverwalter wegen ihrer Bezahlung rechtmäßig in Anspruch genommen werde, sondern sie bildet geradezu den wesentlichen Inhalt und Zweck dieser Inanspruchnahme. Danach kann angesichts des aus den §§ 4, 88 GKG. sich ergebenden Satzes, daß Streitigkeiten über die Kostenzahlungspflicht aus den §§ 57 bis 60 KO. im Wege des § 4 GKG. zu entscheiden seien, auch die Entscheidung über die Fragen, ob es sich um Massekosten handelt und ob die Voraussetzungen für eine nur verhältnismäßige Befriedigung der Massekosten bestehen, nicht aus diesem Verfahren ausgeschieden werden.

Demgemäß war das Verlangen des Klägers, die gegen ihn gerichtete, die volle Beitreibung der Kosten aus der Masse bezweckende Zwangsvollstreckung für unzulässig zu erklären, in der Form einer Einwendung gegen seine Kostenzahlungspflicht nach Maßgabe des § 4 GKG. geltend zu machen und die Beschreitung des Klagewegs unzulässig. Das angefochtene Urteil ist hiernach aufrechtzuerhalten, obgleich die dem Urteil zugrunde liegende Auffassung, daß § 3 der Verordnung vom 15. November 1899 maßgebend sei, nicht zutrifft und es nicht auf die im Urteil erörterte Frage ankommt, ob der Kläger das in dieser Vorschrift wahlweise zugelassene Klagerecht verloren hat.

RGZ. 131, 151

Darf von der Partei, der auf ihren Antrag ein Notfristzeugnis erteilt und durch die Post übersandt wird, eine Postgebühr erhoben werden?

GKG. § 72 Nr. 1. ZPO. § 706.

IV. Zivilsenat. Beschl. v. 15. Januar 1931.

Der Prozeßbevollmächtigte der Klägerin übersandte der Geschäftsstelle des Reichsgerichts eine Ausfertigung des Berufungsurteils mit dem Gesuch um Erteilung des Notfristzeugnisses; er bat — unter Bezugnahme auf die Beschlüsse des Bayerischen Obersten Landesgerichts vom 7. Mai 1930 (DRZRspr. 1930 Nr. 532) und des Oberlandesgerichts in Düsseldorf vom 26. Oktober 1930 (JW. 1931 S. 226 Nr. 2) — um portofreie Rücksendung. Die Geschäftsstelle erteilte das Notfristzeugnis gemäß § 706 Abs. 2 ZPO. Sie bewirkte aber die Rücksendung der Urteilsausfertigung mit dem Zeugnis in einem nicht freigemachten Umschlage mit der Aufschrift „Gebührenpflichtige Dienstsache", so daß der Anwalt bei Aushändigung der Sendung durch die Post 0,30 RM. Postgebühr zahlen mußte. Auf die Erinnerung der Klägerin hat das Reichsgericht den Ansatz der Postgebühr aufgehoben.

Gründe:

Nach dem Grundsatz des § 1 GKG. in der Fassung der Bekanntmachung vom 5. Juli 1927 (RGBl. I S. 152) werden Auslagen der Gerichte nur erhoben, soweit das Gesetz dies in den §§ 71 bis 73 vorsieht; andere als die dort angegebenen Auslagen werden als durch die Gerichtsgebühren mitabgegolten betrachtet, bei deren gesetzlicher Bemessung bereits auf die nicht zur Erhebung kommenden Auslagen Rücksicht genommen worden ist. Zu den von diesem Grundsatz betroffenen Auslagen gehören die Postgebühren für die Sendungen, welche im Rahmen der gerichtlichen gebührenpflichtigen Tätigkeit erfolgen. Auch diese Postgebühren gelten im allgemeinen als durch die Gerichtsgebühren gedeckt. Das Gesetz macht in § 72 Nr. 1 hiervon nur zwei Ausnahmen: a) für die Übersendung der auf Antrag erteilten Ausfertigungen und Abschriften, also solcher Ausfertigungen und Abschriften, für die nach § 71 Abs. 1 auch Schreibgebühren erhoben werden; b) für die Ladungen von Zeugen und Sachverständigen. Fällt eine Sendung an die Partei unter die Ausnahme a, so wird die Postgebühr regelmäßig in der Weise erhoben, daß die Sendung unfrei als gebührenpflichtige Dienstsache abgelassen wird. Wird die Sendung, z. B. auf Grund der Vorschriften über den Verkehr der Behörden miteinander, freigemacht, so wird die Postgebühr als Auslage in besonderer Rechnung angesetzt. Liegt kein Fall vor, in dem nach dem Gerichtskostengesetz Postgebühren erhoben werden dürfen, so ist auch die unfreie Übersendung als gebührenpflichtige Dienstsache unstatthaft. Für die Berechtigung der Partei, gegen ihre Belastung mit einer Postgebühr eine Erinnerung aus § 4 GKG. zu erheben, kann es keinen Unterschied machen, ob die Postgebühr gegen sie auf dem einen oder dem anderen der beiden möglichen Wege angesetzt wird.

Von den beiden Fällen des § 72 Nr. 1 GKG. kommt der Fall b hier nicht in Betracht. Auch der Fall a ist nicht gegeben, was auch die Geschäftsstelle des Reichsgerichts insofern beachtet hat, als sie keine Schreibgebühr erhoben hat. Als eine Ausfertigung stellt sich ein mit der Unterschrift des zuständigen Beamten und dem Dienstsiegel (Stempel) der Behörde versehenes, zur Hinausgabe bestimmtes Schriftstück dann nicht dar, wenn es eine Urschrift ist. Das von der Geschäftsstelle des Reichsgerichts der Klägerin erteilte Notfristzeugnis ist aber in Urschrift hinausgegangen. Es bedarf deshalb hier keiner Erörterung, ob nicht auch dann, wenn einer Partei das Notfristzeugnis in Ausführung einer bei den Akten zurückbleibenden Anordnung in Ausfertigung zugehen würde, die Anwendung der §§ 71 Abs. 1, 72 Nr. 1 a GKG. aus dem Grunde abgelehnt werden müßte, weil sich der Antrag der Partei nicht auf die Erteilung einer Ausfertigung, sondern auf die Vornahme einer gerichtlichen Handlung richtete (vgl. J o n a s GKG. 2. Aufl. § 71 Anm. 1 Abs. 1 und Abs. 3 a, § 72 Anm. 1 a; S y d o w - B u s c h und K r i e g GKG 11. Aufl. § 71 Anm. 2 und 3, § 72 Anm. 1).

Es fragt sich hiernach nur noch, ob die Erteilung des Notfristzeugnisses etwa aus dem Rahmen der gebührenpflichtigen Tätigkeit des Gerichts herausfällt. Das ist zu verneinen. Die Erteilung eines Rechtskraftzeugnisses durch die Geschäftsstelle des Prozeßgerichts gemäß § 706 Abs. 1 ZPO. gehört zum „Prozeßverfahren" im Sinne der Eingangsworte des § 20 GKG., und zwar zu dem „Verfahren im allgemeinen" im Sinne der Nr. 1 dieses Paragraphen; sie wird deshalb durch die Prozeßgebühr mitabgegolten. Das Notfristzeugnis des § 706 Abs. 2 ZPO. dient lediglich als ein Beweismittel für den unbenutzten Ablauf der Rechtsmittelfrist behufs Erlangung des Rechtskraftzeugnisses. Indem die Geschäftsstelle des für das Rechtsmittel zuständigen Gerichts jenes Zeugnis erteilt, leistet sie einen Hilfsdienst im Bereiche des Prozeßverfahrens vor demjenigen

Gericht, dessen Geschäftsstelle zur Erteilung des Rechtskraftzeugnisses berufen ist. Auch diese Hilfstätigkeit der Geschäftsstelle eines anderen Gerichts wird darum durch die beim Prozeßgericht erwachsende Prozeßgebühr gedeckt.

RGZ. 131, 338

Haften Streitgenossen für die Gerichtskosten auch dann als Gesamtschuldner, wenn sie am Rechtsstreit mit verschiedenen Ansprüchen beteiligt sind, eine gerichtliche Entscheidung über die Kostenteilung aber nicht ergangen ist?

Deutsches Gerichtskostengesetz § 87. ZPO. § 100.

VII. Zivilsenat. Beschl. v. 27. Februar 1931.

I. Landgericht Nürnberg. II. Oberlandesgericht daselbst

Die von den Klägern erhobene Schadensersatzklage war von seiten des F. gerichtet auf Zahlung von 3000 RM. an ihn, von seiten der Frau W. auf Zahlung weiterer 3000 RM. an sie; ferner hatte die letztere einen Feststellungsanspruch erhoben. Die Klage wurde in allen Instanzen abgewiesen.

Die Geschäftsstelle des Reichsgerichts berechnete die Gebühr auf 405,40 RM. und forderte den gesamten, nach Abzug der schon gezahlten Prozeßgebühr von 200 RM. verbleibenden Restbetrag von 205,40 RM. vom Kläger F. ein, da die Klägerin W. zahlungsunfähig war. Die hiergegen von F. erhobene Erinnerung wurde zurückgewiesen.

Gründe:

Die Klagpartei besteht aus mehreren Personen. Eine gerichtliche Entscheidung über die Verteilung der Kosten der Revisionsinstanz ist nicht ergangen. Gemäß § 87 GKG. haften daher beide Kläger für die gesamten Kosten als Gesamtschuldner. Daran wird durch den Umstand, daß hier die Kläger selbständige Ansprüche geltend gemacht haben, daß also die Ansprüche und die Kosten eines jeden Klägers „ausscheidbar“ sind, nichts geändert. Nach der angeführten Gesetzesvorschrift haften mehrere Streitgenossen, sofern nicht eine gerichtliche Entscheidung über die Kostenverteilung ergangen ist, als Gesamtschuldner und nicht, wie nach § 91 GKG. alter Fassung, nach Kopfteilen. Nur Entscheidungen über die Kostenverteilung (vgl. § 100 Abs. 2 und 3 ZPO.), die an sich nur das Verhältnis der Parteien untereinander betreffen, sind nach §§ 79, 87 GKG. auch für das Verhältnis der Staatskasse zu den kostenpflichtigen Streitgenossen maßgebend. Sind dagegen den unterlegenen Streitgenossen die Kosten schlechthin (ohne Teilung unter ihnen) auferlegt worden, so liegt eine „Entscheidung über die Kostenverteilung“ nicht vor; die Streitgenossen haften alsdann der Staatskasse als Gesamtschuldner, obwohl sie nach der Regel des § 100 Abs. 1 ZPO. im Verhältnis zum obsiegenden

Gegner für die Kostenerstattung nur nach Kopfteilen haften. Die durch § 87 GKG. neuer Fassung begründete Gesamtkostenhaftung der Streitgenossen dem Staate gegenüber ist nicht auf die Fälle beschränkt, wo der Streitgegenstand für die Streitgenossen derselbe ist. Vielmehr besteht die Gesamthaftung für die Kosten auch dann, wenn die einzelnen Streitgenossen verschiedene Ansprüche geltend gemacht haben oder wenn gegen sie verschiedene Ansprüche erhoben worden sind (Beschlüsse des IV. Zivilsenats des Reichsgerichts vom 18. Juni und 22. September 1927 IV 685/26, IV 759/26; Sydow-Busch Deutsches Gerichtskostengesetz 11. Aufl. S. 290). Die gegenteilige, von Jonas (Deutsches Gerichtskostengesetz 2. Aufl. S. 304) und von Rittmann-Wenz (Deutsches Gerichtskostengesetz 15. Aufl. S. 494 flg.) vertretene Ansicht findet im Gesetz keine Stütze und ist mit dem klaren Wortlaut des § 87 GKG. unvereinbar.

Mit Recht hat daher die Geschäftsstelle die gesamten noch unbeglichenen Gebühren der Revisionsinstanz vom Kläger F. erfordert.

RGZ. 135, 224

Wie ist zu verfahren, wenn für den zunächst beschränkten Berufungsantrag die Zahlung der Prozeßgebühr rechtzeitig nachgewiesen, dann aber der Berufungsantrag erweitert und hierfür die Prozeßgebühr nicht bezahlt wird?

ZPO. § 519. GKG. §§ 74, 85.

VI. Zivilsenat. Urt. v. 18. Februar 1932.

I. Landgericht III Berlin. II. Kammergericht daselbst.

Die auf Zahlung von 7000 RM. gerichtete Klage war vom Landgericht abgewiesen worden. Der Kläger legte Berufung ein, beschränkte sie aber auf 60 RM. Da ihm das Armenrecht für die Berufung durch Beschluß vom 6. Mai 1930 wegen Aussichtslosigkeit der Rechtsverfolgung versagt wurde, führte er die Berufung zunächst nur wegen jener 60 RM. durch, wofür er rechtzeitig die Einzahlung der erforderten Prozeßgebühr nachwies. Das Berufungsgericht machte die Entscheidung darüber im Urteil vom 2. Dezember 1930 von einem Eide des Beklagten abhängig. Diesen Eid leistete er am 24. Februar 1931, worauf am 5. Mai 1931 das Berufungsgericht nach erneuter Ablehnung des Armenrechtsgesuchs des Klägers, der seinen Berufungsantrag schriftsätzlich um weitere 60 RM. erhöht hatte, durch Läuterungsurteil die Klage in Höhe von 60 RM. abwies, zugleich aber neuen Termin zur Verhandlung auf den 7. Juli 1931 anberaumte. Vor diesem Termin erweiterte der Kläger mit Schriftsatz vom 3. Juli 1931 seinen Berufungsantrag um insgesamt 6940 RM. nebst Zinsen. Im Termin war der Kläger durch einen Anwalt vertreten, der zunächst das Armenrechtsgesuch wiederholte. Nachdem dieses abgelehnt worden war, beschloß das Gericht, den Berufungskläger nicht zur Verhandlung zuzulassen, weil der nach § 74 GKG. erforderliche Zahlungsnachweis für den erweiterten Berufungsantrag nicht erbracht worden sei. Darauf beantragte der Anwalt des Beklagten, gegen den Kläger Versäumnisurteil zu erlassen. Die Verkündung wurde bis zum 14. Juli 1931 ausgesetzt und dem Berufungskläger anheimgegeben, bis zu diesem Zeitpunkt die Zahlung der Prozeßgebühr für einen Streitgegenstand von 6940 RM. nachzuweisen, in welchem Falle ein neuer Verhandlungstermin anberaumt werden würde. Da der Nachweis nicht erbracht wurde, erging am 14. Juli 1931 gegen den Kläger ein Versäumnisurteil, durch das seine Berufung zurückgewiesen wurde, soweit darüber nicht bereits durch das Läuterungsurteil entschieden worden sei. Gegen das Versäumnisurteil legte der Kläger rechtzeitig Einspruch ein und wiederholte nochmals sein Armenrechtsgesuch. Dieses wurde durch Beschluß vom 29. September 1931 abermals abgelehnt; zugleich wurde der Kläger darauf hingewiesen, daß er spätestens zum Verhandlungstermin vom 30. Oktober 1931, der auf den Einspruch des Klägers von Amts wegen anberaumt worden war, die Prozeßgebühr bezahlt haben müsse, widrigenfalls er nicht zugelassen werde. Im Termin vom 30. Oktober 1931 war der Kläger durch seinen Berufungsanwalt vertreten. Dieser wurde aber mangels Zahlung der Prozeßgebühr nicht zur Verhandlung zugelassen, und es erging auf Antrag des Beklagten gegen den Kläger ein zweites Versäumnisurteil, durch das sein Einspruch verworfen wurde. Die hiergegen gerichtete Revision des Klägers führte zur Aufhebung und Zurückverweisung.

Gründe:

Das Verfahren des Berufungsgerichts ist darin nicht zu beanstanden, daß dem Kläger nach der Erweiterung seines Berufungsantrags nicht abermals eine Frist nach § 519 Abs. 6 ZPO. gesetzt worden ist. Die Unzulässigkeit einer solchen zweiten Fristsetzung war in RGZ. Bd. 109 S. 349 in einem Falle angenommen worden, wo der Kläger in der Berufungsinstanz die Klage erweitert hatte. Die Sache liegt aber nicht wesentlich anders, wenn der Berufungskläger seinen zunächst beschränkten Berufungsantrag später erweitert, wie es hier geschehen ist (vgl. Stein-Jonas ZPO. Anm. V 1 und 2 zu § 519). Im einen wie im anderen Falle bietet nur noch eine entsprechende Anwendung des § 74 Abs. 2 Satz 3 GKG., worauf am Schlusse jener Entscheidung hingewiesen worden ist, die Möglichkeit, den Fortgang des Verfahrens von der Zahlung der Prozeßgebühr abhängig zu machen, obwohl diese Vorschrift eigentlich nur für das Verfahren im ersten Rechtszuge erlassen ist. Das Berufungsgericht hat eine entsprechende Anwendung für zulässig gehalten, und insoweit kann der Revisionsangriff nicht für berechtigt erachtet werden.

Jene Vorschrift, nach welcher im Falle der Klagerweiterung keine gerichtliche Handlung vor Zahlung der Prozeßgebühr vorgenommen werden soll, ist verschieden ausgelegt worden. Die einen beziehen sie auf gerichtliche Handlungen aller Art, also auch auf solche, die lediglich zugunsten des Beklagten ergehen, und halten es darum für unzulässig, daß der Beklagte im Wege des Versäumnisverfahrens gegen den Kläger vorgehe und so dessen erweiterte Klage zur Abweisung, bei Verwerfung des Einspruchs sogar zur endgültigen Abweisung bringe. Diese Ansicht wird von Jonas in der 2. Auflage seines Erläuterungswerkes (§ 74 GKG. Anm. III 3 f, anders in der 1. Auflage Anm. 5 f), ferner von Sydow-Busch-Krieg (§ 74 GKG. Anm. 8), Friedländer (§ 74 GKG. Anm. 56) und Kraemer (Busch Zeitschr. Bd. 49 S. 143, 256) vertreten. Sie wird namentlich auf den Unterschied in der Fassung gestützt, der zwischen § 74 Abs. 2 Satz 3 und § 85 Abs. 5 GKG. besteht. Letztere, den Ausländervorschuß betreffende Vorschrift lautete früher ähnlich wie jetzt § 74 Abs. 2 Satz 3, nämlich dahin, daß vor Zahlung des Vorschusses die Vornahme jeder gerichtlichen Handlung abzulehnen sei. Durch das Gesetz zur Änderung des Gerichtskostengesetzes vom 21. Dezember 1922 (RGBl. 1923 I S. 1), auf dem auch die jetzige Fassung des § 74 beruht, ist die Vorschrift des § 85 dahin gefaßt worden, daß der Ausländer vor Zahlung des Vorschusses zur Verhandlung nicht zugelassen werden soll. Aus dem Unterschied beider Fassungen wird nun der Schluß gezogen, daß es im Falle des § 74 Abs. 2 Satz 3 GKG. eine Terminsanberaumung gegen den zahlungssäumigen Kläger und eine Nichtzulassung des Klägers wegen seiner Zahlungssäumnis nicht gebe. Diese Ansicht führt zu dem Übelstande, daß der Beklagte gegen eine Klagerweiterung, die der Kläger durch Zustellung eines Schriftsatzes rechtshängig gemacht hat (§ 281 ZPO.), so gut wie hilflos ist; denn der Ausweg, auf den Kraemer (a. a. O. S. 143) hinweist, daß er selbst die Prozeßgebühr bezahle, ist ihm nicht wohl zuzumuten. Das ist für den Beklagten um so empfindlicher, als mit der Klagerweiterung sich die Gebühren seines eigenen Anwalts erhöhen. Die Gegenmeinung legt mit Rücksicht auf dieses unbefriedigende Ergebnis den § 74 Abs. 2 Satz 3 GKG. dahin aus, daß nur solche gerichtlichen Handlungen unterbleiben sollen, welche dem Kläger förderlich sind, nicht aber solche, welche sich gegen ihn richten. Diese Ansicht, welche von Rittmann-Wenz (§ 74 GKG. Anm. 9), Kollat (§ 74 GKG. Anm. 4), Baumbach (§ 74 GKG. Anm. 3 D), Spittel (JW. 1925 S. 2589) und Herm. Lucas (JW. 1929 S. 517 Fußnote) vertreten wird und in der Rechtsprechung durchzudringen scheint (Kammergericht in JW. 1925 S. 2361 Nr. 6, 1929 S. 517 Nr. 3; Oberlandesgericht Stuttgart in JW. 1926 S. 1613 Nr. 10), kann sich mit Recht darauf berufen, daß auch nach der älteren Fassung des § 85 GKG. der Ausschluß des Ausländers von der Verhandlung wegen unterbliebener Vorschußzahlung und die Erlassung eines Versäumnisurteils gegen ihn für zulässig erachtet worden war (RGUrt. in JW. 1890 S. 256 Nr. 6, vgl. auch JW. 1893 S. 126 Nr. 9; Oberlandesgericht Marienwerder in SeuffArch. Bd. 55 Nr. 174; Oberlandesgericht Hamburg im Recht 1908 Nr. 3171). Sie kann ferner darauf hinweisen, daß das Gerichtskostengesetz in den Fällen, wo ein Mahn- oder Güteverfahren vorangegangen ist, dem Beklagten ein Vorgehen gegen den Kläger ohne Vorwegzahlung der Prozeßgebühr gestattet (§ 74 Abs. 2 Satz 2, § 74a Abs. 2 Satz 2 GKG.). Daß für den Kläger ein endgültiger Rechtsverlust eintreten kann, steht nicht entscheidend entgegen, zumal da Absatz 4 des § 74 GKG. Ausnahmen in weitem Umfange zuläßt, bei denen die Vorauszahlungspflicht wegfällt. Da auch die Gesetzesmaterialien (Entwurf nebst Begründung Nr. 5301 der Reichstagsdrucksachen 1920/22, Kommissionsbericht Nr. 5433) diese Auslegung nicht ausschließen und für sie unzweifelhaft ein Bedürfnis spricht, so ist sie als die richtige zu erachten. Der Revision kann also auch darin nicht Recht gegeben werden, daß sich die Erlassung eines Versäumnisurteils gegen den Kläger auf § 74 Abs. 2 Satz 3 GKG. nicht gründen lasse. Was für die Klagerweiterung gilt, muß sinngemäß auch für die Erweiterung der Berufungsanträge gelten (vgl. RGZ. Bd. 109 S. 351).

Aber die Zulässigkeit eines solchen Verfahrens setzt doch voraus, daß es vom Beklagten betrieben wird. Das Vorhandensein dieser Voraussetzung läßt sich hier nicht feststellen. Mit dem Läuterungsurteil vom 5. Mai 1931 war der Teil der Berufung erledigt, für den die Prozeßgebühr fristgemäß eingezahlt worden war. Warum gleichzeitig ein neuer Verhandlungstermin auf den 7. Juli 1931 anberaumt wurde, läßt sich aus den Akten nicht ersehen. Da dem bedingten Endurteile der Schriftsatz des Klägers vom 15. November 1930 vorangegangen war, so ist anzunehmen, daß die Terminsanberaumung mit der darin enthaltenen Berufungserweiterung um 60 RM. zusammenhing, deren Antrag noch nicht in einer mündlichen Verhandlung verlesen worden war. Auf wessen Veranlassung der neue Termin aber anberaumt worden ist, ob auf Antrag des Klägers oder des Beklagten oder von Amts wegen, ist aus dem Protokoll vom 5. Mai 1931 nicht zu ersehen. Dagegen ist klar ersichtlich, daß der Termin vom 30. Oktober 1931, in welchem der Einspruch des Klägers verworfen wurde, nicht auf Antrag des Beklagten anberaumt worden war, sondern infolge des Eingangs der Einspruchsschrift des Klägers von Amts wegen. Hier war also unzweifelhaft nicht der Beklagte, sondern der Kläger der betreibende Teil.

Es kann nun, auch vom Standpunkte der oben gebilligten Ansicht aus, nicht für zulässig erachtet werden, daß im Geltungsbereich des § 74 GKG. Termine auf Antrag oder Anregung des Klägers anberaumt werden und dann nachträglich seine Zulassung von der Zahlung der Prozeßgebühr abhängig gemacht wird. Ein solches Verfahren wird für den Fall der Klagerhebung (§ 74 Abs. 2 Satz 1 GKG.) ganz überwiegend und mit Recht abgelehnt (R i t t m a n n - W e n z Anm. 8; J o n a s Anm. III 3 d; F r i e d l ä n d e r Anm. 41; S y d o w - B u s c h - K r i e g Anm. 6; H e y m a n n in JW. 1928 S. 123 Nr. 5; Oberlandesgericht Königsberg in JW. 1926 S. 866 Nr. 27, S. 2479 Nr. 15; Kammergericht in JW. 1928 S. 1518 Nr. 5, im Berliner Anwaltsbl. 1929 Sp. 221 flg.; a. M. Kammergericht in JW. 1927 S. 2471 Nr. 4, 1928 S. 2154 Nr. 5). Es besteht kein innerer Grund, den Fall der Klagerweiterung anders zu behandeln. Die von

Satz 1 des § 74 Abs. 2 GKG. abweichende Fassung des Satzes 3 erklärt sich daraus, daß im Falle der Klagerweiterung nicht nur Terminsanberaumungen, sondern auch andere gerichtliche Handlungen in Frage kommen (vgl. §§ 281, 496 ZPO.). Hat das Gericht einmal auf Antrag des Klägers einen Termin vor Zahlung der Gebühr anberaumt, so bedeutet das grundsätzlich, daß es von der ihm durch Absatz 4 des § 74 GKG. in weitem Umfange gegebenen Ausnahmebefugnis Gebrauch macht und die Vorschriften des 2. und 3. Absatzes außer Anwendung läßt. Im Falle der Klagerweiterung mag es nach der Fassung des Satzes 3 des 2. Absatzes gestattet sein, bei veränderter Lage, wenn also die Voraussetzungen des 4. Absatzes nicht mehr vorliegen, oder auch wenn ihr Vorhandensein irrig angenommen war und ihr Fehlen erst nachträglich erkannt wird, mit der Fortsetzung gerichtlicher Handlungen bis zur Zahlung der Gebühr innezuhalten. Es geht aber nicht an, auf Antrag des Klägers ohne Zahlung der Prozeßgebühr Termin zur Verhandlung über die Klagerweiterung anzuberaumen und dann, ohne daß sich etwas objektiv oder auch nur für das Gericht geändert hätte, in diesem Termin den ordnungsmäßig vertretenen Kläger von der Verhandlung auszuschließen. Der Fall des Ausländervorschusses liegt wesentlich anders, da durch die jetzige Fassung des § 85 GKG. klargestellt ist, daß die Zahlung dieses Vorschusses überhaupt keine Voraussetzung für die Terminsanberaumung bildet, sondern nur eine solche für die Zulassung des Ausländers zur Verhandlung. Abgesehen von dieser Sondervorschrift gibt das Gesetz keine Handhabe, den Kläger, der in dem auf seinen Antrag anberaumten Termine ordnungsmäßig vertreten und verhandlungsbereit ist, als nicht erschienen zu behandeln. Der Berufungsrichter hätte sich daher, wenn er von der Vorschrift des § 74 Abs. 2 Satz 3 GKG. Gebrauch machte, einer Terminsanberaumung enthalten müssen, solange sie nicht vom Beklagten veranlaßt wurde; es hätte auf den Einspruch des Klägers kein Termin anberaumt werden dürfen, sondern es hätte den Parteien die Ablehnung der Terminsanberaumung mitgeteilt und abgewartet werden müssen, ob etwa der Beklagte den Kläger lud. Wurde aber auf Veranlassung des Klägers Termin anberaumt, so mußte bei unveränderter Lage sein Prozeßbevollmächtigter auch im Termin zugelassen werden; es konnte nicht nachträglich im Widerspruch mit der Terminsanberaumung die Zulassung davon abhängig gemacht werden, daß der Kläger die Gebühr bezahlte. Aus diesem Grunde beschwert sich der Kläger über die Nichtzulassung seines Anwalts mit Recht und macht zutreffend geltend, daß der Fall der Säumnis, zum mindesten im Termin am 30. Oktober 1931, nicht vorgelegen habe (§§ 345, 513, 566 ZPO.).

Der Kläger beschwert sich mit Grund aber auch darüber, daß das Berufungsgericht den Absatz 4 des § 74 GKG. durch Nichtanwendung verletzt, zum mindesten nicht genügend zu erkennen gegeben habe, daß es von einer richtigen Auffassung dieser Vorschrift ausgegangen sei. Die Ausnahmen, bei denen trotz Nichtzahlung der Gebühr die Vorschriften der Absätze 2 und 3 das. keine Anwendung finden, sind gegenüber dem Regierungsentwurf durch den Reichstagsausschuß (vgl. dessen Bericht Nr. 5433) wesentlich erweitert, und es ist damit zum Ausdruck gebracht worden, daß die fiskalischen Belange möglichst wenig der Rechtsverfolgung hinderlich sein sollen. Um die Vorschriften der Absätze 2 und 3 des § 74 GKG. außer Anwendung zu setzen, genügt schon die Glaubhaftmachung, daß dem Kläger die alsbaldige Zahlung der Gebühr mit Rücksicht auf seine Vermögenslage Schwierigkeiten bereiten würde. Nun hatte hier der Kläger zwei behördliche Armutszeugnisse eingereicht, ihm war im ersten Rechtszuge das Armenrecht bewilligt worden, im zweiten wurde es ihm zwar viermal verweigert, aber jedesmal nur wegen Aussichtslosigkeit der Rechtsverfolgung, nicht wegen mangelnden Nachweises der Mittellosigkeit. Zudem hatte er in seiner Einspruchsfrist noch besonders erklären lassen, er sei wirtschaftlich völlig außerstande, die Gebühr aufzubringen. Es ist nicht ersichtlich, warum das Berufungsgericht trotzdem auf der Vorauszahlung der Gebühr bestanden hat. Sollte dabei der Umstand mitgesprochen haben, daß die Rechtsverfolgung des Klägers nach Ansicht des Berufungsgerichts aussichtslos war, so würde das außerhalb der Erwägungen liegen, die nach § 74 Abs. 4 GKG. in dieser Frage anzustellen sind.

RGZ. 140, 262

Zur Anwendung des § 79 (zweiter Halbsatz) des Gerichtskostengesetzes.

VII. Zivilsenat. Beschl. v. 7. April 1933.

I. Landgericht Hildesheim. II. Oberlandesgericht Celle.

Das Reichsgericht hat eine Erinnerung des Klägers zurückgewiesen aus nachstehenden, den Sachverhalt ergebenden

Gründen:

Nachdem die Beklagte Revision eingelgt hatte, hat sie dem Revisionsgericht erklärt, daß die Parteien sich verglichen und dabei vereinbart hätten, die Kosten des gesamten Rechtsstreits sollten gegeneinander aufgehoben werden. Die Beklagte hat danach die Revision zurückgenommen; eine gerichtliche Entscheidung über die Kosten der Revisionsinstanz ist nicht ergangen. Die Geschäftsstelle des Reichsgerichts hat dem Kläger eine Kostenrechnung über die Hälfte der in der Revisionsinstanz erwachsenen Prozeßgebühr (44,75 RM.) zugefertigt, indem sie dabei auf den Inhalt des Vergleichs hinwies. Gegen diesen Gebührensatz hat der Kläger gemäß § 4 GKG. Erinnerung eingelegt. Er bestreitet seine Zahlungspflicht und stellt insbesondere in Abrede, daß die im § 79 GKG. aufgestellten Voraussetzungen erfüllt seien.

Diese Gesetzesstelle trifft, soweit sie hier von Belang ist, die Bestimmung, daß Schuldner der Gebühren und Auslagen auch derjenige ist, der die Kosten des Verfahrens durch eine vor dem Gericht abgegebene oder diesem mitgeteilte Erklärung übernommen hat. Nach ihrem klaren Wortlaut kann die Vorschrift nur dahin verstanden werden, daß der als Schuldner in Anspruch zu Nehmende die Erklärung selbst abgegeben oder wenigstens bei ihrer Abgabe mitgewirkt haben muß. Diese Auffassung wird zutreffend vertreten in den Erläuterungsbüchern zum Gerichtskostengesetz von Rittmann-Wenz (12. Aufl. S. 258, Anm. 4 Abs. 1 zu § 79) und von A. und M. Friedländer (S. 448/449, Anm. 20, 21 und insbesondere 22 zu § 79). Zweifellos ist es statthaft, daß bei der Erklärung der Kostenübernahme der Beteiligte durch einen Vertreter handelt; namentlich kann sich insofern eine Prozeßpartei auch durch die Gegenpartei vertreten lassen. Ferner sind an den Inhalt der Erklärung durchaus keine strengen Anforderungen zu stellen; die Anzeige vom Abschluß eines Pozeßvergleichs nebst der darin getroffenen Vereinbarung über die Kostentragung genügt vollkommen. Wird eine solche Anzeige von beiden Parteien gemeinschaftlich erstattet, so wird damit für diejenige Partei, die nicht schon nach § 77 Abs. 1 GKG. — als Partei, die das Verfahren der Instanz beantragt hat, — Kostenschuldnerin ist, die Voraussetzung der Kostenpflicht nach § 79 das. ohne weiteres erfüllt. Es kann jedoch nicht im Sinn dieser Gesetzesvorschrift liegend gelten, daß schon durch die einseitige, ohne Bevollmächtigung durch den Gegner vorgenommene Vergleichsanzeige einer Partei die Kostenpflicht für den anderen Teil begründet würde. Dessen vorsätzliche Mitwirkung ist mindestens zu erfordern. Es kann nicht statthaft sein, daß eine etwa hinter dem Rücken des Prozeßgegners handelnde Partei durch ihre einseitige Erklärung dem Gegner eine Kostenpflicht gegenüber der Staatskasse aufbürdet, die möglicherweise der wahren Rechtslage nicht entspricht.

Im gegebenen Fall besteht kein Anhalt dafür, daß die Beklagte zugleich in Vertretung des Klägers gehandelt hätte, als sie die Vergleichsanzeige erstattete. Hierdurch konnte also nach dem vorstehend Ausgeführten keine Kostenpflicht des Klägers begründet werden. Dieser hat jedoch durch Schreiben vom 4. April 1933 pflichtgemäß bestätigt, daß in dem zwischen den Parteien geschlossenen außergerichtlichen Vergleich die entstandenen Prozeßkosten gegeneinander aufgehoben worden sind. Darin ist eine Erklärung zu sehen, die den Anforderungen des § 79 GKG. (zweiter Halbsatz) genügt. Somit erweist sich die Erinnerung des Klägers als unbegründet; denn er hat danach gemäß § 98 Satz 2 ZPO. in Verb. mit § 92 Abs. 1 Satz 2 das. als Schuldner der Hälfte der Gerichtskosten zu gelten.

RGZ. 144, 12

Tritt die Gesamthaftung der Kostenschuldner nach § 87 GKG. im Fall des § 77 das. auch dann ein, wenn die Beteiligung der einzelnen Kostenschuldner am Rechtsstreit verschieden ist?

IV. Zivilsenat. Beschl. v. 19. Feburar 1934.

I. Landgericht I Berlin. II. Kammergericht daselbst.

Die Frage ist verneint worden aus folgenden, den Sachverhalt ergebenden

Gründen:

Die zehn Beklagten sind Revisionskläger; sie haben in der Revisionsinstanz obgesiegt; dem Kläger sind die Kosten des Rechtsstreits auferlegt worden. Daher war eine Entscheidung über die Beteiligung jedes Beklagten beim Kostenspruch (§§ 79, 87 GKG.) nicht möglich. Als Antragsteller (§ 77 GKG.) aber sind die Beklagten zu den Gerichtskosten herangezogen worden, und zwar sind die gesamten Kosten von den Beklagten zu 6, 7 und 10 als Gesamtschuldnern erfordert worden. Die anderen Beklagten hatten das Amrenrecht. Die Beklagten sind am Rechtsstreit verschieden beteiligt. Mit ihren Erinnerungen beantragen die Beklagten zu 6, 7 und 10, daß sie nur anteilmäßig, entsprechend ihrer Beteiligung, zu den Kosten herangezogen werden.

Die Erinnerung ist begründet. Der Beklagte zu 10 ist einer der Widerkläger. Er ist also an Klage und Widerklage beteiligt. Die Beklagten zu 6 und 7 hatten sich der Widerklage nicht angeschlossen, ihre Anträge im Rechtsstreit betrafen nur die Klage. Nach deren Erledigung in der Hauptsache bildeten nur die Kosten der Klage deren Streitgegenstand in der Berufungs- und Revisionsinstanz.

Für die Gebühren waren die Streitwerte der Klage und der Widerklage nach § 13 Abs. 1 Satz 2 GKG. zusammenzurechnen. Dementsprechend ist der Streitwert bisher auf 7000 RM. festgesetzt gewesen. Damit ist aber keine Entscheidung darüber getroffen, daß nun auch jeder der Beklagten für die Kosten nach dem gesamten Streitwert aufzukommen hat. Es ist, soweit die Vorschußpflicht in Betracht kommt, schon unter der Herrschaft des früheren Gerichtskostengesetzes anerkannt gewesen, daß die Vorschußpflicht bei mehreren Beteiligten auf einer Parteiseite nach der Höhe des Streitwertes jedes Antrags zu bemessen ist (RG. in JW. 1899 S. 702 Nr. 17, 1903 S. 292 Nr. 13; neuerdings RGBeschl. vom 22. Februar 1933 V 419/32). In den Entscheidungen JW. 1896 S. 132 Nr. 16 und RGZ. Bd. 57 S. 301 ist ferner das Reichsgericht der Auffassung entgegengetreten, daß die Gebührenpflicht bei beiderseitigen Berufungen oder bei Klage und Widerklage nach dem zusammengerechneten Streitwert einer Partei auferlegt werden könnte. Waren aber auf einer Seite mehrere beteiligt und handelte es sich nicht um Vorschüsse, sondern um die endgültige Leistung, so nahm die Rechtslehre unter der Herrschaft des früheren § 91 GKG., der eine Haftung nach Kopfteilen vorsah, allerdings an, daß diese Haftung nach Kopfteilen, wie im Falle des § 89 (entsprechend dem jetzigen § 77), so im Falle des § 86 Abs. 1 (jetzt § 79) GKG. auch dann eintrat, wenn die Anteile verschieden waren (vgl. Pfafferoth Das deutsche Gerichtskostenwesen 9. Aufl., 1909, § 91 S. 396 Anm. 2 Abs. 2; Rittmann GKG. 6. Aufl., 1914, § 91 Anm. 3 Abs. 2; Wenz in „Der deutsche Rechtspfleger" 1931 S. 271). Die Erläuterer des Gerichtskostengesetzes haben sich meist gegen die Beibehaltung dieser Auslegung für die neue Vorschrift des § 87 GKG. ausgesprochen: Rittmann-Wenz GKG. § 87 Anm. 6 Abs. 4; Jonas GKG. § 87 Anm. 2a und JW. 1932 S. 3198 Anm.; Baumbach GKG. § 87 Anm. 3; Friedländer GKG. § 77 Anm. 29; Stein-Jonas ZPO. § 100 Note 25; a. A. Sydow-Busch-Krieg GKG. § 87 Anm. 3. Es ist indessen nicht zu verkennen, daß § 87 GKG. lediglich an die Stelle der früheren Haftung nach Kopfteilen (§ 91) eine Gesamthaftung gesetzt hat und daß nicht ersichtlich ist, der Gesetzgeber habe dabei zugleich an eine Abkehr von der alten Rechtslehre gedacht und die Anwendung des § 87 etwa auf die Fälle des § 79 GKG. beschränken wollen. Denn die Begründung zu § 94 des Entwurfs (§ 87 GKG.) schlägt im Interesse der Vereinfachung der Kostenerhebung die Abweichung von der bisherigen Regelung (§ 91 a. F.) vor, daß Streitgenossen in Ermangelung einer anderweiten Entscheidung nicht mehr nach Kopfteilen, sondern als Gesamtschuldner haften sollen (Drucks. des Reichstags 1. Wahlperiode 1920/1922 Nr. 5301).

Anderseits war schon lange auf die Unbilligkeit hingewiesen, daß eine Partei für Gebühren in Anspruch genommen werden sollte, obwohl sie mit den die Gebühren verursachenden Anträgen ohne eigenes Zutun und trotz ihres Rechts in Zusammenhang gebracht worden war (RGZ. Bd. 57 S. 301 [306]. Das mochte vielleicht noch angängig erscheinen, wenn bei einer Verurteilung gelegentlich dieses Urteilsspruchs eine Möglichkeit geboten war, die anteilige Haftung gemäß § 100 Abs. 2, 3 ZPO., § 79 GKG. auch für die Verpflichtung gegenüber dem Staat festzusetzen, oder wenn die Partei selbst die Kosten ohne Rücksicht auf ihre Beteiligung übernommen hatte. Das Urteil oder der Entschluß der Partei boten in solchen Fällen eine Gewähr gegen Unbilligkeiten. Sie fehlt im Fall des § 77 GKG. Gegenüber dieser Unbilligkeit in der Mehrzahl der Fälle verdient auch der Umstand Beachtung, daß in manchen Fällen erst durch die Zusammenrechnung der Streitwerte der einzelnen Anträge ein Rechtsmittel zulässig wird. Es kann daher nicht angenommen werden, daß das Gesetz die schon in RGZ. Bd. 57 S. 306 betonte Unbilligkeit sogar dann hätte in Kauf nehmen wollen, wenn die Sicherungen des § 79 GKG. nicht gegeben sind. Solange die Haftung nach Kopfteilen bestand, mochte das noch hingenommen werden; bei der verschärften Gesamthaftung des § 87 GKG. wäre diese Belastung der Partei unverständlich. Hier kann daher die Partei auch endgültig nur im Verhältnis ihrer Anträge als Kostenschuldner belangt werden. In den Fällen RGZ. Bd. 131 S. 338 und der dort genannten Beschlüsse lag eine Verpflichtung aus § 79 GKG. zugrunde oder die Beteiligung am Rechtsstreit war gleich. Diese Entscheidungen stehen also nicht entgegen.

Bei der hier vorliegenden Widerklage handelt es sich nicht um eine Gesamthandsklage, sondern um die Ansprüche einzelner — nicht aller — Miterben. Der Streitwert des Widerklagantrags des Beklagten zu 10 ist daher nur nach seinem Interesse auf $^1/_7$ des Streitwerts der ganzen Widerklage anzusetzen; die drei Beschwerdeführer sind im übrigen nach Maßgabe des Streitwerts der Klage heranzuziehen. In der Streitwertfestsetzung ist, um der gebotenen verschiedenen Heranziehung der Beklagten die Grundlage zu geben, ergänzend ersichtlich gemacht worden, welcher Teil des Streitwerts auf die Klage und welcher auf die Widerklage entfällt.

RGZ. 145, 164

Wann betreffen wechselseitig eingelegte Rechtsmittel denselben Streitgegenstand?

GKG. § 13.

III. Zivilsenat. Beschl. v. 25. September 1934.

I. Landgericht Nürnberg. II. Oberlandesgericht daselbst.

Den Sachverhalt und die Entscheidung ergeben die

Gründe:

Durch Urteil des Landgerichts wurde der Beklagte und Beschwerdeführer H. verurteilt, an die Klägerin 1375,94 RM. nebst Zinsen zu zahlen, und es wurde weiter festgestellt, daß der Beklagte verpflichtet sei, der Klägerin bis zum Betrag von 10 000 RM. allen Schaden zu ersetzen, welcher ihr dadurch entstanden ist und weiterhin erwächst, daß die aus ihrem Werk N. stammenden an den Beklagten verkauften Maschinen und Maschinenteile an eine Firma in Holland weiterverkauft und dort zum Betrieb einer Glasschleiferei verwendet wurden. Dagegen wurde die Klage, soweit sie mit dem gleichen Ziel gegen die Firma Sch. als Gesamtschuldnerin erhoben worden war, abgewiesen. Gegen dieses Urteil haben sowohl der Beklagte und Beschwerdeführer wie die Klägerin und Beschwerdegegnerin in gesetzlicher Form und Frist Berufung eingelegt, der Beklagte H. mit dem Antrag, die Klage in der Richtung gegen ihn abzuweisen, die Klägerin mit dem Antrag, die mitverklagte Firma Sch. samtverbindlich mit dem Beklagten H. zu verurteilen. Beiden Berufungsklägern wurde eine Frist zum Nachweis der Zahlung der Prozeßgebühr für die Berufungsinstanz bestimmt. Die Klägerin hat diesen Nachweis rechtzeitig erbracht, der Beschwerdeführer trotz zweimaliger Erstreckung der Nachweispflicht nicht. Die Firma Sch. hat kein Rechtsmittel eingelegt. Durch den jetzt angefochtenen Beschluß hat das Berufungsgericht die Berufung des Beklagten H. nach §§ 511, 519 Abs. 6, § 519b ZPO. als unzulässig verworfen. Zur Begründung wird ausgeführt, die Zahlung der Prozeßgebühr durch die Klägerin befreie den Beklagten H. nicht von der Zahlung der von ihm angeforderten Gebühr. Eine solche Befreiung träte nur ein, wenn es sich bei beiden Berufungen um denselben Streitgegenstand im Sinne des Gerichtskostengesetzes handelte, das sei aber vorliegend nicht der Fall.

Gegen diese Rechtsauffassung des Berufungsgerichts kämpft die form- und fristgerecht eingelegte sofortige Beschwerde des Beklagten H. an, indem sie, wie auch schon in der Vorinstanz, geltend macht, es liege „Identität“ des Beschwerdegegenstandes vor und infolgedessen sei durch die rechtzeitige Einzahlung der Prozeßgebühr von seiten der Klägerin der Beschwerdeführer von der vorschußweisen Zahlung dieser Gebühr befreit worden.

Die sofortige Beschwerde ist nicht begründet. In der Rechtsprechung des Reichsgerichts ist zwar mehrfach anerkannt, daß bei Berufungseinlegung durch mehrere Streitgenossen die rechtzeitige Zahlung der Prozeßgebühr durch den einen auch für den anderen wirkt und daß einer von mehreren als Gesamtschuldner für die Prozeßgebühr haftenden Berufungsklägern durch seine fristgerechte Zahlung die Mitschuldner, denen gegenüber die Nachweisfrist noch läuft, von der Zahlungspflicht befreit. Dies gilt unter Umständen, namentlich in Ehesachen, selbst in Fällen, wo die mehreren Berufungen nicht von Streitgenossen auf derselben Parteiseite, sondern von Prozeßgegnern eingelegt worden waren. Notwendige Voraussetzung hierfür ist jedoch, daß die mehreren Berufungen einen und denselben Streitgegenstand betreffen (RGZ. Bd. 110 S. 366, Bd. 135 S. 19, Bd. 137 S. 192; Stein-Jonas ZPO. 15. Aufl. § 519 Bem. V 2 c). § 13 Abs. 1 GKG. bestimmt, daß die Gebühren nach dem einfachen Wert des Gegenstandes zu berechnen sind, soweit Klage und Widerklage, welche nicht in getrennten Prozessen verhandelt werden, denselben Streitgegenstand betreffen, und daß die Gegenstände zusammenzurechnen sind, soweit beide Klagen nicht denselben Streitgegenstand betreffen; nach Abs. 2 des § 13 gilt das gleiche für wechselseitig eingelegte Rechtsmittel, welche nicht in getrennten Prozessen verhandelt werden. Wechselseitig eingelegte Rechtsmittel liegen allerdings auch hier vor, wo die Klägerin zwei Schuldner verklagt und mit der Klage gegen den einen durchgedrungen, gegen den anderen abgewiesen worden ist und wo dann die Klägerin und der verurteilte Schuldner Berufung eingelegt haben (Friedländer GKG. S. 102 zu §§ 9 bis 15 Fußnote 110). Es fragt sich daher nur, ob für die wechselseitig eingelegten Rechtsmittel Identität des Beschwerdegegenstandes gegeben ist.

Für die Beurteilung dieser Frage ist nicht, wie die Beschwerdeschrift meint, ausschlaggebend, daß in dem Klagantrag und in dem Berufungsantrag der Klägerin die gesamtschuldnerische Verurteilung der beiden Beklagten zu der gleichen Leistung verlangt wird. Nach der Rechtsprechung und der Rechtslehre liegt ein und derselbe Streitgegenstand dann vor, wenn die beiderseitigen Ansprüche einander ausschließen, dergestalt, daß die Zuerkennung des einen Anspruchs notwendig die Aberkennung des anderen bedingt. Verschiedenheit der Streitgegenstände ist dagegen dann gegeben, wenn die mehreren Ansprüche nebeneinander bestehen können, so daß das Gericht unter Umständen beiden Ansprüchen stattgeben kann (J o n a s GKG. 2. Aufl. § 13 Anm. 3; R i t t m a n n - W e n z GKG. 15. Aufl. § 13 Anm. 4, 5 und 7; F r i e d l ä n d e r GKG. §§ 9 bis 15 Anm. 68). Daß hier nur der zuletzt erwähnte Fall vorliegt, ergibt sich zweifelsfrei aus dem Urteil des Landgerichts, das die Klage gegen den Beschwerdeführer zugesprochen, in der Richtung gegen die Mitbeklagte aber abgewiesen hat. Nach den Berufungsanträgen ist es an sich durchaus denkbar, daß das Berufungsgericht auf die wechselseitig eingelegten Rechtsmittel in entgegengesetztem Sinn entschiede, also der Klage gegen die mitverklagte Firma Sch. stattgäbe und auf die Berufung des Beschwerdeführers hin die gegen diesen gerichtete Klage abwiese. Unterstellt man diesen gedanklich möglichen Ausgang des Berufungsverfahrens, so hätte die Klägerin dem Beschwerdeführer durch den von ihr erbrachten Nachweis der Zahlung der Prozeßgebühr die Möglichkeit eröffnet, ohne eigene Kostenzahlung und ohne jede eigene Gefahr von der Haftung auf Schadensersatz loszukommen. Das muß aber als ein unmögliches Ergebnis angesehen werden, und daran allein schon muß die von der Beschwerdeschrift vorgetragene Rechtsauffassung scheitern.

RGZ. 150, 102

Entsteht eine Vergleichsgebühr nach § 36 GKG., wenn in einer bei dem Reichsgericht anhängigen Sache vor diesem Gericht ein Vergleich geschlossen wird, der zugleich einen zweiten zwischen denselben Parteien, jedoch erst beim Landgericht anhängigen Rechtsstreit miterledigt?

V. Z i v i l s e n a t. Beschl. v. 24. Januar 1936.

Vor dem beauftragten Richter des Reichsgerichts haben die Parteien am 13. November 1935 einen den Rechtsstreit erledigenden Vergleich geschlossen, durch den zugleich ein anderer zwischen denselben Parteien bei dem Landgericht in K. schwebender Rechtsstreit seine Erledigung gefunden hat. Für diesen Vergleichsabschluß hat der Urkundsbeamte der Geschäftsstelle des Reichsgerichts eine Einviertelgebühr vom Streitwert des K.er Prozesses (2 000 000 RM.) angesetzt, indem er davon ausging, daß der Wert des Vergleichsgegenstandes den Wert des Streitgegenstandes — Streitwert der Revisionssache: 1 000 000 RM. — überstiegen habe, und daß sich der Ansatz einer Vergleichsgebühr nach § 36 GKG. namentlich auch deshalb rechtfertige, weil der noch im ersten Rechtsgang schwebende K.er Nebenprozeß durch den vor dem Reichsgericht abgeschlossenen Vergleich, also in anderer, und zwar oberster Instanz eines anderen Prozesses, miterledigt worden sei. Die hiergegen von der Beklagten erhobene Erinnerung, der die Geschäftsstelle nicht abhelfen wollte, mußte als begründet anerkannt werden.

Wenn mehrere Rechtsstreitigkeiten, die zu gleicher Zeit — sei es vor demselben, sei es vor verschiedenen Gerichten — anhängig sind, durch einen die Gegenstände aller dieser Sachen umfassenden Vergleich vor einem dieser Gerichte erledigt werden, so fehlt es für die Erhebung der Gebühr aus § 36 GKG. an der Voraussetzung, daß der Wert des Streitgegenstandes durch den Wert des Vergleichsgegenstandes überstiegen werde. Für jeden einzelnen der beiden hier durch den Vergleich vom 13. November 1935 erledigten Prozesse trifft die Voraussetzung zwar zu, nicht aber bei der gebotenen zusammenfassenden Betrachtung der beiden Sachen, über deren Gegenstände der Vergleich nicht hinausgegangen ist. Da in jeder der beiden Sachen die nach deren Streitwerten begründeten Gebühren vor dem Vergleichsschluß erwachsen sind, so ist für den Ansatz der Einviertelsgebühr aus § 36 GKG. nach dem Sinne dieser Vorschrift kein Raum. Denn die besondere Vergleichsgebühr hat ihren Grund in dem etwaigen Hinausgreifen des Vergleichs über den oder die Streitgegenstände der Prozesse und soll nur da erhoben werden, wo der Vergleichsgegenstand noch nicht mit einer Verfahrensgebühr belegt worden war. Wo aber und für welche Instanz eine solche Gebühr erwachsen war, spielt nach Begründung und Zweck der Vorschrift keine Rolle, und die besondere Gebühr des § 36 kann deshalb auch nicht damit gerechtfertigt werden, daß es ein Gericht höherer Instanz war, vor dem ein noch im ersten Rechtsgang schwebender Nebenprozeß mitverglichen wurde (übereinstimmend Oberlandesgericht Stuttgart in JW. 1927 S. 532 Nr. 17; Kammergericht das. 1934 S. 2500 Nr. 26; Erläuterungsbücher zum GKG. von Rittmann-Wenz § 36 Anm. 5, Baumbach Anm. 3, Friedländer Anm. 10 a.).

RGZ. 160, 83

Wie ist der Streitwert wiederkehrender Leistungen zu berechnen, wenn für verschiedene Zeitabschnitte verschieden hohe Beträge gefordert werden?

ZPO. § 9. GKG. § 10.

VI. Zivilsenat. Beschl. v. 11. März 1939.

I. Landgericht Kleve. II. Oberlandesgericht Düsseldorf.

Der Sachverhalt ergibt sich aus den

Gründen:

Das Gerichtskostengesetz enthält keine Vorschrift darüber, wie bei Ansprüchen auf Erfüllung einer auf gesetzlicher Vorschrift beruhenden Unterhaltspflicht (§ 10 Abs. 2 GKG.) oder bei Ansprüchen auf Entrichtung einer Geldrente, die auf Grund einer der im § 10 Abs. 3 GKG. angeführten gesetzlichen Vorschriften gefordert wird, der Streitwert zu berechnen ist, wenn für verschiedene Zeitabschnitte verschieden hohe

Rentenbeträge gefordert werden. Die Rechtsprechung hat zu der Frage in verschiedener Weise Stellung genommen. Das Reichsgericht hat mehrfach ausgesprochen, in solchen Fällen seien die Vorschriften des § 10 GKG. ebenso wie § 9 ZPO. überhaupt nicht anwendbar, weil sie gleichbleibende Leistungen voraussetzten, und der Streitwert sei deshalb gemäß § 3 ZPO., § 9 GKG. nach freiem Ermessen festzusetzen (JW. 1894 S. 420 Nr. 1 und 1904 S. 474 Nr. 15 a. E.). In RGZ. Bd. 36 S. 416 ist aber schon gesagt worden, bei Ausübung des freien Ermessens sei im Geiste des Gesetzes der im § 9 ZPO. zu findende Grundsatz jedenfalls so weit zu berücksichtigen, daß weder unter die für 12½ Jahre sich ergebende geringste Gesamtsumme hinab-, noch über den 12½fachen Betrag der höchsten Jahresrente hinauszugehen sei. Und auf die letztgenannte Entscheidung hat das Reichsgericht (vgl. JW. 1899 S. 1 Nr. 3) in einem Falle Bezug genommen, in dem der Beklagte verurteilt worden war, der Klägerin von ihrem vollendeten 49sten bis zum vollendeten 60sten Lebensjahre wöchentlich 2 M. und von da bis zum vollendeten 70sten Lebensjahr wöchentlich 1 M. zu zahlen; hier hat es berücksichtigt, daß die Klägerin 11 Jahre wöchentlich 2 M. beziehe und hat daraus gefolgert, daß die Jahresrente von 104 M. im Gesamtbetrage von 11 $\times$ 104 M. und für weitere 1½ Jahre nur eine Jahresrente von 52 M. bei der Festsetzung des Streitwertes zugrunde gelegt werden könne. Demgemäß hat es den Wert des laufenden Rentenanspruchs auf $11 \times 104 + 1\frac{1}{2} \times 52 = 1222$ M. angenommen. Im Gegensatze hierzu hat das Reichsgericht in einer anderen Entscheidung (JW. 1896 S. 583 Nr. 2) ausgesprochen, aus den verschiedenen für die einzelnen Zeiträume geforderten Beträgen sei ein Durchschnittssatz festzusetzen, und dieser sei mit 12½ zu vervielfachen. Auch der beschließende Senat hat bisher der Streitwertberechnung nach § 10 GKG. bei wechselnden Jahresbeträgen regelmäßig einen nach freiem Ermessen geschätzten Durchschnittsbetrag zugrunde gelegt.

Diese Auffassung ist auch sonst vielfach in der Rechtsprechung sowie in einigen Erläuterungsbüchern zur Zivilprozeßordnung und zum Gerichtskostengesetz vertreten worden. So hat sich das Kammergericht (JW. 1923 S. 614 Nr. 3) auf diesen Standpunkt gestellt; es hat über den Durchschnittsmaßstab ausgeführt: Man dürfe nicht außer acht lassen, wie lange der geringere und wie lange der höhere Jahresbetrag gefordert werde, und es dürfe deshalb nicht einfach das Mittel zwischen dem geringsten und dem höchsten Jahresbetrage zugrunde gelegt werden, sondern es müsse aus der Summe aller für die ganze Zeit geforderten Beträge der Jahresdurchschnitt errechnet und als Streitwert der fünffache Betrag dieses Jahresdurchschnitts angenommen werden. Etwa zu derselben Zeit hat das Oberlandesgericht Breslau (JW.1923 S. 615 Nr. 4) angenommen, der Streitwert sei in solchen Fällen auf Grund des § 3 ZPO. nach freiem Ermessen, aber (nach damaligem § 9 a GKG.) in den Schranken eines fünfjährigen Zeitraumes festzusetzen; der Streitwert müsse deshalb zwischen den fünffachen Jahresbeträgen des geringsten und des höchsten

Satzes liegen, das Fünffache des höchsten Satzes dürfe er nicht erreichen. Das Oberlandesgericht verkennt nicht die Unstimmigkeit, die darin liegt, daß sich nach diesen Grundsätzen bei einer Klage auf nur fünfjährige Zahlung des höchsten Satzes ein höherer Streitwert ergibt als bei einer Klage, mit der — wie es im dort entschiedenen Falle geschah — für zwei Jahre geringere Beträge gefordert werden und für 14 Jahre der höchste Satz. Es meint aber, diese Unstimmigkeit werde durch die Sondervorschrift (jetzt § 10 GKG.) gerechtfertigt, und gelangt trotz des Umwegs über § 3 ZPO. zu demselben Ergebnis wie in der vorangeführten Entscheidung das Kammergericht. Ebenso wie das Kammergericht hat das Oberlandesgericht Kiel (Der Deutsche Rechtspfleger 1931 S. 78) und ebenso wie das Oberlandesgericht Breslau das Oberlandesgericht Bamberg (DRZ. 1926 Nr. 941) entschieden. Kraemer und Foerster gelangen in den Anmerkungen zu den beiden erwähnten Entscheidungen des Kammergerichts und des Oberlandesgerichts Breslau (a. a. O. Nr. 3 und 4) zu dem Ergebnis, daß der Streitwert auf den fünffachen Betrag der höchsten geforderten Jahresrente festzusetzen sei, Kraemer auf Grund der Überlegung, die Bestimmung des (jetzigen) § 10 GKG. sei als Ausnahmebestimmung nicht weiter anzuwenden, als ihr Wortlaut verlange, und Foerster mit der Begründung, diese Vorschrift sage nichts darüber, welche 5 Jahre der Wertberechnung zugrunde zu legen seien, und um die oben erwähnte offenbare Unstimmigkeit zu vermeiden, könnten nur die 5 höchsten Jahresbeträge zugrunde gelegt werden (so auch Thiel in Deutsche Rechtsanwaltszeitung 1920 S. 43/44). Ebenso wie Thiel, Kraemer und Foerster legt das Oberlandesgericht Nürnberg (in der Zeitschrift für Rechtspflege in Bayern 1931 S. 113) die höchsten Jahresbeträge zugrunde, und dem treten einzelne Erläuterungsbücher bei.

Der Senat gibt seinen früheren Standpunkt, daß ein Durchschnittssatz zugrunde zu legen sei, auf und schließt sich der vom Oberlandesgericht Nürnberg und mindestens im Ergebnis auch vom Reichsgericht in der oben erwähnten Entscheidung JW. 1899 S. 1 Nr. 3 vertretenen Auffassung auf Grund folgender Erwägugen an: Da für den Streitwert einer bestimmten Geldforderung nach den Bestimmungen der Zivilprozeßordnung und des Gerichtskostengesetzes grundsätzlich der den Streitgegenstand bildende Betrag maßgebend ist und bei der Klage auf künftige Zahlungen kein Zwischenzins abgezogen wird (vgl. Jonas-Pohle Bem. III 2 zu § 3 ZPO.), sind die Bestimmungen des § 9 ZPO. und des § 10 GKG., soweit sie den Streitwert auf den einfachen Jahresbetrag oder ein bestimmtes Mehrfaches dieses Betrages beschränken, Ausnahmevorschriften; insbesondere gilt dies von § 10 Abs. 3 GKG., wonach bei Ansprüchen auf wiederkehrende Leistungen der dort bezeichneten Art der Streitwert auf den fünffachen Betrag des einjährigen Bezuges beschränkt wird. Diese Ausnahmevorschriften beruhen auf der Überlegung, daß ein nach den Bestimmungen des § 9 ZPO. berechneter Streitwert Gebührensätze ergeben würde, die nach der Ansicht des Gesetzgebers übermäßig hoch wären. Das Gesetz kann aber nicht beabsichtigt haben, mit dieser Beschränkung auf den fünffache Betrag des einjährigen Bezuges das innerlich widerspruchsvolle, mit Sinn und Zweck der Vorschrift nicht zu vereinbarende Ergebnis herbeizuführen, daß der Streitwert durch die Geltendmachung höherer Ansprüche niedriger werde. Wenn monatlich 50 RM. auf 5 Jahre streitig sind, so beträgt der Streitwert ohne Rücksicht darauf, wann die Zahlung der Rente beginnen soll, $50 \times 12 \times 5 = 3000$ RM. Erweitert der Kläger seinen Anspruch z. B um monatlich 30 RM. für weitere 5 Jahre — mögen diese zeitlich vor oder nach jenen anderen 5 Jahren liegen — und wird auch dieser Anspruch von dem Beklagten bestritten, so werden weitere $30 \times 12 \times 5 = 1800$ RM. streitig, und der tatsächliche Streitwert erhöht sich von 3000 auf 4800 RM. Es würde der inneren Berechtigung entbehren, wenn durch solche Erhöhung des tatsächlichen Streitwertes der für die Gebührenberechnung maßgebende Streitwert ermäßigt werden könnte (nach der weit verbreiteten Durchschnittsberechnung von 3000 auf $\frac{3000 + 1800}{2} = 2400$ RM.). Entsprechendes gilt für den umgekehrten Fall, wenn gegenüber einem Anspruch auf a) 50 RM. monatlicher Rente für 5 Jahre und b) 30 RM. monatlicher Rente für weitere 5 Jahre der Beklagte sein anfängliches Bestreiten der Rente zu b) aufgibt und den Kläger insoweit befriedigt. Hier verringert sich der tatsächliche Streitwert von ursprünglich 4800 RM. auf 3000 RM., und es wäre nicht zu verstehen, wenn solche Verringerung des tatsächlichen Streitwertes den für die Gebührenberechnung maßgebenden Streitwert erhöhen könnte. Solche Widersprüche kann das Gesetz nicht wollen, und weder sein Wortlaut noch sein Sinn und Zweck nötigen zu einer derartigen Auslegung. Das Gesetz sagt zwar nicht ausdrücklich, welche Jahresbeträge zugrunde gelegt werden, wenn sie verschieden hoch sind, aber Sinn und Zweck der Vorschrift, die den Streitwert auf den fünffachen Betrag des einjährigen Bezuges beschränkt, verlangen auch — was die Gegenmeinung verkennt — keine Beschränkung auf weniger als die fünf höchsten Jahresbeträge. Solange diese streitig sind, kann deshalb der nach § 10 Abs. 3 GKG. zu berechnende Streitwert nicht durch das Hinzukommen irgendwelcher weiteren Ansprüche unter den Betrag der fünf höchsten Jahresbeträge sinken.

Hiernach ist im vorliegenden Fall, in dem das Berufungsgericht dem Kläger zu Lasten des Beklagten und jetzigen Revisionsklägers außer anderen Lasten als laufende Rente vom 1. September 1937 bis zum 31. Mai 1942 monatlich 55,20 RM. und weiter vom 1. Juni 1942 bis zum 31. Mai 1952 monatlich 25 RM. zuerkannt hat, der Streitwert der laufenden Rente nach § 10 Abs. 3 GKG., wie folgt, zu berechnen: 57 Monate zu je 55,20 = 3146,40 RM., 3 Monate zu je 25 RM. = 75 RM., zusammen 60 Monate (5 Jahre) Rente = 3221,40 RM.

Sachregister

(Die Ziffern bedeuten die Seitenzahlen dieses Bandes)

B

H

J

K

L

M

FSC
www.fsc.org
MIX
Papier | Fördert gute Waldnutzung
FSC® C083411

Kolibri 360 GmbH
Ferdinand-Jühlke-Straße 7
99095 Erfurt, Deutschland
produktsicherheit@kolibri360.de